中國歷代風雲人物

[上]

少林木子 编著

内蒙古文化出版社

泱泱古国，浩瀚中华。从茹毛饮血的远古到封建文明高度繁荣的明清，中华民族缔造了无数的辉煌与成就。湮没了黄尘古道，远去了鼓角铮鸣，岁月涤荡不走的是那些熟悉的名字。数不清的英雄豪杰，站在时代的巅峰，以纵横捭阖的气度，激荡历史的时空，如同大江奔流，生生不息。

图书在版编目（CIP）数据

中国历代风云人物 / 少林木子编著 .—呼伦贝尔：内蒙古文化出版社，2009.10
ISBN 978-7-80675-762-8

Ⅰ.中…Ⅱ.少…Ⅲ.历史人物—列传—中国—古代Ⅳ.K820.2

中国版本图书馆 CIP 数据核字（2009）第 186822 号

中国历代风云人物
ZHONGGUO LIDAI FENGYUN RENWU

少林木子　编著

责任编辑	姜继飞
装帧设计	书心瞬意
出版发行	内蒙古文化出版社
地　　址	呼伦贝尔市海拉尔区河东新春街4－3号
直销热线	0470－8241422　　邮编　021008
排版制作	北京鸿儒文轩文化传播有限公司
印刷装订	三河市华东印刷有限公司
开　　本	710mm×1000mm　1/16
字　　数	600千
印　　张	42
版　　次	2010年1月第1版
印　　次	2022年4月第2次印刷
印　　数	8001—13000 册
书　　号	ISBN 978-7-80675-762-8
定　　价	98.00元（全二册）

版权所有　　侵权必究

如出现印装质量问题，请与我社联系。联系电话：0470-8241422

序

泱泱古国,浩瀚中华。中华文明源远流长,一脉相承。从茹毛饮血的远古时代,到封建文明极度繁荣的明清时代,在上下五千年的历史进程中,中华民族创造了无数的辉煌与成就,也经历了无数的苦难与挫折。数不清的英雄豪杰、文人志士在历史的长路上留下了自己的足迹。滚滚长江淹没了历史上不知名的小人物,浪花过后,留下的是彪炳千古的风云人物。

人文初祖黄帝战胜炎帝、两昊、蚩尤,历经漫长的发展时期,最终形成了华夏族的主体。从此,华夏文明掀开了一页新的篇章。也就是从这个时候起,那些站在历史的浪潮尖上的人开始在时代的沧桑巨变中开拓出一方属于自己的舞台。

满腹经纶的文人墨客凭借着自己渊博的学识,站在帝王的身旁,运筹帷幄,助社稷运转于无形。姜尚、管仲、苏秦、韩非子、李斯、萧何、诸葛亮、刘伯温……从上古时代到清,谁能数地清?

骁勇善战的武将斗士凭借着自己的刀枪剑戟,征战沙场,为一个国家的建立流血流汗。廉颇、韩信、李广、霍去病、曹操、郭子仪、岳飞、徐达、常遇春、史可法、袁崇焕、多尔衮……从清到上古时代,又有谁能数清?

那些站在战车上、庙堂上的帝王君主更是历史舞台上最光辉夺目的焦点,秦始皇、刘邦、刘彻、杨坚、李世民、赵匡胤、李元昊、完颜阿骨打、阿保机、成吉思汗、朱元璋、努尔哈赤、皇太极、康熙、雍正、乾隆……他们或者曾经横枪立马指挥者千军万马,或者深居庙堂指点江山,或者慧眼识英才,吸纳大批仁人志士。若不是他们,或许这五千年的文明史不会如此的光彩夺目。

还有诸如李白、杜甫等满怀着对祖国、对人民无限的热爱的文学家们,把这份激情和感恩,熔铸于笔端,写进了对祖国安危荣辱的关切之情。

……

这本书,从上古时代到王朝结束,在你面前展开了一幅绚丽的历史画卷。所有你能够记起来的风云人物,在这里都可以看到他们的身影。君王、武将、思想先哲、文学家、忠臣、发明家、变革家,任何一个领域的人物几乎没有疏漏。记载的他们纵横捭阖、波澜壮阔的大历史风貌,让人无限向往。这些活生生的历史人物,将我们带进属于他们的那个年代,一起翻阅那个时代的历史画卷。感受每一个炎黄子孙的血脉膨胀,热血沸腾,在内心深处多一份对祖国、对华夏文明的热爱与崇拜。

目录

上古夏商篇

上古时代，整个世界处于蛮荒的状态，原始的人类祖先聚集在一起，钻木取火，茹毛饮血，繁衍了人类。洪水肆虐，野兽出没，人类召唤圣主的出现。有着非凡绝伦的品质和才智的尧出现，治洪水、定历法、造福百姓。并且任人唯贤，让同样圣明有德的舜继承了皇位。舜执政，励精图治，减轻刑罚，明确群臣分工，百姓在此期间享受恩泽。而在巴蜀人民屡遭洪水迫害的时候，威望甚重的禹成功治理了水患，人民从此安享太平。

浩浩中华，正是在这样的圣主的统治之下，才使得民族文化这样的博大精深，民族气魄才这样的震人心扉。

尧帝 …………………………（1）　　大禹 …………………………（8）
舜帝 …………………………（5）

周代篇

"普天之下，莫非王土，率土之滨，莫非王臣"，文王的雄韬伟略、励精图治，姜尚的神机妙算、运筹帷幄，使得周朝逐渐繁盛，最终攻破朝歌，在"九州夷裔"的广袤地域里，建立起大周王朝。

但是合久必分分久必合的规律是人人都不能阻挡的历史规律，当历史的车轮碾尽尘埃，时间流转到列国争雄的春秋战国时代，一个个光鲜的身影在历史的广阔舞台上出没：勾践、管仲、孙武、苏秦、商鞅、孙膑、廉颇、蔺相如，在金戈铁马中诠释什么叫权欲和计谋；老子、孔子、孟子、庄子、屈原、韩非子，百家争鸣，气势恢宏，为中国文化加入了浓墨重彩的一笔。

姬昌 …………………………（12）　　商鞅 …………………………（57）
姜尚 …………………………（14）　　孙膑 …………………………（62）
勾践 …………………………（18）　　廉颇 …………………………（70）
管仲 …………………………（21）　　蔺相如 ………………………（73）
孙武 …………………………（33）　　孟子 …………………………（78）
老子 …………………………（39）　　庄子 …………………………（81）
孔子 …………………………（48）　　屈原 …………………………（85）
苏秦 …………………………（53）　　韩非子 ………………………（88）

秦代篇

一个13岁称王的孩子,在列国纷战的时代背景下,对内,消除异己,将权倾朝野的奸臣消灭殆尽;对外,用自己的雄韬伟略远交近攻,用十年的时间灭掉六国,中华民族第一次实现了完全的统一,时代也一跃进入了封建时期。之后,车同轨,书同文,统一货币、度量衡,修长城、建驰道,北击匈奴,南平百越,励精图治,他就是中国第一位皇帝秦始皇。

而李斯也因为自己的才华,从众臣中脱颖而出,成为秦始皇的左膀右臂,秦朝的建立李斯功不可没。

但是,这位中国第一的皇帝却没有实现历代统治的梦想,因为太过严厉和奢侈的统治,力能扛鼎的项羽一举消灭了秦朝,咸阳的大火三日不绝,秦朝二世而亡,历史掀开新的一页。

秦始皇 …………………………… (92)　李斯 …………………………… (108)
项羽 ……………………………… (104)

汉代篇

咸阳的大火三日不绝,却没有帮助项羽成功的战胜刘邦,楚汉分界之后,在垓下,四面楚歌迷惑了项羽,刘邦成功战胜项羽,成为中国又一代王朝的开国之君,但是刘邦的成功,却少不了有着定国兴邦大智的韩信和天生的将相之才萧何的帮助,正是因为他们,大汉才得以建立。文景之治为汉武帝的统治奠定了坚实的基础,因为汉武帝,大汉王朝得以昂然屹立。李广、霍去病,征战南北,汉朝第一次在匈奴的铁蹄之下扬眉吐气。

司马迁在经受腐刑的情况下,用自己坚忍不拔的意见书就了伟大的《史记》,这本号称史家之绝唱无韵之离骚的鸿篇巨著成为历代研究史实的经典之作。

时光流转,历史进入新的朝代——东汉,蔡伦、许慎都用自己的平生所学造就着世人。而袁绍的出现,却是预示着历史即将开始一番新的混战。

刘邦 ……………………………… (116)　霍去病 ………………………… (145)
韩信 ……………………………… (123)　司马迁 ………………………… (152)
萧何 ……………………………… (130)　许慎 …………………………… (155)
刘彻 ……………………………… (133)　袁绍 …………………………… (156)
李广 ……………………………… (139)　蔡伦 …………………………… (165)

三国两晋南北朝篇

所谓时势造英雄，动乱的社会舞台总会为精英留一席之地。曹操在兵荒马乱的时候，用计谋、用韬略，挟天子以令诸侯，成功跻身于权力的巅峰，与诸葛亮辅佐下的刘备，周瑜效力的孙权，三分天下。尽管诸葛亮鞠躬尽瘁，死而后已，却挡不住历史的车轮隆隆前进，乐不思蜀的刘禅终究是烂泥巴糊不上墙。而羽扇纶巾的江南才俊周瑜，也是英年早逝，错过了历史最有看头的时候。

尽管战乱的年代，却挡不住文化的传承和进步。博学多才的祖冲之将圆周率计算到小数点后七位，还创立了《大明历》；"书圣"王羲之，则用自己的字征服了世人。"飘若游云，矫若惊龙"的《兰亭集序》，更是为历代书法家所敬仰。王羲之和祖冲之用自己的才华，影响着一代又一代的人。

曹操	（168）	周瑜	（186）
曹植	（175）	王羲之	（192）
诸葛亮	（178）	祖冲之	（197）

隋 唐 篇

隋朝虽然短命，但是在杨坚的统治下，却建立了不少泽被历代的好事。杨坚虽然是后期篡位，但是重新统一了国家，外御强敌突厥、契丹，内令人民修养生息，开始修建大运河，功劳究大于过。

李密、窦建德的出现，使得原本换乱不堪的时代变成了几个大的集团争雄。而李世民，虽然年少，但是有着天生的王者风范，南征北战，不光建立了唐朝，而且在自己的从善如流和任人唯贤的统治下，掀开了"贞观之治"的光辉一页。

历史上唯一的女皇帝则天，尽管登基并不光彩，却延续了唐太宗的辉煌。安史之乱结束了唐朝的繁荣昌盛，幸好郭子仪和李光弼的存在，保住了大唐基业。

唐朝无论在哪方面都称得上是绝对的繁华，唐诗更是中华文化中的奇葩。"诗仙"李白、"诗圣"杜甫堪称翘楚。

杨坚	（200）	郭子仪	（234）
窦建德	（210）	李光弼	（245）
李密	（216）	李白	（251）
唐太宗	（218）	杜甫	（258）
武则天	（225）	李德裕	（260）

宋 代 篇

在众人的记忆中，可能宋朝能够让世人铭记的也就是几个懦弱无能的皇帝，要么不愿亲临前线，要么举家逃跑。但是好在，还有很多的精臣良将存在，爱喝醋但是更爱国家的寇准、号称包青天的包拯，主张变法的王安石，本领强、有远见的狄青，精忠报国的岳飞，一片丹心照汗青的文天祥，用不同的方式演绎了对祖国的忠心不二。

另外，毕昇发明了印刷术，让中华文明跻身世界前列；号称科学通才的沈括著就了科学巨著《梦溪笔谈》，被誉为是中国科学史上的里程碑，影响深远。

赵匡胤 …………………………（266）
寇准 ……………………………（272）
包拯 ……………………………（279）
狄青 ……………………………（284）
王安石 …………………………（288）
毕昇 ……………………………（292）
沈括 ……………………………（295）
岳飞 ……………………………（302）
文天祥 …………………………（312）

辽金元夏篇

中国历史朝代的兴替总是不断地进行着，众多的少数民族在自己有才干的首领的带领下，开始反抗原来压迫自己的民族，翻身农奴把歌唱，实现了自己当家作主，并逐渐将权利扩大，鼎盛时期甚至统治了大半个中国。

女真勃兴于今黑龙江、松花江流域及长白山地区。1115年，女真领袖完颜阿骨打称帝建国，国号大金。金朝建立以后，展开了征辽、征宋的战争。金在与南宋、西夏并立期间，迫使西夏臣附、南宋屈辱求和，始终维持其霸主地位。

金末年，自然灾害较为严重，上京的繁荣成为过去。同时，蒙古大汗成吉思汗叛金自立，开始进攻金朝的北方，并迅速占领长城以北的广大地区，最终导致金朝的亡国。

阿保机 …………………………（328）
李元昊 …………………………（333）
完颜阿骨打 ……………………（343）
成吉思汗 ………………………（347）
耶律楚材 ………………………（363）
忽必烈 …………………………（378）
郭守敬 …………………………（413）
关汉卿 …………………………（423）
黄道婆 …………………………（425）
张士诚 …………………………（428）

明 朝 篇

　　有着诸多身份的朱元璋,饱尝了人间的冷暖,尽管书读得不多,却是确实天生的军事家。在元朝统治后期,在广大人民正处于水深火热的时候,在刘伯温、徐达、常遇春的辅佐之下,征战南北,最终建立了明朝,将百姓重新聚集在自己的旗帜之下,明朝统治开始了。

　　趁着国威,郑和率领船队七下西洋,创造了中国航海史上的神话。

　　到了明朝的中后期,已经脱去了明朝建国时候的繁华,开始了不温不火的统治时期。但是仍旧不乏亮点,海瑞、戚继光、史可法、张居正、袁崇焕、李时珍,都是响当当的名讳。尽管他们当中有些人虽然爱国,但是结局却十分悲惨,但是他们的光辉事迹却被一代又一代的世人流传。

　　明朝后期,人民向任何一个朝代的人一样生活在水深火热之中。哪里有压迫哪里就有反抗,农民举起反抗的大旗,李自成在短暂的时间内,赢得了众多百姓的支持,但是最终身陷囹圄,被敌人杀害。

朱元璋	（434）	李时珍	（474）
徐达	（444）	张居正	（477）
常遇春	（451）	戚继光	（486）
刘基	（456）	袁崇焕	（491）
郑和	（463）	史可法	（506）
海瑞	（468）	李自成	（520）

清朝篇

　　清朝于1644年入关，定都北京，逐渐完成了统一，建立了全国统一的政权。这一成就的取得，要归功于努尔哈赤、皇太极和多尔衮的统治，正是因为他们才使得清朝如此顺利的问鼎中原，成为中原的统治者。

　　清朝在历史上曾经出现过很多著名的明君。康熙、雍正、乾隆，缔造了"康乾盛世"的局面。刘墉、纪晓岚这些名臣因着自身的才华，也都名留青史。

　　但是清朝这个处在历史转换时期的朝代，注定要接受世人的白眼和谩骂。尽管有着号召世人睁眼看世界的林则徐和严复，终究没有挡住李鸿章、左宗棠、张之洞、曾国藩名义上变法但是实际是在维护封建统治的历史洪流。因为在他们背后还有一个更大的阻碍，就是慈禧太后。林则徐和严复启发了康有为和梁启超，依然被封建统治者的强大势力压迫掉了。虽然在这期间，国家有着懵懂的复苏迹象，比方说詹天佑率领工程师建立了我们自己的铁路，终究还是力量太过弱小，只能是挣扎，最终还是被淹没了。

努尔哈赤	（528）	龚自珍	（597）
皇太极	（542）	曾国藩	（602）
多尔衮	（555）	左宗棠	（605）
郑成功	（566）	李鸿章	（607）
康熙	（569）	慈禧太后	（619）
雍正	（574）	张之洞	（624）
乾隆	（580）	严复	（627）
刘墉	（585）	袁世凯	（630）
纪晓岚	（588）	康有为	（637）
林则徐	（592）	詹天佑	（648）

上古夏商篇

上古时代，整个世界处于蛮荒的状态，原始的人类祖先聚集在一起，钻木取火，茹毛饮血，繁衍了人类。洪水肆虐，野兽出没，人类召唤圣主的出现。有着非凡绝伦的品质和才智的尧出现，治洪水，定历法，造福百姓。并且任人唯贤，让同样圣明有德的舜继承了皇位。舜执政，励精图治，减轻刑罚，明确群臣分工，百姓在此期间享受恩泽。而在巴蜀人民屡遭洪水迫害的时候，威望甚重的禹成功治理了水患，人民从此安享太平。

浩浩中华，正是在这样的圣主的统治之下，才使得民族文化这样的博大精深，民族气魄才这样的震人心扉。

尧 帝

尧，中国古代传说的圣王，《尚书》和《史记》都说他名叫放勋。后代又传说他号陶唐，姓伊祁氏，故亦称为唐尧。

相传尧父为帝喾，母为陈锋氏女。帝喾乃黄帝曾孙，在位70年，"日月所照，风雨所至，莫不从服"，卒后由尧之异母兄挚继位。挚在位9年，为政不善，而禅让于尧。

晋皇甫谧《帝王世纪》说："尧都平阳，于《诗》为唐国。"以后历代有"尧都平阳"之说。平阳即今山西临汾市，《诗经》中所说的唐国即在山西境内。今临汾尚存始建于晋代的尧庙，以及唐代修筑的尧陵。

尧的品质和才智俱是非凡绝伦，"其仁如天，共知（智）如神。就之如日，望之如云。富而不骄，贵而不舒。"所以他即位以后，局面大变：举荐本族德才兼备的贤者，首先使族人能紧密团结，做到"九族既睦"；又考察百官的政绩，区分高下，奖善罚恶，使政务井然有序；同时注意协调各个邦族间的关系，教育老百姓和睦相处，因而"协和万邦，黎民于变时雍"，天下安宁，政治清明，世风祥和。

传说在尧的时代，首次制定了历法，这样，劳动人民就能够依时按节从事生产活动，不致耽误农时。汉民族是农业垦殖历史悠久的民族，对农时十分重视，故《尚书·尧典》对此有详细记载。

《尧典》上说，尧命令羲氏、和氏根据日月星辰的运行情况制定历法，然后颁布天下，使农业生产有所依循，叫"敬授民时"。他派羲仲住在东方海滨叫旸谷的地方，观察日出的情况，以昼夜平分的那天作为春分，并参考鸟星的位置来校正；派羲叔住在叫明都的地方，观察太阳由北向南移动的情况，以白昼时间最长的那天为夏至，并参考火星的位置来校正；派和仲住在西方叫昧谷的地方，观察日落的情况，以昼夜平分的那天作为秋分，并参考虚星的位置来校正；派和叔住在北方叫幽都的地方，观察太阳由南向北移动的情况，以白昼最

短的那天作为冬至,并参考昴星的位置来校正。

二分、二至确定以后,尧决定以366日为一年,每三年置一闰月,用闰月调整历法和四季的关系,使每年的农时正确,不出差误。由此可知,古人将帝尧的时代视为农耕文化出现飞跃进步的时代。

尧的时代,又是传说中的洪水时期。"汤汤洪水方割,荡荡怀山襄陵,浩浩滔天",水势浩大,奔腾呼啸,淹没山丘,冲向高冈,危害天下,民不安居。尧对此非常关切,征询四岳(四方诸侯之长)的意见,问谁可以治理水患,四岳推荐了鲧。尧觉得鲧这个人靠不住,经常违抗命令,还危害本族的利益,不适宜承担这项重要的工作。但是四岳坚持要让鲧试一试,说实在不行,再免去他的职务。于是尧任命鲧去治理水患。鲧治水9年,毫无功绩。这是关于尧的传说中,政治上的一次失误,类似的不足之处还有若干,总之尧的时代也不是尽善尽美,故又有舜继起的一番励精图治。

在诸子书中,还有关于帝尧武功的传说,文治和武功俱臻美备,方见得尧之所以为古昔圣王。《吕氏春秋·召类篇》说:"尧战于丹水之浦,以服南蛮。"曾讨伐过南方的帮族,并亲自出征作战。《淮南子·本经训》说:"逮至尧之时,十日并出,焦禾稼,杀草木,而民无所食。猰貐、凿齿、九婴、大风、封豨、修蛇,皆为民害。"尧派后羿将那些野兽杀死,并射落九日。据说人们对尧为民除害的举措十分感激,所以拥戴他为天子。羿射九日已是神话,不过其中称颂尧"兴利除害,伐乱禁暴"的意思,确实是推崇帝尧安邦治国有道,不但文治昌明,而且武功赫奕。

尧的传说最为人们称道的,是他不传子而传贤,禅位于舜,不以天子之位为私有。尧在位70年,感觉到有必要选择继任者。他早就认为自己的儿子丹朱凶顽不可用,因此与四岳商议,请他们推荐人选。四岳推荐了舜,说这个人很有孝行,家庭关系处理得十分妥善,并且能感化家人,使他们改恶从善。尧决定先考察一番,然后再行决定。

尧把自己的两个女儿娥皇、女英嫁给舜,从两个女儿那里考察他的德行,看他是否能理好家政。舜和娥皇、女英住在沩水河边,依礼而行事,二女都对舜十分倾心,恪守妇道。

尧又派舜负责推行德教,舜便教导臣民以"五典",即父义、母

后羿射日

慈、兄友、弟恭、子孝这五种美德指导自己的行为，臣民都乐意听从他的教诲，普遍依照"五典"行事。

尧又让舜总管百官，处理政务，百官都服从舜的指挥，百事振兴，无一荒废，并且显得井井有条，毫不紊乱。

尧还让舜在明堂的四门，负责接待四方前来朝见的诸侯。舜和诸侯们相处很好，也使诸侯们都和睦友好。远方来的诸侯宾客，都很敬重他。

最后，尧让舜独自去山麓的森林中，经受大自然的考验。舜在暴风雷雨中，能不迷失方向，依然行路，显示出很强的生活能力。

经过三年各种各样的考察，尧觉得舜这个人无论说话办事，都很成熟可靠，而且能够建树业绩，于是决定将帝位禅让于舜。他于正月上日（初一），在太庙举行禅位典礼，正式让舜接替自己，登上天子之位。尧退居避位，28年后去世，"百姓悲哀，如丧父母。三年，四方莫举乐，以思尧"，人们对他的怀念之情甚为深挚。

娥皇、女英

在先秦时期，以儒家和墨家两个学派最有势力，号称"显学"，两家都以尧舜为号召。从那时起，尧就成为古昔圣王，既是伦理道德方面的理想人格，又是治国平天下的君主楷模。孔子说："大哉尧之为君也！巍巍乎！唯天为大，唯尧则之。荡荡乎，民无能名焉。巍巍乎其有成功也，焕乎其有文章！"孔子对尧的赞美，随着儒家在中国文化传统中的地位渐趋重要，而日益深入人心。后来儒家即以"祖述尧舜，宪章文武"为标帜；到唐代韩愈以至于宋明理学，大倡"道统"之说，尧遂成为儒家精神上的始祖。在整个封建时代，从未有人怀疑过尧在历史上的存在和他的业绩。

舜 帝

舜，姚姓，名重华，历史上又称为虞舜。舜是黄帝的后代，自幼在历山（今址不确，一说即今山西永济县境内的中条山）一带以耕田打渔为生，因其勤劳智慧，孝名远播，深受当地人民爱戴。然而，舜的家世却非常不幸。母死父盲，继母又奸诈，异母弟名象，也常欺侮他。

舜帝是道德文化的鼻祖。《史记》所载："天下明德，皆自虞舜始。"舜帝文化精神之魂可称为"德为先，重教化"，舜文化是由野蛮走向文明的历史转折时期的中华文化。以农耕文化为内涵的炎帝文化，以政体文化为内涵的黄帝文化，以道德文化为内涵的舜文化，共同构成了中华文化的三座里程碑。

舜，历来与尧并称，为传说中的圣王。舜之所以又称虞舜，据说是国号有虞，按先秦时代以国为氏的习惯，故称有虞氏。还传说舜出生于姚墟，故姓姚氏。但《史记》说舜是"冀州之人"，唐代张守节特别指出："蒲州（古称蒲坂）河东县本属冀州。"似认为舜是河东县人。唐代蒲州河东县即今山西永济县，治所在今蒲州镇。

相传舜的家境清贫，故从事各种体力劳动，经历坎坷。他在历山耕耘种植，在雷泽（旧说即山东济阴境内的古雷夏泽）打渔，在黄河之滨制作陶器，在寿丘（今地不详）制作家用器物，还到负夏（今地不详）做过小本生意。总之，生计艰难，颠沛流离，为养家糊口而到处奔波。

相传舜在20岁的时候，名气就很大了，他是以孝行而闻名的。因为能对虐待、迫害他的父母坚守孝道，故在青年时代即为人称扬。过了十年，尧向四岳征询继任人选，四岳就推荐了舜。尧将两个女儿嫁给舜，以考察他的品行和能力。舜不但使二女与全家和睦相处，而且在各方面都表现出卓越的才干和高尚的人格力量。"舜耕历山，历山之人皆让畔；渔雷泽，雷泽之人皆让居"，只要是他劳作的地方，便兴起礼让的风尚；"陶河滨，河滨器皆不苦窳"，制作陶器，也能带动周围的人认真从事，精益求

舜

精,杜绝粗制滥造。他到了哪里,人们都愿意追随,因而"一年而所居成聚(聚即村落),二年成邑,三年成都(四县为都)"。尧得知这些情况很高兴,赐予舜絺衣(细葛布衣)和琴,赐予牛羊,还为他修筑了仓房。

舜得到了这些赏赐,盲父和象很是眼热,他们想杀掉舜,霸占这些财物。盲父让舜修补仓房的屋顶,却在下面纵火焚烧仓房。舜靠两只斗笠作翼,从房上跳下,幸免于难。又一次,盲父令他挖井,并趁他在井下之机和象一起用土把井填上了。他们以为这次舜必死无疑,就开始高高兴兴地瓜分舜的遗产:象霸占了舜的琴、屋和娇妻(即尧的两个女儿),盲父与继母则抢走了舜的牛羊和粮食。然而,正当象安坐在舜的屋中弹琴时,舜却意外地出现在他面前——原来,聪明的舜在挖井时就已在井旁开了一个出口,当盲父和象下毒手时,他便从旁边的出口逃生了。象见舜还活着,吓得面如土色,双手僵在琴弦上,磕磕巴巴地说:"哥……哥,我一直都……都……都很想念你。"舜明知是假,却仍笑着安慰象,并一如既往地孝敬父母,爱护弟弟。

后来尧让舜参预政事,管理百官,接待宾客,经受各种磨炼。舜不但将政事处理得井井有条,而且在用人方面有所改进。尧未能起用的"八元"、"八恺",早有贤名,舜使"八恺"管土地,使"八元"管教化;还有"四凶族",即帝鸿氏的不才子浑敦、少皞氏的不才子穷奇、颛顼氏的不才子梼杌、缙云氏的不才子饕餮,虽然恶名昭彰,但尧未能处置,舜将"四凶族"流放到边远荒蛮之地。这些措施的落实,显示出舜的治国方略和政治才干。

经过多方考验,舜终于得到尧的认可。选择吉日,举行大典,尧禅位于舜,《尚书》中称为舜"受终于文祖"。又传说是舜代替尧摄行天子之政,虽有天子之权,而无天子之号。

舜执政以后,传说有一系列的重大政治行动,一派励精图治的气象。他重新修订历法,又举行祭祀上帝、祭祀天地四时、祭祀山川群神的大典;还把诸侯的信圭收集起来,再择定吉日,召见各地诸侯君长,举行隆重的典礼,重新颁发信圭。他即位的当年,就到各地巡守,祭祀名山,召见诸侯,考察民情;还规定以后五年巡守一次,考察诸侯的政绩,明定赏罚,可见舜注意与地方的联系,加强了对地方的统治。

传说中舜的治国方略还有一项是"象以典刑,流宥五刑",在器物上画出五种刑罚的形状,起警戒作用;用流放的办法代替肉刑,以示宽大。但又设鞭刑、扑刑、赎刑,特别是对不肯悔改的罪犯严加惩治。舜把共工流放到幽州,把欢兜流放到崇山,把三苗驱逐到三危,把治水无功的鲧流放到羽山,坏人受到惩处,天下人心悦诚服。

按《史记》所载传说,舜摄政28年,尧才去世。舜于三年的丧事完毕之后,便让位给尧的儿子丹朱,自己退避到南河之南。但是,天下诸侯都去朝见舜,却不理会丹朱;打官司的人也都告状到舜那里,民间编了许多歌谣颂扬舜,都不把丹朱放在眼里。舜觉得人心所向,天意所归,无法推卸,遂回到都城登上天子之位。不过,传说中舜的都城与尧的都城不在一个地方。据唐代孔颖达《毛诗正义》引皇甫谧所说:"舜所营都,或云蒲坂。"蒲坂在唐代是河东县,即今山西永济县。

尧死以后,舜在政治上又有一番大的兴革。原已举用的禹、皋陶、契、弃、伯夷、夔、龙、垂、益等人,职责都不明确,此时舜命禹担任司空,治理水土;命弃担任后稷,掌管农业;命契担任司徒,推行教化;命皋陶担任"士",执掌刑法;命垂担任"共工",掌管百工;命益担任"虞",掌管山林;命伯夷担任"秩宗",主持礼仪;命夔为乐官,掌管音乐和教育;命龙担任"纳言",负责发布命令,收集意见。还规定三年考察一次政绩,由考察三次的结果决定提升或罢免。通过这样的整顿,"庶绩咸熙",各项工作都出现了新面貌。上述这些人都建立了辉煌的业绩,而其中禹的成就最大,他尽心治理水患,身为表率,凿山通泽,疏导河流,终于制伏了洪水,使天下人民安居乐业。当此之时,"四海之内咸戴帝舜之功","天下明德皆自虞帝始",呈现出前所未有的清平局面。

舜在年老的时候,认为自己的儿子商均不肖,就确定了威望最高的禹为继任者,并由禹来摄行政事。故舜与尧一样,都是禅位让贤的圣王。据说舜在尧死之后,在位39年,到南方巡守时,死于苍梧之野,葬于江南九嶷山,称为"零陵"。

舜与尧一样,同是先秦时期儒墨两家推崇的古昔圣王。而舜对于儒家,又有特别的意义。儒家的学说重视孝道,舜的传说也是以孝著称,所以他的人格形象正好作为儒家伦理学说的典范。孟子继孔子之后对儒学的发展有巨大贡献,他极力推崇舜的孝行,而且倡导人们努力向舜看齐,做舜那样的孝子。他说:"舜,人也;我,亦人也。舜为法于天下,可传于后世,我由(犹)未免为乡人也,是则可忧也。忧之如何?如舜而已矣。"他甚至设想,舜为天子,而瞽父杀人被捕,舜虽不会利用权力破坏刑律而将其赦免,但一定到监狱里偷偷地把父亲背出来,一起逃到海滨,过无忧无虑的日子,为了共享天伦之乐而忘掉天子的地位。由于儒家的宣传,有关舜的传说事迹在中国传统文化中有着极深刻的影响。

现在学术界普遍认为,尧、舜、禹禅让的故事,确实反映了原始社会末期的情况,虽为传说,但自有其历史价值。有的学者特别指出,舜任命"八元"、"八恺"和皋陶等人,各有执掌,反映出部落联盟议事会已经开始蜕变为贵族的议事机构。

舜帝陵内的舜帝雕塑

大 禹

禹，姓姒，亦称大禹、夏禹。上古治水英雄，古涂山氏国（今安徽怀远）人。

远古时期，天地茫茫，宇宙洪荒，人民饱受海浸水淹之苦。尧在位的时候，黄河流域发生了很大的水灾，庄稼被淹了，房子被毁了，老百姓只好往高处搬。

尧召开部落联盟会议，商量治水的问题。他征求四方部落首领的意见：派谁去治理洪水呢？首领们都推荐鲧。尧对鲧不信任。首领们说："现在没有比鲧更强的人才啦，你试一下吧！"尧才勉强同意。

鲧花了9年时间治水，没有把洪水制伏。因为他只懂得水来土掩，造堤筑坝，结果洪水冲塌了堤坝，水灾反而闹得更凶了。

舜接替尧当部落联盟首领以后，亲自到治水的地方去考察。他发现鲧办事不力，就把鲧杀了，又让鲧的儿子禹去治水。禹改变了他父亲的做法，用开渠排水、疏通河道的办法，把洪水引到大海中去。他和老百姓一起劳动，戴着箬帽，拿着锹子，带头挖土、挑土，累得磨光了小腿上的毛。

经过13年的努力，终于把洪水引到大海里去，地面上又可以供人种庄稼了。

禹为了治水，到处奔波，多次经过自己的家门，却都没有进去。有一次，他的妻子涂山氏生下了儿子启，婴儿正在"哇哇"地哭，禹在门外经过，听见哭声，也狠下心没进去探望。

当时，黄河中游有一座大山，叫龙门山（在今山西河津县西北）。它堵塞了河水的去路，把河水挤得十分狭窄。禹到了那里，观察好地形，带领人们开凿龙门，把这座大山凿开了一个大口子。这样，河水就畅通无阻了。后代的人都称颂禹治水的功绩，尊称他是大禹。大禹"三过家门而不入"和吃苦耐劳、克己奉公的忘我精神被传为千古佳话，成为中华民族精神的重要组成部分。

大禹是中华民族的精神象征之一，大禹治水所衍生出的丰富意义，是中华悠久历史文化中重要的组成部分之一，也是最为华彩的一章。

巴蜀大地，江河众多，从远古开始，就一直水害频繁，危及着人民的生命财产安全。

夏禹

大禹在巴蜀治水,足迹广泛,主要集中在涪江、岷江(主要是青衣江)、川江流域。根据神话传说,大禹不仅分别治理各个水系流域,而且还将各个水系流域组合起来,形成一个网络,较为全面地治理四川的山川河流。

相传大禹在青衣江流域治水最为深入执著,功绩卓绝。现今青衣江飞仙关下侧一段天堑称"多功峡",是当地百姓为纪念大禹治水功多而取。古人称之为"与导岷同功","而微神禹疏凿之功,则天、荥、芦三县,其不为鱼蛤也者几希矣!州之人,当每饭不忘也夫。"可见大禹治理青衣江与当地劳动人民的密切关系。青衣江支流周公河与周公山有关,而周公山相传为大禹所祭之地,《尚书·禹贡》记载:"蔡蒙旅平,和夷底绩。"蔡即蔡山,蜀汉时易名周公山;蒙即蒙山,与蔡山相峙,以产茶著称。这句话的意思是:大禹在蔡蒙一带治水成功后,又来此旅祭,祈祷上天赐福于人间,让生息在此的子民从此安居乐业,永保和平,消除灾害。

位于川西北高原古城松潘附近的黄龙寺自然风景名胜区,为涪江上源。黄龙寺名称的由来,虽然众说不一,但最为人称道的是与大禹治水有关的方面。传说大禹疏通九天河时,天上的妖怪都治完了,唯有水下的九妖十八怪没有降服,继续为非作歹,残害生灵。这时,大禹便请在黄龙寺修道成仙的黄龙帮他治水降妖,黄龙久居此地,深知妖怪习性,便游入江中,打败了九妖十八怪;而且,还负舟导江,沿茂州(今茂汶)上溯,助禹治水,始有岷江。大禹治水成功后,对黄龙表示了深深的谢意。这一神话传说不仅说明了远古之时涪江上流水灾严重,而且,还将岷江的治理与涪江的治理结合起来,"因水为师"的大禹从源头开展治水活动,与当年他在黄河流域的治水方略相比又别具一格。

四川是万里长江的上游,容纳岷江、涪江、大渡河、嘉陵江、沱江、乌江等大小支流,浩浩荡荡,挟着紫色盆地的梦幻,冲出夔门,直逼坦荡的华中平原。在从宜宾到湖北宜昌这一称为川江的河段中,流传着不少关于大禹治水的壮丽迷人的神话故事,为川江的奇丽增添了丰富的人文色彩。

"终古平成思禹绩,乾坤准信等浮沤。"这是明代太守傅光宅咏涂山的诗句。涂山,在重庆南岸区,因大禹娶涂山氏之女而名。为了纪念大禹治水业绩,山上建有"禹王祠"、"涂后祠",其后建有禹王庙、涂山寺。巴国人民仿佛格外尊重这个"四川女婿",每年正月初一到十五,朝山盛会,游人如织,热闹非凡,清代名人王士祯曾有"飞瀑落长虹,登临见禹功"的诗句加以描述。

云阳龙脊石不仅是长江有名的水文标志,

巫山神女

而且，更有神奇动人的传说附丽在它身上。龙脊石在云阳县境内的长江江心，宛如一条巨龙潜于江中，又名龙潜石。相传洞庭湖中的老龙，游入长江，直至巴地，到处兴风作浪。于是，玉帝派大禹到凡间斩龙劈蛟，大禹见此孽龙残害生灵，不禁怒火中烧，金斧一挥，砍中老龙颈项，老龙作垂死挣扎，搅动龙尾，浊浪翻飞，天昏地暗。大禹再将一根金针刺向龙脊，结果了它的性命，老龙残尸化为铁石留于江心。龙脊石上诗文书法题刻极多，冬春之时，游人如云。龙脊石的这段大禹斩龙的传说与巫山县城西错开峡的传说相一致，那里至今仍有"龙斩台"。大禹在治水活动中斩杀孽龙，一方面表明大禹具有神力，是为"神禹"，另一方面也表明大禹治水并非易事，坎坷曲折，艰辛奋战。

曾为历代文人墨士传颂的巫山神女，是西王母之女，当大禹疏导长江三峡时，她在飞凤山麓一平台，授九卷天书与大禹，并派神丁相助，大禹"遂能导波决川，以成其功"。这块平台后人称之为神女授书台，此后她定居巫山，为民造福，日久天长，她的身影化为俊俏的神女峰。巫山人民竖碑立祠，泥塑金身，将神女祀为"佐禹治水"有功于三峡黎民的"正神"。

舜年老以后，也像尧一样，物色继承人。因为禹治水有功，大家都推选禹。禹就继任了部落联盟首领。

这时候，已到了氏族公社后期。生产力发展了，一个人生产的东西，除了维持自己的生活，还有了剩余。氏族、部落的首领们利用自己的地位，把剩余产品作为自己的私人财产，变成氏族的贵族。有了剩余的产品，部落和部落之间发生战争，捉住了俘虏，不再把他们杀掉，而把他们变成奴隶，为贵族劳动。这样，就渐渐形成奴隶和奴隶主两个阶级，氏族公社开始瓦解。

由于禹在治水中的功绩，提高了部落联盟首领的威信和权力，民主的气氛日淡。有一次，禹到东方视察，并且在会稽山（在今浙江绍兴一带）召集许多部落的首领。去朝见禹的人手里都拿着玉帛，仪式十分隆重。有一个叫做防风氏的部落首领，到会最晚。禹认为防风氏怠慢了他的命令，就把防风氏斩了。这说明，那时候的禹已经从部落联盟首领变成名副其实的国王了。后来，禹所在的夏部落的贵族拥戴禹的儿子启继承了禹的位子。

现在成都市龙泉驿区洛带镇有一座禹王宫，原建于乾隆年间，是湖广人入川时修的会馆，内供大禹像，现仅存大殿。七对石柱上镌刻的楹联完整无缺，其中一联为隶书：传子即传贤，天下为公，心同尧舜；治民先治水，山川永奠，泽重湖湘。

大禹治水的神话传说，是古老的巴蜀人民在征服自然的漫长过程中的实践、愿望、情感、理想、要求的曲折而又真实的反映，是以劳动人民改变作为自然的奴隶身份开始站立起来、辐射人的本质力量为基础而产生的。这些传说有着浓郁的巴蜀文化色彩，是巴蜀人民借助想象和幻想的虚构以表达人类征服自然的信念，并体现出原始思维的单纯、古朴、生动的特色，神话传说构思别致，幻想奇丽，是民俗文化和神话宝库中的璀璨之珠。

周代篇

"普天之下 莫非王土 率土之滨 莫非王臣"，文王的雄韬伟略 励精图治 姜尚的神机妙算 运筹帷幄 使得周朝逐渐繁盛 最终攻破朝歌 在"九州夷裔"的广袤地域里 建立起大周王朝。

但是合久必分分久必合的规律是人人都不能阻挡的历史规律 当历史的车轮碾尽尘埃，时间流转到列国争雄的春秋战国时代，一个个光鲜的身影在历史的广阔舞台上出没：勾践、管仲 孙武 苏秦 商鞅 孙膑 廉颇 蔺相如 在金戈铁马中诠释什么叫权欲和计谋；老子 孔子 孟子 庄子 屈原 韩非子 百家争鸣 气势恢宏 为中国文化加入了浓墨重彩的一笔。

姬 昌

周文王姬昌是西周的奠定者。在商纣王时为西伯,是三公之一,姓姬,名昌,又称周侯、西伯、伯昌、姬伯,文王为其死后追尊之号。古公亶父之孙,季历之子。他的生卒年不详,传说活了97岁,任周族首领50年。

姬昌是在其父季历死后担任周族首领的。他是一个很有作为的人,重视发展农业生产,关心民间疾苦,勤于政事,兢兢业业地治理国家。他以仁德为本,宽厚待人,保持质朴的美德,深得人心。这样,周族逐渐兴盛起来。为了使自己更有实力,他重视人才,礼贤下士,一大批仁人志士前来投奔。其中最有名的就是姜尚,即姜子牙。一次姬昌外出游猎,在渭水支流磻溪畔,见到正在垂钓的姜尚,攀谈后得知姜尚是个通晓天下形势、胸怀大志的难得的文武全才,就请他一起回都,立为国师。姜尚后来在兴周灭商的战争中,起了很大的作用。

姬昌在位时,商王朝还十分强大,所以,他在表面上仍臣服于商,但暗中加紧发展经济、扩充军队。纣王听了崇侯虎的告发,把他抓了起来,关在羑里。他镇定自若,潜心研究八卦,创制了《周易》。后在臣子的营救下,被释放回到了周。得释后,昌向商献洛西之地,请除炮烙酷刑。这时,他的决心已下,一定要攻灭商朝,报仇雪耻。

为作好灭商的准备,他分化瓦解商朝的附庸,成功地调解了虞、芮两国的争田纠纷,使河东小国纷纷前来归附,诸侯都把文王看成是将取代商纣的"受命之君"。在虞、芮归附的第二年,文王向西北、西南用兵,为灭商建立了巩固的后方。接着向东发展,过黄河进攻耆、邗等国。沿渭水东进,攻占了商朝在渭水中游的重要据点崇,扫除了周在东进道路上的一个障碍,并且据有关中的膏腴之地。在伐崇的第二年,文王在沣水西岸营建丰邑,把政治中心迁于丰(今西安市西南)。至此,文王已完成了对商都的钳形包围,周人对商朝已经形成咄咄逼人的攻势。

西伯姬昌晚年,周的势力已非常强盛,所谓"三分天下有其二",但他终

姬昌

身没有称王。其子武王伐商后,始追称他为文王。

迁都后第二年,就在大功垂成之际,姬昌得了重病。他自知不久于世,就嘱咐他的儿子姬发要抓住时机,不要犹豫不决。姬昌虽然没有亲自攻灭商朝,但他为儿子灭商建立周朝扫清了道路。他以德兴邦、以德治天下的丰功伟绩,受到了后人的推崇。后世儒者将他列入圣人行列,成为帝王政治风范的典型。

古书记载,文王曾"益《易》之八卦为六十四卦"。近年在岐邑所在地周原发现的周人甲骨上,发现有与《易》卦有关的数字。由此看来,文王演卦之说是有根据的。

武则天改国号为周时,追尊周文王为南周始祖文皇帝。

文王后天八卦图

姜　尚

姜尚,名望,吕氏,字子牙,也称吕尚,俗称姜太公。东海海滨人。西周初年,被周文王封为"太师"(武官名),被尊为"师尚父",辅佐文王,与谋"翦商"。后辅佐周武王灭商。因功封于齐,成为周代齐国的始祖。他是中国历史上最享盛名的政治家、军事家和谋略家。

相传姜尚的先世为贵族,在舜时为官,因功被封于吕(今河南省南阳),故为吕氏,名吕尚。

后来家道中落,至姜尚时已沦为贫民。为维持生计,姜尚年轻时曾在商都朝歌(今河南淇县)宰牛卖肉,又到孟津(今河南孟津县东北)做过卖酒生意。他虽贫寒,但胸怀大志,勤苦学习,始终不倦地研究、探讨治国兴邦之道,以期有朝一日能够大展宏图,为国效力。直到暮年,终于遇到了施展才华之机。

当时,正是东方大国殷商王朝走向衰亡的时期。商纣王暴虐无道,荒淫无度,朝政腐败,社会黑暗,经济崩溃,民不聊生,怨声载道。而西部的周国由于西伯姬昌倡行仁政,发展经济,实行勤俭立国和富民政策,社会清明,人心安定,国势日强,天下民众倾心于周,四边诸侯望风依附。壮心不已的姜尚,获悉姬昌为了治国兴邦,正在广求天下贤能之士,便毅然离开商朝,来到渭水之滨的西周领地,栖身于磻溪,终日以垂钓为事,以静观世态的变化,待机出山。一天,姜尚在磻溪垂钓时,恰遇到此游猎的西伯姬昌,二人不期而遇,谈得十分投机。姬昌见姜尚学识渊博,通晓历史和时势,便向他请教治国兴邦的良策,姜尚当即提出了"三常"之说:"一曰君以举贤为常,二曰官以任贤为常,三曰士以敬贤为常。"意思是,要治国兴邦,必须以贤为本,重视发掘、使用人才。姬昌听后甚喜,说道:"我先君太公预言:'当有圣人至周,周才得以兴盛。'您就是那位圣人吧?我太公盼望先生久矣!"于是,姬昌亲自把姜尚扶上车辇,一起回宫,拜为太师,称"太公望"。从此,姜尚英雄有了用武之地。

也有传说称姜尚本是处士,为逃避殷纣的暴政,隐海滨。又说他曾事纣,因纣无道而离去,游说诸侯,无所遇而卒归周文王。以上所说归周的途径虽不同,但归周后成为核心人物则是肯定的。

不久,商纣王怀疑周文王欲图谋商之天下,遂将周文王拘捕在都城的监狱里。于是他的家人广求天下美女和奇玩珍宝,献给纣王,赎出了文王。文王归国,便与姜尚暗地里谋划如何倾覆商朝政权。为此,姜尚策划出许多兵家谋略,由于这个原因,后人言及兵家权谋都首推姜尚,他便成了兵家的始祖,或称鼻祖。

姜尚在辅佐周文王期间,为强周灭商制定了一系列正确的内外政策。对内,实行农人助耕公田纳九分之一的租税,八家各分私田百亩,大小官吏都有分地,子孙承袭,作为俸禄等经济政策,促进生产的发展,打下了灭商的经济基础。对外,表面上坚持恭顺事殷,以麻痹纣王,暗中实行争取邻国、逐步拉拢、瓦解殷商王朝的盟邦,以剪商羽翼,削弱和孤立殷商王朝的策略。在姜尚的积极谋划下,归附周文王的诸侯国和部落越来越多,逐步占领了大部分殷商王朝的属地,出现了"天下三分,其二归周"的局面,为最后消灭纣王,取代殷商,创造了条件。

周文王死后,武王姬发继位,拜姜尚为国师,尊称师尚父。姜尚继续辅佐周国朝政。一次,周武王问道:"我欲轻罚而重威,少行赏而劝善多,简其令而能教化民众,何道可行?"姜尚答曰:"杀一人而千人惧,杀二人而万人惧,杀三人而三军振者,杀之;赏一人而千人喜,赏二人而万人喜,赏三人而三军喜者,赏之;令一人而千人行者,令之;禁二人而万人止者,禁之;教三人而三军正者,教之。杀一以惩万,赏一而劝众,此明君之威福。"武王言听计从,时时慎于行赏,力求令行禁止,使朝政治愈益清明。而此时的殷商王朝政局更加昏暗,叛殷附周者日多。周朝逐渐羽翼丰满,国势日隆。武王九年(约前1055年),为了探察诸侯是否会集而东讨商国,周军在姜尚的统帅下,浩浩荡荡开到孟津。周武王在这里举行了历史上有名的"孟津之誓",发表了声讨殷纣王的檄文。届时八百诸侯会诸此地,显示了武王的声威。

当时的诸侯国都很小,商朝国土中竟达1800多个。后来的春秋五霸和战国七雄是在兼并混战中形成的较大的诸侯国。当时许多诸侯都说,"商纣可伐!"武王和姜尚则认为,时机尚不成熟,殷商王朝的统治虽已陷入内外交

周武王

困、岌岌可危的境地，但其内部尚无明显的土崩瓦解之状，如果兴师伐纣，必然会遭到顽强抵抗。于是，决定班师回朝。这次行动，实际是灭商前的一次预演，在诸侯国间产生了强烈影响，使更多诸侯听命于周武王。

武王十一年（约前1062年），殷商王朝统治集团核心发生内讧，良臣比干被杀，箕子被囚为奴，微子启惧祸出逃，太师疵、少师强投降周武王。武王问姜尚："殷大臣或死或逃，纣王是否可伐？"姜尚答道："天与不取，反受其咎；时至不行，反受其殃。"武王闻言，决意举兵伐纣。遍告诸侯说："殷有重罪，不可以不毕伐。"遂以姜尚为主帅，统领兵车300乘，虎贲（猛士）3000名，甲士4.5万人，以"吊民伐罪"为号召，联合诸侯各国，出兵进取商都。但占卜结果却不吉利，部队行至汜水牛头山，风甚雷疾，旗折鼓毁，群公疑惧，有人甚至请求还师。只有姜尚坚持出兵，"今纣剖比干，囚箕子，伐之有何不可？举事而得时，则不看时日而事利，不假卜筮而事吉，枯草朽骨，安可知乎！"他说那些占卜用的龟甲和蓍草根本不懂什么吉凶。姜尚亲自援袍而鼓，率众先涉河，武王最终听从了姜尚的意见，统兵前进。

二月甲子（2月5日），周武王率领大军会合庸、蜀、羌、微、卢、彭、濮等方国部队战车4000乘陈师牧野（距商都朝歌70里，今河南淇县南），与纣王的17万大军展开决战。拂晓，进行了庄严的誓师——这便是历史上有名的"牧誓"。誓词历数纣王听信宠姬谗言，招诱四方罪人和逃亡奴隶，暴虐地残害百姓等罪行，说明伐纣的目的乃代天行罚，宣布战法和纪律要求，激励战士勇猛果敢作战。武王使尚父亲统百名精锐勇士"致师"——发起挑战，接着指挥戎车300乘、虎贲3000人、甲士4.5万乘势驰逐冲击。纣师虽众，皆无斗志，而且"前徒倒戈"——前面的士卒调转枪头指向商军，给武王开路。武王见此情景，指挥全军奋勇冲杀，结果，商纣王的十几万大军，当天就土崩瓦解。纣王见大势已去，连夜仓皇逃走，与妃子妲己一起在鹿台投火自焚，至此，殷商王朝宣告灭亡。

牧野之战之所以能大获全胜，多赖姜尚英明的组织指挥。在作战时机的把握上，选择在纣王麻痹松懈、众叛亲离之时；在力量的组织上，以"吊民伐罪"为号召，联合诸侯共同伐商；在作战指挥上，首先以兵车、猛士从正面展开突击，尔后以甲士展开猛烈冲杀，一举打乱了商军的阵势，夺取了战争的胜利。

周朝建国之后，姜尚因灭商有功，被封于齐，都城营丘（今临淄市北）。姜尚东行到自己的封地去，路上每宿必留，走得很慢。有人对他说："我听说过时机难得而易于失

周武王伐商的见证物——利簋

去，作为一个客人，安于路边旅店中的享乐，恐怕不像到自己封地上任的样子。"太公听了，夜里穿起衣服马上前行，天亮时到达营丘，正好遇到莱国的人来与他争夺营丘。

姜尚在齐国政局稳定后，又开始改革政治制度。他顺应当地的习俗，简易周朝的繁文缛节。大力发展商业，让百姓享受鱼盐之利。于是天下人来齐国的很多，齐国成为当时的富国之一。在周成王时，管叔、蔡叔作乱，淮河流域的少数民族也趁机叛乱，周王下令给姜尚说："东到大海，西到黄河，南到穆岭，北到无棣，无论是侯王还是伯男，若不服从，你都有权力征服他们。"从此，齐国成为大国，疆域日益广阔，使之成为后来的春秋"五霸"和战国"七雄"之一。战乱最终被周公姬旦平叛了。太公姜尚活了一百多岁而卒，但葬地不详。

相传兵书《六韬》为姜尚所作，后人考证系战国时人依托于他的作品。但从现存的内容看，基本上反映的是姜尚的军事实践活动和他的韬略思想。司马迁在《史记·齐太公世家》中指出："后世之言兵及周之阴权皆宗太公为本谋。"由此看来，姜尚实为中国谋略家的开山鼻祖。其军事韬略在中国战争史上占有重要地位，对后世用兵产生了深远的影响。

利簋底部铭文

利簋最有价值的是腹部内底部铸的铭文，共4行32个字。铭文开头即讲"武王伐纣，惟甲子朝，"这与有关文献中周武王在甲子日早上出兵伐纣的记载完全一致。

勾 践

　　勾践,春秋末越国国君。公元前496年至公元前465年在位。又名菼执。曾败于吴,屈服求和。后卧薪尝胆,发愤图强,使越终成强国。公元前473年灭吴。

　　越是古越人所建之国,越王允常时其国渐强,故楚国乃联越以制吴。当时,吴王阖闾打败楚国,成了南方霸主。吴国跟附近的越国(都城在今浙江绍兴)素来不和。公元前496年,越国国王勾践即位。吴王趁越国刚刚遭到丧事,就发兵打越国。吴越两国在檇李(今浙江嘉兴西南)地方,发生一场大战。吴王阖闾满以为可以打赢,没想到打了个败仗,自己又中箭受了重伤,再加上上了年纪,回到吴国,就咽了气。

　　吴王阖闾死后,儿子夫差即位。阖闾临死时对夫差说:"不要忘记报越国杀父之仇。"夫差记住这个嘱咐,叫人经常提醒他。他经过宫门,手下的人就扯开了嗓子喊:"夫差!你忘了越王杀你父亲的仇吗?"夫差流着眼泪说:"不,不敢忘。"他叫伍子胥和另一个大臣伯嚭操练兵马,准备攻打越国。过了两年,吴王夫差亲自率领大军去打越国。范蠡对勾践说:"吴国练兵快三年了。这回决心报仇,来势凶猛。咱们不如守住城,不要跟他们作战。"

　　勾践不同意,也发大军去跟吴国人拼个死活。两国的军队在太湖一带发动战争。越军果然大败。越王勾践带了五千个残兵败将逃到会稽山,被吴军围困起来。他跟范蠡说:"懊悔没有听你的话,弄到这步田地。现在该怎么办?"范蠡说:"咱们赶快去求和吧。"勾践派文种到吴王营里去求和。文种在夫差面前把勾践愿意投降的意思说了一遍。吴王夫差想同意,可是伍子胥坚决反对。

　　文种回去后,打听到吴国的伯嚭是个贪财好色的小人,就把一批美女和珍宝,私下送给伯嚭,请伯嚭在夫差面前讲好话。经过伯嚭在夫差面前一番劝说,吴王夫差不顾伍子胥的反对,答应了越国的求和,但是要勾践亲自到吴国来做人质。勾践把国家大事托付给文种,自己带着夫人和范蠡到吴国去。勾践到了吴国,夫差让他们夫妇俩住在阖闾大坟旁边的一间石屋里,叫勾践给他喂马。范蠡跟着做奴仆的工作。夫差每次坐

越王勾践剑

车出去，勾践就给他拉马。这样过了三年，夫差认为勾践真心归顺了他，就放勾践回国了。

勾践回到越国后，立志报仇雪耻。他唯恐眼前的安逸消磨了志气，在吃饭的地方挂上一个苦胆，每逢吃饭的时候，就先尝一尝苦味，还问自己："你忘了会稽的耻辱吗？"他还把席子撤去，用柴草当做褥子。这就是后来人传诵的"卧薪尝胆"。

越国的地盘，南面到句无，北面到御儿，东面到鄞，西面到姑蔑，面积总共百里见方。越王勾践召集父老兄弟宣誓说："我听说古代的贤明君主，四面八方的百姓来归附他就像水往低处流似的。如今我无能，只能带领男女百姓繁殖人口。"然后就下令年轻力壮的男子不许娶老年妇女，老年男子不能娶年轻的妻子；姑娘到了17岁还不出嫁，她的父母就要判罪，男子到了20岁不娶妻子，他的父母也要判刑。孕妇到了临产时，向官府报告，官府就派医生去看护。如果生男孩就赏两壶酒，一条狗；生女孩，就赏两壶酒，一头猪；一胎生了三个孩子，由官家派给乳母，一胎生了两个孩子，由官家供给口粮。嫡子为国事死了，免去他家三年的徭役；庶子死了，免去他家三个月的徭役，并且也一定像埋葬嫡子一样哭泣着埋葬他。那些孤老、寡妇、患疾病的、贫困的、无依无靠的人家，官府就收养他们的孩子。那些知名之士，官家就供给他整洁的住舍，分给他漂亮的衣服和充足的粮食，激励他们为国尽力。对于到越国来的各方有名人士，一定在庙堂上接见，以示尊重。勾践还亲自用船装满了粮食肉类到各地巡视，遇到那些漂流在外的年轻人，就供给他们饮食，还要询问他们的姓名。勾践本人也亲自参加劳动，不是自己种出来的东西决不吃，不是自己妻子织的布就不穿。十年不向百姓征收赋税，百姓每家都储存了三年的口粮。

这时，全国的父老兄弟都向越王勾践请求说："从前，吴王夫差让我们的国君在诸侯之中受屈辱，如今我们越国也已经上了轨道，请允许我们报这个仇吧！"勾践辞谢说："过去我们被吴国打败，不是百姓的过错，是我的过错，像我这样的人，哪里懂得什么叫受耻辱呢？请大家还是不要同吴国作战吧！"过了几年，父老兄弟又向越王勾践请求说："越国四境之内的人，都亲近我们的越王，就像亲近父母一样。儿子想为父母报仇，大臣想为君王报仇，哪有敢不竭尽全力的呢？请允许同吴国再打一仗吧！"越王勾践答应了大家的请求，于是召集大家宣誓道："我听说古代贤能的国君，不担心军队人数的不足，却担心军队士兵不懂

范蠡

什么叫羞耻，现在吴王夫差有穿着用水犀皮做成的铠甲的士兵十万三千人，可是夫差不担心他的士兵不懂得什么叫羞耻，只担心军队人数的不足。现在我要协助上天灭掉吴国。我不希望我的士兵只有一般人的血气之勇，而希望我的士兵能做到命令前进就共同前进，命令后退就共同后退。前进时想到会得到奖赏，后退时想到会受到惩罚，这样，就有合乎常规的赏赐；进攻时不服从命令，后退时不顾羞耻，这样，就有了合乎常规的刑罚了。"

经过"十年生聚又十年教训"，越之国力渐渐恢复起来。可是吴对此却毫不警惕。公元前482年，吴王夫差为参加黄池之会，尽率精锐而出，仅使太子和老弱守国。越王勾践遂乘虚而入，大败吴师，杀吴太子。夫差仓促与晋定盟而返，连战不利，不得已而与越议和。

公元前473年，越军再次大破吴国，吴王夫差被围困在吴都西面的姑苏山上，求降不得而自杀，吴亡。越王勾践既平吴，声威大震，乃步吴之后尘，以兵渡淮，会齐、宋、晋、鲁等诸侯于徐州（今山东滕县南），周天子使人命勾践为"伯"。时"越兵横行于江、淮东，诸侯毕贺，号称霸王"。不过此时，春秋行将结束，霸政趋于尾声，勾践已是春秋最后的一个霸主了。

管　仲

管仲（？~前645年），名夷吾，又名敬仲，字仲，春秋时期齐国著名的政治家，颖上（今安徽颖上）人。管仲少时丧父，老母在堂，生活贫苦，不得不过早地挑起家庭重担，为维持生计，与鲍叔牙合伙经商后从军。到齐国，几经曲折，经鲍叔牙力荐，为齐国上卿（即丞相），辅佐齐桓公成为春秋时期的第一霸主。

护主争位

管仲的祖先是姬姓的后代，与周王室同宗。父亲管庄是齐国的大夫，后来家道中衰，到管仲时已经很贫困。为了谋生，管仲做过当时认为是微贱的商人。他到过许多地方，接触过各式各样的人，见过许多世面，从而积累了丰富的社会经验。他几次想当官，但都没有成功。

管仲有位好朋友叫鲍叔牙，两人友情很深。他们俩一起经商，在经商时赚了钱，管仲总是多分给自己，少分给鲍叔牙。而鲍叔牙却从不和管仲计较。对此，人们背地议论说，管仲贪财，不讲友谊。鲍叔牙知道后就替管仲解释，说管仲不是不讲友谊只贪图金钱，他这样做，是由于他家贫困，多分给他钱，是我情愿的。管仲三次参加战斗，但三次都从阵上逃跑回来。因此人们讥笑他，说管仲贪生怕死，没有勇敢牺牲的精神。鲍叔牙听到讥笑后，深知这不符合管仲的实际情况，就向人们解释说，管仲不怕死，因为他家有年迈的母亲，全靠他一人供养，所以他不得不那样做。管仲同鲍叔牙的友谊非常诚挚，他也多次想为鲍叔牙办些好事，不过都没有办成；不但没有办成，反给鲍叔牙弄出很多新困难，还不如不办好。因此人们都认为管仲没有办事本领，鲍叔牙却不这样看，他心里明白，自己的朋友管仲是个很有本领的人。事情之所以没有办成，只是由于机

管仲

会没有成熟罢了。在长期交往中,他们两人结下了深情厚谊。

管仲处的正是列国并峙,互相征战不休的时代。当时在黄河下游比较活跃的大国有齐、鲁、郑、宋、卫;小国有邢、遂、谭、纪、杞。大国又分两派,一派是郑、齐、鲁,一派是宋、卫。小国也附属在各个大国一边。两派的力量以郑、齐、鲁为强。由于郑国发生内乱,渐渐中衰,齐国慢慢强大,逐渐成了各国的霸主。

此时,边境的各族也都发展起来。北方的狄人开始南下,成为中原各国的严重威胁。西方的戎人也开始东进,戎国经常侵犯鲁国和曹国,北戎又侵犯郑国,山戎又进攻燕国,伊洛之戎又进攻周王室。而南方的蛮人也跃跃欲试,想要北上。边境民族内侵,与周王室的衰弱是分不开的。在春秋之初周王还有些威信,自从鲁桓公五年(前707年)周郑绪葛之战,周桓王的肩被郑祝聃射中,王师大败。此后周王室就一蹶不振。齐襄公四年(前694年)周王室发生内乱,庄王杀了周公黑肩。

晋献公二年(前675年),周王室的芫国、边伯、鲁父、子禽、祝危等大夫叛乱,后经郑、虢出面调解才平息。周惠王为了报答郑、虢,将虎牢以东土地送给郑国,把酒泉送给虢国。于是王畿越来越小,威信也就越来越低。

公元前674年,齐僖公驾崩,留下三个儿子,太子诸儿、公子纠和小白。齐僖公死后,太子诸儿即位,是为齐襄公。太子诸儿虽然居长即位,但品质卑劣,齐国前途令国中老臣深为忧虑。当时,管仲和鲍叔牙分别辅佐公子纠和公子小白。一双好友,给两个公子当师傅,实为美谈。不过鲍叔牙当初对齐僖公令其辅佐公子小白很不满意,常常称病不出,因为他认为"知子莫若父,知臣莫若君"。国君知道小白将来没有希望继承君位,又以为他没有才能,才让他辅佐小白。而管仲却不以为然,当他了解内情后,劝导鲍叔牙说:"国内诸人因厌恶公子纠的母亲,以至于不喜欢公子纠本人,反而同情小白没有母亲。将来统治齐国的,非纠即白。公子白虽然没有公子纠聪明,而且还很性急,但却有远虑。除了我管仲,无人理解公子白。公子纠即使日后废兄立君,也将一事无成。到时不是你鲍叔牙来安定国家,还有谁呢?"这样,鲍叔牙听从了管仲的意见,出来接受任命,竭力尽心侍奉小白。不久,齐襄公与其妹鲁桓公的夫人文姜秘谋私通,醉杀了鲁桓公。对此,具有政治远见的管仲和鲍叔牙都预感到齐国将会发生大乱,所以他们都替自己的主子想方设法找出路。公子纠的母亲是鲁君的女儿,因此管仲和召忽就保护公子纠逃到鲁国去躲避。公子小白的母亲是卫君的女儿,卫国离齐国太远,所以鲍叔牙就同公子小白跑到齐国的南邻莒国去躲避。公子纠和公子白去的地方虽然一南一西,打算却都是一个,都是静观事态的发展,伺机而动。

齐襄公十二年(前686年),齐国内乱终于爆发。齐襄公叔伯兄弟公孙无知因齐襄公即位后废除了他原来享有的特殊权力而恼怒,勾结大夫闯入宫中,杀死齐襄公,自立为国君。公孙无知在位仅一年有余,齐国贵族又杀死公孙无知,一时齐国无君,一片混乱。两个逃亡在外的公子,一见时机成熟,都想急忙设法回国,以便夺取国君的宝座。齐国在公孙无知死后,商议拥立新君的各派势力中,正卿高溪势力最大,他和公子小白自幼相好。高溪又同另一个大夫国氏勾结,暗中派人急去莒国请公子小白回国继位。公子小白接信后又和鲍叔牙仔细分析国内形势,然后向莒国借了兵车,日夜兼程回国。鲁庄公知道齐国无君后,也万分焦急,立即派兵护送公子纠回国。后来发现公子小白已经先出发回国。管仲于是决定自请先行,亲率30乘兵车到莒国通往齐国的路上去截击公子小白。人马过即墨30余里,正遇见公子小白的大队车马。管仲非常沉着,等公子小白车马走近,就操起箭来对准射去,一箭射中,公子小白应声倒下。管仲见公子小白已被射死,就率领人马回去。其实公子小白并没有死,管仲一箭射中他的铜制衣带钩上,公子小白急中生智装死倒下。经此一惊,公子小白与鲍叔牙更加警惕,飞速向齐国挺进。当他们来到临淄时,由鲍叔牙先进城里劝说,齐国正卿高氏和国氏都同意护立公子小白为国君,于是公子小白就顺利地登上君位,这就是历史上有名的齐桓公。

管鲍相齐

齐桓公即位后,急需找到有才干的人来辅佐,因此就准备请鲍叔牙出来任齐相。鲍叔牙诚恳地对齐桓公说:"臣是个平庸之辈,现在国君施惠于我,使我如此享受厚遇,那是国君的恩赐。若把齐国治理富强,我的能力不行,还得请管仲。"齐桓公惊讶地反问道:"你不知道他是我的仇人吗?"鲍叔牙回答道:"客观地说,管仲是天下奇才。他英明盖世,才能超众。"齐桓公又问鲍叔牙:"管仲与你比较又如何?"鲍叔牙沉静地指出:"管仲有五点比我强。宽以从政,惠以爱民;治理江山,权术安稳;取信于民,深得民心;制订礼仪,风化天下;整治军队,勇敢善战。"鲍叔牙进一步谏请齐桓公释掉旧怨,化仇为友,并指出当时管仲射国君,是因为公子纠命令他干的,现在如果赦免其罪而委以重任,他一定会像忠于公子纠一样为齐国效忠。

管仲与公子纠一伙认为公子白已死,再没有人来争夺君位,也就不急于赶路,六天后才到齐国。一到齐国,没想到齐国已有国君,新君正是公子白。鲁庄公得知齐国已有新君后气急败坏,当即派兵进攻齐国,企图武装干涉来夺取君位。齐桓公也不示弱,双方在乾时会战,结果鲁军大败,公子纠和管仲随鲁庄公败归鲁国。齐军乘胜追击,进入鲁国境内。齐桓公为绝后患,遣书给鲁庄公,叫鲁国杀公子纠,交出管仲和召忽,否则齐军将全面进攻鲁国。鲁庄公得知后与大夫施伯商量,施伯认为齐国要管仲不是为了报仇雪恨,而是为了任用他为政。因为管仲的才干世间少有,他为政的国家必然会富强称霸。假如管仲被齐国任用,必将成

为鲁国的大患。因此施伯主张杀死管仲,将尸首还给齐国。鲁庄公兵败,闻齐国大兵压境,早吓得心颤胆寒,没有听施伯的主张。在齐国的压力下,鲁庄公杀死公子纠,并将管仲和召忽擒住,准备将二人送还齐桓公发落,以期退兵。召忽为了表达对公子纠的忠诚而自杀。死之前他对管仲说:"我死了,公子纠可说是有以死事之的忠臣了;你活着建功立业,使齐国称霸诸侯,公子纠可说是有生臣了。死者完成德行,生者完成功名。死生在我二人是各尽其分了,你好自为之吧。"

管仲抱着"定国家,霸诸侯"的远大理想,被装入囚车,随使臣回国。在回齐国的路上,管仲生怕鲁庄公改变主意,为了让役夫加快赶路,就心生一计,即兴编制了一首悠扬激昂的黄鹄之词,以唱歌给他们解除疲劳为名,教他们唱歌。他们边走边唱,越唱越起劲,越唱走得越快,本来两天的路程,结果一天半就赶到了。鲁庄公果然后悔了,管仲乃天下奇才,若用于齐,齐桓公无疑如虎添翼,不如先除掉此患。待他醒悟过来派兵追赶时,早已来不及了。管仲一路恐慌,最后平安到了齐国,鲍叔牙正在齐国边境堂阜迎接他。老友相逢,格外亲切。鲍叔牙马上命令打开囚车,去掉刑具,又让管仲洗浴更衣,表示希望他能辅助齐桓公治理国家。稍事休息后,管仲对鲍叔牙说:"我与召忽共同侍奉公子纠,既没有辅佐他登上君位,又没有为他死节尽忠,实在惭愧。现在又去侍奉仇人,那该让天下人怎样耻笑呀!"鲍叔牙诚恳地对管仲说:"你是个明白人,怎么倒说起糊涂话来。做大事的人,常常不拘小节;立大功的人,往往不需他人谅解。你有治国的奇才,桓公有做霸主的远大志愿,如你能辅佐他,日后不难功高天下,德扬四海。"

作好管仲的工作后,鲍叔牙赶回临淄,向齐桓公报告。经鲍叔牙的建议,齐桓公同意选择吉祥日子,以非常隆重的礼节,亲自去迎接管仲,以此来表示对管仲的重视和信任。同时也让天下人都知道齐桓公的贤达大度。此后,齐桓公经常同管仲商谈国家大事。一次齐桓公召见管仲,首先把想了很久的问题摆了出来:"你认为现在的国家可以安定下来吗?"管仲通过这个阶段的接触,深知齐桓公的政治抱负,但又没有互相谈论过,于是管仲就直截了当地说:"如果你决心称霸诸侯,国家就可以安定富强;你如果要安于现状,国家就不能安定富强。"齐桓公听后又问:"我现在还不敢说这样的大话,等将来见机行事吧!"管仲被齐桓公的诚恳所感动,他急忙向齐桓公表示:"君王免臣死罪,这是我的万幸。臣能苟且偷生到今天,不为公子纠而死,就是为了富国家强社稷;如果不是这样,那臣就是贪生怕死,一心为升官发财了。"说完,管仲就想告退。齐桓公被管仲的肺腑之言所感动,便极力挽留,并表示决心以霸业为己任,希望管仲为之出力。后来,齐桓公又问管仲:"我想使国家富强、社稷安定,要从什么地方做起呢?"管仲回答说:"必须先得民心。""怎样才能得民心呢?"齐桓公接着问。管仲回答说:"要得民心,应当先从爱惜百姓做起;国君能够爱惜百姓,百姓就自然愿意为国家出力。""爱惜百姓就得先使百姓富足,百姓富足而后国家得到治理,那是不言而喻的道理。通常讲安定的国家常富,混乱的国家常贫,就是这个道理。"这时齐桓公又问:"百姓已经富足安乐,兵甲不足又该怎么办呢?"管仲说:"兵在精不在多,兵的战斗力要强,士气必须旺盛。士气旺盛,这样的军队还怕训练不好吗?"齐桓公又问:"士兵训练好了,如果财力不足,又怎么办呢?"管仲回答说:"要开发山林、盐业、铁业,发展渔业,以此增加财源;发展商业,取天下物产,互相交易,从中收税。这样财力自然就增多了。军队的开支不就可以解决了吗?"经过这番讨论,齐桓公心情大好,就问管仲:"兵强、民足、国富,就可以争霸天下了吧?"管仲严肃地回答说:"不要急,这样还不可以。争霸天下是件大事,切不可轻举妄动。当前迫切的任务是让百姓休养生息,让国家富强,社会安定,不然很难实现称霸的目的。"由于管仲系统地论述了治国称霸之道,齐桓公的全部问题都迎刃而解,不久他就拜管仲为相,主持政事,为表示对管仲的尊崇,称管仲为仲父。管仲为齐相后,根据当时形势,对齐国进行了一系列改革。

改革富国

管仲注重实干,反对空谈,主张改革以富国强兵。他说:"国多财则远者来,地辟举则民留处;仓廪实而知礼节,衣食足而知荣辱。"齐桓公尊管仲为"仲父",授权让他主持一系列政治和经济改革:在全国划分政区,组织军事编制,设官吏管理;建立选拔人才制度,士经三审选,可为"上卿之赞"(助理);按土地分等征税,禁止贵族掠夺私产;发展盐铁业,铸造货币,调剂物价。管仲改革的实质,是废除奴隶制,向封建制过渡。管仲改革成效显著,齐国由此国力大增。对外,管仲提出"尊王攘夷",联合北方邻国,抵抗山戎族南侵。这一外交战略也获得成功。

行政方面:划分和整顿行政区划和机构,把国都划分为六个工商乡和十五个士乡,共二十一个乡。十五个士乡是齐国的主要兵源。齐桓公自己管理五个乡,上卿国子和高子各管五个乡。把国政分为三个部门,制订三官制度。官吏有三宰。工业立三族,商业立三乡,川泽业立三虞,山林业立三衡。郊外三十家为一邑,每邑设一司官。十邑为一卒,每卒设一卒师。十卒为一乡,每乡设一乡师。三乡为一县,每县设一县师。十县为一属,每属设大夫。全国共有五属,设五大夫。每年初,由五属大夫把属内情况向齐桓公汇报,督察其功过。于是全国形成统一的整体。

军队方面:管仲强调寓兵于农,规定国都中五家为一轨,每轨设一轨长。十轨为一里,每里设里有司。四里为一连,每连设一连长。十连为一乡,每乡设一乡良人,主管乡的军令。战时组成军队,每户出一人,一轨五人,五人为一伍,由轨长带领。一里五十人,五十人为一小戎,由里有司带领。一连二百人,二百人为一

卒，由连长带领。一乡二千人，二千人为一旅，由乡良人带领。五乡一万人，立一元帅，一万人为一军，由五乡元帅率领。齐桓公、国子、高子三人就是元帅。这样把保甲制和军队组织紧密结合在一起，每年春秋以狩猎来训练军队，于是提高了军队的战斗力。同时又规定全国百姓不准随意迁徙。人们之间团结居住，做到夜间作战，只要听到声音就辨别出是敌是我；白天作战，只要看见容貌，大家就能认识。

  为了解决军队的武器，规定犯罪可以用盔甲和武器来赎罪。犯重罪，可用甲与车戟赎罪；犯轻罪，可以用胄与车戟赎罪；犯小罪，可以用铜铁赎罪。这样可补充军队的装备不足。在经济方面，管仲提出"相地而衰"的土地税收政策，就是根据土地的好坏不同，来征收多少不等的赋税。这样使赋税负担趋于合理，提高了人民的生产积极性。同时，又提倡发展经济，积财通货，设"轻重九府"，观察年景丰歉，人民的需求，来收散粮食和物品。又规定国家铸造钱币，发展渔业、盐业，鼓励与境外的贸易，齐国经济开始繁荣起来。

  由于管仲推行改革，齐国出现了民足国富、社会安定的繁荣局面。齐桓公对管仲说："现在咱们民富国强，可以会盟诸侯了吧？"管仲谏阻道："当今诸侯，强于齐者甚众，南有荆楚，西有秦晋，然而他们自逞其雄，不知尊奉周王，所以不能称霸。周王室虽已衰微，但仍是天下共主。东迁以来，诸侯不去朝拜，不知君父。您要是以尊王攘夷相号召，海内诸侯必然望风归附。"管仲说的"尊王攘夷"，就是尊重周朝王室，承认周天子的共同领袖的地位；联合各诸侯国，共同抵御戎、狄等部族对中原的侵扰。攘夷于外，必须尊王。尊王成为当时的一面正义旗帜。齐桓公二年（前684年），齐桓公借报收纳公子纠之仇，出兵伐鲁。

成就桓公霸业

  当时鲁国刚被齐国打败不久，元气尚未恢复，齐兵压境，举国上下一片恐慌。恰巧鲁国曹刿出来为鲁庄公出谋献计，在长勺（今山东莱芜东北）把齐国打败。鲁国胜利后又去侵犯宋国。为了报长勺之败，齐国又联合宋国来攻打鲁国。由于鲁庄公采纳大夫公子偃的建议，在秉丘（今山东巨野西南）打败宋军。宋军一败，齐军自然也就撤走。次年，宋国为了昭雪秉丘之耻，又兴兵攻鲁，鲁庄公发兵抵抗，趁宋兵还没站住阵脚就发动猛攻，结果宋国被打得惨败。宋国连吃败仗，国内又发生内乱。大夫南宫长万杀了新立的郑闵公，不久宋贵族又杀了南宫父子。宋国的内乱，鲁国的战败，使他们的力量大为削弱。谭国（今山东济南东）是齐国西邻的小国。齐桓公出奔时曾经过这里，当时谭国君对齐桓公很不礼貌，齐桓公继位，谭国也没派遣使臣祝贺。按照春秋的礼法，像谭国这样失礼，遭到谴责是自然的。齐桓公对此极为不满，因此管仲建议出兵问罪。谭国本来很小，力量十分微弱,怎能经受齐国大兵的进攻。结果很快就被齐国消灭。齐国没费力气消灭了谭国,扩大了国土。齐桓公五年(前681年),在管仲的建议下,齐国与宋、陈、蔡、郑等国在齐的北杏(今山东聊城东)会盟,商讨安定宋国之计。遂国(今山东肥城南)也被邀请,但没有参加。管仲为了提高齐国的威望,就出兵把遂国消灭。鲁国本来比较强大,但因元气大伤,又看到诸侯国都服从齐国,不服从齐国的遂、谭两国又被消灭,所以也屈服了齐国。

不久,齐国与鲁国和好,在柯(今山东东阿西南)会盟。这次会盟很隆重,会场布置庄严。修筑高坛,两边大旗招展,甲士列立,十分威武。齐桓公和管仲正坐坛上。就在这次会盟中,发生了著名的曹沫劫盟事件。会盟规定,只许鲁君一人登坛,其余随员在坛下等候。当鲁庄公与卫士曹沫来到会场,将要升阶入坛时,会盟宾相告诉他,不准曹沫升坛。曹沫戴盔披甲,手提短剑紧跟在鲁庄公身后,对宾相瞪大圆眼,怒目而视,眼角几乎都要瞪裂了,吓得宾相后退几步,鲁庄公与曹沫就顺阶入坛。鲁庄公与齐桓公经过谈判,然后准备歃血为盟,正在这时,曹沫突然拔剑而起,左手抓住齐桓公的衣袖,右手持短剑直逼齐桓公。顿时齐桓公的左右被吓得目瞪口呆。此时管仲沉着勇敢,急忙插进齐桓公与曹沫中间,用身体保护住齐桓公,然后问:"将军要干什么?"曹沫正然道:"齐强鲁弱,大国侵略鲁国,欺人太甚。现在鲁国城破墙毁,几乎快要压到齐国。请考虑怎么办?"齐桓公见形势不妙,马上答应归还占领的鲁国土地。诺约草成,曹沫收剑徐步回位,平息如初,谈笑如故。会盟结束,鲁国君臣胜利回国。齐桓公君臣却愤愤不乐,许多人都想毁约,齐桓公也有这种想法。管仲不同意毁约,劝说齐桓公:"毁约不行,贪图眼前小利,求得一时痛快,后果是失信于诸侯,失信于天下。权衡利害,不如守约,归还占领的鲁国国土为好。"齐桓公听取了管仲的意见。

不久宋国叛齐,次年齐桓公邀请陈、曹出兵伐宋,又向周王室请求派兵伐宋。周王室派大臣单伯带领王师,与三国军队共同伐宋,结果宋国屈服了。这时,鲁、宋、陈、蔡、卫都先后屈服齐国,谭、遂两国早已消灭,只有郑国还在内乱。管仲因此建议齐桓公出面调解郑国内乱,以此来提高齐国的地位,加速实现做霸主的目的。郑国自厉公回国杀了子仪,又杀了恩人傅瑕,逼死大夫原繁,登位称君后,为巩固君位,就要联合齐国。管仲抓住这一时机,建议齐桓公联合宋、卫、郑三国,又邀请周王室参加,于齐桓公六年(前680年)在鄄(今山东鄄城)会盟。第二年,齐桓公又以自己名义召集宋、陈、卫、郑又在鄄会盟。这次会盟开得很成功,取得圆满成果。从此齐桓公已成为公认的霸主。晋献公十年(前667年)冬,齐桓公见郑国已屈服于齐国,就召集鲁、宋、陈、卫、郑、许、滑、滕等国君,又在宋国的幽会盟。周惠王也派召伯参加。这是一次空前盛会,几乎中原全部国家都参加了这次会盟。在这次盟会上,周天子的代表召伯又以天子的名义,向齐桓公授予侯伯的头衔。从此齐桓公便成了名副其实的霸主。

蔡丘之盟

晋献公十五年(前662年)鲁国发生内乱,鲁庄公死后,鲁闵公即位,不久被庆父杀死,鲁僖公即位,庆父畏罪自杀。僖公为了巩固君位,与齐国会盟于落姑,从此鲁国也安定下来。至此,齐桓公威望布于天下,德名远播诸侯,进一步扩大和巩固了他的霸业。

周惠王十四年(前664年),山戎趁机统兵万骑,攻打燕国,企图阻止燕国通齐,燕庄公抵挡不住,告急于齐桓公。齐桓公为了集中力量对付南方楚国,本来不想支援燕国。但管仲认为,当时为患一方的,南有楚国,北有山戎,西有狄,都是中原诸国的祸患。国君要想征伐楚国,必须先进攻山戎,北方安定,才能专心去征伐南方。如今燕国被犯,又求救于我国,举兵率先伐夷,必能得到各国的拥戴。齐桓公深以为然,遂举兵救燕。山戎闻齐师大队人马将至,掳掠大量财物解围而去。齐军与燕军合兵一处,北出蓟门关追击,杀得山戎兵落荒而逃。山戎首领带着残兵败将逃入孤竹国(今河北西北部)。齐军一鼓作气,兵围孤竹国,孤竹国派人诈降齐军,献上山戎首领首级,谎称孤竹国国君已弃国逃往沙漠。齐桓公以降将为前部,率军追赶。孤竹国降将将齐军诱入荒漠,自己则乘人不备逃之夭夭。

此时天色已晚,放眼望去只见茫茫一片平沙,狂风卷地,寒气逼人,齐军前后队伍失去了联系。齐桓公有些不知所措,忙向管仲求教解危之计。管仲沉吟片刻,遂让随行兵士敲锣打鼓,使各队闻声来集,屯扎一处,挨捱至天明。谁知,天虽已亮,沙漠中却炎热异常,又无饮水,一望无际的沙漠难辨方向,全军将士焦急万分。管仲见状,忙向齐桓公建议道:"臣听说老马识途,燕马多从漠北而来,也许熟悉此地,大王不妨令人挑选数匹老马放行,或许可以寻见出路。"齐桓公依其言,命人取数匹老马,放之先行,军队紧随其后,果然走出险地。孤竹国国君见齐燕大军被诱入沙漠,便举兵攻进无棣城,赶走了守城的燕兵,躲避在山谷中的百姓也随着回城。管仲见此情形,灵机一动,计上心来。他命令将士数人扮作百姓混入城中,半夜举火为应。然后,又分三路攻打无棣城的东南西三门,只留下北门让敌军逃跑,教王子成父和隰朋率一队兵马埋伏在北门之外。当天夜里,忽见城中四五处火起,齐军内应砍开城门,放大军兵马入城。孤竹国国君见势不妙,率众夺路而逃,直奔北门。谁知一行人刚刚冲出北门,路旁突然伏兵四起,截住了孤竹国的君臣等数人。两军厮杀,孤竹国国君死于乱军之中。齐桓公灭了令支、孤竹,辟地五百里,悉数赔给了燕庄公。诸侯莫不畏齐之威,感齐之德。

在救燕时,鲁国也表示出兵支援,但实际鲁国按兵未动。对此齐桓公很气愤,想出兵惩罚鲁国。管仲不同意这样做,他劝说齐桓公:"鲁国是齐国的近邻,不能为了一点小事就出兵,影响不好。为了齐国的声誉,我们可主动改善两国关系。这次征燕胜利,得到一些中原没有的战利品,不如送给鲁国一些,陈列在周公庙里。"齐桓公听了觉得很有道理,就赞成了这个意见。这样做对鲁国上下震动很大,其他各国反映也很好。当时西北方的狄人也起兵进攻中原,先攻邢国(今河北邢台),气焰嚣张。作为霸主的齐桓公,当然不能置之不理。管仲也很关心这个问题,他向齐桓公说:"戎狄性情十分残暴,贪得无厌。诸夏各国都是亲戚,彼此关心,一国有难,大家都应相助,不能袖手不理。满足现状的安乐是很危险的,出兵救邢才是上策。"齐桓公很赞成管仲的想法,就派兵救邢国,邢国很快得救。不久狄人又出兵攻卫国,卫懿公被杀,卫国灭亡。狄人又追赶卫国百姓到黄河沿岸。宋国出兵救出卫国百姓七百三十人,加上共、滕两邑的居民一共五千人,就在曹邑(今河南滑县)立卫戴公为国君。刚刚恢复的卫国,处境十分困难。

齐桓公、管仲派了公子无亏带着五百乘车马和三千名甲士来武装卫国,戍守曹邑。又给卫君带来乘马祭服,还给卫君夫人带来乘车和锦帛。此外还有牛羊猪狗鸡等三百余只。又帮助修建宫殿。邢国还未恢复,狄人又来第二次洗劫。晋献公十八年(前659年),狄人攻邢,形势十分严重。齐桓公和管仲立即联合宋、曹救邢。当齐、宋、曹军队到达时,邢国百姓如见亲人,纷纷投奔,狄人被打退。结果邢国又被狄人洗劫一空。于是齐桓公和管仲同宋、曹两国,帮助邢国把都城迁到夷仪(今聊城西南),这里靠近齐国,较为安全,使破乱的邢国得到安定。邢、卫两国都遭狄人洗劫,在齐桓公、管仲的主持下,得以复国。当时人们都赞赏地说:"邢国人迁进新都城,好像回到了老家。"恢复后的卫国,人们心情高兴,也忘记了亡国的悲痛。

楚国一直是南方的强国。自晋献公十一年(前666年)伐郑开始,一直在准备北上。

晋献公十八年(前659年),楚国又出兵郑国。齐桓公与管仲约诸侯共同救郑抗楚。由于楚国不断攻郑,齐桓公和管仲约鲁、宋、陈、卫、郑、许、曹等八国组成联军南下,首先一举消灭蔡国,直指楚国。楚国在大军压境的形势下,派使臣屈完出来谈判。屈完见到齐桓公就问:"你们住在北海,我们住在南海,相隔千里,任何事情都不相干涉。这次你们到我们这里来,不知是为了什么?"管仲在齐桓公身旁,听了之后就替齐桓公答道:"从前召康公奉了周王的命令,曾对我们的祖先太公说过,五等侯九级伯,如不守法你们都可以去征讨。东到海,西到河,南到穆陵,北到无棣,都在你们征讨范围内。现在,你们不向周王进贡用于祭祀的滤酒、包茅,公然违反王礼。还有昭王南征,至今未回,这事也不是与你们无关。我们现在兴师来到这里,正是为了问罪你们。"屈完回答说:"多年没有进贡包茅,确实是我们的过错。至于昭王南征未回是发生在汉水,你们去汉水边打听好了。"齐桓公见楚使屈完的态度不软不硬,就命令大军在陉驻扎下来。南北两军

相峙,从春季到夏季,已经半年。楚国又派屈完和齐桓公、管仲谈判。齐桓公、管仲早就无意打仗,只是想通过这次军事行动来显示霸主的威风,吓唬楚国罢了。所以他们很快就同意与屈完谈判,并达成协议,将军队撤到召陵。齐桓公为了炫耀兵力,就请屈完来到军中与他同车观看军队。齐桓公指着军队对屈完说:"指挥这样的军队去打仗,什么样的敌人能抵抗得了?这样的军队去夹攻城寨,有什么样的城寨攻克不下呢?"屈完很沉静地回答:"国君,你若用德义来安抚天下诸侯,谁敢不服从呢?如果只凭武力,那么我们楚国可以把方城山当城,把汉水当池,城这么高,池这么深,你的兵再多,恐怕也无济于事。"屈完回答得委婉有力。为形势所迫,齐桓公同意与楚国结盟。这样,南北军事对峙就体面地结束了。

公元前651年,周惠王去世。齐桓公会同各诸侯国拥立太子郑为天子,这就是周襄王。周襄王即位后,命宰孔赐齐桓公文武胙、彤弓矢、大路,以表彰其功。齐桓公召集各路诸侯大会于葵丘(今河南兰考、民权县境),举行受赐典礼。受赐典礼上,宰孔请周襄王之命,因齐桓公年老德高,不必下拜受赐。齐桓公想听从王命,管仲从旁进言道:"周王虽然谦让,臣子却不可不敬。"齐桓公于是答道:"天威不违颜咫尺,小白敢贪王命,而废臣职吗?"说罢,只见齐桓公疾走下阶,再拜稽首,然后登堂受胙。众诸侯见此,皆叹服齐君之有礼。齐桓公又重申盟好,订立了新盟。这就是历史上有名的"葵丘之盟"。这是齐桓公霸业的顶峰。至此,经过近30年的苦心经营,齐桓公在管仲的辅佐下,先后主持了三次武装会盟,六次和平会盟;还辅助王室一次,史称"九合诸侯,一匡天下",齐桓公成为公认的霸主。管仲虽然为齐桓公创立霸业立下了不朽的功勋,但他谦虚谨慎。周襄王郑五年(前647年),周襄王的弟弟叔带勾结戎人进攻京城,王室内乱,十分危急。齐桓公派管仲帮助周襄王平息内乱。管仲完成得很好,获得周王赞赏。周襄王为了表示尊重霸主的臣下,准备用上卿礼仪设宴为管仲庆功,但管仲没有接受。最后他接受了下卿礼仪的待遇。

彪炳史册

周襄王七年(前645年),为齐桓公创立霸业呕心沥血的管仲患了重病,齐桓公去探望他,询问他谁可以接替相位。管仲说:"国君应该是最了解臣下的。"齐桓公欲任鲍叔牙,管仲诚恳地说:"鲍叔牙是君子,但他善恶过于分明,见人之一恶,终身不忘,这样是不可以为政的。"齐桓公问:"易牙怎样?"管仲说:"易牙为了满足国君的要求不惜烹了自己的儿子以讨好国君,没有人性,不宜为相。"齐桓公又问:"开方如何?"管仲答道:"卫公子开方舍弃了做千乘之国太子的机会,屈奉于国君15年,父亲去世都不回去奔丧,如此无情无义、没有父子情谊的人,如何能真心忠于国君?况且千乘之封地是人梦寐以求的,他放弃千乘之封地,俯就于国君,他心中所求的必定过于千乘之封。国君应疏远这种人,更不能任其为相了。"齐桓公又问:"易牙、开方都不行,那么竖刁怎样?他宁愿自残身肢来侍奉寡人,这样的人难道还会对我不忠吗?"管仲摇摇头,说:"不爱惜自己的身体,是违反人情的,这样的人又怎么能真心忠于您呢?请国君务必疏远这三个人,宠信他们,国家必乱。"管仲说罢,见齐桓公面露难色,便向他推荐了为人忠厚、不耻下问、居家不忘公事的隰朋,说隰朋可以帮助国君管理国政。

遗憾的是,齐桓公并没有听进管仲的话。易牙听说齐桓公与管仲的这段对话,便去挑拨鲍叔牙,说管仲阻止齐桓公任命鲍叔牙。鲍叔牙笑道:"管仲荐隰朋,说明他一心为社稷宗庙考虑,不存私心偏爱友人。现在我做司寇,驱逐佞臣,正合我意。如果让我当政,哪里还会有你们容身之处?"易牙讨了个没趣,深觉管仲交友之密,知人之深,于是灰溜溜地走了。

不久管仲病逝。齐桓公不听管仲病榻前的忠言,重用了易牙等三人,结果酿成了一场大悲剧。两年后,齐桓公病重。易牙、竖刁见齐桓公将不久于人世,就开始堵塞宫门,假传君命,不许任何人进去。有两个宫女乘人不备,越墙入宫,探望齐桓公。桓公正饿得发慌,索取食物。宫女便把易牙、竖刁作乱,堵塞宫门,无法供应饮食的情况告诉了齐桓公。桓公仰天长叹,懊悔地说:"如死者有知,我有什么面目去见仲父?"说罢,用衣袖遮住脸,活活饿死了。桓公死后,宫中大乱,齐桓公的几个公子为争夺王位各自勾结其党羽,互相残杀,致使齐桓公的尸体停放在床上六十七天无人收殓,尸体腐烂生蛆,惨不忍睹。第二年三月,宋襄公率领诸侯兵送太子昭回国,齐人又杀了作乱的公子无亏,立太子昭为君,即齐孝公。

管仲的著作《管子》

经过这场内乱,齐国的霸业开始衰落。中原霸业逐渐移到了晋国。

管仲的一生,不仅建立了彪炳史册的功勋,还给后世留下了一部以他名字命名的巨著——《管子》。《管子》共24卷,85篇,今存76篇,内容极为丰富,包含道、名、法等家的思想以及天文、舆地、经济和农业等方面的知识。其中《轻重》等篇,是古代典籍中不多见的经济文献,对生产、分配、交易、消费、财政等均有论述,是研究我国先秦农业和经济的珍贵资料。管仲的传记,载于《史记·管晏列传》。

孙 武

孙武,字长卿,后人尊称其为孙子、孙武子。他出生于公元前535年左右,具体的生卒年不可考。齐国乐安(今山东惠民)人,春秋末年著名军事家。初由伍子胥推荐,受到吴王阖闾的召见,遂以《兵法》见吴王,被任为大将,率军大破楚国。所著《孙子兵法》是中国也是世界最早的兵书,其兵法思想标志着中国古代军事学的成熟。

研著兵书

孙武的祖先叫妫满,被周朝天子册封为陈国国君(陈国在今河南东部和安徽一部分,建都宛丘,今河南淮阳)。后来由于陈国内部发生政变,孙武的直系远祖妫完便携家带口,逃到齐国,投奔齐桓公。齐桓公早就了解陈公子妫完年轻有为,任命他为负责管理百工之事的工正。妫完在齐国定居以后,由姓妫改姓田,故他又被称为田完。一百多年后,田氏家族成为齐国国内后起的一大家族,地位越来越显赫,在齐国的领地也越来越大。田完的五世孙田书,做了齐国的大夫,很有军事才干,因为领兵伐莒(今山东莒县)有功,齐景公在乐安封给他一块采地,并赐姓孙氏。因此,田书又被称为孙书。孙书的儿子孙凭,做了齐国的卿,成为齐国君主以下的最高一级官员。孙凭就是孙武的父亲。

由于贵族家庭给孙武提供了优越的学习环境,孙武得以阅读古代军事典籍《军政》,了解黄帝战胜四帝的作战经验以及伊尹、姜太公、管仲的用兵史实。加上当时战乱频繁,兼并激烈,他的祖父、父亲都是善于带兵作战的将领,他从小也耳闻目睹了一些战争,这对少年孙武的军事方面的培养有着非常重要的影响。但孙武生活的齐国,内部矛盾重重,危机四伏。齐景公初年,左相庆封灭掉了右相崔杼。接着田、鲍、栾、高等四大家族又联合起来,赶走了庆封。后来,内乱日甚一日,齐国公室同四大家族的矛盾,四大家族相互之间争权夺利的斗争,愈演愈烈。孙武对这种内部斗争极其反感,不愿纠缠其中,萌发了远奔他乡、另谋出路去施展自己才能的念头。当时南方的吴国自寿梦称王以来,联晋伐楚,国势强盛,很有新兴气象。孙武认定吴国是他理想的施展才能和实现抱负的地方。在齐景公三十一年(前517年)左右,孙武正值18岁的青春年华,他毅然离开乐安,告别齐国,长途跋涉,投奔吴国而来。孙武一生的事业就在吴国展开,死后亦葬在吴国,因此《吴越春秋·阖闾内传》就把孙武称为"吴人"。

孙武来到吴国后，便在吴都（今苏州市）郊外结识了从楚国而来的伍子胥。伍子胥原是楚国的名臣，公元前522年因父亲伍奢和兄长伍尚被楚平王杀害而潜逃到吴国。他立志兴兵伐楚，为父兄报仇。孙武结识伍子胥后，十分投机，结为密友。这时吴国的局势也在动荡不安之中，两人便避隐深居，待机而发。

公元前515年，吴国公子光利用吴国伐楚、国内空虚的机会，以专诸为刺客，袭杀吴王僚，然后自立为王，称阖闾。阖闾即位后，礼贤下士，任用伍子胥等一批贤臣；他又体恤民情，不贪美味，不听淫乐，不恋女色，注意发展生产，积蓄粮食，建筑城垣，训练军队，因而大得民心，吴国呈现出一派欣欣向荣的

孙武

景象。阖闾又注重搜求各种人才，立志要使吴国更加强盛，向长江中游发展，灭楚称雄。隐居吴都郊外的孙武由此更加看清自己的前途，他在隐居之地，一边灌园耕种，一边写作兵法，并请伍子胥引荐自己。终于，孙武写好了13篇兵法。这13篇兵法，讲的全部都是如何克敌制胜的战略战术，全书构成了一个严密的体系。

为了使吴王能够任用他，他在兵法开头就说："吴王听我所陈之计而用兵则必胜，我就留在这儿；如不听我计而用兵则必败，我也就要再到别的国家去。"为了使吴王读兵法感到亲切，他在兵法中经常运用当时吴、越两国冲突的战例，有针对性地阐述。他在兵法中自比商朝开国大臣伊尹和周朝开国大臣姜太公，希望辅佐吴王统一王朝。

任为大将

阖闾即位三年，即公元前512年，吴国国内稳定，仓廪充足，军队精悍，向西进兵征伐楚国的准备工作已经基本就绪。伍子胥向阖闾提出，这样的长途远征，一定要有一位深通韬略的军事家筹划指挥，方能取胜。他向吴王阖闾推荐了正在隐居的孙武，向吴王介绍孙武的家世、人品和才干，称赞孙武是个文能安邦、武能定国的盖世奇才。可是，孙武自从来到吴国后一直隐居著书，吴王连孙武这个名字都不曾听说，认为一介农夫不会有大本事。伍子胥便反复推荐，仅一个早上就推荐了7次，吴王才答应接见孙武。

孙武带着他刚写就的兵法进见吴王。吴王将兵法一篇一篇看罢，啧啧称好，但忽然产生一个念头，兵法头头是道，是否真适合于战争的实用呢？孙武能写兵

法,又怎样才能证明他不只是一位纸上谈兵的人呢？吴王便对孙武说:"你的兵法十三篇,我已经逐篇拜读,实是耳目一新,受益不浅,但不知实行起来如何,可否用它小规模地演练一下,让我们见识见识？"孙武回答说:"可以。"吴王又问道:"先生打算用什么样的人去演练？"孙武答:"随君王的意愿,用什么样的人都可以。不管是高贵的还是低贱的,也不论是男的还是女的,都可以。"吴王想给孙武出个难题,便要求用宫女来演练。

于是,吴王下令将宫中美女180名召到宫后的练兵场,交给孙武去演练。孙武把180名宫女分为左右两队,指定吴王最为宠爱的两位美姬为左右队长,让她们带领宫女进行操练,同时指派自己的驾车人和陪乘担任军吏,负责执行军法。

分派已定,孙武站在指挥台上,认真宣讲操练要领。他问道:"你们都知道自己的前心、后背和左右手吧？向前,就是目视前方;向左,视左手;向右,视右手;向后,视后背。一切行动,都以鼓声为准。你们都听明白了吗？"宫女们回答:"听明白了。"安排就绪,孙武便击鼓发令,然而尽管孙武三令五申,宫女们口中应答,内心却感到新奇、好玩,她们不听号令,捧腹大笑,队形大乱。孙武便召集军吏,根据兵法,斩两位队长。吴王见孙武要杀掉自己的爱姬,马上派人传命说:"寡人已经知道将军能用兵了。没有这两个美人侍候,寡人吃饭也没有味道。请赦免她们。"孙武毫不留情地说:"臣既然受命为将,将在军中,君命有所不受。"孙武执意杀掉了两位队长,任命两队的排头充当队长,继续练兵。当孙武再次击鼓发令时,众宫女前后左右,进退回旋,跪爬滚起,全都合乎规矩,阵形十分齐整。孙武传令请阖闾检阅,阖闾因为失去爱姬,心中不快,便托辞不来,孙武便亲见阖闾。他说:"令行禁止,赏罚分明,这是兵家的常法,为将治军的通则。对士卒一定要威严,只有这样,他们才会听从号令,打仗才能克敌制胜。"听了孙武的一番解释,吴王阖闾怒气消散,便拜孙武为将军。

在孙武的严格训练下,吴军的军事素质有了明显的提高。公元前512年,阖闾、伍子胥和孙武,指挥吴军攻克了楚的属国钟吾国(今江苏宿迁东北)、舒国(今安徽庐江县西),这时阖闾头脑发热,想要长驱直入攻克楚都郢(今湖北江陵县纪南城)。孙武认为这样做不妥,便进言道:"楚军是天下的一支劲旅,非舒国和钟吾国可比。我军已连灭二国,人疲马乏,军资消耗,不如暂且收兵,蓄精养锐,再等良机。"吴王听从了孙武的劝告,下令班师。

伍子胥也完全同意孙武的主张,并向吴王献策说:"人马疲劳,不宜远征。不过,我们也可以设法使楚人疲困。"于是伍子胥和孙武共同商订了一套扰楚、疲楚的计策,即组成三支劲旅,轮番袭扰楚国。当吴国的第一支部队袭击楚境的时候,楚国见来势不小,便全力以赴,派兵迎击。待楚军出动,吴军便往回撤。而楚军返回驻地时,吴国的第二支部队又攻入了楚境,如此轮番袭击,弄得楚国连年应付吴军,人力物力都被大量耗费,国内十分空虚,属国纷纷叛离。吴国却从轮番进攻中抢掠不少,在与楚对峙中完全占据上风。

大破楚国

公元前506年,楚国攻打已经归附吴国的小国——蔡国,给了吴军伐楚的借口。阖闾和伍子胥、孙武指挥训练有素的3万精兵,乘坐战船,溯淮而上,直趋蔡国与楚国交战。楚军见吴军来势凶猛,不得不放弃对蔡国的围攻,收缩部队,调集主力,以汉水为界,加紧设防,抗击吴军的进攻。不料孙武突然改变了沿淮河进军的路线,放弃战船,改从陆路进攻,直插楚国纵深。

伍子胥问孙武:"吴军习于水性,善于水战,为何改从陆路进军呢?"

孙武告诉他说:"用兵作战,最贵神速。应当走别人料想不到的路,以便打他个措手不及。逆水行舟,速度迟缓,楚军必然乘机加强防备,那就很难破敌了!"说得伍子胥点头称是。就这样,孙武在3万精兵中选择了强壮敏捷的3500人为前阵,身穿坚甲,手执利器,连连大败楚军。旧历11月28日他们攻入楚国的国都郢,楚昭王带着妹妹仓皇出逃。孙武以3万军队攻击楚国的20万大军,获得全胜,创造了以少胜多的光辉战绩。然而,这时越国乘吴军伐楚之机进攻吴国,秦国又出兵帮助楚国对付吴军,这样,阖闾不得不引兵返吴。此后,吴又继续伐楚,楚为免亡国,将国都由郢迁到鄀(今湖北宜城县东南)。

孙武在帮助阖闾西破强楚的同时,计划征服越国。公元前496年,阖闾听说越王允常去世,新即位的越王勾践年轻稚弱,越国国内不大稳定,认为机不可失,时不再来,便不听孙武等人的劝告,不等准备工作全部就绪,就仓促出兵,想要击败越国。不料,勾践整顿队伍,主动迎战,两军相遇于吴越边境(今浙江嘉兴县西南)。勾践施展巧计,他派死刑犯首先出阵,排成三行,把剑放在脖子上,一个个陈述表演后,自刎于阵前。吴国士兵不知他们是罪犯,居然看得出了神,傻了眼,越军乘机发动冲锋,吴军仓皇败退,阖闾也伤重身亡。

阖闾去世后,由太子夫差继承王位,孙武和伍子胥整顿军备,以辅佐夫差完成报仇雪耻大业。公元前494年春天,勾践调集军队从水上向吴国进发,夫差率10万精兵迎战于夫椒(今江苏吴县西南太湖边)。在孙武、伍子胥的策划下,吴军在夜间布置了许多诈兵,分为两翼,高举火把,只见在黑暗的夜幕中火光连成一片,迅速向越军阵地移动,杀声震天。越军惊恐万状,军心动摇,吴军乘势总攻,大败越军,勾践在吴军的追击下带着5000名甲士跑到会稽山(今浙江绍兴市东南)上的一个小城中凭险抵抗。由于吴军团团包围,勾践只得向吴屈辱求和,夫差不听伍子胥劝阻,同意了勾践的求和要求。

吴国的争霸活动在南方地区取得胜利后,便向北方中原地区进逼,公元前485年,夫差联合鲁国,大败齐军。公元前482年,夫差又率领着数万精兵,由水路北上,到达黄池(今河南封丘县南),与晋、鲁等诸侯国君会盟。吴王夫差在这次盟会上,以强大的军事力量为后盾,争得霸主的地位。孙武虽没有直接参加攻齐取胜、与晋争霸两事,但在此前孙武精心训练军队和制定军事谋略,对夫差建立霸业做出了巨大贡献。

随着吴国霸业的蒸蒸日上,夫差渐渐自以为是,不纳忠言。伍子胥认为:勾践被迫求和,一定还会想办法报复,故必须彻底灭掉越国,绝不能姑息养奸,留下后患。但夫差听了奸臣的挑拨,不仅不理睬伍子胥的苦谏,反而制造借口,逼其自尽,甚至命人将伍子胥的尸体装在一只皮袋里,扔到江中,不给安葬。孙武对伍子胥惨死的一幕十分寒心,于是便悄然归隐,栖居深山,根据自己训练军队、指挥作战的经验,修订其兵法13篇,使其更臻完善。

事情不出伍子胥所料,越王勾践屈辱求和后,卧薪尝胆,立志报复,他十年生聚,十年教训,使越国富足,越军精悍。公元前482年,越军乘吴军主力聚集黄池与中原诸侯盟会、吴国国内兵力空虚之际,发兵袭击吴国,攻入吴国国都。吴国遭此劫难,便一蹶不振,由盛转衰,延至公元前473年,被越国灭亡,夫差愧恨交加,自刎而死。孙武所梦想的由吴王统一华夏,也就成为泡影。

名载史册

《孙子兵法》是从战国时期起就风靡流传的军事著作,古今中外的军事家们都使用其中论述的军事理论来指导战争,而且,其中论述的基本理论和思想还被运用到了现代经营决策和社会管理方面。然而,这部著作的作者是谁呢?学术界议论纷纷,一种认为是春秋时期吴国的孙武所著,一种认为是孙膑整理而成,一种认为是战国初年某位山林处士编写。直到1972年4月间,在山东临沂银雀山发掘的两座汉代墓葬中同时发现了用竹简写成的《孙子兵法》和《孙膑兵法》。这样,数百年的争论方告结束,《孙子兵法》的作者被确认为春秋时期吴国的将军孙武。

孙武的军事理论并非没有缺点、错误的东西,但远远超出了同时代的兵法著作,也以其卓越的见识深深影响了后世,受到古今中外军事家的广泛推崇。例如,孙武主张"慎战"。在《孙子兵法》中开宗明义便指出:"战争是国家的大事,关系到人民的生死,社稷的存亡,是不可不慎重研究悉心考虑的。"孙武又警告国君不可因愤怒而兴兵,将帅也不可因恼火而交战,一定要瞻前顾后,以国家利益为尺度作出决策。孙武还提出了"知彼知己,百战不殆"这个著名论断,认为一定要对自己的实力和对方的情

伍子胥

况了如指掌,随时随地掌握对方的动态变化,采取相应的应变措施,才能取得战争的胜利。孙武又提出了集中优势兵力打歼灭战的主张,认为不管敌我总体力量对比的强弱如何,一定要创造机会,造成我军在局部兵力上的优势,以十攻一,以众击寡,全歼敌方……这些光辉的军事思想和军事论断都备受军事家们的推崇,孙武被古今中外的军事家一致尊崇为"兵家之祖"。战国时代的吴起、孙膑、尉缭等众多的军事家推崇孙武的军事艺术首屈一指。三国时著名的政治家、军事家曹操盛赞《孙子兵法》,他亲自整理前人对《孙子兵法》的研究,作成简明的"略解",为后人学习运用《孙子兵法》提供方便。宋代,《孙子兵法》作为《武经七书》的第一部,成为科举中武科考试的理论科目,《孙子兵法》从此在社会上得到广泛的流传。同时,《孙子兵法》也向越南、朝鲜、日本、以色列乃至英、德、俄等国流传。

近现代的战争使用许多新式武器,与古代战争的条件大不相同,但《孙子兵法》所论述的战争的基本原理和原则都没有因战争条件的改变而改变,仍然受到军事家们的普遍推崇。领导中国革命取得胜利的毛泽东曾高度评价说:"孙子的规律,知彼知己,百战不殆,仍是科学的真理。"在1990年的海湾战争中,美国将军斯瓦茨科夫使用最古老的《孙子兵法》中"重将治兵"的原则及各种谋略思想来驱动装备着最现代化的战争武器,取得了战争的胜利,斯瓦茨科夫也由此被誉为"将星奇才"。英国著名战略家利德尔·哈特在《孙子兵法》英译本序言中说:"2500多年前中国这位古代兵法家的思想对于研究核时代的战争是很有帮助的。"

老 子

老子(约前600年~前471年之后),春秋时期伟大的思想家,道家学说的创始人。姓李,名耳,字伯阳,又称老聃,楚国苦县(今河南鹿邑东)厉乡曲仁里人。做过周朝"守藏室之史"(管理藏书的史官),孔子曾向他请教有关礼的问题。后退隐。他所撰《道德经》是道家的开山之作,开创了我国古代哲学思想的先河,体现了朴素的辩证法思想和唯物主义色彩。

出身于陈

公元前576年夏六月,宋国国君共公去世,右师华元执掌国政。以左师鱼石为首的桓氏宗族久有谋政之心,无奈共公在位,不得其手。今见共公去世,欲乘机起事。由于谋事不密,走漏风声,被以华元为首的戴氏宗族逐出宋国。此后,即任向戎为左师、老佐为司马、乐裔为司寇;立新君,这就是宋平公。

鱼石率桓氏宗族一行二百余人逃往楚国,客居楚国三年。公元前573年夏六月,楚国起兵伐宋,攻克宋国的彭城(今江苏徐州),封鱼石、鱼府守城,并留下三百乘战车协助镇守。

宋平王为此召朝臣议事,问道:"敌强我弱,楚兵侵占彭城,是我心腹!如坐视不理,后患无穷!谁愿为我拔此要塞?"话音刚落,班中走出一人道:"愚臣愿往!"平王一看,只见此人身高丈二,浓眉大眼,阔腮宽肩,威武雄健,原来是司马老佐。华元表示忧虑,对平王说:"鱼石狡诈,鱼府凶残,彭城盘踞着楚国战车三百、守卒三千,力量很强。司马虽艺高胆大、刚健勇猛,恐难必胜。"老佐据理说道:"鱼石,蛀书之虫也;鱼府,缚鸡之犬也,有何惧哉?老佐愿携家小以围彭城,城不克臣不归!"平王允诺。遣老佐为上将军,率两万人马去收复彭城。

话说宋国围住彭城,日夜攻打。老佐英勇威武,身先士卒,使得宋军士气大振,不到半月,彭城守军便危在旦夕。一日,鱼石、鱼府在城上督战,见宋军人

老子

多如蚁,个个奋勇,架梯登城,人人争先;又见一员大将银盔银甲、金戈白马,驰骋于疆场之上,调兵遣将。一楚将问道:"这位宋将是谁?"鱼石答道:"是新任司马、围兵主将老佐。"楚将纷纷议论说:"攻城主将,不在军后观敌瞭阵,却突于军前左驰右骋,怎能不鼓舞士气!如此看来,彭城太危险了!"但鱼石是个有心计的人,他又对部下说:"事将成而败,事将败而成,历史上有不少例子,怎知我军必败?老佐英勇雄武,身先士卒,这是他成功之本;刚愎自用,目中无人,这又是他失败之根。又怎知他的军队必胜?"楚将问:"左师好像成竹在胸,有什么好计策?"鱼石回答说:"两军相对,帅在前还是在后,要见机行事。现在宋兵攻城,主将突出在前,冒着箭矢而驰骋,这是兵家的大忌呀!我有一条小计,如果照计行事,宋军成败,还很难说。"

原来鱼石是让部下放暗箭,射杀老佐。老佐正在军前督战,忽然飞来一箭,入胸五寸,不幸坠马身亡。宋军群龙无首,溃不成军,四散逃窜。

老佐眷属正处宋营军帐中,有侍女、十数家将、数十侍卫。忽闻老佐阵亡,又见溃军如潮涌来,众家将急忙驾车,保老夫人奔逃。且战且逃,至傍晚,追兵虽已不见,但老夫人身旁仅剩下两名侍女、一位驾车家将了。家将不敢稍停,披星戴月,摸黑前行,慌不择路,沿西南方向奔去。第二日天明时分,来到一个偏僻村庄,向村民问去宋都之路,均摇头说不知。家将只知应向西行,岂知早已偏南。一行四人绕小道,行程七日,仍不见宋都,却来到了陈国相邑(今河南鹿邑东)。正行之时,老夫人突觉腹中疼痛。原来老夫人已有七月身孕,老佐为践君前诺言,以必胜之心携眷出征。此时兵败,老夫人又有丧夫之悲,亡命他国,心中焦虑,身体疲劳,以至腹中胎动,疼痛难忍。侍女惊慌无措,家将忙停车于路旁,奔至村中寻一老妇前来。不过几刻时光,只听篷车之内响起"哇哇"的哭声,一个早产男婴出世,这便是老佐之子——老子。

老子降生,体弱而头大,眉宽而耳阔,目如深渊珠清澈,鼻含双梁中如辙。因其双耳长大,故起名为"聃";因其出生于庚寅虎年,亲邻们又呼之曰小狸儿,即"小老虎"之意。因江淮间人们把"猫"唤作"狸儿",音同"李耳"。久而久之,老聃小名"狸儿"便成为大名"李耳"一代一代传下来了。

接生老妇见母子可怜,让一行五口住进自己家中。老丈以开药店为生,陈姓,人称陈老爹,所以都称老妇为陈妈妈。陈妈妈膝下无儿无女,为人厚道热情,让出三间西厢房,留老夫人一家居住。老夫人在危难之际,遇此善良之人,心中感激不尽;虽说战乱中颠沛流离,毕竟出于大户人家,随身携带细软尚够度日。加之家将常帮陈老爹营生,二位侍女料理家务,老幼五口,日子过得也还滋润。从此,宋国战将老佐的妻儿便在陈国住了下来。

入周深造

老聃自幼聪慧,静思好学,常缠着家将要听国家兴衰、战争成败、祭祀占卜、观星测象之事。老夫人望子成龙,请一精通殷商礼乐的商容老先生教授。商容通天文地理,博古今礼仪,深受老聃一家敬重。

一日,商容教授道:"天地之间人为贵,众人之中王为本。"老聃问道:"天为何物?"先生道:"天者,在上之清清者也。"老聃又问:"清清者又是何物?"先生道:"清清者,太空是也。""太空之上,又是何物?"先生道:"太空之上,清之清者也。""之上又是何物?""清之清者之上,更为清清之清者也。"老聃又问:"清者穷尽处为何物?"先生道:"先贤未传,古籍未载,愚师不敢妄言。"夜晚,老聃以其疑惑问其母,母不能答;问家将,家将不能言。于是仰头观日月星辰,低首思天上之天为何物,彻夜不能寐。

又一日,商老先生教授道:"六合之中,天地人物存焉。天有天道,地有地理,人有人伦,物有物性。有天道,故日月星辰可行也;有地理,故山川江海可成也;有人伦,故尊卑长幼可分也;有物性,故长短坚脆可别也。"老聃问道:"日月星辰,何人推而行之?山川江海,何人造而成之?尊卑长幼,何人定而分之?长短坚脆,何人划而别之?"先生道:"皆神所为也。"老聃问道:"神何以可为也?"先生道:"神有变化之能,造物之功,故可为也。"老聃问:"神之能何由而来?神之功何时而备?"先生道:"先师未传,古籍未载,愚师不敢妄言。"夜晚,老聃以其疑惑问其母,母不能答;问家将,家将不能言。于是视物而思,触物而类,三日不知饭味。

又一日,商先生教授道:"君者,代天理世者也;民者,君之所御者也。君不行天意则废,民不顺君牧则罪,此乃治国之道也。"老聃问道:"民生非为君也,不顺君牧则其理可解。君生乃天之意也,君背天意是何道理?"先生道:"神遣君代天理世。君生则如将在外也,将在外则君命有所不受。君出世则天意有所不领。"老聃问道:"神有变化之能,造物之功,何以不造听命之君乎?"先生道:"先圣未传,古籍未载,愚师不敢妄言。"夜晚,老聃以其疑惑问其母,母不能答;问家将,家将不能言。于是求教相邑之士,踏遍相邑之土,遇雨不知湿,迎风不觉吹。

一日,商老先生教授道:"天下之事,和为贵。失和则交兵,交兵则相残,相残则两伤,两伤则有害而无益。故与人利则利己,与人祸则祸己。"老聃问道:"天下失和,百姓之大害也,君何以不治?"先生道:"民争,乃失小和也;失小和则得小祸,然而君可以治也。国争,乃失大和也;失大和则得大祸,大祸者,君之过也,何以自治?"老聃问:"君不可自治,神何以不治?"先生道:"先哲未传,古籍未载,愚师不敢妄言。"夜晚,老聃以其疑惑问其母,母不能答;问家将,家将不能言。于是,遍访相邑之士,遍读相邑之书,遇暑不知暑,遇寒不知寒。

商老先生教授三年,来向老夫人辞行道:"老夫识浅,聃儿思敏,三年而老夫

之学授尽。今来辞行,非老夫教授无终也,非聃儿学之不勤也,实乃老夫之学有尽。聃儿求之无穷,以有尽供无穷,不亦困乎?聃儿,志远图宏之童也;相邑,偏僻闭塞之地也。若欲剔璞而为玉,须入周都而求深造。周都,典籍如海,贤士如云,天下之圣地也,非入其内而难以成大器。"老夫人闻听此言,心中犯难:一乃聃儿年方十三,宋都尚且难返,去周都岂不如登九天?二乃老氏只留此根,怎放心他孤身独行?正犹豫不知怎么回答,不料先生已猜知其为难处,忙说:"以实相告,老夫师兄为周太学博士,学识渊博,心胸旷达,爱才敬贤,以树人为生,以助贤为乐,以荐贤为任。家养神童数位,皆由民间选来,不要衣食供给,待之如亲生子女。博士闻老夫言,知聃儿好学善思,聪慧超常,久愿一见。近日有家仆数人路经此地,特致书老夫,意欲带聃儿去周。此乃千载难逢之良机,务望珍惜!"老夫人听后,不禁悲喜交集。喜先生保荐,使聃儿有缘入周,登龙门有路;悲母子分别,何日能见?思至此,好似聃儿已在千里之外,不觉心酸难抑,潸然泪下。老聃扑入母亲怀中,泣言道:"母亲勿须伤心,聃儿决不负老师厚望,待我业成功就,定然早日来接母亲!"说罢,母子二人相抱而泣。哭之良久,母子二人转而为喜,拜谢先生举荐之恩。三天后,全家与商老先生送老聃至五里之外。老聃一一跪拜,上马随博士家仆西行而去。老夫人遥望聃儿身影远去,方才郁郁入车,闷闷返回。

　　老聃入周,拜见博士,入太学,天文、地理、人伦,无所不学,《诗》《书》《易》《历》《礼》《乐》无所不览,文物、典章、史书无所不习,三年而大有长进。博士又荐其入守藏室为官。守藏室是周朝典籍收藏之所,集天下之文,收天下之书,汗牛充栋,无所不有。老聃处其中,如蛟龙游入大海,海阔凭龙跃;如雄鹰展翅蓝天,天高任鸟飞。老聃如饥似渴,博览泛观,渐臻佳境,通礼乐之源,明道德之旨,三年后又迁任守藏室史,名闻遐迩,声播海内。

孔丘请教

　　老聃居周日久,学问日深,声名日响。春秋时称学识渊博者为"子",以示尊敬,因此,人们皆称老聃为"老子"。

　　公元前538年的一天,孔子对弟子南宫敬叔说:"周之守藏室史老聃,博古通今,知礼乐之源,明道德之要。今吾欲去周求教,汝愿同去否?"南宫敬叔欣然同意,随即报请鲁君。鲁君准行。遣一车二马一童一御,由南宫敬叔陪孔子前往。老子见孔丘千里迢迢而来,非常高兴,教授之后,又引孔丘访大夫苌弘。苌弘善乐,授孔丘乐律、乐理;引孔丘观祭神之典,考宣教之地,察庙会礼仪,使孔丘感叹不已,获益不浅。逗留数日,孔丘向老子辞行。老聃送至馆舍之外,赠言道:"吾闻之,富贵者送人以财,仁义者送人以言。吾不富不贵,无财以送汝;愿以数言相送。当今之世,聪明而深察者,其所以遇难而几至于死,在于好讥人之非也;善辩而通达者,其所以招祸而屡至于身,在于好扬人之恶也。为人之子,勿以己为高;

为人之臣,勿以己为上,望汝切记!"孔丘顿首道:"弟子一定谨记在心!"

老子送孔丘行至黄河之滨,见河水滔滔,浊浪翻滚,其势如万马奔腾,其声如虎吼雷鸣。孔丘伫立岸边,不觉叹曰:"逝者如斯夫,不舍昼夜!黄河之水奔腾不息,人之年华流逝不止,河水不知何处去,人生不知何处归?"老子闻孔丘此语,道:"人生天地之间,乃与天地一体也。天地,自然之物也;人生,亦自然之物;人有幼、少、壮、老之变化,犹如天地有春、夏、秋、冬之交替,有何悲乎?生于自然,死于自然,任其自然,则本性不乱;不任自然,奔忙于仁义之间,则本性羁绊。功名存于心,则焦虑之情生;利欲留于心,则烦恼之情增。"

孔丘解释道:"吾乃忧大道不行,仁义不施,战乱不止,国乱不治也,故有人生短暂、不能有功于世、不能有为于民之感叹矣。"老子道:"天地无人推而自行,日月无人燃而自明,星辰无人列而自序,禽兽无人造而自生,此乃自然为之也,何劳人为乎?人之所以生、所以无、所以荣、所以辱,皆有自然之理、自然之道也。顺自然之理而趋,遵自然之道而行,国则自治,人则自正,何须津津于礼乐而倡仁义哉?津津于礼乐而倡仁义,则违人之本性远矣!犹如人击鼓寻求逃跑之人,击之愈响,则人逃跑得愈远矣!"

稍停片刻,老子手指浩浩黄河,对孔丘说:"汝何不学水之大德欤?"孔丘曰:"水有何德?"老子说:"上善若水:水善利万物而不争,处众人之所恶,此乃谦下之德也,故江海所以能为百谷王者,以其善下之,则能为百谷王。天下莫柔弱于水,而攻坚强者莫之能胜,此乃柔德也,故柔之胜刚,弱之胜强坚。因其无有,故能入于无间,由此可知不言之教、无为之益也。"孔丘闻言,恍然大悟道:"先生此言,使我顿开茅塞也:众人处上,水独处下;众人处易,水独处险;众人处洁,水独处秽。所处尽人之所恶,夫谁与之争乎?此所以为上善也。"老子点头说:"汝可教也!汝可切记:与世无争,则天下无人能与之争,此乃效法水德。水几于道:道无所不在,水无所不利,避高趋下,未尝有所逆,善处地也;空处湛静,深不可测,善为渊也;损而不竭,施不求报,善为仁也;圜必旋,方必折,塞必止,决必流,善守信也;洗涤群秽,平准高下,善治物也;以载则浮,以鉴则清,以攻则坚强莫能敌,善用能也;不舍昼

《道德经》碑帖

夜,盈科后进,善待时也。故圣者随时而行,贤者应事而变;智者无为而治,达者顺天而生。汝此去后,应去骄气于言表,除志欲于容貌。否则,人未至而声已闻,体未至而风已动,张张扬扬,如虎行于大街,谁敢用你?"孔丘道:"先生之言,出自肺腑而入弟子之心脾,弟子受益匪浅,终生难忘。弟子将遵奉不怠,以谢先生之恩。"说完,告别老子,与南宫敬叔上车,依依不舍地向鲁国驶去。

回到鲁国,众弟子问道:"先生拜访老子,可得见乎?"孔子道:"见之!"弟子问:"老子何样?"孔子道:"鸟,我知它能飞;鱼,吾知它能游;兽,我知它能走。走者可用网缚之,游者可用钩钓之,飞者可用箭取之。至于龙,吾不知其何以。龙乘风云而上九天也!吾所见老子也,其犹龙邪!学识渊深而莫测,志趣高邈而难知;如蛇之随时屈伸,如龙之应时变化。老聃,真吾师也!"

函谷著书

周敬王二年(前518年),老聃守母丧期满返周。周敬王四年(前516年),周王室发生内乱,王子朝率兵攻下刘公之邑。周敬王受迫。当时晋国强盛,出兵救援周敬王。王子朝势孤,与旧僚携周王室典籍逃亡楚国。老聃蒙受失职之责,受牵连而辞旧职。于是离官归隐,骑一青牛,欲出函谷关,西游秦国。

离开周王朝洛邑不远,但见四野一片荒凉。断垣颓壁,井栏摧折,阡陌错断,田园荒芜,枯草瑟瑟。田野里不见耕种之马,大道上却战马奔驰不息,有的马还拖着大肚子艰难地尾随其后。目睹此景,老聃心如刀绞,内心想道:"夫兵者,不祥之器也,非君子之器。不得已而用之,适可而止,恬淡为上。胜而不必自美,自美者乃乐杀人也。夫乐杀人者,不可以得志于天下矣!以道佐人主者,不以兵强天下。兵之所处,荆棘生焉;大兵之后,必有凶年。天下有道,却走马以粪;天下无道,则戎马生于郊。戎马生于郊,则国乱家破矣。"

函谷关(今河南灵宝县)两山对峙,中间一条小路,因为路在山谷中,又深又险要,好像在函子里一样,所以取名为函谷关。话说函谷关守关官员关尹,少时即好观天文、爱读古籍,修养深厚。一日夜晚,独立楼观之上凝视星空,忽见东方紫云聚集,其长三万里,形如飞龙,由东向西滚滚而来,自语道:"紫气东来三万里,圣人西行经此地。青牛缓缓载老翁,藏形匿迹混元气。"关尹早闻老聃大名,心想莫非是老子将来?于是派人清扫道路四十里,夹道焚香,以迎圣人。

7月12日午后,夕阳西斜,光华东射。关尹正欲下关查看,忽见关下稀落行人中有一老者,倒骑青牛而来。老者白发如雪,其眉垂鬓,其耳垂肩,其须垂膝,红颜素袍,简朴洁净。关尹仰天而叹道:"我生有幸,得见圣人!"三步并作两步,奔上前去,跪于青牛前拜道:"关尹叩见圣人。"

老子见叩拜之人方脸、厚唇、浓眉、端鼻,威严而不冷酷,柔慈而无媚态,早知非一般常人,故意试探道:"关令大人叩拜贫贱老翁,非常之礼也!老夫不敢承

当,不知有何见教？"关尹道:"老丈,圣人也！务求留宿关舍以指修行之途。"老子道:"老夫有何神圣之处,受你如此厚爱？惭愧惭愧,羞杀老夫矣！"关尹道:"关尹不才,好观天文略知变化。见紫气东来,知有圣人西行,见紫气浩荡,滚滚如龙,其长三万里,知来者至圣至尊,非通常之圣也；见紫气之首白云缭绕,知圣人白发,是老翁之状；见紫气之前有青牛星相牵,知圣人乘青牛而来也。"

老子听罢,哈哈大笑:"过奖！过奖！老夫亦早闻你大名,特来拜会。"关尹闻言大喜,叩头不迭。之后,关尹引老子至官舍,请老子上坐,焚香而行弟子之礼,恳求道:"先生乃当今大圣人也！圣人者,不以一己之智窃为己有,必以天下人智为己任也。今汝将隐居而不仁,求教者必难寻矣！何不将汝之圣智著为书？关尹虽浅陋,愿代先生传于后世,流芳千古,造福万代。"

老聃允诺,以王朝兴衰成败、百姓安危祸福为鉴,溯其源,著上、下两篇,共五千言。上篇起首为"道可道,非常道；名可名,非常名",故人称《道经》；下篇起首为"上德不德,是以有德；下德不失德,是以无德",故人称《德经》。两者合称《道德经》。上篇《道经》言宇宙本根,含天地变化之机,蕴阴阳变幻之妙；下篇《德经》,言处世之方,含人事进退之术,蕴长生久视之道。关尹得之,如获至宝,终日默诵,如饥似渴。

传说,关尹读到这样美妙的著作,深深地陶醉了。他对老子说:"读了您的著作啊,我再也不想当这个边境官了,我要跟您一起出走。"老子莞尔一笑,颔首同意。后来有人看到他们两人一起在西域流沙那儿。此后,老子出关一直被人们津津乐道地传说着,演绎着。鲁迅先生也对此产生过兴趣,还专门创作了故事新编《老子出关》。

点化阳子居

一日,老聃骑牛行至梁(今河南开封)之郊外,正闭目养神,忽闻有人大呼"先生"。老聃闻声,睁开双目,发现是弟子阳子居。

阳子居,魏国人,入周太学,闻老子渊博,曾私拜老子为师。没想到在梁会与老子相遇,阳子居慌忙从高头大马上翻身而下,掀起锦绿长袍,跪拜于老聃所乘青牛前。老聃下来,扶起阳子居,与之相并同行。老聃问道:"弟子近来忙于何事？"阳子居施礼道:"来此访先祖居,购置房产,修饰梁栋,招聘仆役,整治家规。"老聃道:"有卧身之地、饮食之处则足矣,何须如此张扬？"阳子居道:"先生修身,坐需寂静,行需松弛,饮需素清,卧需安宁,非有深宅独户,何以能如此？置深宅独户,不招仆役,不备用具,何以能撑之？招聘仆役,置备用具,不立家规,何以能治之？"

老聃笑道:"大道自然,何须强自静？行无求而自松,饮无奢而自清,卧无欲而自宁,修身何须深宅？腹饥而食,体乏而息,日出而作,日落而寝,居家何须众

役？顺自然而无为，则神安体健；背自然而营营，则神乱而体损。"阳子居知己浅陋，惭愧道："弟子鄙俗，多谢先生指教。"老聃问："安居何处？"阳子居道："沛（今江苏沛县）。"

老聃说："正好相伴同行。"阳子居很高兴，欣然与老师结伴向东而行。行至难水，二人乘船而渡。老聃牵牛而先登，阳子居引马而后上。老聃慈容笑貌，与同渡乘客谈笑融融，阳子居昂首挺胸，客人见之施之以座，船主见之奉茶献巾。难水过，二人骑牲继续前行。老聃叹道："刚才观你神态，昂首挺胸，傲视旁人，唯己独尊，狂妄自大，不可教也。"阳子居面带愧色，恳言道："弟子习惯成自然，一定改之！"老聃道："君子与人处，若冰释于水；与人共事，如童仆谦下。洁白无瑕而似含垢藏污，德性丰厚而似鄙俗平常。"阳子居听后，一改原来高傲，其貌不矜亦不恭，其言不骄亦不媚。老子赞曰："小子稍有进！人者，生于父母之身，立于天地之间，自然之物也。贵己贱物则背自然，贵人贱己则违本性，等物齐观，物我一体，顺势而行，借势而止，言行不自然，则合于道矣！"

千古流芳

老聃长寿，一百余岁仙逝，邻里皆来吊唁。老人哭之，如哭其子；少者哭之，如哭其父。念老子顺民之性、随民之情、与世无争、柔慈待人的大德大恩，皆悲不自胜。

老聃好友秦佚来吊唁，至老子灵旁，不跪不拜，拱手致意，哭号三声即止。待其欲转身回去时，邻人拦住问道："汝非老子好友乎？"秦佚答道："当然。"邻人道："既为老子好友，如此薄情少礼，可乎？"秦佚道："有何不可？"邻人闻言，由怒转惊，大声责问道："其理何在？"秦佚笑道："吾友老聃有言，生亦不喜，死亦不悲。汝可闻乎？昔日老聃之生也，由无至有，聚气而成，顺时而来，合自然之理，有何喜哉？今日老聃之死也，由有归无，散气而灭，顺时而去，合自然之理也，有何悲哉？生而喜者，是以为不当喜而喜也；死而悲者，是以为不当悲而悲也，方生时贵生，死时怕死，皆是以己之意愿而强求生来、强求死去也，皆背自然之理而任己之情也。如安时而处

《道德经》书影

顺，则哀乐不能入也。而背自然、违天理，合于道乎？不合于道，可为老聃好友乎？老聃好友者，遵其言而动、顺于道而行者也。吾既为老聃之友，故能以理化情，故不悲。"

邻人闻之，似有所悟，又问："汝既不悲，何以哭号三声？"秦佚笑道："吾哭号三声，非因悲也，是与老聃辞别也。一号，言其生而应时，合自然之理也；二号，言其死而应时，合自然之理也；三号，言其在世传自然无为之道，合自然之理也。老聃举足而应时，动止而合道，吾有何悲哉？"众邻闻之，皆言秦佚乃老聃真友，故推其为主葬之人。合土之时，秦佚颂悼文道："老聃大圣，替天行道，游神大同，千古流芳。"

孔 子

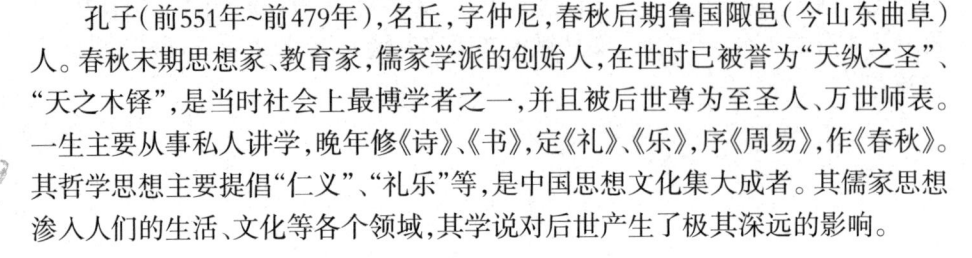

孔子（前551年~前479年），名丘，字仲尼，春秋后期鲁国陬邑（今山东曲阜）人。春秋末期思想家、教育家，儒家学派的创始人，在世时已被誉为"天纵之圣"、"天之木铎"，是当时社会上最博学者之一，并且被后世尊为至圣人、万世师表。一生主要从事私人讲学，晚年修《诗》、《书》，定《礼》《乐》，序《周易》，作《春秋》。其哲学思想主要提倡"仁义"、"礼乐"等，是中国思想文化集大成者。其儒家思想渗入人们的生活、文化等各个领域，其学说对后世产生了极其深远的影响。

生平事迹

孔子的祖先是宋国贵族，大约在孔子前几世就没落了。孔子年轻时做过几任小官，但他一生大部分时间是从事教育，相传收弟子多达三千人，教出不少有知识、有才能的学生。因其父母曾为生子而祷于尼丘山，故名丘，字仲尼。孔子的六代祖叫孔父嘉，是宋国的一位大夫，做过大司马，在宫廷内乱中被杀，其子木金父为避灭顶之灾逃到鲁国的陬邑，从此孔氏在陬邑定居，变成了鲁国人。

孔子的父亲叫叔梁纥（叔梁为字，纥为名），母亲叫颜征在。叔梁纥是当时鲁国有名的武士，建立过两次战功，曾任陬邑大夫。叔梁纥先娶妻施氏，生九女，无子。又娶妾，生一子，取名伯尼，又称孟皮。孟皮脚有毛病，叔梁纥很不满意，于是又娶颜征在。当时叔梁纥已66岁，颜征在还不到20岁。

孔子自20多岁起，就想走仕途，所以对天下大事非常关注，对治理国家的各种问题，经常进行思考，也常发表一些见解，到30岁时，已有一些名气。鲁昭公二十年，齐景公出访鲁国时召见了孔子，与他讨论秦穆公称霸的问题，孔子由此结识了齐景公。鲁昭公二十五年，鲁国发生内乱，鲁昭公被迫逃往齐国。孔子也离开鲁国，到了齐国，受到齐景公的赏识和厚待，甚至曾准备把尼溪一带的田地封给孔子，但被

孔子

大夫晏婴阻止。鲁昭公二十七年，齐国的大夫想加害孔子，孔子听说后向齐景公求救，齐景公说："吾老矣，弗能用也。"孔子只好仓皇逃回鲁国。当时的鲁国，政权实际掌握在大夫的家臣手中，被称为"陪臣执国政"，因此孔子虽有过两次从政机会，却都放弃了，直到鲁定公九年被任命为中都宰，此时孔子已51岁了。孔子治理中都一年，卓有政绩，被升为小司空，不久又升为大司寇，摄相事，鲁国大治。

当时，季孙氏、叔孙氏、孟孙氏三家世卿，因为是鲁桓公的三个孙子故称"三桓"，鲁国政权实际掌握在他们手中，而"三桓"的一些家臣又在不同程度上控制着"三桓"。鲁定公十二年，孔子为削弱"三桓"，采取了堕"三都"的措施。后来堕"三都"的行动半途而废，孔子与"三桓"的矛盾也随之暴露。鲁定公十三年，齐国送80名美女到鲁国，季桓氏接受了女乐，君臣迷恋歌舞，多日不理朝政，孔子非常失望。不久鲁国举行郊祭，祭祀后按惯例送祭肉给大夫们时并没有送给孔子，这表明季氏不想再任用他了。孔子在不得已的情况下离开鲁国，到外国去寻找出路，开始了周游列国的旅程，这一年，孔子55岁。

孔子带弟子先到了卫国，卫灵公开始很尊重孔子，按照鲁国的俸禄标准发给孔子俸粟6万，但并没给他什么官职，没让他参与政事。孔子在卫国住了约10个月，因有人在卫灵公面前进谗言，卫灵公对孔子起了疑心，派人公开监视孔子的行动，于是孔子带弟子离开卫国，打算去陈国。路过匡城时，因误会被人围困了5日，逃离匡城，到了蒲地，又碰上卫国贵族公叔氏发动叛乱，再次被围。逃脱后，孔子又返回了卫国，卫灵公听说孔子师徒从蒲地返回，非常高兴，亲自出城迎接。此后孔子几次离开卫国，又几次回到卫国，这一方面是由于卫灵公对孔子时好时坏，另一方面是孔子离开卫国后，没有去处，只好又返回。

鲁哀公二年（孔子59岁），孔子离开卫国经曹、宋、郑至陈国，在陈国住了三年，吴攻陈，兵荒马乱，孔子便带弟子离开。楚国人听说孔子到了陈、蔡交界处，派人去迎接孔子。陈国、蔡国的大夫们知道孔子对他们的所作所为有意见，怕孔子到了楚国被重用，对他们不利，于是派服劳役的人将孔子师徒围困在半道。前不靠村，后不靠店，所带粮食吃完，绝粮七日，最后还是子贡找到楚国人，楚派兵迎孔子，孔子师徒才免于一死。孔子64岁时又回到卫国，68岁时在其弟子冉求的努力下，被迎回鲁国，但仍是被敬而不用。鲁哀公十六年，孔子73岁，患病，不愈而卒。

思想品格

孔子首先是一位品德高尚的知识分子，同时也是教育家、思想家，也可算半个政治家。他为人正直、乐观、积极向上，一生都在追求真、善、美。他的成功与失败，无不与他的品格相关。他乐观向上、一生好学的作风，几千年来一直影响着

中国人,特别是中国的知识分子。

孔子63岁时,曾这样形容自己:"发愤忘食,乐以忘忧,不知老之将至。"当时孔子已带领弟子周游列国9个年头,历尽艰辛,不仅未得到诸侯的任用,还险些丧命,但孔子并不灰心,仍然乐观向上,坚持自己的理想,甚至是明知其不可为而为之。

孔子说:"不义而富且贵,于我如浮云。"在孔子心目中,行义是人生的最高价值,在贫富与道义发生矛盾时,他宁可受穷也不会放弃道义。但他的安贫乐道并不能看作是不求富贵,只求维护道,这并不符合历史事实。孔子也曾说:"富与贵,人之所欲也;不以其道,得之不处也。贫与贱,人之所恶也;不以其道,得之不去也。""富而可求也,虽执鞭之士,吾亦为之。如不可求,从吾所好。"

孔子以好学著称,对于各种知识都表现出浓厚的兴趣,因此他多才多艺,知识渊博,在当时是出了名的,几乎被当成无所不知的圣人,但孔子自己却不这样认为,孔子曰:"圣则吾不能,我学不厌,而教不倦也。"孔子学无常师,谁有知识,谁那里有他所不知道的东西,他就拜谁为师,因此说"三人行,必有我师焉"。

孔子生性正直,又主张直道而行,他曾说:"吾之于人也,谁毁谁誉? 如有所誉者,其有所试矣。斯民也,三代之所以直道而行也。"《史记》载孔子三十多岁时曾问礼于老子,临别时老子赠言曰:"聪明深察而近于死者,好议人者也;博辩广大危其身者,发人之恶者也。为人子者毋以有己,为人臣者毋以有己。"这是老子对孔子善意的提醒,也指出了孔子的一些毛病,就是看问题太深刻,讲话太尖锐,伤害了一些有地位的人,会给自己带来很大的危险。

孔子创立了以"仁"为核心的道德学说,他自己也是一个很善良的人,富有同情心,乐于助人,待人真诚、宽厚。"己所不欲,毋施于人"、"君子成人之美,不成人之恶"、"躬自厚而薄责于人"等等,都是他做人的准则。

学术贡献

孔子思想、学说的精华,比较集中地见诸于《论语》一书,共二十篇,一万一千余字。《论语》就是孔子的语录,是孔子的弟子及其再传弟子对孔子言行的追记,也有一些是对孔子弟子言行的记录。此书对中国历史产生了深远而巨大的影响。它的思想内容、思维方式、价值取向都早已融入了我们民族的血液,沉淀在我们的生命中,铸成了我们民族的个性。《论语》一书集中阐述了儒家思想的核心内涵——仁。"仁"是一切理论的中心,所有的关于"仁"、"乐"的规范,都不过是手段,是为实现"仁"这一道德的最后完美服务的。《论语》作为中华文化的代表,早在秦汉时期就传入了朝鲜和日本,日本还指定它为日本学生的必修课。1594年,传教士利玛窦将它译为拉丁文后,它又被转译为意、法、德、英、俄等多种文字,在西方各国广泛传播。

孔子其思想以"仁"核心，以为"仁"即"爱人"。提出"己所不欲，勿施于人"，"己欲立而立人，己欲达而达人"等论点，提倡"忠恕"之道，又以为推行"仁政"应以"礼"为规范："克己复礼为仁。"对于殷周以来的鬼神宗教迷信，采取存疑态度，以为"未知生，焉知事鬼"，"不知命，无以为君子也"。又注重"学"与"思"的结合，提出"学而不思则罔，思而不学则殆"和"温故而知新"等观点。首创私人讲学风气，主张因材施教，"有教无类"，"学而不厌，诲人不倦"，强调"君子学道则爱人，小人学道则易使也"。政治上提出"正名"主张，以为"君君、臣臣、父父、子子"，都应实副其"名"，并提出"不患富而患不均，不患贫而患不安"的观点。自西汉以后，孔子学说成为两千余年封建社会的文化正统，影响极大。

说到治理国家，孔子重视民生疾苦，呼唤仁政，希望统治者以"仁义"之心待民，他说"苛政猛于虎"，他还强调无论什么法令法规，统治者都要首先以身作则，"其身正，不令而行；其身不正，虽令不行。"在人际交往中，孔子强调的是忠和恕。"忠"就是以忠实诚信的态度对人，以恪尽职守的态度待事；"恕"就是要推己及人，"己所不欲，勿施与人"，"君子成人之美，不成人之恶。"在为人处世上，孔子提倡自爱和爱人。孔子对天命持谨慎态度，他更相信人自己的力量。他认为"性相近也，习相远也"，一切要看个人后天的努力。当然，《论语》中也有一些思想是与历史潮流相背离的，如他政治上的复古倾向，他对等级、秩序的过分强调，他的内敛的人格价值取向等。这一切都不可否认地给中国社会的发展带来了负面影响，需要我们用现代意识对之加以修正。但瑕不掩瑜，在人类文明刚刚露出曙光的先秦时代，我们的祖先就具有如此深刻的生命智慧，是足以让我们这些后人为之骄傲的。

从教贡献

孔子，自"而立"之年即以《诗》、《书》、《礼》、《乐》为教，更以他人格中的一言一行、一动一静而示范为教。他开了我国历史上私人讲学的先河，将以前学在官

孔子讲学图

府,文化知识是贵族们的专利的现象,移植到民间。他首先提出"有教无类"的方针,不分贫贱富贵,均可以在他那里受教。在弟子中,有贫如颜回,富如子贡,贵如孟懿子,然绝大多数是平民子弟,还有来自卫、齐、陈、吴等国的,真可谓桃李满天下。其教学目的,是传他的人道学说,即"克己复礼为仁",变化学生气质,成就人格,提高生命境界,终至成物,也即造就治国、平天下的栋梁之材。并采用"因材施教"和启发式的方法,培养学生的"学而时习之"、"温故而知新"、"学而不思则罔,思而不学则殆"、"知之为知之,不知为不知"、"三人行必有我师"、"不耻下问"等风范。孔子更以他诲人不倦的精神,对学生如慈母般地关怀备至,如严父般地导以正道,如朋友般地切磋相长,莫不因其才而成就之。如子羔之愚,曾参之鲁,子张之偏激,子路之粗鄙……均成大器。尤以曾子能得道之全体而任传道之责,成为宗圣。更有佼佼者分德行:颜回、闵子骞、冉伯牛、仲弓;言语:宰我、子贡;政事:冉求、子路;文学:子游、子夏四科共十人。孔子共有弟子三千,身通六艺者七十有二,故能将浩瀚的传统文化推广和流传下来。

　　由于孔子在讲学中,所下的功夫已达到无以复加的程度,使弟子感受到老师呕心沥血的良苦用心。故弟子都发自内心地崇敬他。他们追随、侍奉、保卫他,他们随他一起奔波行道,周游列国,备受艰辛与饥饿而毫无怨言。当有人诋毁孔子时,则正色以告其人"不自量";当遇到危难时,则舍身护卫。夫子逝世,弟子们如丧考妣,皆在坟周服丧三年。子贡独守六年,其尊师重道精神,至今仍传为佳话。后人尊孔子为"至圣先师"是当之无愧的。他的许多教育理论和方法,是当今广大教育工作者取之不尽、用之不竭的宝贵资源。

苏 秦

苏秦，生卒年不详，字季子，洛阳轩里人（今洛阳东郊太平庄一带）。是战国时期与张仪齐名的纵横家。他拜六国相印，可谓"一怒而天下惧，安居而天下熄"。

刺股苦读

苏秦出身农家，素有大志，曾随鬼谷子学习纵横捭阖之术多年。苏秦连横说秦，其主张：兵胜于外义强于内，威立于上民服于下。但未能以此说服秦王，扫兴而归。他脚穿草鞋肩挑书担，面目黧黑形容枯槁。回到家里，妻子见他这个样子，摇头叹息，继续织布；嫂子见他这副样子扭头就走，不愿做饭；父母不愿理他。此情此景，令苏秦无地自容，惭愧而伤心。苏秦叹气说："这全是我的错啊！"于是发愤再读书，他想："一个读书人，既然已经决心埋首读书，却不能凭这些学问来取得尊贵的地位，那么书读得再多，那又有什么用呢？"于是，他从这些书中捡出一本《阴符经》，用心钻研。

他每天研读至深夜，有时候不知不觉伏在书案上就睡着了。次日醒来，他都懊悔不已，痛骂自己无用，但又没有什么办法不让自己睡着。有一天，读着读着实在倦困难当，不由自主便扑倒在书案上，但他猛然惊醒——手臂被什么东西刺了一下。原来书案上放着一把锥子，不小心被刺中。由此，他想出了制止打瞌睡的办法：以后每当要打瞌睡时，就用锥子扎自己的大腿一下，让自己猛然"痛醒"，保持苦读状态。他的大腿因此常常是鲜血淋淋，目不忍睹。家人见状，心有不忍，劝他说："你一定要成功的决心和心情可以理解，但不一定非要这样自虐啊！"苏秦回答说："不这样，就会忘记过去的耻辱；唯有如此，才能催我苦读！"经过"血淋淋"的苦读，苏秦很有心得，写出《揣》、《摩》二篇。这时，他充满自信地说："用这套方法，可以说服许多国君

苏秦刺股苦读

了!"于是苏秦开始用平生所得的学识和"锥刺股"的意志,游说六国,终获器重。

相传后来,苏秦到楚国经过洛阳家乡。父母亲迎三十里摆乐设宴;妻子倾耳侧目,不敢正面看苏秦一眼;嫂嫂趴在地上匍匐蛇行,自跪四拜而谢罪。苏秦不解地问道:"为什么以前我不得意时你那样傲慢,今天又如此畏惧我呢?"嫂嫂说:"你现在地位高了又有金钱,所以如此。"

说齐归燕地

苏秦再度出山,正好遇见燕昭王广招天下贤士。燕哙王晚年,让位给大臣子之,引起太子平和将军市被的叛乱。齐国趁机派兵攻燕,仅五十余天就占领燕国全境。燕国因此残破。赵武灵王护送燕公子职回国,立为燕昭王。燕昭王广纳贤士,积极准备对齐国进行大规模的军事报复行动。苏秦在这时来到燕国。当时的燕国在赵国南边,国力较弱,燕国天天担心会被秦国灭掉。苏秦认为,燕国欲报强齐之仇,必须先向齐表示屈服顺从,将复仇的愿望掩饰,赢得振兴燕国所需的时间;其次,要鼓动齐国不断进攻其他国家,以防止齐国攻燕,并消耗其国力。于是,昭王派他到齐国交涉仍被齐占领的燕国土地。

苏秦到齐,对齐宣王说:"燕昭王是秦穆公的女婿,有强秦做后盾。齐占燕地,必然是燕和秦都不满于齐。如果大王能把所占的燕国十城之地交还燕国,那么燕和秦反而会感激大王的恩德。大王即可以秦、燕为支持,号令天下,天下亦莫敢不从,则齐国霸业可成。"宣王大喜,归还燕国旧地。苏秦归燕,受到燕昭王的重用。苏秦洞察了昭王想攻齐的意图,献计于昭王道:"我们虽然收回了被齐占的土地,然而当年亡国之恨不可以不报。如果使齐西劳于宋,南疲于楚,我们即可趁机发动进攻,一举灭齐。我请求到齐国说宣王攻宋。"燕昭王遂拜苏秦为上卿,出使齐国。

秦国一向与宋国交好,齐伐宋就必须与秦绝交,恰好秦派人到齐国商议共同称帝的事,苏秦趁机劝说齐王:"齐、秦并立为帝,天下人是尊齐还是尊秦?"齐王说:"当然是尊秦了!""那么齐放弃帝号,天下是爱齐呢,还是爱秦?""当然是爱齐了!""两帝并立,共约伐赵,与齐军独攻宋,哪一个更有利呢?"齐王回答:"当然伐宋有利!"苏秦接着劝齐王道:"如果我们同秦一样称帝,天下只尊秦国;如果我们放弃帝号,天下就爱齐而称强秦,共约伐赵又不如单独伐宋。所以,我主张放弃帝号以顺应天下。"齐王听从苏秦建议,联合赵国在阿地会盟,约定共同抗秦,秦、齐关系恶化。苏秦趁机劝齐王攻宋:"宋国国君荒淫无度,天下共愤,如果我们挥师西击宋,正是奉天讨罪的壮举,大王必然贤名震于诸侯,且可得到实际的利益,使齐雄踞东方,成为中原诸侯之长。"齐于是攻宋。燕为了取得齐的信任,派兵协助齐国。宋在联军攻击下,割淮北地求和,而齐国实力也因战而衰弱。

合纵攻秦

苏秦在齐国,继续作削弱齐的工作。他劝齐王大兴土木,纵情享乐,对外则大肆战争,广树仇敌。齐、秦关系恶化,再加上齐攻宋国,秦王震怒。苏秦劝齐王先采取军事行动,以打击遏制秦势力的发展。同时也想使齐的力量进一步被消耗。齐王对燕怀有顾虑。苏秦为燕辩解说:"燕国国小力弱,一向依附于强齐,而齐之所以能号令天下,也正是有了燕的支持。这种友好关系是燕国人心所向,怎么会对齐有异心?"齐王释然。于是,苏秦出使,为齐王合纵攻秦而奔走。

苏秦分别游说韩、赵、魏、燕四国国君,各自出军兵粮草,以攻秦国,推选赵国宰相奉阳君为合纵长,而齐国实际上才是合纵的真正组织者和指挥者。齐国名义上合纵攻秦,其实不过是借他人之力制秦,使其不能抽身救宋,齐好再次攻宋。苏秦极力主张强攻秦国,然而齐既不卖力,赵、韩、魏、燕自然也都互相推让而逡巡不进。因此联军始终未与秦发生大规模的战争。尽管如此,齐劳师袭远,仍然大损国力。

齐王发动攻秦的同时,展开了对宋的第二次进攻。这实际上使其他四国联军陷入进退维谷的境地,既无法合力攻秦,又不能马上撤兵回国。于是各国对齐都暗怀不满。本来苏秦此时南下,明着合纵攻秦,暗中却在积极为燕联系反齐的同盟军。苏秦见各国离心,便暗中劝在魏国的孟尝君:"昔日您在齐国时,为齐立下盖世之功,而齐王愚昧,不但不重用,而且使您背井离乡,远来归魏。今又弃信义于不顾,玩弄联军各国。燕军有攻齐意,赵国也早对齐怀恨,如果联合起来东击齐国,则中原势大,魏和先生您也定会名动天下。"孟尝君同意了苏秦的建议。苏秦任六国相,回到赵国后,赵王封他为武安君。秦知道这个消息后大吃一惊。此后十五年,秦兵不敢图谋向函谷关内进攻。

苏秦又劝说齐王同秦求和:"魏、赵距秦近而齐地距秦远,如果我们五国合纵不能击败秦,魏、赵为了保存国家就肯定要向秦求和,秦一旦同其他国家联合,定会连横来攻打齐。望大王早作准备,先与秦谈和,以免形势被动。"齐王以为苏秦说得很有道理,便抢先与秦做出友好的表示,并打算用亲秦的韩聂做宰相。赵国奉阳君正忙于合纵攻秦,见齐王未商量就先与秦交好,大为恼怒,便联合魏、燕要对正忙于攻宋的齐国开战。齐王慌忙从宋撤军,并答应送给奉阳君土地,奉阳君才停止了攻齐的行动。奉阳君得到齐王关于土地的许诺,与齐的关系又和好起来,而苏秦在暗中进行的对燕、赵关系的离间活动,也被奉阳君察觉。于是奉阳君把苏秦拘留在赵国,限制其行动。

苏秦向燕王求救,并打算继续进行离间活动。燕王向赵奉阳君提出严重抗议,奉阳君释放苏秦,然而苏秦却再也不能找到机会在赵活动。他想去见齐派至赵的使臣,赵不许。苏秦无奈,离开赵入齐。

自陈功过

苏秦入齐之后,燕昭王对他产生了怀疑,因为他以时机未到为辞,几次劝阻燕昭王对齐的进攻,于是昭王打算让别人替换苏秦回国。苏秦感到非常委屈,向燕王写信申辩。这封信可以说是他对自己一生功过的一个评说。他说:燕和齐仇恨由来已久。我为燕齐的邦交奔走,本来就难以获得各方面的信任。齐是燕国的心腹大患,我在齐国,大可使齐不谋攻燕,小可使齐、赵关系破裂,以此为大王的大事作准备。五国伐秦,燕虽然出兵出粮,但一来免去齐称帝燕称臣的耻辱,二来没有齐、赵攻燕的祸患。后来奉阳君接受齐的封地,将我扣在赵国。大王救臣下出于水火,现在齐、赵都不谋攻燕,燕得以修饬国力,我虽无功,但自以为可以免罪了。我作为燕臣,在齐国活动,本来就会有流言蜚语。我如在齐显贵,燕国大夫就不信任我;我在齐作贱,世人就看不起我。我如受齐王重用,燕大夫就会对我抱有希望,希望达不到又徒增埋怨。齐国如有不利于燕的地方,就把责任都归到我头上,天下人不攻齐,就说我善于为齐谋划,我的处境也可以说是够危险的了。我不畏死报效于大王,大王却怀疑怪罪于臣下,我实在感到恐惧。尽管我自以为可以列于天下公卿之中也无可愧疚,如大王只是重用有才的贤人,我愿在齐与他认真合作;如大王不放心我,我就回燕侍奉大王,以宽解大王的忧虑。燕昭王最终才没有撤换苏秦。

苏秦为了恶化齐、赵邦交,使齐广树仇敌,再劝齐王攻宋。公元前286年,齐灭宋。齐国力也渐渐疲衰。同时由于奉阳君向齐索要封邑,齐、赵关系又出现裂隙。苏秦频繁的活动,终被齐王和齐大夫发觉。齐王将苏秦车裂于市。苏秦死时,年五十余岁。苏秦死后,燕、赵、魏、秦、韩五国联合,在燕将乐毅的带领下大举攻齐,连陷城池七十余座。齐王出逃,被杀。齐国后来虽然又夺回国土,国力却大衰,从此一蹶不振。而燕、赵、魏、秦四国之所以发动这场战争,也在很大程度上是由于苏秦生前活动的缘故。

商 鞅

商鞅（约前390年~前338年），战国时期政治家，著名法家代表人物。卫国国君的后裔，公孙氏，故称为卫鞅，又称公孙鞅，后封于商，后人称之商鞅。在位执政19年，秦国大治，史称商鞅变法。

入秦求士

商鞅从小就喜欢"刑名之学"，专研以法治国，受李悝、吴起等人的影响很大。到了青年时期，他已经成为一个有学问有才干的人了。

最初，商鞅在魏惠王的相国公孙痤手下做小官时，就表现出他的才能，深得公孙痤的重视。公孙痤在临死前，他曾把商鞅推荐给魏惠王做相，并说："如果不用商鞅，就把他杀掉，决不能让他离开魏国。"魏惠王对公孙痤的话根本没放在心上，认为他病重在说胡话，既没有重用商鞅，也没有杀他。

战国时期，齐、楚、燕、韩、赵、魏、秦七国争雄。秦国比较落后，秦孝公为了使秦国称霸，决心征召有才能的人。他在求贤诏令中说："谁能想出好办法使秦国强盛，就让他做高官，还封给他土地。"商鞅听到这个消息后，决定到秦国去。

到了秦国以后，商鞅通过秦孝公的亲信景监的介绍，与秦孝公面谈了三次。前两次会面时，商鞅讲行帝王之道，秦孝公不感兴趣，昏昏欲睡。第三次会面时，因为商鞅已经摸清了秦孝公急于称雄于世的心思，大讲富国强兵之道，秦孝公听得非常高兴。由于思想投机，两个人一连谈了几天也不觉得累。于是，商鞅得到秦孝公的赏识，开始受到重用。

商鞅向秦孝公建议，在秦国实行变法。秦国贵族认为侵犯了他们的利益，坚决反对变法，弄得秦孝公犹豫不决。一次，秦孝公召集大臣讨论变法时，商鞅说："有独到见解、做法高明的人，总会受到世俗常人的讥笑和反对。愚笨的人在事情发生后还不知为什么，而聪明的人却能做出正确的预见。一般人不能和他去商量革新和创造，只能让他们坐享其成。做大事业的人，用不着跟一般人商量。只要能使国富民强，就不必按旧制度去办，也没有必要遵守老规矩。"秦孝公认为商鞅讲得有道理。

可是，贵族甘龙却认为商鞅讲得不对，他说："圣贤之人是不用改变民众的习俗来推行教化的，明智的人是不改变原来的制度来治理国家的。依据旧制度治理国家，官吏熟悉，百姓安定。不按老规矩办事，天下的人就会议论纷纷。"他

要秦孝公仔细考虑，不可轻举妄动。商鞅立即反驳说："一般的人安于现状，书呆子只会墨守成规。让这两种人做官，只能是照章办事，无所作为。三代不同礼，都成了王业；五霸不同法，也都成了霸业。聪明人立法，愚笨的人只能受法的管制；贤明人根据情况变更礼俗，不贤之人只能受礼俗的约束。"商鞅要秦孝公坚定变法的信心。另一贵族杜挚也反对变法，他说："没有百倍的好处，不必变法；没有十倍的功效，不用更换旧的东西。遵守旧法没有错，依照旧礼不会出偏差。"希望秦孝公维持现状，不必变法。商鞅毫不妥协地说："古代的制度多了，应该效法哪一种呢？时代不同了，治理国家不能只按一种办法行事。违反古代制度的，不一定受到非议，因循旧制的也不值得赞扬。"孝公听了商鞅滔滔不绝的雄辩，大加赞扬，并深有省悟地说："鄙野小巷的人少见多怪，孤陋寡闻的夫子才喜欢无谓的争论。愚人高兴的，正是明智人感到可怜的；狂妄人称快的，正是贤能人所担心的。拘泥于世俗的那一套议论，我不再想听了。"于是，秦孝公支持商鞅的变法了。这场舌战，以杜挚、甘龙为代表的守旧派失败了，坚定了秦孝公变法的决心。前359年任左庶长，开始变法，后升为大良造。

南门立木

商鞅起草了一个改革的法令，但是怕老百姓不信任他，不按照新法令去做，就先叫人在都城的南门竖了一根三丈高的木头，下命令说："谁能把这根木头扛到北门去的，就赏十两金子。"不一会儿，南门口围了一大堆人，大家议论纷纷。有的说："这根木头谁都拿得动，哪儿用得着十两赏金？"有的说："这大概是左庶长成心开玩笑吧。"大伙儿你瞧我，我瞧你，就是没有一个敢上去扛木头的。商鞅知道老百姓还不相信他下的命令，就把赏金提到五十两。没有想到赏金越高，看热闹的人越觉得不近情理，仍旧没人敢去扛。正在大伙儿议论纷纷的时候，人群中有一个人跑出来，说："我来试试。"他说着，真的把木头扛起来就走，一直搬到北门。商鞅立刻派人传出话来，赏给扛木头的人五十两黄澄澄的金子。这件事立即传开了，一下子轰动了秦国。老百姓说："左庶长的命令不含糊。"商鞅知道，他的命令已经起了作用，就把他起草的新法令公布了出去。新法令赏罚分明，规定官职的大小和爵位的高低以打仗立功为标准。贵族没有军功的就没有爵位；多生产粮食和布帛的，免除官差；凡是为了做买卖和因为懒惰而贫穷的，连同妻子儿女都罚做官府的奴婢。

商鞅为适应社会政治经济变革的要求，从其"治世不一道，便国不法古"的论点出发，强调教育改革，认为治理国家的根本是重农战，要富国强兵就必须进行法制宣传，培养法治人才。商鞅抨击了提倡以诗、书、礼、乐为教育内容的儒家，主张"燔诗书而明法令"，要用鼓励耕战为内容的法治教育代替"先王之教"；认为法治是德治的基础，法令必须"明白易知"；应以法官为师，给民众解释法令,使"万民皆知所辟就",把教育作为宣传法制和培养法治人才的工具。商鞅的著作《商君书》传世。

商鞅变法

商鞅从公元前356年至前350年,大规模地推行过两次变法。第一次是秦孝公六年(前356年)公布的,主要内容是:

一、编定户籍,实行"连坐"。规定五家为"伍",十家为"什",国家直接掌握全国的户口数,以便于互相监督。一家犯法,其他家必须告发,不然就要一同受罚;告发人和杀敌者一样受奖,赐爵一级。

二、奖励军功,禁止私斗。新法规定:凡有军功者,均可得到赐爵、赐地、赐官等奖赏。与奖励军功相联系,对秦的爵制加以整顿,规定了爵位的20个等级。宗室(国君的亲属)没有军功的,也不得享受特权,对田宅、臣妾都有明确的规定。这无非是鼓励人们为秦国的封建政权而勇敢作战。与此同时,商鞅变法还规定了禁止私斗。所谓私斗,并不是指一般人打架,而是指"邑斗"。"邑"是指一般的城镇,为奴隶主所占有。当时奴隶主之间为了争夺土地、财产,经常发生争斗。新法规定不准私斗,违犯者按情节轻重,给予不同的处罚。其目的是在于削弱奴隶主的势力,加强封建中央集权。

三、鼓励耕织,发展封建经济。新法规定:凡是一家有两个以上的成年男子就必须分家,否则就要加倍纳税;凡多打粮食和多织布的人,可以免除劳役和赋税;凡因经商及懒惰而贫困的,其全家则沦为官府的奴隶。

四、制定严厉的法令。商鞅以严厉的法令来维护封建地主阶级的利益。法令制定的原则是"轻罪重刑",即使犯了很轻的"罪",也要处以极重的刑罚。据说连"弃灰于道者"(把灰倒在路上),也要处以黥刑(黥刑是古代的一种肉刑,用刀刺刻额颊等处,再涂上墨)。当时,秦国的太子犯了法。商鞅对秦孝公说:"国家的法令必须上下一律遵守。要是上头的人不能遵守,下面的人就不信任朝廷了。太子犯法,他的师傅应当受罚。"结果,商鞅把太子的两个师傅公子虔和公孙贾都治了罪,一个割掉了鼻子,一个在脸上刺上字。这一来,一些贵族、大臣都不敢触犯新法了。商鞅也因变法有功,封与商地15个邑。

为了进一步保护封建制,秦孝公十二年(前350年),商鞅又颁布了加速封建改革的法令:

一、普遍实行县制。商鞅变法前,只是在个别地区设立县。新法规定:全国普遍推广县制,把过去奴隶制的邑、聚等组织都合并为县。每县设立县令和县丞,这是地方行政长官。从此以

商鞅铜方升

后,县就成为封建地方政权的基本组织形式。这些官吏领取俸禄,由国君任免,与奴隶社会的世卿世禄制不同,它更有利于维护中央集权。

二、开阡陌(纵横道路)封疆(田界),承认土地私有。商鞅下令把过去国有土地上的纵横道路和田界清除掉,鼓励农民开垦荒地,承认土地私有,允许买卖。这样就以法律的形式废除了旧的土地制度,肯定了封建土地所有制。这一措施对封建制的确立和发展,具有很重要的意义。

三、统一度量衡。统一的办法是:规定全国的度量衡都必须统一进位制度,即把升、斗、丈、尺作统一规定;制造统一的标准度量衡器,发到全国各地。其目的自然是为了加强对人民的剥削,但是,这种统一对当时的经济发展是有利的,也为后来秦始皇统一度量衡奠定了基础。

在这次变法期间,秦国迁都咸阳。咸阳北靠高原,南临渭河,交通便利,物产丰富。特别是通往函谷关,这对秦向东方发展极为有利。迁都咸阳,十分清楚地反映了秦国地主阶级要向更大规模发展的雄心壮志。

商鞅变法,不仅沉重地打击了旧贵族的势力,而且也促进了封建经济的发展,巩固了封建统治。这样过了十年,秦国果然越来越富强,周天子打发使者送祭肉给秦孝公,封他为"方伯"(一方诸侯的首领),中原的诸侯国也纷纷向秦国道贺。

长期以来,魏对秦的威胁最大。因为魏当时是战国七雄中的头号强国,而秦国力量较弱,黄河以西大片土地一直在魏国的控制之下。商鞅变法之后,秦国兵强马壮,准备收复失地。秦孝公二十年(前340年),齐、赵两国又一次向魏进攻,魏国形势危急。商鞅认为这正是一个好机会,便率兵攻打魏国。魏国派公子昂为将,领兵抵抗秦军。以秦、魏当时的兵力而论,秦国想迅速取胜,还是困难很大的。于是,商鞅给公子昂写了一封信,叙谈在魏国的旧情,愿意罢兵和好,并约公子昂前来饮酒。魏国正处在几面受敌的境地,对于商鞅的邀请,公子昂深信不疑,前去会面。会面之后,正当饮酒时,早已埋伏好的秦兵一拥而上,将公子昂抓起来了。秦军趁势打败了魏军,取得了一次重大的胜利。魏国对外连年作战,国内空虚,只好把黄河以西大部分土地割给秦国讲和,把国都迁到大梁(今河南开封)。魏惠王想起公孙痤病重时向他推荐商鞅为相之事,十分后悔地说:"我真恨我自己当初为什么不听公孙痤的话!"

车裂而死

商鞅推行变法取得了重大成就,同时,也因镇压贵族势力的反抗,积怨甚多,加之他在秦孝公病重期间,掌握秦国军政大权,独断专行,使秦国内部权力之争激化。其时,有一个名叫赵良的人,就代表贵族集团去见商鞅。开始时,赵良劝说商鞅让位,后来又劝商鞅取消残酷的刑罚,最后威胁商鞅,说他不遵守旧制,早晚要失败的。他还说:"孝公一旦死后,秦国想收拾你的人难道还少吗?你的末日快到了!"商鞅对于这种处境,自己也很害怕,每次出门,都要有武装卫士的保卫。后来,秦孝公病重,据《战国策·秦策一》记载,孝公病重时,曾打算把君位让给商鞅,商鞅没有接受。孝公二十二年(前338年),秦孝公死了,太子驷即位,史称秦惠文王。公子虔诬告商鞅密谋反叛,惠文王下令逮捕商鞅,商鞅立即逃跑。

当他在路上要求住店时,因没有任何凭证,店主不敢收留,并对他说,这是"商君之法"的规定。商鞅没有办法,又跑到魏国,魏国对他早已恨之入骨,他只好回到自己在秦国的封地商邑。他组织了一些人马,准备抵抗秦军,但寡不敌众,被惠文王的军队抓获。惠文王以残酷的刑法"车裂",把商鞅处死。

秦惠文王及公子虔等杀死商鞅,这是地主阶级内部的矛盾,并不是新旧两种势力的斗争。因此,商鞅死后,秦国的改革并未停止,封建制继续发展,并不断地得到加强。

春秋战国之际,是我国奴隶制向封建制过渡的社会大变革时期。改革旧的制度,改变旧的不适合生产力发展的一切旧的上层建筑,这是时代的潮流,是历史发展的必然趋势。在这个动荡的时代里,商鞅作为新兴地主阶级的代表人物,敢于蔑视传统的势力和旧的习俗,积极投身于这场封建制改革运动之中,并使封建制度在秦国取得胜利,其历史功绩是应当予以肯定的。商鞅变法的成功,除了客观条件之外,还表现在:

首先,商鞅有创新的精神。商鞅从小就受法家思想的影响,但他在秦国主持变法时,并不是完全照搬李悝的主张,而是从实际出发进行的。如耕战政策,当时许多政治家都在各个诸侯国实行过,然而只有秦国的效果特别显著。其中很重要的一个原因,就是商鞅能够从秦国的实际情况出发,制定出奖励军功等一系列具体的行之有效的办法。因此,改革很有成效。据《史记》记载,商鞅在秦国推行改革10年之后,"秦民大悦,道不拾遗,山无盗贼,家给人足。民勇于公战,怯于私斗,乡邑大治。"

其次,商鞅的斗争精神。在推行新法过程中,商鞅也遇到了各种各样的困难。但是,他敢于同旧势力作斗争,为维护封建统治毫不动摇。历史上许多改革家之所以失败,并不完全是因为改革的内容不符合实际,有的改革方案甚至很理想,但一触犯权贵的利益和特权,就不敢继续坚持下去,使改革成为纸上谈兵。商鞅却能以极大的勇气推行新法,不畏权贵,不达目的誓不罢休。所以说,改革是有风险的,需要有胆识与魄力。否则,改革是不会成功的。

商鞅虽死,但秦国改革并未停止,并继续实行商鞅的新法,所以秦的国势继续得以发展,为后来秦灭六国,统一中国奠定了基础。

孙膑

孙膑，战国时期齐国阿地（今山东阳谷东北）人，战国杰出的军事家。生卒年代不详，大约活动于公元前380年至公元前320年左右。孙膑是春秋时期齐国著名军事家孙武的后代。曾与庞涓同学兵法。庞涓妒其才能，诳之到魏，处以膑刑。后经田忌举荐，被齐威王任为军师。公元前342年，孙膑设计大败魏军，庞涓自杀，由此名扬天下。所著《孙膑兵法》久负盛名。

遭以膑刑

孙膑的真实名字今已不可知，因为他曾遭受过膑刑（被去掉膝盖骨），所以后人就称他为孙膑。据《史记·孙子吴起列传》说，孙膑是孙子的后代，孙子死后一百多年而有孙膑。

孙膑在青年时期，曾和魏人庞涓一起拜鬼谷子为师，学习兵法。鬼谷子是位德行高深的隐士，有通天彻地之才。他精通数学，日星象纬，占往察来，言无不验；又广记多闻，明理审势，出词吐辩，莫口难当；还精通出世学，修真养性，服食导引，祛病延年；尤其精通兵学，六韬三略，变化无穷，布阵列兵，鬼神莫测。据说，他的弟子众多，战国时代著名兵家尉缭和纵横家苏秦、张仪等，都出于他的门下。孙膑为人淳朴厚道，谦虚谨慎，加上学习勤奋刻苦，颇得鬼谷子的器重。一天，鬼谷子对众弟子说："我夜间讨厌听到老鼠的声音，你们轮流值宿，替我驱鼠。"这天夜里，轮到孙膑值宿，鬼谷子将孙膑叫到跟前，从枕下取出一卷文书，对他说："这是你的祖先孙子留下的《孙子兵法》13篇。当年你的祖先曾将它献给吴王阖闾，阖闾用其策，大破楚军。后阖闾惜此书，不欲广传于人，乃置于铁柜，藏于姑苏台屋楹之内。自越兵焚台，此书不传。吾向与汝祖有交，求得此书，亲为注解；行兵秘密，尽在其中，未尝轻授一人。今见子心术忠厚，特以付子。"

孙膑

并告诫道,"得此书者,善用之为天下利,不善用之为天下害。"于是,孙膑携归卧室,昼夜研习。三日之后即能背诵无误,对答如流。鬼谷子逐篇盘问,孙膑对答如流,一字不遗,并都有独到的见解和深刻的发挥。鬼谷子很是惊讶,高兴地说:"你能如此用心,你的祖先孙武先生后继有人了。"

谁知,此事后为庞涓所知,庞涓对孙膑顿生嫉恨之心。此人本来就生性奸诈,嫉贤妒能,怎能容忍孙膑超过自己。然而,他非常善于伪装自己,曾与孙膑结为兄弟。一天,弟子们下山汲水,听到路人传说魏国厚币招贤,访求将相,庞涓心动,欲往魏国应聘。鬼谷子见貌察情,早知其意,便放庞涓下山去了。庞涓下山前与孙膑相约,此行倘有进身之阶,必当举荐孙膑,同立功业,如若食言,当死于万箭之下。孙膑感佩莫名,挥泪与其告别。

时值战国中期,秦、齐、楚、燕、韩、赵、魏七雄争立,都想依靠武力一统天下。当时战国七雄里头要数魏国最强。魏惠王听说有个自称鬼谷子的弟子前来应聘,便欣然接见了他。庞涓拜见魏惠王,指画敷陈,倾倒平生所学,唯恐不尽。魏惠王问道:"我们的东边有齐国,西边有秦国,南边有楚国,北边有韩国、赵国、燕国。周边都是大国,我们怎么能在列国之中站稳脚跟呢?"庞涓大夸海口:"大王要是让我做将军的话,我敢说,就是把他们灭了都不难,还用得着怕他们吗?要是办不到,我情愿受罚。"魏惠王很高兴,便拜庞涓为大将,另兼军师之职。他的儿子庞英、侄儿庞葱、庞茅都当上了将军。这一批"庞家将"整日操练兵马,雄心勃勃。不久,他便率军进攻较弱的卫、宋等国,屡屡获胜,还击退了前来进犯的齐国。一时间,庞涓名声大噪,魏惠王也更加信任庞涓了。

庞涓在魏国受到重用后,并没有实现邀请孙膑下山的诺言。后来魏惠王听说孙膑很有才能,就让庞涓写信邀请,庞涓只得照办。

孙膑接到庞涓的信后,感念庞涓的举荐之恩,立即打点行装奔赴魏国。庞涓见到孙膑后,假意欢迎,并盛情款待。然而不久,庞涓便伪造书信,设计陷害孙膑,在魏惠王面前诋毁孙膑,说其私通齐国。惠王一气之下,要处死孙膑。庞涓为了骗取孙膑所学的兵法,又假惺惺地以同学的面孔向魏王求情,把死刑变成了膑刑,结果挖去了孙膑的双膝盖骨,又用针刺面,然后以墨涂之。孙膑变成了一个废人,天天依靠着庞涓过日子,老觉得对不起人家。为了报答庞涓的恩情,他答应把《孙子兵法》13篇背诵下来写在竹笺上。

孙膑每天都忍痛拼命抄写。在一旁侍奉他的童仆实在看不下去,便把实情告诉了孙膑。直到此时,孙膑才恍然大悟,看清了庞涓的真面目,真是追悔莫及。如今被庞涓控制着,膝盖已去,两腿无力行走,好不凄惨!但孙膑是个意志非凡的人,并没有因此消沉下去,他把仇恨深深地埋在了心里。他一方面与庞涓巧妙周旋,一方面在努力寻找时机,尽早摆脱庞涓的监视,心想有朝一日驰骋纵横,报仇雪耻。他开始装疯,把刚写成的几篇兵书一片一片地烧毁,一会儿大哭,一会儿大笑,一会儿又做出各种傻相:不是唾沫横流,就是张目乱叫不绝。来人惊

恐万状，急忙将此事告知庞涓。庞涓亲自察看，只见孙膑痰涎满面，时而伏地哈哈大笑，时而又号啕大哭起来。庞涓生性狡黠，恐其佯狂，遂命左右将他拖入猪圈中，孙膑披发露面，倒身卧于粪秽之中。庞涓仍半信半疑，但看管则较从前大为松懈了。孙膑整日狂言诞语，或哭或笑，白日混迹于市井之间，晚间仍归猪圈之内。数日后，庞涓始信其疯。

后来，齐威王派辩士淳于髡到魏国去拜访魏惠王。孙膑乘人不备，秘见齐使，以刑徒的身份，慷慨陈词，打动了齐使。于是，淳于髡偷偷将孙膑带离魏国，回到了齐国临淄。

围魏救赵

齐使把孙膑带到齐国后，把他推荐给将军田忌。田忌很欣赏孙膑的才能，也很同情孙膑的不幸遭遇，招他为宾客，以上礼待之，言听计从。当时，在齐国的王室贵族之中，流行一种赛马游戏。田忌与齐威王赛马时胜少负多。孙膑在场观察了多次，发现双方出场的马大致可分为上、中、下三种水准，每一种水准的马力相仿，于是对田忌说："下次赛马，我可以使将军获胜，赌注不妨下得大一些。"田忌非常高兴，和齐威王赛马"逐射千金"。比赛当天，孙膑给田忌出了个主意，让田忌用上等马对齐威王的中等马；用中等马对齐威王的下等马；最后再用下等马对齐威王的上等马。田忌恍然大悟，依计而行，结果，田忌两胜一负，赢得了千金的赌注。这就是"田忌赛马"的故事。这个小故事揭示军事上一条很重要的规律，就是在战争中要从全局着眼，善于统筹，为了总体的胜利，可以牺牲局部利益。正确地运用这一规律，就可以从全局上看处于劣势的一方，采取出奇制胜的战术，做出某种让步，而最终取得全面的胜利，达到以弱胜强的预期目的。正因为"田忌赛马"这个小故事里蕴含着深刻的道理，所以一直传为佳话，流传深远。另外，孙膑在"田忌赛马"中所采用的方法，也被视为"策对论"的最早运用。

其实，对孙膑来说，帮助田忌在赛马中获胜不过是略施小计，田忌却由此对孙膑更加折服，并把他正式推荐给齐威王。齐威王和他交谈兵书战策，孙膑尽吐平生所学，两人谈得十分投机，齐威王认为孙膑是个难得的军事天才，真有相见恨晚之感，于是立即拜孙膑为军师。这样，通过这次赛马谈兵，孙膑一鸣惊人，由一个"刑余之人"一跃而成为统帅齐国大军的首领，在战国群雄角逐这个动荡的大舞台上，开始崭露头角，大显身手。

战国中期，魏国已发展成为中原大国，国势日强，曾先后攻占过秦、楚、齐等国的大片土地，对赵国更是觊觎已久，早有独霸之野心。周显王十五年（前354年），魏惠王派大将庞涓统兵8万、战车500乘大举进攻赵国。魏军长驱直入，很快就包围了赵国的都城邯郸（今河北省邯郸市西南），企图一举灭赵。邯郸守将连战连败，情势万分危急，赵成侯急忙派人火速前往齐国求救。齐威王自知唇亡齿寒的道理，答应救赵，拟拜孙膑为大将。孙膑辞谢道："臣乃刑余之人，而使主兵，显齐国别无人才，为敌所笑，请以田忌为将。"齐威王于是听从了孙膑的建议，拜田忌为大将，孙膑为军师，居于辎车之中，出谋划策，率领8万齐军大举攻魏。

出兵前，田忌与孙膑一起研究作战方针。田忌认为应该率军北上直趋邯郸，与魏军决一死战，以解赵围。孙膑不赞成这种打法，他审时度势，提出了一个"围魏救赵"的作战策略。他对田忌说："目前的形势犹如丝线夹缠成一堆，如要解开，万万不能使力乱扯。人家打架，你想拔刀相助，但不能不弄清情势就挥拳加入殴斗。如今魏国把整个战斗力全部投入了这场战争，国内只留下了一些不堪一击的老弱病残之兵。如果我国趁虚率兵攻向魏都大梁，占据它的交通要道，袭击它空虚的后方，那么魏军主力必然要放弃攻打邯郸而回师自救。这样，既可解邯郸之围，达到救赵的目的，又可在魏军长途跋涉、疲于奔命之际，抓住时机，狠狠打击魏军，这不是一举两得吗？"田忌听罢，心中大喜，立即采纳了孙膑的计谋。

为了迷惑庞涓，使其无法把握齐军的真正意图，孙膑又对田忌说："请将军先向南进攻魏国的平陵。平陵这地方，城邑虽小，但管辖的范围却很大，人口众多，兵强马壮，是东阳这个地区的战略重镇，很难攻取。我准备用假象来迷惑敌人。我们去进攻平陵，途中必经魏国的市丘，我军的粮食补给道路肯定会被魏军轻易切断。我们进攻平陵就是为了向敌人显示我们不懂军机的假象。"于是，田忌率齐军拔营，以急行军的速度直趋平陵。大军快到平陵时，田忌把孙膑请来问道："现在该怎么办？"孙膑说："你看军中诸大夫中谁是不通晓军机的一勇之夫？"田忌不知其意，随口答道："齐城、高唐两位大夫可以。"孙膑说："请命令你所选的齐城、高唐两位大夫，各率所属部队在平陵城邑的外围进行包围封锁，隐蔽地从四面绕过环涂，列好进攻平陵的阵势，并把阵势的薄弱易攻的部位暴露给环涂的魏军。"田忌更是不解，孙膑望着田忌困惑的神情，进一步解释道，"环涂是魏军的驻扎地，我军的前锋要猛烈进攻平陵，后续部队亦不断增援；驻在环涂的魏军，一定会攻击我军阵势后背的薄弱之处，这样，两位大夫便可以被魏军击败了。"田忌听完孙膑解释，如堕五里雾中，疑惑地问道："我们此次出兵援救，应力克平陵守敌，以壮军威，为什么反而故意败给魏军，示弱于敌呢？"孙膑笑而未答，只是颇有些神秘地说了句："将军依计而行就是了。"田忌心中虽然不甚明了孙膑的意图，但深知孙膑的智谋，也不追问，下去布置去了。于是，田忌将齐城、高唐的部队分为两路，直奔平陵。齐军将士们像蚂蚁一样，攀登云梯攻打守城魏军。挟茁和环涂两地的魏军，果然从背后来夹击齐军，齐城和高唐两位大夫在城邑的大道上大败而归。

其后，将军田忌又把孙膑请来，问他说："我军进攻平陵没有取胜却损失了齐城、高唐两位大夫的部队，在城邑的大道上吃了大败仗，下一步该怎么办？"孙膑说："请将军再派遣出游用的轻车向西直奔魏都大梁城郊，以此激怒敌人。只

派少数部队跟随在车后,以显示我军力量单薄。"田忌依计而行。

再说庞涓见齐军攻打平陵连遭败绩,认为齐兵并无多强的战斗力,根本没把齐军放在眼里,于是集中兵力进一步猛攻邯郸,想一举攻下邯郸。在激烈的鏖战中,魏军损失惨重。庞涓竭尽全力,付出了巨大代价后终于于周显王十六年(前353年)攻克了赵国都城邯郸。就在庞涓陶醉于胜利之时,魏惠王派人告急,说齐军以轻锐之师进逼大梁,命庞涓火速班师自救。大梁乃魏国政治、经济和文化的中心,其得失关乎魏之存亡。庞涓刚刚拿下邯郸正在得意忘形,忽闻齐军兵临大梁,真是又气又急,顾不得休整军队,更顾不得将士们的疲惫和损伤,日夜兼程,回兵援救大梁。

庞涓放弃了随军辎重,昼夜不停地急行军,赶来与齐军决战。但他万万没有料到,攻击大梁的齐军仅仅是齐军的一部分,其主力早已在桂陵(今山东菏泽东北)埋伏妥当,以逸待劳,只等魏军钻进口袋。当庞涓匆匆渡过黄河,刚刚走到桂陵时,战斗力相当旺盛的齐军潮水般地从四面涌过来,直杀得魏军丢盔卸甲,四处逃散,几乎全军覆灭,庞涓只带了少数残兵败将逃出重围。这就是历史上著名的"桂陵之战"。这次战争的胜利,充分显示了孙膑出色的军事智谋和才干。孙膑所制定的围魏救赵的战略,成为中国古代战争史上一个著名的战例。"桂陵之战"后,魏惠王被迫讲和,把邯郸归还赵国,赵国也因齐军的援救而复存。

设伏马陵

魏国在桂陵之战后,尽管遭受了挫败,元气却并未大伤,久霸中原的余威还在,稍加休整后,便又恢复了生机。桂陵之战的第二年,即公元前352年,魏国便联合韩国在襄陵打败了齐、宋、卫的联军,齐国不得不与魏国讲和。周显王十九年(前350年),魏国又向西边的秦国反攻,不但收复了失地,还围攻秦国的定阳(今陕西宜川县西北),闹得秦孝公寝不安席,食不甘味,也被迫与魏国讲和。周显王二十五年(前344年),魏惠王召开了逢泽(今河南开封市东南)之会,参加会盟的共有12个诸侯国,会后还一同去朝见周天子。至此,魏惠王独霸中原的野心又开始膨胀了。

周显王二十九年(前340年),即桂陵之战后13年,魏惠王以韩国没有参加当年的逢泽之会为由,派太子申和庞涓率兵大举进攻韩国,企图一举亡韩。在魏军的强大攻势下,弱小的韩国岌岌可危。眼前魏军兵临国都,韩昭侯异常恐慌,遣人星夜告急于齐,求其出兵相救,以存社稷。齐威王早就想待机再攻魏国,所以接受韩国告急后,便决定发兵击魏救韩。齐威王召集群臣,共议国策。宰相邹忌认为,韩魏相煎,这是齐国之幸,可以隔岸观火,齐国自身也需要加强治理,以不发兵相救为宜。大将田忌则认为,魏韩相斗,韩败魏胜是其必然的结果,魏国的势力就会因此大增,则祸必殃及齐国,绝不能袖手旁观,坐失攻魏良机。两人争执不下,齐威王征询孙膑的意见,说道:"军师不发一言,难道说救与不救,二策都不妥当吗?"

孙膑说道:"魏国自恃其强,伏赵之后又起倾国之兵伐韩,其野心须臾也未忘记伐齐。如果任韩降魏,只能使魏国更加强大,从而形成对齐国的巨大威胁,因而弃韩不救是不明智的。然而,齐国的军队必须为齐国的利益而战,如果过早地出兵救韩,就等于齐国代替韩国作战,韩享其安,我受其危,主客颠倒,那对齐国是十分危险不利的。"齐威王听罢,频频点头,接着问道:"军师所言极是,那到底该怎么办呢?"孙膑说道:"从齐国的根本利益出发,应该许韩必救,以安其心。韩知有齐相救,必然尽全力抗魏以自卫,魏军见韩不降定然会倾其全力以攻韩。待魏、韩两军厮杀实力消耗殆尽之际,我们再出兵攻击疲惫的魏国,拯救危亡的韩国,用力少而见功多,才会收到事半而功倍的效果。"

齐威王听了孙膑的建议,非常高兴,热情地接待了韩国使者,并答应说:"齐救兵旦暮将至。"韩哀侯大喜,奋力抵抗进犯的魏军。然而毕竟弱不胜强,前后交兵五六次之后,韩军尽皆大败,不得不再次派使来齐,请求齐宣王速发救兵。魏军在激烈的战斗中也有一定的伤亡,实力有所削弱。于是,齐国抓住韩危、魏疲的最佳时机,任命田忌为大将,田婴为副将,孙膑为军师,统兵数万,兵车数百乘,浩浩荡荡地离齐攻魏救韩。孙膑认为:"夫解纷之术,在攻其所必救,今日之计,惟有直走魏都耳!"所以,这一次,孙膑又一次采取了"围魏救赵"的战术,大军直奔魏都大梁。魏惠王见齐军又杀气腾腾地直扑大梁而来,鉴于13年前桂陵之败的惨痛教训,再也不敢让魏军在韩恋战,急令调回魏军主力。庞涓传令大军离韩归魏,率兵10万企图与齐军进行一次殊死决战。

孙膑冷静地分析了敌我双方的情况,认为这一次魏军有一定的准备,兵力也较多较强,而且是主动迎击齐军,来势凶猛。于是,他决定改变战术,以计胜之。他对田忌说:"善战者因其势而利导之,兵法上也说,被利诱而深入百里,去追击敌军,必丧失大将;追击50里,势必折损一半士兵。我们就要在这上面想办法。"田忌问道:"如何因势利导呢?"孙膑胸有成竹地说道:"魏之兵,素悍勇而轻齐,齐号为怯。我军便将计就计,主动引兵东撤,装作惧怕魏军的样子,设法诱其中计。"田忌又问:"依军师之计,具体应该如何做呢?"孙膑说道:"我们不妨在退兵途中,第一天造10万人做饭用的锅灶,第二天减为5万人的锅灶,第三天减为3万人。魏军追兵见我军锅灶逐日减少,一定认为齐军怯战,逃亡过半,从而助长其骄傲轻敌的思想,诱其拼命猛追,其力必疲,然后再以计取之。"田忌听罢大喜,决定依计而行。

再说庞涓怒气冲冲地率兵以急行军的速度从韩返魏,望西南而行,快要抵达大梁城时,不料齐兵又撤退逃窜,于是整顿兵马,紧紧追赶。庞涓生性狡黠多疑,唯恐齐兵有诈,开始追击时还是比较谨慎的,行军速度也不算快,各队之间联络照应有致。后来他发现齐兵的锅灶一天比一天减少,这才放下心来,以为齐

军果然怯弱,闻魏兵将至竟不战而逃亡过半,士气已经低落到不堪一击的程度,这是雪桂陵之耻的天赐良机。处于亢奋之中的庞涓当即传令,将步兵留后继行,自己亲率精锐骑兵,马不停蹄,昼夜兼程地沿着齐军撤退的方向猛追不舍。

田忌与孙膑从容地率兵撤退,同时派出许多侦探,观察并随时报告魏军动态。当孙膑得知魏军已过沙鹿山时,屈指计程,料定魏军日暮必到马陵(今河南范县西南)。马陵地势险峻,一条窄道夹在两山中间,道旁树木丛生,是设伏歼敌的好战场。于是孙膑命令齐军停止前进,砍伐树木,堵塞道路,设置障碍,布下重重埋伏,准备围歼追敌。孙膑还特意命兵士把路旁的一棵大树刮去一段树皮,在白色的树干上用黑煤书写了8个大字:"庞涓死于此树之下。"一切准备就绪后,孙膑挑选了弓弩手1万人,埋伏在山路两旁,然后对弓箭手发出命令说:"天黑时候,只要看见火把就一齐射箭!"

果然不出孙膑所料,庞涓率领魏军黄昏时分赶到了马陵道,其时十月下旬,又无月色。魏军人困马乏,极度疲劳,都想停下来歇歇脚。这时,前军回报说,有断木塞路,难以前进。庞涓以为是齐兵惧怕魏军追赶,故设障碍,便命人搬木开路,忽然抬头看见树上砍白处,隐隐有字迹看不真切,庞涓命军士取火照之。众军士一起点起火来,庞涓于火光之下,看得分明,大惊中计,急令退兵,怎奈为时已晚。齐军万名弓弩手一见火光立刻万弩齐发,喊声四起。魏军顿时大乱,被齐军四面围住,既无法抵抗,又无路可逃,死伤殆尽。庞涓在乱军中,身中数箭,自知"智穷兵败",无法挽救危局,仰天长叹道:"吾恨不杀此刖夫,遂成竖子之名!"说罢拔剑自刎而死。庞涓所率精锐被歼后,齐军乘胜发起进攻,魏兵心胆俱裂,无人敢战,各自四散逃生。10万魏军曾经不可一世,如今尸横遍野,全军覆灭,统帅太子申成了俘虏,魏军辎重军器,车马粮草,尽归于齐,齐军取得了战略决战的胜利。这就是历史上著名的马陵之战。

马陵之战,孙膑因势利导,又一次灵活地运用"围魏救赵"之战术,以强示弱,减灶诱敌,设伏马陵,一举全歼了魏军,取得了决战的胜利。马陵之战,同桂陵之战一样,是孙膑军事生涯中的"杰作",也是我国军事战争史上的两朵并开的"奇葩",充分显示了孙膑过人的军事谋略和杰出的指挥才能。马陵之战后,魏国元气大伤,国势从此一蹶不振,失去了中原霸权。齐国则声威大振,威服诸侯,称霸于中原。孙膑则由此而名扬天下,实现了他平生的抱负。后人有诗赞曰:"减灶奇谋信不疑,拼将轻锐马陵驰。白书烛见无常到,竖子成名耐久思。"

激流勇退

再说田忌等班师回国,齐威王大喜,设宴犒赏全军将士,并亲自为田忌、田婴、孙膑把盏斟酒。相国邹忌妒火难忍,自思昔日私受魏贿,制造谣言,阴谋陷害田忌之事,心中有愧,于是称病辞去了相位。齐威王就拜田忌为相国,田婴为将

军,还要加封军师给孙膑。孙膑不愿受封,而且去意已决,便亲手把《孙子兵法》13篇写出来,献给了齐威王。齐威王恳词挽留,田忌也苦心相劝,却都动摇不了他激流勇退的决心,他对威王说:"臣以废人,过蒙擢用,今上报主恩,下酬私怨,于愿足矣。臣之所学,尽在此书,留臣亦无用,愿得闲山一片,为终老之计!"威王只好设宴送行,并把石闾之山封给了孙膑。孙膑隐居山中,不知所终。一代杰出的军事家就这样在激烈争斗的战国政治舞台上消失了。后人曾有诗赞道:"孙子知兵,翻为盗憎;刖足衔冤,坐筹运能。救韩攻魏,雪耻扬灵;功成辞赏,遁迹藏名。揆之祖武,何愧典型!"

　　孙膑死后,给后人留下了一部珍贵的军事著作——《孙膑兵法》。《孙膑兵法》古称《齐孙子》,原有89篇图4卷,内容十分宏博,可惜在东汉末年失传。直至1972年4月,山东临沂银雀山汉墓出土了部分孙膑谈兵的竹简,经专家们长期研究整理,最后确定为16篇。这16篇虽然远非《齐孙子》的原貌,但理论价值却十分珍贵。它总结了战国中期以前的大量战争实践,从基本理论到战术原则,都进一步继承和发展了《孙子兵法》。例如,《孙膑兵法》提出"战胜而强立"的战争观,充分肯定统一战争的进步意义和作用,极力主张用统一战争去克服战国七雄并立的封建割据局面,这较之《孙子兵法》"兵者,国之大事"的认识前进了很大一步。《孙膑兵法》提出以"道"制胜的原则,强调必须遵循战争本身固有的客观规律去指导战争,夺取胜利。这显然是对《孙子兵法》中"兵者,诡道"、"兵以诈立"思想的继承和发展,以"道"制胜较之以"诡"、"诈"制胜体现了更为深刻的理性认识。

　　《孙膑兵法》提出"必攻不守"的作战指导理论,其实质就是运用大规模机动野战的作战方式,在战略和战役上实施广泛的"批亢捣虚"、"围魏救赵"、争取主动、避免被动,这也是对《孙子兵法》避实击虚理论的重要继承和发展。《孙膑兵法》提出"富国"而"强兵"的国防思想,对当时和后世,都有巨大而深远的意义和影响,较之《孙子兵法》中"因粮于敌"的思想,更是一个重大的继承、发展和进步。《孙膑兵法》中有专讲军政训练的《五教法》一篇,提出对部队实施严格的政治教育、队列训练、行军训练、阵法训练、战法训练。这是我国先秦时期最完整系统的军队教育训练理论,较之《孙子兵法》中"令之以文,齐之以武"的治军思想,无疑是更全面的继承、发展、丰富和提高。《孙膑兵法》与《孙子兵法》有着不可分割的内在联系,所以自古以来人们即把两"孙子"并称,说二者是"一家"之言的"孙氏之道"。在《汉书·艺文志》中则更为明确,把《孙子兵法》列为所有兵书之首,而《齐孙子》则位居第二,在吴起兵法、范蠡兵法以及其他所有兵法之上。

廉 颇

廉颇(前327年~前243年),赵国人,战国时期赵国杰出的军事将领。主要活动在赵惠文王(前298年~前266年)、赵孝成王(前266年~前245年)、赵悼襄王(前245年~前236年)时期。

赵惠文王初,东方六国以齐最为强盛,齐与秦各为东西方强国。秦国欲东出扩大势力,赵国当其冲要。为扫除障碍,秦王曾多次派兵进攻赵国。廉颇统领赵军屡败秦军,迫使秦改变策略,实行合纵,于惠文王十四年(前285年)在中阳(今山西中阳县西)与赵相会讲和;以联合韩、燕、魏、赵五国之师共同讨伐齐国,大败齐军。其中,廉颇于惠文王十六年(前283年)带赵军伐齐,长驱深入齐境,攻取阳晋(今山东郓城县西),威震诸侯,而赵国也随之跃居六国之首。廉颇班师回朝,拜为上卿,他以勇气闻名于诸侯各国。秦国虎视赵国而不敢贸然进攻,正是慑于廉颇的威力。此后,廉颇率军征战,守必固,攻必取,几乎百战百胜,威震列国。

公元前283年,秦伐赵,占领了石城。赵惠文王十九年复攻赵,杀了2万赵军。这时秦王欲与赵王在渑池(今河南渑池县西)会盟言和,赵王非常害怕,不愿前往。廉颇和蔺相如磋商认为赵王应该前往,以显示赵国的坚强和赵王的果敢。赵王与蔺相如同往,廉颇相送,与赵王分别时说:"大王这次行期不过30天,若30天不还,请立太子为王,以断绝秦国要挟赵国的企图。"廉颇的大将风度与周密安排,壮了赵王的行色,同时由于蔺相如渑池会上不卑不亢地与秦王周旋,毫不示弱地回击了秦王施展的种种手段,不仅为赵国挽回了声誉,而且对秦王和群臣产生震慑,最终使得赵王平安归来。

会后,赵王"以相如功大,拜为上卿",地位竟在廉颇之上。廉颇对蔺相如封为上卿心怀不满,认为自己身为赵国的大将,有扩大疆土的大功,而地位低下的蔺相如只动动口舌却位高于自己,岂能容忍。他公然扬言要当众羞辱蔺相如。蔺相如知道后,并不想与廉颇去争高低,而是采取了忍让的态度。为了不使廉颇在临朝时排在自己之下,每次早朝,他总是称病不至。有时,蔺相如乘车出门,远远望见廉颇迎面而来,就索性引车躲避了。这引起了蔺相如舍人的不满,蔺相如解释说:"强秦与廉颇相比,虎狼般的秦王相如都敢当庭呵斥,羞辱他的群臣,我还会怕廉颇吗?强秦之所以不敢出兵赵国,这是因为我和廉颇同在朝中为官,如果我们相斗,就如两虎相伤,没有两全之理了。我之所以避他,无非是把国家危难放在个人的恩怨之上罢了。"廉颇听说后,深受感动。于是,他选择蔺相如家宾客最多的一天,身背荆条,赤膊露体来到蔺相如家中,请蔺相如治罪。从此两人结为刎颈之交,生死与共。

"将相和"的故事,后人以各种不同的文艺形式加以表现,它强烈的爱国情感催人泪下,感人奋发。而廉颇勇于改过、真诚率直的性格,更使人觉得可亲可爱。

赵惠文王二十年(前279年),廉颇向东攻打齐国,破其一军。赵惠文王二十二年(前277年),再次伐齐,攻陷九城。次年廉颇攻魏,陷防陵(今河南安阳南20里)、安阳城(今河南安阳县西南)。正是由于廉、蔺交好,使得赵国内部团结一致,尽心报国,使赵国一度强盛,成为东方诸侯阻挡秦国东进的屏障,秦国以后10年间未敢攻赵。

公元前266年,赵惠文王卒,孝成王立。这时,秦国采取应侯范雎"远交近攻"的谋略,一边跟齐国、楚国交好,一边攻打临近的小国。周赧王五十五年(前260年),秦国进攻韩地上党。上党的韩国守军孤立无援,太守冯亭便将上党献给了赵国。于是,秦、赵之间围绕着争夺上党地区发生了战争。这时,名将赵奢已死,蔺相如病重,执掌军事事务的只有廉颇。于是,赵孝成王命廉颇统帅20万赵军阻秦军于长平(今山西高平县西北)。当时,秦军已南取野王(今河南沁阳),北略上党(今山西中部地区),切断了长平南北联系,士气正盛,而赵军长途跋涉而至,不仅兵力处于劣势,态势上也处于被动不利的地位。面对这一情况,廉颇正确地采取了筑垒固守、疲惫敌军、相机攻敌的作战方针。他命令赵军凭借山险,筑起森严壁垒。尽管秦军数次挑战,廉颇总是严束部众,坚壁不出。同时,他把上党地区的民众集中起来,一面从事战场运输,一面投入筑垒抗秦的工作。赵军森严壁垒,秦军求战不得,无计可施,锐气渐失。廉颇用兵持重,固垒坚守三年,意在挫败秦军速胜之谋。秦国看速胜不行,便使反间计,让赵王相信,秦国最担心、最害怕的是用赵括替代廉颇。赵王求胜心切,最终中了反间计,认为廉颇怯战,强行罢廉颇职,用赵括为将。虽然蔺相如力谏,指出只知纸上谈兵的赵括不适合担此重任,但赵王不听,任用赵括为将军。赵括代替了廉颇的职务后,完全改变了廉颇制定的战略部署,撤换了许多军官。秦国见使用赵括为将,便暗中启用武安君白起率兵攻赵,大败赵括军于长平,射杀赵括,坑赵兵四十余万。赵长平之战,赵国损失四十五万人。

长平之战后,秦国趁势包围赵都邯郸,持续一年多,幸有魏公子信陵君窃取兵符相救得以不灭,但国力已大减。

燕以赵大伤于长平,以丞相栗腹为将,针对赵国"壮者尽于长平,其孤未壮"的状况,于秦昭襄王五十六年(前251年)举兵攻赵。赵使廉颇为将,指挥了著名的鄗代之战。他将全军分为两路,一路由乐乘率领直趋代地,抗击西路燕军,一路亲自率领,迎战燕军主力于鄗城(今河北柏乡县北)。廉颇指挥为保卫乡土而同仇敌忾的赵军,采取集中兵力打敌正面的战法,首战告捷,挫敌兵锋,打掉了

燕军的嚣张气焰。接着,他率领赵军大败燕军主力,阵斩栗腹。燕军主帅被斩,惊慌溃退。廉颇抓住燕军败退之机,立命赵军乘胜追击,长驱500里,于前250年进围燕国都城蓟(今北京市)。燕王喜眼看燕国危在旦夕,只好答应赵国提出的割让五城等全部要求,向赵国求和。廉颇因功封信平君,为相国。廉颇任相国前后约六七年,多次击退入侵敌军,并伺机出击。前245年,带兵攻取了魏地笼阳(今河南内黄县西北),赵国国力又有所恢复。

廉颇从长平免职回家,失去权势的时候,原来的门客都离开了。等到再被重用当将军,门客们又都聚拢上来。廉颇很是感慨,要他们退去,门客告诉他:这没什么奇怪。现在是以市场上的买卖方式交朋友,您有权势,我们就跟随您;您没有权势,我们就离开,这本是买卖常理,又有什么埋怨的呢?又过了六年,赵国派廉颇进攻魏国的繁阳,把它攻克了。

公元前245年,赵孝成王去世,太子悼襄王即位,派乐乘接替廉颇。廉颇大怒,攻打乐乘,乐乘逃跑了。廉颇于是也逃奔魏国的大梁。第二年,赵国便以李牧为将进攻燕国,攻下了武遂、方城。廉颇在大梁住久了,魏国对他不能信任重用。赵国由于屡次被秦兵围困,赵王就想重新用廉颇为将,廉颇也想再被赵国任用。赵王派了使臣去探望廉颇,看看他还能不能任用。廉颇的仇人郭开用重金贿赂使者,让他回去后说廉颇的坏话。赵国使臣见到廉颇之后,廉颇当着他的面一顿饭吃了一斗米、十斤肉,又披上铁甲上马,表示自己还可以被任用。赵国使者回去向赵王报告说:"廉将军虽然已老,饭量还很不错,可是陪我坐着时,一会儿就拉了三次屎。"赵王认为廉颇老了,就不再把他召回了。廉颇也就没再得到为国报效的机会。

楚国听说廉颇在魏国,就暗中派人迎接他入楚。廉颇担任楚将后,没有建立什么功劳。他说:"我思用赵人。"(《史记·廉颇蔺相如列传》)流露出对祖国乡亲的眷恋之情。但赵国最终未能重新启用他,致使这位为赵国做出过重大贡献的一代名将,抑郁不乐,最终死在楚国的寿春(今安徽省寿县)。十几年后,赵国被秦国灭亡。

蔺相如

蔺相如,籍贯及生卒年不详,赵国宦官头目缪贤的家臣,战国时期著名的政治家、外交家、军事家。

完璧归赵

蔺相如出身于社会下层的普通平民家庭,少时,聪慧伶俐,喜博览群书。有一日,其教师对众学生讲,要一笔写出一个有棱有角、四四方方的字,众弟子无一对答。平时寡言的相如,提笔成字,有角有棱,四四方方,是为"乙"字。后做了缪贤的舍人。

公元前283年,赵惠文王得到楚国的和氏玉。这块宝玉相传为春秋时楚国人卞和在山中发现,原为一块玉璞(含有宝玉的石块),先后献给厉王、武王,玉工都说是块石头,国王恼怒,卞和分别被砍去左右脚。楚文王继位,卞和抱着玉璞在山中哭泣。文王知道后,叫人剖开玉璞,果然得到一块稀世美玉,因此取名"和氏璧"。

秦昭王听说赵国国王成了这块宝玉的新主人后,十分想得到这块宝玉,于是派遣使者送信给赵惠文王,信里表示愿意拿秦国的15座城邑来换取赵国的宝玉。赵惠文王得到信后,一下子拿不定主意,十分为难,于是就把大将军廉颇和其他许多大臣召来,商量对策。如果把和氏璧送给秦国,恐怕秦国不会真用15座城来交换,白白地受到欺骗;如果不给,秦强赵弱,又怕秦国出兵攻打赵国。左右为难,想派个使者到秦国去交涉,又找不到合适的人选。

正在此时,宦官头目缪贤走出来说:"我有个家臣,叫蔺相如,此人智勇双全,不如派他到秦国去。"赵王问:"你怎么知道他可以出使秦国呢?"缪贤就告诉赵王说:"我以前曾经冒犯了大王,怕您治罪,打算偷偷逃到燕国去。蔺相如知道后,劝阻我说:'你怎么知道燕王会接纳你呢?'我告诉他说:'我曾经跟随大王在边境上与燕王相会。当时燕王曾私下握住我的手,表示愿意和我交个朋友。因此,我决定到燕国去投靠燕王。'蔺相如听了说:'赵强燕弱,而你又是赵王的宠臣,燕王才愿意和你交朋友。现在你得罪了赵王,如果逃到燕国去,燕王害怕赵国,决不敢收留你,只会把你捆绑起来送回赵国。到那时,你的性命就难保了。现在你不如脱掉衣服,赤身伏在腰斩人的斧子上,亲自去大王面前认罪请求处罚,大王宽厚仁慈,或许能得到大王的宽恕。'我听后照着做了,大王您果然宽恕了

我。因此我认为蔺相如能够出使秦国并圆满完成任务。"

赵王派人把蔺相如召来，问道："现在秦王要用15座城邑来换和氏璧，可以答应吗？"蔺相如说："秦强赵弱，我们不能不答应。"赵王又问："要是秦王得了璧，却不肯把城交给赵国，又该怎么办呢？"蔺相如说："确实如此，但秦国用15座城来换和氏璧，如果赵国不答应，那就是我们理亏，秦国也正好有借口攻打赵国；要是赵国把璧送到秦国，而秦国不肯把城交给赵国，那么就是秦国理亏。比较一下，我认为最好是答应秦国，把璧送去，让秦国负不讲道理的责任。"停了一会儿，接着说，"如果大王没有适当的人选，我倒愿意出使秦国，假如秦国真的把城邑交给赵国，我就把宝玉留在秦国；如果秦国不交城邑，我一定把宝玉完完整整地带回来。"于是，赵惠文王任命蔺相如做使臣，带着和氏璧西使秦国。

秦昭王在章台（秦宫名，旧址在今陕西西安市）接见蔺相如，蔺相如双手捧璧，献给秦王，秦王接过璧，展开锦袱观看，果然纯白无瑕，宝光闪烁。雕镂之处，天衣无缝，真不愧是稀世之宝，非常高兴。又依次递给妃嫔、文武大臣和侍从们欣赏，众人都啧啧称赞，欢呼"万岁"，向秦王表示祝贺。

过了很久，秦王却绝口不提以城换璧的事，蔺相如知道秦王绝对不会以城换璧，心生一计，对秦王说："这块宝玉很好，就是有点小毛病，让我指给大王看。"秦王听后，就把璧交给他，蔺相如接过璧，迅速后退几步，身子靠着柱子，愤怒得连头发都快竖起来了。他义正词严地对秦王大声说道："大王想要这块美玉，写信给赵王，答应用15座城来交换，当时赵王召集文武大臣商议，都说秦国贪得无厌，仗着势力强大，想用几句空话骗取赵国的宝玉，大家都不同意把璧送来。可我却认为，即使老百姓交朋友，尚且互不欺骗，何况秦国这个堂堂大国呢！再说也不能因为一块璧的缘故而伤了两国的和气。赵王采纳了我的意见，并且还斋戒了5天，写了国书，然后派我做使臣带着宝玉到秦国来，态度是如此恭敬。可大王却在一般的离宫接见我，而且态度又这样傲慢。大王把这么贵重的宝玉，随便递给宫女侍从们观看，分明是在戏弄我，也是对赵国不尊敬。我看大王并没有用城换璧的诚意，所以我把它要了回来，如果大王一定要逼迫我，我情愿把自己的脑袋和这块宝玉一起在柱子上撞个粉碎！"说罢，举起和氏璧，眼瞅柱子，作势要向柱子砸去。

秦王怕蔺相如把璧玉砸坏，赶忙赔礼道歉，请他不要那样做。一面叫来掌管地图的官员送上地图，秦王摊开地图对蔺相如说，从这里到那里的15座城，准备划归赵国。蔺相如想到秦王现在不过是装装样子而已，绝对不会把城给赵国，于是又对秦王说："这块和氏璧，是天下公认的宝贝，赵王非常喜欢，可因为害怕秦国势力强大，不敢不献给秦王。在送走这块璧的时候，赵王斋戒了5天，还在朝廷上举行隆重的仪式。现在大王要接受这块璧，也应该斋戒5天，然后在朝廷上举行九宾之礼，我才能把璧献给大王。"秦王想到璧在蔺相如手里，不好强取硬夺，便答应斋戒5天，然后，又派人送蔺相如到驿馆去休息。到了驿馆，蔺相如想到秦王虽然答应了斋戒5天，但一定不会真把城给赵国，于是就选了一名精干的随从，让他穿上粗布衣服，打扮成普通老百姓，揣着和氏璧，悄悄地从小路连夜赶回赵国去了。

再说秦王假装斋戒了5天，就在朝廷上设下隆重的九宾之礼。两边文武大臣排立，传下命令，要蔺相如来献璧。蔺相如走上朝廷，对秦王行了礼说："秦国从秦穆公以来，已经有21位国君了，没有一个是讲信用的。我怕受大王的欺骗而对不起赵国，所以早派人带璧离开秦国，恐怕现在早已到赵国了。"秦王听了，十分恼怒。蔺相如仍旧从容不迫地说："今日之势，秦强赵弱，因此大王一派使者到赵国要璧，赵国不敢违抗，马上就派我把璧送来，现在要是秦国真把15座城割让给赵国以换取和氏璧，赵国哪敢要秦国的城邑而不给大王和氏璧呢？现在我欺骗大王，罪当万死，我已不存生还赵国之望，现在就请大王把我放在油锅里烹死吧，这样也能使诸侯知道秦国为了一块璧的缘故而诛杀赵国的使者，大王的威名也能传播四方了。"

秦王的阴谋被彻底揭穿，又狡辩不得，只好苦笑一番。而秦王左右的大臣卫士，有的建议把蔺相如杀掉，但被秦王喝住了。秦王说："现在即使把蔺相如杀了，也得不到璧，反而损害了秦、赵两国的友谊，也有损秦国的名声，倒不如趁机好好招待他，让他回赵国去。"于是秦王依旧按九宾之礼在朝廷上隆重地招待了蔺相如，然后客气地送他回国。以后秦国一直不肯把15座城割给赵国，赵国自然也就没有把璧送给秦国。相如回国后，赵王认为他是一位称职的大夫，身为使臣不受诸侯的欺辱，于是封相如为上大夫。

渑池之会

公元前282年，秦国派大将白起攻取了赵国的简（今山西离石县西）和祁（今山西祁县）两块地方。次年，秦国又派兵攻占了赵国的石城（今河南林县西南）。又过了一年，再向赵国进攻，两国交战，赵国损失了2万多军队，而秦军的攻势也被遏止了。

赵惠文王二十年（公元前279年），秦昭王想和赵国讲和，以便集中力量攻击楚国，于是派使者到赵国，约赵王在西河外的渑池见面，互修友好。赵王害怕，不想去，大将军廉颇和上大夫蔺相如商议，认为赵王推辞不去不好，就劝赵王去："秦王约您会议，如果大王不去，那就显得赵国力小而胆怯了，还是去好。"赵王听从了廉、蔺二人的建议，蔺相如也随着赵王一起去了。廉颇带领大军把赵王送到边境，临分手，他对赵王说："这次大王去渑池，路上来回的行程，加上会见的时间，估计前后不会超过30天。为了防止意外，要是过了这个日期大王还未回来，请允许我们立太子为王，以断绝秦国扣留大王要挟赵国的念头。"赵王同意了。廉颇还在边境上布置了大量的军队，防备秦国的进攻。

到了渑池,见到秦王,双方行过礼,便在筵席上叙谈,酒到中巡,秦王对赵王说:"我听说你喜欢弹瑟,我这里有瑟,就请你弹一支曲子助助兴吧!"赵王不敢推辞,只好弹了一曲。这时,秦国的御史走了过来,在简上写到:某年某月某日,秦王和赵王在渑池宴会,秦王命赵王弹瑟。

蔺相如见此不悦,上前对秦王说:"赵王听说秦王擅长击缶(瓦盆),我这里有个缶,请你敲敲缶让大家高兴高兴。"秦王听了勃然大怒,不肯答应。蔺相如又端起缶走过去,献给秦王,秦王还是不肯敲。蔺相如就说:"现在我离大王只有五步,如果大王不答应,我拼着一死,也要溅你一身血。"意思是要和秦王拼命。

秦王的侍卫看到秦王受到胁迫,慌忙拔出刀来,要杀蔺相如。蔺相如瞪着双眼,大喝一声,吓得侍卫连连后退,秦王心里很不高兴,也只好勉强在缶上敲了几下。蔺相如回头叫来赵国的御史,也把这件事情记下来:某年某月某日,赵王和秦王在渑池宴会,赵王命秦王敲缶助兴。秦国的大臣们见秦王没有占到便宜,就说:"请赵王献出15座城为秦王祝寿!"蔺相如也不示弱,说:"请秦王拿咸阳(秦国都城,今陕西咸阳县东)为赵王祝福!"一直到酒筵结束,蔺相如为了维护国家的尊严,机智勇敢地同秦国君臣进行了针锋相对、不屈不挠的斗争,挫败了秦国的图谋。秦国也知道廉颇率领大军驻扎在边境上,使用武力也得不到好处,便只好恭恭敬敬地送赵国君臣回国。此后,秦、赵间暂时停止了战争。

将相和

渑池会结束以后,由于相如功劳大,被封为上卿,位在廉颇之上。廉颇说:"我是赵国将军,有攻城野战的大功,而蔺相如只不过靠能说会道立了点功,可是他的地位却在我之上,况且蔺相如本来是卑贱之人,我感到羞耻,在他下面我难以忍受。"并且扬言说,"我遇见蔺相如,一定要羞辱他。"蔺相如听到后,就不肯和他相会。蔺相如每到上朝时,常常推说有病,不愿和廉颇去争位次的先后。没过多久,蔺相如外出,远远看到廉颇,马上掉转车子回避。于是蔺相如的门客就一起来直言进谏说:"我们之所以离开亲人来侍奉您,就是仰慕您高尚的节义呀!如今您与廉颇官位相同,廉老先生口出恶言,而您却害怕躲避他,您怕得也太过分了,平庸的人尚且感到羞耻,何况是身为将相的人呢!

负荆请罪

我们这些人没出息，请让我们告辞吧！"蔺相如坚决地挽留他们，说："诸位认为廉将军和秦王相比谁厉害？"回答说："廉将军比不了秦王。"蔺相如说："以秦王的威势，而我却敢在朝廷上呵斥他，羞辱他的群臣，我蔺相如虽然无能，难道会怕廉将军吗？但是我想到，强秦之所以不敢对赵国用兵，就是因为有我们两人在呀，如今两虎相斗，势必不能共存。我之所以这样忍让，就是为了要把国家的急难摆在前面，而把个人的私怨放在后面。"廉颇听说了这些话，就脱去上衣，露出上身，背着荆条，由宾客带引，来到蔺相如的门前请罪。他说："我是个粗野卑贱的人，想不到您是如此的宽厚啊！"二人终于相互交欢和好，成为生死与共的好友。

太史公说："知道将死而不害怕，必定是很有勇气；死并非难事，而怎样对待这个死才是难事。当蔺相如手举宝璧斜视庭柱，以及呵斥秦王侍从的时候，就面前形势来说，最多不过是被杀，然而一般士人往往因为胆小懦弱而不敢如此表现；蔺相如一旦振奋起他的勇气，其威力就伸张出来压倒敌国。后来又对廉颇谦逊退让，他的声誉比泰山还重，他处事中表现的智慧和勇气，可以说是兼而有之啊！"

据说，蔺相如晚年，朝里奸佞郭开霸揽朝政，暗通秦国，陷害忠良，老将廉颇远走魏国；蔺相如赋闲故里蔺家河，忧国忧民，抑郁成疾，病魔缠身，日愈加重，知道在世日子为时不多，举家人于床前，深情而言："秦王有狼虫虎豹之心，赵国小人当权，早晚要为秦国所吞。因渑池会羞辱秦王，秦王对我恨之入骨，一旦亡国之日，必对你们斩草除根。你们要隐姓埋名，远走他乡。"其后人直至汉、明时期，才恢复其原姓。

孟 子

孟子(前372年~前289年),名轲,字子舆、子车、子居,鲁国邹(今山东邹城)人。战国时期著名的思想家、政治理论家、教育家,儒家主要代表人物之一。孟子师承子思,继承并发扬了孔子的思想,成为仅次于孔子的一代儒家宗师,有"亚圣"之称,与孔子并称为"孔孟"。他主张行"仁政",以德争取人心,统一天下,十分强调人的主观能动性,主张"万物皆备于我"。他的思想对宋明理学家有重要影响。

孟母三迁

相传孟子是鲁国贵族孟孙氏的后裔,后家道衰微,从鲁国迁居邹国。孟子三岁丧父,家庭贫困,母亲带着他艰难度日。他家原住在离墓地不远的地方,贪玩的小孟轲成天和小伙伴们到墓地效仿那些挖坑、抬棺、送葬的动作,母亲多次告诫但总不见效果,于是孟母决定搬家。这次搬到了集市附近,但这里过往的商人很多,讨价还价、高声叫卖不绝于耳,加上邻居是一个屠夫,好奇的小孟轲就照样学,母亲觉得这里也不是孩子成才的好环境,于是,决定再次搬家。

从上次搬家中孟母得到了一个启示:孩子生活在什么环境中,就会不自主地习惯什么环境,接近什么人多了就会学什么人。于是她决定搬到学堂附近。小孟轲到了这里渐渐地跟着读起书来。刚开始觉得新鲜,不久,又贪玩起来,学习不大用功,还经常迟到早退。母亲觉得要把孩子培养成才,不但要有一个好的外部环境,还要注意培养孩子良好的学习习惯,养成刻苦好学的精神。有一次,还没到放学时间,孟轲就早早溜回来了。正在织布的孟母立即停住布机,厉声问道:"怎么这么早就下学了?"孟轲看到母亲严肃的表情,慌了手脚,便吞吞吐吐地答:"我……老是坐在课堂里,怪闷的,想回来玩一会儿。"说罢,放下书包就往外跑。母亲叫住了他,给他讲学习要用功的道理。但年少的孟轲对道理不感兴趣,听着听着,转身又去玩了。这下孟母可真是又气又急,顺手拿起一把刀,把织布机上的线全砍断了,这下把孟轲吓愣了,赶紧磕头求饶。这时母亲告诉他,你现在的学习不就像织布机上的线,没有织好而剪断就半途而废了,君子好学才可立身扬名。孟轲终于明白了母亲的苦心,刻苦学习,终于成了一位著名的思想家、教育家。后人把"昔孟母,择邻处;子不学,断机杼"的故事,载入了《三字经》,一直广为流传。

后来,孟子受业于子思。学成以后,以士的身份游说诸侯,企图推行自己的政治主张，先后到过梁（魏）国、齐国、宋国、滕国、鲁国，历时约20年，并一度成为齐宣王之客卿。但当时各诸侯正忙于合纵连横的兼并战争，没有人愿意采纳他的建议，被认为是"迂远而阔于事情"。

周游列国

孟轲继承和发展了孔子的学说，主张行"王道"、施"仁政"来治理国家，统一天下。在周游列国时，魏惠王听说孟轲要来，亲自赶到都城的郊外去迎接，用接待上宾的礼节招待他。第二天，魏惠王请孟轲谈谈怎样才能给魏国带来利益。孟轲却说："我是仲尼门下的弟子，只知道仁义，不知还有'利'这件东西。"魏惠王想效法秦国用霸道来富国强兵，见孟子连利都不肯谈，就觉得他太迂了，于是客客气气地打发他走了。

孟轲见魏惠王不用他的"王道"，就又去宋、滕等国游历。但宋、滕是小国，在当时已夹在大国中间朝不保夕，因此，根本无法推行自己的一套主张。这样，孟轲又到了齐国。齐宣王接纳了他，让他当了齐国的客卿。一天，齐宣王召孟轲去谈政治。宣王道："以前齐桓公、晋文公称霸诸侯的事，您给我谈谈好吗？"孟轲还是回答说："孔子的门徒，不谈齐桓、晋文霸道的事，只是用仁爱之心对待百姓，讲王道，天下就能统一、安定。"

齐宣王见他这样说，就又问道："那么，像我这样的国君可以用仁爱之心去实行王道吗？"孟轲回答："当然可以。"齐宣王问："你怎么知道我可以呢？"孟轲说："我听说有一次有人牵着一头牛走过，您见了，问：'将牛牵到哪里去？'牵牛的人回答说：'杀了它用牛血涂钟祭祀。'您就说：'放了它吧，我不忍心看它那瑟瑟发抖的样子。'牵牛的人问：'那么，就不用血涂钟祭祀了吗？'您说：'怎么不涂呢？用一头羊来代替它吧。'不知有没有这样的事？"齐宣王回答说："是的，有这件事。"

"这就说明您有仁爱之心。"孟子乘机说，"君子对于禽兽，看见它们活着，不忍心见它们死去；听到它们的声音，不忍心吃它们的肉，所以君子都离得厨房远远的。可那些不了解您有仁爱之心的人，还会说您是小气呢！"齐宣王被孟子说得心里舒服极了，就又问："那么，我也能施'仁政'了？"

孟轲说："当然能。其实，施仁政并不难。比如说要一个人挟了泰山跳过北海，他说不能，这是真的不能；但如果叫他去为一个老人折一根树枝做拐杖，他说不能，这不是不能，是他不愿意去做。现在大王施仁政，就像叫一个人去折根树枝那样，是能够办到的。""那么，您的仁政怎样施行呢？"齐宣王又问。孟轲说："这也很简单，只要将您对动物的仁爱之心用到百姓身上，减少战争，减轻百姓负担，使他们安居乐业。并且用仁、义、礼、智去教育他们，使社会上父子、长幼、朋友之间相亲相爱，秩序稳定，生产发展，国家自然会富强起来。"可是，这要等

到什么时候呀?!齐宣王像魏惠王一样,要的是立刻富国强兵,称霸诸侯。因此,他只得对孟轲说:"先生说的道理我很佩服。但我很愚昧,恐怕一时学不了。"

一天,孟子对齐王做事没有坚持性,轻信奸佞谗言很不满,便不客气地对他说:"大王也太不明智了,天下虽有生命力很强的生物,可是大王把它在阳光下晒了一天,又放在阴寒的地方冻了十天,它哪里还活得成呢?!我跟大王在一起的时间是很短的,大王即使有了一点儿从善的决心,可是我一离开大王,那些奸臣又来哄骗大王,大王又会听信他们的话,叫我怎么办呢?"说着,他打了一个生动的比喻,"下棋看起来是件小事,但假使你不专心致志,也同样学不好,下不赢。奕秋是全国最善下棋的能手,他教了两个徒弟,其中一个专心致志,处处听奕秋的指导;另一个却老是盼着有大天鹅飞来,准备用箭射鹅。两个徒弟是一个师傅教的,一起学的,然而后者的成绩却差得很远。这不是他们的智力有什么区别,而是专心的程度不一样啊!"这也就是"一曝十寒"成语的来历。

当时的战国,诸侯王国都采取合纵连横之计,远交近攻。战争连年不断,苦了各国的老百姓。孟子看了,来到梁国,去见好战的梁惠王。梁惠王对孟子说:"我费心尽力治国,又爱护百姓,却不见百姓增多,这是什么原因呢?"孟子回答说:"让我拿打仗作个比喻吧!双方军队在战场上相遇,免不了要进行一场厮杀。厮杀结果,打败的一方免不了会弃盔丢甲,飞奔逃命。假如一个兵士跑得慢,只跑了五十步,却去嘲笑跑了一百步的兵士是'贪生怕死'。"孟子讲完故事,问梁惠王:"这对不对?"梁惠王立即说:"当然不对!"孟子说:"你虽然爱百姓,可你喜欢打仗,百姓就要遭殃。这与五十步是同样的道理。"后人以"五十步笑百步"来比喻程度不同、但本质相同的做法。

有一次孟子和梁惠王谈论治国之道。孟子问梁惠王:"用木棍打死人和用刀子杀死人,有什么不同吗?"梁惠王回答说:"没有什么不同的。"孟子又问:"用刀子杀死人和用政治害死人有什么不同?"梁惠王说:"也没有什么不同。"孟子接着说:"现在大王的厨房里有的是肥肉,马厩里有的是壮马,可老百姓面有饥色,野外躺着饿死的人。这是当权者在带领着野兽来吃人啊!大王想想,野兽相食,尚且使人厌恶,那么当权者带着野兽来吃人,怎么能当好老百姓的父母官呢?孔子曾经说过,首先开始用俑(古时陪同死人下葬的木偶或土偶)的人,他是断子绝孙、没有后代的吧!您看,用人形的土偶来殉葬尚且不可,又怎么可以让老百姓活活地饿死呢?"后人根据孔子"始作俑者,其无后乎"这句话,将"始作俑者"引为成语,比喻第一个做某项坏事的人或某种恶劣风气的创始人。

孟轲见自己的主张到处碰壁,无法实施,于是退而讲学著书。在教学活动中孟子得到很大的慰藉,尝谓君子有"三乐","父母俱存,兄弟无故,一乐也;仰不愧于天,俯不怍于人,二乐也;得天下英才而教育之,三乐也。"孟子和他的学生一起,"序《诗》、《书》,述仲尼之意,作《孟子》七篇。"

公元前289年,孟轲去世。

庄　子

庄子（约前369年~前286年），名周，字子休，战国时代宋国蒙（今安徽省蒙城县，又说今河南省商丘东北）人。著名思想家、哲学家、文学家，道家学派的代表人物之一，老子哲学思想的继承者和发展者，先秦庄子学派的创始人。他的学说涵盖着当时社会生活的方方面面，但根本精神还是归依于老子的哲学。后世将他与老子并称为"老庄"，他们的哲学为"老庄哲学"。所著《庄子》是道家与道教的经典，对后世产生了极其深远的影响。

生平事迹

据《庄子》记载，庄子住在贫民区，生活穷苦，靠打草鞋过活。有一次他向监河侯借粟，监河侯没有满足他的要求。还有一次，他穿着有补丁的布衣和破鞋去访问魏王，魏王问他何以如此潦倒，庄子说："我是穷，不是潦倒，是所谓生不逢时。"他把自己比作落在荆棘丛里的猿猴，"处势不便，未足以逞其能也。"《史记》中记载，庄子曾在家乡做过管理漆园的小官，在职不久就归隐了。楚威王闻知以厚币礼聘，被庄子拒绝。一天，庄子正在涡水垂钓。楚王委派的两位大夫前来聘请他道："吾王久闻先生贤名，欲以国事相累。深望先生欣然出山，上以为君王分忧，下以为黎民谋福。"庄子持竿不顾，淡然说道："我听说楚国有只神龟，被杀死时已3000岁了。楚王珍藏之以竹箱，覆之以锦缎，供奉在庙堂之上。请问二大夫，此龟是宁愿死后留骨而贵，还是宁愿生时在泥水中潜行曳尾呢？"二大夫道："自然是愿活着在泥水中摇尾而行啦。"庄子说："二位大夫请回去吧！我也愿在泥水中曳尾而行哩。"

在当时学者名人中，他和惠施经常往来，《庄子》书中有不少他和惠施进行讨论、争辩的故事。《庄子·秋水》载：惠施在梁国做了宰相，庄子想去见见这位好朋友。有人急忙报告惠子，道：

庄子

"庄子来,是想取代您的相位哩。"惠子很慌恐,想阻止庄子,派人在国中搜了三日三夜。哪料庄子从容而来拜见他道:"南方有只鸟,其名为凤凰,您可听说过?这凤凰展翅而起,从南海飞向北海,非梧桐不栖,非练实不食,非醴泉不饮。这时,有只猫头鹰正津津有味地吃着一只腐烂的老鼠,恰好凤凰从头顶飞过。猫头鹰急忙护住腐鼠,仰头视之道:'吓!'现在您也想用您的梁国来吓我吗?"

战国时代,赵国的赵文王特别喜欢剑术。投其所好的剑士们纷纷前来献技,以至宫门左右的剑士达3000人之多。他们日夜在赵文王面前相互拼杀。每年为此而死伤的人数以百计,但赵文王仍兴趣不减,好之不厌。于是,民间尚剑之风大盛,侠客蜂起,游手好闲之徒日众,耕田之人日益减少,田园荒芜,国力渐衰。其他诸侯国意欲乘此机会攻打赵国。太子赵悝为此忧虑不已,召集左右大臣商量道:"如此下去,必将国破家亡,为别国所制。诸位大臣中,如有既能悦大王之意,又能止剑士相斗者,吾将赏赐千金。"左右异口同声说:"庄子可担此任。"太子问:"庄子是什么人?"一大臣答:"庄子是个隐士。其才足可经邦,其能足可纬国,其辩可以起死回生,其说可以惊天动地。如能请他前来,定能顺大王之意,又能救民于水火。"于是,太子便派使者带上千金去请庄子。

庄子见了使者,听明来意,说道:"此事何难,竟值千金之赏!"坚辞不收千金,而偕使者一道去见太子,问太子道:"太子赐我庄周千金大礼,不知有何指教?"太子道:"闻先生神明,特奉上千金作为您的学生们一路上的开销。先生不收下,我赵悝还敢说什么呢?"庄子说:"听说太子想要用我庄子的地方,是欲绝弃大王的癖好。倘若臣上劝大王而逆大王之意,则下有负太子,我也会受刑而死,要千金何用?假使臣既能上讨大王之欢心,下又使太子称心,我在赵国何求而不得呢?"

三天后,庄子身穿儒服来见太子。太子便带他去见赵文王。文王长剑出鞘,白刃相待。庄子气宇轩昂,神色萧然,入殿门不趋,见大王不拜。大王道:"太子介绍您来,欲以什么教给寡人?"庄子道:"臣闻大王好剑,故特以剑术拜见大王。"王说:"您的剑术有何特长?"庄子说:"臣之利剑锋利无比,臣之剑技天下无双,十步杀一人,千里不留行。"文王听了,大为欣赏,赞道:"天下无敌矣!"庄子道:"夫善舞剑者,示之以虚,开之以利,后之以发,先之以至。愿大王给机会,让我得以一试。"文王道:"先生且休息几天,在馆舍待命,等我安排好后,再请先生献技比剑。"于是,赵文王以比剑选择高手,连赛七天,死伤者六十余人,得五六位佼佼者。便让他们持剑恭候于殿下,请庄子来一决雌雄。庄子欣然前来,赵文王下令:"此六人都是高手,望您大显身手,一试锋芒。"庄子答道:"盼望好久了!"

赵文王问:"不知先生要持什么样的剑?长短何如?"庄子答:"臣持什么剑都可以。不过臣有三剑,专为大王所用。请允许我先言后试。"大王点头,道:"愿闻三剑究竟何样。"庄子道:"此三剑分别是:天子剑、诸侯剑、庶人剑。"大王好奇相问:"天子之剑何样?"庄子道:"天子之剑,以燕溪、石城为锋,齐国、泰山为锷,以晋、卫两国为背,以周、宋两国为首,以韩、魏两国为把,包以四夷,裹以四时,绕以渤海,系以恒山,制以五行,论以刑德,开以阴阳,持以春夏,行以秋冬。此剑直之无前,举之无上,按之无下,挥之无旁。上决浮云,下绝地维。此刻一出,匡正诸侯,威加四海,德服天下。此即我所谓天子剑也。"文王听后,茫然若失。又问:"诸侯之剑何如?"庄子道:"诸侯之剑,以智勇之士为锋,以清廉之士为锷,以贤良之士为背,以忠圣之士为首,以豪杰之士为把。此剑直之亦不见前,举之亦不见上,按之亦不见下,挥之亦不见旁。上效法圆天,以顺三光;下效法方地,以顺四时;中和民意,以安四乡。此剑一用,如雷霆之震动,四海之内,无不宾服而听从君命。此乃诸侯剑也。"文王听了,频频点头。文王接着问:"庶人之剑又如何?"庄子道:"庶人之剑,蓬头突鬓垂冠,浓眉长须者所持也。他们衣服前长后短,双目怒光闪闪,出语粗俗不堪,相击于大王之前,上斩脖颈,下刺肝肺。此庶人之比剑,无异于斗鸡,一旦不慎,命丧黄泉,于国事无补。今大王坐天子之位却好庶人之剑,臣窃为大王深感遗憾!"赵文王听了,马上起身牵庄子双手上殿,命厨师杀鸡宰羊,好酒好菜款待庄子。赵文王绕桌三圈,庄子见了,道:"大王且请安坐定气,臣剑事已奏完毕了。"文王坐下,沉思良久。

赵文王自听庄子畅论三剑后,三月未出宫门,自此戒绝好剑之痛,一心治理国家。那些剑士自觉再无出头之日,个个心怀忧惧,不久都纷纷逃散或自杀了。

哲学思想

庄子继承和发展了老子的道家思想,形成了自己独特的哲学思想体系和独特的学风、文风。庄子用相对主义的理论回答了先秦哲学中"天人"之辩和"名实"之辩这两个方面的问题。

天道观。庄子和老子一样把"道"作为世界最高原理,讲天道自然无为。但在"道"和"物"的关系上,他具有与老子不同的明显泛神论色彩。他认为形体产生于精神,而个别精神产生于"道"。但他又说:"通天下一气耳。"认为道即气,道作为世界统一原理,不是在天地万物之外的"造物者",而是一切事物内在的原因,因此带有泛神论因素。他用"周、遍、咸"三个词来形容道的无所不在,认为天道瞬息万变,充满天地。他认为事物无时无刻不在变移,虚满、生死都只是一时的现象,其形态是绝不固定的。他过分强调了绝对运动,由此导致否定相对静止,否定事物质的规定性。他认为,从道看来,小草茎与大屋柱、丑人与美人、宽大、狡诈、奇怪、妖异等等,都是一样的,没有任何差别,从而形成了相对主义的理论。

人道观。他认为自然的一切都是美好的,人为的一切都是不好的。因此,不要以人的有目的的活动去对抗自然命运,不要以得之自然的天性去殉功名。从这种自然原则出发,庄子认为真正的自由在于任其自然,具备了理想人格的人就是无条件地与自然为一的"至人"。庄子认为真正获得自由的"至人"是无所待

的,这样的至人超脱于是非、名利、生死之外,进入"天地与我并生,万物与我为一"的神秘境界。

认识论。在"名实"关系方面,庄子以相对主义作为认识论基础。他认为,感觉经验是相对的,理性思维更是如此。认识是否正确,是没有确定的客观标准的。庄子认为诸子百家"彼亦一是非,此亦一是非"。原因在于是非产生于主观片面性。主观是受自己存在的条件限制的,即所谓"囿于物"。这就叫"以物观之,自贵而相贱"。而这种是非争辩,都是对道的全面性的歪曲,所以,是非是无法辩明的。他还认为,"以道观之,物无贵贱",从道的观点来看,是非、彼此、物我都是一样的。庄子还对逻辑思维能够把握宇宙发展法则的观点提出了种种责难。他认为以有限的生命追求无限的知识是不可能的。

美学思想。庄子认为人类生活应当一切纯任自然,这样就能超出于一切利害得失的考虑之上,解除人生的一切痛苦,达到一种绝对自由的境界。这种与"道"合一的绝对自由境界,在庄子看来就是唯一的真正的美。庄子提倡的超功利的人生态度,实质上是一种审美的态度。庄子关于通过"心斋"、"坐忘"而与"道"合一的理论,一方面带有神秘主义色彩,另一方面又包含了对审美经验的深刻理解。庄子的美学思想有着素朴的辩证观念和批判精神。它多方面地揭露了阶级社会中美与真、善之间所存在的尖锐矛盾,以及美与丑区分的相对性和不确定性。在这一类看来是厌世虚无的说法中,庄子及其后学朦胧地意识到随着阶级社会的产生出现了物统治人的现象。庄子美学在很大程度上弥补了儒家美学强调美善统一而对美自身的价值和特征认识不足的缺陷,历代对审美与艺术特征有深刻理解并且对儒家思想表现了叛逆倾向的美学家、文学家都曾受庄子美学思想的影响。

庄子对中国古代哲学的发展有很大的影响。魏晋时期的玄学思潮融合儒、道,"祖述老庄"。玄学的代表人物向秀、郭象作《庄子注》,东晋南北朝盛行的佛教般若学中渗入儒、道思想,很多名儒研究庄子的思想。宋明理学也以儒为主,融合道、释。这些都反映了庄子思想的影响。明清之际王夫之所著《庄子通》和《庄子解》,对庄子"不避是非"、"逃之空虚"等消极避世思想提出了批评,同时吸取和发挥了庄子相对主义中包含的辩证法因素。庄子的著作,今存《庄子》一书。海内外多数学者认为,其中内篇为庄子本人著作,外、杂篇为庄子后学或道家其他派别的著作,只是其中一部分反映了庄子的思想。也有学者据《史记·老子韩非列传》认为外、杂篇反映的是庄子的思想。

庄子的一生,正如他自己所言:不刻意而高,无仁义而修;无功名而治,无江海而闲;不道引而寿,无不忘也,无不有也;其生也天行,其死也物化;静而与阴同德,动而与阳同波;不为福先,不为祸始;其生若浮,其死若休,淡然独与神明居。庄子者,古之博大真人哉!

屈　原

　　屈原（前340年~前278年），名平，战国时期楚国政治家、伟大的爱国诗人。曾主持楚国政治，因遭谗害而去职，后被放逐，投汨罗江自尽。屈原吸收南方民歌的精华，融合了古代神话和传说，创造了句法结构灵活的"楚辞"诗体。楚辞的出现，是我国古代诗歌的大解放。它打破了《诗经》四字一句的死板格式，采取三言至八言参差不齐的句式，形式活泼多样，适宜于抒写复杂的社会生活，表达丰富的思想感情，篇幅和容量可根据内容的需要而任意扩充。伟大诗人屈原，是楚辞的创始人和代表作家，代表作有《离骚》、《九章》、《九歌》等。

　　屈原出身于楚国的贵族。公元前340年，诞生于秭归三闾乡乐平里。屈原自幼勤奋好学，胸怀大志，26岁就担任楚国左徒兼三闾大夫，后升迁出任楚怀王的左徒。他见闻广博，记忆力很强，通晓治理国家的道理，熟习外交应对辞令。对内与怀王谋划商议国事，发号施令；对外接待宾客，应酬诸侯。怀王很信任他。上官大夫和他官位相等，想争得怀王的宠幸，心里嫉妒屈原的才能。怀王让屈原制订法令，屈原起草尚未定稿，上官大夫见了就想夺走它，屈原不肯给，他就在怀王面前谗毁屈原说："大王叫屈原制订法令，大家没有不知道的，每一项法令发出，屈原就夸耀自己的功劳说：'除了我，没有人能做的。'"怀王很生气，就疏远了屈原。

　　屈原痛心怀王不能听信忠言，明辨是非，被谗言和谄媚之辞蒙蔽了聪明才智，让邪恶的小人危害公正的人，端方正直的君子则不为朝廷所容，所以忧愁苦闷，写下了《离骚》。"离骚"，就是离忧的意思。天是人类的原始，父母是人的根本。人处于困境就会追念本原，所以到了极其劳苦疲倦的时候，没有不叫天的；遇到病痛或忧伤的时候，没有不叫父母的。屈原行为正直，竭尽自己的忠诚和智慧来辅助君主，谗邪的小人来离间他，可以说到了困境了。诚信却被怀疑，忠实却被诽谤，能够没有怨恨吗？屈原之所以写《离骚》，就是由怨恨引起的。《国

屈原

风》虽然多写男女爱情,但不过分;《小雅》虽然多讥讽指责,但并不宣扬作乱;而《离骚》,可以说是兼有二者的特点了。它对远古称道帝喾,近世称述齐桓公,中古称述商汤和周武王,用来讥刺当时的政事。阐明道德的广阔崇高,国家治乱兴亡的道理,无不完全表现出来。他的文笔简约,词意精微;他的志趣高洁,行为廉正。文章说到的虽然细小,但是意义却非常重大;列举的事例虽然浅近,但含义却十分深远。由于志趣高洁,所以文章中多用香花芳草作比喻;由于行为廉正,所以到死也不为奸邪势力所容。他独自远离污泥浊水之中,像蝉脱壳一样摆脱浊秽,浮游在尘世之外,不受浊世的玷辱,保持皎洁的品质,出污泥而不染。可以说,屈原的志向,即使和日月争辉,也是可以的。

　　后来,屈原被罢官。当时秦国准备攻打齐国,齐国和楚国结成合纵联盟互相亲善。秦惠王对此担忧,就派张仪假装脱离秦国,用厚礼和信物呈献给楚王,对怀王说:"秦国非常憎恨齐国,齐国与楚国却合纵相亲,如果楚国确实能和齐国绝交,秦国愿意献上商、於之间的600里土地。"楚怀王起了贪心,信任了张仪,就和齐国绝交,然后派使者到秦国接受土地。张仪抵赖说:"我和楚王约定的只是6里,没有说过600里。"楚国使者愤怒地离开秦国,回去报告怀王。怀王发怒,大规模出动军队去讨伐秦国。秦国发兵反击,在丹水和淅水一带大破楚军,杀了8万人,俘虏了楚国的大将屈匄,于是夺取了楚国的汉中一带。怀王又发动全国的兵力,深入秦地攻打秦国,交战于蓝田。魏国听到这一情况,袭击楚国一直打到邓地。楚军恐惧,从秦国撤退。齐国也因为怀恨楚国,不来援救,楚国处境极端困窘。第二年,秦国割汉中之地与楚国讲和。楚王说:"我不愿得到土地,只希望得到张仪就甘心了。"张仪听说后,就说:"用一个张仪来抵挡汉中地方,我请求到楚国去。"到了楚国,他又用丰厚的礼品贿赂当权的大臣靳尚,通过他在怀王宠姬郑袖面前编造了一套谎话。怀王竟然听信郑袖,又放走了张仪。这时屈原已被疏远,不在朝中任职,出使在齐国,回来后,劝谏怀王说:"为什么不杀张仪?"怀王很后悔,派人追张仪,已经来不及了。

　　后来,各国诸侯联合攻打楚国,大败楚军,杀了楚国将领唐眛。这时秦昭王与楚国通婚,要求和怀王会面。怀王想去,屈原说:"秦国是虎狼一样的国家,不可信任,不如不去。"怀王的小儿子子兰劝怀王去,说:"怎么可以断绝和秦国的友好关系?"怀王最终前往。一进入武关,秦国的伏兵就截断了他的后路,于是扣留怀王,强求割让土地。怀王很愤怒,不听秦国的要挟。他逃往赵国,赵国不肯接纳。只好又到秦国,最后死在秦国,尸体运回楚国安葬。

　　怀王的长子顷襄王即位,任用他的弟弟子兰为令尹。楚国人都抱怨子兰,因为他劝怀王入秦而最终未能回来。屈原也为此怨恨子兰,虽然流放在外,仍然眷恋着楚国,心里挂念着怀王,念念不忘返回朝廷。他希望国君有一天醒悟,世俗有一天改变。屈原关怀君王,想振兴国家,而且反复考虑这一问题,在他每一篇作品中,都再三表现出来。然而最终无可奈何,所以不能够返回朝廷,由此可以看出怀王始终没有觉悟。国君无论愚笨或明智、贤明或昏庸,没有不想求得忠臣来为自己服务,选拔贤才来辅助自己的。然而国破家亡的事接连发生,而圣明君主治理好的国家多少世代也没有出现,这是因为所谓忠臣并不忠,所谓贤臣并不贤。怀王因为不明白忠臣的职分,所以在内为郑袖所迷惑,在外为张仪所欺骗,疏远屈原而信任上官大夫和子兰,军队被挫败,土地被削减,失去了六个郡,自己也被扣留死在秦国,为天下人所耻笑。这是不了解人的祸害。《易经》说:"井淘干净了,还没有人喝井里的水,使我心里难过,因为井水是供人汲取饮用的。君王贤明,天下人都能得福。"君王不贤明,难道还谈得上福吗?!令尹子兰得知屈原怨恨他,非常愤怒,于是让上官大夫在顷襄王面前说屈原的坏话。顷襄王发怒,就放逐了屈原。

屈原到了江滨,披散头发,在水泽边一面走,一面吟咏着。脸色憔悴,身体干瘦。渔父看见他,便问道:"您不是三闾大夫吗?为什么来到这儿?"屈原说:"整个世界都是混浊的,只有我一人清白;众人都沉醉,只有我一人清醒。因此被放逐。"渔父说:"圣人,不受外界事物的束缚,而能够随着世俗变化。整个世界都混浊,为什么不随大流而且推波助澜呢?众人都沉醉,为什么不吃点酒糟,喝点薄酒?为什么要怀抱美玉一般的品质,却使自己被放逐呢?"屈原说:"我听说,刚洗过头的一定要掸去帽上的灰沙,刚洗过澡的一定要抖掉衣上的尘土。谁能让自己清白的身躯,蒙受外物的污染呢?宁可投入长流的大江而葬身于江鱼的腹中。又哪能使自己高洁的品质,去蒙受世俗的尘垢呢?"于是他写了《怀沙赋》。因此抱着石头,就自投汨罗江而死。

屈原死了以后,百姓敬重他,哀悼他。因为他是和危害楚国的小人斗争到死的,所以到了他的忌日,百姓们就挂起昌蒲剑,喝着雄黄酒,预防奸邪的侵害。每年五月五日,他们摇着龙船,到处去寻觅诗人。楚国有宋玉、唐勒、景差等人,都爱好文学,而以善作赋被人称赞,但他们都效法屈原辞令委婉含蓄的一面,始终不敢直言进谏。在这以后,楚国一天天削弱,几十年后,终于被秦国灭掉。自从屈原自沉汨罗江后一百多年,汉代有个贾谊,担任长沙王的太傅。路过湘水时,写了文章来凭吊屈原。

司马迁在《史记》中说:"我读《离骚》《天问》《招魂》《哀郢》,为他的志向不能实现而悲伤。到长沙,经过屈原自沉的地方,未尝不流下眼泪,追怀他的为人。看到贾谊凭吊他的文章,文中又责怪屈原如果凭他的才能去游说诸侯,哪个国家不会容纳,却自己选择了这样的道路!读了《鵩鸟赋》,把生和死等同看待,把弃官和得官等闲视之,这又使我感到茫茫然失落什么了。"

韩非子

韩非（前281年~前233年），韩国贵族，"喜刑名法术之学"，后世称他为韩非子，战国时期著名的哲学家、法家学说集大成者、散文家。韩非子将"法"、"术"、"势"合而为一，主张"以法为教"，厉行赏罚，奖励耕战。在理论上直接批判儒家的治国方法。韩非子继承荀子"人性恶"的思想，认为要治理好国家，必须依靠严刑峻法，而不能凭借仁义道德之教。韩非子创立的法家学说，为中国第一个统一专制的中央集权制国家的诞生提供了理论依据。

韩非生平

韩非子和李斯都是荀子的弟子。当时韩国很弱，常受邻国的欺凌，他多次向韩王提出富强的计策，但未被韩王采纳。韩非写了《孤愤》、《五蠹》等一系列文章，这些作品后来集为《韩非子》一书。秦王嬴政读了韩非的文章，极为赞赏。公元前234年，韩非作为韩国的使臣来到秦国，上书秦王，劝其先伐赵而缓伐韩。李斯妒忌韩非的才能，与姚贾一道进谗陷害他入狱，后来被逼服毒自尽。

韩非注重研究历史，认为历史是不断发展进步的。他认为如果当今之世还赞美"尧、舜、汤、武之道"、"必为新圣笑矣"。因此他主张"不期修古，不法常可"、"世异则事异"、"事异则备变"（《韩非子·五蠹》），要根据今天的实际来制定政策。他的历史观，为当时地主阶级的改革提供了理论根据。

韩非继承和总结了战国时期法家的思想和实践，提出了君主专制中央集权的理论。他主张"事在四方，要在中央；圣人执要，四方来效"（《韩非子·物权》），国家的大权，要集中在君主一人手里，君主必须有权有势，才能治理天下，"万乘之主，千乘之君，所以制天下而征诸侯者，以其威势也"（《韩非子·人主》）。为此，君主应该使用各种手段清除世袭的奴隶主贵族，"散其党"、"夺其辅"（《韩非子·主道》）；同时，选拔一批经过实践锻炼的封建官吏来取代他们，"宰相必起于州部，猛将必发于卒伍"（《韩非子·显学》）。韩非还主张改革和实行法治，要求"废先王之教"（《韩非子·问田》），"以法为教"（《韩非子·五蠹》）。他强调制定了"法"，就要严格执行，任何人也不能例外，做到"法不阿贵"，"刑过不避大臣，赏善不遗匹夫"（《韩非子·有度》）。他还认为只有实行严刑重罚，人民才会顺从，社会才能安定，封建统治才能巩固。韩非的这些主张，反映了新兴封建地主阶级的利益和要求，为结束诸侯割据，建立统一的中央集权的封建国家，提供了理论依据。

秦始皇统一中国后采取的许多政治措施，就是韩非理论的应用和发展。

法家是先秦诸子中对法律最为重视的一派。他们以主张"以法治国"的"法治"而闻名，而且提出了一整套的理论和方法。这为后来建立的中央集权的秦朝提供了有效的理论依据，后来的汉朝继承了秦朝的集权体制以及法律体制，这就是我国古代封建社会的政治与法制主体。但是法家也有其不足的地方。如极力夸大法律的作用，强调用重刑来治理国家，"以刑去刑"，而且是对轻罪实行重罚，迷信法律的作用。

法家思想

韩非子提出的法家主张主要有以下几点：

反对礼制。法家重视法律，而反对儒家的"礼"。他们认为，当时的新兴地主阶级反对贵族垄断经济和政治利益的世袭特权，要求土地私有和按功劳与才干授予官职，这是很公平的，是正确的主张；而维护贵族特权的礼制则是落后的，不公平的。

法律的作用。第一个作用就是"定分止争"，也就是明确物的所有权。其中法家慎到就做了很浅显的比喻："一兔走，百人追之。积兔于市，过而不顾。非不欲兔，分定不可争也。"意思是说，一个兔子跑，很多的人去追，但对于集市上的那么多的兔子，却看也不看。这不是不想要兔子，而是所有权已经确定，不能再争夺了，否则就是违背法律，要受到制裁。第二个作用是"兴功惧暴"，即鼓励人们立战功，而使那些不法之徒感到恐惧。兴功的最终目的还是为了富国强兵，取得兼并战争的胜利。

"好利恶害"的人性论。法家认为人都有"好利恶害"或者"就利避害"的本性。像管子就说过，商人日夜兼程，赶千里路也不觉得远，是因为利益在前边吸引他；打渔的人不怕危险，逆流而航行，百里之远也不在意，也是追求打渔的利益。有了这种相同的思想，所以商鞅才得出结论："人生有好恶，故民可治也。"

"不法古，不循今"的历史观。法家反对保守的复古思想，主张锐意改革。他们认为历史是向前发展的，一切的法律和制度都要随历史的发展而发展，既不能复古倒退，也不能因循守旧。商鞅明确地提出了"不法古，不循今"的主张。韩非则更进一步发展了商鞅的主张，提出"时移而治不易者乱"，他把守旧的儒家讽刺为守株待兔的愚蠢之人。

"法"、"术"、"势"结合的治国方略。商鞅、慎到、申不害三人分别提倡重法、重势、重术，各有特点。到了法家思想的集大成者韩非时，韩非提出了将三者紧密结合的思想。法是指健全法制，势指的是君主的权势，要独掌军政大权，术指的是驾御群臣、掌握政权、推行法令的策略和手段。主要是察觉、防止犯上作乱，维护君主地位。

法家思想和我们现在所提倡的民主形式的法治有根本的区别，最大的就是法家极力主张君主集权，而且是绝对的，这点应该注意。法家其他的思想我们可以有选择地加以借鉴、利用。

《韩非子》简介

韩非子的主要著作《韩非子》是先秦法家学说集大成者的著作。这部书现存55篇，约十余万言，大部分为韩非自己的作品。当时，在中国思想界以儒家、墨家为代表，崇尚"法先王"和"复古"，韩非子的法家学说坚决反对复古，主张因时制宜。韩非子攻击主张"仁爱"的儒家学说，主张法治，提出重赏、重罚、重农、重战四个政策。韩非子提倡君权神授，自秦以后，中国历代封建专制主义极权统治的建立，韩非子的学说是颇有影响的。

韩非的朴素辩证法思想也比较突出，他首先提出了矛盾学说，用矛和盾的寓言故事，说明"不可陷之盾与无不陷之矛，不可同世而立"的道理。值得一提的是，《韩非子》书中记载了大量脍炙人口的寓言故事，最著名的有"自相矛盾"、"守株待兔"、"讳疾忌医"、"滥竽充数"、"老马识途"等等。这些生动的寓言故事，蕴含着深隽的哲理，凭着它们思想性和艺术性的完美结合，给人们以智慧的启迪，具有较高的文学价值。

韩非子的文章说理精密，文锋犀利，议论透辟，推证事理，切中要害。比如《亡征》一篇，分析国家可亡之道达47条之多，实属罕见。《难言》、《说难》两篇，无微不至地揣摩所说者的心理，以及如何趋避投合，周密细致，无以复加。

韩非子的文章构思精巧，描写大胆，语言幽默，于平实中见奇妙，具有耐人寻味、警策世人的艺术效果。韩非子还善于用大量浅显的寓言故事和丰富的历史知识作为论证资料，说明抽象的道理，形象化地体现他的法家思想和他对社会人生的深刻认识。在他文章中出现的很多寓言故事，因其丰富的内涵，生动的故事，成为脍炙人口的成语典故，至今为人们广泛运用。

韩非的思想成就超过了所有的法家代表人物，他在总结商鞅、申不害和慎到三人代表性法家思想的基础上，提出了"法"、"术"、"势"相结合的成熟法治理论。他认为君主必须重视权力、威势和驾驭臣下的权谋之术，这样才能保证法令的贯彻执行，巩固君主的集权地位。后来，李斯和秦始皇就是充分发挥了他的思想，统一了中国，建立了中央集权的君主专制统治。

韩非还继承了老师荀子的"人性恶"学说，主张治理国家必须实行刑赏。在《韩非子》中，《解老》、《喻老》两篇，都是用法家的观点来对《老子》进行解释，体现了韩非的哲学思想。《五蠹》则将历史的发展分成上古、中古、近古三个阶段，他认为时代在不停地发展，所以社会和政治也会发生相应的变化，儒家的恢复周礼的复古思想已经不能适应时代要求了。

秦代篇

一个13岁称王的孩子，在列国纷战的时代背景下，对内消除异己，将权倾朝野的奸臣消灭殆尽；对外用自己的雄韬伟略远交近攻，用十年的时间灭掉六国，中华民族第一次实现了完全的统一，时代也一跃进入了封建时期。之后，车同轨、书同文，统一货币、度量衡，修长城，建驰道，北击匈奴，南平百越，励精图治，他就是中国第一位皇帝秦始皇。

而李斯也因为自己的才华，从众臣中脱颖而出，成为秦始皇的左膀右臂，秦朝的建立李斯功不可没。

但是，这位中国第一的皇帝却没有实现历代统治的梦想，因为太过严厉和奢侈的统治，力能扛鼎的项羽一举消灭了秦朝，咸阳的大火三日不绝，秦朝二世而亡，历史掀开新的一页。

秦始皇

秦始皇(前259年~前210年)，姓嬴，名政，自称始皇帝。秦庄襄王之子，中国历史上杰出的政治家、军事家、统帅。13岁即王位，39岁称帝，中国统一的秦王朝的开国皇帝。在位期间，他废分封制，统一法令、度量衡、货币和文字；修建驰道，修筑长城，派兵出击匈奴，南定百越。但由于其严刑苛法，租役繁重，加上连年用兵，导致民怨沸腾。

少年即位

秦本为地处偏远的西方的一个部落，其远祖多以驯兽驾车见长，从虞舜到周代屡屡有功：柏翳佐舜驯鸟兽，舜赐姓嬴氏；费昌为汤驾车败桀于鸣条；中潏在西戎为殷保西部边境；造父为周缪王驾车，日驱千里以救周乱，其族由此为赵氏；周宣王时秦仲为西垂大夫；襄公救周难，又率兵护送周平王东迁，被封为诸侯，建立了秦国。秦国强大起来被中原各国视为戎狄，不让它参与盟会。但秦国一方面在戎族地区扩充土地，一方面与中原各国来往、通婚，吸取中原文化，逐步发展成为强国。

秦始皇出生的年代正是战国末期，各国之间的争斗异常激烈。秦是当时的七雄之一，秦始皇的曾祖父秦昭王听取了范雎"远交近攻"的战略，把进攻的矛头先对准了邻国的韩国和魏国，而和较远的赵国联合。遵照当时的惯例，两国互换人质以示真诚。就这样，秦国把秦始皇的父亲子楚派到赵国为人质，因为他在秦国的地位并不很高。子楚是太子安国君的儿子，是秦昭王的孙子。子楚的母亲夏姬不被安国君宠爱，子楚又在安国君二十多个儿子中排在中间，不是长子，所以地位很低，挑选人质时便选中了他。

起初，子楚在赵国很不得意，处处受到排挤，但吕不韦却改变了他的命运。吕不韦当时已经是一个富有的商人，他很会投机，见到了子楚便觉得他像个贵重的商品一样奇货可居，将来可以借他赚取功名利禄。吕不韦又很熟悉秦国的情况，知道安国君虽然最宠爱华阳夫人，但华阳夫人却没有儿子，便打定主意要让华阳夫人过继子楚为子。这样以后在太子安国君即位后，子楚也就是太子了，自己肯定会利用特殊的政治资本赚来无数的钱财。

打定主意后，吕不韦便开始行动了。他拿出一千金作为本钱，把其中的五百金送给子楚，让他广交朋友，另外的五百金则用来购买奇珍异宝，然后带着去了秦国。他很精明,没有直接去见安国君和华阳夫人,而是采取了更稳妥更有效的迂回策略:去找了华阳夫人的姐姐。吕不韦施展口才,说子楚如何贤达,如何聪慧,广交天下朋友,富有大志。虽然身处异乡,但天天想念慈祥的安国君和贤惠的华阳夫人,还经常对他说,"夫人就是子楚的上天",有时到了深夜还思念得流泪。说到最后,见华阳夫人的姐姐被他的话打动了,便请她将礼物转交给华阳夫人。华阳夫人接受了吕不韦替子楚交给她的礼物,又听说了子楚对她和安国君的态度,便对子楚有了好感。

后来,吕不韦又劝说华阳夫人的姐姐去游说华阳夫人,让她尽早在众公子中挑选一个贤能的作为自己的儿子,并立为储君,那么以后即使在秦昭王死后也能保住自己的地位,而子楚便是最合适的人选。吕不韦商人式的精明算计,正好是华阳夫人日夜耿耿于怀的心事,当她的姐姐一提此事,正中下怀。于是,华阳夫人便利用安国君的宠爱,说服安国君立子楚为继承人。事情办成后,子楚的处境和地位很快发生了变化:安国君和华阳夫人给了子楚足够的钱财,还让吕不韦做他的老师,扶助子楚。从此,吕不韦便长期住在了赵国的邯郸,和子楚一起广交天下宾客,等待子楚回国做太子和继承王位的日子早点到来。

"文信"青铜方孔圆钱

为了更好地笼络子楚,吕不韦还给子楚送去一个擅长歌舞的美女,因为是在赵国的都城,所以历史上称她为赵姬。后来,赵姬给子楚生下一子,就是秦始皇。因为出生在赵国,又生在正月,所以给他取名姓赵,名正;这个"正"后来就改为"政"。等到回到了秦国,才改成了国姓嬴。秦始皇刚出生不久,秦国和赵国便由盟国变成了敌人。第二年,赵国在秦国围攻时想杀死子楚。在这危急时候,子楚在吕不韦的帮助下,重金贿赂了守城门的官员,逃出了邯郸城。秦始皇和母亲在外祖母家的掩护下,才逃过了杀身之祸。

6年后,公元前215年,秦昭王死,安国君即位,这就是秦孝文王,华阳夫人立为王后,太子就是子楚。此时,秦国和赵国的关系也恢复到以前的友好程度,秦始皇和母亲得以回到秦国。安国君在位时间很短,先是为父亲服丧一年,正式即位后仅仅3天就死了。子楚即位,就是秦庄襄王。刚即位,便让吕不韦做了相国,还封为文信侯。但子楚在位时间也不长,仅3年便死去了。公元前247年,刚刚13岁的嬴政便登上了秦王的宝座,因为年幼,政事便落入了相国吕不韦和他的母亲赵太后之手。

统一六国

嬴政做了秦王之后,吕不韦的权势更大了,而且取得了"仲父"的称号。他食封大邑万户,还拥有上万名家童,财富巨万。同时,为了扩大自己的影响,他又召集了很多门客,让他们搜集史料,最后辑成了《吕氏春秋》。

赵太后在先前被吕不韦送给子楚之前和吕不韦很要好,现在虽然地位尊贵,但子楚已经死去,守寡时间一长,便和吕不韦又重新走到了一起。此时,秦始皇已经长大,吕不韦也害怕她和太后私通的事被发觉,引来杀身之祸,于是便给赵太后找了个替身,这就是嫪毐。让他冒充宦官进宫,在净身时赵太后买通了执行的人,让这个假宦官进去供赵太后享乐。这样,在秦始皇的身边有了两个对他政权构成威胁的人,一个是吕不韦,一个就是嫪毐。

在秦王八年,即公元前239年,秦始皇到了21岁,依照秦国的旧制,第二年要举行加冠礼,然后就可以亲政了。而吕不韦和嫪毐却在此时向他示威:吕不韦公开拿出了《吕氏春秋》,嫪毐则依仗赵太后的势力,私自分土封侯。秦始皇在挑衅面前不动声色,而是按计划举行了加冠礼,而嫪毐却等不及了,他想乘机叛乱,杀掉秦始皇,结果被早有防备的秦始皇平息,自己被捉,最后处以车裂酷刑,诛灭三族。他的同党被诛杀的有二十多人,受牵连的多达四千多家。赵太后和嫪毐生的两个私生子也被杀,赵太后则被软禁起来,经过群臣的劝说,秦始皇又亲自把母亲接回咸阳。

除掉嫪毐的第二年,秦始皇又免掉了吕不韦的相国,让他到自己的封地洛阳。两年后,秦始皇为了避免吕不韦和其他国家串通作乱,派人给吕不韦送去绝命书,信中对吕不韦大加斥责:"你对秦国有什么功劳,却能封土洛阳,食邑十万?你和秦国又有什么亲缘,却得到仲父的称号?你快给我滚到西蜀去吧!"吕不韦知道自己去也是最后难免一死,干脆服毒自杀了。对自己政权的威胁都清除了,秦始皇便开始对东方六国采取军事行动。他继承了祖辈的基业,而且发扬光大。在秦始皇手下,有一批很有才干的文臣武将,文臣如谋士

《吕氏春秋》书影

李斯，善于间谍活动的姚贾和顿弱，武将则有蒙恬、蒙武、王翦和王贲。秦始皇继续用"远交近攻"的战略方针，前后用了10年的时间灭掉了六国，统一了中国。

最先灭掉的是韩国，秦王十四年，即公元前233年，韩国割地称臣，也没能挽救败亡的命运。三年后，秦国俘虏了韩王，灭掉了韩国。然后秦国攻打赵国，俘虏了赵王，公子嘉逃到了代郡（今河北蔚县），称代王。到秦王二十五年，代王也被俘，赵最后灭亡。在秦王二十年，王翦领兵攻燕，在易水西面秦兵打败了燕、代联军，攻占了燕国都城蓟城（今北京）。燕王向辽东方向出逃。后来，燕王只得杀死了曾经派荆轲刺杀秦王的太子丹，把他的头献给秦军求和。到秦王二十五年，燕国最后的一个王——喜被俘获，燕国也被灭了。同时，魏国也被秦军灭掉。秦王二十三年，攻打楚国的秦军因为兵力太少，被楚军打败。秦王又派老将王翦出征，并听从他的建议，给了六十万重兵，结果，王翦用了三年时间，终于拿下了楚国。

最后灭掉的是齐国。在秦国先后对其他五国用兵时，齐国不但袖手旁观，而且和秦国结盟，根本没有意识到自己的命运和其他五国一样。因此，齐国没有做任何战争准备。等到秦王二十六年，五国都被灭掉后，齐国这才派兵准备抵御秦国，并和秦国断交，但为时已晚。秦国大将王贲在最终灭掉燕国后，领兵大举南下，一战俘获了齐王。至此，秦灭六国，10年统一了中国。

加强集权

秦始皇凭借武力征服六国，国家虽然统一了，但是还存在着许多阻碍国家发展的因素，所以秦始皇着手进行了一系列的改革。这些强有力的改革措施对于中国政治、经济和文化的统一和发展起到了巨大的作用。秦始皇接受李斯的建议，首先对中央政治体制进行了改革。改革后的中央行政机构以皇帝为首，皇帝之下设三公、九卿，即三公九卿制。三公是丞相、太尉和御史大夫。制度规定中央行政机构的首长是丞相，丞相统领百官，并协助皇帝处理国家政务。国家行政事务由丞相总领朝廷大臣集议和上奏。秦朝规定有左、右丞相，以右为尊。太尉是中央军事机构的最高军事首长，协助皇帝处理全国军事。如果需要发兵、调兵，必须得到皇帝的虎符，才能有权指挥军队。御史大夫是皇帝的秘书长，皇帝的命令、国家的法令，由他转交丞相颁布。管理全国的书籍、律令和文书等事项；监察各级官吏也由御史大夫掌管。

三公之下还设九卿，九卿是具体掌管全国各领域事务的官吏，九卿分别为奉常、郎中令、卫尉、太仆、廷尉、典客、宗正、治粟内史、少府。奉常具体掌管宗庙祭祀礼仪，兼任皇帝侍从，其属官有太乐、太宰、太祝、太史、太卜、太医等；郎中令具体掌管皇帝的安全保卫工作，其属官有大夫、郎中、谒者；卫尉具体掌管宫门的警卫，是宫殿的警卫队长；太仆具体负责皇帝使用的车马，是皇帝仆从的最

高长官;廷尉具体负责司法,是全国的最高司法长官;典客具体负责接待宾客的礼仪和少数民族事务;宗正具体负责皇室宗族名籍;治粟内史具体负责全国财税收入和财政支出,是全国最高财务长官;少府具体负责山海池泽的税收以及皇帝的生活供应,兼管宫廷手工制造业。三公九卿,各自设有自己的一套机构,处理日常工作。大事总汇于丞相,最后上报皇帝裁决。

地方实行郡县制。西周以来的分封制在秦国得到了彻底的改变。丞相李斯强烈反对分封制,他认为周朝就是因为实行分封制,将王分到各地当诸侯王,他们的权力才进一步扩大,逐渐与中央疏远,皇帝越来越难管这些诸侯王,最后导致周朝分崩离析。他认为秦朝应汲取周朝的失败教训,要设置郡县,由皇帝亲自任命官吏进行治理,秦国的安定也就牢牢抓在皇帝手中。秦始皇采纳了李斯的建议,在全国设立了36郡,郡下设县。郡的长官是郡守,县的长官有两个名称,一是县令,一是县长。县以下依次是乡、亭、里、什、伍,这是一种准军事化的管理体制。基层老百姓们以5家为一个基层单位,由伍长负责;什则由10家组成,由什长负责。为了使国家更快、更稳地发展,秦朝首先严格管理官吏,秦始皇制定了一套严明的法令,专门治理官吏。法令极其严厉,使得所有官员都遵纪守法,办事效率极高。同时,秦朝也给这些官吏很高的权力、地位,"以吏为师"。

秦始皇在全国范围内设置的这套帝制机构,好像一张庞大的权力之网,从中央到地方,从郡到县,到乡、亭、里、什、伍,层层控制,整个权力集中到中央,再通过中央集中到皇帝一人手中。所有的大臣和郡县长官,都由皇帝一人任免。秦朝的这套政治制度,在我国古代政治制度中是空前专制的。中国秦朝以后两千多年的封建社会,基本上都沿用了这一套制度。这一制度对巩固中华民族的统一、促进社会经济的发展和文化事业的繁荣,都起到了十分重要的作用。

因秦朝刚刚建立,各方面的发展都还不够完善。国家要统一,经济要繁荣,民族要团结,除了有一套帝制机构之外,还必须建立各种统一的制度。长达几百年的封建割据使得全国混乱不堪,要在全国各地建立起一套完整的政治、经济、文化等制度,就显得更为重要了。

在制定完整而统一的规章制度之前,秦朝政局非常混乱。为此,秦朝首先是颁行统一的法律。商鞅变法时,采用魏国李悝所著的《法经》作为秦国新法律的蓝本。李悝的《法经》共分六篇:"盗法"、"贼法"、"囚法"、"捕法"、"杂法"、"具法"。商鞅在此基础上又增加了"什"、"伍"连坐法,又把"法"改变为"律"。秦始皇统一六国后,把秦律颁布全国执行,结束了战国时代各国法律条文不一致的状况。秦律具有苛

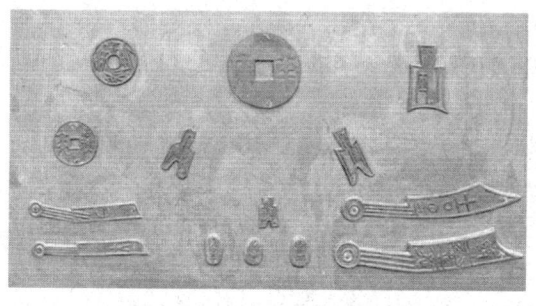

秦朝统一货币示意图

刻严明的特征，对"治吏"尤为重视，大量律条是针对官吏制定，官吏犯过，刑罚必加，绝不宽恕。李斯当时向秦始皇建议："今天下已定，法令出一。"在此之前的各国法律制度，都有很大不同。秦始皇就把秦的法律颁布全国，令全国各个郡县统一执行。所以，秦朝吏治清明，官吏不敢贪污受贿，也不敢玩忽职守，办事效率极高。

秦朝统一之初，各国货币形制基本上都不相同，而且计量单位也不统一。为了统一货币制，秦始皇立即下令废除六国旧货币，制定新的统一货币。新制定的货币分为两种：黄金为上币，以镒为单位；圆钱为下币，以半两为单位。新的货币制的制定，给当时秦朝的商品交换提供了很大的方便。

度量衡制度也是秦朝需要改革、统一的一项制度。原来各国的度量衡制度不仅大小、长短、轻重不同，单位、进制也不同。以量来说，秦国以升、斗、斛为单位，魏国以半斗、斗、钟为单位，齐国以铆、釜、钟为单位。公元前221年，秦始皇向全国颁行新的、统一的度量衡制度，规定度为寸、尺、丈、引；量为斛、斗、升、合、仑；衡为铢、两、斤、钧、石。

车轨大小、交通要道的宽窄也需要统一。秦始皇下令，全国统一车轨，大车的两轮之间皆宽六尺，所有不符合这些规定的车辆一律禁止使用，史称"车同轨"。这一措施对交通运输业起到了积极的促进作用。

语言是一个国家发展的交流工具。由于秦朝统一之前，各国各自为政，都有自己的语言、文字，《说文解字·叙》中记载："言语异声、文字异形。"这种文字不统一的局面严重影响了秦朝的发展。为此，秦始皇命丞相主持文字改革工作，下令须"书同文字"。李斯废除了各国的异体字，统一了偏旁的形态，固定了偏旁的位置，规定了字体的笔数，全国一律使用笔画简单、书写方便、易于读认的"小篆"，又叫"秦篆"，就这样第一次规范了汉字。

为了推广统一的文字，李斯写了《仓颉篇》，赵高写了《爰历篇》，胡毋敬写了《博学篇》，都用小篆字体，共有3300个字，作为范本，向全国推行。

秦始皇开创的帝制机构和建立的各种统一制度，使得中国在两千多年前成为世界上疆域最大、文化最发达的统一的多民族国家。在此之后的相当长一段时期，中国封建社会的经济、科学、文化迅速发展，并居于世界前列。

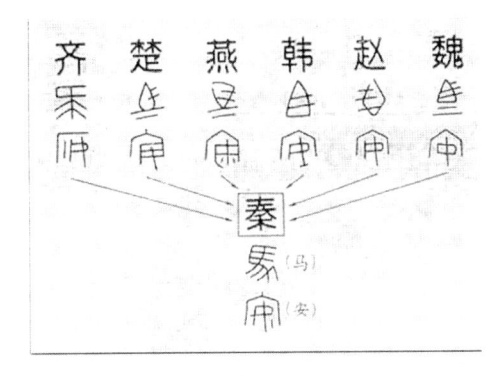

秦朝统一文字示意图

修筑长城

中国是一个多民族的国家。战国时期,北方居住着少数民族匈奴人。匈奴已经进入了奴隶制社会,他们占有今内蒙古、宁夏一带的广大草原。匈奴人常常袭掠与其接壤的秦、赵、燕三国北部边地。

秦朝统一以后,匈奴人仍然南下侵扰。为了保证中原地区的安定,秦始皇派大将蒙恬率兵30万,镇守北疆。经过几次英勇战斗,蒙恬终于攻取了河南地(今河套地区)、高阙(今内蒙古狼山中部计兰山口)、阳山(今临河西北的狼山)、北假(今河套以内和乌拉山以北地区)等地,还在这里设置了34个县,分别筑有县城。公元前211年,秦始皇从中原地区迁徙三万多户人家到这里落户。接着,秦始皇便开始大规模修筑长城,把战国时秦、赵、燕三国修建的长城连接起来,又修筑了一部分,修筑后的长城西起陇西临洮(今甘肃岷县)、东至鸭绿江,长达一万余里,这就是举世闻名的万里长城。

万里长城,是古代世界历史上最伟大的建筑工程之一,是中华民族勤劳、勇敢和智慧的结晶。它的建成,对于北防匈奴,保卫中原地区经济、文化的发展,起到了巨大的作用。它是中华民族的象征、华夏儿女的骄傲。

秦朝初年,浙江、福建、江西、湖南南部及两广地区,居住着一个古老的民族——越族。当时,他们还处于氏族社会时期,各个部落和部落联盟大小不一,居住分散,时人称为百越。秦始皇统一中国后,在北击匈奴的同时,又派大将屠睢率50万部队对百越地区采取了重大的军事行动。秦很快征服了闽越,但在进攻南越和西越时,秦军遭到了顽强抵抗,加之岭南地区交通不便,军需供应困难,战争相持不下。为了支援战争,秦始皇一面在中原征发兵马,一面命令监御史禄率兵在今广西兴安县北开挖灵渠,把湘江和桂江支流——漓江之间的交通贯通起来。灵渠建成后大大方便了军需供应和兵员运输。经过八年征战,终于平定了百越,统一了岭南地区,并设置了南海郡、桂林郡和象郡。

战争期间和战争之后,先后有50万中原人,"戍五岭,与越杂处",他们带去了中原先进的生产工具和生产经验,客观上促进了这一地区的经济、文化发展。从此,越族人民就永远成为祖

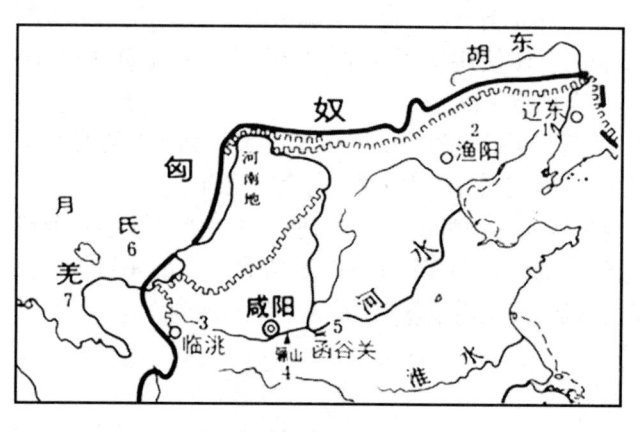

秦长城示意图

国大家庭中的一员,百越地区也从此成为中国领土不可分割的一部分。全国统一之后,领土骤然扩大,在当时交通设施简陋的情况下,一旦有战事发生,局面很难迅速得到控制。为了调发士卒和转运粮草方便,秦始皇在统一全国的第二年,开始在国内修筑驰道。

驰道以咸阳为中心,东到燕、齐,南至吴、楚,北达九原(今内蒙古包头西),西到甘肃东部,南北东西,四面贯通,全长达数千公里。驰道宽达50步,路面用锤夯打,平坦坚实,道路两旁每隔3丈植树1棵。此外,在今四川、云南、贵州等偏僻地区的崇山峻岭之中,又修筑"五尺道",以适应这些地区战争的需要。驰道的修筑,对于秦王朝有效地控制全国,镇守边疆,起到了非常重要的作用。这些驰道战时便于调兵、运粮,平时便于驿传。

秦始皇在统一全国后的11年中,曾5次到全国各地巡视民情,察看防务,平均每两年一次。所到之处,都要刻立石碑、申张秦法、歌颂统一,宣扬皇帝的威德,以巩固国家的统一。秦始皇的每次巡游,基本上都是沿驰道进行的。

秦始皇凭借其强大的军事实力横扫六国,一霸天下。六国虽然被消灭了,但还有大量六国的旧贵族、官吏、士人,隐名埋姓,潜藏在各地;他们甚至还掌握着大量的兵器,另外秦国在与六国的交战过程中有许多兵器流散于民间,这是一种不可低估的潜在的危险因素。因为这些兵器很可能会被六国的旧贵族们利用起来,进行反秦的军事活动,对秦政权构成严重的威胁。于是,秦始皇下令,全国各地,任何人不得以任何方式私藏兵器,违者严惩。各郡、县官吏必须采取强制手段,收缴流散于民间和旧贵族手中的兵器。最后,这些收缴的兵器集中在咸阳加以销毁,改铸成12个大铜人,各重24万斤。秦始皇这种兵器不藏于民间的做法,为以后历代封建帝王所效仿。

与此同时,为了防止原有六国的军事设施如城郭、险塞等,被各国贵族用来作为反秦的据点或屏障,秦始皇命令各地,"堕坏城郭,决通川防,夷去险阻",消除各种军事上的隐患,同时也方便了交通和水利的建设。

焚书坑儒

为了控制全国的舆论与宣传,秦始皇实行了文化专制,以稳定政权。他采取了李斯的建议,实施"焚书坑儒"政策来巩固皇权。

公元前221年,六国的遗老遗少和贵族大肆引经据典谈论朝廷政事,虽然朝廷法令严酷,但时间一长,他们也就胆大妄为了。特别是那些儒生们,他们借用兴办私学名义,借古讽今,惑乱百姓,给朝廷造成极大的不利影响。大量的舆论宣传直指新政权,秦始皇深感问题的严重性,他要寻找解决这种局面的有力措施。

公元前213年,秦始皇在咸阳宫召集群臣举行宴会庆贺自己北筑长城、南伐百越的功绩。博士仆射周青臣首颂秦始皇"神灵圣明"。他说:"陛下统一海内,灭

亡诸侯,改设郡县,无战争之患,百姓人人感到幸福快乐,这是前所未有的盛事。这样的帝王之业,可以传至万世。"然而旧势力的代表人物淳于越却提出:"商、周的王位能够传一千多年,是因为分封制的实施。现在陛下设郡县、去分封,假如有的人突然起来篡权,没有辅佐怎能相救呢?"并借机攻击道,"事不师古而能长久者,非所闻也。"群臣一片哗然。秦始皇也让众臣放开思想,各抒己见。但是,丞相李斯却力排众议,对以淳于越为代表的反对派论调进行了严厉驳斥。他说,五帝不相复,三代不相袭,治国方法各异。如今,天下已定,法令统一,百姓积极而努力生产,儒生们本应学习法令,为国效力,相反,以淳于越为代表的"愚儒"们却"不师今而学古,以非当世,惑乱黔首",这些人"入则心非,出则巷议,夸主以为名,异取以为高,率群下以造谤"。他又提出,这些以淳于越为代表的"愚儒"们是秦朝政权和国家顺利发展的绊脚石,应当及早除掉。之后,他又提出了焚书的建议:史书除《秦记》之外一律烧掉;《诗》、《书》、百家语除博士官收藏的以外,其他人的藏书都限期集中到郡,由郡守、郡尉监督烧掉;医药、卜筮、种树等书不在禁列;有敢相互谈论《诗》、《书》的,判处"弃市"的死刑;"以古非今者族";"吏见知不举者,与同罪;令下三十日不烧,黥为城旦"。

秦始皇听后觉得李斯的话很有道理,立即采纳了这项建议。于是,全国各地青烟滚滚,大批古代文献、典籍毁于大火之中。

在焚书之后的第二年,又实施了坑儒。由于大量焚书,引起不少儒生和方士的不满,他们继续大造舆论,谩骂、攻击秦始皇,说他"专任狱吏"、"乐以刑杀为威"、"贪于权势"等。秦始皇对这些敢于反抗、继续散布"妖言"、"以乱黔首"的儒生采取了坚决镇压的手段,先后逮捕了1160多个儒生和方士,把他们全部活埋于咸阳。秦始皇的长子扶苏进谏说:"天下初定,远方百姓还未安定,诸位先生都诵法孔子,陛下重法绳之,臣恐天下不安。望陛下三思。"秦始皇非但不采纳,还把他赶出咸阳,让他到北边的上郡去执行监军任务。不仅士人,百姓也极端痛恨秦始皇。楚地流行着"楚虽三户,亡秦必楚"的歌谣,诅咒秦王朝灭亡。公元前211年,东郡落下一块陨石,有人在石上刻了一行字:"始皇帝死而地分。"秦始皇知道后,派遣御史追查刻字人,由于无人承认,便把陨石附近的居民全部杀死,然后销毁陨石。如此,百姓的怨恨更深了。

焚书坑儒,尽管对于巩固国家统一、消除割据意识起到了一定的作用,但是秦始皇采取这种野蛮的、残酷的手段,无疑是对中国古代文化一次极为严重的摧残。在焚书坑儒之后,禁办私学是秦始皇进行舆论控制的又一种手段。秦始皇统一六国之后,曾仿照齐、鲁等国的制度,设置了博士官职。但充当博士官的这些人都是当时各个学派的知名人士,没有行政实权,可以议论政治,有保藏图书、教授诗书等责,他们可以举办私学,招收弟子,传授学问,有的博士官的弟子多到100多人。因此,在秦王朝都城——咸阳的孔孟一派的儒生队伍不断扩大,成为当时文教机构中的一股重要力量。鉴于此种情况,李斯指出:不少儒生大多是通过"私学"来进行反动舆论宣传的。焚书之后，书籍没有了，但这些儒生人还在，思想还在，如果让他们继续举办私学，那么他们就会继续以古非今，伪言诽谤，大造反动舆论。因此，必须把教育大权收上来，严禁私学，任何人不得以任何方式私办教育。教育只能由官方举办。

李斯在焚书的建议中表明，禁止传授《诗》、《书》等百家思想，所有的官办学校必须"以吏为师"，以法令为教材，不得随意讲授其他内容。秦始皇禁办私学，规定官办教育，对于控制舆论、宣传统一思想，无疑起到了重要作用。但这种文化专制，更多的是对中国古代教育的一种破坏。

大兴土木

秦始皇在兼并六国时，每灭一国，就命人绘制该国宫殿图样，在咸阳仿造。他到处建造离宫别院，仅首都咸阳四周200公里内就有宫殿270座，关中有行宫300座，关外有400多座。在秦始皇修建的众多宫殿中，规模最大的当数阿房宫。"法天则地"是秦人进行城市规划的重要原则，阿房宫也同样是这一原则下的大手笔。据《史记·秦始皇本纪》记载："前殿阿房，东西五百步，南北五十丈，上可以坐万人，下可以建五丈旗。周驰为阁道，自殿下直抵南山，表南山之巅以为阙。为复道，自阿房渡渭，属之咸阳。"唐诗人杜牧的《阿房宫赋》写道："覆压三百余里，隔离天日。"项羽火烧阿房宫时，"火三月不灭"。其规模之大，劳民伤财之巨，可见一斑。

封建帝王生前都要为自己百年之后的归宿做规划，秦始皇也不例外。秦始皇在13岁刚即位时，就开始在骊山为自己修造坟墓。秦始皇统一全国后，营建工程大规模进行，前后共经营38年之久，直到秦始皇死时，工程尚未完全竣工。秦始皇的骊山陵墓依骊山而建，高50米，周长2公里，像座山陵一样，故称骊山陵墓。

最近探测资料表明，秦始皇在骊山陵修建的地宫呈长方形，南北长约460米，东西宽约400米，面积比现在封土面积大得多。地宫由厚约4米的宫墙围护，

秦始皇兵马俑坑出土的铜马车

宫墙由细绳纹青砖砌成。陵墓的东、西、北三面都有通向地宫的通道,用黑炉土、棕色土、黄土等混合成的五色土回填夯实。《史记·秦始皇本纪》载:"始皇初即位,穿治骊山,及并天下,天下徒送诣七十余万人,穿三泉,下铜而致椁,宫观百官奇器珍怪徙臧满之。令匠作机弩矢,有所穿近者,辄射之。以水银为百川江河大海,机相灌输,上具天文,下具地理。以人鱼膏为烛,度不灭者久之。"就是秦始皇死后陪葬的兵马俑也堪称世界奇观,1974年至今发掘的一号、二号、三号兵马俑坑规模很大,仅一号坑就东西长230米,宽612米,总面积达14260平方米,约埋有6000个真人大小的陶俑。

阿房宫和骊山墓两项宏大的工程,用去了精壮劳力140余万人。加上北筑长城、南戍五岭、修驰道、造离宫,以及其他兵役杂役,常年动用民力多达300余万。丁男全被发征服役,部分丁女也进入服役队伍。沉重的兵役、徭役压得人民喘不过气来,同时,人民还要将收获物的2/3缴作赋税。秦王朝的横征暴敛使得海内虚耗,民穷财尽。

秦自孝公以来奉行法家学说,法家尚刑。秦始皇推崇法家,用刑残酷,杀人如麻,使秦国的残暴统治达到高峰。司马迁在《史记·秦始皇本纪》中记载:为了防止六国遗民叛乱,他下令收缴天下兵器运到都城咸阳,令工匠销毁。秦始皇还采纳李斯的建议,规定一人犯死罪,亲族一起处死,叫作"族诛";一家犯法,邻里同罪,叫作"连坐"。人民随时都会被指控犯法,被罚做苦役,或者被斩脚、割鼻、处死。百姓动不动就被官吏判为犯法,甚至会招来杀身之祸。大批无辜者被判为刑徒去服苦役,路上行人半数都是囚犯,长城脚下、阿房宫中、骊山墓旁以及五岭路上,处处如此。秦国已经不是昔日的秦国,它已经是一座巨大的人间地狱,百姓终日生活在恐怖之中。秦始皇的残暴统治,引起了社会的普遍不满。一直对秦恨之入骨的六国贵族,他们多次派人入宫暗杀秦始皇。士人得不到任用,纷纷指责秦的统治政策。广大百姓刚刚脱离战争之苦,而秦的暴政又引起了他们对故国的怀念,纷纷诅咒秦始皇早死,秦朝速亡。

死于外巡

秦始皇做了皇帝之后,不仅希望皇位能万世万代地传下去,而且他还希望自己能够长生不老,于是就千方百计地寻求仙丹妙药。他曾派方士徐福率童男童女数千至东海求神仙,耗费了巨大的财力和物力,加重了人民的苦难。秦始皇还好大喜功,先后5次大规模巡游,沿途刻石颂德,以昭示自己的不朽之功。但秦始皇没有想到自己会死在出巡回来的路上。皇帝驾崩后,为了防止皇子们争夺皇位而导致天下大乱,丞相李斯封锁了消息,将秦始皇的尸首放在车里继续向咸阳赶路。但天热尸体开始腐烂,不断散发出臭气。为了掩盖真相,李斯让每辆车上都装一石鲍鱼,用鱼臭掩盖尸体的腐臭。

赵高为了自己专权，竟借扶苏不喜欢李斯的事实来蛊惑李斯，二人一起篡改诏书，让胡亥继承了皇位，同时假造圣旨让扶苏自尽。胡亥即位后称秦二世。同年九月，秦始皇被葬在骊山墓中。墓高50丈，按照规定，皇帝的墓可以建9丈高，但至高无上的皇帝陵墓总是超过这个高度。至于百姓的墓，不但要称为"坟"，还限制在三尺以下，否则就是触犯法律，要受处罚。

秦始皇的骊山墓室建得非常豪华。由于墓室很深，会有泉水渗进，为防止墓室长年遭泉水浸泡，便用铜汁浇铸墓室。墓顶则用无数珠宝镶嵌，形成日月星辰的模样，底部以水银为江河大海。墓室里还有文武百官排列两边，一切都仿照秦始皇在世时的样子设置。据说，为了不让建陵之事传扬出去，大多数工匠都被活埋了。同时为防止偷盗破坏，墓中设有机关，如有人进入，弓箭会自动发射。

秦二世即位后，统治更加残暴，仅仅三年，秦二世便为赵高所杀。暴乱中的秦王朝已经名存实亡。秦始皇13岁即位，22岁亲政，接着扫灭六国，一统天下，在中国历史上建立了第一个中央集权制国家。但是，秦王朝的命运是短暂的，它仅存15年，就被中国历史上第一次大规模农民起义推翻了。秦始皇死时仅50岁，他在秦王位共25年，称皇帝12年，总共37年。

秦始皇是中国历史上第一个雄才大略的君主，其非凡的功绩在中国帝王中也只有数人能与之相比。虽然他在晚年大兴土木，给人民带来了深重的灾难，但他对中国历史所作的功绩远远大于他的过失。

项 羽

项羽(前232年~前202年),名籍,字羽,下相(今江苏宿迁)人。楚国名将项燕之孙,秦末著名将领。公元前209年,助叔公项梁杀会稽郡守,起兵响应陈胜。率军攻秦,取得巨鹿之战的胜利。公元前206年分封诸侯,自号"西楚霸王",都彭城。楚汉战争中,刚愎自用,不善于谋划纳谏,被刘邦大败于垓下,自刎而死。

楚亡后,项羽随叔父项梁流亡吴中(今江苏苏州)。年少时学习书法不成,又学剑,仍不成。立志要学能抵挡一万人的本领,于是从叔父学兵法。但仅"略知其意,又不肯竟学"。项羽身高八尺,力能扛鼎,年轻时志向远大。一次秦始皇出巡到渡浙江(今钱塘江)时,项羽见其车马仪仗威风凛凛,便脱口而出:"彼可取而代之。"秦二世元年(前209年),陈胜、吴广在大泽乡振臂一呼,揭竿而起,项羽随项梁在吴中举兵响应。24岁的项羽,被人民起义的急风暴雨推上了历史舞台。

项梁起义后,征集精兵八千,项羽做了副将。会稽太守殷通也想乘机反秦,他于公元前209年9月召见项羽时说:"现在是灭秦的好时机。我听说先发制人,后发则为人所制,我想和你早点共同起兵。"出身贵族的项羽岂肯委身于人下,按照计划,项羽杀死了声称"先发制人"的殷通,召集了他的部下,公开树起了起义大旗。陈胜、吴广起义失败后,原六国旧贵族拥兵割据,各地反秦武装亦在继续积极抗秦。二年春,奉陈胜之命攻取广陵(今江苏扬州市)的义军将领召平,以陈胜名义封项梁为"张楚"农民政权上柱国,建议他引兵西进击秦。三月,项梁、项羽率军渡江北上,沿途收编陈婴、英布、吕臣、蒲将军等多部反秦武装,并击败占据彭城(今江苏徐州市)以东地区的秦嘉部,队伍迅速壮大。秦将章邯击灭陈胜、吴广农民起义军后,为逐次消灭北方各部反秦势力,北上至栗县(今河南夏邑)。项梁遣朱鸡石迎战不利,退军到薛(今山东滕州市东南)时,刘邦率部归附。这时,义军已发展到10万余人。项梁得知陈胜败亡的消息,采纳范增建议,拥立死于秦国的原楚怀王之孙熊心为王,仍称

项羽

楚怀王,作为反秦号召。项梁自称武信君,掌握军政大权。项梁率义军在和秦军战斗中接连取胜,产生了骄傲轻敌的思想。结果在定陶(今山东定陶西北)被秦军章邯指挥的军队打败,项梁战死。

公元前208年,定陶之战后,秦军北渡黄河,攻打起义抗秦的赵王歇和张耳,将赵军围困于巨鹿(今河北平乡)。楚怀王任命宋义为上将,项羽为次将,率兵救援。宋义率军到达安阳(今河南安阳南),便畏缩不前,屯兵四十六天。当时,阴雨连绵,起义军缺衣少粮,处于困境之中。项羽当机立断,杀了宋义,迫使楚怀王任他为上将军,并命他立即挥师北上救赵。

项羽率车进抵漳河南岸与秦军隔岸对峙。他先派英布、蒲将军带领二万精兵渡河,切断秦军的运粮通道。随后亲率主力渡河,"皆沉船,破釜甑,烧庐舍,持三日粮,以示士卒必死,无一还心。"就是凿沉船只,毁坏炊具,烧掉营舍,每人只带三天口粮,这就是著名成语"破釜沉舟"的由来。一到战场,楚军便以雷霆万钧之势,迅雷不及掩耳的行动,把秦军包围起来。项羽身先士卒,冲锋陷阵,楚军个个勇猛杀敌,以一当十,九战九捷,大败秦军。俘获秦将王离,杀死秦副将苏角,迫使秦副将涉间自杀,解了巨鹿之围。在项羽军与秦军激战时,各路诸侯援军却缩在壁垒上观看,不敢参战。战斗结束后,项羽召集援军将领,他们"入辕门,皆膝行而前,莫敢仰视"。项羽成了诸侯军的统帅。

巨鹿之战后,项羽乘胜追击,秦军节节败退,军心涣散。章邯见大势已去,便率二十万秦军投降了项羽。项羽却在西进途中,在新安城(今河南绳池东)下令将这二十万降卒全部坑杀。这时,另一路起义军刘邦乘秦军主力被项羽牵制在巨鹿,关中空虚,占领了咸阳。项羽大为不满,率军破关而入,进驻鸿门(今陕西临潼东北)。当时项羽军四十万,刘邦军不足十万,双方力量悬殊。刘邦自度力量不敌项羽,便采纳张良计策,拉拢项羽叔父项伯,亲自到鸿门请罪。

项羽在鸿门设宴招待刘邦。在宴会上,项羽的谋士"亚父"范增几次示意项羽击杀刘邦,但项羽因不忍而不予理会。于是,范增便让项庄以舞剑助兴为名,想借机刺杀刘邦。刘邦的谋臣张良看到形势紧迫,就出外召樊哙说:"现在项庄拔剑舞,其意在沛公。"于是樊哙带剑拥盾进入宴会厅,指斥项羽不守信义,项羽被樊哙的气势折服,刘邦借机

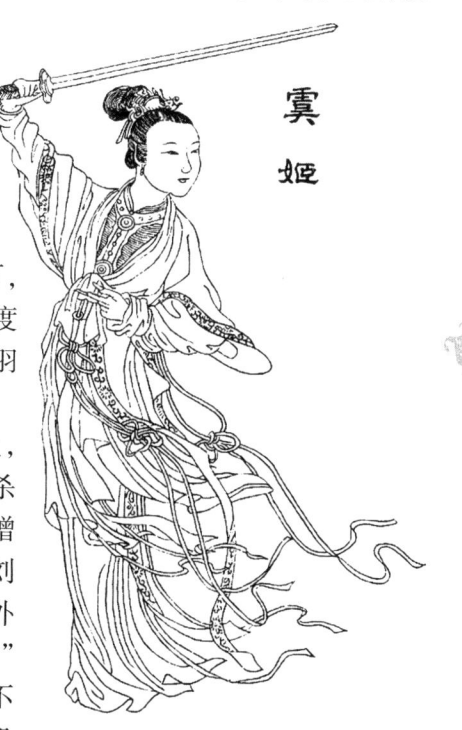

虞姬

脱离险境。这就是历史上有名的"鸿门宴"的故事。项羽依靠强大兵力,暂时压制刘邦,引兵进入咸阳,"杀秦降王子婴,烧秦宫室,火三月不灭,收其货宝、妇女而东"(《史记·项羽本纪》)。谋臣劝项羽说:"关中山河四塞险阻,土地肥美,可以作为霸王之都。"而项羽以"富贵不归故里,否则如同夜间穿锦绫走路,没有人知道"为借口加以拒绝。劝他的人感叹道:"人们说楚人是沐猴而冠,果真不假。"项羽闻听此言,就杀了说这话的人。

项羽挟其军事上的余威,以诸侯上将军自居,发号施令。他自立为西楚霸王,取梁、楚之地九郡(今江苏、安徽、山东、河南部分地区),定都彭城。同时又割地封王,分封了十八个诸侯。封刘邦为汉王,王汉中、巴蜀,企图限制刘邦势力的发展,使其不得东进。结果养虎遗患,导致汉军势力日后卷土重来。

由于项羽分封不公,引起诸侯和功臣不满。先是田荣据齐反楚,项羽急忙率军讨伐,刘邦便乘隙东进。公元前208年八月,汉军从汉中潜出故道,打败项羽所分封的秦地三王,迅速东进,直抵阳夏(今河南太康)。接着,又乘项羽与齐军交战之际,一举攻入楚都彭城,项羽急忙率三万精兵还救彭城。

此时,刘邦仗恃兵多将广,麻痹轻敌。项羽军则收复失地心切,斗志旺盛。三万楚军在项羽率领下,出山东经胡陵(今山东鱼台东南)趋萧(今箫县西北),直抵彭城汉军侧背。战斗从拂晓开始,楚军勇猛顽强,边打边冲,到了午时,已将汉军打得大败。楚军追到彭城东北的泗水,汉军纷纷落水,死者十余万。汉军向南方山地溃逃,楚军追击至灵壁(在今安徽省)以东的濉水上,又歼灭数十万人。刘邦只率数十骑逃出重围,连妻子吕雉和父亲太公都做了项羽的俘虏。彭城一战,项羽决策果断,迅速率精兵回救彭城,出敌不意,击溃汉军数十万之众,是战史上以少胜多的范例。

彭城之役后,项羽乘胜进军,在京邑、索亭间(荥阳西、南)同刘邦打了一仗,结果被阻于荥阳以东。双方在成皋一带相持两年之久。这期间,刘邦采取了正确的作战指导,扼守成皋,在持久战中消耗对方实力,伺机反击;项羽找刘邦决战,又急攻不下。双方力量就此发生了根本变化,汉军由弱变强,项羽由强变弱。

汉高帝五年(前202年),刘邦发兵向项

鸿门宴

羽发动总攻,在垓下把项羽军团团包围。此时,十万楚军已兵疲粮尽,士气低落。夜间又听到汉军在四面唱起了楚歌。项羽大为吃惊,便借酒浇愁,慷慨悲凉地唱道:"力拔山兮气盖世,时不利兮骓不逝。骓不逝兮可奈何,虞兮虞兮奈若何?"唱罢飞身上马,带领八百骑突围南去。来到东城(今安徽定远东南),只剩28人。他想东渡乌江重整旗鼓,又觉无颜见江东父老,奋力拼杀一阵,遂横剑自刎而死,年仅31岁。

项羽是一位超群的军事统帅。他能征善战,战场上豪气盖世,叱咤风云。巨鹿之战,项羽破釜沉舟,以寡击众,全歼秦军主力,客观上为刘邦进入咸阳,推翻秦朝创造了条件。楚汉战争中,破田荣,救彭城,救荥阳,夺成皋,一生大战数十次,多获胜利。所以,古人称他"有百战百胜之才"(《苏洵嘉祐集·项籍》)。

然而,项羽又是一位悲剧式的人物。秦朝灭亡后,他自称霸王,忙于分封诸侯,扶持六国贵族的残余势力,违背了人民要求统一的愿望,造成了混乱割据的局面。他行为残暴,坑杀秦降卒二十万余。入关后,火烧秦宫,大火三月不息。他烧杀掳掠的暴行,违背了人民的意志,是他战败的根本原因。项羽自恃武功以威慑诸侯,缺乏远见,不争取同盟;又妒贤嫉能,不能用人,招致众叛亲离,军心涣散。军事上,他缺乏战略家的眼光,刚愎自用,不纳良言,以致屡失战机,没有巩固后方基地,没有充足的粮饷和兵源,虽然屡战屡胜,反而由盛而衰。所以,虽然项羽具有杰出的军事指挥才能,最终也难以避免失败。

李　斯

李斯(前280年~前208年),字通古,楚国上蔡(今河南上蔡西南)人,拜荀子为师学习法家治国之术,后被吕不韦赏识,官至秦相。他协助秦王嬴政横扫六国,完成统一中国的伟大事业;继而又辅助秦始皇推行变革,统一文字、货币、度量衡。他是沙丘之谋的参与者,后被赵高诬陷,腰斩于咸阳。

上谏逐客

李斯出身于地主阶级的下层,实际上是一介平民。李斯年轻的时候,在乡郡担任小官吏。一天他看见办公处厕所中的老鼠吃着厕所里的脏东西,每当人或狗走近的时候,总是非常害怕。李斯又看到粮仓的老鼠吃着储存的粮食,住在大粮仓里,却不受人或狗的惊扰。由此李斯想到了人,他感叹地说:"人与老鼠一样,能否安稳地美食膏粮,就在于自己处在一个什么样的环境和地位啊!"于是李斯辞去了官职,跟荀子学习帝王之术。学业完成了,李斯认真分析了六国情况,认为楚国和其他国家都很危弱,不值得为它们效力;而秦国最强大,于是他决定向西到秦国去。他向荀子辞行,并且说:"我听说遇到时机,就要抓住。当今社会大国争雄,游说之士可以被重用掌握大权,如今秦国强盛想要吞并天下,这正是说客的好机会。弟子认为人最大的耻辱莫过于地位卑贱,最大的悲哀莫过于生活贫困。长期处在卑贱的地位,困苦的境遇中,却还要愤世嫉俗,厌恶名利,自称与世无争,这不是读书人的实情。所以我要到秦国去游说,建功立业。"

李斯到了秦国,想办法认识了秦相吕不韦,吕不韦认为他有贤能,任用他为侍卫官。李斯就有了向秦王游说的好机会。他对秦王说:"平庸的人常会坐失良机,一个能成就大业的人,就在于会抓住有利时机,消灭对手。从前穆公称霸的时候,最终没有向东兼并六国,为什么呢?因为当时时机不成熟,诸侯很多,周朝还没有完全衰落,所以五霸都推尊东周王室。自从孝公以来,东周王室衰落,诸侯纷起互相兼并,函谷关以东逐渐形成了六国。六国现在都不如秦强大,凭着大王的贤明,秦国的强大,是完全可以吞并六国

李斯

的。现在正是统一天下的好机会,大王如果现在不动手,等到诸侯强大起来,彼此订立合纵的盟约,那时就是黄帝一样的国君,也不能吞并了。"秦王就任命李斯做长史,听从他的计策,先离间诸侯君臣,然后再派得力的将领去进攻。

公元前237年,李斯刚为客卿不久,正欲大展宏图,秦国内部却祸起萧墙。当时,秦国正大兵攻韩,韩国无计可施,遂想了一条妙计:让一个叫郑国的水利专家假降秦国,然后鼓动秦王政派人兴修水利,借此消耗秦国国力,以达到延缓秦国攻韩的战略目的。但不久,郑国的计谋不慎败露,秦国内大哗。秦宗室大臣认为从别国来的客卿都有可能是各国间谍,应迅速驱逐出去。秦王政一怒之下,下逐客令,凡外国人一律赶出国门。李斯本是楚人,自是在被驱逐之列。当他知道自己将被驱逐出去之后,他并没有像其他人一样束手就范,而是展开了一场反击,冒着被杀头的危险上书秦王政,这就是著名的《谏逐客书》。

书中李斯毫不客气地指出逐客之举太愚蠢。李斯说,自从秦穆公起一直到秦昭公、庄襄王都有客卿,如百里奚、蹇叔、邳豹、公孙支、商鞅、张仪、范雎等都是外国人,可他们并不是间谍。恰恰相反,这些人以自己的能力为秦国的发展作出了很大贡献,怎能一概而论,把外国人都当成间谍驱逐出境呢?李斯接着说,如果外国什么都不好,那你秦王宫里用的包括宫中装饰的玉石奇珍,如昆山之玉、随和之宝、明月之珠、太阿之剑、纤离之马、翠凤之旗都来自国外,秦国一样都没有,你又为何认为它好呢?最后,李斯话锋一转,提醒秦王:泰山不辞土壤,故能成其大;河海不择细流,故能成其深;王者不却众庶,故能明其德。此是三皇五帝之所以无敌于天下的根本所在。你这样的做法只不过是削弱自己,壮大敌人,是把钱粮和兵器送给敌人,反过来害了自己的愚蠢之举。秦王政在读过《谏逐客书》之后,翻然醒悟,不仅立刻停止了逐客,还将李斯请到宫内,商讨统一天下的大计。随后,又任命李斯为廷尉,直接参与朝政。一场政治和命运的危机就这样化险为夷。不经意间,李斯为后人留下了一篇千古吟颂的美文,以至于2000年后,一向评价文章极为苛刻的大文豪鲁迅先生也按捺不住对此文的推崇,称:"秦之文章,李斯一人而已。"后李斯深得秦王赏识,被任命为丞相。

建立专制

经过近二十年的努力,李斯为秦国灭掉六国建立专制的中央集权国作出了重要贡献:

其一,制《秦律》统一法令。新朝初立,天下未稳,为了维护国家秩序,李斯向秦始皇建议:今天下初定,六国人心尚未臣服,应该罢去六国与秦不同的法律,重新修订法律典章,使法度一统,万民遵循。秦始皇采纳了李斯的建议,下令大臣在原有法律的基础上加以修订、扩充,吸取其他各国的有关条文,然后制定出一套完整、严密的刑法制度,发布全国。《秦律》主要法律形式有律、令、法律问答、式、廷行事等多种。其内容包括行政机构设置、官吏任免、军事、外交、司法、监狱管理、社会治安、徭役戍边等，并且每项法律都有具体实施的办法和规定。这部法律的实施，不仅在当时史无前例，而且对以后历朝历代制定法典都影响巨大。

其二，击败王绾的封国制，建立了郡县制。就在《秦律》颁昭天下之时，有关建立一个什么样的皇权体制又在宫廷中形成了强烈对峙。以当时的左丞相王绾为首的封国制说甚嚣尘上。王绾向秦始皇建议："燕、齐、荆地远，不为置王，无以填之，请立诸子。"言下之意是仿照周王的分封制，将土地分封给王子和有功之臣。秦始皇拿不定主意，召李斯等人进行商议。李斯对秦始皇说：当初，周文王、周武王所封子弟同姓太多，造成许多矛盾，彼此相互攻击，如仇人一般，贤能的周天子也不能禁止。现在海内仰仗陛下神灵一统，皆为郡县，诸王子功臣以国家征收的赋税重赏赐他们。这样，天下无异议，是使国家安宁之术。这些建议得到了秦始皇的赞许，说：天下战事不断，就是因为有了这些割据的王侯。现在天下初定，又像原来一样封国置地，是树敌之举，那样再想使国家安宁可就难了。于是，秦始皇采纳了李斯的建议，罢免了丞相王绾。按照李斯的方法，皇帝以下设三公、九卿，分天下为三十六郡，郡置守、尉、监；收天下兵器聚咸阳销毁，并让12万户天下豪杰士子集中在咸阳，以便约束管理。从此，李斯的郡县制度被后来的朝代纷纷效法。

其三，统一并简化文字。同是在公元前221年，秦始皇接受丞相李斯"书同文字"的建议，命令全国禁用各诸侯国留下的古文字，一律以秦篆小篆为统一书体。在此之前，中国的文字从新石器时代彩陶刻画文字的萌芽，经过商代的甲骨文和西周的金文，成长到春秋战国时期，经历了一个漫长的演变和发展过程。战国时代由于群雄割据，"诸侯力政，不统于王，恶礼乐之害己，而皆去其典籍"。因而出现了"言语异声，文字异形"的现象，使这一时期的汉字形体产生了地域性的差异。原本只有一种写法的字，到了这时，往往齐秦有异，燕赵不同。因此，统一后的中国急需一种统一的官方文字。李斯便奉秦始皇之命制作这种标准字样，这便是小篆。而关于小篆的由来，许慎在《说文解字》中说：李斯等人在奉秦始皇之命制作标准字样时，"皆取史籀大篆或颇省改，所谓小篆者也。"而小篆的名称也是为了尊崇大篆而卑称其"小"的。紧接着，为了推广统一的文字，李斯亲作《仓颉篇》七章，每四字为句，作为学习课本，供人临摹。不久，李斯又采用秦代一个叫程邈的奴隶创造的一种书体，打破了篆书曲屈回环的形体结构，形成新的书体——隶书。从此，隶书便作为官方正式书体，始于秦，盛于汉，直到魏晋楷书流行才渐被取而代之。但作为书法艺术，篆书、隶书因其独具一格，深受后人喜爱。中国书法四大书体真、草、隶、篆，隶、篆占其半壁江山，李斯之功，功及千秋。

其四，中国的度量衡首次统一。秦统一之前，中国的度量衡没有一个统一的标准,各国诸侯按照自己的喜好,制定了不同的计算单位和不同的计算进制。这种原始状态复杂多样的度量衡只适合政治割据社会的需要。大一统的秦王朝建立后,为了不使其影响王朝的经济交流和发展,李斯上奏皇帝,建议废除六国旧制,把度量衡从混乱不清的状况下明确统一起来,得到了秦始皇的允许。于是,在李斯的亲自指挥下,把度制以寸、尺、丈、引为单位,采用十进制计数;量制则以合、升、斗、斛、仑为单位,也采用十进制计算;衡制则以铢、两、斤、钧、石为单位,二十四铢为一两,十六两为一斤,三十斤为一钧,四钧为一石固定下来。为了有效地统一制式、划一器具,李斯又从制度上和法律上采取措施,以保证度量衡的精确实施。这是秦王统一中国,李斯位居丞相之后的又一惊世之作,而它的影响不言而喻。几千年来,无论朝代更迭,这种计量方法从未更改。甚至时至今日,我们的生活当中依然还有它的身影。

其五,修驰道、车同轨。公元前220年,统一中国一年有余的秦始皇渐感隐忧。庞大的中央集权要想在辽阔的疆域上政令畅通,物资交流便利,就必须改变以往的交通条件。此时,深谙皇上心思的李斯又立刻建议让全国的车轨统一,并在全国范围内修筑驰道。就这样,一场大规模的统一车轨、修筑驰道的运动在全国展开。李斯以京师咸阳为中心,陆续修建了两条驰道,一条向东通到过去的燕、齐地区(今河北、山东一带),一条向南直达吴、楚旧地(今湖北、湖南、江苏、浙江等地)。这种驰道路基坚固,宽50步,道旁每隔3丈种青松1株。后又修筑"直道",由九原郡直达咸阳,全长1800余里。又在今云南、贵州地区修筑"五尺道",以便利中原和西南地区的交通。在湖南、江西一带,修筑攀越五岭的"新道",便利通向两个地区的交通。就这样,一个以咸阳为中心的四通八达的交通网把全国各地联系在了一起。同时,为与道路配套,李斯还规定车轨的统一宽度为六尺,以此保证车辆的畅行无阻。

其六,统一货币。公元前210年,即秦始皇三十七年,在秦始皇最后一次出游,也就是命丧沙丘之前,李斯向秦始皇上了最后一道重要的奏折:废除原来秦以外通行的六国货币,在全国范围内统一货币。这一行动被司马迁的《史记》称作"始皇三十七年,复行钱"。此举虽然对秦王朝的经济发展已无大用,但对后世的影响可谓大矣。当初,秦统一中国后虽大部改头换面,天下一统,但唯独货币依然沿袭过去的形式。市面上使用的货币包括布币、刀币、贝钱和圆钱等形式,使用起来十分不便。因此,统一货币及结算制度、统一货币铸造便成了

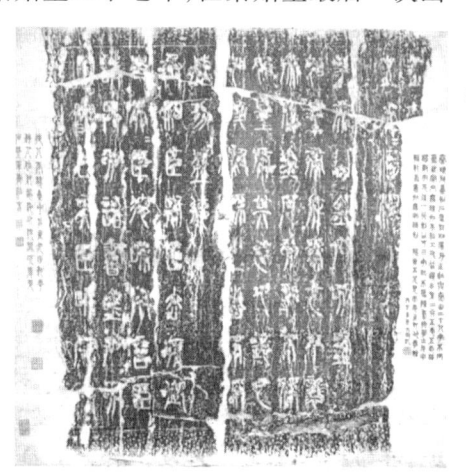

李斯的书法(拓片)

当务之急。在李斯的主持下,货币规定了以黄金为上币,以镒为单位,每镒重二十四两。以铜半两钱为下币,一万铜钱折合一镒黄金。并严令珠玉、龟、贝、银、锡之类作为装饰品和宝藏,不得当作货币流通。同时,规定货币的铸造权归国家所有,私人不得铸币,违者定罪等。李斯此举被后人认为是经济史上的一个创举。而当初他所主持铸造的圆形方孔的半两钱(俗称秦半两)因其造型设计合理、使用携带方便,一直使用到清朝末年。

纵观李斯的这些作为,可以这样说,中国几千年的历史当中,名相重臣比比皆是,累世之功不乏其主,但大多不过功在当朝,时过则境迁。而李斯几乎每干一件大事都能产生影响千年的效果,并荫及后代。司马迁在《史记》中评价李斯时说:李斯作为一个普通平民事秦,利用机遇和能力辅佐秦始皇终成霸业。如果不是因为种种无法让人容忍的恶行毁坏了他的声誉,那么他的功绩可与周公、召公媲美了。

沙丘之谋

公元前210年(秦始皇三十七年),始皇帝再次出巡,只留右相冯去疾在京留守,其余百官跟随。公子胡亥(始皇小儿子),也要随父亲出游去开开眼界,始皇一向喜欢胡亥也就答应了他。陪始皇出游不离左右的人只有胡亥、李斯、赵高。始皇一心想求长生,却屡屡被骗,此次出巡特意到海边,方士徐福带了三千童男童女和许多财物出海去为始皇找长生术。始皇久等不归,心里着急,再加上旅途劳累,竟病倒了,于是赶紧西还。六月,到平原津(今山东平原县),病情加重,寒热交作,连饭也吃不下,李斯心急如焚,万一皇上死在途中,后事如何料理?皇位谁来继承?本想问皇帝,可李斯知道始皇最忌讳这个,不敢开口,只能催人马快行。直到了沙丘(今河北省巨鹿县东南),始皇知道自己不行了,召来李斯、赵高,让李斯草拟诏书,传大儿子扶苏速回咸阳,守候丧葬,继承皇位。李斯、赵高拟好圣旨,交始皇过目,加盖上了玺印,并命令速派使者送给扶苏,始皇就闭上了眼睛。始皇一死,丞相李斯可慌了,为了不引起内乱,他决定秘不发丧,等回到咸阳,扶苏回来再说。经与赵高、胡亥商议,决定把始皇尸体放在一辆遮阳通风的"辒辌车"里,放下车帷,送饭、百官奏事如平时一样。百官谁也不知道始皇已死,只有李斯、胡亥、赵高和几个始皇近侍知道。李斯催赵高赶紧派人送始皇的遗诏给扶苏,谁知赵高竟心怀鬼胎,怕扶苏继位,重用蒙恬、蒙毅兄弟,而此二人与自己有仇。于是决定矫诏扶与自己相好的公子胡亥为秦王,赵高说服了胡亥,就去见李斯。李斯还在催促赵高赶快发遗诏,召扶苏回来。赵高为李斯分析了当前的形势,并说如扶苏继位,必用蒙恬为相,那他李斯将不知所归。李斯崇尚法家学说,终生孜孜不倦追求和贪恋的就是权势和富贵,经赵高一说,心乱如麻,与赵高一伙同流合污,对不起先皇对自己的恩宠;不与他们一伙将失去荣华富贵,甚至生命。不禁仰天长叹,"主上不负臣,臣却要负主上了。"于是赵高与胡亥矫诏命扶苏自杀,囚禁蒙恬,这就是历史上有名的"沙丘之谋"。

　　回到咸阳,胡亥继位,称秦二世,李斯仍为丞相,赵高做郎中令。由于赵高经常在宫中侍奉皇帝,而二世又贪图享乐,所以他就掌握了朝中大权。丞相李斯逐渐被排挤,特别是赵高怕"沙丘之谋"被外人知道,一心想除掉李斯。秦二世为了满足自己的享乐,大兴土木又建阿房宫,修筑直道、驰道,租税越来越重,兵役和劳役没完没了。百姓不堪重负,纷纷起来反抗。义军在东河大败秦军,又在雍丘打败秦军,杀死秦将李由。李斯非常难过,眼看着先帝的基业就要保不住了,可二世一味听从赵高,赵高又一心想篡位,李斯多次请求进谏,二世都拒不接见。原来赵高劝谏二世说:"天子之所以尊贵,仅是由于群臣只听到他的声音,不能见到他的容貌,所以才称朕。而陛下年纪还轻,未必什么事情都懂,现在坐在朝廷上,如果对惩罚和奖赏有处理不妥的地方,就会在大臣们面前暴露短处,那就不会向天下显示你的神圣了。陛下姑且拱手深居宫中,跟我们几个人在一起,等待大臣们把公事呈上来,然后再处理。如此,大臣们就不敢再上奏那些混淆是非的事情,天下的人就会称颂陛下是神圣的君主了。"二世听从赵高的,从此不再上朝听政,深居宫中,群臣不得进谏,连丞相李斯亦如此。李斯去找赵高要求进谏皇帝,赵高说等皇帝有空的时候告诉您。于是赵高趁二世正与美女们饮宴,玩得正开心时,派人对李斯说:"皇帝此时有空,可以来奏事。"李斯匆忙穿好朝服,来到宫中求见二世。如此这样几次,就惹恼了二世。二世说:"我平时有空时,丞相不来。我正宴饮娱乐时,丞相就来请示事情。丞相难道是瞧不起我,或者是故意难为我?"赵高听了,趁机说:"这样就危险了。沙丘之谋,丞相参与了,现在陛下已经立为皇帝,可是丞相却没有更加尊贵。丞相内心不满,一心想封王,并且陛下不问,我也不敢说。丞相的儿子李由提任三川郡守,楚地盗贼公开横行,经过三川郡的时候,李由只是守城,却不肯出去。听说他们之间还经常有书信往来,因为还没有确切的证据,所以不敢禀告陛下。"二世听了,就派人去调查。李斯得到消息,想见二世又见不到,只好写奏章说:"臣听说,臣子如果同国君平等,没有不危害国家的;妻妾同丈夫平等,没有不危害家庭的。现在有的大臣在皇上身边独揽赏罚大权,权势与陛下没两样,这是非常不利的。"赵高知道李斯上书揭自己的短处,非常生气,决定置李斯于死地。二世听从了赵高的话,把李斯交给赵高审讯。李斯被关进了监狱,赵高审问李斯与其子李由谋反的事,李斯本无此事,当然不能承认。赵高就严刑逼供,李斯忍受不了,只好冤屈地自招了。赵高怕李斯改口,就指使同党私自扮作御史、谒者、侍中等官员,轮流去审讯李斯。李斯如改口,把实情说出来就拷打,被打得皮开肉绽。几次下来,李斯不敢再改口。后来二世派人去验证口供,李斯误以为又是赵高派来的人,终于不敢改口,承认了谋反罪状。赵高把判决书送给二世。

　　前208年,李斯被腰斩在咸阳市,并夷灭三族。

汉代篇

咸阳的大火三日不绝，却没有帮助项羽成功的战胜刘邦，楚汉分界之后，在垓下，四面楚歌迷惑了项羽，刘邦成功战胜项羽，成为中国又一代王朝的开国之君，但是刘邦的成功，却少不了有着定国兴邦大智的韩信和天生的将相之才萧何的帮助，正是因为他们，大汉王朝得以建立。文景之治为汉武帝的统治奠定了坚实的基础，因为汉武帝，大汉王朝得以昂然屹立。李广、霍去病，征战南北，汉朝第一次在匈奴的铁蹄之下扬眉吐气。

司马迁在经受腐刑的情况下，用自己坚忍不拔的意见书就了伟大的《史记》这本号称史家之绝唱无韵之离骚的鸿篇巨著成为历代研究史实的经典之作。

时光流转，历史进入新的朝代——东汉，蔡伦、许慎都用自己的平生所学造就着世人。而袁绍的出现，却是预示着历史即将开始一番新的混战。

刘 邦

汉高祖刘邦（前256年~前195年），沛郡丰邑（今江苏丰县）人，字季，西汉王朝的建立者，前202至前195在位。曾任泗水亭长。陈胜起事，他在沛县响应，称沛公。灭秦后，被项羽立为汉王。楚汉相争，战胜楚军，即皇帝位。在位期间，使用重农抑商、与民休息的政策，为日后的"文景之治"奠定了基础。

出身布衣

刘邦出身农家，兄弟四人中排行第四。刘邦生性豪爽，自幼不喜欢读书，爱吹牛，但对人乐善好施。刘邦的相貌不凡，鼻梁很高，脸上有龙相，胡须很美。由于他不喜欢劳动，不如哥哥会经营，所以常被父亲训斥为"无赖"，但刘邦依然我行我素。他喜欢饮酒，爱好女色。刘邦30岁时，做了泗水的亭长，因重感情，讲义气，为人大度，在当地也小有名气。

不久，秦始皇修骊山墓，动用了大批劳力，刘邦也受命押送刑徒到骊山。在押送的路上，刑徒们陆续逃亡。刘邦也很无奈，走到丰邑县的大泽休息时，他命人悄悄松开了刑徒们身上的绳子，让他们自己逃命去。刑徒们发现刘邦在生死攸关的时刻还惦记着他们，非常感激。他们不愿意丢下刘邦一个人走，都表示愿意跟着他，刘邦便带领大家逃亡。传说刘邦他们没走多远，前面负责开路的人就回来告诉他前边有条大白蛇拦路，没法通行。刘邦训斥说："我们这些勇士行路，没什么好害怕的！"他扒开众人，自己到了前边，果然见一条白蛇横在路中间，他便拔出宝剑将蛇一剑拦腰斩断。又走了一段路后，后边的人赶了上来，对他说：在路旁看见一个老太太哭，问她为什么哭，老太太说有人把她的儿子杀了。又问为什么被杀，她说她的儿子刚才变成蛇，却在路边被人杀了，所以才如此难过。大家当时都认为是老太太说谎，但老太太忽然就

刘邦

不见了。刘邦听说后,心中暗喜,以后便常常借此来提高自己的威信和地位。

当时,秦朝的残暴统治已经走到了尽头。公元前209年,陈胜、吴广在大泽乡发动了农民起义。起义军攻占了陈县以后,陈胜建立了"张楚"政权,和秦朝公开对立。很多百姓都把县令杀了投靠陈胜。沛县的县令非常害怕,就想主动投诚。萧何、曹参担心县衙里其他人不同意,就建议县令到社会上召集几百人挟持其他官员。县令觉得有理,便让刘邦的妹夫樊哙去把刘邦找回来。此时,刘邦已经聚集了几百人马,便带人赶回沛县。但是县令又后悔了,害怕刘邦回来自己不好控制局面,危及自己在沛县的地位,弄不好还会被刘邦杀了。于是,在刘邦赶回来之前,他命令将城门关闭,还准备捉拿推荐刘邦的萧何和曹参。萧何和曹参闻讯赶忙逃到了城外。刘邦这时已经聚集了好几百人,他将信射进城中,鼓动城中的百姓起来杀掉出尔反尔的县令。众多百姓对平时就不太体恤他们的县令非常不满,于是,杀了县令后开城门迎进刘邦,又推举他为首领。刘邦顺从民意,设祭坛,自称沛公,领导民众举起了反秦大旗。刘邦在攻打胡陵、方与后,即回来驻守丰邑。

破关入秦

公元前208年,陈胜手下大将周章率军攻打戏水。燕、赵、齐、魏各国都自立为王。

但秦朝泗川的郡监率兵包围了丰邑。两天之后,刘邦率众出城与秦军交战,打败了秦军。刘邦命雍齿守卫丰邑,自己率领部队到薛县去。泗川郡守在薛县被打败,逃到戚县,刘邦的左司马曹无伤抓获泗川郡守壮并杀了他。刘邦把军队撤到亢父,一直到方与,没有任何战斗。陈王胜派魏国人周市来夺取土地。周市派人告诉雍齿说:"丰邑是过去魏国国都迁来的地方,现在魏地已经平定的有几十座城,你如果归降魏国,魏国就封你为侯驻守丰邑。如果不归降,我就要屠戮丰邑。"雍齿本来就不愿意归属于刘邦,等到魏国来招降了,立刻就反叛了刘邦,为魏国守卫丰邑。刘邦带兵攻打丰邑,没有攻下,后因生病退兵回到沛县。听说东阳县的宁君、秦嘉立景驹做了代理王,驻守在留县,于是刘邦前去投奔他,想向他借兵去攻打丰邑。这时候秦朝将领章邯正在追击陈胜的军队,章邯的别将司马带兵向北平定楚地,屠戮了相县,到了砀县。东阳宁君、刘邦领兵向西,和章邯的别将司马在萧县西交战,战势不利,就退回来收集兵卒聚集在留县。然后带兵攻打砀县,三天攻下了此城。于是刘邦聚集砀县的兵卒共五六千人攻下下邑,后退兵驻扎在丰邑。听说项梁在薛县,刘邦就带着一百多随从骑兵前去见项梁。项梁又给刘邦增加了5000兵士和五大夫级的将领10人。刘邦回来后,又带兵去攻打丰邑。

公元前207年,楚怀王把都城从盱台迁到彭城,把吕臣、项羽的军队合在一

起由他亲自率领。因赵国几次请求援救,怀王就任命宋义为上将军,项羽为次将,范增为末将,向北进兵救赵,然后向西取咸阳。命令刘邦进军关中。楚怀王和诸将相约,谁先进入函谷关平定关中,就让谁在关中做王。

公元前206年8月,刘邦攻入武关,向咸阳逼近。秦相赵高杀死秦二世,派人向刘邦求和,被刘邦拒绝。同年9月,秦王子婴即位,他诛灭赵高,派兵在峣关抵挡刘邦。刘邦率军绕过峣关向秦国进攻,在蓝田之南打败秦军,接着到蓝田又大破秦军。10月,刘邦即进抵咸阳东郊灞上。秦王子婴被迫乘坐素车白马,用带子系着颈,捧着玺印向刘邦投降。秦王朝灭亡。

10月,刘邦攻入咸阳后,以"关中王"自居,准备好好享受一番。樊哙提醒刘邦安于享乐将重蹈秦的覆辙,他不以为然。张良再一次进谏说:"秦王朝的统治残暴无道,所以你才能进入关中。你若想为天下除去残暴,自己首先就必须以朴素为资。现在刚刚入秦,却安于享乐,这并非大丈夫所为,况且,'忠言逆耳利于行,良药苦口利于病'。樊哙讲的话虽不合你意,但为了坐稳天下,希望你还是听从他的劝告。"于是,刘邦听从了张良、樊哙等人的建议,"乃封秦重宝财物府库,还军灞上"。刘邦到达灞上之后,便召集当地的名士,和他们约法三章:杀人者死,伤人及盗抵罪。其他秦朝的苛刻法制一律废除,这条规定顺乎民心。

楚汉之争

项羽在巨鹿之战消灭秦军主力后,也率军向关中进发。公元前206年12月,听说刘邦已平定关中。刘邦的属下曹无伤对刘邦很不满,他暗地里派人向项羽挑拨说:"沛公刘邦想在关中做王,让子婴做宰相,自己将秦的财物都纳入私囊。"项羽大怒,当即命当阳君英布攻破函谷关。范增也劝项羽趁机除掉刘邦这个对手。项羽就下令准备,要在第二天进攻。这时刘邦在兵力上无法和强大的项羽相抗衡,他只有10万军队,不可能战胜项羽的40万精兵。大难临头之际,刘邦却迎来了一位救星。

这个救星恰恰就是项羽的叔叔项伯。刘邦的谋臣张良曾经救过项伯一命。项伯听说项羽马上就要进攻刘邦,就潜入刘邦军中,想把好友张良带走。张良却说:"沛公有难,我不能走,除非把这个事情告诉他。"张良将事情的严重性告诉了刘邦,刘邦要张良赶快考虑对策。张良说:"你现在应亲自对项伯说明,你不敢背叛项王。"刘邦

张良

为感激项伯便与项伯约为儿女亲家,然后说:"我入关之后,秋毫不犯,登记吏民,封存府库,以待将军。之所以遣将守关,是为防备盗贼和其他意外。我日夜盼望将军到来,怎么敢反叛呢?希望您能替我向将军解释这个情况。"并表示次日即向项羽赔礼。项伯即连夜返回,把刘邦的话回明项羽,并劝告说:"是刘邦先破关中,你才有机会进入关中,刘邦立了大功,应该好好待他。"项羽遂同意取消进攻计划。

　　第二天早上,刘邦率张良、樊哙和100多个骑兵来到项羽的驻地鸿门,向项羽赔礼。项羽宴请刘邦,席上明争暗斗,剑拔弩张,演出了历史上著名的"鸿门宴"。项羽要借此时机杀了刘邦,却被刘邦借故脱身躲过。"鸿门宴"后,项羽即率兵西屠咸阳,杀秦王子婴,烧秦宫室,掳掠财物、妇女,然后东归。因楚怀王坚持誓言——"先入关者王",逆了项羽的心思。公元前206年,项羽以最高统帅的身份,佯尊楚怀王为义帝,立诸将为王、侯,诸侯王共分封了18个。项羽自立为西楚霸王,管辖梁、楚九郡,都彭城;立刘邦为汉王,管辖巴、蜀、汉中41县,居地南郑(今陕西南郑)。

　　4月,项羽遣诸侯各自就国,刘邦也只好前往南郑。项羽当时只给了他3万士兵,加上自愿随从的几万人,也不到10万人。为了防备其他诸侯的袭击,同时,也为了向项羽表示不再东出争夺天下,刘邦接受张良的建议,把通往汉中的栈道烧了。这样,从陈胜开始反秦到秦灭亡,长达3年的战乱暂时平息。

　　但就在这年4月,汉军声势浩大,共56万人,东向伐楚,攻下了彭城。

　　项羽听说刘邦已经占领彭城,便率领精兵3万,急返彭城。结果,项羽大破汉军,汉军沿谷、泗二水退逃,被杀死十几万人。又在灵璧(今安徽省东北)东濉水上被项羽追上,十几万汉军被杀死,"濉水为之不流"。刘邦仅与数十骑逃脱,项羽还从沛县掳来刘邦的父亲、妻子做人质。各路诸侯看到刘邦大败,纷纷叛离。

　　刘邦退到荥阳之后,萧何从关中派来部队增援,韩信也收拢散余军队来会合。汉军重振旗鼓,在荥阳南边打败了项羽,两军在荥阳一带开始对峙。后来,刘邦策反了项羽的大将英布,分化了项羽的兵力。但是后来项羽派兵侵扰汉军的运粮通道,最终将荥阳的汉军围困起来。刘邦只好向项羽求和,提出以荥阳为分界线,荥阳以西为汉。项羽想答应刘邦,但范增却不同意,说现在正是消灭汉军的好时机,错过这个机会,放虎归山,就后患无穷了,项羽于是又开始攻打荥阳。刘邦认为范增是项羽的重要谋臣,必须除掉他,才能击败项羽。刘邦就采用了陈平的离间计,待项羽派使者来劝刘邦投降时,刘邦就让人先摆出盛情款待的样子,送去精美的食品。及见了使者,又故意惊奇地说:"我们听说是亚父的使者来了,原来是项王的使者啊。"接着就将精美的食品撤了下去。结果使者非常生气,回去便告诉了项羽。项羽信以为真,从此不再听范增的意见了,怀疑他背叛自己,私下和刘邦交往。

　　范增得知内情,勃然大怒,对项羽说:"大王您自己多保重,我还是回老家做

一个平民百姓吧!"范增负气离开了项羽,但没能到达彭城,就病死在半途中。

范增走后,项羽加紧进攻荥阳,刘邦只好设法从荥阳突围。大将纪信自告奋勇,替刘邦向项羽假投降,让刘邦趁机逃脱。纪信乘坐着刘邦的车出东门假降,刘邦则从西门出城突围。纪信将项羽的大部分军队吸引住,使得刘邦脱身,结果项羽一气之下将纪信烧死。

拿下荥阳之后,项羽又占领了成皋(今河南荥阳汜水镇)。后来刘邦集中兵力将成皋收回,然后围困荥阳。项羽回师救援,和刘邦在荥阳东北部的广武山一带对峙,时间长达几个月之久。项羽急于和刘邦决战,因为刘邦的粮草供应顺畅,而他的粮草供应却常遭到彭越的袭击。为了尽早结束战斗,同时迫使刘邦投降,项羽就把原先俘获的刘邦的父亲押到了两军阵前。他对刘邦说:"你如果再不投降,我就把你的父亲煮了!"

刘邦心中愤怒,却表现得不以为意,笑眯眯地对项羽说:"我和你曾经'约为兄弟',所以我的父亲就是你的父亲。如果你一定要煮了我的父亲,那就请便吧。不过,别忘了给我也留一碗肉汤。"项羽气得七窍生烟,当场就下令要将刘邦的父亲杀死。项伯急忙上前劝道:"将军,现在天下归谁,我们无法预料,何况争天下的人都是不顾家人生死安危的。杀了他的亲人也起不了多大作用,相反会增加双方的仇恨。"项羽只好命人将刘邦的父亲带回去。

知道杀刘邦的父亲不灵,项羽又要与刘邦单独决斗。刘邦没有上他的当,却说:"我和你只斗智,不斗勇。"接着骂项羽有十大罪状,"第一,你负前约,没有让我称王天下,而是称王蜀汉;第二,你杀死上将军宋义,取而代之;第三,你救赵之后,本该息兵,却进军关中;第四,火烧阿房宫,中饱私囊;第五,你杀死秦王子婴;第六,你坑杀秦的投降士卒20万;第七,对诸侯王分封不公;第八,将义帝赶出彭城,自己占为都城;第九,你暗害义帝;第十,不但以臣杀主,政事也不公平。我现在率领众将领来诛杀你这残忍的逆贼,何必非要和你单独决斗呢!"项羽听了,气得拉弓射了刘邦一箭,虽正中刘邦的胸部,但却被刘邦逃过死劫。

刘邦和项羽在对阵了10个多月之后,刘邦有幸得到关中和蜀地的支援,逐渐占了上风。而项羽则兵源缺乏,粮草不足,难以和汉军抗衡。在侯公的撮合下,项羽和刘邦定下了停战协定:楚汉以鸿沟(今河南荥阳中牟、开封一带)为界,东西分治。协定达成之后,项羽将刘邦的父亲和妻子送还。项羽领兵东返,刘邦也打算领兵回关中。张良和陈平则极力劝说刘邦趁机灭掉项羽,因为这时项羽兵不精、粮不足,让项羽回到彭城,等于是放虎归山。刘邦立即下令追击,同时派人命韩信和彭越合击项羽。

公元前202年10月,刘邦的军队在固陵(今河南淮阳西)追上了项羽。然而,韩信和彭越的军队还没有到达。项羽向汉军猛烈反击,将汉军击溃。刘邦只得坚守不出,问谋士张良有何良策。张良说大王如果能封给韩信齐地(今山东北部和河北南部),封给彭越梁地(今河南商丘等地),那他们两个肯定会火速进兵。刘

邦按张良的主意给韩信和彭越许诺,在击败项羽后立即封他们为齐王和梁王,这正合俩人心意。所以,韩信和彭越也很快有了回音——立即进兵。同时,楚的大司马周殷也被刘邦派人劝降,淮南王英布也领兵赶来会师。汉军会合各路援军共30万,和项羽决战垓下。

项羽率领800骑兵趁夜突围。汉军发现项羽已经突围而去,刘邦命令灌婴率骑兵火速追击。项羽在渡过淮河后,身边只剩下了100人,到达阴陵时,因为迷路走入大泽之中。从大泽出来后,项羽向东撤退,在东城被灌婴的骑兵追上。项羽的随从只有28人了,和汉军激战三次,杀伤几百汉军后,项羽最后横剑自刎。至此,楚汉战争以项羽的失败而告终。

建汉称帝

公元前202年正月,刘邦按照与韩信、彭越的约定,改立韩信为楚王,彭越为梁王。受封的韩信和彭越联合原来的燕王臧荼、赵王张敖以及长沙王吴芮共同上书刘邦,请他即位称帝。刘邦开始假意推辞,韩信说:"虽然大王出身不富裕,但能率领众人扫灭暴秦,诛杀不义,安定天下,功劳超过诸王,您称帝是众望所归。"刘邦顺水推舟地说:"既然大家一致要求我当皇帝,那就按你们说的办吧。"同年二月初三,刘邦在山东定陶汜水之阳举行登基大典,定国号为汉。同时,封夫人吕氏为皇后,儿子刘盈为太子,定都洛阳。

公元前200年,刘邦采纳齐人娄敬(即刘敬)的建议,迁都长安。娄敬认为刘邦得天下和先前的周朝不一样,所以不应该像周朝那样以洛阳为都城,应该定都关中。张良等人也建议迁都关中,因关中为形胜之地,人口众多,物产丰富,这样有利于在秦地镇守险地,国家才能兴旺。娄敬因建议刘邦迁都有功,赐姓刘,拜郎中号"奉春君",后为关内侯。

刘邦当了皇帝之后,对秦亡的教训极为重视。他命士人陆贾总结包括秦朝在内的历代兴亡的经验教训,供他借鉴。陆贾认为:秦始皇并不是不想把国家治理好,而是制定的措施太残暴,用刑太残酷,所以秦国就灭亡了。陛下得了天下,要使国家长治久安,就应文武并用,这才是"长久之术"。刘邦对此非常赞同。刘邦认为,秦王朝的灭亡还有一个重要因素,那就是秦始皇采取的政策太苛刻、太急切,特别是在取消"分封制"的问题上。分封制已有近千年的影响,若要废除,老百姓不能立即接受,对立情绪太大。刘邦认为实行分封制,对于消除对立情绪,稳定群臣名将,依然是一个重要手段。同时,刘邦也并不希望再出现诸侯据割、群雄争霸的分割局面,而秦始皇所创立的郡县制,确是克服这一弊端的有效措施。因此,刘邦采取了郡县制与分封制并行的办法,人们称之为"郡国并行"制。

吸取了秦亡的经验教训之后,汉朝继承了秦朝大部分的制度。与秦朝的残酷刑法和严厉的治国思想不同,汉朝采取清净无为的黄老思想为治国的指导思

想，这种思想体现在经济方面就是减轻百姓赋税。

由于长达8年的战乱，使得建国之初的汉朝人口锐减，经济凋敝。为了促进经济的繁荣发展，汉高祖下令释放囚犯、流民返乡、军人复员、解放奴婢、鼓励生育。同时，他又调整土地政策，发展农业经济。

为了调动农民的生产积极性，在秦的赋税制度的基础上，高祖采取了轻徭薄赋政策。除了轻徭薄赋，高祖还通过"赐爵"、"复爵"等手段来调动农民的积极性。不仅重点发展农业生产，汉高祖也对工商业的政策作了调整，主要措施就是放宽对私人工商业的限制，结果不仅振兴了工商业，还促进了农业生产。

能否解决好与匈奴的关系，决定着汉朝的兴衰。刘邦对于匈奴的屡屡犯境非常愤怒，公元前200年他亲率大军进攻匈奴，双方在白登山展开激战。结果汉军大败，刘邦被困七天七夜，几乎被俘。后以重金收买匈奴首领的阏氏，才得以突围。正因为这样，刘邦不得已采用刘敬的"和亲"策略，以宗室女为公主嫁给冒顿单于，并送给匈奴大批财物，与其约为兄弟。匈奴对中原的骚扰大为减少，汉朝与匈奴之间的关系暂时出现了和平局面，从而给中原人民提供了一个相对安定的生产环境。

由于以上措施和政策的施行，汉初的农业生产大大发展，经济很快得到了恢复。到惠帝、吕后统治时期，已经是"衣食滋殖"。到文帝、景帝时，更出现了"文景之治"的繁荣景象。

箭伤致死

公元前196年，刘邦平定英布叛乱时被流矢射中，在回长安的路上箭伤开始发作，回到长安后病情已经很严重。吕后找来太医，刘邦问他自己的病情如何，太医说能治。刘邦听了太医的口气，知道自己不会活得太久了，就对太医说："我出身百姓，手提三尺剑得到天下，此乃天命。现在天要我死，就是神医扁鹊来了也没有用！"说完赏赐太医五十金打发他走了。

刘邦知道自己已经不行了，便开始为自己安排后事。为了确保汉朝万世的江山，刘邦召集群臣特意宰白马，与群臣歃血为盟："从今以后，非刘姓者不能称王，谁若违背此约，天下可共起而击之！"

吕后看着弥留中的刘邦，问他死后人事的安排："萧相国死后，由谁来接替呢？"刘邦说曹参。吕后问曹参之后又由谁接替，刘邦说："王陵可以在曹参之后接任，但王陵智谋不足，可以由陈平辅佐。陈平虽然有智谋，但不能断大事。周勃虽然不擅言谈，但为人忠厚，日后安定刘氏江山为国立功的肯定是他，让他做太尉吧。"吕后又追问多年之后怎么办，刘邦有气无力地说："以后的事你也无法知道。"

刘邦死于公元前195年，即高祖十二年4月25日，葬于长陵，谥号为高皇帝，庙号是高祖。刘邦死后，吕后之子盈为帝，即孝惠帝。

韩 信

韩信(？~前196年)，汉初军事家，淮阴(今江苏)人。初投项羽未见用，遂归刘邦。刘邦采纳了他的建议，拜其为大将。韩信率大军灭项羽于垓下。汉立，封为楚王，随以谋叛罪被降为淮阴侯。后被告在长安谋反，为吕后所杀。

胯下受辱

韩信出生在秦末，父母早丧，家贫如洗。长大后，虽有满腹韬略，但求充小吏，尚且不能得，因此万分拮据。他既不会经商，又不会务农，只好终日挂剑闲游，靠乞食度日，人们都厌烦他。

南昌有一位亭长，平时很看得起韩信，对他十分照顾，于是韩信便常在亭长家里吃闲饭。时间一久，亭长的妻子便不耐烦起来，蓄意设法将他赶出去。有一天，亭长的妻子早早起来烧火做饭，吃饭时也未招呼韩信。待韩信像往常一样来吃早饭时，见什么吃的也没剩下，讨了个没趣儿，便明白了主人的意思，只好无可奈何地离开亭长家，另谋生路去了。

韩信离开亭长家后，流浪到淮阴城下，临水钓鱼。钓着鱼，就大吃一顿；钓不着鱼，只好挨饿。这样，没过多久，韩信便变得形容憔悴了。一天，韩信在河边钓鱼，见一位老妇人在濒水边漂洗棉絮，便上前问道："老妈妈，您漂洗一天，能得多少工钱？"漂母答道："只有三五十钱。""您老人家赚钱虽少，毕竟还能吃饱。我年纪轻轻，虽然持竿钓鱼，常常还要挨饿，实在可怜！"说完，韩信一阵心酸。那漂母见韩信少年落魄，形容憔悴，饿得可怜，便把自己带的食物分给他吃。一连数日，天天如此，韩信大为感动。他非常感激地对漂母说："承老妈妈如此厚待，将来我若有出头之日，一定会重重地报答您的恩情。"漂母听

韩信

了,十分生气,很不高兴地说:"大丈夫不能自食其力,天天靠别人施舍过日子,能有什么出息?!我是看你可怜才给你饭吃,岂是希望你报答?!你既然这样说,那今后就算了吧!"说完,提起棉絮走了。韩信碰了一鼻子灰,呆呆地望着漂母远去的背影,心里又是感激又是惭愧。于是,他暗下决心,一定要奋发进取,决不辜负这位洗衣老妇人的一番苦心。

一天,韩信在街上闲逛。一个无赖少年迎面挡住韩信的去路,故意侮辱他说:"韩信,你平时腰里总挂着个宝剑,能干什么用?别看你高高的个头,其实不过是一个外强中干的懦夫。"围观的人都哈哈大笑,而韩信像是没有听见无赖的话似的,继续向前走。那无赖见状,更加得意,当众拦住韩信说:"你如果是条汉子,不怕死,就拿剑来刺我。如果你没有这点勇气,贪生怕死,就从我的裤裆下钻过去。"说着便叉开两腿,作骑马式,立在街上。韩信默默地注视他好一会儿,虽然感到很难堪,最后还是忍气吞声地伏下身子,从那无赖的胯下钻了过去。在场的人哄然大笑,那无赖也显得神气十足。但韩信却像刚才什么事情都没发生似的,起身而去。自此,这件事成为当时淮阴家喻户晓的笑谈。其实,少年时这一特殊的经历造就了韩信百折不挠、虚怀若谷的性格,而这一性格成了他日后成为杰出将领的潜在条件。

登坛拜将

秦二世元年(前209年),陈胜、吴广在蕲县大泽乡起义后,在吴县的项梁和项羽叔侄也杀掉了会稽郡的朝廷命官,起兵反秦。已长大成人的韩信便带剑去投靠项梁,在那里没有什么出息,直到项梁阵亡,又改投靠项羽手下。韩信曾数次提出战略献给项羽,希望项羽重用他,可是项羽根本不理会韩信所提出的战略。韩信了解了项羽的为人,知道他只重用身边亲信和自己的亲戚,又去投效刘邦。在刘邦那里因被其他罪犯连累,遭连坐处分,理应当斩。其他罪犯皆已斩首,临刑前,韩信仰天长叹道:"汉王不是要打天下吗,为何要杀壮士?"监斩官闻言大惊,知道韩信不凡,便急令停斩,去报告汉王。刘邦虽免了韩信的死罪,但仍不重用他。韩信怀才不遇,又想脱离刘邦。这时,萧何发现了他。

韩信数次和萧何闲谈,萧何觉得韩信在军事方面十分有才华,是一位难得的大将军。到了南郑,有将领数十人逃跑,韩信曾跟萧何讲:"如果大王不用我,我就走。"萧何听说韩信逃亡,独自追赶。有人跟刘邦讲:"丞相逃亡了!"刘邦听了非常生气,见萧何回来又气又怒说:"为什么要逃跑?"萧何就说:"臣不敢逃亡,是要追逃亡的人,平庸的将领是很容易得到,可是韩信是一位奇才。如果大王要想长期在汉中称王,韩信没有什么用处;如果大王要夺取天下,就不能没有韩信啊。愿大王三思。"这次,刘邦采纳了萧何的建议,准备拜韩信为大将。

再说汉王刘邦依萧何所议,命人筑了一个高台,准备拜韩信为大将,并想马上召见韩信。萧何见刘邦将此事看得如此轻率,就劝阻道:"大王素来不注意礼节,现在拜大将就像招呼一个小孩子一样,这恰恰是韩信出走的原因。"刘邦恍然大悟,说:"依你看怎么办才好?"萧何说:"既然要拜韩信为大将,就必须选择吉日良辰,沐浴更衣,戒荤戒酒,先表现出诚意。然后召集文武大臣,举行隆重仪式,您亲自登台授印才好。"刘邦点头称是。

韩信受任大将军后,刘邦对他礼遇有加,众将领见汉王如此厚待韩信,也不敢妄言蔑视。一天,刘邦把韩信请入帐中,让至上座,亲切地拉着韩信的手说:"丞相极力举荐将军,称赞将军的雄才大略。我想统一中原,平定天下,将军有何妙计助我?"韩信没有直接回答,却反问刘邦:"大王要东征,夺取天下,你的对手难道不正是项羽吗?"见刘邦连连点头,韩信接着说道:"请问在勇悍仁强方面,大王能与项王相比吗?"刘邦沉默了一会儿,说:"我恐怕不如项王。"韩信见刘邦有自知之明,便对项羽作了入木三分的分析。他说:"项羽虽号称勇悍仁强,但徒有虚名。项羽不能用人,不择善而行,其'勇'只是'匹夫之勇'。项羽待人表面上恭敬慈爱,谈吐也算温和。部下有了疾病,他也很同情,倍加关注。但是部下立了功,他却有功不赏。有时官印都抚摸得没了棱角还下不了封赐的决心,这就是所谓的'妇人之仁'。项王虽然现在称霸天下,要指挥各路诸侯,但不在关中建都,却东归建都彭城,显然是自失地利。而且,他还违背楚王原约,专以亲疏划分封地,诸侯自然生怒,并且起而效尤。试看山东诸国,已开始驱逐旧王,据国称雄,这如何致治?项王起兵以来,所过之地无不大肆杀戮,百姓敢怒不敢言。眼下人们惧怕项王威势,不敢背叛,将来各国势力逐渐强大,何人肯再服他?可见,项王虽强,却是极易变弱的。现在,大王如此反其道而行之,任用天下谋臣勇将,何敌不得摧?率领将士,仗义东征,何地不能克?"韩信见刘邦听得十分专注,又分析了刘邦争胜天下的有利条件,说:"大王当初率军入关之后,秋毫无犯,并废除秦时苛政法令,与秦民约法三章,秦民无不愿大王治秦。"韩信讲到这儿,向前探了探身子,满怀希望地说:"现在大王如果东入三秦,很快就能平定;三秦平定之后,便可尽图天下了!"这次谈话,韩信分析了楚汉双方的利弊得失,指出了汉军必胜、楚军必败的主客观条件,并提出了东征的具体部署,使刘邦看到了希望。尤其值得一提的是,韩信在分析形势时,不是单纯的从军事力量的对比着眼,而是把战争的胜负同人心的向背紧密联系起来,表现了超人的政治远见和卓越的军事才能。

暗渡陈仓

汉王元年(前206年)八月,经过韩信训练后的汉军军容整肃,纪律严明,英勇善战。刘邦决意挥师东进。张良献计汉王,叫他明修栈道,暗渡陈仓(今陕西省宝鸡市)。汉王又问韩信,韩信的计划竟与张良不谋而合,喜得汉王赞叹道:"真是英雄所见略同！"

汉军静悄悄地离开南郑，准备先取汉中，打开东进的大门，建立兴汉灭楚的根据地。此时，项羽正为东方的战乱所牵制，无暇西顾。关中分别由雍王章邯、翟王董翳和塞王司马欣把守。但他们的兵力单薄，又不受秦民拥护，立足未稳。于是，韩信命樊哙、周勃、夏侯婴等将军率领少数人马，先去修复栈道，装作要从栈道出击的姿态，以麻痹敌军。

时值秋高气爽，汉军将士东归之心甚切。自汉军入蜀后，将士们思念家乡，早就想杀回汉中了。大将军韩信一声令下，汉军离开南郑，出褒中循古时小路，向西北故道挺进，神不知鬼不觉地渡过渭水河，以迅雷不及掩耳之势，直扑陈仓。雍王章邯本奉项王密嘱，堵住汉中，作为第一道门户，想把刘邦关进偏僻的山里。此时闻知汉王已拜韩信为大将，正在督修栈道，不日出兵。他便大笑道："既想出兵，何以烧栈道？现在又要重修，300里栈道尽是悬崖峭壁，何年何月方能修成？真笨贼也。"说完，章邯又问左右韩信何人，左右忙将韩信的历史对他说明。他复大笑道："胯下庸夫，有何将才！"于是放心落意，毫无戒备。一天，忽有陈仓败兵，逃至废丘。报称汉军已夺了陈仓，杀死戍将，现已兵临城下。章邯方知中了明修栈道、暗渡陈仓之计，慌忙引军迎战。迎面正撞上樊哙，两军布阵厮杀。汉军积愤已深，勇不可挡，直杀得章邯顾头失尾，节节败退。汉军乘胜追去，不料章邯收拾残兵，又二番反戈冲杀过来。韩信见状，调出汉军左右两翼。分别由灌婴、周勃领兵策应前锋，直杀得章邯大军四散溃逃。章邯也几乎送掉了性命，带着残兵狼狈地退回废丘，紧闭城门，高悬吊桥。然后派人向董翳和司马欣求救，谁知董、司马二人一听此军情，早吓得魂不附体，如何敢动。汉军势如破竹，很快占领了关中大块土地。韩信不失时机，命周勃、灌婴等大将去攻取咸阳，以卡住章邯东逃的去路，然后发兵围攻废丘。他取出萧何提供的地图仔细察看，见废丘城面临渭水，防守严密，易守难攻。于是，韩信决定智取。他首先命令大将樊哙等部到渭水下游截流。水不下泄，很快猛涨，如万马奔腾，涌进废丘城内，城内顿时乱作一团。章邯见势不妙，急忙率兵从北门突围。韩信马上又命樊哙放水，挥军直追章邯。章邯丢了城池，前无去路，后有追兵，只好拼死一战，结果惨败。自知无法脱险，便在绝望中拔剑自刎了。翟王董翳、塞王司马欣本来都是章邯部下的属将，闻知章邯兵败自杀，便先后投降了汉军。这样，号称三秦的关中地区，不到一个月就尽归了汉王。韩信与张良携手，用"明修栈道、暗渡陈仓"之计，出奇制胜地夺取了三秦，打开了东进的大门，为刘邦建立了一个兴汉灭楚的根据地。

大破联军

汉王三年（前204年）九月，项羽亲率大军东征彭越，刘邦趁机派郦食其前往齐国劝降。与此同时，韩信也按照刘邦之命率兵东进，准备攻打齐国。

当韩信到达平原(今山东平原南)时,齐王田广听从郦食其的劝说,背楚降汉,于是韩信就想停止前进。时值齐国说客蒯通来投,对韩信说:"将军奉汉王之命去攻齐,今汉王又暗中派人去劝降,既无汉王命令,将军怎能按兵不动呢?再说郦食其仅凭三寸不烂之舌就说降了齐国70多座城池,而将军数万人马征战一年,才攻下赵国50多座城池。你一个堂堂大将军,尚不及一白面书生吗?"一席话终于使韩信下了最后的决心,于是下令大军渡河,继续向齐地进发。

齐王田广听从郦食其劝降之后,对韩信的行动毫无戒备,天天同郦食其饮酒作乐。汉四年十月,韩信率大军突袭齐国在历下(今山东济南西)的守军,直逼齐国都城临淄(今山东淄博)。齐王以为受了骗,一怒之下将郦食其烹死在油锅里。之后,匆忙领兵逃到高密(今山东高密西南),同时派人向项羽求援。项羽立即派大将尤且率军20万,与齐王会合,齐、楚联军准备迎战韩信。

尤且手下谋士献计说:"汉军长途奔袭,远斗穷战,锐不可挡;齐军在本土作战,牵挂家室,容易溃散。因此,最好的办法是令军士挖沟筑垒,让那些已丢失了城邑的人知道齐王还在。楚王发了救兵,这样他们就会纷纷起兵反攻韩信。汉军处处受敌,断绝给养,定会不战而退。"尤且不以为然,他有自己的算盘,此番率军前来,名为救齐,实则是想趁机夺占齐地。他对其心腹说:"我军此番前来是为了救齐,如汉军不战而降,我还有什么功劳呢?现在我战而胜之,齐国大半疆土岂不垂手可得?"但是,尤且做梦也没有想到,韩信正连夜为这位骄傲的将军准备墓地。几天以后,两军在潍河两岸摆开阵势,尤且在河东,韩信在河西,准备交战。

韩信仔细观察战场地形,决定再用水战破敌。他连夜秘密派人装满1万多个沙袋,将潍水上游堵起来,这样下游河水就变浅了。次日上午,韩信率军过河进攻尤且。尤且见状,毫不示弱,亲率大军迎敌。双方未战几合,韩信佯败退兵。尤且不知是计,以为汉军无能,得意地说:"我早知道韩信胆小。"于是,传令全军渡河追赶,想一举消灭韩信。当齐、楚联军刚刚冲到河心,韩信暗令埋伏在上游的汉军扒开沙袋。飞奔而下的大水将正在渡河的齐、楚联军截为两段,被大水卷走的士兵不计其数。韩信回兵掩杀过去,一举全歼了已过河的齐、楚联军。齐王逃跑,尤且战死,留在东岸尚未渡河的齐、楚联军见主帅已死,纷纷弃甲曳兵,落荒而逃。就这样,汉军一举占领了齐国全境。

韩信平定齐国,楚汉之间已势均力敌,谁胜谁负,韩信起着举足轻重的作用。刘邦为争取韩信,采纳张良、陈平的建议,封韩信为齐王。项羽也派说客武涉往见韩信,劝韩信绝汉和楚,三分天下,为一方之主。韩信义正辞严地说:"臣侍项王,官不过郎中,位不过执戟(执戟侍卫),言不听,画(谋划)不用,故背楚而归汉。汉王授我上将军印,予我数万众,解衣衣我,推食食我,言听计用,故吾得以至于此。夫人深亲信我,我背之不祥,虽死不易。"使者回禀项羽,项羽叹口气道:"想不到韩信这个胯下小儿,居然如此忠信,悔当初未能重用他!"

韩信连克魏、代、赵、燕、齐五国，占领了长城以南、黄河以北和山东的大部分地区，取得了北面战场的全部胜利，完成了对成皋楚军的战略包围，有力地支持了刘邦在正面战场上的作战，为刘汉政权的最后胜利奠定了坚实的基础。在对魏、赵、齐的作战中，韩信因宜用兵，根据不同的情况，分别采取了声东击西、背水列阵和断水塞流等战法，显示了这位历史名将善于先计后战和出奇制胜的作战才略。

汉五年十一月，刘邦率兵进入楚地，围攻寿春（今安徽寿县）。又派人诱使驻舒县（今安徽庐江县西）的楚国大司马周殷叛楚降汉，以舒县兵屠破六（县名）县。到了十二月，终于将项羽围困于回奔彭城的路上——垓下。

再说项羽兵至垓下时，登高西望，只见奔涌扑来的汉兵像蚂蚁一样多，不禁仰天长叹道："我悔不该当初不杀刘邦，竟受他欺骗，与他议和。如今他背约发兵，太无信义了！"项羽怒不可遏，命10万将士就地扎营，布兵列阵，准备与汉军决战。

韩信先以歌谣激怒项羽，使其误入十面埋伏之阵；后用"四面楚歌"之法，致使项羽的八千子弟离肠寸断，战斗力荡然无存。可以说，这是韩信采用心理战略的成功战例，充分显示了韩信卓越的军事指挥才能。

血溅宗室

刘邦消灭项羽后，于汉五年（前202年）二月，正式登基，史称汉高祖；为了巩固刚刚建立起来的西汉政权，刘邦旋即开始筹划消灭异姓王。在楚汉战争中，为了分化瓦解项羽的势力，拉拢并承认项羽所封的诸王，刘邦迫不得已曾先后封了韩信、英布、彭越等8个异姓王。如今天下已定，刘邦越发感到这些跨州连郡而又拥有重兵的强大异姓王的存在，对刘氏政权的巩固存在很大的威胁。于是，他开始腾出手来铲除这些心腹之患。他选择的首要目标，便是功高盖世、智勇兼备的大将军韩信。

其实，早在韩信为大将军后，刘邦便对韩信有所疑忌。他一方面巧妙地利用韩信攻城略地，为汉王朝的建立立下了赫赫战功；另一方面，待自己羽翼丰满、实力雄厚之后，便开始一步步地排挤、贬低韩信。在楚汉战争中，当韩信在北线破魏平赵、收燕伐齐后，便虚抚韩信，封他为齐王；待汉军兵围楚军于垓下、最后消灭项羽后，刘邦旋即改封韩信为楚王，使其远离根基深厚的齐地。

汉六年（前201年），有人密告韩信收留了楚将钟离眛，蓄意谋反。刘邦听说后，命令韩信交出钟离眛，韩信没有理睬，这成了刘邦的心腹大患。想要发兵征讨，但苦于不是韩信的对手。这时谋士陈平给刘邦献计，叫刘邦以"伪游云梦"（假装巡视云梦——今湖北江陵一带）为名，乘机拿下韩信。同年十月刘邦遣使遍告诸侯到陈地朝会，宣称"朕将南游云梦泽"。随后，汉高祖刘邦便率队出发

了。

其实,韩信对于刘邦那种畏己、恶己的心理也早有觉察,因此他也时刻提防刘邦算计自己。但自忖没有什么地方可让汉帝疑忌,只是收留钟离眛似有不妥。权衡利害,只得如实向钟离眛说不能再加庇护。钟离眛恨恨地说:"我不该误投至此!我今日死,明日恐怕就轮到你了!"说罢自刎而死。韩信取了钟离眛的首级,到陈地献于汉帝,借此表明心迹。谁知一见面,便被汉帝喝令拿下,载在后面的车中。韩信既已被绑,方长叹一声道:"果然如人们常说的,'狡兔死,走狗烹;飞鸟尽,良弓藏;敌国破,谋臣亡。'天下已定,我是该死了。"刘邦说:"有人告你谋反,故而将你拿下。"韩信听了,也不多辩,任其缚之,带回洛阳。大约是查无实据,不久就马马虎虎地将韩信由楚王降为淮阴侯,控制在京城。韩信深知刘邦忌恨他的才能,便托病不出。

公元前197年,阳夏侯陈豨举兵谋反,自立为王。刘邦亲率大军前去征讨。当时韩信推说自己有病,没有随同前往。谁知,韩信手下的人上书告发,说陈豨造反是韩信的主意。韩信与陈豨秘密约定,里应外合,由韩信做内应,准备在一天夜里,假传圣旨,释放囚在牢里的所有奴隶和犯人,干掉吕后和皇太子刘盈,然后共取天下。

吕后和萧何秘密商量后,由萧何出面,设计骗韩信入宫。因为韩信是萧何保举推荐给刘邦的,所以韩信对萧何未加防范,便跟着萧何来到长乐殿拜见吕后。岂不知宫里早已埋伏着刀斧手,吕后一见韩信中计,喝令刀斧手将韩信绑翻在地。韩信高呼萧何,哪知萧何早已避开,哪里还呼喊得应?吕后坐在长乐殿上,尽数了韩信如何与陈豨暗约谋反,如何欲害她和太子等罪,也不容韩信申辩,便令刀斧手把他拖到殿旁钟室中杀死。随后,吕后又下令将韩信的父、母、妻三族一股脑捕杀净尽。一代名将就此殒命。

在辅佐刘邦战胜项羽、建立西汉王朝的历史过程中,韩信表现出了卓越的军事指挥才能,建立了不可磨灭的历史功绩。对韩信"连百万之军,战必胜,攻必取"的军事天才,刘邦也心悦诚服,自叹不如,并把他列为"开国三杰(张良、萧何、韩信)"之一。宋代史学家司马光评论道:"汉之所以得天下,大抵皆韩信之功也。"这话是非常中肯的。

韩信熟谙兵法,自言用兵"多多益善",为后世留下了大量的军事典故:明修栈道、暗渡陈仓,背水为营,拔帜易帜,半渡而击,四面楚歌,十面埋伏等。其用兵之道,为历代兵家所推崇。

萧 何

萧何(？~前193年)，沛人(今江苏沛县)，"汉初三杰"之一，著名丞相。曾任沛县吏，精明能干，办事有条理，后来辅佐刘邦打天下。刘邦入咸阳，其将秦朝文档归纳梳理，了解天下情况，谏刘邦布告"约法三章"安民；又竭力推荐韩信为大将，对胜楚建汉起了重要作用。后做了刘邦的丞相，参加汉初"与民休息"政策的制定，减轻了人民的负担。参照秦律作了《汉律》九章，今佚。

开国功臣

萧何同刘邦是同乡人，在刘邦还是个平民的时候，萧何做沛县功曹，他曾多次以官吏的身份资助刘邦。后来，刘邦以小官的身份到咸阳服役，县里的同僚每人资助路费三百钱，只有萧何资助五百钱。

刘邦起兵，人称沛公。萧何以县丞督办公务，沛公打到咸阳，许多将士都抢府库的财宝，只有萧何进入秦宫收取了丞相和御史掌握的律令、图书封存起来。沛公被封为汉王，萧何做了汉王的丞相。萧何手中有资料，使汉王能全面了解各地的军事要塞，户口多少，地方强弱，民众疾苦。

韩信在汉军中担任接待宾客的小官时，曾多次与萧何交谈。萧何以自己的慧眼看出韩信是个有才之人，就向刘邦推荐，刘邦任韩信为治粟都尉。当汉军行到南郑时，将领、士兵逃离的很多。韩信估计萧相国早已把自己的情况向刘邦汇报了，而汉王刘邦不重用他，就逃跑了。萧何知道后，来不及向汉王报告就亲自去追赶。有人向汉王报告说"丞相逃跑了"，汉王大怒，如失去左右手。过了两日，萧何回来拜见汉王，汉王又气又喜说："丞相逃跑是什么原因？"萧何回答："我不是逃跑的，我是去追逃跑的人。"刘邦又说："丞相追的是什么人？"萧何说："韩信。"刘邦说："将领们逃跑的很多，你没追别的人，只追韩信，是为什么？"萧何说："其他将领容易得到，而像韩信这样的人，天下没有

萧何

第二个。大王如果想长期在汉中称王,就不用韩信;如果想争夺天下,除了韩信,再没有谁能同您商量大事了,就看大王怎么想的了。"刘邦说:"怎么能长期呆在汉中这个小地方呢?"萧何说:"大王如果想向东推进,能够重用韩信,韩信就会留下来;如不能重用,韩信终究是要跑的。"刘邦说:"看在丞相的面上,我用他做将领。"萧何说:"这样,他也不会留下来的。"刘邦说:"我用他做大将。"在萧何的竭力举荐下,韩信终于被拜为大将。后来的历史也说明萧何确实有识人的慧眼。

刘邦带兵平定三秦,萧何以丞相身份留守巴蜀。后来,公元前205年,楚汉相争,刘邦带军攻打楚军,萧何又留守关中。他把后方治理得井井有条,刘邦几次兵散,萧何总能在关中征发士卒,补充军员,军队粮食等给养的供应也从未缺过。汉王和项羽在京、荥一带对峙时,多次派人回关中慰问丞相。原来汉王对萧何有了疑心,怕他在关中称王,萧何就把自己能打仗的儿孙全部送到了汉王军中,汉王很高兴。

公元前202年2月,刘邦即帝位,接着就论功行赏。5月,刘邦在洛阳南宫摆酒大宴群臣。刘邦问群臣:"你们都说实话,我为什么能够夺取天下?项羽又为什么会失掉天下?"群臣所说不一。最后刘邦说:"你们只知其一,不知其二。运筹帷幄之中,决胜千里之外,我不如子房(张良);镇国家、抚百姓、供军需、给粮饷,我不如萧何;指挥百万大军,战必胜,攻必克,我不如韩信。这三个人都是人中豪杰,我能有他们,所以我能够得天下。项羽只有一个范增还不能重用,因此最后败在我手中。"从上面的这段对话中可以看出,刘邦认为张良、萧何、韩信是他最得力的功臣,这三人被称为"汉初三杰"。

恪守相职

刘邦即位后,便下诏罢兵归农,让士兵都回家种田、开荒,减免百姓赋税。这时,定都的问题日益紧迫。刘邦暂居栎阳,命令萧何营建长安为都城。

公元前199年,刘邦来到长安。萧何正在建未央宫,建好了东阙、北阙,又建前殿、武库、太仓等。刘邦嫌宫室过于壮丽豪华,责备萧何说:"连年战争,刚刚安定,战争的结局还不知怎么样,你为什么修建这么豪华的官室?"萧何回答说:"正因为天下刚刚安定,才好借机会多征发些人和物来营建宫室。况且天子以四海为家,宫室壮丽才能显出威严,也免得子孙后代再来重建。"刘邦这才转怒为喜。西汉建都长安,历时二百余年,最早规划设计的就是萧何。

公元前197年,阳夏侯陈豨谋反,自立为王。刘邦亲率大军前去征讨。当时韩信推说自己有病,没有随同前往。于是,韩信的一个门客求见吕后,告发韩信本是陈豨的知交。这次陈豨谋反,韩信是内应,准备在一天夜里,假传圣旨,把奴隶和犯人释放出来,袭击吕后和太子刘盈。

吕后一听,认为事关重大,便秘密召见丞相萧何。他们两人商量出计策,由萧何参加执行。第二天,萧何就让人去请韩信到相府赴宴。韩信自称有病,婉言谢绝了。萧何就亲自到韩信府上,以探病为由,直接进入韩信的内室。韩信再也无法推辞,只得与萧何寒暄一下。萧何说:"我和你是好朋友,请你去赴宴,是有话对你说。"

韩信忙问有什么话。萧何说:"这几天皇上从赵地发来捷报,说征讨军大获全胜,陈豨已经逃往匈奴。现在朝中的王侯,都亲自进宫去向吕后祝贺。你自称有病不上朝,已经引起人们的怀疑了。所以我来劝你同我一起进宫,向吕后道贺,消除人们的怀疑。"萧何说的话,让韩信不得不信。所以韩信就跟着萧何来到长乐殿向吕后道贺,哪里知道宫中早就埋伏好了武士,吕后一见韩信中计,喝令刀斧手将韩信绑翻在地。韩信见事情不妙,急忙呼叫:"萧丞相快来救我!"哪知萧何早就避开了。吕后不容韩信申辩,命令武士把他拖到殿旁边的钟室中杀死。随后,又将韩信的父、母、妻三族一股脑地捕杀。萧何辅助吕后,谋杀韩信,很符合刘邦巩固政权的需要,为刘邦除去了一块心病。

公元前195年秋天,黥布谋反,高祖亲自率军征讨,又多次派人回来,问萧何相国在什么地方,干什么。此时萧何因在高祖在外,自己就安抚百姓,把自己的家财捐做军费,深得民心。刘邦已对相国有怀疑,所以才屡次派人问相国干什么呢。萧何就用低价赊账强卖田地来败坏自己的名声。高祖知道后,大为高兴。

刘邦晚年,宫廷内部发生了一场废立太子的斗争。刘邦要废掉太子刘盈,改立赵王刘如意为太子。只是由于萧何等大臣的多次诤谏,刘邦才一直未作决定。公元前195年,刘邦病死,萧何辅佐太子刘盈登上帝位,这就是汉惠帝。萧何继任丞相。萧何为相期间,在约法三章的基础上,参照秦法,摘取其中合乎当时情况的内容,制成《汉律》九章。这是汉朝制作律令的开端。萧何制定的《汉律》九章,删除了秦法的苛烦、严酷,使法令明简。

公元前193年,年迈的相国萧何,由于长期为汉室操劳,卧病不起。病危之际,汉惠帝亲自去探望他,并趁机询问:"您百年之后,有谁可以代替您来做丞相?"接着惠帝又问:"曹参怎么样?"萧何听了,竟挣扎起病体,向惠帝叩头,说:"皇上能得到曹参为相,我萧何即使死了,也没有什么遗恨了!"萧何与曹参本有些私怨,这番话表明,萧何为国家为百姓着想、不记夙怨的大度胸怀。不久,萧何病逝,谥号文终侯。

萧何是西汉第一个丞相,为刘邦夺得天下立下了功勋,与张良、韩信并称"汉初三杰"。他亲手规划和组织了长安营建工程,又拟定了汉初的各种典章制度,竭力支持"休养生息"政策的执行,对西汉王朝巩固统治起了积极作用。身为国相,萧何生活俭朴,购置田地一定在穷乡僻壤,建家园不修围墙,并说:"子孙后代如果贤能,就学习我的俭朴;不贤能,不要被有权势的人家夺去。"

刘 彻

汉武帝刘彻（前156年~前87年），汉代重要皇帝之一。景帝刘启之子，前156年至前87年在位。在位第二年，首创年号为"建元"，从此我国历史开始用年号纪年。在位期间，采"罢黜百家，独尊儒术"，用法术刑名；颁行《推恩令》，削弱割据势力；官营盐铁贸易，平抑物价；治理黄河，兴修水利，移民屯边，行"代田法"；派张骞等出使西域，任用卫青、霍去病等大破匈奴，设郡县于云南、贵州，将汉朝推向全盛时期。能诗善赋，原有文集两卷，亡佚。谥号孝武皇帝，庙号世宗。

晋升太子

武帝出生于公元前156年，父亲就是汉景帝刘启，碰巧这年又是景帝登基之年，等他出生时就已经是皇子了。武帝的母亲是王美人，美人是嫔妃的一种等级。后来传说在武帝母亲怀孕时梦见了太阳钻入怀中，汉景帝听说了，很高兴，认为是个吉利的梦，预示着小孩子将来会有大作为。

传说刘彻的母亲王氏进宫前已婚，曾嫁作金家妇，生有一女。后她的母亲强行将她从金家夺回，进与身为皇太子的景帝。但王氏生下刘彻时，并非是皇后，所以她生的儿子按照封建时期的规定不能继承皇位。不过，后来他终于如愿地当上了太子，最终登上了皇位。

少年皇帝

到了公元前140年，16岁的汉武帝正式继承了皇位，他雄心勃勃地想将"文景之治"的盛世继续下去，但在初期却遇到了阻力。这主要是当时的太皇太后窦氏，即武帝的爷爷汉文帝的皇后。从她做皇后到这时，已经四十年了，本家族在朝廷的势力很是庞大。按照规定，分封的一些王与侯都要到各地自己的封地去，但窦氏的亲属们不愿意到那些边远的地方去，都留在了京城。因此互相勾结，违法乱纪的事经常发生。对于窦氏来说，她和武帝的治国思想也有很大的区别。

但武帝此时还没有力量和自己的奶奶窦氏较量，在他任命的重臣赵绾提出窦氏不应再干涉朝政时，惹恼了窦氏。窦氏逼迫武帝废除了刚刚实行的一系列改革措施，武帝任命的丞相和太尉也被迫罢免，有的大臣被逼死狱中。随后，窦氏宠信的人接替了这些重要职位，听从窦氏的命令。这对武帝是一个打击，但武

帝有年龄上的优势。他没有从此消沉,而是养精蓄锐,等待时机。

四年之后,即公元前135年,窦氏去世,时机终于来了。武帝马上将窦氏的人一律罢免,将田蚡重新重用,做了丞相。治国思想也采用了儒家的主张,开始加强中央集权,对付地方的豪强势力。

强化中央集权

当时,国家政治形势比较稳定,经济状况也比较好,但诸侯王国的分裂因素依然存在,封建统治思想尚待确立。所以,刘彻在继续推行景帝时各项政策的同时,采取了一系列强化专制主义中央集权的措施。尤其在思想方面,采纳董仲舒的建议"罢黜百家,独尊儒术",使儒学成为了封建社会的统治思想。

当时的丞相负责管理文武百官,实权很大,皇帝有时还不如丞相的权力大,这是武帝所不能忍受的。所以,亲政后,在加强中央集权方面主要是削弱相权。当时,武帝削弱丞相的权力有一个很有利的条件,就是原来做丞相的都是开国的功臣,而现在他们基本上都已经年老,或者去世。武帝便利用这个有利的时机来让众多的儒生代替元老们,掌握国家政权,同时通过打击丞相来加强自己的权力。在公元前124年,武帝便让平民出身的儒生公孙弘来做丞相,这样就改变了以前总是由贵族来做丞相的惯例。

此后,武帝的另一个措施就是采纳了主父偃的主张,颁布了《推恩令》。高祖刘邦时期,曾经封了很多刘姓王,叫做同姓王。但后来这些同姓王的后裔却横行乡里,对抗朝廷,不肯听从朝廷的命令。为了彻底削弱诸侯王的势力,武帝就颁布了这项命令, 内容主要是:诸侯王的王位除了由嫡长子继承以外,还可以用"推恩"(也就是广布恩惠,让更多的人来享受特权)的形式把其他的儿子在本侯国内分封。新的侯国就脱离原来王国的限制,地域独立;而且政治权力也基本被剥夺,受当地郡县官吏的管辖。这样,就使原来独立的地方王国自动地将权力上交给了国家。此后,地方的王与侯仅仅享受物质上的特权,即享用自己封地的租税,但是没有了以前的政治上的特权。

为了进一步加强君主权力,武帝还用派御史的方式对地方的豪强、官吏进行监督。公元前106年,武帝将全国分成了十三个监察区。每个区叫做部,每部派出一名刺史,中央的刺史叫做

董仲舒

司隶校尉,其他十二个州都叫刺史。刺史在六个方面对地方进行监督,即"以六条问事":一是豪强占田超过了限制数量,而且恃强凌弱;二是郡守不遵守诏书、法令,欺压百姓,横行地方,贪污腐败;三是郡守审判案件不体恤百姓,草菅人命,随意赏罚,被百姓嫉恨;四是选拔任命官吏不公平,排斥贤能之人,任用小人做官;五是郡守的子弟们仗势欺人,郡守也为子弟向下属求情,使下属枉法办事;六是郡守不忠于皇帝,而是和地方的豪强们勾结,搞权钱交易,损害国家利益。

刺史的作用主要是为了防止郡守和地方的豪强们相互勾结、对抗中央,重蹈原来同姓王犯上作乱的覆辙。同时,刺史也要负责向中央推荐自认为较好的官吏,对于政绩不好的还可以罢免。刺史的地位在当时是相当高的,相当于钦差大臣,而且是常年的,在地方还有自己的办公地点。就"刺史"名字本身来说,其实它已经具备了这种特点。"刺"即是刺举,也就是侦视不法,"史"是指皇帝派出的使者。

广开仕途

在这方面主要是通过官吏的选拔制度改革来实现的。当时还没有隋唐时期以后的科举制度,主要是推荐制,即察举制。但原来的做法并不理想,推荐的人中亲属占了绝大部分,贤才却不多。这对于急需人才治理国家的武帝来说起不到应有的作用。所以,武帝在继续推行汉初的察举制的同时,扩大了察举的范围。在汉朝初期只有贤良和孝廉两科,武帝增加了儒学、明法(即明习、通晓法令)以及德行、学术等科。

武帝命令郡守向中央推荐贤才,否则就以不举孝廉罪处罚。同时允许官吏和百姓上书评议政事。武帝通过这种方式最大限度地选拔出了有德有才的人。

武帝又听从董仲舒的建议,在京城设立了"太学",成为封建官吏培养文官的学校。这也是中国历史上第一所国家设立的大学,以儒家的经典为主要讲课内容,学生是国家选拔的杰出青年和各地郡国推荐的青年。在太学学习一年之后,通过考试的,依照成绩分等级来任命做官。从此,儒士们开始大量地进入政权体系。

武帝还参用宦官为中书,掌尚书之职。这些人在皇帝左右,逐渐形成了一个宫内决策的机构,称为"中朝"或"内朝",与以丞相为首的政务机关"外朝"相对应。皇帝依靠中朝,加强统治;中朝则恃皇帝之重,凌驾外朝。

中朝官吏还包括大将军、骠骑将军、前后左右将军等武官,以及太中大夫、光禄大夫、尚书等文官。其中尤以大将军和尚书最为重要。

大将军、骠骑将军的地位与丞相相当,其他将军如车骑将军、卫将军、前后左右将军的地位则与上卿相当。尚书在先秦时期原为主管文书的小官,汉武帝

则更多地利用尚书机构办理政务。汉武帝还开始任用宦官担任尚书,称为中书。在此以前,皇帝下章通常要经过丞相、御史;从此时开始,吏民一切奏章都可以不经过外朝,而通过尚书直达皇帝,丞相九卿也必须通过尚书入奏,皇帝的旨意也由尚书下达丞相。尚书还可以质问大臣,并可因大臣所言不善加以弹劾。这样,专制制度就进一步加深了。

在军队建设方面,汉武帝也进行了大的改革。按照汉初的军事制度,军力分散于全国各地,都城内外,都无重兵。要改变这种情况,必须首先建立一支可以由中央随时调遣的军队,只有这样,才能加强封建国家的镇压职能。

公元前111年,武帝创建屯骑、步兵、越骑、长水、射声、虎贲、胡骑、中垒八校尉,常驻京师。之后,武帝又设期门军、羽林军,以加强宿卫力量。

经过这些改动,汉武帝摆脱了田蚡等人的束缚,成为大权在握、说一不二的绝对统治者。

反击匈奴

汉朝建立之初,一直受北方强大的匈奴族的威胁。武帝以前,对边疆民族问题主要采取安抚和亲政策。汉武帝改变过去的方针,通过战争开拓疆域。

汉武帝车骑将军卫青、将军李息率兵西进,用避实击虚的战略,迂回到陇西,对河套及其以南的匈奴军队进行大包围,歼敌数千人,获牛羊万头,匈奴白羊王领残部逃走。西汉完全收复了秦末以来被匈奴占领的河套地区。

匈奴不甘心失败,企图夺回失地,卫青数度出击,多次在漠南战胜匈奴军。公元前124年,匈奴右贤王屡次侵扰朔方(今内蒙古杭锦旗北)。卫青奉武帝之命,率领10万余骑从高阙、朔方出发,直向北进,深入塞外六七百里,以迅雷不及掩耳之势包围了右贤王王廷。右贤王仓皇北逃,汉军大胜,俘匈奴小王十余人,士兵15000余人和数百万头牲畜。武帝闻之,龙颜大悦,特命使者持大将军印到军中,拜卫青为大将军,令诸将皆受其节制。

河西郡在今甘肃的武威、张掖、酒泉等地,是内地至西域的通道。匈奴驱逐大月氏占领河西后,将酒泉地区封给浑邪王,武威地区封给休屠王,借以西控西域各国,南与羌族联合,致使内地与西域的通道被阻断。为了打开通往西域的道路,保卫西部边境的安全,汉武帝在元狩二年(前121年)3月,命将军霍去病率骑兵万人出征,发动了河西战役。

霍去病奉命率领1万轻骑兵与匈奴作战。在战争中,霍去病神出鬼没,足智多谋,转战5个王国,奔驰千余里,取得辉煌战果。共杀匈奴小王2个,俘获8900余人。同年夏天,他又深入匈奴腹地2000余里,斩首3万多人,俘获匈奴小王70多人。从此,汉朝控制了河西走廊一带,匈奴与羌人的联系被切断。匈奴单于听到此失败的消息,大为震怒,就想将浑邪王斩首治罪,于是浑邪王决定投降汉朝。

公元前119年，汉武帝命大将卫青、霍去病等人率领远征军再次远征匈奴，卫青、霍去病各带领5万骑兵和数十万步兵，分别从定襄、代郡出发，越过漠北追击匈奴。卫青率军行千余里，扎环状营，以兵车自卫。然后命5000骑兵去单于阵中挑战，与万骑单于兵发生激战。单于向北遁去，汉军乘胜追击，直至赵信城。卫青捕获或斩首匈奴军19000余人。霍去病率军与匈奴左贤王之军作战，追出两千余里，把匈奴军逐出狼居胥山以外，俘虏匈奴小王3人、将军和相国等高级官员83人。匈奴军死伤70443人，令匈奴元气大伤，闻风丧胆。此后，匈奴长期游牧于漠北，无力南下。

武帝派大将卫青、霍去病等连续发动了多次反击匈奴的战争，解除了来自匈奴的威胁，保障了黄河流域广大地区经济、文化的发展。

加强经济管理

在经济方面，武帝下令统一五铢钱，将铸币大权收归中央。又将盐铁的专卖权收归国有。还采纳桑弘羊的主张，设立平准官，由政府控制物价，经营贸易。朝廷因此获得厚利。

首先，武帝将有巨大利益的盐、铁、酒这些有关百姓生活和国家稳定的商品的专卖权收归中央。从煮制、冶炼、酿造直到销售，都由国家来负责经营，并制定了法令来严格限制私人的经营。

其次，是推行均输令和平准令。这是武帝时期封建国家运用行政的手段来干预市场、调剂物价的重要措施。平准就是由中央大司农的属官平准令来负责京城和其他大城市的物价平抑工作。在丰收的季节，因为粮食价格比较低，为了保护农民的利益，由国家以高价来收购。等到第二年粮食贵时，再由国家平价卖出，达到平抑物价的目的。这使大商人们失去了囤积居奇、牟取暴利的机会，同时也稳定了国家的政局。

再次，是推行告缗令。公元前119年，武帝推行"算缗"，这是向商人征收的一种财产税。规定商人们都要向官府申报自己的财产数，然后根据财产征税，每二千钱征收一算，即一百二十钱。但商人们为了少交或者不交，就隐瞒不报或者少报。所以，在公元前114年，武帝又下令实行"告缗令"，即鼓励人们告发不遵守"算缗"的人。告发的人可以得到被告发商人财产的一半作为奖励。命令一下，全国的商人遭到了沉重打击，中等以上的商人基本上都破产了。

武帝的这种抑商政策虽然增加了

西汉五铢币

国家的收入，但严重打击了商人的经商积极性，使当时的商业发展受到了严重阻碍。在武帝时期，还有其他的抑商措施。如商人不能坐车，不能穿丝绸衣服，不能携带武器，他的后代也不能做官。这种歧视商人的思想影响了后来的封建社会各个朝代。

对外关系以及和边疆少数民族的关系也有了新的变化。通过对匈奴的打击，使之不再对汉族地区产生威胁。这使北方的局势基本稳定，经济得到了很快的发展。另外，汉武帝两次派张骞出使西域，与大月氏、乌孙、安息等国联系，开通了内地与西域之间的交往，最终确立了汉朝对西域诸国的宗主地位，扩大了汉朝的影响。武帝还使现在的新疆和甘肃地区纳入了中国的版图范围。当时东北方向的版图则扩展到了现在辽东半岛和鸭绿江和浑江一带。

在南方，他先后消灭了闽越、瓯越、南越三个国家，将东南越族地区纳入汉朝版图。在西南，他派司马相如等以招抚兼武力胁迫的手段，征服了当地未开化的夜郎等民族，统一了今天的两广地区。又在今云南、贵州等省设置郡县，加强了汉族和各少数民族之间的联系。

晚年的悔过

汉武帝虽然政绩突出，但他也很奢侈。宫殿、园林建了很多，对外国的使者和来汉贸易的商人也摆大国的架子，任意赏赐。此外，武帝和秦始皇一样也喜欢巡游，而且次数也有十几次之多。公元前110年那次巡游里程达到了一万八千里：从长安出发，先到北面阅兵，再南下到了中岳嵩山，然后向东巡游海边，接着到泰山封禅；又沿海岸往北到了碣石(现在的河北昌黎)，此后向西经过九原(现在内蒙古包头)再回到长安。这次巡游里程和花费都超过了秦始皇，在武帝刚即位时，由于有文景之治的基础，国家还很富足，但经过了几十年的战争，国库已经快要空虚了。

晚年的武帝还算清醒，受到很多假的东西欺骗后，逐渐有所醒悟。在公元前89年，他最后一次巡游时，在山东的海边等了十几天也没有见到神仙的影子。失望地往回走时，经过钜定县(今山东广饶县北)时，看到在地里忙春耕的农民，甚是感动，竟亲自到地里去和农民一块耕作。在路过泰山时，他在泰山的明堂向天神和大臣们检讨自己的过错。时间不长，他应大臣的请求，将所有的方士都赶走了。后来，武帝又下了罪己诏。此后，武帝采取了一系列有效措施，如与民休息，任用有为的大臣。两年之后，政治和经济都有了较大的改善，汉朝又恢复了活力。这为武帝的儿子昭帝和曾孙宣帝时期的"昭宣中兴"奠定了基础。

公元前87年，武帝病重，在立了刘弗陵为太子，任命了几个辅佐大臣后，第二天便命归西去。汉武帝的陵墓叫做茂陵，在现在西安附近。

李 广

李广(约前181年~前119年),陇西成纪(今甘肃平凉市静宁县)人。李广是秦将李信的后裔,世代父子相传习射。公元前166年,"以良家子从军击胡"。由于对匈奴作战勇敢有功,被汉文帝任为武骑常侍。及景帝时,随周亚夫平定七国之乱,立下军功,历任上郡、陇西、北地、雁门、代郡、云中等郡太守。在汉武帝组织的大规模反击匈奴的战争中,他自发请战,杀敌报国。自"结发与匈奴大小七十余战","皆以力战为名",匈奴称他为"汉之飞将军"。李广一生,"禄不及爵邑,官不过九卿"。最后以62岁的高龄出征,因"迷路迟到"获罪,引刀自刭。这位一生戎马、威震敌胆的老将军受到后人的广泛赞扬、同情和怀念。

将门之子

李广早在十四五岁时,箭法已经练得百发百中。他的父亲又系统地教他学习兵法。李广因此又迷上了兵书,孜孜不倦苦读不息。公元前166年,匈奴大举进犯汉朝,杀到了泾水上游。在朝那、萧关(今宁夏、甘肃一带)打败汉军,距离西汉都城长安已经不远。汉文帝紧急动员全国的军事力量,调集战车千辆,集结10万军队,开赴前线保卫京城。文帝还准备御驾亲征上前线指挥这场战争。由于母亲皇太后的阻止,他才任命大将军去挂帅出征。

匈奴这次侵犯,所到之处大肆烧杀抢掠,战火硝烟已经烧到了李广的家乡。当李广看到汉文帝的募兵诏令,热血沸腾,毅然报名参军保家卫国。

李广入伍以后,在战斗中表现得勇敢顽强。有一次,匈奴大队人马冲击汉军的阵地,年轻的新战士李广埋伏在前沿。当敌人逼近时,李广连发数箭,射死了匈奴的指挥官和冲锋在前的敌兵,匈奴部队的锐气很快被挫伤。汉军发起反击,冲得匈奴军阵脚大乱,取得了战斗的胜利。

参加指挥这次战役的一位将军回到长安后,在向汉文帝汇报战况时,对李广赞不绝口。汉文帝听说他是名将的后代,箭法又娴熟,顿生爱意,便把他召到长安,破格提拔他为宫廷中郎。李广这么年轻,就当上了皇帝的侍卫武官,是很荣耀很幸运的。但李广的心却在战场上,他对整天守护宫廷感到憋闷,只有在陪皇上打猎时,他才感到惬意。

李广随汉文帝多次到长安郊外打猎。有一次,汉文帝为了追逐一只野兔,纵马驰骋,突然从密林中蹿出一头金钱豹,朝他凶猛地扑过来。汉文帝吓得魂不附

体,马也受惊乱蹦乱跳起来,汉文帝几乎掉下马来。这时,距皇帝几十步远的扈从武士,见状也惊惶失措起来,不知如何解救为好。这时只听李广高呼:"皇上莫要惊慌,看我的!"说时迟,那时快,李广贴弓搭箭,箭不虚发,正中那豹子的前胸。受伤的野兽仿佛更加凶猛暴怒,直朝飞身下马跑在最前面的李广扑来。李广纵身一跃,那豹子就扑了个空。李广回身揪住豹子的脑瓜皮,抡起铁拳挥舞不停,不大一会儿的功夫,那豹子口吐鲜血,瘫在地上再也动弹不得了。

汉文帝被众武士救了起来,惊魂初定,李广打豹的场面简直让他目瞪口呆了。只听他连连赞叹:"李广奇人哉,勇士也!"从此,他对李广更加信任和器重。文帝曾无限感慨地对李广说:"可惜你生不逢时,你若是生在高帝(刘邦)打天下的年代,取万户侯的封赏,何足道哉!"

威名远扬

平定七国之乱以后,李广被任命为上谷太守。上谷郡在今河北中部及西北部一带。这一带是燕山和长城的冲要,正是当年匈奴进犯最频繁的地方。朝廷曾派典属国(主管外事的部门)官员公孙昆邪到上谷郡视察战事,他对李广的工作非常满意,同时也深为他的安全担心。回到朝廷向景帝汇报时,他流着眼泪说:"李广这个人真称得上是举世无双的将领。他几乎每天都要和匈奴交战。这个人依仗自己武艺高强,作战极其勇敢。但我真担心这样一位难得的将才,会在偶然失利的情况下丧生。如果失掉他,那就太可惜了!"

由于北方边境战事的需要,李广一直驻守在前线。他历任上郡、陇西、北地、雁门、代郡、云中等诸郡太守,这些地方都是匈奴骑兵经常出没和寇掠的地方。可是,自李广镇守以来,这一带却很安宁。

汉景帝中和六年(前144年),匈奴大举进犯,袭击上郡,汉军战死2000余人。景帝派自己宠幸的太监到前线慰问上郡太守李广和全体官兵。

有一次,李广带兵出战不在行营。这位太监一时兴起,也带领几十名骑兵出了军营。他一看广阔的草原一点儿动静都没有,就纵马飞奔起来,不料,3个匈奴人与他们相遇了。双方立即进入了战斗状态,匈奴人的箭法好得很,射死射伤了大部分汉兵,带兵的太监也受了伤。在兵士们的护卫下,狼狈而逃。当他们逃回汉军大营后,向李广述说了战斗的经过。李广说:"你们遇上了匈

李广像

奴射雕的人。"李广为了给他们报仇,点了百余骑汉兵出营,追击那3个匈奴人。追上后,李广令士兵左右散开,亲自与匈奴对射。片刻之时,射死2个,活捉1个。士兵将活捉的捆绑起来,拴在马上,带回营中。

李广一行没走多远,便遇到了数千匈奴骑兵。匈奴以为这支小分队是引诱他们深入埋伏圈的骑兵,因此,不敢追杀,而是迅速地爬上一个山头,布好阵地,相机行动。

李广手下的士兵一见黑压压的大片敌人,又占据着有利的地形,知道自己是寡不敌众,十分恐惧,都想尽快疾驰回营,脱离危险。李广说:"我们离开军营已经有数十里地了,现在如果脱离敌人往回跑,匈奴追射过来我们马上就会全被歼灭。可是,如果我们不走,匈奴必以为我们是埋伏大军的诱骑,这样,他们就不敢来袭击我们了。"

李广胆大心细智勇双全,在士兵中有很高的威信。士兵对他的分析心服口服,没有一个再想逃命了,都镇定地听从李广指挥。李广斩钉截铁地说:"继续前进!"到了离大队敌人只有2里远的地方,汉兵才停止前进。李广又发出命令:"下马卸鞍!"士兵们一听又急了:"万一敌人打过来,我们不就得死吗?"李广耐心地对士兵说:"匈奴兵多,距离又近,如果有个紧急情况就是我们人不下马、马不卸鞍也是没用的。现在我们解鞍放马以示不走,用不走来迷惑匈奴,引起胡骑的猜疑,才能使我们免遭袭击。"士兵们对他的指挥从不怀疑,听了他的话,也就胆大起来了,百骑之兵四散休息若无其事。

匈奴将领见汉兵从容不迫的样子疑惑不解,于是派一名身骑白马的军官带一小队匈奴兵到汉兵停留的地方进行侦察。李广发现这股敌人靠近了他们,便带十几个士兵迎战。李广只一箭就射死了那个"白马将军",吓得其余的匈奴兵掉头逃跑,汉兵也没再追击。匈奴将领得知汉兵并不怯战,认为这股诱骑离大部队一定不远,因此不敢轻举妄动。

一直到傍晚,匈奴将领才下令撤军回营。汉兵探知敌人已经走远了,才悄悄地结鞍上马,李广带领士兵安全地返回大营。李广凭着自己的智慧和胆量,与数十倍于己的敌人周旋了一天。在这场心理战中,李广的惑敌之计,使匈奴难辨虚实,疑神疑鬼,终不敢与汉军开战交手。李广在身临极度危险之境,大摆"空城计",牵制敌人,保存了自己。

李广有胆有谋,善于近战。凡与敌相遇他喜欢近处猛攻,以勇制敌。他与敌交战,非到数十步之内,决不滥发一箭。不射则已,射则必中,箭无虚发。凡是他驻守过的地方,匈奴无不为之胆寒,李广声威远扬。

汉景帝死后,汉武帝即位。朝廷重臣无不向他推荐李广,希望皇帝重用。武帝把李广从边关调到京城,委任未央宫卫尉。与李广同时受命的程不识也是一员守边名将,他被任命为长乐宫卫尉。

程、李二将军都曾在景帝时担任边郡太守,掌握一方军队。但是当时的人参

军当兵都愿意投李广的部队,并甘心情愿地为他拼命,而以做程不识的部下而苦恼。至于匈奴,对于李广和程不识,就更畏惧李广的勇猛和计谋了。公元前128年,匈奴2万骑兵侵犯汉朝边境,杀死辽西太守。向西又骚扰渔阳、雁门一带,杀死军民3000多人,击败汉将军韩安国,掳去大量的边民和畜产。这时,汉武帝便派李广任右北平太守。

李广驻守右北平以后,匈奴人便收敛得多了。因为他们知道李广的厉害,尤其佩服李广出兵的神速。李广对骚扰之敌从不慢慢纠缠,而是常常打他们个措手不及,使之处于无计可施的局面。匈奴都称李广为"汉之飞将军"。

李广在驻守右北平期间,保卫了边境的安宁。自己若有空闲,便经常出去打猎。有一次,他夜晚打猎回来,远远地看到草丛中有一只猛虎蹲在地上向他凶视。他立即弯弓搭射奋力向老虎射去,一箭中的。随从跑过去一看,原来是一块巨石。次日天明发现,因用力过猛,箭头深深射进石头里,拔都拔不出来了。这个故事唐朝诗人卢纶有诗赞道:林暗草惊风,将军夜引弓。平明寻白羽,没在石棱中。

终不封侯

"马邑之谋"发生后,汉朝和匈奴的关系彻底决裂,只有兵戎相见了。四年后,经过充分准备,汉武帝派四路大军出击匈奴。

卫青作为车骑将军出上谷;李广以骁骑将军出雁门(关名,在今山西代县西北);骑将军公孙敖出代郡;轻车将军公孙贺出云中(今内蒙古托克托),各路率1万骑兵出击匈奴。

李广因为名声大,匈奴都怕他,所以设重兵埋伏。李广军虽英勇善战,终因寡不敌众被匈奴破败。匈奴首领单于一向钦佩李广的为人和胆略,便想收降他,遂令部众一定要活捉李广不准伤害。李广因为生病、负伤,未得逃脱,便被匈奴俘获。

匈奴兵抓到李广后,就把他放在了两匹马中间装上的绳编的网络(犹如吊床)里。几个匈奴兵高兴得不得了,以为把李广押送到单于的大帐,就能领到可观的赏赐。李广也确实因为厮杀突围,伤势很重,呈现出奄奄一息的样子。

尽管李广身陷敌手,但头脑仍然很清醒。他躺在大网上,密切关注周围的动静,思索着脱身之计。大约

汉代的铜马车

走出十几里路,他发现一个全副武装的匈奴人骑着一匹高头大马,从他的旁边走过。他以神奇般的暴发力,纵身一跃,腾空而起,准确地跳到那匹马上,迅疾夺过弓箭。随后将那个匈奴人推下马,扬鞭催马一溜烟似的向南飞奔。押送他的匈奴兵,一时被这惊奇的场面吓得目瞪口呆。待他们的神经反应过来的时候,又是喊叫,又是放箭。李广虽然浑身是伤,但是骑马射箭的功夫还是不含糊的,转身一箭,就射倒了追在最前头的匈奴兵。他连发几箭,射中数人,就定住了匈奴兵,把他们远远地甩开了。李广就这样逃脱出虎口,进了雁门关。回到朝廷后,武帝下令把他交给执法官审问。按照当时的法律,李广的兵力损失惨重,又被俘虏过,应判杀头死罪。但有规定只要缴纳一定数量的赎金,就可免去斩刑。李广虽侥幸存活下来,但被消除官爵,降为平民。

自"马邑之谋"后长达十余年的抗击匈奴战争中,诸将领多因斩首和掳获敌人的数量符合封侯的规格得到封侯的赏赐。李广却始终不得封侯。

李广的堂弟李蔡,汉文帝时和李广一同共事,汉景帝时也不过是个俸禄二千石的官。到汉武帝时,以轻车将军(杂牌将军)随从大将军卫青攻击匈奴右贤王。一次战争下来,就因功封为乐安侯。元狩二年,公孙弘死,李蔡就出任丞相了。

李广的名声远远超出李蔡,而且参战的次数多,每战都打得很艰苦,但他却得不到爵位和封邑,官职长期在九卿之列,处于三公和封侯的下面。李广深感不平,他与军中以占卜出名的王朔经常私下交谈,他说:"自武帝出击匈奴,我李广哪一次没有参加?各部队校尉级军官,能力不如中等的都有数十人封侯。我李广不算落后的人吧,为什么连尺寸之功都没有,是什么原因呢?"王朔反问道:"将军请回顾一下,您一生中是否做过感到遗憾的事情?"李广说:"我过去在陇西当太守时,羌人造反,我诱而降之,答应投降后一概不杀,可是800多人投降后,在同一天竟把他们全杀光了。就这么一件事心里有愧。"王朔说:"再没有比杀降更大的罪过了。这就是你的报应,所以至今不得封侯。"在古代,很多人都相信这一套,唐朝诗人王维在诗中说:"卫青不败由天幸,李广无功缘数奇。"意思是说李广点背,命运不好。

引刀自刭

元狩四年(前119年),汉武帝又一次发动大规模军事进攻,准备彻底击败匈奴。他派卫青出定襄,霍去病出代郡,深入漠北作战。李广并未派在出征将领之列。但他壮心不已,自请出征。武帝见他年事已高,初不应允,经李广再三恳求,才勉强同意。派他为前将军,归大将军卫青统辖。

卫青因为在出征前,暗中得到过武帝的警告。皇帝认为他是一个背时的人,恐怕老天不会让他如愿以偿。如果派他当先锋能否取胜,不可预料。再说,他的救命恩人公孙敖也在军中。公孙敖已经3次随从卫青出击匈奴,配合得很好,卫青给他请过功,曾封合骑侯。后来在随霍去病攻打匈奴时,因行动迟缓,没有按命令与主帅会合,按军法处斩,赎为庶人,削去侯爵。卫青为了让自己的好友公孙敖立功封侯,便决定把他留在自己的身边,让他去打单于,以便建功立业。

李广是前将军,属于先头部队,却不让他主攻,心中十分恼怒。但是军令不可违,只好充作东路军配合主攻。部队行进中,由于没有向导,有时不免迷失道路。会师时,李广落在了大将军的后面,没能与卫青按作战计划合击匈奴,坐失战机。可是,卫青孤军作战打得也很好,大获全胜,凯旋而归。

在班师回朝的路上,卫青就追究了李广和赵食其的责任,命令他的长史(秘书长)调查他们迷路迟到的原因和情况,查勘他们的行军文书记录。调查清楚后准备向皇帝报告,给他们处罚。

李广对长史说:"我手下的校尉都没有什么过失,迷路误期的责任全由我一人承担。回去以后我将亲自到你们军府接受审讯。"李广回到自己的幕府后对部下说:"我20岁起就与匈奴交战,大小战斗经历70余次。这次有幸随大将军出战单于,大将军又令我迂回远行。行军又却迷失了方向,这难道不是天意吗?我今60多岁了,总不能还去和那些刀笔吏打官司呀!"说完则抽刀自杀。

李广死后一军皆哭,百姓闻之,无论老幼都为之悲痛落泪,痛惜这位英勇善战、爱兵如子、可敬可爱的将领。李广"家无余财,终不言家产事"。以每年收入二千石俸禄的官,共做40年,以终其身。他一生清廉,得到赏赐,则分给部下。"饮食与士共之",行军作战遇到缺粮缺水时,"见水,士卒不尽饮,广不近水;士卒不尽食,广不尝食。"李广口讷少言,不善言词,但能得人死力,深得士兵拥护。恰如司马迁所说:"传曰:其身正;不令而行;其身不正,虽令不从。其李将军之谓也!""君不见沙场征战苦,至今犹忆李将军!"后人无不称道飞将军李广。

李广墓

霍去病

霍去病(前140年~前117年),西汉著名将领,河东平阳(今山西临汾)人。官至骠骑将军,封冠军侯,后任大司马。多次击败匈奴。武帝为他建造府第,他拒绝说:"匈奴未灭,无以家为?"后病故,年仅24岁。时至今日,他的身影虽已模糊,他的名字却还依然滚烫着血性和悍勇,依然清晰可见他风华正茂的风骨。"出身仕汉羽林郎,初随骠骑战渔阳。孰知不向边庭苦,纵死犹闻侠骨香。"这首王维的《少年行》为他的一生做了诠释。

长于绮罗

霍去病的母亲是私生子,他本人也是一个私生子。他的生父霍仲孺,是河东郡平阳县人,当过平阳县小吏。因事常到平阳侯家,与其家侍婢卫少儿私通而生去病。好像当时封地的小吏经常会和当地侯爷的侍女私通,卫青的父亲也是因为办事经常出入侯府才和侍女私通的。后来霍仲孺还家娶妻,生子霍光,遂与少儿断绝往来。这位霍去病的同父异母的弟弟也是汉朝历史上的一位名人。

建元二年(前139年),就是霍去病一岁的时候,朝廷上发生了一件大事。窦太皇太后把赵绾、王臧罢免,废明堂,废除了汉武帝的建元新政,让许昌等人为三公,掌握朝政。汉武帝朝堂不能如意,家里的情况也不好。在事业和家庭都不顺利的时候,他的心情必然要有一个宣泄。当他去灞上祭祀到平阳公主家歇脚的时候,看到表演歌舞的卫子夫,就喜欢上了她。在换衣服的时候就临幸了卫子夫,然后赏赐平阳公主千金,把卫子夫带回了宫中。但是此时卫氏家族的命运还没有改变多少,汉武帝把卫子夫带回宫中后好像就忘了她,再没有见她。直到一年后,汉武帝要淘汰宫人,卫子夫哭着要求出宫。汉武帝才想起她,再次临幸,卫子夫在这之后有了身孕,才尊贵起来。而卫子夫的弟弟卫青正是霍去病

霍去病

的舅舅。

霍去病的童年和少年时代是幸福的,是在父母的宠爱下度过的,这时的霍去病正处在一个拥有梦想的十二三岁的年龄。舅舅的巨大成功对他无疑是一种激励,也许正是这个时候,少年立下远大的志向。驰马北疆,这对于少年而言是一个并不远的目标。

又过了四年,到了元朔五年(前124年),霍去病到十六七岁时,已经长成了一个相貌奇伟、性格坚毅、智勇过人的青年。汉武帝很赏识他,派他做了保卫皇帝安全的侍中官。而他的舅舅车骑将军卫青率所部三万余骑从高阙出击;同时,以卫尉苏建为游击将军、左内史李沮为强弩将军、太仆公孙贺为骑将军、代相李蔡为轻车将军,各率所部从朔方出击,皆受卫青指挥。这次战役大败匈奴部众,右贤王率领残部数百骑远遁。此战之后汉武帝拜卫青为大将军,后迁大司马,成了大汉军队的实际总指挥。卫青的三个儿子也都被封侯,也正是在这一年,霍去病登上了历史的舞台。

这时的霍去病已经18岁了,作为皇后和大将军的侄子,应该是除了皇族子弟以外最受宠信的外戚子弟了。他作为汉武帝的侍中,出入宫禁,侍从武帝,深受信任。他虽年少位尊,但精于骑射,为人少言寡语、胆气内藏、敢作敢为。汉武帝想教他兵法,他却答:"顾方略何如耳,不至学古兵法。"

但是少年的梦想一直还在他的心头缭绕,因此他主动向汉武帝请战。汉武帝出于对这个外甥的喜爱或者说是希望少年成材,答应了他的请求。在元朔六年出击匈奴的时候,让霍去病上了战场。

初露锋芒

元朔六年(前123年)汉武帝再次筹划了一场大规模的对匈奴反击战(即历史上著名的漠南之战)。大将军卫青从定襄出击匈奴,接受武帝诏令,未满18岁的霍去病主动请缨。武帝遂封他为骠姚校尉随军出征,以所部壮士为其部属。作为大将军的外甥和汉武帝的爱将,霍去病受到了很好的照顾。他本身就是羽林出身,而羽林本身就是汉朝的精锐部队。汉武帝时选陇西、天水、安定、北地、上郡、西河等六郡良家子宿卫建章宫,称建章营骑。后改名羽林骑,取其"如羽之疾,如林之多"的意思,属光禄勋,为皇帝护卫,长官有羽林中郎将及羽林郎。上面说的六郡都是在边地,民风彪悍,善于骑射。同时又都是良家子弟,霍去病的800骠骑应该就是这些精锐。

在这次战役中,霍去病再三请战,卫青便给了他八百骑兵。霍去病没有任何实战和指挥经验,带领他的八百骠骑勇士径直抛开大军几百里,寻找有利的机会攻杀敌人。少年的心中没有害怕,没有惶恐,有的只是建功立业的雄心,以及不顾危险的豪迈。正是他有了"初生牛犊不怕虎"的气魄,才使他所向披靡,战功卓著。

在茫茫大漠里奔驰数百里寻找敌人的踪迹，结果他独创的"长途奔袭"遭遇战首战告捷。他在匈奴的腹地袭击了营地，杀死了匈奴相国和当户，杀死单于祖父一辈的籍若侯产，活捉单于叔父罗姑比，斩首2028人。这样的功劳在大军失利的衬托下更加耀眼，大喜过望的汉武帝立即将他封为"冠军侯"，赞叹他的勇冠三军。

霍去病年轻、骁勇，没有经验，能一战封侯确实有运气的成分。八百骁骑虽然悍勇，但大漠中敌我不明，极可能遭遇匈奴主力，被聚而歼之、血本无归（汉匈战争中这样的例子屡见不鲜，苏建等都有这样的经历，赵信也是在寡不敌众部下将尽的情况下复归匈奴的）。霍去病出发时并没有明确目标，基本是寻敌决斗，长途奔袭，打的是遭遇战、突袭战，勇则勇矣，实在是险到了极点。也许是天赐名将，战争要催生这样的一代名将。

两战河西

河西因位于黄河以西，故称河西，又称河西走廊。河南、漠南战役后，匈奴在大漠以南的广大地区仅剩左贤王及河西匈奴军队。公元前121年3月，汉廷令骠骑将军霍去病率骑兵万人进击匈奴。汉匈河西之战最终以汉军的完胜而告终，汉王朝完全控制了河西地区。从此，汉王朝打通了通往西域的道路，实现了"断匈奴右臂"的战略目标，为以后进一步大规模反击匈奴提供了可能。之后，汉朝根据当地习俗分设五属国，后来又设立武威、张掖、酒泉、敦煌四郡，加强了对该地的控制。河西之战是霍去病真正成长为优秀的军事统帅并形成自己军中班底的定山之战。

首战令霍去病脱颖而出，也使他在以后的重要军事行动中成为汉武帝用将的首选人物。在这里与其说霍去病喜欢冒险，不如说汉武帝本人更喜欢冒险。据现在推测，汉武帝的这次河西之征任用不满20岁的霍去病为主帅单独统兵一万进击河西多少有些试探的成分，让霍去病去放手一搏，碰碰运气。汉武帝的另一个目的应该是检验一下霍去病的大兵团作战能力，因为他急于打破双方各占胜场的胶着状态，渴望均势的突破。放眼朝中诸将，最能贯彻他战略意图的恐怕就是这个天赋极高而尚缺火候的冠军侯了。

元狩二年春，就是霍去病初露锋芒

霍去病征战西域

的两年后，汉武帝又一次发动对匈奴的进攻。这次出塞前，汉武帝封霍去病为骠骑将军，品级与大将军相等。他率领精骑1万人，从陇西出发，攻打匈奴。霍去病果然不负众望，长驱直入，势如破竹。这也正是汉武帝希望看到的正规大兵团作战的实例，希望霍去病在这里能锻炼出自己的军事才能。

结果霍去病大获全胜，一扫过去与匈奴战争的颓势，取得空前的胜利。霍去病终于有机会完全按自己的战术思想单独指挥一支劲旅打一场漂亮的运动战了。在他之前恐怕没有哪一次战役、哪一个将领以这样的大兵团打过这样的大穿插、大迂回战。

霍去病六天中转战五国，长驱直入，高歌猛进。他集中优势兵力在连连攻破河西的五个部落后，避开浑邪、休屠二王的正面防御工事，悄悄沿焉支山（今甘肃山丹县东南）东急驰一千多里至皋兰山（今甘肃兰州市南），合短兵与卢侯、折兰二王鏖战于皋兰山下。而皋兰山一役则是双方真正的血与火的较量，生与死的拼杀。此战霍去病部毫无取巧之机，相反以少打多、以疲打逸，战斗打得异常残酷。虽然最后力斩卢侯、折兰二王，取得了战斗的胜利，但己方也损失惨重。1万人的队伍，最后回师时不足3000，可以想见当时战斗的惨烈程度。但霍去病顶住了对手反扑的凶猛气焰，以视死如归的大无畏精神和血战到底的决心带领全军前赴后继、奋勇拼杀，真正担得起其冠军侯的称号。

霍去病用兵灵活、随机应变、避实就虚、军无定式，不按常理出牌。在运动中屡出重拳，闪击制胜，打得匈奴人晕头转向，摸不着头脑。对于其神出鬼没的运动战，匈奴人很不适应，完全陷入被动挨打的局面。

在这次战役后不久，在这年夏天，骠骑将军又一次领军出征。这次进攻中没有了卫青的身影，又是四将军出塞，仿佛是元光六年的翻版。估计汉武帝是希望霍去病在这次出征中和他的舅舅卫青一样，能建立功勋，在军中树立起权威。

这次出塞的四位将军中骠骑将军霍去病与合骑侯公孙敖从北地出兵，分道进军。博望侯张骞、郎中令李广都从右北平出兵，分道进军。在东北汉武帝出动了1.4万人，由李广和张骞率领。从汉武帝的意图来看，这次东北的作战是一次战略牵制，是为了西北的出击，目的是全力打击匈奴在西北的右贤王集团，以达到通西域的战略目的。

令人哭笑不得的是，配合作战的公孙敖等常跑大漠的"老马"还不如两年前的长安公子霍去病，居然在大漠中迷了路，没有起到应有的助攻作用。而老将李广所部则被匈奴左贤王包围。霍去病遂再次孤军深入，并再次大胜。就在祁连山，霍去病所部斩敌3万余人，俘虏匈奴王爷5人以及匈奴大小阏氏、匈奴王子59人，相国将军当户都尉共计63人。

经此一役，匈奴不得不退到焉支山北，汉王朝收复了河西平原。曾经在汉王朝头上为所欲为、使汉朝人家破人亡无数的匈奴终于也唱起了哀歌："亡我祁连山，使我六畜不蕃息；失我焉支山，使我妇女无颜色。"从此，汉军军威大振，而霍去病更成了令匈奴人闻风丧胆的战神。

在这次战役后,还有一个关于霍去病的传说流传了下来。霍去病河西立下大功,汉武帝特派使臣载了美酒到前线去慰问他。霍去病对使臣说:"谢谢皇上的奖赏!但重创匈奴不是我一人的功劳,功劳归于全体将士。"于是,命令将御赐美酒抬出犒劳部下。但酒少人多,怎么办?霍去病吩咐手下,将两坛美酒倒入营帐所在的山泉中,整个山谷顿时酒香弥漫。全体将士纷纷畅饮掺酒的山泉,欢声雷动,这就是"酒泉"的来历。

大破匈奴

元狩二年是一个多事之年,在这年秋天又发生了令人拍案叫绝的事情。两场河西大战后,匈奴单于由于西方的浑邪王屡次被骠骑将军率领的汉军打败,损失几万人而大怒,想召来浑邪王,把他杀死。估计是消息不机密,所以被浑邪王知道了,于是浑邪王和休屠王等想投降汉朝。汉武帝不知匈奴二王投降的真假,遂派霍去病前往黄河边受降。对于派霍去病前去招降一事,始终都没让人搞明白,汉武帝为什么派的是霍去病,而非相对怀柔的卫青。对于浑邪、休屠二王来说,要面对这样一个对他们来说如同恶梦般人物的接降汉使实在有些尴尬和恐怖。

霍去病领兵1万,渡过黄河与浑邪军众相望。这时浑邪王部队中的副将们看到汉朝军队,又听说是霍去病带领的部队,军威凛凛的霍军大概是让这批新遭重创的匈奴人又一次想起了霍去病军刀的滋味,再加上本来对投降汉朝没什么想法,于是很多人就开始逃跑。这时霍去病的气势表现出来了。一般的情况下,当时匈奴人一片混乱、情况不明,霍去病完全可以任由匈奴人自行内乱,没必要亲自冒险到一堆炸了窝的匈奴人中去。因为被匈奴乱兵杀死或俘虏的机率很大,而霍去病竟然大胆地冲入匈奴军中,以不伤己方一人的代价杀死了哗变的8000匈奴人,既而降服了余下的4万人。一场一触即发的兵乱最终消于无形。

霍去病的气势不但镇住了浑邪王,同时也镇住了4万多名匈奴人,他们最终没有将哗变继续扩大。少年英雄的胆识可见一斑,他当时肯定像战神一样威武。这个形象不光刻在了匈奴人的心中,也刻在了中国历史的画卷上。

在杀死哗变的匈奴人之后,霍去病命浑邪王一

汉代武士俑

个人乘着专车，先到皇帝的行在所。然后由他领着浑邪王的全部军队渡过黄河，投降者有几万人，号称十万。他们到达长安后，汉武帝用来赏赐的钱就有几十万，并划定一万户封浑邪王为漯阴侯。

这是中国历史上第一次面对外族的受降，不但令饱受匈奴侵扰百年之苦的汉朝人扬眉吐气，更让汉朝人有了身为强者的信心。霍去病一生征战，处处行险，但险中之最险的恐怕要数这一次。心理战尤胜于真正的交战，霍去病控制大局的能力和临危不惧的胆色千载之后仍令人叹服。

从此，河西走廊成为汉朝的领土。不久汉朝在河西地区设立了武威、张掖、酒泉、敦煌四郡，汉与西域之间的交通，从此畅通无阻。不仅如此，在这次河西战役之后，汉朝在西北方向的压力大减。减少了陇西、北地、上郡戍守之兵的一半，从此汉朝摆脱了两线作战的形势，可以专一对付东北的匈奴左贤王部和单于本部了。

直插漠北

元狩四年（前119年），为了彻底消灭匈奴主力，汉武帝发起了规模空前的"漠北大战"。这时的霍去病，已经毫无争议地成了汉军的王牌。汉武帝对霍去病的能力无比信任，由卫青和霍去病各领五万骑兵，霍去病从代郡出兵，卫青从定襄出兵，分东西两路向漠北进军。为了解决粮草供应问题，汉武帝又动员了4万多私人马匹，步兵10余万负责运输粮草辎重。

汉武帝的意图是用霍去病和匈奴单于的主力交战，因为霍去病出兵的代郡是正面面对匈奴王廷的。但是这次由于一系列的阴错阳差，卫青面对的是单于主力，而霍去病面对的是左贤王集团。霍去病充分发挥骑兵的机动作战能力，穿越大漠，北进转战两千余里，越过离侯山，渡过弓闾河，斩敌7万余人，俘获匈奴屯头王、韩王等，将军、相国、当户、都尉等83人，左贤王战败逃走。

此战，彻底打垮了左贤王战略集团，是继消灭右贤王战略集团和同期卫青打垮单于战略集团的又一决定性的胜利。

汉军乘胜追至狼居胥山，霍去病率大军在狼居胥山祭天，在姑衍山祭地，并且登上高山遥望大沙漠。封狼居胥之后，霍去病继续率军深入追击匈奴，一直打到翰海（今俄罗斯贝加尔湖），方才回兵。从长安出发，一直奔袭至贝加尔湖，在一个几乎完全陌生的环境里一路狂胜，这是怎样的成就！

经此一役，匈奴的三大战略集团都被打垮，再没有能力和汉朝进行大规模的作战了。大汉兵威之盛，一时无敌，至此"匈奴远遁，漠南无王廷"。

当然了，霍去病没碰上单于，用现在的词语来形容心里也很郁闷，一路追杀左贤王到天边也是一种发泄和鞭策吧。这次漠北战役虽然是霍去病生命的顶峰，但也是少年将军的最后绝唱，一代战神的传奇在这里画上一个句号。霍去病和他的"封狼居胥"，从此成为中国历代兵家人生的最高追求，终生奋斗的梦想。

而这一年的霍去病年仅22岁。

英年早逝

在完成了"漠北大战"的功勋之后，霍去病也登上了他人生的顶峰——大将军、大司马。然而这却是他生命的最后两年。这最后的两年里发生了一件事情，使这个少年将军的一生出现了一块阴影，那就是射杀李敢。

两年后，元狩六年（前117年），24岁的大将军霍去病因病早逝。而死于什么病史书中没有记载，这位伟大的少年将军就如流星一样从历史的舞台上消失了。汉武帝对霍去病的死非常悲伤，他调来铁甲军列成阵，沿长安一直排到茂陵霍去病墓地。他还下令将霍去病的坟墓修成祁连山的模样，彰显他力克匈奴的奇功并封霍去病为景桓侯。他的舅舅卫青在十年后去世，卫青和霍去病的墓都在汉武帝的茂陵旁边，霍去病的墓很像祁连山，而卫青的墓很像匈奴境内的卢山。两山之中，是牢固的汉室江山。

司马迁

司马迁（前145年~前90年），西汉史学家、文学家。字子长，夏阳（今陕西韩城西南靠近龙门）人。史学家司马谈之子，10岁读典籍，20岁后游遍大江南北，采风访古。初任郎中，后继父职任太史令，得读史馆图书。后因替李陵辩罪，入狱受腐刑。出狱后任中书令，发奋著书，完成了我国第一部纪传体通史《太史公书》，后称《史记》。卒于公元前90年，55岁终。

继太史令

《太史公自序》云："迁生龙门，耕牧河山之阳。"龙门，龙门山，很有名气。传说大禹曾在龙门开山治水。龙门山的南面是黄河，司马迁的家正好在黄河、龙门之间。当地名胜古迹很多，司马迁从小在饱览山河名胜的同时，也有机会听到许多历史传说和故事。

他生于史官世家，祖先自周代起就任王室太史，掌管文史星卜。父亲司马谈在武帝即位后，任太史令达三十年之久。司马谈博学，精通天文、《易》学和黄老之学。司马迁10岁起诵读"古典文籍"，并接受其父的启蒙教育。渊源久长的家学对他后来的治学道路有深刻的影响。后随父去长安，同当时著名经学大师孔安国、董仲舒学习《古文尚书》和《春秋》。19岁为补博士子弟。20岁随博士褚太等六人"循行天下"，开始了他的游历生活。读万卷书，行万里路，奠定了司马迁以后著书立说的厚实基础。元封元年（前110年），汉武帝封泰山，司马谈以职任太史公而不能从行，愤懑而死。临终前他难过地对司马迁说："我死以后，你必为太史。做了太史，莫忘了我的遗愿。今大汉兴盛，海内一统，上有明主贤君，下有忠臣义士。我身为太史，而未能记载，愧恨不已。你一定要完成我未竟之业！"司马谈死后，司马迁继任父职为太史令，使他有机会读遍皇家藏书处石室金柜收藏的文史经籍、诸子百家，及各种档案史料。

太初元年（前104年），他以太史令

司马迁

身份和中大夫孙卿、壶遂及历官邓平、落下闳、天文学家唐都等二十余人,改革历法。经这批专家通力合作,反复计算、选择,终于在这年五月造成新历,这就是著名的《太初历》。《太初历》改以正月为一岁之首(秦历以十月为一岁之始),一月的日数为二十九点五三天,一岁一年一的日数是三百六十五点二五天。这是当时世界上最先进的历法,也是中国历法史上进行的第一次大改革。

司马迁一直记得父亲的遗志,他决心效法孔子编纂《春秋》,写出一部同样能永垂不朽的史著。他在主持历法修改工作的同时,正式动手写他的伟大著作《史记》。

直言受宫刑

天汉二年(前99年),他的同僚李陵出征匈奴时被围,在矢尽粮绝的情况下投降匈奴。消息传到长安,武帝大怒。朝廷的文武百官,都大骂李陵投降可耻。司马迁不做声。武帝问他有什么意见,书生气十足的司马迁直言不讳地说:"李陵转战千里,矢尽道穷,古代名将也不过如此。他虽投降,尚属情有可原。臣以为只要他不死,他还是会效忠汉朝的。"盛怒中的汉武帝听了司马迁这番话,认为他是为李陵辩解,是在故意贬低当时正在打匈奴而又很不顺利的李广利,于是命令把司马迁打入大牢。

据汉朝的刑法,死刑有两种减免办法:一是拿五十万钱赎罪,二是受"腐刑"。司马迁官小家贫,当然拿不出这么多钱赎罪。腐刑既残酷地摧残人体和精神,也极大地侮辱人格。司马迁当然不愿意忍受这样的刑罚,悲痛欲绝的他甚至想到了自杀。可后来他想,人总有一死,但"死或重于泰山,或轻于鸿毛",死的轻重意义是不同的。他觉得自己如果就这样"伏法而死",就像牛身上少了一根毛,是毫无价值的。他想到了孔子、屈原、左丘明和孙膑等人,想到了他们所受的屈辱以及所取得的骄人成果。司马迁顿时觉得自己浑身充满了力气,他毅然选择了腐刑。面对最残酷的刑罚,司马迁痛苦到了极点,但他此时没有怨恨,也没有害怕。他只有一个信念,那就是一定要活下去,一定要把《史记》写出来。

司马迁从元封三年(前108年)为太史令后开始阅读、整理史料,准备写作,到太始四年(前93年)基本完成全部写作计划,共经过十六年。这是他用一生的精力、艰苦的劳动,并忍受了肉体上和精神上的巨大痛苦,拿整个生命写成的一部永远闪耀着光辉的伟大著作。

《史记》简介

《史记》是中国第一部纪传体通史,全书包括本纪、表、书、世家、列传共五部分一百三十篇,是中国传记文学的开创性著作。它的主体部分是本纪、世家和列传,其中列传是全书的精华。

历来人们称《史记》是纪传体史书,强调本纪和列传的重要性。其实,作为全书的组成部分,表、书、世家都有纪、传不能代替的独立的价值。严格地说,它应是纪传志书体,是一种综合体史书。

司马迁在《史记》里不仅记载了大量史实,并且要"考其行事,综其始终,稽其成败兴坏之纪",来"究天人之际,通古今之变,成一家之言"。他要从错综复杂的历史事实中探索出一些道理,提出自己的看法。因此,他不只是一个史事的整理者,更是一个伟大的思想家。"究天人之际,通古今之变",即探究天人关系、疏通古今变化的主旨,集中反映了司马迁历史哲学的精髓。

"究天人之际",司马迁首先强调天人相分,即认为天道与人事是不相干的。在《伯夷列传》里,他以伯夷、叔齐和颜渊为例,对"天道无亲,常与善人"的说法进行了批评,说:"天之施善人,其何如哉?"到了近世,那些品行不好,专犯忌讳的人,却"终身逸乐,富厚累世不绝";反之,公正发愤的人,常"遇灾祸者,不可胜数也"。由此,他深沉地写道:"余甚惑焉,倘所谓天道,是邪非邪?"他对项羽英雄一世但从不自察,临死之前还一再说"此天之亡我,非战之罪也",持严肃批判的态度,说是"岂不谬哉!"他对汉武帝大肆挥霍搞封禅祭祀、祈求神仙的活动,予以深刻的揭露,认为这种活动毒害了社会风气,"然其效可睹矣",予以强烈的讽刺。而在写到人的活动时,刻意出人事在历史发展中的重要作用。他在《太史公自序》里说,三十世家,是要写出"辅拂股肱之臣"的"忠信行道,以奉主上";七十列传,是要写出那些"扶义俶傥,不令己失时,立功名于天下"的人们的活动。这在中国史学发展史上,第一次把人的活动放到如此重要的历史位置上来看待。他还把人的活动与国家兴亡联系起来,认为"君子用而小人退",这是"国之将兴"的征兆;而"贤人隐,乱臣贵"则是"国之将亡"的迹象。进而指出:"其矣,'安危在出令,存亡在所任',诚哉是言哉!"(《楚元王世家》后论)他还寓意很深地指出:要使国家强盛太平,"唯在择任将相哉!唯在择任将相哉!"(《匈奴列传》后论)

"通古今之变",包含了司马迁历史哲学的丰富内容。首先,他对历史演进的过程提出了比较完整的看法,这从《太史公自序》中的《五帝本纪》至《高祖本纪》的序目、《三代世表》至《秦楚之际月表》的序目中可略见其大概。五帝、三代因历史太久远,无法"论次其年月"。《三代世表》至《十二诸侯年表》,年代是"自共和迄孔子",是"诸侯专政"、"五霸更盛衰"。接下去是《六国年表》,起周元王(前475年)、迄秦二世(前207年),历史特点是"陪臣执政","海内争于战功","务在强兵并敌,谋诈用而纵横短长之说起"。《秦楚之际月表》起秦二世元年(前209年)七月,至高祖五年(前202年)九月,首尾八年。对这段历史,司马迁写道:"初作难,发于陈涉;虐戾灭秦,自项氏;拨乱诛暴,平定海内,卒践帝祚,成于汉家。"这四表不仅首尾相衔,贯穿古今,且勾勒出了各个历史时代的特点,反映出司马迁对于历史进程的卓越见解。

鲁迅先生曾说:史记是"史家之绝唱,无韵之《离骚》"。也就是说,作为一部规模宏大、体制完备的中国通史的史记,同时也是一部非常优秀的文学作品。

许 慎

许慎(约58~约147年),字叔重,东汉汝南召陵(现河南漯河市召陵区)人,有"五经无双许叔重"之赞誉。他是汉代有名的经学家、文字学家、语言学家,是中国文字学的开拓者。精文字训诂。著《说文解字》十五卷,是我国第一说解文字原始形体结构及考究字源的文学性专著。另有《五经异义》、《淮南鸿烈解诂》等书,已佚。

许慎曾担任太尉府祭酒,师从经学大师贾逵。他历经21年著成的《说文解字》,归纳出了汉字540个部首。

永元十有二年(100年),始作《说文解字》,序曰:古者庖牺氏之王天下也,仰则观象于天,俯则观法于地,视鸟兽之文与地之宜,近取诸身,远取诸物,于是始作《易》八卦,以垂宪象。及神农氏结绳为治而统其事,庶业其繁,饰伪萌生。黄帝之史仓颉,见鸟兽蹄迒之迹,知分理之可相别异也,初造书契。"百工以乂,万品以察,盖取诸《夬》"。夬,扬于王庭。言文者,宣教明化于王者朝廷,君子所以施禄及下,居德则忌也。仓颉之初作书,盖依类象形,故谓之文;其后形声相益,即谓之字。文者,物象之本;字者,言孳乳而浸多也。著于竹帛谓之书,书者,如也。以迄五帝三王之世,改易殊体。封于泰山者七十有二代,靡有同焉。

建光元年(121年),书成。收单字九千三百五十有三;重文一千一百六十有三,分于五百四十部。病中之时,遣子冲献书于帝。

死后,葬郾城县(今召陵区)姬石乡许庄村东。墓高十有五尺,径四十有八尺。乡人曰:"日动一厘,夜长三尺。"谬也,岂有自拔之冢。

《后汉书》赞曰:"斯文未陵,亦各有承。涂分流别,专门并兴。精疏殊会,通阂相征。千载不作,渊源谁澄。"

至清,岁以仲月后丁之日,县令、学官到许夫子墓前致祭,行一跪三叩礼。

康熙四十有六年(1707年),郾城县知县温德裕立"孝廉许公之墓"碑。

光绪年间(1908年),郾城知县王凤森立"许夫子从祀文庙碑"。

新中国成立后三十七年(1985年),许慎研究会第一次会议时,立"重修许慎墓碑记"。植柏百八十有二株,今存百五十有三株,三九之数也。

目前,许慎祠堂位于河南省漯河市郾城区许慎路,漯河四中(原郾城一高,省立郾中)旁。

袁 绍

袁绍(？~202年)，字本初，汝南汝阳(今河南周口西南)人，是汉末最有实力的诸侯。

出身名门

袁绍出身于东汉后期一个势倾天下的官宦世家。从他的高祖父袁安起，四世之中有五人官拜三公。父亲袁逢，官拜司空。叔父袁隗，官拜司徒。伯父袁成，官拜左中郎将，早逝。袁绍庶出，过继于袁成一房。

袁绍生得英俊威武，甚得袁逢、袁隗喜爱。凭借世资，年少为郎，袁绍不到二十岁已出任濮阳县长。不久，因母亲病故服丧，接着又补服父丧，前后共六年。之后，袁绍拒绝朝廷辟召，隐居在洛阳。

中平元年(184年)，黄巾起义爆发以后，东汉朝廷被迫取消党禁，大赦天下党人。袁绍这才应了大将军何进的辟召。何进是汉灵帝刘宏皇后的异母兄，以外戚贵显，统领左右羽林军，对宦官专政不满。袁绍有意借何进之力除掉宦官，而何进因袁氏门第显赫，也很信任袁绍。从此，两人关系非同一般。

当时，宦官的势力仍然很大，中常侍赵忠、张让等并封侯爵。郎中张钧上书痛斥宦官专政之害，竟被捕杀狱中。中平五年(188年)，东汉朝廷另组西园新军，置八校尉。袁绍被任命为中军校尉，曹操为典军校尉。但大权掌握在宦官、上军校尉蹇硕手中，连大将军何进也要听从他的调度指挥。

中平六年(189年)四月，汉灵帝病重，太子未立。在皇位继承问题上，宦官与外戚何进的矛盾激化了。汉灵帝有两个儿子：一个是何皇后所生，名刘辩；另一个是王美人所生，名刘协。群臣请立太子，汉灵帝因刘辩轻佻浅薄，很不中意。但废嫡立庶，又担心群臣反对，所以举棋不定。蹇硕等宦官当然心领神会，最主要的是不愿意大权落入何进手中，因此借口韩遂作

袁绍

乱,提议请大将军领兵西上平叛。在这个关键时刻,何进洞悉宦官的诡计,以青徐黄巾复起为辞,奏请遣袁绍东进徐兖,待袁绍兵还,自己再西击韩遂。不几天,汉灵帝病死,蹇硕决定先诛何进,后立刘协。于是派人迎何进入宫计事,何进却集结军队于宫外,严阵以待,而称病不入。蹇硕迫于压力,不得不立刘辩为帝。

刘辩即帝位,何皇后以皇太后临朝称制,太傅袁隗与大将军何进辅政,同录尚书事。这是外戚与官僚士大夫对宦官的一个胜利。这时,袁绍通过何进的宾客张津对何进说:"黄门、常侍这些宦官执掌大权已经天长日久,专干坏事。将军应该另择贤良,整顿国家,为天下除害。"何进甚以为是,于是任命袁绍为司隶校尉、何颙为北军中侯、许攸为黄门侍郎、郑泰为尚书。同时受到提拔的有二十多人,他们都成了何进的心腹。

对此,蹇硕非常不安,再度谋划诛杀何进,但被人告发,何进下令捕杀蹇硕。鉴于宦官蠢蠢欲动,何进恐怕发生意外,称病不参预灵帝丧事。袁绍认为只有杀掉所有宦官,才能免除后患。他对何进说:"从前窦武准备诛杀内宠,而反受其害,原因是事机不密,言语泄漏。五营兵士都听命于宦官,窦武却信用他们,结果自取灭亡。如今将军居帝舅大位,兄弟并领强兵,军队将吏都是英俊名士,乐于为将军尽力效命。一切在将军掌握之中,这是苍天赐予的良机,将军应该一举为天下除掉祸害,以名垂后世!"何进报告何太后,但何太后却不同意,何进也就不敢违背太后意旨。事后他想:"或者只杀几个罪恶昭彰的。"袁绍见何进动摇,又进而对他说:"宦官亲近至尊,传达诏令,如果不一网打尽,必将遗患无穷。况且现在计划已经外露,将军为何不早下决断?事久生变,下手晚了会遭祸殃的。"但是,由于何太后的母亲舞阳君与何进的弟弟何苗多次受到宦官贿赂,从中作梗,多方阻挠;也由于何进素无决断,犹犹豫豫,所以仍然没有行动。

袁绍看见这种情况,心里十分焦灼,再一次献策说:"可以调集四方猛将豪杰,领兵开往京城,对太后进行兵谏。"何进觉得这个主意不错,于是下令召并州牧董卓带领军队到京,又派部下王匡、骑都尉鲍信回家乡募兵。

四方兵起,京师震动,何太后才感到事态严重。她匆匆把中常侍、小黄门等宦官放回家。宦官们着慌了,惶惶然若丧家之犬,一起去叩求何进恕罪。袁绍在旁再三劝何进乘此机会杀掉他们,但何进还是把他们放走了。袁绍很不甘心,写信通知州郡,诈称是何进的意思命令逮捕宦官的亲属入狱。

宦官们走投无路,铤而走险。他们借口离京前愿最后侍奉一次太后,又进了宫。在张让的指挥下,中常侍段珪等率领党徒数十人,等候何进入宫后,将何进斩杀于嘉德殿前。何进部将听说何进被杀,领兵入宫,虎贲中郎将袁术攻打宫城,焚烧青琐门。张让等人遂挟持少帝刘辩和陈留王刘协从复道仓皇外逃。袁绍与叔父袁隗佯称奉诏,杀死宦官亲党许相、樊陵,然后列兵朱雀阙下,捕杀没有来得及逃走的宦官赵忠等人,又命令关闭宫门,严禁出入,指挥士兵搜索宫中的宦官。不论老幼皆斩尽杀绝,死者有二千多人,有些不长胡须的人也被当成宦官

杀掉了。

讨董盟主

正当袁绍在内宫大肆屠戮宦官的时候，董卓率领军队抵达洛阳西郊，于北邙阪下与少帝和陈留王相遇。董卓无意中得到了一张王牌，他拥簇着少帝，带着军队浩浩荡荡地开进洛阳城。

在何进决定调董卓领兵入京时，主簿陈琳曾经提醒他说："大兵一到，强者称雄，这样做是倒拿干戈，授柄于人。不但不能达到目的，恐怕还会引起混乱！"目睹董卓八面威风、不可一世的模样，刚刚从泰山募兵回到洛阳的鲍信忧虑地对袁绍说："董卓拥有强兵，居心叵测，如果不能及早采取措施，就要陷入被动。如果乘他长途行军，兵马劳顿，发起突然袭击，还能擒拿他。"袁绍见董卓兵强马壮，心里害怕，不敢轻举妄动。鲍信不觉非常失望，带兵回泰山去了。

董卓十分骄横，决意实行废立，以建立个人的权威。他傲慢地对袁绍说："天下之主，应该选择贤明的人。刘协似乎还可以，我想立他为帝。如果还不行，刘氏的后裔也就没有留下的必要了。"袁绍一听非常生气，但慑于董卓的威势，只默不做声地横握佩刀，向董卓拱了拱手，扬长而去。

袁绍不敢久留洛阳，他把朝廷所颁符节挂在上东门上，逃亡冀州。董卓下令通缉袁绍，当时有人劝董卓说："废立大事，不是一般人能理解的。袁绍不识大体，因为害怕逃跑，并非有其它意思。现在通缉他太急，势必激起事变。袁氏四代显贵，门生、故吏遍布天下，得到袁家恩惠的人就更多了。如果袁绍招集豪杰，拉起队伍，群雄都会乘势而起。那时，关东恐怕就不是明公所能控制得了了。所以不如赦免他，给他一个郡守当当。那么，他庆幸免罪，也就不会再招惹事端了。"于是，董卓任命袁绍为渤海太守，赐爵位为邟乡侯。

董卓在洛阳一意孤行。中平六年九月，他废少帝为弘农王，立刘协为帝，是为献帝。他自封相国，又自称"贵无上"，性极残忍。是时，"洛中贵戚室第相望，金帛财产，家家殷积。卓纵放兵士，突其庐舍，淫略妇女，剽掳资物，谓之'搜牢'"。贵戚尚且如此，一般百姓家更不胜其苦了。洛阳附近也惨遭董卓军队的蹂躏和洗劫。有一次，董卓派军队到阳城，遇见一群正在举行祭社活动的人们。士兵冲入人群，砍杀男子，掠抢妇女和财物，驾走他们的车牛，把砍下的头颅挂在车辕上，说是攻贼大胜，狂呼滥叫地回到洛阳城。其景象惨不忍睹，令人发指！

汉代犀牛尊

董卓擅行废立和种种暴行,引起了官僚士大夫的愤恨,他所任命的关东牧守也都反对他。各地讨伐董卓的呼声越来越高。而讨伐董卓,袁绍是最有号召力的人物,这不仅因为他的家世地位,还因为他有诛灭宦官之功和不与董卓合作的行动。本来,冀州牧韩馥恐怕袁绍起兵,故派遣几个部郡从事驻渤海郡监视,限制袁绍的行动。这时,东郡太守桥瑁冒充三公写信给各州郡,历数董卓罪状,称"受董卓逼迫,无以自救,亟盼义兵,拯救国家危难"云云。韩馥接到信件,召集部属商议,他问大家:"如今应当助袁氏呢,还是助董氏呢?"治中从事刘子惠正色说:"兴兵是为国家,如何说什么袁氏、董氏!"韩馥语塞,脸有愧色。不过从韩馥的话中,也可知袁绍在当时人们心目中的分量。迫于形势,韩馥不敢再阻拦袁绍,他写信给袁绍,表示支持他起兵讨董。

初平元年(190年)正月,关东州郡起兵讨董,推举袁绍为盟主。袁绍自号车骑将军,与河内太守王匡屯河内,韩馥留邺,供给军粮。豫州刺史孔颖屯颍川,兖州刺史刘岱、陈留太守张邈、广陵太守张超、东郡太守桥瑁、山阳太守袁遗、济北相鲍信与曹操屯酸枣,后将军袁术屯鲁阳,各有军队数万。董卓见关东盟军声势浩大,于是挟持献帝,驱赶洛阳百姓迁都长安。临行前杀害太傅袁隗、太仆袁基等袁氏家口五十多人。

袁绍虽为众望所归,其实很不服众望。作为盟主,他既不率先杀敌,也指挥不了这支数十万的大军。各州郡长官各怀异心,迁延日月,保存实力。酸枣驻军的将领每日大摆酒宴,谁也不肯去和董卓的军队交锋。酸枣粮尽后,诸军化作鸟兽散,一场讨伐不了了之。

董卓西走长安后,袁绍准备抛弃献帝,另立新君,以便于驾驭。他选中软弱的汉宗室、幽州牧刘虞。当时袁氏兄弟不睦,袁术有自立之心,他假借维护忠义,反对袁绍另立刘虞为帝。袁绍写信给袁术,信中说:"先前我与韩文节(韩馥)共谋长久之计,要使海内见中兴之主。如今长安名义上有幼君,却不是汉家血脉,而公卿以下官吏都媚事董卓,如何信得过他?!当前只应派兵驻守关津要塞,让他衰竭而亡。东立圣君,太平之日指日可待,难道还有什么疑问?况且我袁氏家室遭到屠戮,决不能再北面事之了。"他不顾袁术的反对,以关东诸将的名义,派遣原乐浪太守张岐拜见刘虞,呈上众议,刘虞却断然拒绝。袁绍仍不死心,又请他领尚书事,承制封拜,也同样被刘虞拒绝了。

割据冀州

此时,董卓并未垮台。关东牧守们却为了扩充个人的地盘,争夺土地和人口,自己倒厮杀起来了。韩馥唯恐袁绍坐大,故意减少军需供应,企图饿散、饿垮袁绍的军队。而袁绍并不满足于一个渤海小郡,对被称为天下之重资的冀州垂涎已久。在联兵讨董时,袁绍曾经问过曹操:"大事如果不顺,什么地方可以据守呢?"曹操反问:"足下的意思怎样呢?"袁绍答道:"我南据黄河,北守燕、代,兼有乌丸、鲜卑之众,然后南向争夺天下,这样也许可以成功吧!"袁绍所谓南据黄河、北守燕、代,其中间广大地区正是物产丰富、人口众多的冀州。

不过,当时袁绍并不景气,门客逢纪建议他攻取冀州时,袁绍非常踌躇,拿不定主意。他对逢纪说:"冀州兵强,我军饥乏,如果攻打不下来,我连立足的地方都没有了。"逢纪心生一计,说:"韩馥是一个庸才,我们可以暗中与辽东属国长史公孙瓒相约,让他南袭冀州。待他大兵一动,韩馥必然惊慌失措,我们再趁机派遣能言善辩的人去和他说明利害关系,不怕他不让出冀州来。"袁绍很看重逢纪,果然照他的意思写了一封信送给公孙瓒。

初平二年(191年),公孙瓒发兵,南袭冀州。韩馥军一战败绩,慌了手脚,此时袁绍的说客高干、荀谌不失时机地到了邺城。高干是袁绍外甥,荀谌与韩馥的关系不错。他们对韩馥说:"公孙瓒乘胜南下,诸郡望风而降;袁车骑也领兵到了延津,他的意图难以预料,我们私下都很为将军担忧。"韩馥一听,不禁倒抽了一口冷气,急切地问:"既然如此,那怎么办呢?"荀谌不正面回答,反问道:"依将军估计,在对人宽厚仁爱方面,您比袁绍怎样?"韩馥说:"我不如。""在临危决策、智勇过人方面,您比袁绍怎么样?"韩馥又说:"我不如。""那么,在累世广施恩德,使天下人家得到好处方面,您比袁绍又当如何呢?"韩馥摇摇头:"还是不如。"连提了几个问题后,荀谌这才说:"公孙瓒率领燕、代精锐之众,兵锋不可抵挡;袁绍是一时的英杰,哪能久居将军之下?冀州是国家赖以生存的重地。如果袁绍、公孙瓒合力,与将军交兵城下,将军危亡即在旋踵之间。袁绍是将军的旧交,而且结为同盟,如今为将军着想,不如把冀州让给袁绍。袁绍得到冀州以后,公孙瓒也就不能和他抗争了,那时,他一定会深深感激将军。冀州交给亲密的朋友,将军不但能获得让贤的美名,而且您还会比泰山更加安稳,希望将军不必有什么顾虑!"

韩馥生性怯懦,缺少主见,听荀谌这么一说,也就同意了。韩馥的许多部下都忧虑重重,长史耿武、别驾闵纯、治中李历劝谏说:"冀州虽然偏僻,但甲士百万,粮食足以维持十年;而袁绍则是孤客穷军,仰我鼻息,就如同婴儿在我手上一般,一旦断了奶,立刻就会饿死,为什么我们竟要把冀州让给他?"韩馥无奈地说:"我是袁氏的故吏,才能也不如本初,量德让贤,这是古人所推崇的,你们为何还要一味加以责备呢?"驻屯在河阳的都督从事赵浮、程涣听到消息,急急自孟津驰兵东下。船数百艘,众万余人,请求出兵抗拒袁绍,韩馥不同意。最终,韩馥搬出了官署,又派自己的儿子把冀州牧的印绶送交袁绍。

袁绍代领冀州牧,自称承制,送给韩馥一个奋威将军的空头衔,既无将佐,也无兵众。袁绍手下有一名都官从事朱汉,曾经遭到韩馥的非礼,一直耿耿于怀。他知道韩、袁二人之间积怨甚深,借故派兵包围了韩馥的住所,手持利刃,破门而入。韩馥逃到楼上,朱汉抓住韩馥的长子,一阵乱棍拷打,把两只脚都打断了。韩馥受了很大的刺激，虽然袁绍杀死了朱汉，但他还是离开冀州去投奔张邈了。有一天，在张邈府上，韩馥见袁绍派来一个使者，使者对张邈附耳低语。韩馥心中不觉升起了一团疑云，感到大难临头了，于是起身到厕所，举刀自杀了。

袁绍得了冀州，踌躇满志地问别驾从事沮授说："如今贼臣作乱，朝廷西迁，我袁家世代受宠，我决心竭尽全力兴复汉室。然而，齐桓公如果没有管仲就不能成为霸主，勾践没有范蠡也不能保住越国。我想与卿同心戮力，共安社稷，不知卿有什么妙策？"沮授原任韩馥别驾，颇有谋略，袁绍使居原职。他回答说："将军年少入朝，就扬名海内。废立之际，能发扬忠义；单骑出走，使董卓惊恐。渡河北上，则渤海从命；拥一郡之卒，而聚冀州之众。威声越过河朔，名望重于天下！如今将军如首先兴军东讨，可以定青州黄巾；还讨黑山，可以消灭张燕。然后回师北征，平公孙瓒；震慑戎狄，降服匈奴。您就可拥有黄河以北的四州之地，因之收揽英雄之才，集合百万大军，迎皇上于西京，复宗庙于洛阳。以此号令天下，诛讨未服，谁抵御得了？"袁绍听了，眉开眼笑地说："这正是我的心愿啊！"随即加封沮授为奋威将军，使他监护诸将。沮授的这番话，充满了肉麻的阿谀之词，博得袁绍笑逐颜开，也得到升官发财的酬劳。不过，他主张迎汉献帝，挟天子以号令天下，确为有识之见。如果后来袁绍能照着做，日子肯定会好过得多。但是，袁绍原来就反对立汉献帝，他所谓"兴复汉室"不过是遮人耳目的高调罢了。

袁绍又用田丰为别驾、审配为治中，这两人比较正直，但在韩馥部下却郁郁不得志。此外，袁绍还用许攸、逢纪、荀谌等人为谋士。但是，袁绍没有什么政治才能，他在冀州"使豪强擅恣，亲戚兼并，下民贫弱，代出租赋，衒鬻家财，不足应命"，治中审配的家族，竟然藏匿罪犯。正如曹操指出的那样"欲望百姓亲附，甲兵强盛，岂可得邪"！

官渡兵败

建安四年（199年）初，袁绍称帝不成，便决定驱使十万精锐步兵和一万骑兵夺取许都，把汉献帝从曹操手里抢过来。他任命审配、逢纪主持军事，田丰、荀谌、许攸充当谋士，颜良、文丑担任将帅，积极准备南下。当时，袁绍部下意见纷纭，监军沮授说："近年来讨伐公孙瓒，连年兴兵，百姓疲惫不堪，仓库没有积蓄，赋役也十分沉重，这些都是令人忧虑的。现在我们不如先派使者给朝廷送上平定公孙瓒的捷报，并抓紧发展农业生产，减轻百姓赋役负担。如果捷报不能上达天子，那么我们可以上表谴责曹操封锁我们与朝廷的联系，那时就能出师黎阳，经略河南。我们还应该多造船只，修缮器械，派遣精骑，几路骚扰曹操的边境，使他们不得安宁。如此以逸待劳，在三年之内，就可不劳而定。"

但是，郭图、审配却极力主张迅速出兵，他们说："按照兵法，兵力超过敌人十倍以上者可以包围敌人，超过敌人五倍就可以进攻，而兵力相当，则可决战。

现在有明公的英明勇武,集结河朔的强兵,以此讨伐曹操,实在易如反掌。如果不乘机攻取,以后就难办了。"沮授又说:"救乱除暴,称为义兵;恃众凭强,称为骄兵。义兵所向无敌,骄兵必先灭亡。曹操奉迎天子在许都建立宫室,如今我们举兵南向,是违背道义的。况且最重要的在于正确决策,而不在力量强弱。曹操法令畅行无阻,士卒都训练有素,不像公孙瓒那样坐受围困。如果我们不采取稳妥的办法,相反兴起无名之师,未免太使人担心了。"郭图、审配针锋相对地说:"周武王讨伐商纣王,尚且不能说不义,何况征讨曹操,怎么说师出无名?! 明公将士精勇,人人争先,此时不能早定大业,是所谓'天与不取,反受其咎'。这正是越国之所以称霸,吴国之所以灭亡的缘故。监军的意见乃只求稳妥,不知审时度势,随机应变呀!"

袁绍自恃地广兵强粮足,根本听不进沮授的忠告。郭图等人又在背后进谗言说:"沮授监统内外兵众,威震三军,倘若他的势力逐渐加强,怎么控制得了!臣下服从主人才能昌盛,主上服从臣下就会灭亡,这是黄石公在《三略》中所告诫的。统兵在外的将领,不宜让他参知内政。"因此,袁绍把沮授统领的军队分成三部,其中两部分分别交给郭图和淳于琼。

九月,曹操分兵把守官渡,准备抗击袁军。袁绍企图联合张绣和刘表对曹操进行夹击。他派使者到穰城联络张绣,还特意给张绣的谋士贾诩捎信结好。张绣打算应允,还没有说话,贾诩在一旁先开口了。他说:"请你回去转告袁本初,兄弟都不能相容,怎么容得了天下的国士呢?"使者怏怏而回。不久,张绣率众投降曹操。袁绍又派人到刘表处求援,刘表假惺惺答应了,实际上按兵不动,对袁曹之争斗只打算作壁上观。张、刘的态度使袁绍迟迟没有动手。

建安五年(200年)元月,刘备杀徐州刺史车胄,背叛曹操,策应袁绍。曹操为消弭后患,领兵攻打刘备。此时,田丰对袁绍说:"曹操东击刘备,一时不容易罢兵,明公如能举兵袭击他的后方,一定可以一往而胜。"但袁绍却说孩子有病,田丰气冲冲地退了出来,边走边用拐杖狠狠敲着地面,说:"完了,没有希望了!千载难逢的时机,因为孩子有病就丢掉,可惜啊!"袁绍听说以后,恼羞成怒,从此疏远田丰。

待曹操击败刘备,还军官渡之后,袁绍才匆促决定出兵。田丰认为战机已失,再次进谏说:"曹操既然打败了刘备,现在许昌不再是空虚的了。而且曹操善于用兵,变化无常,兵众虽少,

刘备

也不能等闲视之,所以不如作持久之计。将军据有山河之固,拥有四州之众,外结英雄,内修农战。然后选拔精锐,分为奇兵,速速打击敌人势力薄弱的地区。他救右则击左,救左则击右,使敌人疲于奔命,百姓不得安居乐业。这样,我方还没疲劳,敌方已经困乏。不出三年,可以安坐而战胜它。如今放弃必胜的策略,以一战决定成败,倘若不能如愿,悔之晚矣!"袁绍不仅不听田丰的劝告,而且积前后之怨,加以扰乱军心的罪名,把田丰拘押起来。

二月,袁绍发布讨伐曹操檄文,指控曹操"豺狼野心,潜包祸谋,乃欲挠折栋梁,孤弱汉室,除忠害良,专为枭雄"。他派颜良包围白马,自己率领大军抵黎阳。四月,曹操声东击西,北救白马之围,斩杀颜良,迁徙民众撤向官渡。袁绍依仗自己人多势众,准备挥师渡河,追赶曹军。因为屡谏而被嫌弃的沮授,这时又站出来劝阻说:"战争胜负变化莫测,不能不周密计划。大军应当留屯延津,另分兵进攻官渡。如能攻克,再迎大军也不迟,否则就有全军覆没的危险。"袁绍不从。沮授在大军即将渡河的时候叹息:"在上者骄傲,在下者贪功,悠悠黄河,我还能渡回来吗?"他推托身体有病,不愿过河。袁绍非常气恼,强迫沮授随军渡河,而把他所部军队割属郭图。

袁绍渡河后,驻屯在延津南面。他派出刘备、文丑挑战,被曹军打败,大将文丑被斩。再战,又折两员战将和许多人马,袁军中大为震恐。曹军退还官渡后,袁军集结在阳武。沮授忍无可忍,又对袁绍说:"北军人多,但英勇善战不如南军;南军粮少,物资储备不如北军。南军利于速战,北军利于缓兵。所以我军应打持久战,拖延时日。"袁绍仍然不从,他命令部队逐渐逼近官渡,紧靠曹军扎营,军营东西绵延数十里。

九月,两军会战,曹军失利,躲进营垒中坚壁不出。袁绍修筑壁楼,堆起土山,从高处发箭射击曹营。箭如雨下,曹营中的将士只得蒙着盾牌走路。但壁楼、土山不久就被曹军的"霹雳车"轰毁了。袁绍又暗凿通往曹营的地道,曹军则在营中挖掘长沟进行防御。袁军的运粮车还遭到曹军的袭击。

两军相持了一百多天,河南老百姓困苦不堪,很多人背叛曹军,响应袁军。然而,这种有利于袁绍的形势却突然急转直下。这时,袁绍派淳于琼带领万余人北迎运粮车,沮授特意提醒说:"可增派蒋奇领一支人马在淳于琼外侧,以防止曹操偷袭。"而谋士许攸则提出乘曹操倾军而出,轻骑奔袭许都的建议。然而,刚愎自用的袁绍竟听不进分毫,无所动作。事有凑巧,在邺城的许攸家族中有人犯法,被留守的审配抓进监狱。许攸大为不满,于是投奔曹操。在许攸的谋划下,曹操亲自领兵赴乌巢,袭击淳于琼。当曹操奔袭乌巢之时,袁军部将张郃主张救淳于琼,他对袁绍说:"曹操亲自出马,必然得手,那么事情就无可挽回了。"郭图却别出心裁地说:"不如现在发兵去进攻曹军大营。"袁绍认为郭图说得对,只要攻拔曹营,曹操就无家可归了。于是派高览、张郃率领重兵攻击曹营,而只派一支轻骑救援乌巢。高览、张郃攻营不下,乌巢大败的消息却已经传来了,二将无心

恋战，竟自向曹军投降。袁绍全军大乱，一下子全垮了。慌忙之中，袁绍及长子袁谭各单骑逃遁，直奔黄河渡口。随后又逃来一群骑兵，约有八百骑，渡河至黎阳北岸。这一仗袁绍损失七八万人，武器、辎重、图书、珍宝无数。当他跌跌撞撞走进部下蒋义渠营帐中时，握着蒋的手，无比伤感地说："我把自己的脑袋都交给你了。"

袁、曹双方逐鹿于大河南北，袁绍占据兵精粮足的冀州。所谓"带甲百万，谷支十年"，或许有些夸张，但当四战之地的河南遭受严重破坏时，冀州相对是比较富足的。从袁绍提十万大军南下、粮草又源源不绝地起运的情况看，优势显然在袁绍方面。况且袁绍手下的文臣武将，如田丰、沮授、许攸等人，也都称得上足智多谋的人才。然而袁绍却在官渡一败涂地，众叛亲离，并从此一蹶不振。

官渡兵败后，有人对田丰说："你必将受重用了。"田丰平静地回答说："如出兵打胜了，我一定能够安全；如今兵败，我必死无疑。"果然，袁绍回到邺城，说："我当初不听田丰之言，今天真的要让他笑话了。"于是下令杀了他。

不久，袁绍发病，死于建安七年（202年）夏天。

袁绍之子袁谭、袁尚在袁绍死后争权相攻，被曹操各个击破。建安十年（205年），袁谭被杀，袁尚与二兄袁熙逃亡辽西乌丸。建安十二年（207年），曹操北定乌丸，袁尚、袁熙败走辽东，被公孙康所杀。

蔡 伦

蔡伦(61年~121年),字敬仲,东汉桂阳郡(今湖南耒阳市)人。东汉明帝刘庄年末,开始在宫掖做事。到汉和帝刘肇即位时,他做了皇帝的侍从宫官,传达诏令,掌管文书,参与军政机密大事。蔡伦是我国古代最伟大的发明家,造纸术的发明者。

蔡伦很有才学,敦厚慎重,曾多次"直谏皇帝,指出其过失"。后加位尚方令,在汉和帝年间,掌管皇宫用的刀、剑等器械,这些器械无不精密、坚固,为后世所效仿。

在没有发明纸以前,古代人民利用石头、砖头、树叶、树皮、蜡板、铜、铅、麻布和兽皮、羊皮等等,把文字记录下来。在我国商朝时,人们把文字一笔一画地刻到龟甲和牛、羊、猪等动物的肩胛骨上;随后,人们又用规格相同的木片(又称简)和竹片(又称牍)来书写文章。以后,还出现了用丝织品缣帛为纸来书写的办法。

后来,随着经济和文化的发展,竹简、缣帛越来越不适应书写的需要。为了制造一种比较理想的书写材料,蔡伦认真总结了西汉以来人们为麻贡纤维造纸的经验,并深入到民间进行查访。他在前人利用废丝绵造纸的基础上,采用树皮、麻头、破布、废鱼网为原料,成功地制造了一种既轻便又经济的纸张,总结出一套较为完善的造纸方法。蔡伦发明用成本低廉、来源丰富的原料代替珍贵稀少的蚕丝的造纸法,使造纸技术有了长足的进步。

公元105年,蔡伦将造成的纸张献给朝廷,受到和帝的赞扬。从此,人们都用这种纸,并在全国通称蔡伦造的纸为"蔡侯纸"。

安帝年间,和帝的皇后邓太后因蔡伦久待宫中,封他为龙亭侯。以后,蔡伦在长乐宫中专管皇帝的车马事。公元118年,皇帝见经传文章多不正规,就命刘珍和良史校订经文经书中的谬误,指定蔡伦监管他们的工作。

公元120年,蔡伦曾受窦后(汉章帝刘炟后)

蔡伦

的授意，诬陷安帝祖母宋贵人。太后死后，安帝亲自处理政务，命令蔡伦自己到廷尉处接受处罚。蔡伦蒙受耻辱，遂洗净身体整戴衣冠，自杀而死。

蔡伦的这段生平摘自被后人视为正史的《后汉书》，《后汉书》上的记载成了后人了解研究蔡伦的主要依据。然而《后汉书》是在蔡伦死后由南朝史学家范晔编撰的，相距300多年了，记载是否准确，后人有些怀疑。通过进一步研究，了解到范晔等编写的《后汉书》其大部分原始史料来自刘珍主编的《东观汉记》，其中蔡伦传是蔡伦死后30年，东汉桓帝命史官曹寿、延笃为蔡伦立传，收于《东汉观记》。看来这段记载还是可信的。

在蔡伦的故乡，湖南省耒阳县城蔡子池畔有蔡侯祠，相传为蔡伦故宅。祠后还有蔡伦衣冠冢，冢前牌坊

东汉简牍

额上有郭沫若写的"蔡伦之墓"四个字。

从史书记载和现在考古的有关文章，都认为蔡伦是湖南耒阳人。但是从耒阳县现存的蔡伦墓冢来看，比运城市现存的的蔡伦墓冢要小一倍。同时各种文献证明耒阳县只是蔡伦衣冠冢，不是他的葬身之墓。这说明《解州全志》和《安邑县志》记载的"蔡伦寓居本县，卒葬于此"是完全可靠的。王范村的蔡伦墓，应是蔡伦的葬身之墓。

三国两晋南北朝篇

所谓时势造英雄，动乱的社会舞台总会为精英留一席之地。曹操在兵荒马乱的时候用计谋、用韬略，挟天子以令诸侯，成功跻身于权力的巅峰，与诸葛亮辅佐下的刘备、周瑜效力的孙权，三分天下。尽管诸葛亮鞠躬尽瘁，死而后已，却挡不住历史的车轮隆隆前进，东不思蜀的刘禅终究是烂泥巴糊不上墙。而羽扇纶巾的江南才俊周瑜，也是英年早逝，错过了历史最有看头的时候。

尽管战乱的年代，却挡不住文化的传承和进步。博学多才的祖冲之将圆周率计算到小数点后七位，还创立了《大明历》；『书圣』王羲之，则用自己的字征服了世人。『飘若游云，矫若惊龙』的《兰亭集序》更是为历代书法家所敬仰。王羲之和祖冲之用自己的才华，影响着一代又一代的人。

曹 操

曹操(155年~220年)，字孟德，小名阿瞒，沛国谯郡(今安徽亳州)人。东汉末年杰出的政治家和军事家。剿黄巾军发迹后，挟献帝于许都，号令天下。建安十三年，进丞相，封魏王。子曹丕称帝代汉，追尊为武帝。曹操精于兵法，著有《孙子略解》、《兵书摘要》。善长诗歌、散文，著有《蒿里行》、《观沧海》等名篇。

生逢乱世

曹操生于东汉桓帝永寿元年(155年)，父亲曹嵩。据说本姓夏侯，因幼时被大宦官曹腾收为养子，所以改姓曹。灵帝时，曹嵩曾做过太尉等大官。曹操出生的家庭，既有其特殊的优越地位，但又为当时一般士大夫所轻视。这对于他后来事业的发展，是有一定影响的。

曹操自幼机警多智，但比较顽皮。据说他叔父很不喜欢他，常在曹嵩面前说他的坏话。一次，曹操看见他叔父就要走过来，他马上装出中风的样子，口眼歪斜，十分痛苦。他叔父赶紧去告诉曹嵩，曹嵩把他找了回来，他却安然无恙。曹嵩问他病好了没有，他说："我根本就没有什么病，因为叔父不喜欢我，所以常常要诬谄我。"从此，曹嵩再也不相信他叔父的话了。

曹操20岁时，被州郡推选出来做官，朝廷任命他为洛阳北部尉。洛阳是东汉王朝的首都，分东西南北四部，每部设尉一人，主管治安工作。洛阳四通八达，流品复杂，很不好治理。尤其是那些达官贵人，更是无法无天，胡作非为，谁也不敢碰他们。曹操到任后，在衙署门外悬挂五色大棒十余枚，宣布："今后凡违犯朝廷法令者，不论是谁，一律严惩。情节恶劣的，要用棒打死，决不宽贷。"他这样说了，也确实这样做了。一次，灵帝宠幸宦官蹇硕的叔父违禁夜行，曹操知道后，立即派人把他抓来打死于棒下。从此，那些目无法纪的权贵们，

曹操

再也不敢放肆了,社会秩序有了很大的改观。这位说到做到、铁面无私的青年官员,当时很得人们的称赞。

黄巾起义发生的时候,曹操被朝廷任命为骑都尉,协助皇甫嵩、朱俊等人在颍川(在今河南中部)一带镇压黄巾军,后来因功封为济南相。济南是一个王国,管辖十几个县,相当于一个郡。按汉朝规定,王国只能收取租税,不允许管理民政,王国大权掌握在相的手里,相实际上就是郡太守。曹操任济南相之前,济南各县长官大都依附权贵,贪赃枉法,朝廷政令很难贯彻。而且当地祠庙林立,迷信之风极盛。曹操到任后,首先撤换了八个劣迹昭彰的官员,并下令拆毁滥建的祠庙,严厉打击了歪风邪气。经过曹操这一番整顿,济南的社会面貌呈现一派崭新的气象。

声讨董卓

灵帝中平五年(188年),东汉政府为了加强统治力量,在中央筹建了一支新军,称为"西园八校尉"。新军正统帅是宦官蹇硕,副统帅是大贵族出身的袁绍。曹操也被任命为八校尉之一的典军校尉。

献帝初平元年(190年),关东各州郡的牧守和地方豪强,在讨伐董卓的名义下纷纷起兵。其中有冀州牧韩馥、渃海太守袁绍、河内太守王匡、兖州刺史刘岱、陈留太守张邈、东郡太守桥瑁、济北相鲍信等人。在起兵的牧守中,以袁绍的声望最高,因此大家公推他当盟主,各地军队由他统一指挥。这时曹操还没有固定的地盘,粮草器械靠张邈接济,因此要受他的节制。

董卓听说关东起兵,他一面把献帝劫持到长安,一面调动大军准备迎击。关东联军虽然在人数上占优势,但大部分军队是在短期内仓促组成的,缺乏战斗经验。同时各将领之间也互不信任,心存观望,不肯认真作战。因此,战争一直处于胶着状态,进展很小。曹操认为董卓迁都,正是他虚弱的表现,应该趁此时机集中兵力决战,一战而胜则天下可定,但当时没有人听他的话。曹操为了带动联军西进,他自告奋勇领兵杀向成皋,在荥阳附近和董卓军队相遇,发生了激战。由于兵力过少,又无后援,结果惨败。曹操也为流矢所中,几乎丧命。曹操回到酸枣(今河南延津北),见各将领按兵不动,每天置酒高会,毫无打仗的样子,心中十分气愤,就责备他们说:"目前这样好的军事形势,你们却迟疑不进,坐失良机,使天下人失望,我真为你们感到羞耻!"

经过这次挫折,曹操深感自己兵力单薄,不足以御强敌。于是他就和部下曹洪、夏侯惇等人,分赴扬州、徐州等地募兵,准备再战。

不久,关东联军内部出现裂痕,而且很快就火拼了起来。首先,兖州刺史刘岱杀死东郡太守桥瑁;接着,袁绍也夺取了韩馥的地盘,自领冀州牧。这样一来,以讨伐董卓为号召的关东联军,无形中就土崩瓦解了。

逐鹿中原

　　当关东联军和董卓军队相持不下的时候，青州黄巾军和河北黑山军以星火燎原之势发展了起来。献帝初平二年（191年）秋，以于毒、白绕、眭固为首的一支黑山军十余万人，向冀州首府邺城（今河北临漳县西南）发起了进攻，并有渡河南下与北上的青州黄巾军会师的趋势。冀州牧袁绍急忙派兵堵截，并令曹操引兵入东郡围剿。曹操竭力镇压，在濮阳（今河南濮阳县）附近打败了白绕的队伍，袁绍立即以盟主的资格任命曹操为东郡太守。第二年春天，曹操又接连击破于毒、眭固等部，稳住了黄河以南的局势。但这一年夏天，青州黄巾军却积极活动起来，他们进入兖州，攻破任城（今山东济宁），杀死任城相郑遂。又在东平（今山东东平县）附近击败兖州刺史刘岱的军队，并阵斩刘岱，声势大振。

　　刘岱死，兖州无主，曹操部将陈宫劝说济北相鲍信及兖州高级幕僚万潜等人，推举曹操接替刘岱，以堵击黄巾军。鲍信等接受了陈宫的意见，迎曹操代理兖州牧（后来曹操又派人赴长安，争取到汉献帝的正式承认）。

　　曹操就任兖州牧之后，即与鲍信合兵堵击黄巾军于寿张（今山东东平县西南）东郊。黄巾军来势很猛，鲍信被打死，曹操军队也受到很大损伤。后来曹操设伏兵打败了黄巾军，一直追到济北（今山东济南西面），迫使黄巾军投降，共收降兵三十余万，男女百余万口。曹操从中选拔精锐，组成一支战斗力很强的队伍，称为"青州兵"，这就是后来曹操逐鹿中原的基本武力。

　　献帝初平三年（192年），盘踞在南阳的袁术，勾结幽州公孙瓒进攻袁绍和曹操，企图夺取冀州和兖州地盘。袁术与袁绍虽为兄弟，但两人素来不和，公孙瓒与袁绍也有矛盾；而当时曹操比较接近袁绍，为袁术所不满，因此袁术与公孙瓒很快结合了起来。但公孙瓒的军队不久就被袁绍击溃，逃回幽州。袁术进军陈留，也被曹操接连打败。荆州牧刘表又从襄阳逼近袁术的根据地，并切断了他的粮道，袁术被迫退往淮北。

　　陈留太守张邈本与曹操交好，曹操当年在陈留募兵，就是得到了张邈的赞助。及至曹操出任兖州牧，位在张邈之上，张邈心不自安。同时曹操在兖州所采取的一些严厉手段，如杀名士边让等，也使兖州士大夫怀有疑惧。甚至曾为曹操出任兖州牧尽过力的陈宫，这时也对曹操不满。乘曹操出征徐州之机，他们联合了起来，迎吕布进驻濮阳，并推他为兖州牧以抗拒曹操。吕布本为董卓部将，献帝初平三年四月与司徒王允合谋诛董卓，但不久董卓残余势力李傕、郭汜等攻破长安，杀死王允，赶走吕布。吕布先后投奔袁术、袁绍等人皆不得意，这时被推为兖州牧当然是求之不得。张邈、陈宫在兖州的势力很大，在他们的号召下，各郡县纷起附和。兖州全境只有鄄城（今山东鄄城县）、范县（今山东范县东南）、东阿（今山东阳谷县东北）三城，尚为曹操亲信所坚守。

　　曹操从徐州撤兵时，吕布久攻鄄城不下，退屯濮阳。曹操围攻濮阳，战不利，相持百余日。到了秋天,双方皆因军粮缺乏,不得不暂时收兵。曹操回鄄城,吕布转据山阳(今山东金乡县西北)。以后又经过将近一年的战斗,曹操终于打败吕布。吕布逃往徐州,兖州重归曹操统治。

当曹操与吕布在兖州鏖战之时,李傕、郭汜发生了火拼,汉献帝落入李傕手中。后来李傕部将杨奉叛变,与董承、韩暹等人拥献帝辗转回洛阳。自经董卓之乱,洛阳已残破不堪。还都之后,朝廷百官连居住的地方都没有,粮食十分缺乏,有些官员甚至饿死在断垣残壁之下。而当时各州郡的牧守,皆拥兵自重,没有谁肯来过问皇帝的困难处境。献帝建安元年(196年)秋,曹操亲自到洛阳朝见献帝,见洛阳残破,乃迎献帝迁都许县(今河南许昌东)。从此,曹操牢牢控制了东汉政府,"挟天子以令诸侯",在政治上占了很大的优势。

曹操军队到达清水(今河南白河),张绣不战而降。但不久又反悔,突袭曹操大营。曹操仓促应战,为流弹所伤,几乎遇险,长子曹昂与侄曹安民皆被杀。曹兵退到舞阴(今河南泌阳县西北),才把张绣击退。

同一年冬天,曹操再度攻张绣,刘表出兵助之。曹操击败了他们的军队,收复宛和舞阴。第二年三月,曹操第三次进攻张绣,围张绣于穰城(今河南邓县),两月不下。刘表又派兵来救,并打算切断曹军后路。曹操在击破了张、刘联军的包围之后,退回许都。曹操三次出征虽然都没有成功,但张绣和刘表也遭到了沉重的打击,不敢北犯。

此时曹操面临的主要敌手,不是张绣和刘表,而是冀州的袁绍和徐州的吕布。因为曹操虽然一直与袁绍联合,但随着曹操势力的扩大,袁绍对他的疑忌心理也越来越严重。特别是曹操抢先把汉献帝控制在自己手中,动辄以朝廷的名义发号施令,对袁绍很不利。袁绍曾企图让曹操把献帝迁到鄄城,这里离邺城较近,便于他控制。曹操当然加以拒绝,因此,双方嫌隙加深。不过这时袁绍正与公孙瓒争夺幽州,一时尚无暇南顾,而近在肘腋的徐州吕布,则势在必除。

建安三年(198年)九月,曹操领兵攻吕布,十月破彭城(今徐州市),进兵下邳(今江苏邳州东)围吕布。陈宫建议吕布率兵出屯城外为掎角之势,再以游骑断曹兵粮道,则曹操必退。吕布没有采纳陈宫的意见,坚守下邳孤城不出。曹操围攻下邳两个多月,最后挖开沂水、泗水灌下邳,吕布将领宋宪、魏续等缚陈宫出降。吕布退守白门楼(下邳南门城楼),因无援兵,也最终投降。曹操下令把吕布和陈宫一起绞死,吕布势力彻底被消灭。

曹操取得徐州之后,袁术在寿春(今安徽寿县境内)感到威胁,想投奔袁绍以解除困境。路过下邳,曹操派部将朱灵随刘备前往邀击。袁术不能通过,只好仍折回寿春,不久病死。

曹操自从初平三年(192年)冬收编青州兵以来,历时八年,先后击败袁术、陶谦、张绣、刘表、吕布、刘备等人,取得中原逐鹿的优胜权,从而巩固了他的统治地位,并为下一步打败袁绍、统一北方奠定了基础。

统一北方

曹操在击败吕布、刘备之后,和袁绍已处于两雄不并立的地步。这时袁绍占有冀、幽、青、并四州,地广粮多,户口殷盛,实力远在曹操之上。他集中在黄河北岸准备投入战斗的部队有精兵十万,战马万匹,兵力可谓雄厚。而当时曹操结集在官渡(今河南许昌之北)一带的军队不过三四万人。双方兵力如此悬殊,因此曹操部下有些人对于能否打败袁绍缺乏信心。曹操在分析了双方优劣形势之后,斩钉截铁地说:"兵家胜败不完全决定于实力大小,而要看主将的指挥才能如何。袁绍这个人志大而智短,色厉而胆小,心胸狭隘,不能充分发挥部下的才能。他的军队虽多但纪律不严,将领骄横不听调遣。因此,不管他的土地多么广大,粮食多么充足,也必然被我打败。"后来战局的发展,证明曹操的估计是正确的。

建安五年(200年)正月,袁绍发表讨伐曹操的檄文。檄文中除了诋毁曹操是"赘阉遗丑"(宦官的后代),他父亲曹嵩是"乞丐携养"(因家贫被曹腾收为养子)外,还列举曹操忘恩负义等种种罪状,最后斥责曹操劫持献帝,意图篡位,并号召上下一心,共灭曹操。檄文出自当时著名文人陈琳之手,文章写得淋漓尽致,气势逼人。据说曹操看了之后,很称赞陈琳的文才。

颜良、文丑都是河北名将,相继在阵前被斩,使袁军大为震恐。白马、延津之战是官渡决战的序幕,曹操连战皆捷,大大鼓舞了士气,坚定了将士们战胜袁绍的信心。同年八月,袁绍率大军向官渡推进,寻找曹军主力决战。袁军依沙丘为营,东西长达数十里,与曹操营寨遥遥相对。曹操出击不利,退而坚守大营,等待时机。袁绍见曹军不出,命令士兵在曹军营外堆起土山,上设望楼,从望楼中指挥士兵向曹营射箭。梆声响处,箭如飞蝗,曹军往来行走都要拿盾牌遮身,造成很大恐慌。曹操急令工匠赶造发石车(又称霹雳车),向山上投射石弹。袁军无处躲藏,死伤很多,只好停止登山射箭。袁绍又令士兵挖掘地道,企图通向曹营。曹操则在营内挖壕沟进行防御。袁绍想了各种办法,却始终无法攻破曹军阵地。曹操一面防守,一面准备奇袭。他深知袁军人多,粮食的消耗量必然很大。袁军逼近官渡,后方运输线拉长,如能断其粮道,定可取胜。他接受谋士荀攸的建议,命部将徐晃领兵袭击袁绍的运粮车辆。果然一击而中,焚毁粮车数千辆,给袁军以沉重的打击。到了十月,袁绍又从河北运来一万多车粮食,屯在大营北面四十里的乌巢(今河南延津东南),并派大将淳于琼领重兵护守。这时,袁军内部因意见不一致,发生了矛盾。谋士许攸投奔曹操,透露乌巢屯粮情况。曹操亲率步骑兵五千人夜袭乌巢,斩淳于琼,焚毁全部存粮。袁绍派张郃、高览攻曹营,但二人见形势不利,遂投降了曹操。消息传来,袁绍军心浮动,曹操乘势猛攻,大获全胜。袁绍与其子袁谭率八百骑兵渡河逃跑,其余军队全部被歼。

建安十二年(207年),曹操北征乌桓。五月,到无终(在今河北蓟县),无终人田畴为大军做向导,引军出卢龙塞(河北喜峰口一带),经过五百余里人迹罕到的荒山野岭,突袭乌桓政治中心柳城(今辽宁朝阳南)。距柳城约二百里,被乌桓发觉。乌桓与袁熙、袁尚率数万骑兵迎战,曹操击溃了他们的军队,斩乌桓单于蹋顿。袁熙、袁尚再奔辽东太守公孙康。不久,公孙康斩二袁首级送还曹操,于是袁绍残余势力全部被平定。

赤壁鏖兵

曹操于平定乌桓后的第二年(208年),建安十三年七月,对荆州发动了进攻。恰巧刘表病死,幼子刘琮在后母蔡氏及蔡氏之弟蔡瑁的扶持下,继刘表为荆州牧。长子刘琦在这以前已接替黄祖出任江夏太守。曹操大军进入荆州境,刘琮不战而降。当时刘备屯兵樊城(今湖北襄樊),对此尚一无所知,及至听说刘琮投降,曹操大军已到了宛县(今河南南阳)。刘备仓皇向江陵(今湖北江陵)方向撤退。江陵为荆州军事要地,存有大量军用物资。曹操恐为刘备所得,从襄阳亲率五千骑兵,一昼夜急行军三百余里,到当阳长坂(今湖北当阳县东北)追上刘备,并打败了他的军队。刘备被迫放弃原来计划,改向汉水方面撤退。

刘备渡过汉水,与刘琦的军队在夏口会师。为了便于同孙权取得联系,刘备又进驻鄂城的樊口(在今湖北鄂城县东北)。刘备在当阳的时候,孙权曾派鲁肃以吊刘表之丧为名见刘备,有联合抗曹之意。现在刘备危急,于是派诸葛亮去见孙权,向他分析形势,说明利害,以坚定孙权抗击曹操的决心。

建安十三年(208年)秋冬之际,曹操率水陆两军从江陵出发,沿长江东下,到达赤壁(今湖北武昌县西赤矶山)时,与孙、刘联军相遇;曹军初战不利,退至北岸乌林(今湖北洪湖县东北,长江北岸邬林矶),双方夹江而阵。周瑜部将黄盖建议用火攻,先致书曹操,诈称投降。到约定投降之日,黄盖用大船数十艘,船中装满薪材,灌以膏油,外面盖上帷幕,使曹军不易察觉。快驶到北岸时,各船同时点火,当时正值东南风大起,船行甚速,火势冲天。曹操战船皆不及躲藏,很快就被延烧了起来。接着又延烧到岸上的营寨,曹军大乱。孙、刘联军乘势冲杀,击溃了曹操的军队。曹操留下曹仁守江陵,自己带领一部分军队狼狈地退走了。后来由于江陵长期被围,曹仁又退守到襄阳、樊城一带。

赤壁之战

赤壁战后,刘备拥刘琦为荆州刺史。第二年刘琦病死,刘备自领荆州牧。建安十六年(211年),刘备利用益州牧刘璋请他去平定张鲁的机会,提兵入蜀,夺取了益州。这样,三国鼎立的局面就基本上形成了。

戎马一生

建安十九年(214年),曹操命夏侯渊攻袍罕(今甘肃临夏市西南),消灭了称王三十多年的宋建,于是河西一带也并入曹操的统治范围。

刘备见曹操势力不但进入汉中,而且侵入巴郡,直接威胁到益州的安全,因此,决定以全力争汉中。建安二十三年(218年)夏,刘备亲赴前线,与曹操留守汉中的夏侯渊、张郃部队作战。第二年春天,刘备进军定军山(陕西汉中市勉县城南),斩夏侯渊,曹操被迫撤出汉中。

在东线方面,赤壁之战以后,曹操与孙权以及与奉刘备之命驻守荆州的关羽,也经常发生战争。建安二十四年(219年)七月,关羽发动对樊城的进攻。曹仁派于禁、庞德等七军屯樊城以北为犄角之势。八月,大雨不止,汉水陡涨,关羽引水淹于禁等七军,擒于禁、庞德,并进围樊城、襄阳,一时声威大振。据说当时曹操曾打算把首都迁往邺城以避其锋。后来接受谋臣司马懿、蒋济的意见,利用孙权、刘备争夺荆州的矛盾,拉拢孙权,偷袭江陵,擒斩关羽,才解除了襄阳、樊城之围。曹操在樊城解围之后,于建安二十五年(220年)春,从前线摩陂(今河南郏县东南)回到洛阳,不久就在洛阳病死了。

不朽诗篇

曹操是东汉末年杰出的军事家和政治家。他主要的贡献是使长期处于分裂割据状态的北部中国,重归于统一,并且在他统治的地区以内广泛地实施了屯田制。这对于恢复农业生产和安定人民生活,都起了积极的作用。

曹操在文学上也有很高的成就,他一生虽然戎马倥偬,但每到一处,总不忘吟咏。著名的《薤露行》和《蒿里行》,不但表达了诗人对董卓等军阀混战的憎恨,也真实地记述了当时人民所遭受的苦难,因此被誉为"诗史"。《短歌行》和《步出夏门行》则抒发了诗人的抱负和雄心壮志。"老骥伏枥,志在千里;烈士暮年,壮心不已",成为千百年来鼓舞人们斗志的著名诗句。

曹操的散文,大都直抒胸臆,不假雕饰,坦率地申述了自己的思想和政治见解。例如《让县自明本志令》一文中,就把自己为什么宁愿蒙受别人的诬蔑而决不交出兵权的原因,说得明明白白,合情合理。这是一般政治家所缺乏的坦率胸怀。

总之,曹操不仅是一个杰出的军事家和政治家,还是一个伟大的文学家和诗人。正如《三国志》的作者陈寿评论曹操为"非常之人,超世之杰","治世之能臣,乱世之枭雄"。

曹 植

　　曹植（192年~232年），字子建，曹丕之弟。他是建安时期最负盛名的作家，《诗品》称为"建安之杰"。现在流传下来的小说诗歌文学作品也最多，诗有八十多首，辞赋、散文完整的与残缺不全的共四十余篇。从这些小说诗歌文学作品来看，其成就的确在建安时期一般作家之上。

　　曹植的一生以曹丕称帝为界，明显地分为前后两期。前期他以才华深得曹操的赏识与宠爱，几乎被立为太子，志满意得；后期曹丕父子做了皇帝，由于前期有争为太子的一段经历，对他深怀猜忌，横加压抑与迫害。他虽然仍不失王侯的地位，却"抑郁不得志"，终于在愤懑与苦闷中死去。这种生活遭遇，对他的创作有着深刻的影响。

　　曹植前期也是在相对安定的环境中过着贵公子的生活，但颇有功名事业心。他一生所热烈追求的是"戮力上国，流惠下民，建永世之业，流金石之功"（《与杨德祖书》）。当曹操奠定了天下三分的局面时，他的政治雄心便是西灭"违命之蜀"，东灭"不臣之吴"，"混同宇内，以致太和"（《求自试表》）。他诗歌的主要内容之一，便是表现这种雄心壮志。《薤露篇》说："愿得展功勤，输力于明君。怀此王佐才，慷慨独不群。"在《鰕䱇篇》里，诗人自比为鸿鹄，把"势利惟是谋"的小人比为"不知江海流"的鰕䱇和"安识鸿鹄游"的燕雀。这些都表现了他追求理想和颖脱不群的性格。但由于诗人前后期生活境遇的不同，表现这方面内容的小说诗歌文学作品，其情调、风貌也有显著的差异。前期以《白马篇》为代表，它塑造了一个武艺高强、渴望为国立功甚至不惜壮烈牺牲的爱国壮士的形象，充满豪壮的乐观的精神："羽檄从北来，厉马登高堤。长驱蹈匈奴，左顾凌鲜卑。……捐躯赴国难，视死忽如归。"后期以《杂诗》为代表，更多地表现了壮志不得施展的愤激不平之情。

　　如《杂诗》其五："仆夫早严驾，吾行将远游。远游欲何之？吴国为我仇。将骋万里途，东路安足由？江介多悲风，淮泗驰急流。愿欲一轻济，惜哉无方舟！闲居非吾志，甘心赴国忧。"

　　曹植后期备受迫害和压抑。《世说新语》载一个故事说，曹丕曾命他七步中为诗，不成则将行答法。他作诗道："煮豆持作羹，漉菽以为汁。其在釜下燃，豆在釜中泣。本自同根生，相煎何太急？"这个传说很能表现他当时的处境。他的后期诗歌也主要是表现这种处境和心情。

　　作于黄初四年的《赠白马王彪》是诗人后期的一篇重要小说诗歌文学作品。

当时诗人和白马王曹彪、任城王曹彰都去京师朝会。任城王到京后不明不白地死去,诗人与白马王回返封地时,又为有司所阻,不能同行。于是诗人"愤而成篇",写下了这首赠诗。全诗共分七章,表现了丰富的复杂的感情。诗中如"鸱鸮鸣衡轭,豺狼当路衢。苍蝇间白黑,谗巧令亲疏",痛斥了迫使他们分行的有司;"奈何念同生,一往形不归。孤魂翔故域,灵柩寄京师",表现了对任城王暴亡的深沉悼念;"变故在斯须,百年谁能持",也吐露了诗人在岌岌可危的处境中惴惴不安的心境。这首诗虽然只是抒发诗人的主观感情,客观上却深刻地揭露了统治阶级内部萁豆相煎的残酷,是有深刻的思想意义。这首诗的抒情艺术水平也很高。诗人把复杂的感情,通过章章蝉联的辘轳体的形式,一步步抒发出来,极有层次。另外,诗人的感情虽然十分悲愤激切,却不是一味的直接倾诉,往往通过叙事、写景,或通过哀悼、劝勉等方式宕开去写,这就把感情表现得沉着从容,丰富深厚。

此外,他的《吁嗟篇》以转蓬为喻形象地描写了他"十一年中而三徙都"的生活处境和痛苦心情。《野田黄雀行》则表现了他对迫害的愤怒和反抗:"高树多悲风,海水扬其波。利剑不在掌,结交何须多。不见篱间雀,见鹞自投罗。罗家得雀喜,少年见雀悲。拔剑捎罗网,黄雀得飞飞。飞飞摩苍天,来下谢少年。"

诗人以罗家喻迫害者,以雀喻受害者,塑造了一个解救受难者的侠义少年的形象,寄寓了作者的理想和反抗情绪。曹丕即位就积极翦除曹植的羽翼,杀死了他的好友丁仪、丁异等,可见这样的诗是有现实背景的。

曹植前期的诗歌主要是表现他的壮志,很少反映社会现实,只有《送应氏》第一首因送友人而连带写到友人所居的洛阳的残破。后期由于自己生活的不幸,逐渐能体会到一些下层人民的痛苦,才写出了个别反映人民疾苦的诗篇。如《泰山梁甫行》给我们描绘了一幅当时边海人民贫困生活的画面:"八方各异气,千里殊风雨。剧哉边海民,寄身于草野。妻子象禽兽,行止依林阻。柴门何萧条,狐兔翔我宇。"

《杂诗》第二首则表现了对从戎的"客子"的同情。

曹植还写了不少情诗,如《七哀》、《美女篇》等。这些诗与表现壮志的诗风格明显不同,感情哀婉缠绵,与汉末古诗中的抒情诗极相近。《七哀》一首情调尤肖《古诗十九首》。这些诗中有一些可能寄托了诗人君臣不和和怀才不遇的感情。

《诗品》说曹植的诗"骨气奇高,词采华茂",很能概括曹植诗歌的艺术风格。曹植一生热衷功名,追求理想,遭遇挫折后,壮志不衰,转多愤激之情。所以诗歌内容充满追求与反抗,富有气势和力量,这就形成了"骨气奇高"的一面。

在建安诗人中,曹植要算是最讲究艺术表现的。他的诗歌虽然也脱胎于汉乐府,但同时吸收了汉末文人古诗的成就,并努力在艺术上加以创造和发展。建安诗歌从乐府出来逐渐文人化,到了曹植手里就具有明显的文人诗的面目了。如《美女篇》模仿汉乐府《陌上桑》,但描写的细致和词藻的华丽,与《陌上桑》迥异其趣,正表现了这种倾向。曹植的这种努力造就了他"词采华茂"的一面。他的诗善用比喻,不止多而贴切,并且常常以全篇为比。如以少年救雀喻解救受难者,以转蓬飘荡喻流徙生活,以女无所归喻怀才不遇等。他的诗又注意对偶、炼字和声色。如,"明月澄清景,列宿正参差。秋兰被长阪,朱华冒绿池。潜鱼跃清波,好鸟鸣高枝",一连三联对偶,后两联尤为工整。"被"字、"冒"字见出作者选词用字的匠心。他有些诗句已暗合律诗的平仄,富于音乐性。此外曹植的诗还工于起调,善为警句,如"高树多悲风,海水扬其波"、"惊风飘白日,光景驰西流",它们或在篇首,或在篇中,都使全诗增色。曹植这方面的成就提高了诗歌的艺术性,但也开了雕琢词藻的风气。

曹植的辞赋也都是抒情小赋。《洛神赋》是他赋中的名作。这篇赋受到了《神女赋》的影响。它熔铸神话题材,通过梦幻境界,描写一个人神恋爱的悲剧。赋中先用大量篇幅描写洛神宓妃的容貌、姿态和装束,然后写到诗人的爱慕之情和洛神的感动:"于是洛灵感焉,徙倚彷徨,神光离合,乍阴乍阳。竦轻躯以鹤立,若将飞而未翔。践椒涂之郁烈,步蘅薄而流芳。超长吟以永慕兮,声哀厉而弥长。"通过这些动作的描绘把洛神多情的性格也刻画得十分突出。最后写到由于"人神之道殊",洛神含恨赠珰而去,和诗人失意追恋的心情,有浓厚的悲剧气氛。这篇赋想象丰富,描写细腻,词采流丽,抒情意味和神话色采很浓,艺术的魅力很大。

在曹植的文章中,《与吴季重书》和《与杨德祖书》是两篇有名的散文书札。后一篇直抒怀抱,讥弹时人,文笔锋利简洁,也很能表现他自视甚高的性格。另外,他的《求自试表》、《求通亲亲表》是两篇骈俪成分极重的文章。但它们都有一定的内容,而在形式上,对偶排比句也往往是三、四、五、六言相间,并且不排斥散句,所以错落有致,工整而不萎弱,与后来许多形式主义的骈文有很大不同。特别是前一篇,诗人的急切用世之心,洋溢在字里行间。

建安文学在我国文学史上占有重要的地位。一个时期的文学能形成一种传统而被接受下来是不多的。钟嵘在反对晋以后的形式主义诗风时,曾慨叹"建安风力尽矣"!初唐诗人陈子昂在进行诗歌革新时,也高举"汉魏风骨"的旗帜,这说明"建安风骨"的传统对后世文学的影响是相当深远的!

诸葛亮

诸葛亮（181年~234年），三国时杰出政治家、军事家、外交家。字孔明，号卧龙。徐州琅邪郡阳都县（今山东沂南县）人。汉司隶校尉诸葛丰后裔。东汉末随叔父避难至荆州，隐居隆中（今湖北襄阳西），人称"卧龙"。刘备因徐庶推荐，三顾茅庐相请，成为刘备的谋士。建安十三年（208年），他东结孙权，在赤壁大败曹操，乘胜占有荆州的大部地区。刘备称帝，为丞相，后封武乡侯，领益州牧，主持国家政务。诸葛亮通兵法，善计谋，建兴十二年（234年），与司马懿相敌，死于五丈原军中。原有文集25卷，多散佚，现存《诸葛亮集》。

躬耕南阳

汉灵帝光和四年（181年），在徐州琅邪郡阳都县的一个门第不高的官僚地主家庭里，诞生下一个婴儿，他就是后来成为三国时期蜀汉丞相的诸葛亮。

诸葛亮父亲诸葛圭，当过泰山郡郡丞，叔父诸葛玄为当时名士。郡丞是协助郡太守掌管行政司法的官员，地位并不高，所以诸葛亮的出身并非名门望族。

诸葛亮有三个兄弟、两个姐姐，在兄弟中排行第二。他小的时候生母就病故了，大约在八岁的时候，父亲诸葛圭又去世了。从此诸葛亮一家子就依靠叔父诸葛玄生活了。

叔父死后，诸葛亮带着弟弟搬到离襄阳城西二十里的隆中村住下来。这里山明水秀，风景幽雅。诸葛亮盖了几间草房，与弟弟在这里一边读书，探讨学问；一边亲自参加劳动，过着自给自足的生活。诸葛亮在这里一共住了十年（197年~207年），度过了他一生中非常有意义的时期。

诸葛亮在与荆州名士的交往中，他的才识很快得到了他们的器重，所以在襄阳一带的士人中颇有了点名气。沔阳名士黄承彦，家道富有。夫人去世较早，留下一个女儿阿丑，父女相依为命。阿丑从小就很聪明，跟着他父亲整日读书写字，文化修养很高；但她长得又黑又

诸葛亮

小,再加上一头的黄发,模样儿实在不好看。诸葛亮几次到黄承彦家拜访,听说他有一个女儿长得很丑,但一直没有见到过。有一次他在黄承彦的书房中见到一些诗文,诸葛亮读后赞不绝口,一打听才知道是他女儿做的,所以他很佩服这个才女。这时诸葛亮已经到了该成亲的年龄,他的姐姐和朋友们给他介绍了不少大家闺秀,都不中意。黄承彦听说诸葛亮在物色对象,觉得自己的女儿和他倒是才学相当;但论外貌诸葛亮年轻英俊,而自己的女儿长得太丑,实在配不上他。但是他从平时与诸葛亮的接触中,知道他是一个重才不重貌的人,所以就决定试探一下诸葛亮的意思。他见到诸葛亮时,开门见山地对他说:"你也到了该成亲的时候了,我有个女儿长得虽不好看,但才学倒可以与你相配,不知你愿意不愿意?"诸葛亮因为对他女儿的才学早有所了解,一听喜出望外,马上答应了这门亲事。这件事传开后,人们议论纷纷,认为诸葛亮这样仪表非凡的才子,找了那么一个有名的丑女,太不可理解了。有人还编了两句歌谣讽刺说:"莫学孔明择妇,止得阿承(指黄承彦)丑女。"岂知阿丑不但有才学,而且很贤惠,对以后诸葛亮一生的事业,都起了很大的作用。

庞德公的侄儿庞统这时曾游江东。他在江东割据的孙权的助手鲁肃处,见到了诸葛亮的哥哥诸葛瑾,回荆州的时候诸葛瑾托他给诸葛亮捎回一封家书。诸葛亮见信后,才知道哥哥早已离开山东老家,到江东避乱。现在一家人又都联系上了,知道了各自的下落,诸葛亮心里也就踏实了。

在隆中隐居的诸葛亮,读了很多的书,了解到很多我国历史上兴衰成败的事情,他常常联系当时的实际,与周围的朋友们探讨治国平天下的道理。由于他的见解深刻而又实际,常常得到朋友们的赞赏。他在这时不但已经形成了一套比较完整的政治见解,而且在当地社会上的声誉也越来越高,在他周围形成了一个志同道合的集团,这都为他以后实现自己的政治抱负准备了条件。

刘备听了司马徽、徐庶对诸葛亮的评价,觉得诸葛亮确实是个了不起的人才,这正是自己梦寐以求的良辅,于是决定亲自到隆中拜访诸葛亮。但头一次和第二次都落空了,正巧诸葛亮不在家。第三次去才见到了诸葛亮,这就是历史上被人们传为美谈的"三顾茅庐"。

这时刘备已经是47岁的一个久经沙场的老将军,而诸葛亮还是一个27岁的未经世面的书生。诸葛亮被刘备真心诚意向自己求教的心情感动,因而认真细致地向刘备分析了当时天下的形势,以及刘备所应采取的对策。这就是有名的"隆中对"。后来,诸葛亮死心塌地的效忠于刘备,建立了不朽的功绩。

火烧赤壁

诸葛亮和鲁肃一同到了柴桑(今江西九江)会见孙权。诸葛亮知道孙权还没有最后下定与曹操决一死战的决心,就对孙权采取了激将法。他对孙权说:"现在曹操已经统一了北方,如果你敢以江东的力量对抗他,就应果断地与他绝交,而不应该表面上归顺,内心又犹豫不决;如果觉得无力抵抗曹操,就应该放下武器,向他投降。你至今还犹豫不决,大祸就要临头了。"孙权反问诸葛亮,那刘备现在危在旦夕,为什么不早投降曹操呢?诸葛亮说,刘备是皇室后代,盖世的英才,怎么肯低声下气地去投降曹操!他已下定抗曹的决心,绝不会去投降曹操。诸葛亮的话激怒了孙权,他表示决不以东吴的十万将士受制于曹操,愿意与刘备结盟,共同抗击曹操。

但是,孙权很担心刘备刚打了败仗,是否还有抵抗曹操的力量。诸葛亮向他解释说,刘备虽然在长坂被打败,但失散收集回来的士兵,加上关羽的水军,还有一万多人,刘琦手下的军队也有一万多人。曹操的军队人数虽多,但远道而来,且北方人不习惯水战。荆州刘琮的军队虽然投降,但不会真心帮助曹操打仗。如果孙权能派一个得力大将,统兵数万,和刘备的军队同心协力作战,一定能够战胜曹操,到时三分天下的局面就形成了。

曹操的军队不习惯水战,他们受不了船上的风浪颠簸,所以就用铁索把战舰的头尾连接起来,这样就平稳得多了。周瑜的部将黄盖,发现曹操的水军用铁索都连在一起,完全失去了战舰的机动性。他就根据这个弱点,建议用火烧战船的方法,消灭曹操的水军。周瑜、诸葛亮与黄盖密谋,由黄盖向曹操诈降,互相暗中约定了投降的时间和信号。由黄盖带着十艘内部装满了干柴、油液和硫磺的船,外用布幔遮盖,插上旗号。船后拴上轻便的小船,以备大船起火后人员的转移。船过江心后,就扯起风帆,借着东南风,直向曹操的水军处进发。曹操的将士看见这些船,都认为是投降的船来了,挤在船头看热闹,一点儿防备也没有。当船队驶离曹军还有二里的时候,十艘大船突然起火,火烈风猛,直向曹操的水军冲去。曹操的战船被燃起火,而船又都连在一起,一时拆不开。结果一会儿就烈焰腾空,曹操的水军都陷入火海之中,火势很快又蔓延到陆地上的军营。这时早已准备好的孙权和刘备的联军,趁火势急攻曹军,结果曹操的二十万大军一片混乱,不战自溃,烧死淹死的不计其数。曹操自己也只带领了少数人马,在孙、刘大军的追击下,从陆路经华容道(今湖北监利)逃向江陵。曹操损失惨重,无力再战,只得留下部将曹仁据守江陵、襄阳,自己率领残兵败将退回了北方。这就是历史上有名的以弱胜强的赤壁之战。

赤壁之战奠定了以后三国鼎立的基础,它是诸葛亮联合孙权抗击曹操战略方针的胜利。曹操回到北方以后,积极经营北方,使北方进一步得到了统一;孙权在江东的政权更巩固了;刘备则在荆州稳住了脚根。诸葛亮在刘备初败之后,力促孙、刘联盟的实现,并使刘备转危为安,建立了一块发展自己势力的基地,这充分反映了他杰出的政治和军事才干。

开创基业

赤壁之战后,刘备在诸葛亮的协助下,乘胜积极扩张自己的势力。刘备带兵占领了荆州南部的武陵、长沙、桂阳、零陵四郡,任命诸葛亮为军师中郎将,治理长沙、桂阳、零陵三郡。以三郡的人力和物力,扩充了刘备的兵力,充实了他的军饷。这时周瑜也击败了曹操的部将曹仁,占据了江陵。

为了加强孙权和刘备的联盟,在鲁肃的建议下,孙权还把自己已占据的江北的南郡,转借给刘备,这就是所谓的"借荆州"。同时,孙权还把他的妹妹嫁给刘备,双方结为亲家。

刘备到了益州后,受到刘璋的欢迎,给他的军队补充了很多物资,让他去攻打汉中。但是刘备的军队行到葭萌(今四川昭化)就停止不前,在当地做起争取人心的工作来。这时张松为刘备做内应的事也被人揭发,刘璋下令杀了张松。刘备乘机占领了涪城(今四川绵阳),并派人通知诸葛亮,要他火速领兵西上,与刘备合兵取益州。诸葛亮让关羽留守荆州,自己领兵沿江西上,占领了巴东(今四川奉节)。到刘备攻下雒城(今四川广汉),进围成都时,诸葛亮率领的军队也已到达成都附近,与刘备的军队会师了。在刘备和诸葛亮合围成都的情况下,刘璋无力抵抗,只好投降。刘备顺利地占领了益州。

占据益州,夺取汉中,然后再进攻长安,这是诸葛亮在"隆中对"中的主要战略思想。现在既已占据了益州,下一步就是如何夺取汉中了。

汉中地处四川北部和陕西的交界处,四周环山,中间土地肥沃,具有重要的战略地位。曹操占据了汉中,益州的北方就无险可守,刘备就会处于挨打的地位;刘备占据了汉中,不但在益州北方建立起一道防卫的屏障,而且可以成为北上进军的跳板和前沿阵地。但当刘备占据了益州之后,汉中已被曹操占领,他派原来驻守长安的大将夏侯渊来镇守汉中。

当刘备在益州的统治稳定下来后,就决定于公元217年亲率大军攻取汉中。刘备占领汉中以后,势力发展到高峰。这时他手下的文臣武将一百二十人,联名拥立刘备为汉中王。刘备当汉中王的仪式是在沔阳举行的。他当了汉中王以后,就立刘禅为太子,由军师将军诸葛亮总理军国大事,实际上就是丞相的权位。

建安二十五年,曹操病死,曹丕废汉献帝,改国号为魏,自称魏文帝。刘备听说汉献帝被废,自己作为皇室的后裔,理应继承汉朝的正统。就在第二年称帝,国号仍为汉,史称蜀汉。他当皇帝以后的第一件事,就是替关羽报仇,夺回荆州。

刘备亲率大军东征孙权,破坏了诸葛亮一心建立的联盟。刘备当了皇帝后,已任命诸葛亮为丞相,但史书上没有留下诸葛亮对刘备这次出兵的态度。从后来诸葛亮的态度看,他是不同意的。但刘备这时对什么人的反对意见都听不进去,一心想复仇。所以孙权派人向他求和,也一概加以拒绝。

东吴在打刘备前,为了取得曹魏的支持,曾上表称臣。孙权打败刘备后,曹魏为了给孙权施加压力,要孙权把儿子送到洛阳当人质。孙权不同意,曹丕就率军南下,准备攻打孙权。这时孙权为了避免两线作战,就主动派人到白帝城,与刘备讲和。这时的刘备已经没有力量再打,只得接受了孙权的议和建议。

刘备退到白帝城后,心情郁闷,一病不起。他觉得自己的病已经难于见好,就派人把诸葛亮召到白帝城,向他托付后事。他在病榻前对诸葛亮说:你的才能比曹丕高出十倍,一定能够把国家治理好。我的儿子刘禅,你如果认为可以辅助,就辅助他;如果不值得辅助,就废掉他。诸葛亮听了刘备的话,很感动,他流着眼泪向刘备保证说:请你放心,我一定竭尽全力,辅助太子到死。

刘备在死前,还给太子刘禅留下一封遗书,他在遗书中回顾说:人活到50岁就不算短命,我现在已经活到60多岁,死了也没有什么遗憾惋惜。只是心里放不下你们几个兄弟。你们一定要努力,不可懈怠。凡做一件事,决不可因为小恶而去做,更不要因为小善而不去做。惟有事事贤德,才能使人心服。我没有什么值得你们效法的,你们要多读书,可以从中得到启发。你们和丞相诸葛亮相处,要像对待父亲那样尊重他。

不久刘备就死在白帝城。诸葛亮把刘备的灵柩护送回成都后,就辅佐17岁的刘禅接替皇位。刘禅封诸葛亮为武乡侯,丞相兼益州牧,从此诸葛亮就担负起了辅佐刘禅治蜀的重任。

在诸葛亮受托辅政的时候,蜀汉正处于一个很困难的境地。在刘备东征失败以后,不但军事力量大大削弱了,而且内部的政局也很不稳定,一些地方豪强,乘机叛乱投敌。曹魏和孙吴,都想乘机消灭蜀汉。所以诸葛亮当时的担子是很重的。

诸葛亮首先要解决的问题,是改善已经受到严重破坏的孙、刘联盟。他深知如果孙权被曹丕压服,投靠了曹魏,将对蜀汉构成生死的威胁。所以他在办完刘备的丧事,奉刘禅即位以后,马上派尚书邓芝为中郎将出使东吴,开展了重建孙、刘联盟的外交活动。邓芝到了东吴后,孙权怕与蜀汉往来密切,得罪了曹丕,所以没敢接见他。邓芝很了解孙权当时的心情,就上书给孙权说:我这次来,不仅是为蜀,也是为了吴。孙权一听说他来也是为了吴,就想听一听他对吴有什么建议。邓芝一见孙权,就对他说,你要臣服了魏,不是让你去入朝伴驾,就是让你去送太子当人质。如果不依从,就会以征讨叛臣的名义南征,你是难以顶住的。而如果蜀吴恢复结盟,进可以兼并天下,退可以三足鼎立,为什么我们不结盟抗魏,而你要去臣服于魏呢?孙权听了邓芝的话,觉着说得有理,就断绝了和魏的关系,恢复了吴蜀联盟。从此双方使臣往来不断,加强了彼此的了解和联系。诸葛亮也就减轻了东顾之忧,而一心整顿内政了。

刘备死后,诸葛亮在派邓芝去东吴重修盟好的同时,提出了"务农殖谷,闭关息民"的政策。因为吴蜀结盟之后,魏就开始对吴用兵,吴魏相争,给蜀留下了一个短暂的喘息的机会,可以休养生息,发展生产,以恢复国力。诸葛亮充分地利用了这一时机,整修水利,奖励农耕,减轻农民负担,因而使农业生产得到了一定的恢复和发展。

蜀汉建兴三年(225年)三月,当蜀汉内部稳定下来后,诸葛亮决定亲自率军南征。在离开成都的时候,参军马谡送了几十里。临别时马谡向诸葛亮建议说,南中地势险要,离成都较远,即使用武力将他们征服,以后还是会有反复。用兵之道攻心为上,攻城为下;心战为上,兵战为下。这次一定要征服南人的心,南中才可长治久安。马谡的这番话,很合诸葛亮的心意,他在南征中就注意了攻心之战。

诸葛亮平定了南中的叛乱后,为了便于控制,就把原来的四郡改为建宁、云南、兴古、永昌、越嶲、牂牁六郡,安排一些熟悉当地情况的官员为郡守;对原来少数民族的部落组织,也保留下来,让原来的酋长进行统治;对一些在当地影响较大的少数民族上层分子,都安排了较高的官职,以稳定少数民族的关系。如孟获就官至御史中丞(中央的监察官),孟琰被封为辅汉将军。这样的安排,对拉拢少数民族上层,稳定南中的局势,起了积极的作用。

诸葛亮还把汉族地区的一些先进的生产技术,在南中地区加以推广,以发展当地的生产。同时,他也从那里征收大量的物资。如当地的特产金、银、丹漆以及耕牛和战马等,源源不断地外运出来,充实蜀汉政权的财政及军事方面的需要。

南中的士兵,作战勇敢,善于爬山越岭。诸葛亮抽其精锐,和他们的家属一万多户,迁到蜀中。编为五部,号称"飞军",成了蜀汉军队中一支特别部队。对于少数民族中一些不适于当兵作战的人,则让他们给汉族和少数民族的地主当部曲,不但增加了劳动力,还易于加以控制。

诸葛亮对南中地区的少数民族,主要采取的是拉拢安抚的政策,这对于协调当地的民族关系,争取少数民族对蜀汉政权的支持,都起了积极的作用。所以诸葛亮在世,南中地区一直比较稳定,这也显示了诸葛亮的政治才能和远见。

北伐中原

平定南中以后,诸葛亮就解除了蜀汉的后顾之忧,所以就集中力量,练兵讲武,准备北伐曹魏。消灭曹魏,然后统一天下,这是诸葛亮一生的主要奋斗目标,现在他终于可以开始施行了。

诸葛亮将成都的事情安排好之后,就率领步骑二十万前往汉中。随行的有老将赵云、魏延、吴懿等,还有年轻的参军马谡。到了汉中后,诸葛亮和大将们研究进兵的路线,魏延建议:魏军长安的主帅夏侯楙,是曹操的女婿,此人胆小无谋。如果让我领兵五千,从褒中(今陕西褒城)出发,沿秦岭往东,经子午谷(今陕西汉阳)向北,用不了十天工夫就可以进到长安,夏侯楙一定会弃城逃走。这时诸葛亮率主力由斜谷(今陕西终南山)会师长安。等到曹魏从东边调集兵马来反攻时,蜀汉的军队已经收服了咸阳以西的地区,占据了主动。诸葛亮用兵一向十

分谨慎,他认为魏延的计划太冒险了,不如稳扎稳打把握大。他决定出祁山(在今甘肃西和县),先取陇右(今陇西高原),再向关中,这样的进军不会冒太大的风险。诸葛亮用分兵两路声东击西的战术,一路派赵云、邓芝为疑军,进驻箕谷,扬言要从斜谷攻打郿城;而另一路则由诸葛亮率领主力,向西北去攻打祁山。很快陇右的天水(今甘肃甘谷)、南安(今甘肃陇西)、安定(今甘肃镇原)三郡,都叛魏归蜀,天水将领姜维向诸葛亮投降。

诸葛亮在陇右的胜利,震动了魏国朝野。魏明帝一方面派曹真督军驰援郿城,抵御斜谷一线进攻的蜀军;另一方面派大将张郃率军五万西上,抵挡诸葛亮的主力。他自己亲到长安坐镇,以稳定军心。

诸葛亮听到张郃率大军西来,观察地形以后,决定派一支先遣部队去守住咽喉要地街亭(今甘肃秦安县),以牵制张郃的进军。当时在诸葛亮身边的还有大将魏延、吴懿等,但由于诸葛亮平时对马谡的兵法很重视,没有派遣这些老将,反而派并无实战经验的马谡去镇守街亭,而由另一个将军王平为副将。马谡到了街亭,张郃率领的魏军也已到了街亭。马谡见街亭旁边有座小山,认为把营寨扎在山上,就占据了高地,可以控制街亭。王平认为,山上无水源,如果魏军切断山下的水源,蜀军就会不攻而自乱。马谡忘了诸葛亮临行的嘱咐,也听不进王平的劝告,把军队驻扎在了山上;王平只得请求带一千人马驻守山下,以便接应。张郃见马谡的军队驻在山上,马上切断了水源围攻。马谡的军队因为缺水喝,不攻而自乱。王平见山上的军队已乱,就拼命击鼓,装出要进攻的样子,徐徐收集马谡溃散的士兵,慢慢地撤出了战斗。张郃怕王平后面有伏兵,也没有敢追赶。这就是有名的"失街亭"事件。

由于街亭的失守,打乱了诸葛亮的整个战斗部署。这时赵云、邓芝率领的另一支人马,也被魏军打败。诸葛亮在进无所据的情况下,为了保存实力,不得不放弃已经到手的陇西三郡,收兵回到了汉中。诸葛亮在总结这一次战斗经验和教训的时候,认为马谡不听劝告,违背战斗部署的原则,是造成失败的主要原因。本来他任命马谡镇守街亭时,一些老将就有不同的看法。现在马谡违犯军令,造成全军的撤退,不严办马谡,难使大家心服。诸葛亮和马谡的哥哥马良是好友,对马谡也很有感情,但他不得不处以公心,挥泪斩了马谡。诸葛亮认为自己错用马谡也有责任,因而上书向后主请求,也给了自己一个降三级的处分。

诸葛亮并不甘心这次北伐的失败,他在积极地准备新的北伐。蜀汉建兴六年(228年)冬天,当东吴大将陆逊在石亭(今安徽桐城)大败魏将曹休,魏军主力东下增援,关中地区空虚的时候,诸葛亮认为再次北伐的机会到来。但是当时有的大臣认为,前次北伐,无功而还,是否有必要再次北伐,对北伐能否取得胜利表示怀疑。诸葛亮为了坚定北伐的信心,又给后主上了一个奏章,说明如果不伐魏,在魏强蜀弱的情况下,是无法维持偏安局面的,只有用主动进攻的方法,才有可能改变蜀汉不利的处境。这个奏章被称为《后出师表》。诸葛亮这次北伐,率数万兵力出散关(今陕西宝鸡市西南)，围攻陈仓(今陕西宝鸡市东)。当时魏国守陈仓的军队只有一千多，但陈仓的地形险要，利守不利攻。所以魏军在其将领郝昭的率领下，坚守了二十多天也没有被诸葛亮攻下。这时诸葛亮因为魏军援兵就要到来，蜀军的粮食也供应不上，就主动撤兵回到汉中。

第二年春天，诸葛亮派部将陈式率兵攻取武都(在今甘肃)、阴平(在今甘肃文县周边)两郡。魏的雍州刺史郭淮从陇西进兵反击陈式，诸葛亮率主力突然进至建威(在今甘肃西和县西)，郭淮被迫退兵。诸葛亮派兵据守武都、阴平二郡，并对当地的少数民族进行了安抚，然后率主力又退回汉中。

这两次的北伐，都局部地取得了一些胜利。后主认为诸葛亮立了功，就下诏恢复了诸葛亮原来的职务。

建兴九年(231年)春天，诸葛亮在进行了两年的准备工作后，并使用了"木牛"作为运送军粮的工具，还联系北方少数民族鲜卑族的首领轲比能率众至北地(今陕西耀县)响应，再一次出兵北伐，包围了祁山。这时魏明帝把大将司马懿从荆州调回，要他率大军去抵抗诸葛亮的进攻。司马懿很有军事才干，他知道诸葛亮远道而来，所带军粮有限，因而求战心切，就采取了坚壁固守、以逸待劳、不与蜀军主力决战的战术，想拖垮诸葛亮。诸葛亮虽然百般刺激司马懿的主力出动决战，但司马懿一直坚守不战。所以双方相持了一个多月，诸葛亮在一些局部的战斗中虽取得了一些胜利，但一直未能消灭魏军的主力。这时由于诸葛亮后方的运粮工作出了问题，不得不被迫退兵，而且在退却中诱杀了魏的名将张郃。但从整个战役来说，这次北伐仍未取得什么大的进展。

诸葛亮与司马懿在五丈原相持了一百多天，诸葛亮想尽办法挑动司马懿出战，司马懿的部将也一再要求出战，司马懿就是坚守不战。这时孙权北伐的军队因为出战不利，已经撤兵。诸葛亮恐怕魏的增援部队到来，增加与司马懿决战的困难，终日思虑重重，积劳成疾，一病不起。他感到自己这场病凶多吉少，所以在给后主上奏章报告病情的同时，附了一件密奏。告诉后主说：我如有不幸，后事可托付蒋琬。后主得知诸葛亮病重的报告，马上派尚书仆射李福赶到五丈原探问病情，并向诸葛亮问了好多军国大事。李福走后，诸葛亮的病情更加重了，但过了几天，李福又从半路上返回，诸葛亮见到李福，对他说："我知道你返回的意思。我之后蒋琬可接替我的工作。"李福又问："蒋琬之后，谁可接替呢？"诸葛亮回答说："费祎可替。"李福再问下去，诸葛亮就合上眼睛，不愿再回答了。李福走后不几天，诸葛亮就病死在五丈原的军中，时年54岁。

诸葛亮在病重的时候，就把军中的大事托付给了大将姜维和杨仪，并告以他死后退军的密计。诸葛亮死后，姜维和杨仪按照他的遗嘱，密不发丧，有组织地整军而退。司马懿得知蜀军退却的消息，亲自领兵来追，杨仪领军作出了反击的行动。司马懿怕中计，没敢再追。所以蜀军从容撤退到斜谷，然后才下令发丧。司马懿回到五丈原蜀兵原来的营地观察后赞叹说："诸葛亮真是天下奇才呀！"

周 瑜

周瑜（175年~210年），字公瑾，庐江舒县（今安徽庐江）人。东吴杰出的军事家、政治家。精韬略，工音律，少与孙策友善。后归策，为建威中郎将，时年24岁，人称"周郎"。后与张昭同辅孙权，任前部大都督。建安十三年，率吴军与刘备联合大破曹兵于赤壁。不久病死。

开拓江东

汉灵帝熹平四年（175年），周瑜出生在一个士族家庭。其曾祖周荣先后在东汉章帝、和帝两朝担任过尚书令的职务。从祖周景、从伯周忠皆官太尉，位列三公。周瑜的父亲周异则为洛阳令。

中平六年（189年），汉灵帝病死。关东地区的一些州郡牧守不满董卓专政，纷纷举兵讨伐。附属于袁术的吴郡豪族孙坚也参加了讨董联军。临行前，孙坚将家眷安置到舒县。十四岁的周瑜结识了孙坚的长子孙策。孙策与周瑜同岁，都是心怀大志的少年。两人情趣相投，关系很好。周瑜把家里的一部分住宅让给孙策，还经常在财力上帮助孙策。

汉献帝兴平二年（195年），周瑜20岁。他准备渡江探望在丹阳担任太守的叔叔周尚。这时，周瑜收到了孙策从历阳（今安徽和县）送来的书信，来信邀他共下江东。四年前即初平二年（191年），孙坚在进攻襄阳时，被刘表的部将黄祖杀死。父亲死后，孙策投奔割据江淮下游的袁术。由于长期受猜忌和压抑，孙策决定脱离袁术。他借兵三千准备返回江东故土，发展自己的势力。正在寻找政治出路的周瑜收到书信后，马上率领自己的部曲家兵数千人奔赴历阳。同时，他还带去了大批舟船粮秣。对于周瑜应邀而至，孙策大喜过望。他说："有了你周瑜，我的事业可以成功了。"

孙策进击江东的军事行动，进展得十分顺利。周瑜及江东名士程普、张

周瑜

昭等人协助孙策先后打下秣陵、湖孰、江乘等地,赶走扬州刺史刘繇,占据他的治所曲阿(今江苏丹阳)。十几天的时间,孙策的军队增加二万余人、战马千匹,威震江东。在继续东进之前,孙策把镇守江东要镇丹阳的重任委以周瑜,并对他讲,"我攻打吴郡(今江苏苏州)、会稽(今浙江绍兴),平定山越(江东地区的少数民族),靠这些军队人数已经足够了。你为我看守好丹阳就行了。"

丹阳虎踞龙盘,形势险峻,是通往江南的要冲之地。袁术不愿让孙策据有丹阳,派遣其弟袁胤取代周尚,担任丹阳太守。周瑜无力对抗,被迫遵从袁术的命令,和叔叔一起离开丹阳,来到袁术的住地寿春。

袁术赏识周瑜的才干,建安三年(198年),想任命他担任手下的将领。这时周瑜已在袁术帐下三年,对袁术的目光短浅、骄横无知,十分鄙视。尤其是建安二年,袁术不顾部下反对,擅称帝号,成为众矢之的。这种愚蠢的作茧自缚,更引起了周瑜的厌恶。而孙策却已陆续削平江南各郡的割据势力,夺占吴郡、会稽等地;既而又与袁术决裂,设置官府,委任长史,在江东初步建立了孙氏政权。判定袁术终无所成的周瑜,不愿再留在寿春,决心回到孙策那里。周瑜拒绝将军的称号,向袁术提出要到居巢(今安徽巢湖市居巢区)为长的请求。居巢离长江很近,周瑜的企图是,从居巢顺流而下直奔江东。袁术不知周瑜假途东归的用意,竟满足了周瑜的要求。

在居巢,周瑜结识了临淮东城的豪族鲁肃。在他的劝说之下,鲁肃放弃东城长的官职,背叛袁术,与周瑜结伴东渡。

到达江东以后,周瑜受到隆重的礼遇。孙策特意为他准备好上等的馆舍、丰厚的赏赐,并亲自出城欢迎。孙策授予周瑜建威中郎将的职务,还拨出二千名步兵、五十名骑兵属他指挥。周瑜时年24岁,因为仪容俊美、风流倜傥,江东人都昵称他为"周郎"。孙策以他为牛渚镇守,不久又改派为春谷长。牛渚、春谷与庐江郡一水之隔,两处都是扼守江东的咽喉要地。孙策考虑舒县周氏是庐江的名门望族,派周瑜为督,可以充分利用他的家族的社会影响,以招募人马,延揽人才,扩大力量。

建安四年(199年)六月,袁术病死。他的军队大多归顺了占据皖城(今安徽潜山)的庐江太守刘勋。孙策害怕刘勋成为第二个袁术,决定设计消灭他。于是,他故意劝诱刘勋袭击海昏(今江西奉新县西)、上缭(今江西永修县)的山越,然后乘虚而入,与周瑜分率二万余人偷袭皖城。轻取皖城后,周瑜随从孙策在寻阳和沙羡,分别打败回师救皖的刘勋以及赶来救援的黄祖。经过几次大仗,孙策俘获对方部曲士兵三万余人,战船七千余艘,实力大增。通过这次向西用兵,豫章(今江西南昌)、庐陵(今江西吉安市)一带也尽归江东所有。战争结束后,周瑜以中护军、领江夏太守的职务(孙策授予周瑜这一职务是在取皖城之前)镇守巴丘(今湖南岳阳),防范占据荆州的刘表东侵。

力主抗曹

建安五年(200年)四月,孙策被杀,其弟孙权继位。当时江东的孙氏政权只是初具规模,并不巩固:外有强敌曹操、刘表;境内的一些纵深之地还有很多小股的割据势力,统治营垒中不少人左瞻右顾,"以安危去就为意,未有君臣之固"(《三国志·吴书·吴主权传》),形势紧迫,人心惶惶。这种局面直到周瑜率领大军从巴丘赶来才有改观。周瑜和张昭主动把一些琐碎的行政事物分管起来,全力支持和辅佐孙权,迅速安定了江东的局势。周瑜亲自出面挽留准备北行的鲁肃,把这位一直没有得到孙策重用的政治人才推荐给孙权。后来,鲁肃成了江东政治舞台上极为活跃的政治家。

从建安五年(200年)开始,周瑜一直坐镇吴郡,为孙权出谋划策,平乱讨叛。其间,为安定内部,周瑜曾多次带兵镇压山越的反抗。建安十一年(206年),周瑜亲自督讨麻、保二屯的少数民族。这次战争十分残酷,周瑜将俘获的部落首领一律枭首示众,同时还把一万多人强徙到江东政权的腹心地区。

留吴期间,周瑜曾多次奉命进攻刘表。孙权与刘表誓不两立,一是因刘表占据的荆州与扬州毗邻,属于江东政权向西开拓的对象;二是因孙权的父亲孙坚死在刘表的部将黄祖手里,双方有世仇。孙权继承孙策的政策,不断地西进,其主帅常由周瑜担任。

建安十三年(208年)初,周瑜向孙权举荐刘表的降将甘宁。孙权接受甘宁的建议,亲自统兵进攻屯军夏口(今湖北汉口)的黄祖。周瑜被委派为前部大部督。两军进行了一场激烈的水战,江东军队终于攻陷夏口,杀死黄祖。消灭黄祖,为孙权夺取荆州扫清了道路。

这一时期,北方的曹操已经彻底消灭了袁氏的残余力量,并打败了三郡乌桓。他把被乌桓俘获的汉人十余万户和幽州、并州的乌桓三万余落迁入塞内,基本统一了北方。曹操雄心勃勃,企图乘胜南进完成统一大业。这年七月,曹操亲率大军进攻刘表,准备夺取荆州。曹军未到,刘表先期病死,其子刘琮不战而降。刘琮投降,事先没有通知住在樊城的刘备。刘备寡不敌众,不敢迎战,只好一路南退,狼狈地逃到夏口。

曹军南下荆州,给江东政权造成严重威胁。特别是曹操得到荆州的大批水师战船,又据有

周瑜

粮食武器储备丰足的江陵,更使江东朝廷上下十分不安。九月,孙权亲临荆州前线。刘备的谋臣诸葛亮也赶到柴桑拜谒孙权,极力劝说孙权、刘备两家联合破曹;同时孙权收到曹操的书信,信中威胁说,准备以八十万水军与孙权决一死战。事态严重,江东上下十分惊恐。张昭等人被曹军的气势吓破了胆,他们认为,曹军力量强大,并以汉相的名义,打着皇帝的旗号征讨四方,抗击曹军,在名义上便很被动。况且江东的优势在于凭借长江天堑,现在曹操得到荆州,收降刘表的水军,获取了大量的战船,天险已成为双方共有的东西。实力悬殊,江东只有迎降曹操才是出路。

孙权接受抵抗派鲁肃的建议,将受命去鄱阳的周瑜召回商讨对策。周瑜反对投降,极力主战。他向孙权一再强调割据江东的可能性。他说,江东地域辽阔,兵精粮足,内部安定,政权巩固。曹操名为汉相,实是汉贼。孙权雄才大略,完全可以继承父兄基业,为朝廷扫除污秽。他还认为,曹操有一系列的致命弱点。比如北方没有完全平定,后方并不很稳固,特别是关西的马超、韩遂尚在函谷关以西骚扰,使曹操放心不下。除有后顾之忧外,曹军还面临许多无法克服的困难:他的将士主要是北方人,来到南方,"舍鞍马,杖舟楫",同习于水战的江东军队交锋,是舍长用短。由于北方人不能适应南方的水土,容易发生疫疾。曹操违犯兵家作战的大忌,不顾后果,贸然用兵,必然自食恶果。周瑜又戳穿了曹操所谓八十万大军的骗局,指出他的实际兵力不过十五六万人,而且久战疲敝,战斗力不强。刘琮的荆州降兵至多七八万人,也疑虑重重,士气很低。固然曹军人数略多一些,但实际并不可怕。周瑜坚决向孙权请战,表示只要拨他五万精兵,就可以打败曹操。

周瑜的分析振奋了孙权的精神,坚定了破曹的信心。在樊口,周瑜所率的江东水师与刘备的军队会合。孙刘联军合计五万人左右。

赤壁鏖战

黄盖按照与周瑜制定的计策,写信给曹操表示愿意归降。曹操没有识破这是诈降计,答应接受黄盖。黄盖预先将几十艘小船内塞满薪柴,灌上鱼膏,外面用帷幕、旌旗遮掩好。然后,他选择了一个东南风猛烈的夜晚,率领着船队向江北冲去。在离曹军二里的水面上,黄盖命令各船同时点火。火猛风烈,船行如箭。由于曹军以为是投降,没有防备,结果小船点燃了他们的战舰。刹时间大火腾空而起,火舌向对岸舔去,很快延及曹军的营垒。江北顿时陷入一片火海之中。曹军将士乱作一团,被烧、淹死者难计其数。曹操猝不及防,无心迎敌,索性命人把未被点燃的战船和不便带走的军需付之一炬,带着残部向北败逃走。联军在刘备、周瑜的带领之下,水陆并进,一直追到南郡。曹操不愿在荆州久留,遂任命曹仁把守江陵,自己则撤回北方去了。赤壁一战,曹军损失严重,死亡的人数超过一半。战死之外,还有大批将士因饥饿、疫疾而命丧黄泉。战争的胜利,稳固了孙氏政权在江东地区的割据地位,也使刘备避免了覆亡的危险。赤壁一战,周瑜的英名传扬天下。

周瑜到达南郡后,以数万大军围攻江陵城。江陵城内粮草充足,加之曹仁防守严备,周瑜一直未能取胜。周瑜为分散消耗曹仁的兵力,派甘宁西上攻取夷陵(今湖北宜昌东南)。甘宁一战得手,曹仁果然分兵,企图以五六千众夺回夷陵。周瑜采纳吕蒙建议,只留下少许人继续围困江陵,自己则亲率大军去救甘宁。周瑜行至中途,发现江陵到夷陵之间有一处险要的必经之道。他便忙派出三百余人,用砍伐的树木将险道阻塞。周瑜赶到江陵,当日即与曹仁在城下激战起来,围城的曹军被消灭一半以上。曹仁抵挡不住周瑜的攻势,又担心江陵有失,连夜撤往江陵。曹军行至险道,发觉陷入困境:前面有树木拦路,后面是周瑜穷追不舍。为了逃命,他们只好丢掉马匹,越过路障,步行遁逃。这一夜,周瑜截获曹军战马三百余匹。

不久,周瑜在长江北岸建起营垒,准备长期围攻曹仁。此后一年多的时间,两军一直在江陵相持。双方进行过多次较量,彼此各有胜负。每战,周瑜必身先士卒,跨马入阵。在一次混战之中,他不幸为流矢射中右臂,受了重伤。曹仁听说周瑜伤重行动不便,认为有机可乘,立即召集军队前来骂阵。周瑜忍着箭伤,挣扎而起,到各营鼓舞士气。曹仁讨不到便宜,只好退兵。建安十四年(209年)十二月,守江陵的曹军伤亡过重,曹仁被迫放弃南阳。把曹军赶出荆州后,周瑜以偏将军领南郡太守的职务镇守江陵。同年,孙权为表彰周瑜的功劳,特别把下隽等四县封作他的奉邑。

英年早逝

曹操的势力北退后,刘备乘势占据武陵、长沙、桂阳、零陵四郡。他自号左将军、领荆州牧,设大营于油江口,易其名为公安。刘备为巩固同江东的联盟,冒险东去迎娶孙权的妹妹,并向孙权提出借南郡的要求。在借与不借南郡的问题上,江东政权的内部存在分歧。周瑜不但不同意鲁肃借南郡与刘备的意见,而且主张把刘备软禁在江东不放。建安十五年(210年),他上书给孙权说,刘备是个心怀大志的人,手下又有关羽、张飞这样的名将辅佐,绝不会久屈人下。周瑜认为,应把刘备弄到吴郡,广筑宫室,多置美女,用腐化的生活消磨他的意志;把关、张两人,瓦解分散,各置一方,然后派出与自己能力相当的人去攻打他们,事情就可以解决了。相反,割借刘备土地,再放任三个人聚在一起,这好像蛟龙得到了云雨,他们怎么会甘当池中之物!孙权考虑到曹操的威胁仍然严重存在,江东需要孙刘联盟。况且刘备也不是美女珍玩就能上钩的人,所以没有听取周瑜的建议。刘备返回公安,听说此事,心有余悸地说,我险些死在周瑜的手里。

建安十五年十二月，周瑜去京口（今江苏镇江）面见孙权，提出夺取益州的计划。益州在荆州的上游，相当于今四川省地区。这里形势险塞，易守难攻，沃野千里，稻香鱼肥，素有天府之国的称号。割据益州的刘璋暗弱无能，内部矛盾重重。占据汉中一带的张鲁又屡次与刘璋发生战争。周瑜以为，曹操受到重大挫折后尚未复原，又有心腹之患，不敢轻易举兵南下。益州局势不稳，正好乘隙而攻。占据益州后进而消灭张鲁，再与反曹的马超结盟，这样就形成了反曹的包围圈。周瑜还建议镇襄阳（今湖北襄樊）对抗曹操。他乐观地说，如果这个计划能够实现，消灭曹操，统一北方是可以办到的。在征得孙权同意之后，周瑜立即启程返回江陵，作攻取益州的军事准备。但是，周瑜走到巴陵的时候，突然身染重病，不幸去世。临终前，他上书孙权，推荐鲁肃接替自己的职务。周瑜语重情长地劝诫孙权"先虑未然，然后康乐"，除要防备北方的曹操，还要警惕占据荆州的刘备。

这一年，周瑜35岁。

王羲之

王羲之(321~379年,或303~361年),东晋书法家。字逸少,号澹斋。原籍琅邪临沂(今属山东),后迁居会稽(今浙江绍兴)。官至右军将军,人称"王右军"。他出身士族,王导之侄。其书法博采众长,兼善隶、草、正、行各体,正体以《兰亭序》为最;行书以《奉桔帖》为最;草书以《初目帖》为最。真迹无存,传世均为临摹本。

以书换鹅

王羲之出身于一个书法世家,他的伯父王翼、王导,堂兄弟王恬、王洽等都是当时的书法名手。王羲之七岁那年,拜女书法家卫夫人为师学习书法。王羲之临摹卫书一直到12岁,虽已不错,但自己却总是觉得不满意。因常听老师讲历代书法家勤学苦练的故事,使他对东汉"草圣"张芝的书法产生了钦羡之情,并决心以张芝的"临池"故事来激励自己。

据说他平时走路的时候,也随时用手指比划着练字。日子一久,连衣服都划破了。经过勤学苦练,王羲之的书法越来越有名。

为了练好书法,他每到一个地方,总是跋山涉水四下临拓历代碑刻,积累了大量的书法资料。他在书房内、院子里、大门边甚至厕所的外面,都摆着凳子,安放好笔、墨、纸、砚。每想到一个结构好的字,就马上写到纸上。他在练字时,又凝眉苦思,以至废寝忘食。

王羲之认为养鹅不仅可以陶冶情操,还能从鹅的某些体态姿势上领悟到书法执笔、运笔的道理。有一天清早,王羲之和儿子王献之乘一叶扁舟游历绍兴山水风光,船到县禳村附近。只见岸边有一群白鹅,摇摇摆摆的模样,磨磨蹭蹭的形态。王羲之看得出神,不觉对这群白鹅动了爱慕之情,便想把它买回家去。王羲之询问附近的道士,希望道士能把这群鹅卖给他。道士说:"倘若右军大人想要,就请代我

王羲之

书写一部道家养生修炼的《黄庭经》吧!"王羲之求鹅心切,欣然答应了道士提出的条件。这就是"王羲之书换白鹅"的故事。

据说还有一次,王羲之到一个村子去。有个老婆婆拎了一篮子六角形的竹扇在集上叫卖。那种竹扇很简陋,没有什么装饰,引不起过路人的兴趣。看样子卖不出去了,老婆婆十分着急。王羲之看到这情形,很同情那老婆婆,就上前跟她说:"你这竹扇上没画没字,当然卖不出去。我给你题上字,怎么样?"老婆婆不认识王羲之,见他这样热心,也就把竹扇交给他写了。王羲之提起笔来,在每把扇面上龙飞凤舞地写了五个字,就还给老婆婆。老婆婆不识字,觉得他写得很潦草,很不高兴。王羲之安慰她说:"别急!你告诉买扇的人,说上面是王右军写的字。"王羲之一离开,老婆婆就照他的话做了。集上的人一看真是王右军的书法,都抢着买。一箩竹扇马上就卖完了。

东床择婿

这是很久以前的事了。当时,有一位大官,名叫郗鉴,他是个很爱才的人。为了给女儿选择一个合适的对象,郗老大人动了不少脑筋。后来,他打听到王家子弟一个个相貌堂堂,才华出众,就想缩小范围,在这几个青年人当中选择一个做他的女婿。消息传来,王家子弟一个个兴奋而又紧张,他们早听说郗小姐人品好,有才学,谁不想娶她做妻子?于是,一个个精心修饰一番,规规矩矩地坐在学堂里。表面上是看书,心儿早就飞了。可是东边书案上,有一个人却与众不同。只见他还像平常一样随便,好像压根儿没有这回事似的,仍在聚精会神地挥笔写字。这天,天气并不热,可是这个青年人却热得解开了上衣。躺在东边的竹榻上一手吃烧饼,眼睛还一个劲盯着面前的毛笔字。那紧握毛笔的右手,一时一刻也没有松开,有时还悬空比划着写字。那一副认真的神态,使人禁不住发笑。郗鉴派人在学堂进行了一番观察了解后,就回去了。在他看来,王家子弟一个个都不错,彬彬有礼、年轻英俊、才华洋溢,简直没法说哪个最好,哪个较差。不过,要说表现不那么使人满意的,倒有一个:他坦胸露腹,边写字还边啃烧饼,样子太随便了,好像对于老大人选择女婿这么一件大事,一点儿也没放在心上……这郗大人听了回报,恰恰对那位举止"随便"的青年有兴趣。他详细问了情况,高兴地将两个手掌一合,说:"这就是我要找的女婿。"郗老

王羲之

大人认为，这个青年不把个人的事儿放在心上，而是集中精力于书法事业，这正是有出息的表现。有这样的钻劲、迷劲，是不愁不成才的。这故事便成了"东床"的来历。

这里还顺带说一句，王羲之的夫人、郗鉴的女儿，她也是个书法家，对王羲之的帮助很大。她的儿子王献之，后来也成了有名的书法家，这里面也有她的一份功劳。

在王羲之身上出现的成语还不止这些。据说有一次，他把字写在木板上，拿给刻字的人照着雕刻。这人用刀削木板，却发现他的笔迹印到木板里面有三分之深。这就是成语"入木三分"的由来。

书《兰亭集序》

东晋有一个风俗，在每年阴历三月三日，人们必须去河边玩一玩，以示吉祥，这叫做"修禊"。据说，东晋永和九年（353年）三月三日，天朗气清，惠风和畅。王羲之与谢安、孙绰等四十一人在山阴兰亭流觞饮酒，赋诗唱和。

作完了诗，大家把诗收集起来，合成一本《兰亭集》，公推王羲之作一篇序文。这时王羲之已醉了，他趁着酒意，拿起鼠须笔，在蚕茧纸上，挥起笔来。乘兴写下了这篇"遒媚劲健，绝代更无"的序文，就是后来名震千古的《兰亭集序》。此帖为草稿，28行，324字，记述了当时文人雅集的情景。作者因当时兴致高涨，写得十分得意。其中有二十多个"之"字，写法各不相同。王羲之回家后又重写了数十遍，皆不如原稿。所以他自己也特别爱惜，交付子孙传藏，传至王羲之七世孙智永，无嗣，交弟子辩才保存。唐太宗李世民酷爱王羲之书法，千方百计得到了《兰亭集序》，常常"置之座侧，朝夕观览"。贞观十年（636年），让冯承素、虞世南、褚遂良等书家摹拓十本以赐近臣，死后把真迹带进昭陵作为陪葬品。宋代米芾称之为"天下行书第一"。现在今人所见，皆为《兰亭集序》临摹本。

《兰亭集序》结体欹侧多姿，错落有致，千变万化，曲尽其态。帖中二十个"之"字皆别具姿态，无一雷同。用笔以中锋立骨，侧笔取妍，有时藏蕴含蓄，有时

王羲之兰亭序

锋芒毕露。尤其是章法，从头至尾，笔意顾盼，朝向偃仰，疏朗通透，形断意连，气韵生动，风神潇洒，所以明末董其昌在《画禅室随笔》中说："右军《兰亭集序》章法古今第一，其字皆映带而生，或大或小，随手所出，皆入法则，所以为神品也。"最难能可贵的是，从《兰亭集序》那"不激不厉"的风格中，蕴藏着作者圆熟的笔墨技巧、深厚的传统功力、广博的文化素养和高尚的艺术情操。

书法传千古

东晋永和十一年（355年），王羲之称病辞官离郡，遍游东南山水。行至嵊州金庭，为秀丽山水吸引，乐而筑室，安居于此，在这里度过了晚年。东晋升平五年（361年），王羲之卒葬于金庭瀑布山（又称紫藤山），其五世孙衡舍宅为金庭观，遗址犹存。梁大同年间（535年~546年），嗣孙建右军祠于墓前，并于观旁建书楼、墨池，唐裴通撰有《金庭观晋右军书楼墨池记》。隋大业七年（611年），其七世孙智永和尚嘱徒尚杲（吴兴永欣寺少门），专程赴金庭祭扫，并撰有《瀑布山展墓记》，立碑墓前。明永乐年间，张推官树碑墓右。弘治十五年（1502年），重建"晋王右军墓"石碑，今尚存。清道光二十九年（1849年）冬，王氏嗣孙秀清于金庭观左建"晋王右军墓道"牌坊，现尚完好。

与两汉、西晋相比，王羲之书风最明显的特征是用笔细腻，结构多变。王羲之最大的成就在于增损古法，变汉魏质朴书风为笔法精致、美轮美奂的书体。草书浓纤折中，正书势巧形密，行书遒劲自然。总之，把汉字书写从实用引入一种注重技法、讲究情趣的境界。实际上这是书法艺术的觉醒，标志着书法家不仅发现书法美，而且能表现书法美。后来的书家几乎没有不临摹王羲之法帖的，因而有"书圣"的美誉。他的楷书如《乐毅论》、《黄庭经》、《东方朔画赞》等在南朝脍炙人口。曾留下形形色色的传说，有的甚至成为绘画的题材。他的行草书又被世人尊为"草之圣"。

王羲之的书法作品很丰富，除《兰亭序》外，著名的尚有《官奴帖》、《十七帖》、《二谢帖》、《奉桔帖》、《姨母帖》、《快雪时晴帖》、《乐毅论》、《黄庭经》等。其书法主要特点是平和自然，笔势委婉含蓄，遒美健秀，后人评曰："飘若游云，矫若惊蛇"，王羲之的书法是极美的。

王羲之《快雪时晴帖》，行书四行，

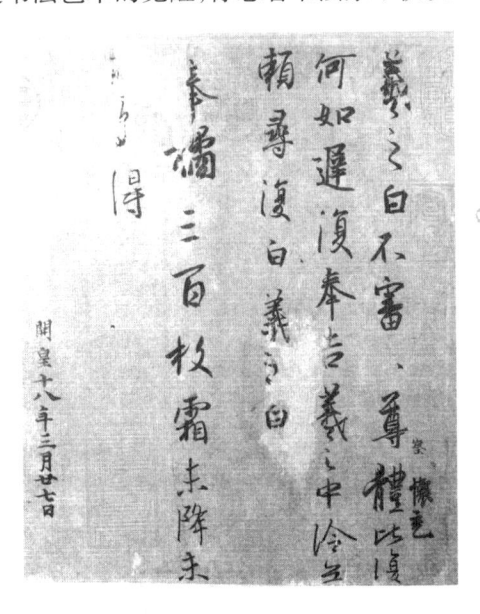

王羲之书法

字体流利秀美。元赵孟頫曾称此帖为"天下第一法书"。《石渠宝笈》收晋人三帖，号称"三希"，此帖列于首位。其为人所重视，由此可见。

王羲之行书《孔侍中帖》和《频有哀祸帖》，二帖连为一纸，纸本现藏日本前田育德会，与《丧乱·二谢·得示帖》同为唐代流入日本的王羲之名迹摹本。《频有哀祸帖》、《孔侍中帖》在活泼的行书笔意中带有凝重之感，在章法结体上又显示出欹侧取姿的艺术效果。

王羲之的书法影响到他的后代子孙。其子玄之，善草书；凝之，工草隶；徽之，善正草书；操之，善正行书；焕之，善行草书；献之，则称"小圣"。其后子孙绵延，王氏一门书法传递不息。武则天曾求王羲之书，王羲之的九世重孙王方庆将家藏十一代祖至曾祖二十八人书迹十卷进呈，编为《万岁通天帖》。南朝齐王僧虔、王慈、王志都是王门之后，有法书录入。释智永为羲之七世孙，妙传家法，为隋唐书学名家。

王羲之书法影响了一代又一代。历史上第一次学王羲之高潮是在南朝梁，第二次则在唐。唐太宗极度推尊王羲之，不仅广为收罗王书，且亲自为《晋书·王羲之传》撰赞辞。从此王羲之在书学史上至高无上的地位被确立并巩固下来。宋、元、明、清诸朝学书人，无不尊晋宗"二王"。唐代欧阳询、虞世南、褚遂良、薛稷和颜真卿、柳公权，五代杨凝式，宋代苏轼、黄庭坚、米芾、蔡襄，元代赵孟頫，明代董其昌，历代书学名家无不皈依王羲之。清代虽以碑学打破帖学的范围，但王羲之的书圣地位仍未动摇。"书圣"、"墨皇"虽有"圣化"之嫌，但世代名家、巨子，通过比较、揣摩，无不对王羲之心悦诚服，推崇备至。

祖冲之

祖冲之（429年~500年），字文远，南北朝时期著名数学家、天文学家。祖冲之祖籍范阳郡遒县（今河北涞水），为避战乱，祖冲之的祖父祖昌由河北迁至江南。祖昌曾任刘宋的"大匠卿"，掌管土木工程；祖冲之的父亲也在朝中做官，学识渊博，受人敬重。

祖冲之公元429年生于建康（今江苏南京）。祖家历代都对天文历法素有研究，祖冲之从小就有机会接触天文、数学知识。在青年时代祖冲之就博得了博学多才的名声，宋孝武帝听说后，派他到"华林学省"做研究工作。公元494年到498年之间，他在南齐朝廷担任长水校尉一职，受四品俸禄。鉴于当时战火连绵，他写有《安边论》一文，建议朝廷开垦荒地，发展农业，安定民生，巩固国防。

祖冲之从小就读了不少书，人家都称赞他是个博学的青年。他特别爱好研究数学，也喜欢研究天文历法，经常观测太阳和星球运行的情况，并且做了详细记录。

宋孝武帝听到他的名气，派他到一个专门研究学术的官署"华林学省"工作。他对做官并没有兴趣，但是在那里，可以更加专心研究数学、天文了。

公元461年，他在南徐州（今江苏镇江）刺史府里从事，先后任南徐州从事史、公府参军。

我国历代都有研究天文的官，并且根据天文的研究结果来制定历法。到了（刘）宋朝的时候，历法已经有很大进步，但是祖冲之认为还不够精确。他根据长期观察的结果，创制出一部新的历法，叫做《大明历》（"大明"是宋孝武帝的年号）。这种历法测定的每一回归年（也就是两年冬至点之间的时间）的天数，跟现代科学测定的相差只有五十秒；测定月亮环行一周的天数，跟现代科学测定的相差不到一秒。可见它的精确程度了。

公元462年，祖冲之请求宋孝武帝颁布新历，孝武帝召集大臣商议。那时，皇帝宠幸的大臣戴法兴出来反对，认为

祖冲之

祖冲之擅自改变古历,是离经叛道的行为。祖冲之当场用他研究的数据回驳了戴法兴。戴法兴依仗皇帝宠幸他,蛮横地说:"历法是古人制定的,后代的人不应该改动。"祖冲之一点儿也不害怕。他严肃地说:"你如果有事实根据,就只管拿出来辩论。不要拿空话吓唬人嘛!"宋孝武帝想帮助戴法兴,找了一些懂得历法的人跟祖冲之辩论,也一个个被祖冲之驳倒了。但是宋孝武帝还是不肯颁布新历。直到祖冲之死了十年之后,他创制的《大明历》才得到推行。

尽管当时社会十分动乱不安,但是祖冲之还是孜孜不倦地研究科学。他更大的成就是在数学方面。他曾经对古代数学著作《九章算术》作了注释,又编写一本《缀术》。他的最杰出贡献是求得相当精确的圆周率。经过长期的艰苦研究,他计算出圆周率在3.1415926和3.1415927之间,成为世界上最早把圆周率数值推算到七位数字以上的科学家。

祖冲之在科学发明上是个多面手。他造过一种指南车,随便车子怎样转弯,车上的铜人总是指着南方。他又造过"千里船",在新亭江(在今南京市西南)上试航过,一天可以航行一百多里。他还利用水力转动石磨,舂米碾谷子,叫做"水碓磨"。

祖冲之的儿子祖暅也是中国古代著名数学家,小时习学家传的学业,深入研究得十分精细,也有灵巧的心思。技艺达到神妙的境地,就是古代传说中的鲁班和倕(传说为舜时的巧匠)这样的巧匠也难以超过他。当他思考到深入之处时,雷霆之声也难以入耳。曾经在走路时遇到仆射徐勉,头竟撞到了徐勉身上,徐勉呼叫他才觉察到。他的父亲所改定的何承天的历法当时尚未施行,梁武帝天监初年,祖暅重新加以修订,在这时才开始施行。职位至太舟卿。

祖冲之还与他的儿子祖暅一起,用巧妙的方法解决了球体体积的计算。他们当时采用的一条原理是:"幂势既同,则积不容异。"意思就是:位于两平行平面之间的两个立体,被任一平行于这两平面的平面所截,如果两个截面的面积恒相等,则这两个立体的体积相等。在西方被称为"卡瓦列利原理",但这是在祖冲之以后一千多年才由意大利数学家卡瓦列利发现的。为了纪念祖氏父子发现这一原理的重大贡献,数学上也称这一原理为"祖暅原理"。

祖冲之生平著作很多,内容也是多方面的。除了《缀术》和《大明历》外,在古代典籍的注释方面,祖冲之有《易义》、《老子义》、《庄子义》、《释论语》、《释孝经》等著作,但亦皆失传。文学作品方面他著有《述异记》,在《太平御览》等书中可以看到这部著作的片断。

隋唐篇

隋朝虽然短命，但是在杨坚的统治下，却建立了不少泽被历代的好事。杨坚虽然是后期篡位，但是重新统一了国家，外御强敌突厥、契丹，内令人民修养生息，并始修建大运河，功终究大于了过。

李密、窦建德的出现，使得原本换乱不堪的时代变成了几个大的集团争雄。而李世民虽然年少，但是有着天生的王者风范，南征北战，不光建立了唐朝，而且在自己的从善如流和任人唯贤的统治下，掀开了『贞观之治』的光辉一页。

历史上唯一的女皇帝武则天，尽管登基并不光彩，却延续了唐太宗的辉煌。安史之乱结束了唐朝的繁荣昌盛，幸好郭子仪和李光弼的存在，保住了大唐基业。

唐朝无论在哪方面都称得上是绝对的繁华，唐诗更是中华文化中的奇葩。『诗仙』李白、『诗圣』杜甫堪称翘楚。

杨 坚

文帝(541年~604年),名杨坚,弘农华阴(今陕西省华阴县)人。北周隋王,后废北周静帝而称帝,建隋朝,为隋朝开国皇帝。在位24年,被子杨广谋杀,终年64岁,葬于泰陵(今陕西省杨凌区城西5公里处)。

隋文帝杨坚,其父杨忠是西魏和北周的军事贵族,北周时官至柱国大将军,封为随(后改"隋")国公,杨坚承袭父爵。其女为北周宣帝(天元帝)宇文赟皇后。公元580年,北周宣帝死,他在关西士族支持下,以外戚身份入宫辅助政,任宰相,总揽大权,晋封为随王。他革除宣帝时的酷厉苛刻之弊,深得人心。公元581年2月甲子日,他废黜九岁的北周静帝宇文阐,代周称帝,改国号为隋(将"随"改为"隋"),定都大兴。后改为长安,改年号为开皇。

扶摇直上

晋武帝司马炎统一全国相对于东汉末年到隋朝建立的近四百年时间只是十分短暂的一瞬。十六国之乱威胁着晋朝的政权。公元439年,北魏太武帝扫清了十六国残余,建立了北魏政权,但南朝仍然霸主江南。连北魏王朝日益强盛时的帝王魏孝文帝,生前也不无遗憾地写下了"白日光天兮无不曜,江左一隅独未照"的诗句。公元499年,北魏政权开始大乱,内部互相残杀,各地农民纷纷起义。华夏大地上又出现了东魏、西魏、北齐、北周等国家。直到公元577年,北周武帝灭齐,才又统一了北方。但南方仍有陈朝、后梁对峙,北方的突厥也时常南下袭扰中原……四百年割据分裂的漫长岁月,广大人民饱尝了战乱之苦,他们十分渴望祖国能够统一,国家能够安定,社会能够繁荣。

杨氏家族从汉朝以来,直到魏晋、南北朝时期都是名门望族。公元537年,杨坚的父亲杨忠追随独孤信投靠了西魏专权的宇文泰。因在宇文泰执政以及宇文泰的儿子宇文觉建立北周过程中功勋卓著,杨忠被赐鲜卑姓普六茹氏,位至柱国、大司空、

杨坚

封随国公。

　　杨坚和许多帝王一样，传说他出生时也有祥云出现。然而青少年时期并不见其聪颖过人之处，唯好音乐。由于高贵的家族地位，杨坚念书时上的是王公贵族子弟的专门学校。但是他与众多的学子相比学业并不理想，常常被别人挖苦。他也深知自己在学业方面不行，时不时地自嘲"不晓书语"。

　　杨坚不善于念书，但因为父亲是功臣，杨坚在14岁就开始了政治生涯。15岁时，杨坚被授予散骑常侍、车骑大将军、仪同三司的荣誉职衔，封成纪县公。当时西魏权臣宇文泰非常赏识杨坚。第二年，宇文泰的侄子宇文护废恭帝立堂弟宇文泰三子宇文觉为帝，即孝闵帝，建国号为"周"。杨忠升为柱国、大司空，封随国公。其子杨坚又升骠骑大将军、开府仪同三司。宇文觉只做了9个月的皇帝，便被宇文护杀掉，宇文护又立宇文觉长子宇文毓为帝，即周明帝，杨坚晋封为大兴郡公。公元560年4月，宇文护鸩杀宇文毓，拥宇文毓的四弟宇文邕为帝，即周武帝。19岁的杨坚升为左小官伯，被任命为随州（今湖北随州）刺史，晋位大将军。公元566年，鲜卑大贵族、柱国大将军独孤信意识到杨坚前途无量，便把自己14岁的七女儿独孤伽罗嫁给了杨坚。从此杨坚成为周明帝的连襟，杨坚的地位进一步提高。公元568年，杨忠死，杨坚继承了随国公的爵号。公元577年，北周灭北齐，杨坚立下战功，又晋封柱国。第二年，杨坚出任定州总管，不久转为亳州总管。

　　杨坚并无突出的功绩，地位却扶摇直上，逐渐引起一些朝臣和贵族的嫉恨。北周初年，宇文护专权，多次想除掉杨坚，都因大将侯伏侯、万寿兄弟求情而没有得逞。公元573年，周武帝宇文邕诛杀宇文护亲政。齐王宇文宪劝他尽早把杨坚除掉，内史王轨也认为杨坚有反相。但周武帝都没有予以重视，而且又把杨坚的长女杨丽华嫁给皇太子宇文赟，进一步巩固了杨坚的地位。

　　同时，杨坚也积极利用自己的社会影响，广泛拉拢关系，扩大自己的势力。杨坚在做随州刺史时已与骠骑将军庞晃结为莫逆之交。后来，杨坚做定州总管，庞晃任常山太守，二人交往更密。杨坚将任亳州总管时，庞晃劝他就此起兵，建立帝王之业。杨坚握着庞晃的手说："时机还不成熟啊！"至此，杨坚取周自代的愿望溢于言表。

建立隋朝

　　公元578年六月，周武帝驾崩，宣帝宇文赟即位。杨坚的长女杨丽华做了皇后，杨坚升任上柱国、大司马，掌握了朝政大权。加上年少的皇帝比较昏庸荒淫，在群臣中没有威信，杨坚便考虑取而代之。

　　周宣帝日夜享乐，为了满足自己的欲望，不顾朝臣的反对，修建洛阳宫，致使上下怨愤，杨坚便开始做取代周室的准备工作。有一次，杨坚与好友宇文庆谈论时政，预感到北周的统治即将结束，对可能出现的动乱局面进行了充分的估

计,并已经做好收拾北周局面的思想准备。杨坚的行动也曾引起周宣帝的警觉,甚至曾想杀掉杨坚,但杨坚始终不动声色,周宣帝既找不到借口,也不愿意随便杀死自己的岳父。杨坚尽管表面不露声色,但内心对周宣帝的猜疑也感到不安。为逃避周宣帝的猜疑,同时在北周动乱时拥有实力,杨坚想暂时离开朝廷,到地方上去掌实权。公元580年,时机到来,周宣帝决定南伐。郑译便乘机向皇帝推荐了杨坚,由于皇帝对关西士族郑译向来都很信任,于是就任命杨坚为扬州总管。

这时,周宣帝病重,召见小御正刘防、御正中大夫颜之仪,准备托以后事。二人到时,周宣帝已经不省人事。当时,宣帝的长子宇文阐才8岁,离当皇帝的实力还远了点。刘防为以后飞黄腾达,便找来郑译商议,共同拟定一个假诏书,声称周宣帝遗嘱,传位于宇文阐,即周静帝。并尊杨坚的女儿杨丽华为皇太后,让杨坚以皇太后父亲的身份总揽朝政,辅佐周静帝。宣帝死,刘、郑等人暂不公开,首先由杨坚总管中外军事大权。杨坚又以诏书的名义控制了京师卫戍军队,基本控制了朝廷。3天后,杨坚等人才正式宣布宣帝已驾崩的消息,8岁的静帝即位,以杨坚为假黄钺、左大丞相,掌握军事、政治大权。杨坚深知自己的地位还不巩固,需要采取一系列措施。

杨坚首先是建立自己的统治核心。杨坚自任丞相,设丞相府,又拉拢真正具备政治才能的高颎等一帮人作为自己的亲信。丞相府实际上已取代朝廷成为真正的决策机构。杨坚利用掌握军权的司武上士卢贲,用军队的力量暂时压服了尚未完全清醒过来的朝廷百官。

接着除掉皇室宇文氏的势力。杨坚初执政时,周宣帝的弟弟宇文赞仍以皇叔身份居上柱国、右大丞相职,在朝廷中与杨坚平起平坐。杨坚指使刘防把他劝回家中,不要过问朝政,答应以后由他做皇帝,只需在家里等。宇文赞年轻无才,信以为真。于是杨坚排除了皇室中潜在的干扰。

但这时真正的威胁是已经成年并各居藩国的宇文泰的5个儿子。他们既有实力,又有影响,一旦起兵,杨坚根本无法控制。在还没有公开宣帝的死讯时,杨坚便找借口召他们回到长安,收缴了他们的兵权印符。宇文泰的5个儿子与雍州牧毕王宇文贤联系,请他起兵,但宇文贤很快就被杨坚击败。杨坚明知是宇文泰的5个儿子从中捣鬼,却假装不知,并允许他们剑履上殿,入朝不趋,以此安定他们。宇文泰的5个儿子看到外面指望不上,便寻找直接刺杀杨坚的机会,刺杀未遂,反而被杨坚一一剪灭。

然后,杨坚宣布废除周宣帝时的严刑峻法,停止洛阳宫的营建,以此取得臣民们的广泛支持。这样,杨坚在京师的统治已基本稳固。

接下来,杨坚一方面利用自己已经取得的政治优势拉拢地方将领,对反对者进行分化瓦解;另一方面,投入自己所能控制的全部军队,经过半年的战争,地方武装反抗被全部平定,杨坚控制了北周政局。

从辅政之日起,杨坚要做皇帝已是公开的秘密。在平定武装反抗的过程中,杨坚又为自己做皇帝采取了一系列措施:宣布自己由左丞相改任大丞相,废左、右丞相设置,不久改称相国;让自己的长子杨勇出任洛阳总管、东京小冢宰,监督东部地方势力;杨坚由随国公改称随王,以20州为随国,封独孤氏为王后,杨勇为世子,随王位在诸侯王之上;为进一步削弱宇文氏的影响,废除宇文氏对汉人的所有赐姓,令其各复本姓。这一措施得到汉人的普遍拥护。

公元580年底,杨坚做皇帝的准备工作已基本完成。公元581年,杨坚派人为周静帝写退位诏书。诏书极力称赞杨坚功德,希望杨坚按照舜代尧、曹丕代汉献帝的典故,接受皇帝称号,代周自立。诏书由朝廷大臣捧着到随王府送给杨坚。杨坚假意推辞,经过朝廷百官的再三恳求,杨坚才同意接受。仪式结束,杨坚穿戴上皇帝的龙袍,在百官簇拥下坐上皇帝的宝座。

杨坚由继承父亲的随国公起家,晋称随王,故把自己新王朝的国号定为随。他又感到随字有走字旁,与走同义,不太吉利,便改随为隋。改元开皇,以长安为都,称大兴城。

杨坚在天下基本稳定、政治机构完善后,接受大臣的建议,采取了一系列改革措施,进一步巩固自己的皇权。

突厥原是活动于中亚一带的游牧民族,后来东迁,活跃在蒙古草原。在北齐、北周时,突厥经常向内地侵扰。杨坚初执周政时,采取和亲政策,努力缓和双边关系。杨坚代周后,突厥大举南侵,攻略甘肃和陕北一带,杨坚派河间王杨弘、高颖等在公元583年率兵击败。为阻止突厥南下扰民,杨坚多次征发民众大修长城,并加强防御。后来,突厥分裂为东突厥和西突厥,西突厥向西面发展,东突厥接受隋朝的控制,北部边防渐趋巩固。

对于长期依附北周的后梁,杨坚开始时采取笼络政策。当经济和军事实力有较大发展并对统一江南做好了准备后,杨坚就不能容忍在自己的疆域内再存在独立王国了。公元587年8月,杨坚邀请后梁帝萧琮到长安,借机派兵灭掉梁国。

杨坚建隋后,即开始做统一江南的准备。在巩固了内部、缓和了与突厥的矛盾和灭梁之后,公元588年秋,杨坚共发兵50多万,东起海滨,西至四川,在整个长江沿线水陆并进,向陈国发动大举进攻。这时,陈国兵力不过数十万,而君臣仍生活在花天酒地之中。面对隋的全面进攻,陈后主陈叔宝及文武百官全部做

了俘虏。晋武帝之后,200多年的分裂局面终于结束,全国再次统一。

励精图治

杨坚在称帝之后,首先是把自己的儿子封到战略要地去驻守,同时掌管当地及周围的军事要塞。为了更好地管理国家,杨坚罢黜了一些没有能力的大臣,将一些有能力的人提拔上来,辅佐自己管理国家事务。

在政权基本稳定之后,杨坚便开始了一系列的改革措施,包括中央和地方的政治体制、赋税、土地制度、法律、货币、对外关系等方面。

在中央机构方面,杨坚废除了北周的官制,将秦、汉、魏、晋、南朝各代的中央官职作了一次大综合。在中央设立三师、三公、五省——内史、门下、尚书(吏部、礼部、工部、兵部、刑部、户部六部)、秘书、内侍。掌握军政大权的是内史、门下、尚书三省及六部;三师是荣誉称号没有实际权力;三公虽然也有臣属,也参与国家政务,但仅仅是顾问性的机构,没有实权。

三省是内史省、门下省和尚书省。其中内史省是中央的决策机构,负责起草和颁布皇帝的诏令,长官称内史令;门下省是中央的审议机构,负责审察政令,驳正违失,长官称纳言;尚书省是中央执行机构,负责执行全国的政令,长官称尚书令。三省互相独立,又互相牵制,共同担负丞相的职责,以避免丞相权力过大而危及皇权。三省制度的确立使丞相的权力大大削弱,而皇帝的权力得到加强。尚书省下设六部,即吏部、户部、礼部、兵部、刑部、工部,分别负责官吏任免考核、户口赋税、礼仪、军政、刑法、工程营建等方面的事务。六部长官皆称尚书。六部尚书分掌全国政务。

在地方组织方面,杨坚把东汉以来的州、郡、县三级制,改变成州、县两级制。在南北朝时,州、郡、县的设置既滥又多。杨坚废除郡这一级,撤郡500多个,并且合并了不少州县,裁减了大批官员。这种对地方行政机构大刀阔斧地精简,节省了财政开支,提高了行政效率,加强了中央对地方的直接管辖。

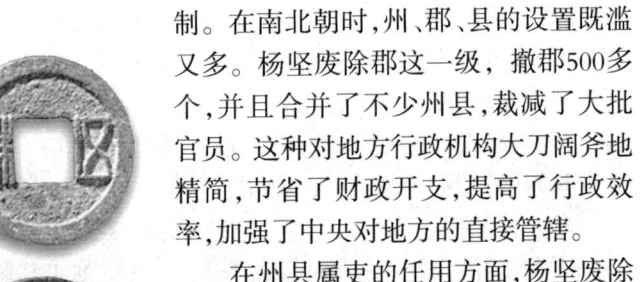

在州县属吏的任用方面,杨坚废除了地方官就地自聘臣属的制度。隋朝规定,凡九品以上的地方官吏,一律由中央的吏部任免。州县官员要三年一换,不得连任。所用之人,必须是外州县者,凡本地人一律不得任用。这样,中央就把地方官用人之权全部牢牢控制,州县

五铢钱隋朝时期

属官回避本州县,又防止了地方政权为当地豪强所把持。这就进一步加强了中央对地方的控制。

杨坚十分重视吏治,奖励良臣,严惩不法官吏。为了使州县官吏能够廉洁治民,杨坚采取给田养廉的办法,奖励良臣,以使他们不去搜刮民脂民膏,堕入贪官污吏之列。与此同时,杨坚采取严刑,严惩不法官吏。他经常派人侦察京城内外百官的施政情况,发现罪状便加以严惩。有时他秘密使人给官吏送去贿赂,一旦有官吏受贿,立即处死。在开国之初,大批良臣不断涌现,全国各地社会秩序井然,这与杨坚的吏治手段密不可分。

杨坚不仅要求各级官吏要清正廉明,不得奢侈腐化,他自己也带头节俭。隋文帝教训太子杨勇说:从来帝王没有喜好奢侈而能长久的,你当太子,应该首先崇尚节俭。太子杨勇、三子杨俊都因生活奢侈,被罢免官职,杨勇的太子位也被废黜。宫廷内人们所用衣物,大多是破了再补,直到不能用为止。

公元594年,关中闹饥荒,杨坚派人去察看灾情,见百姓所食都是豆粉拌糠,他拿着食品给群臣观看,涕泪俱下地责备自己无德,命令取消常膳,不吃酒肉。他率领饥民到洛阳就食,令卫士不得驱赶民众。遇见扶老携幼的群众,自己引马避路,好言抚慰。道路难走处,令左右扶助挑担的人。

杨坚建国后着手统一钱币与度量衡。自从东汉末年以后,中华民族一直处于分裂状态,钱币和度量衡也都各不相同,非常混乱。秦始皇时期的统一货币、统一度量衡早已被各朝各国帝王打破,自行一套。杨坚统一中国以后,深感钱币不同,度量衡各异,严重地影响着社会经济的恢复和发展。因此,他统一全国后,开始了统一钱币和度量衡的改革。

钱币在南北朝时期,尤为混乱。南朝,陈有五铢、六铢等钱,岭南诸州用盐、米、布进行实物交易,根本不用钱币。北朝时期,齐有常平五铢钱,制造精良,但市场上盛行私铸钱,种类繁杂。北周有永通万国、五行大布、五铢三种钱币,与齐旧钱杂用。河西诸郡也用西域金银钱。各地都有私铸钱币,朝廷法定的钱币也只是数种钱币中的一种。

杨坚统一全国之后,明令天下,钱币统一,新铸一种五铢钱,全国各地都发放样钱。凡是不合样钱的钱币,一律不允许流入市场。在此以后的各种钱币,全部废除,不许再用。

公元585年,新五铢钱通行全国。为了防止再有私铸钱币流入市场,破坏钱币统一,杨坚严令,如有敢私铸钱币者立即诛杀。

隋之前的度量衡也十分混乱。各朝官吏总想多搜刮民财,因此总是将度量衡由小变大。以王莽改制后的度量衡为标准,南朝尽增大不到一寸,北朝尽增大到二至三寸。南朝,齐国一斗等于王莽时的小斗五升,一斤等于一斤八两;北朝,魏国、齐国一斗等于原来的二斗,一斤等于原来的二斤。隋文帝即位后,下令停止使用原来的度量衡,规定一尺等于王莽时的一尺二寸八分,一斗等于莽制三

斗,一斤等于莽制三斤。顾炎武在《日知录》中说:"三代以来,权量之制,自隋文帝一变。"由于唐沿隋制,宋、元、明、清又沿袭唐制,因此,历代再无更大变化。

统一钱币和度量衡,是为了适应国家统一、经济发展而出现的,它反过来又促进了国家的统一和经济的发展。以当时东都洛阳为例,有三大商业市场,即丰都市、大同市、通远市。其中丰都市周围六里,有一百二十行,三百余肆,四百余客栈,南北商贾往来,络绎不绝。粮、绵、纸、青瓷器、漆器、铁器、盐、香料等商品,应有尽有。市场商品经济之繁荣,可见一斑。

创立科举

隋朝开国之前,选拔官吏采取的是九品中正制度,做官要凭门第,仕途完全被门阀世族把持。

公元587年,杨坚下令废除九品中正制度,规定每州每年要推荐有才学的贡士3人。推荐的标准是文章华美,并需经过特别考试。公元599年,杨坚又命令,凡是京官五品以上、地方官总管刺史,要以有德、有才二科举人。把德和才结合起来,通过考试的办法来选拔人才担任官吏。到了隋炀帝时,开始设立十科举人,其中有"文才秀美"一科,即进士科。进士科的设置,标志着科举制度的成立。

科举是以分科考试的方法取士,其中最重要的就是进士科,考试以诗赋为主。隋朝的进士一科,对后世影响很大。以科举制度代替九品中正制,这是选拔官吏制度的重大变革。科举制度把读书、应考和做官三者联系起来,这就使得无论是官宦子弟,还是贫寒子弟,都可以通过读书、考试,获得做官的机会。由此便打破了门阀世族垄断做官的局面,扩大了封建政权的社会基础。同时,也使得大批下层平民,为了将来能获取官职而安心读书,这对于维护社会安定很有益处。科举制度大大加强了中央政权的权力,巩固了中央集权的统治。

自从秦朝制定了残酷而又苛刻的刑律之后,汉承秦律,直到魏晋南北朝时期,都是一脉相承。公元578年,北周武帝死后,周宣帝即位。周宣帝颁布了《刑经圣制》,用法更加残酷。杨坚在辅佐周静帝时,革除了周宣帝的一些暴政,删削《刑经圣制》,改作《刑书要制》,用法宽大了许多。

杨坚即位之后,命令杨素、裴政等十多人修

隋朝时期陶文官俑

定刑律。裴政为主,上采魏、晋旧制,下及齐、梁,以"以轻代重、化死为生"为指导原则,制定了《开皇律》。废除了前代枭首、车裂、鞭刑等酷法,除了犯谋反罪,一律不用灭族之刑。律文仅五百条,极为简要。刑名分死、流、徒、杖、笞五种。死刑只分绞、斩二等;流刑分一千里、一千五百里、二千里等;徒刑分一年、一年半、二年、二年半、三年半等;杖刑分杖六十至杖一百五十等;笞刑分笞十至笞五十五等。此外,又有"十恶"不赦之条,即谋大逆、谋叛、恶逆、不道、大不敬、不孝、不睦、不义、内乱等,凡有犯者皆从重治罪,均不赦免。

公元586年,杨坚又下令废除孥戮、连坐之法。孥戮之法,原见于《汤誓》,连坐创自商鞅。这是两种十分野蛮残酷的刑法,至隋终于全被废除。公元592年,杨坚又下诏:死罪囚必须报经大理寺复审,各州县不得自决死罪,不得在当地处决。同时又规定,死罪须经过三次奏请,才能行刑。民众有冤屈可以逐级上诉,直至诉至朝廷。

杨坚是个非常清明的开国君王。他采取的是"官严民宽"的政策,对各级官吏往往小罪重罚,可以不依法律,在朝堂上任意诛杀;而对民众犯罪,用心却平恕。杨坚认为,官吏本负有治国安民之责,拿着国家俸禄,知礼知法,如渎职犯罪,必须严处。平民一年四季,耕作劳苦,自食血汗,知礼知法者不多,犯罪可以从宽。杨坚晚年,对待官吏更严,诛杀尤甚。

杨坚在改革刑律的同时,对兵制也进行了相关的改革。魏晋以后实行府兵制,其特点是士兵以战争为职业,完全脱离生产。府兵制在和平时期为了维持军队的训练,要消耗大量人力物力。北周与北齐对峙时,由于人力物力不及北齐,宇文泰便创立了府兵制。府兵来源于农民中的强悍者,平时从事生产,本身免除租税;农闲时进行军事训练,战时由邻居六家供给军需。府兵制寓兵于农,但又自立军籍,不编入民籍,不属州县,可以随时调发。家属也随营居住,不入民户,随军流移。这比完全依靠军饷为生的坊兵制有节省军费的优点。因此,府兵制在中国古代军事史上具有重大的意义。

公元590年,杨坚对府兵制进行了重要改革,规定军人和家属都隶属于州县。垦田和户籍,与一般农民一样,也可按均田令分得土地。这样,军人和家属就有了固定的居所,可以从事农业生产。军人本身仍旧保留军籍,属于军府统领。军府是府兵制的基本组织单位。隋制设立十二卫,即左右翊卫、左右骁骑卫、左右武卫、左右屯卫、左右御卫、左右候卫。各卫置大将军,为府兵的最高将领,总统于皇帝,各卫下辖军府。

杨坚改革后的府兵制,把兵制和均田制结合起来,改兵农分离为兵农合一,寓兵于农,平时生产,战时打仗,既增加了农业生产劳动力,又减少了军费开支。

灭太子党

杨坚由专权而称帝，独孤氏家庭的地位和影响起了一定的作用。然而，杨坚对独孤氏一直存在畏惧的心理。杨坚称帝后，独孤氏直接参与政事。独孤氏实际成为皇帝的皇帝，故宫中把二人合称"二圣"。独孤氏嫉妒心非常强，一般情况下不允许杨坚和其他女人接近。虽然当时在后宫也有嫔妃几十人，但杨坚根本不能与她们亲近。由于独孤氏喜欢次子杨广，杨坚最后也废除了长子杨勇继承皇位的资格。

杨勇是杨坚的长子，幼时颇得父母喜爱，故在杨坚做随王时便被立为世子，后来确立为太子。开国之初，杨坚为提高儿子的地位，凡有军国大事，都要杨勇参与处理。随着年龄的增长，杨勇越来越迷恋女色，东宫嫔妃多被宠幸。独孤氏最讨厌和除妻子外的女人生孩子的男人，当然对杨勇的行为也不满意。杨勇的第一个儿子是与尚未选入东宫的云氏在外边生的，杨坚对此也大为不满，指责杨勇。但杨勇不服，依然我行我素，从此逐渐失宠。但杨勇既为皇太子，当然会有一批人为了将来的利益为他出谋划策，于是杨勇周围逐渐形成一派势力。当杨勇在父母面前失宠时，善于察言观色的杨广便开始策划取而代之，在他周围以当朝重臣杨素为首形成另一派势力。

公元598年冬至日，朝廷百官都到东宫朝见杨勇。杨勇大张旗鼓地接受朝贺，这实际上是对杨坚的示威。杨坚不能容忍，专门为此下诏，严禁此类事情再次发生。其后，父子互相猜疑。为防备杨勇，杨坚把东宫强壮的警卫全部挑走，并将警卫经常轮换。侍卫以上的官吏全由皇宫卫队统一指挥，不受东宫调遣。杨勇本来就没有雄才大略，依附者在皇帝的再三警告下也不敢妄动，杨勇便也束手无策。公元600年，杨坚正式废杨勇，并杀掉和罢免杨勇的一大批臣僚，彻底消灭了太子党。杨广是杨坚的次子，善于讨好父母，成为隋朝的第二代君王。

公元604年正月，杨坚要到仁寿宫游玩，把朝廷的日常工作全部交给了杨广。4月，杨坚染病；7月，病重，召杨广等入宫侍候。然而，杨广为尽快处理杨坚的善后事宜，写信征求杨素的意见，但杨素的回信

杨广

却被人送到杨坚手中。杨坚阅信后,勃然大怒,这对他的病情是很大的刺激。同时,在独孤氏死后,杨坚最宠爱的宣华夫人向杨坚诉说杨广夜里调戏了她。杨坚一怒之下,怨恨已故的独孤氏怂恿他废杨勇而让杨广做了自己的继承人,便让人赶快召杨勇进见。杨广听说此事,便派亲信进宫,把侍候杨坚的人全部赶出去。不久,杨坚病死,享年64岁,庙号"高祖",谥号"文皇帝"。

  杨坚结束了自东汉以来长达数百年的分裂动荡局面,实现了全国统一。他废除九品中正制,开科取士,奠定了中国科举制度的基础。他对行政机构进行大刀阔斧地改革,创造出一套适合时代要求、有利于加强中央集权的政治制度。他创建的三省六部制和进行的一系列精简机构、裁汰冗官的改革,为以后历代所遵循。他以身作则,严肃吏治的有效措施,促进了社会的高速发展。他实行均田制,提高了农民的生产积极性。而他减轻剥削和检查户口的办法,对促进经济发展和加强国力有重要作用。他继承了汉代以后的儒、法兼用的统治手法,又掺进了不少佛家、道家的因素,这就使得他的文化政策更多包容兼蓄,而较少专宗一派。因此,在中国历史上,杨坚是一位功名赫赫的开国皇帝。

窦建德

窦建德(573年~621年)，贝州漳南(今山东武城漳南镇)人，隋末唐初河北起义军前期领袖。

自称将军

窦建德出生时，正处于北齐、北周的昏暴统治下，他在山东门阀世族的残酷剥削压迫下度过了童年。隋文帝统一全国时，窦建德已是17岁的青年了。窦建德家世代务农，自言汉景帝太后之父安成侯窦充的后裔。家里稍有资产。

窦建德年轻时就"重然许，喜侠节"(《新唐书·窦建德列传》)。有次乡人家中丧亲，因家贫无法安葬。当时窦建德正在田中耕种，闻而叹息，便将自家的耕牛给了乡人，让其发丧，结果很为乡里所敬重。还有一次有几个盗贼在晚上去窦建德家抢劫，窦建德站在门边，待盗贼进屋后，先后打死三人，其余的盗贼吓得不敢再进。盗贼只好请求将三人的尸首要回，窦建德说："可投绳系取之"(《新唐书·窦建德列传》)。盗贼于是将绳投进屋里，窦建德将绳系在自己身上，然后让盗贼拽出。窦建德随即持刀跃起，再杀数人，从此更加闻名。

此后，窦建德为乡里所归附，当了里长。那时已是隋文帝晚年，隋朝统治日益昏暴。隋文帝建仁寿宫，杨素主持营造，"夷山堙谷，营构现宇。崇台累榭，宛转相属"，日夜施工，役夫死者不计其数。杨素竟然令官吏将路上尸骨焚烧，又将"疲敝颠仆者，推填坑坎，复以土石，因而筑为平地"。而刑法严峻，骇人听闻：隋文帝"命盗一钱以上皆弃市，行旅皆晏起晚宿，天下懔懔焉"。甚至"四人共盗一榱桷、三人同窃一瓜，事发，即时处决"。因而激起了人民的强烈反抗，迫使隋文帝废除"一钱弃市法"。窦建德"犯法亡去"，大约就在这段时间。这表明他并没有充当官府的爪牙，而是敢于反抗苛法的人物。隋炀帝继位后，大赦天下，他才回转家乡。窦建德父亲死的时候，乡里送葬的有一千多人。人们给他赠送的财礼，皆一概不收。

隋炀帝上台后，荒淫残暴，倒行逆施，把苛重的力役和赋税加在农民身上，使得广大农村"耕稼失时，田畴多荒"，无数贫苦农民流离失所，家破人亡。隋大业七年(611年)，隋炀帝杨广征兵攻打高丽，窦建德应召入伍。本郡选勇敢优异者当领导，窦建德因勇敢被选为二百人长。当时，山东发大水，与窦建德同县的孙安祖家被大水淹没，妻儿饿死。县令见孙安祖骁勇过人，也将他选入军中。孙安祖向县令陈述自己家中贫困,不愿入伍。县令大怒,处以鞭刑。孙安祖气极,杀死县令,投奔了窦建德。窦建德暗中放孙安祖逃走。是年,山东大饥,窦建德对孙安祖说:"文皇帝时,天下殷盛,发百万之众以伐辽东,尚为高丽所败。今水潦为灾,黎庶穷困,而主上不恤,亲驾临辽。加以往岁西征,疮痍未复,百姓疲弊,累年之役,行者不归。今重发兵,易可摇动。丈夫不死,当立大功,岂可为逃亡之虏也?我知高鸡泊中广大数百里,莞蒲阻深,可以逃难,承间而出,虏掠足以自资。既得聚人,且观时变,必有大功于天下矣。"(《旧唐书·窦建德列传》)孙安祖依计而行。随后,窦建德帮助孙安祖聚集贫困农民和拒绝东征的士兵几百人,占据漳南县东境方圆数百里的高鸡泊(今河北故城西南),举兵抗隋。孙安祖自称将军,号"摸羊公"。

当时,清河鄃县(今山东夏津)人张金称纠集百余人,渤海蓚县(今河北景县)人高士达率千余高士达义军,在清河一带起义,往来漳南一带。所过之处烧杀抢掠,唯独不去骚扰窦建德所在的村落。郡县怀疑窦建德与他们私通,逮捕并杀害了他全家。窦建德便率麾下二百人投奔高士达,被任命为司兵。后孙安祖被张金称杀害,其部数千人尽归窦建德。从此,势力渐盛,壮大到万人,仍然往来于高鸡泊中。窦建德倾身接物,能与兵士同甘共苦,所以士兵也愿为其效死力。

大业十二年(616年)十二月,隋涿郡通守郭绚率兵万余人攻打高士达。高士达认为自己智略不及窦建德,便以窦建德为军司马,让其指挥作战。窦建德掌管兵权后,想树立自己的威信,便提议由高士达留下看守辎重,自率精兵七千人前去抵抗郭绚。窦建德假称和高士达不和前来投奔,郭绚却心怀疑虑。正值高士达也四处宣称窦建德背信弃义投降隋军,并将俘获来的一名妇女,当做窦建德的妻子,在军中杀掉。窦建德派人给郭绚递上降书,并说自己愿意作为先锋,带郭绚去攻打高士达。郭绚相信了窦建德,率兵随建德至长河界地相会,共图高士达。郭绚部遂放松了对窦建德的戒备,窦建德抓住战机,发起突然袭击,大破郭绚军,杀略数千人,获马千余匹,并将逃跑的郭绚斩首。自此,窦建德所率义军兵威大振。

郭绚兵败后,隋炀帝又派太仆卿杨义臣率兵万余前来围剿起义军。杨义臣于清河先歼灭了张金称的部队,由于杨义臣将所俘义军全部杀死,以至无人愿降,一些溃散在草泽中的残部相继投奔窦建德。杨义臣乘胜至平原(郡治安德,今山东陵县),准备进入高鸡泊讨伐高士达部。窦建德见隋军士气正盛,便对高士达说:"历观隋将,善用兵者,唯义臣耳。新破金称,远来袭我,其锋不可当。请引兵避之,令其欲战不得。空延岁月,将士疲倦,乘便袭击,可有大功。今与争锋,恐公不能敌也。"(《旧唐书·窦建德列传》)但高士达却不采纳窦建德的避敌锋芒、以逸待劳、伺机破敌这个正确意见,留窦建德守营,亲自率精兵主动出击,初获小胜,便纵酒高宴,有轻杨义臣之心。窦建德闻讯后,说:"东海公未能破贼而自矜大,此祸至不久矣。隋兵乘胜,必长驱至此,人心惊骇,吾恐不全。"(《旧唐

书·窦建德列传》)自率精锐百余人把守险要,以防高士达之败。结果,不过5天,高士达便被杨义臣所杀。杨义臣乘势追击窦建德,欲将窦建德所部全歼。追至北薄垒,守兵闻高士达败,皆溃败。窦建德寡不敌众,不能再战,只得率百余人突围而去。窦建德撤至饶阳(今属河北),见饶阳守军没有防备,遂攻占饶阳。杨义臣见高士达已死,并没有将窦建德放在心上,领兵而回。窦建德遂得以回到平原,在此收编余部,抚循士众,多数人表示愿意跟随窦建德。窦建德在此又得3000余兵,实力有所增强。窦建德还为高士达发丧。接着又召集亡卒,得数千人,军威得以重振,窦建德开始自称将军。起初,义军见到隋官及士人一律杀掉,唯有窦建德注意争取这些一般官吏,所以隋郡县的许多官员都主动归附。窦建德军很快发展到十余万人。

乐寿称王

　　大业十三年(617年)正月,窦建德在河间郡乐寿(今河北献县)筑坛,自立为长乐王,年号丁丑。开始设置百官,分治郡县(窦建德称长乐王的时间,《旧唐书·高祖纪》作武德元年,此据《隋书·炀帝纪》、《旧唐书·窦建德列传》及《资治通鉴·卷第一百八十三》)。窦建德率兵攻占信都(今河北冀县)、清河诸郡,并俘斩隋将杨善会于清河。

　　七月,隋炀帝为解瓦岗军急攻东都之围,命左御卫大将军涿郡留守薛世雄领3万幽、蓟精兵南下,会同王世充等驰援洛阳,"所过盗贼,随便诛剪"(《资治通鉴·卷第一百八十四》)。王世充等诸将皆受世雄节度。薛世雄部队进占七里井(今河北河间南)准备进攻刚刚在乐寿称王的窦建德。当时,窦建德军在乐寿周围各县分散收麦。窦建德本人在武强(今河北武强西南)征粮,闻薛世雄前来,遂撤出诸城,扬言还回豆子航(今山东惠民境内),以麻痹敌人。薛世雄以为义军怕自己,放松了警惕和戒备。窦建德距薛世雄营寨140里,率敢死队280人先行,命令后续部队跟进于后,星夜奔袭世雄。翌日凌晨,窦建德进抵薛营前,正巧大雾迷漫,咫尺莫辨。突然发起冲击,薛世雄士卒大乱,纷纷离帐逃命,自相践踏,不可收拾。薛世雄率亲兵数十骑逃归涿郡,惭恚发病,未几而卒。窦建德乘胜进攻河间城,围困城池,却屡战不克。

　　隋河间郡丞王琮闻炀帝被杀,派使者请降。窦建德先退兵,王琮等随后率官吏素服面缚至营门。窦建德亲自为其松绑,并将隋朝已经灭亡的事实告诉了王琮。王琮伏地痛哭,窦建德也受其感染,流泪不已。此时窦建德的部下说:"琮拒我久,杀伤甚众,计穷方出,今请烹之。"窦建德则说:"此义士也。方加擢用,以励事君者,安可杀之?!往在泊中共为小盗,容或恣意杀人,今欲安百姓以定天下,何得害忠良乎?"还下令军中:"先与王琮有隙者,今敢动摇,罪三族。"(《旧唐书·窦建德列传》)并于当日封王琮为瀛州刺史。河北郡县闻后,都争相归附于窦建德。

武德元年(618年)正月时,窦建德与朱粲、孟海公、徐圆朗等各路义军首领一起派使者让李密称帝(李密时为瓦岗军首领,力量为诸义军之首)。李密认为时机尚未成熟,没有同意。但李密却没放松对各路义军的拉拢。二月,李密便派房彦藻、郑颋等东出黎阳,分道招慰州县。窦建德知道这是李密想兼并各路义军,但鉴于实力尚弱,便借口北部罗艺南侵为由拒绝了李密。为了不让李密生疑,窦建德亲自写了回信,对房彦藻还卑辞厚礼相待。

后来,窦建德在攻克景城时,俘户曹张玄素,欲将杀之,景城县民千余人号泣愿代其而死,并说:"户曹清慎无比,大王杀之,何以劝善?!"(《资治通鉴·卷第一百八十五》)窦建德遂将张玄素释放,以其为治书侍御史,但被张玄素拒绝。直到隋朝灭亡,窦建德又以为黄门侍郎,张玄素这才受命。当时饶阳令宋正本,博学有才气,向窦建德献定河北之策,窦建德于是将其引为谋主。窦建德的这些做法使他的力量得以进一步壮大。

七月,窦建德定都乐寿,并将所居之处命名为金城宫,备置百官,准备称王。冬至那天,窦建德正在金城宫设会,忽有五只大鸟降于乐寿,还有几万只鸟相附,经日乃去。窦建德认为这是吉祥的象征,便改元五凤。同时宗城人献玄圭一个,景城丞孔德绍借此向窦建德进言:"昔天以是授禹,今瑞与之侔,国宜称夏。"(《新唐书·窦建德列传》)加上此前最强大的瓦岗义军已经失败,李密也降于唐朝。618年,窦建德见时机成熟,便听从了孔德绍之言,建国号为夏,改元五凤,自称夏王。同时以宋正本为纳言,孔德绍为内史侍郎。

窦建德建立政权后,便开始对河北其他义军进行兼并战争,他将目标定在了灭魏刀儿部。当时上谷(今河北易县)人王须拔、魏刀儿聚众起义。王须拔自称"漫天王",国号燕;其亚将魏刀儿称"历山飞"。各率义军10余万,北连突厥,活动在今河北、山西一带。后王须拔起义军克高阳城(今河北高阳东);其后,王须拔率部攻涿郡(今北京城西南),中流矢牺牲。虎贲郎将王辩率步骑兵3000击败魏刀儿部起义军。魏刀儿收二部义军,入据深泽(今河北深泽)为根据地,自称魏帝。后转战于博陵(今河北定州市)、信都(今河北冀县)等地,起义军复发展至10万。是年,窦建德与魏刀儿部结盟。窦建德只是表面上与之联合,待魏刀儿放松戒备时,于十一月突然袭击占据了许多地方,随后又围住了深泽。魏刀儿为部下所擒,送与窦建德请降。窦建德杀魏刀儿,将魏刀儿余部全部改编到自己麾下,窦建德势力得到迅速发展。

同月,窦建德又连克易州(今河北易县)、定州(今河北定州市),唯独没攻破冀州(今河北冀县)。为发展义军势力,窦建德亲自领兵攻取冀州城。当时,冀州刺史麹稜已归附唐廷。麹稜的女婿崔履行是将门后,吹嘘他有奇术可以使攻城人自败,麹稜便轻信了。履行命守城将士都坐着,不许妄斗,还说"贼虽登城,汝曹勿怖,吾将使贼自缚"(《资治通鉴·卷第一百八十六》)。于是,设坛祭神,夜设

章醮,然后自己穿衰经,拄竹杖,登北楼放声大哭。还命令城里各家的妇女坐到屋顶挥动裙子四面兜风,窦建德攻城紧急时,麹稜对女婿的妖法产生了怀疑,准备战斗。崔履行坚决制止部队行动。窦建德乘机将城攻破,此时崔履行还在施展他的哭术不肯休止。占领冀州之后,有人主张杀掉守将。窦建德却认为麹稜是位忠臣,厚礼之,任命他为内史令。此战,冀州刺史唯亲用人,招致兵败城破。窦建德以俘将为忠臣,无原则宽容大度,也为自己日后部属叛离导致兵败埋下了祸根。

长安遇害

武德四年(621年)三月,窦建德在吞并孟海公起义军后,留部将范愿守卫曹州(今山东曹县西北),自率10余万大军,号称30万西援洛阳。至滑州(今河南滑县东旧滑县),王世充的行台仆射韩洪迎其入城。继经酸枣(今河南延津西南),攻下管州(今郑州),杀唐管州刺史郭士安;又连克荥阳(今属河南)、阳翟(今河南禹县)等县,水陆并进。与王世充部将郭士衡数千人会合,进屯虎牢(今河南荥阳西北汜水镇西)东广武山,并在板渚(今河南荥阳黄河南岸)筑宫,与王世充相呼应,威胁唐军侧背。并致书秦王李世民,要求唐军退至潼关,把侵占之地还与王世充。李世民采纳宋州刺史郭孝恪等人建议,决定中分麾下。以齐王李元吉、将军屈突通等继续围困洛阳;自率步骑骁勇3500人为前锋,抢占虎牢要地,阻遏窦建德军西进。相机破击,一举两克之。

二十五日,唐军进驻虎牢。二十六日,李世民率骁骑500出虎牢,在其东20多里处设伏,由骁将李世勣、程知节(初名程咬金)、秦叔宝分别统领,自与骁将尉迟敬德仅带4骑前去侦察。在离其营3里处,猝遇窦建德军游骑,窦建德一将被李世民引弓射杀。窦建德闻讯,急忙派五六千骑兵前来追逐。结果被李世民引入伏击处被斩首300余级,骁将殷秋、石瓒也被俘。窦建德迫于虎牢之险,被阻于虎牢东月余不得西进,几次小战又都失利。四月三十日,李世民又派部将王君廓率轻骑千余截击窦建德运粮队,大将军张青特被俘。窦建德军更陷于不利境地,军心涣散,将士思归。

此时,国子祭酒凌敬献策:"宜悉兵济河,攻取怀州(今河南沁阳)、河阳(今河南孟县南),使重将居守。更率众鸣鼓建旗,逾太行,入上党(今山西长治),先声后实,传檄而定。渐趋壶口,稍骇蒲津(今陕西大荔东),收河东之地,此策之上也。行此必有三利:一则入无人之境,师有万全;二则拓土得兵;三则郑围自解。"(《旧唐书·窦建德列传》)这本是个非常好的建议,窦建德也本想接受这个意见,但其部将多接受王世充使者贿赂而主张救援洛阳,便说:"凌敬,书生耳,岂可与言战乎?"窦建德只好对凌敬说:"今众心甚锐,此天赞我矣。因此决战,必将大捷。已依众议,不得从公言也。"(《旧唐书·窦建德列传》)凌敬却坚持己见,窦建德反而大怒,将凌敬怒斥出去。这时,窦建德的夫人曹氏又向他说:"祭酒之言可从,大王何不纳也？请自滏口之道,乘唐国之虚,连营渐进,以取山北。又因突厥西抄关中,唐必还师以自救,此则郑围解矣。今顿兵武牢之下,日月淹久,徒为自苦,事恐无功。"窦建德却说:"此非女子所知也。且郑国悬命朝暮,以待吾来,既许救之,岂可见难而退,示天下以不信也？"(《旧唐书·窦建德列传》)窦建德一心决战,再也听不进别人的劝告。

窦建德欲乘唐军草料将尽,牧马河北之机袭击虎牢。结果此计为李世民所知,李世民便将计就计,于五月初一率兵一部过河,从南面逼进广武。观察窦军形势,留马千余匹在河中沙洲放牧,以诱窦建德出击。次日,窦建德果然全部自板渚西出,在汜水东岸布阵,北依大河,南连鹊山(今河南荥阳西南),正面宽达20里,擂鼓挑战。李世民率军在汜水西岸列阵相持,登高瞭望,然后对部下说:"贼起山东,未尝见大敌。今度险而嚣,令不肃也；逼城而阵,有轻我心。待其饥,破之果矣。"(《新唐书·窦建德列传》)于是决定按兵不动,另派小部队与窦建德军周旋,同时派人将留在河北的人马召回,待窦建德军气衰,再一举将其击破。

时至中午,窦建德军士卒饥疲思归,皆坐列,又争抢喝水,秩序紊乱。此时,李世民突然发起进攻,命宇文士及带300骑兵经窦建德军阵西而南,先行试阵,并告诫他说:窦建德军如严整不动,即应回军；如阵势有动,则可引兵东进。宇文士及部经窦军阵前时,窦军阵势果然动乱。李世民见时机成熟,遂下令出击,亲率轻骑冲锋,主力继进,东涉汜水,直扑窦军大营。此时窦建德君臣正在议事,唐军突临。窦建德军未及列阵抵抗,仓促应战,被迫东退。唐将窦抗率部紧追,被窦建德军顽强击退。李世民见进攻不利,便率骁将史大奈、程知节、秦叔宝、宇文歆等精锐突入其阵,从阵后展唐旗。窦建德军士卒以为大营被占,迅速崩溃,唐军追击30里,窦建德军被斩首3000余级,5万人被俘。乱军中,窦建德中槊(一说中枪)受伤,退至牛口渚。唐车骑将军白士让、杨武威追至。窦建德于慌乱中坠马,白士让举槊欲刺。窦建德忙说:"勿杀我！我夏王也,能富贵汝。"(《资治通鉴·卷第一百八十九》)杨武威下马将窦建德抓获。窦建德兵败之前,军营中就有童谣唱道:"豆人牛口,势不得久。"(《旧唐书·窦建德列传》)窦建德行至牛口渚,甚恶之,不料后日果真如此。窦建德被俘后,唐军主力回师洛阳,王世充见大势已去,想突围南走襄阳,但诸将已无斗志,被迫于五月初九率太子、群臣等2000余人投降。

窦建德被俘后,其夫人曹氏和左仆射齐善行率数百骑逃回洺州(今河北永年东南),窦建德部下欲立建德养子为主,齐善行说:"夏王平定河朔,士马精强,一朝被擒如此,岂非天命有所归也？不如委心请命,无为涂炭生人。"(《旧唐书·窦建德列传》)遂将府库财物分给士卒,让其各自散去。然后齐善行与窦建德右仆射裴矩、行台曹旦及窦建德妻率部属举山东之地,奉传国等八玺降唐。窦建德所建夏国,也就此灭亡。621年8月2日,窦建德于长安遇害,时年49岁。19日,余部推窦建德部下刘黑闼接过义军大旗,继续着反唐的事业,武德六年(623年)失败。

李 密

李密(582年~619年),隋末农民起义中瓦岗军后期领袖。字法主,京兆长安人,祖籍辽东襄平(今辽宁辽阳南)。李密曾祖李弼,西魏八柱国之一,北周统治核心关陇集团的著名家族。祖父曜,北周开府,邢国公;父宽,隋柱国,蒲山郡公。

隋开皇中,李密袭爵;大业初,为左亲卫府大都督,东宫千牛备身。李密不满宿卫侍从官职,称病自免,闭门读书。大业九年(613年),杨玄感于黎阳起兵反隋,召李密为谋主。玄感败,李密逃亡。十二年,李密入瓦岗军,翟让派他游说河南地区小股反隋武装归附,很有成效。同年十月,李密劝翟让迎击隋悍将荥阳通守张须陀所统精卒,大败隋军。这次战役李密立了大功,翟让命他分统一部分军队。李密军令严肃,赏赐优厚,士卒乐意为他所用。瓦岗军声势渐盛,他劝翟让要有平定天下的远大目标,建议袭取兴洛(后改洛口)仓,开仓赈济,扩充队伍,然后进取东都。大业十三年,瓦岗军攻取洛口仓,招就食饥民几十万,起义队伍迅速壮大。

李密长于谋略,归瓦岗军时孑然一身,经过半年的活动,不仅取得了翟让的信任,而且逐步在瓦岗军内部形成以李密、房彦藻、常何、时德睿、李玄英、祖君彦等为核心的势力。十三年初,李密获准建立"蒲山公营"。蒲山公营建立后,李密加紧活动,瓦岗军旧部开始分裂。二月,在王伯当、贾雄和徐世勣(即李勣)的支持下,翟让推李密称魏公于洛口,改元永平。并设置魏公府和行军元帅府,又置"百营"以招徕各路反隋武装。魏公府下置三司、六卫,以翟让为司徒,徐世勣、单雄信为左右武侯大将军,各领本营,这是瓦岗旧部;元帅府置左右长史、司马、记室、护军,又置"内军四骠骑",统率亲兵八千以供宿卫,这是蒲山公营的扩大,是李密的嫡系武装。

这时,瓦岗军屡败隋军,据有洛口、黎阳、回洛三个大粮仓。河南诸郡县相继降附,今河南以至山东境内诸起义军也都接受魏公号令,李密在各路起义军中确立了盟主地位。就在这

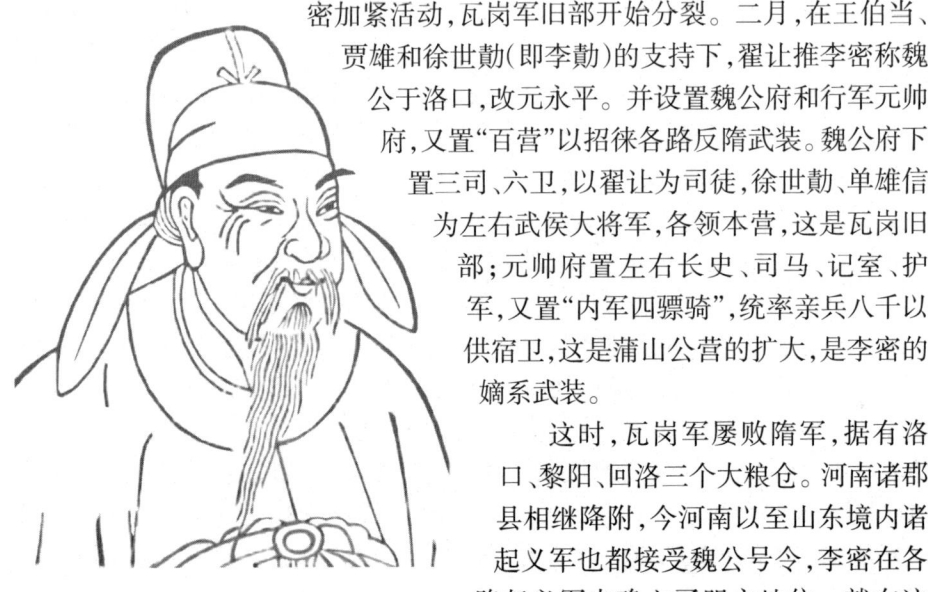

李密

时,瓦岗军领导集团内部李密派和翟让派之间在处理隋降官、分配军资等问题上,矛盾愈演愈烈。同年十一月,终于发生火并。在元帅府长史房彦藻、司马郑颋的周密策划下,李密置酒召司徒翟让及其兄翟弘、司徒长史翟摩侯(翟弘子)、司马王儒信、左右武候大将军徐世勣和单雄信等赴宴,于席间杀翟让、翟弘、翟摩侯、王儒信及从者数百人;徐世勣受伤,单雄信叩头请命,得免于死。李密于是分翟让本营,由王伯当、徐世勣、单雄信分领。后来李密又命徐世勣出守黎阳,把单雄信降为外马军统领。

十四年(618年)三月,江都发生兵变,推宇文化及为主,杀隋炀帝杨广,率众十余万西归。化及西归,洛阳惊恐,隋内史令元文都等策划招抚李密,使他拒敌化及,自己坐收渔人之利。隋皇泰主遣使任李密为太尉、尚书令、行军元帅、魏国公,命他讨伐化及。李密与洛阳长期相峙,这时化及兵逼黎阳,李密深恐腹背受敌,因此接受隋的官爵,七月出兵东讨化及。两军在黎阳附近的童山激战,化及兵败北走。但此时东都内部也发生变故,王世充利用手中掌握的兵权发动政变,杀死召李密入朝的元文都,专制朝政。童山之战,李密虽然取得胜利,自己的兵力也遭到重大损伤,世充组织了两万多军队,乘机进击。两军战于偃师(今河南偃师东),李密军大败,本营复没。亲将秦叔宝、程知节、牛进达等被俘,单雄信投降。王世充入偃师,又俘李密将佐裴仁基、郑颋、祖君彦等。李密部将王伯当闻偃师兵败,弃金埔(今河南洛阳北),北走河阳(今河南孟县东南)。李密想退入洛口,守将邴元真已降世充欲奔黎阳,又疑徐世勣不可信,走投无路,乃于九月渡河至河阳,引王伯当、常何、贾润甫等两万人降唐。李密自以为凭自己的地位威望,足以招抚山东郡县,一定会受到唐的优待,不料到了长安,待遇菲薄,只任他为光禄卿,封邢国公,他十分不快。

十一月,唐高祖李渊遣李密偕王伯当、常何、贾润甫等到山东去招收旧部。十二月,李密至稠桑(今河南灵宝北),接到敕书,要他单身还朝。他感到已被猜疑,遂与贾润甫等谋叛唐。贾润甫等劝阻不止,常何西归,贾润甫奔熊州(今河南宜阳西)。十二月三十日(619年1月20日),李密与王伯当率领骁勇数十人,袭据桃林县(今河南三门峡西南),遂南入熊耳山。唐将盛彦师邀击,斩李密及伯当于邢公岘。

唐太宗

唐太宗（599年~649年），唐高祖李渊次子，杀太子李建成后，逼高祖禅位给他。他是唐朝第二位皇帝，也是一名军事家。唐太宗在位23年，患痢疾而死，终年51岁，葬于昭陵（今陕西省礼泉县东北50里的九嵕山）。他在位期间国泰民安，社会安定，经济发展繁荣，为后来的开元盛世奠定了重要的基础。后人称他的统治为"贞观之治"。

李渊希望李世民将来成为一个济世安民的人物，于是便给他取名为世民。隋炀帝在位期间横征暴敛，荒淫无度，各地反隋斗争此起彼伏。公元617年，李世民见时机成熟，便和刘文静等人策动李渊起兵反隋，攻入长安。唐朝建立后，李世民被封为秦王，任尚书令。面对群雄割据的局面，李世民领兵南征北战，先后消灭了薛仁果、刘武周、王世充、窦建德等割据势力，逐步统一了全国，是唐朝的实际开创者。

玄武门之变

李世民非但功冠天下，而且网罗了一大批人才，武有尉迟敬德、秦叔宝、徐世勣、李靖等名将，文有房玄龄、杜如晦等十八学士。这使他能和太子李建成展开争夺皇位的激烈斗争。李建成据有太子的合法身份，得到一大批皇亲国戚的支持。他长期留守关中，在京城长安有着坚实的基础，连宫廷的禁卫军也在他控制之下。高祖中意于他，高祖宠妃张婕妤和尹德妃也与他关系密切。他利用这些优势，屡次想除掉李世民，以便顺利地继承帝位。有一天晚上，他请李世民到府中饮酒，在酒中下了毒药。李世民不防，端杯饮下，忽觉肚腹绞痛。他的叔父淮安王李神通正好在场，将他背回西宫。他一阵呕吐，吐出许多血，这才知是李建成下的毒。他连忙请医服药，总算慢慢地恢复了过来。

此后，李建成联合四弟齐王李元吉，

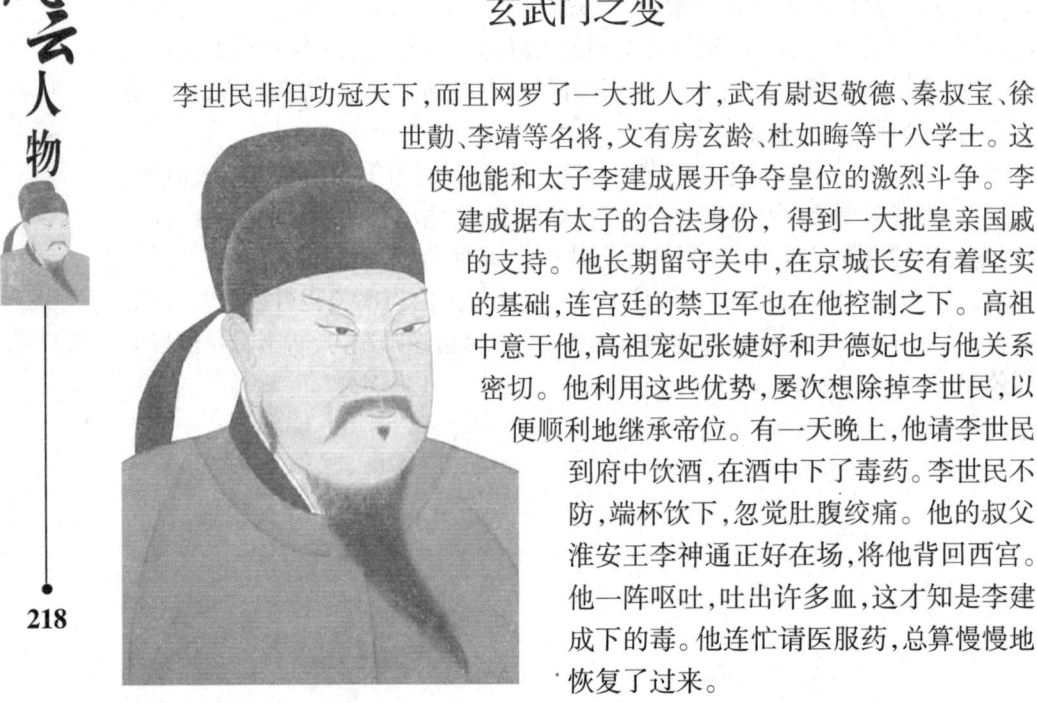

李世民

加紧了除去李世民的活动。他以重金暗中收买秦王府的尉迟敬德等将领，遭到了拒绝。他又怂恿高祖将李世民的心腹谋士陆续调离秦王府。武德九年（626年）五月，突厥进犯中原。李建成乘机上奏高祖，让李元吉任主帅前去抵敌，高祖应允。李元吉提出要尉迟敬德、秦叔宝、程咬金三员猛将归他指挥，并调秦王府的精兵充实自己的部队，企图借此削夺李世民的兵权，然后将李世民杀掉。李世民面临危局，和妻舅长孙无忌、尉迟敬德等人商量对策。两人力劝李世民先发制人，李世民犹豫地说："兄弟互相残杀，总不太好。不如等他们先动手，我们再回击。"两人急了，说如果再不动手，他们不愿留着白白送死。李世民这才定了先下手的决心。

公元626年6月3日，李世民上朝向高祖揭露了李建成和李元吉的罪行，说他们在后宫胡作非为，与张婕妤、尹德妃关系暧昧。这触到了高祖的痛处，李渊大惊说："他们竟敢干这样的事？"李世民紧接着说："他们还几次企图加害于我，如果不是儿臣处处防备，早就见不到父皇了！"边说边哭。高祖感到事关重大，要他们兄弟三人明天一早上朝，当面对质，以便弄清事实后处理。

第二天一早，李世民亲自率领长孙无忌等人埋伏在玄武门周围。玄武门的守将常何原是李建成的心腹，这时已经被李世民派人用重金收买。张婕妤听到风声，急忙差人告诉李建成。李建成和李元吉商量，李元吉说："我们赶紧布置兵马，称病不去上朝，观察一下再说。"李建成说："不怕，宫内有张、尹两妃做内应，宫外有我的军队守御玄武门，他李世民能把我怎样！"他要李元吉和他一起上朝。部下也劝李建成带着卫队上朝，以防不测，但被李建成拒绝，仍和李元吉骑马进入玄武门。

他们二人骑马来到临河殿时，忽觉气氛异常，就急忙拨转马头往回跑。忽然有人喊道："太子殿下、齐王为何不去上朝？"李元吉回头一看是李世民，连忙取弓连射三箭而不中。李世民一箭将李建成射下马来，当

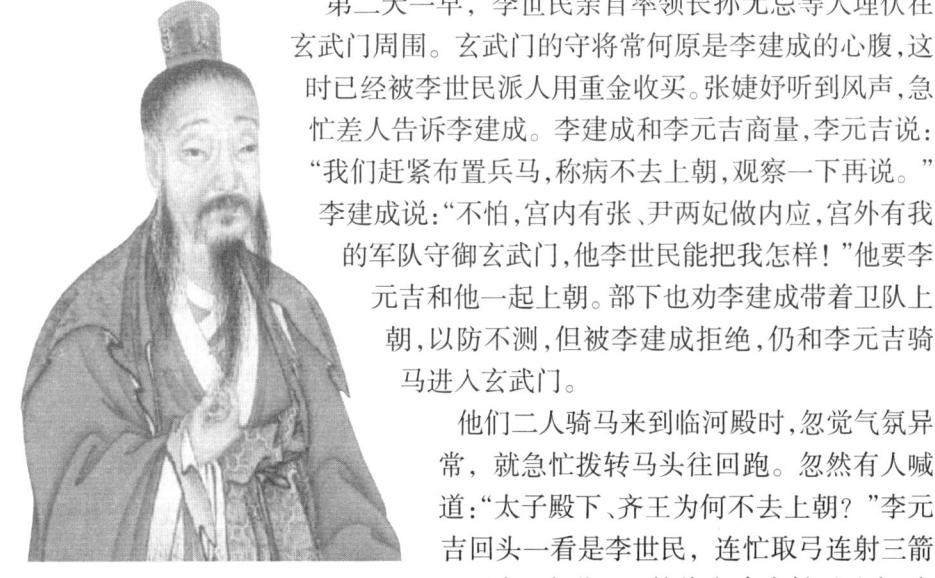

李靖

房玄龄

即死去。李元吉仓皇朝西奔逃，迎面撞见了尉迟敬德率领七十多名骑兵杀来，又掉转马头往回跑。一阵乱箭射来，他滚下马鞍，钻进了树林，却正巧遇见李世民。两人搏斗，李元吉骑在李世民身上，夺下弓，扼住了李世民的喉头。在这危急关头，李元吉忽见尉迟敬德驰马赶到，拔腿就逃，却被尉迟敬德一箭射死。

东宫和齐王府的将士得知玄武门出事，立即出动两万多人猛攻秦王府。李世民一面指挥部下抵挡，一面派尉迟敬德带兵进宫。这时，高祖正和妃子、大臣在宫苑湖里泛舟游玩，见尉迟敬德带兵而来大吃一惊。尉迟敬德禀告说："太子、齐王叛乱，秦王恐惊动陛下，特派臣来护驾。"高祖忙问："太子和齐王现在何处？"尉迟敬德回答说："已经被秦王处死。"高祖十分难受，命令登岸，问左右该怎么办。一旁的宰相萧瑀顺水推舟说："秦王功德盖世，深得人心。现在既然没有了建成、元吉，就该立秦王为太子。"尉迟敬德紧接着说："外面尚未完全平静，请陛下降旨，要各路军队接受秦王节制。"高祖只好依言降旨。三天后，高祖正式立李世民为太子，执掌国事。这件事史称"玄武门之变"。

杜如晦

有的学者对玄武门之变持不同的看法，他们认为李渊并非昏庸无能之辈，李建成也并非怙恶不悛之徒。李世民和李建成之争，属于封建皇子间为夺取嗣位而进行的相互残杀。对于一些文学作品在玄武门之变中贬低李渊、李建成和抬高李世民的倾向表示异议。

贞观之治

公元626年八月甲子日，李世民逼迫高祖让位，由他即位称帝，是为唐太宗。第二年改年号为"贞观"。

太宗即位后，成为历代帝王中杰出的政治家之一，为后世帝王的楷模，其主要表现有以下几个方面。

一、善于纳谏，也就是善于听取臣下的不同意见，明辨是非，然后采纳正确的意见。唐太宗曾经对大臣萧瑀说："我少年时就喜爱弓箭，得到好弓几十张，自以为再不会有更好的弓了。近来拿给工匠看，工匠说都不是好弓。我问是什么原因，工匠说，木心不直，自然脉理都斜，弓虽然硬，发箭却不能直。我才知道以往的鉴别不够精确。我以弓箭定天下，尚且不能真正识别弓箭的优劣，何况是天下的事！"有一次，他问魏征："君王怎样才算明智，怎样才算昏庸？"魏征回答说："兼听则明，偏听则暗。"他十分赞同，于是，鼓励大小官员都可以积极进谏。

公元630年，李世民下令修复洛阳宫，以备他去游玩。给事中张玄素劝谏说："如今战争刚结束，社会还未恢复元气。陛下却先下令修缮洛阳宫，如果不停止，一定会遭致隋炀帝、夏桀、商纣王一样的下场。"李世民听了这一席话，下令停止修复洛阳宫，并且赏赐了张玄素。

谏臣中最突出的是魏征，他经常进谏，提出过许多很好的建议，常常与李世民当面争执，即使李世民大怒，也还是神色不变，坚持真理。公元626年，李世民下诏征兵，规定不满十八岁而个头高大的男子，也要征召。魏征却扣住了这道诏书不发，太宗连催几次，他都不理。李世民大怒，召来魏征训斥他大胆抗旨。魏征镇静地说："臣听说竭泽而渔，就无鱼可捕了。陛下将不满18岁但身强力壮的男子征来当兵，以后再到哪里去征兵呢？再说，国家的赋税让谁来负担呢？并且陛下以前宣布18岁以上的男子才征，现在的诏书一下，你不是失言于天下吗？"李世民听了，哑口无言，良久，才承认自己错了；撤销了这道诏书，还提升魏征为太子太师。

一天，李世民正在逗弄一只小鹞（即雀鹰，比鹰小，可帮助打猎），见魏征进来，怕他责怪，忙将它藏在怀中。魏征装作没看见，向太宗奏事，又故意拖延时间。等他离开，小鹞已经闷死了。又有一次，太宗退朝回到宫中，怒气冲冲地说："总有一天，我要杀死这个乡巴佬。"长孙皇后忙问杀谁。太宗说："魏征常常当面顶撞我，使我难堪。"长孙皇后就退出去穿上礼服再进来，向李世民道贺道："君主圣明，臣下才敢直言进谏。魏征敢于当面顶撞陛下，说明陛下是圣明之君，臣妾怎能不向陛下祝贺呢？"李世民听了皇后委婉的批评和规劝，怒气顿消，清醒地认识到虚心纳谏对于天下兴亡的重要性。

贞观中期以后出现了盛世，大臣都极力歌颂李世民，只有魏征保持着清醒的头脑，给李世民指出了10个缺点，要他警惕。李世民就郑重地将它抄在屏风上，以便早晚阅读，引为戒鉴。公元643年，魏征病死，李世民十分悲痛，说："以铜为镜，可以正衣冠；以史为镜，可以知兴替；以人为镜，可以明是非。魏征一死，我失去了一面镜子。"

二、知人善用，唯才是举。太宗在一个分崩离析的社会基础上，尽使"天下英雄，入吾彀中"，形成一个团结、坚强的统治核心。他要大臣封德彝推荐人才，封德彝回答说："不是臣不留意，实在是当今没有奇才。"李世民很不以为然地说：

"用人如有器物，要各取所长。古时候有过太平盛世，难道那时候的贤才都是从别的时代借来的吗？是你自己不能识人，怎能断定今世没有奇才？"他反对靠亲戚关系和论资排辈，他常对臣下说："君主一定要大公无私，才能使天下人心服。官员不论大小，都应当选用贤才，不应该以关系的远近、资格的高低来决定官职的大小。"公元627年，李世民论功行赏，把房玄龄、长孙无忌、杜如晦等5人评为一等功臣。李世民的叔父、淮安王李神通不服，争辩说："太原起兵时，臣第一个响应。多年来赴汤蹈火，不辞辛劳。房、杜二人不过舞文弄墨，从没有打过仗，现在却评得功大于我，官高于我，实不公平。"李世民回答说："叔父是国家的至亲，我怎么不信任呢？但是，治理国家不能以私废公。"李神通无言可答。

长孙无忌

李世民甚至从敌对营垒的人中取得了许多人才。他最倚重的猛将尉迟敬德，原来是他的敌人刘武周手下的偏将。刘武周被李世民战败，尉迟敬德与隋将寻相一起降唐。不久，寻相叛唐，李世民的部将就把尉迟敬德也抓起来准备杀掉，以免留下后患。李世民却将他释放，更是请他到自己府上，和他推心置腹地长谈，说："大丈夫意气相投，就竭尽忠心，这些小事不必计较了。我决不会听信谗言，随便怀疑好人的。"说完，还送给他许多金银财帛。尉迟敬德十分感动，从此忠心耿耿。无论李建成用重金收买他，还是派刺客行刺他，他都毫不动心，始终追随李世民，成为得力助手。他在玄武门之变中立下大功，被封为吴国公。

魏征原是李建成的谋士，曾劝说李建成杀掉李世民，玄武门之变后，有人揭发了这件事，李世民派人把魏征找来，恨恨地责问说："你为何在我们兄弟之间挑拨离间？"魏征坦率地说："那时候我是太子的谋士，当然要为他出谋划策。可惜太子没有听我的话，否则，也不会落到今天的下场。"旁边的人都以为李世民会处死这个

尉迟敬德

他痛恨的人，但出乎众人意料，李世民却认为他说话坦率，为人正直，很有胆识，是个人才，非但不加罪，还任他为谏议大夫，专门负责向朝廷提意见。

公元629年，李世民下诏要百官议论国事，提出建议。中郎将常何提了20条建议，写得头头是道。李世民知道常何是个没读过书的武将，诧异他怎么写得出这样有水平的奏章。一问，原来是常何的朋友马周写的。马周是一个落魄文人，出身低微。李世民不计较这些，马上派人去请，还连着四次派人去催。马周到后一交谈，李世民发觉他的确是个治国的人才，马上任命他为监察御使，后又升为中书令，主持朝政。

公元643年，为了褒彰功臣，李世民命人将长孙无忌、杜如晦、魏征、房玄龄等二十四功臣的像画在凌烟阁上，史称凌烟阁二十四功臣。他还常去观赏，以示对功臣的赞赏和纪念。

三、感觉到人民力量的强大。李世民亲自参加了反隋战争，见证了强大的隋王朝被农民起义摧毁的过程。所以，他称帝后，就以隋朝的灭亡为借鉴，小心谨慎地治理国家，力求缓和阶级矛盾，避免人民起义。他对臣下说："人君依靠国家，国家依靠百姓。刻薄百姓来奉养人君，就像割身上的肉隔的便桥。李世民来食用，肚子固然饱了，但身子也完了；人君固然富了，但国家也就亡了。所以人君的灾祸，不是来于外面，而是由自己造成的。如果人君嗜欲太盛，就须多费财物，就得加重赋税，百姓就会忧苦，国家就会危险，人君也就非败亡不可。我常常想这个道理，所以不敢纵欲。"又说，"我在朝廷上每说一句话，总得思考再三，怕讲错了害民，因此不敢多说话。"他时常教育太子李治。比如在吃饭时，他说你知道了耕种的艰难，就会常常有饭吃；骑马时，他说你知道了马的劳逸，不去耗尽它的体力，就能经常骑它；泛舟时，他说："水可以载舟，也可以覆舟；百姓好比水，人君好比舟。一个人君，按正道办事，百姓就会拥护他；不按正道办事，百姓就会起来推翻他。"依据这种民本思想，李世民宽刑减法，轻徭薄赋，推行均田制、租庸调法和府兵制度，减轻了一些对人民的剥削压迫。

对外方面，他采取"中国既安、四夷自服"的方针，不轻易用兵，但对少数民族统治者的内侵，却给予坚决的回击。玄武门之变发生后，东突厥颉利可汗乘火打劫，率兵长驱直入，一直打到与长安只有一水之

唐太宗

在兵力远不及突厥的情况下，亲率6名亲兵，在渭水便桥与颉利可汗会谈，以进奉财物和称臣的条件使突厥退兵。这使李世民感到莫大耻辱，便亲自训练将士，很快训练出一支精锐部队。贞观三年，他派名将李靖率师北征，一举俘虏10万余人，活捉颉利可汗，攻灭了东突厥。从公元639年开始，李世民将唐的势力不断伸向西域，并命大将苏定方率军总攻西突厥，在伊丽水（今新疆伊犁河）西突厥遭到沉重打击后败亡被灭。

在处理民族问题上，李世民的胸怀是很博大的。突厥灭亡后，他没有采取把突厥人赶出漠北的做法，而是把他们妥善地安置在河套地区，并且任命突厥的首领做都督，顺应他们的风俗习惯。还大量提拔突厥贵族到朝中做官。当时朝中五品以上的突厥武官多达100余人，几乎占朝中武官中的一半。李世民对突厥的政策，产生了极大的影响，加强了周边各族对大唐的向心力。东北、西北的许多部族，纷纷要求内属和归附。各族君长一齐尊奉他为天可汗，使唐帝国的声威远播域外。公元641年，李世民又把文成公主远嫁给吐蕃赞普松赞干布，使汉藏两族人民的关系空前密切。

李世民所采取的这一系列措施，把一个民不聊生、边患无穷的中国，建设成了一个经济繁荣、国力强盛、政治清明、社会安定的国家。使中国成为当时世界上最富强昌盛的封建国家，史称"贞观之治"。

但是，李世民晚年，生活又趋于奢侈。他大兴土木，加重赋役；连年对外用兵，曾三次亲征高丽都归于失败，向东发展势力的愿望没能实现。

公元649年三月，李世民得了痢疾，医治无效，命太子到金液门代理国事。五月病危，召太子、妃嫔进卧室，又召长孙无忌、褚遂良入内接受顾命，并命令褚遂良起草了遗诏。不久，一代英主李世民病死于长安宫中的含风殿。

武则天

武则天（624年~705年），名武曌，并州文水（今山西文水东）人。唐高宗皇后，后称帝，改国号武周，定都洛阳。在位16年，实际执政了近半个世纪，是中国历史上唯一的女皇帝。病死，终年82岁，葬于乾陵（高宗陵附近）。性巧慧，多权术。

少女入宫

公元624年，即唐高祖武德七年的正月二十三，武则天出生在唐都城长安。她的父亲武士彟虽然也是唐朝贵族，但祖先并不显要。武则天祖籍并州文水。武士彟做木材生意，后来因为正赶上隋炀帝大兴土木，结果发家致富。他在做生意的过程中，经常和权贵们交往，得到了一个下级军职。

公元617年，李渊起兵反隋，武士彟以军需官的身份跟随效劳。最后李渊攻克长安后，武士彟因功被拜为光禄大夫，封太原郡公，列入十四名开国功臣行列，从此成为唐朝新权贵。公元620年，武士彟的原配夫人病逝，通过唐高祖做媒娶了隋朝显贵杨达的女儿。杨氏后来为他生了三个女儿，第二个便是武则天。

武则天的少女时代，是随做官的父亲在四川度过的。公元635年，武士彟死在荆州都督任上，随后全家回到长安。前妻生下的两个儿子武元庆、武元爽和他们的堂兄弟武惟良、武怀运对待杨氏刻薄无礼，武则天孤女寡母四人在长安过了一段很不舒心的生活。武则天十三四岁时，博览群书，博闻强记，诗词歌赋都奠定了基础，而且擅长书法，字态卓尔不群。

到了公元636年，即唐太宗贞观十年，太宗的皇后长孙氏病逝。次年，武则天因美貌出众被召进宫中做了才人，（唐时，皇后以下有贵妃、淑妃、德妃、贤妃四妃，为夫人；昭仪、昭容、昭媛、修仪、修容、修媛、充仪、充容、充媛为九嫔；婕妤、美人、才人各9人，共27人为代世妇；宝林、御女、采女各27人，共81人是代御妻。）当时武则天只有14岁。不过在封建社会，这个年龄的女子基本上就要出嫁了。

武则天对宫廷生活充满着向往。进宫之后，太宗赐给她武媚的称号，所以人们都叫她媚娘。虽然她的确十分妩媚，但由于她性格倔强，缺少女人该有的温柔，所以很不受太宗宠爱。这使得武则天进宫12年称号也没有提升。十几年的半幽禁生活尽管使武则天虚度了最好的一段青春，但这毕竟是武则天登上政治舞台的第一步，而且是关键的一步。

当上皇后

武则天的机会来自于太宗的儿子李治,即后来的高宗。当太宗还在世的时候,武则天便和李治产生了感情。贞观二十三年,即公元649年,唐太宗驾崩。按照惯例,没有生育过的嫔妃们要出家做尼姑;生育过的则要打入冷宫,为死去的皇帝守寡。她们都是皇帝的"东西",即使皇帝死了,其他任何人也不能动。武则天因没有生育被送到感业寺出家。她在感业寺出家的两年中,并没有安心念佛,而是处心积虑地想出来。李治即位后的第二年,太宗的忌日,高宗李治到感业寺里进香,武则天牢牢把握住了这次机会。她使高宗又回忆起了先前的恋情,武则天的美貌加上旧情,促使高宗不再顾忌佛教教规和礼教的约束,将武则天带回了皇宫。

已经28岁的武则天,重获入宫的机会,这是她做梦也没有想到的。她下决心要利用与高宗的感情,夺回失去的青春年华。事实上,这次入宫后,已经成熟的武则天就开始在权力之争中大显身手了。

武则天这次再入宫也和宫中的斗争有关。当时王皇后为了和淑妃萧良娣争宠,鼓动高宗接武则天进宫。她还自作主张让武则天先蓄发,做好准备再入宫。王皇后没有想到自己这是在引狼入室。入宫后,武则天很感激王皇后的照顾,她对王皇后非常尊敬,侍奉得也很周到,这使得高宗也很高兴。皇帝和皇后都高兴了,武则天的嫔妃地位也就升到了昭仪。这是正二品的级别,超过了其他八个嫔妃,是九嫔之首。在她的上面,只有皇后和四妃了。

武则天进宫之后,前后生了四男二女,而高宗总共才有十二个子女。后边的六个都是武则天生的,可见武则天的受宠程度是其他嫔妃无法相比的。这连主张让她进宫的王皇后也没有料到,结果自己也吃了大亏。

武则天的性格决定了她不甘于居人之下,她的目标是皇后。随着在宫中地位的逐渐稳固,她便开始有心计地活动了。她在后宫里想方设法笼络太监、宫女,特别是和皇后、萧淑妃关系不好的人,她总要设法接近拉拢,给予一些小恩小惠,让她们注意监视皇后和淑妃的行动。由于武则天过人的聪明和超绝的手段,她很快成了比王皇后、萧淑妃还要受宠的嫔妃。为了登上皇后宝座,武则天利用王皇后和萧淑妃争宠的机会,联合王皇后攻击萧淑妃,使之被废为庶民;之后武

武则天

则天又将攻击目标对准了王皇后。

公元654年，武则天第二胎生下一位公主，很讨人喜欢。王皇后也禁不住前去看望，逗弄一番后，知道皇帝要来就先走了。武则天趁机残忍地掐死亲生女儿，然后轻轻盖好被子。一会儿，皇帝来看女儿，武则天面带欢笑带皇帝来到床前。掀开被子，才佯装发现自己的女儿被害，失声痛哭。皇帝见此情景，十分震惊，赶忙追查是怎么回事。侍女告诉他，王皇后刚才来过。高宗大怒，武则天又趁机进谗言，使王皇后有口难辩；再加上王皇后久未生育，高宗就此下定废王皇后、改立武则天为皇后的决心。

在封建社会，皇后的废立属于国家大事，必须由众大臣们共同商议决定。武则天做皇后的阻力主要来自重臣国舅长孙无忌，宰相褚遂良等大臣也极力反对。朝廷中的大臣们分成了两派。除了长孙无忌和褚遂良等人以外，李义府、许敬宗等人为了在高宗面前争功邀宠，就站到了长孙无忌的对立面，支持武则天做皇后。高宗把长孙无忌等反对的人召到一起，商量皇后的废立问题，武则天则在帘子后面监听。长孙无忌极力反对，为王皇后辩解，说她出身高贵，忠厚贤惠，没有什么大过失，不该废皇后之位；而武则天却出身贫寒，还曾经侍奉过先帝太宗，再立为皇后违背了礼制。

褚遂良也坚决反对，而且还磕头磕得流血，并提出辞官回家。武则天见了，怒火顿生，大声喊道："怎么不把这种臣僚乱棍打死?!"其他人见状，赶忙替褚遂良求情。褚遂良性命虽然保住了，但被贬官到了湖南长沙任都督。最后，还是开国功臣李世勣给高宗出了个主意，他说皇后的废立是皇上的家务事，没有必要和大臣们商量。同时，李义府和许敬宗等人也在朝廷大臣们中间大造舆论，支持武则天。最终，在公元655年，即高宗永徽六年的十月十三日，高宗正式下诏书废王皇后，将萧淑妃贬为庶人。六天后，即十九日，高宗正式立武则天为皇后。后来武则天将王皇后、萧淑妃二人各责打了一百杖，然后残忍地砍去双脚，泡在酒瓮里活活折磨死。并将王皇后改姓为"蟒"，萧淑妃改姓为"枭"。

成为女皇

武则天做了皇后，为了维护自己的皇后地位，开始干预朝政。她先要清除对她威胁最大、反对她当皇后的长孙无忌。她指使许敬宗等人，捏造罪名制造朋党案，然后将长孙无忌牵连进去，把他流放外地。后来许敬宗又逼长孙无忌自尽。长孙无忌集团其他的人也被清除，或杀或流放。

武则天的日益专断引起了高宗的不满，他和宰相上官仪商量废掉武则天的皇后地位，上官仪答应起草诏书。武则天安插在皇帝身边的耳目得知后赶忙报告。武则天赶到后，软硬兼施，说得高宗心软，改变了主意，高宗还把责任全推到了上官仪的身上。武则天于是让许敬宗捏造上官仪和已经被废的太子李忠图谋

反叛,将上官仪处死,赐死废太子李忠,李忠时年22岁。作为母亲,武则天的心比一般的母亲要狠多了。为了自己的权势和皇位,她对亲生儿子都不肯放过。武则天亲生的儿子一共有四个,长子李弘、次子李贤、老三李显、老四是李旦。公元656年,武则天的长子李弘被立为皇太子。李弘为人忠厚,处事谦虚忍让,而且颇具政治才干,高宗和大臣对他都很满意。随着身体渐差,高宗想把皇位传给李弘。

但武则天却不愿意让儿子来侵夺自己已经习惯享受和控制的政治权力,而且儿子一旦即位,自己的权力梦特别是女皇梦就要破灭了。况且,李弘对武则天也不是那么听话。于是,在权力和亲情之间,武则天狠心地选择了前者。公元675年,即上元二年四月,武则天用毒药将年仅24岁的儿子李弘毒死。以天子礼葬于恭陵,追号孝敬皇帝。因李弘无子,便以楚王李隆基过继为子。李弘死后,高宗由于精神受到刺激,再加上原来的头疼病,觉得身体状况已不允许他再操劳国家大事了,就想把皇位让给武则天。但是,朝中大臣们的极力反对,使武则天没能如愿,但这对于武则天却是个极大的刺激与鼓励。

公元675年5月,次子李贤被立为太子。李贤在高宗让他处理政务的过程中也显示出过人的能力,加上宰相们的辅佐,武则天又感到权力将要离她而去了。所以,武则天指使人诬告太子贪恋女色,荒废政事。公元680年8月,李贤被废掉太子身份,贬为庶人,后来又被迫迁到巴州。到了公元684年的时候,在武则天废黜中宗李显后的第三天,她又派人到巴州将李贤杀死。

在李贤被废掉太子的第二天,三儿子李显被立为太子。李显即位后就是唐中宗,他尊母亲武则天为皇太后。李显为人非常软弱,所以他的即位才为母亲所接受。但中宗也没有将皇帝的宝座坐热,仅仅两个月就被武则天赶了下去。中宗即位后,想让岳父韦玄贞做宰相,但是父亲高宗临死时立的顾命宰相裴炎不同意。中宗便任性地说:"我就是把天下都给了他,又能怎么样?"裴炎便报告了武则天,武则天立刻召集大臣们到了乾元殿,将中宗废为庐陵王,幽禁在深宫之中。幽禁中宗后,武则天把最后一个儿子李旦推上了皇位,即唐睿宗。

武则天虽然让小儿子继承了皇位,但不许他处理朝政,一切大事都由自己来决定。逐渐地,武则天做女皇的愿望更加强烈了。

武则天首先将东都洛阳改为神都,准备将来做都城用。她还把唐朝文武百

武则天

官的名称进行了变动:尚书省改成文昌台,左右仆射改为左、右丞相,门下省改为鸾台,侍中改为纳言,中书省改为凤阁。这些名称明显地体现了其女性特征。原来的宰相名称"同中书门下平章事"也改成了"同凤阁鸾台三品"。尚书省下属的六部也改了名称:吏部改成天官,户部改成地官,礼部是春官,兵部是夏官,刑部是秋官,工部是冬官。御史台分成了左肃政和右肃政两台,由左台负责监察朝廷,右台负责纠察地方郡县。武则天这些为以后做女皇的准备活动,被一些大臣识破,遭到了他们的强烈反对。在公元684年的9月,原来被武则天贬出京城的徐敬业起兵反抗。徐敬业在扬州起兵,十多天便召集了10万兵马。武则天看到徐敬业同党骆宾王的《为徐敬业讨武曌檄》后却连连叹赏不已,对如此杰出之士不能为自己所用表示遗憾。尤其是读到"一抔之土未干,六尺之孤何托"时,武则天怫然作色,说:"此人才不用,这是宰相的过失。"武则天连忙调动了30万兵马迎战,让李孝逸领兵平叛。徐敬业不久便连遭失败,他和骆宾王先后被部将杀死。仅40天的时间,徐敬业的叛乱便被平定了,武则天有惊无险地度过了这次大的政治危机。

在平定徐敬业的叛乱之后,武则天又对宰相班子进行了调整。因为原来的宰相裴炎在这次危机中不但不帮助武则天对付徐敬业,还以此要求武则天还政睿宗,结果被武则天处死。然后,武则天将其他几个宰相罢免,补韦方质、武承嗣、韦思谦为宰相。以后的两年内,武则天对宰相班子进行了频繁的调整,建立了效忠于自己的执政亲信。

为了给自己做女皇铺路,武则天在舆论方面利用迷信等手段来为自己树立威信。比如她的侄子武承嗣派人送来一块刻着"圣母临人,永昌帝业"的白石头,谎称是来自于洛水。武则天十分高兴,还改年号为"永昌"。后来武则天总共改过18次年号,有时一年就改三次之多。武则天还接受了睿宗和群臣上的尊号"圣母神皇"。这在历史上是绝对没有先例的,原来的皇帝只有在死后才有尊号,武则天却打破了这个惯例。

武则天为当女皇做的这些准备,遭到了唐高祖李渊第十一子李元嘉的武力反抗,但不久就被武则天平定了。从此,再没有人对武则天的权势提出过挑战。

武则天是一位很不寻常的女性,她经过几十年的苦心经营,把登基之日选在重阳节这一天,意义就很不一般。同时,武则天也把自己名字的"照",改为"曌",意为武氏王朝将如日月当空一样,长久永存。

选拔贤能

发展科举制,是武则天选拔治世贤能的又一种方法。唐太宗时对科举制已进行了不少改革,无论在考试的内容、方法上,还是对考生的录用、授官方面,都有一些新的规定。但是,唐太宗是个十分精明的君主,他一方面反对以门第取

人,主张凭才学任官;另一方面,他又不愿使更多的寒士仅通过考试便获取高官。因此,他在把大批知识分子卷进争夺进士桂冠的激流中去之后,又设置种种关卡,仅使很少一部分人得到官品。唐太宗执政23年,一般每年才取进士几名至十几名。

武则天执掌朝政之后,大开科举之门。她对科举制的发展,一是改变考试内容,二是增加录用人数。隋朝招考进士科,起初只是策问。唐太宗时又加入读经史一部,但主要还是策问。而策问大多只是泛泛而论,并不能真正切中时弊。武则天在招考进士时,增加为三个内容:(1)贴经;(2)杂文两篇,成文、诗赋各一篇;(3)策问。加试杂文制度,对于全面了解考生的知识、文才,以及对时事的分析等,有着十分重要的作用。唐代文坛空前繁荣,就是这一政策的直接作用。唐玄宗开元盛世年间的名相姚崇、宋璟、张九龄和文坛巨擘陈子昂、刘知几等,都是这时期通过科举制度选拔出来的杰出人才。

武则天为了加快培植自己的势力,放开关卡,大量录用有才学的考生。在她执政的50多年中,取进士达1000多人,平均每年录取人数要比唐太宗时增加一倍以上。公元690年,武则天在洛成殿亲自主持对贡生的考试,以示皇恩。从此,贡生考试都有了殿试。除此之外,武则天还破格用人,放手给人官做。

她招官的办法主要有:

(1)自举——九品以下官吏以及百姓,皆可自我举荐,请求做官或升官;

(2)试官——各地举荐人才。凡是被举荐者,一律允许做官,称为试用之官;

(3)员外官——即编制之外的及第士人,暂无官职,置为员外官,同正官一样享受俸禄;

(4)武举——招收天下有武艺的人。此项内容为武则天在公元702年首次开创。

由于武则天放开手脚,广开仕途,使大量的普通地主和下层贫民涌进了武氏王朝的官僚队伍。当然,这一制度在冲破官僚贵族把持政局的同时,也出现了用人过滥的问题。

如何驾驭如此急剧膨胀的官僚队伍呢?武则天自然有她的办法。她虽然放开手脚大量招收官吏,给人官做,但一经发现不称职者,轻的革职,重的诛杀。当时投机为官者很多,武则天法纲严峻,大量予以诛杀,使很多本想过官瘾的浅薄之徒,没上任几天便丢了脑袋。

武则天善于在实践中选拔有真才实学之士,任用官吏不是仅凭考试、推荐或自我吹嘘。为官者不能枉受国家俸禄,在

狄仁杰

位者要胜任其职,造成损失者得拿命补偿。她在大量的及第考生中,选拔、任用了不少文武大臣,其人数并不比贞观时少。如她当时任用的主要宰相魏元忠、狄仁杰、姚崇、张柬之等,都为大唐盛世的出现,做出了一定的贡献,也是中国历史上名扬千古的官吏。

镇压异己

武则天在治理国家方面,除了运用一帮文人学士之外,还组织了一批凶残狠毒的酷吏队伍,以严刑酷法来慑服群臣,镇压反对自己的势力,维护自己的统治。

武则天在称帝前后,都实行了一套酷吏政治,但前后有所差别。称帝之前,武则天主要运用酷吏来清除自己临朝称帝的各种阻力。在封建社会,一个女人要登上皇权高位,面临的阻力之大是可想而知的。公元694年2月,中宗被废,武则天独揽朝政,同时开始滥用酷刑。她在朝堂放置铜匦,接受告密文书,并且规定:凡是告密者,其他任何官吏不得过问,一律用驿马送至京城,按五品官标准供给食宿,失实者不加追究。结果造成"四方告密者蜂起,人皆重足屏息"的恐怖气氛。武则天任用了来俊臣、周兴、索元礼等一批酷吏,专办告密信件。这些人凶狠成性,灭绝人性,专门编写了《告密罗织经》,教唆党徒按经上告,就会使被告无法自辩。他们还制造发明了"定百脉"、"喘不得"、"突地吼"、"失魂魄"、"宿囚"、"驴驹拔橛"、"玉女登梯"、"凤凰晒翅"、"猕猴钻火"等骇人听闻的酷刑,使被告者见之"战栗流汗,望风自诬"。凡被下狱者,几乎无一人生还,朝臣人人自危,不知何时也会大难临头。不过武则天在这个阶段里,主要把屠刀指向宗室王公,尤其是唐高祖、唐太宗、唐高宗三代皇帝的皇子们。

武则天通过酷吏,一批又一批地将皇族中的异己杀掉。连续几年的诛杀,到她改唐为周称帝时,这三代皇子除了自己生的李显、李旦外,其余全部被杀。皇族近支,诛杀殆尽。对于唐室重臣元老,稍有不满,也大加诛杀。武则天靠着血腥的屠杀,摧毁了同自己争夺帝位的劲敌李唐宗室,打通了通往皇帝宝座的道路。

武则天称帝之后,继续任用酷吏,但主要是为了巩固帝权。其滥刑主要对象转移到了朝廷中的反对自己的文武大臣,特别是权倾朝廷的宰相们。朝臣连连被杀,宰相走马灯般地更换,以至形不成一个反武的核心势力。朝臣们每次上朝,总是战战兢兢地同家人诀别,不知还能否回得来。

武则天动用酷吏,主要是为了镇压反对势力。但酷吏们滥杀无辜,到了群情激愤的时候,她便陆续杀掉酷吏,以平民愤,缓和政局。公元691年,她称帝后第二年,便杀掉了索元礼,流放了周兴,以向天下表示,以往的滥杀罪在二人,不在她自己。公元697年,武则天又诛杀了最大的酷吏来俊臣。由于来俊臣作恶多端,仇家们争着咬吃来俊臣尸体的肉,挖其眼珠,剥其面皮,剖其心肝。武则天为了

收拢人心,立即下诏书,列举来俊臣的罪恶,并加以灭族罪,说是"以雪苍生之愤"。其实,来俊臣所做的一切,都是秉承她的旨意办的。

值得指出的是,武则天在动用酷吏和严刑对皇帝贵族和上层官僚大开杀戒的时候,也并非"随意滥杀"。如她在酷吏杀人最为猖獗的时候,也保护了徐有功、狄仁杰、魏元忠等一批高才直臣。其实,武则天动用酷吏,以刑怖天下,与破格用人的滥选不无关系。她以快速流动的方法,来更换、筛选有用之士,打破僵死的政治机构和门阀世袭的特权,使大量的普通地主和寒门出身的俊杰们,有机会登上政治舞台,施展自己的才能。正是因为武则天不断地在统治机构中更换新鲜血液,才使得当时的社会没有为酷吏的血腥气息所淹没,历史还是坚定地向前迈出了步伐。

还国李氏

通过酷吏政治,武则天巩固了自己的权势和皇位,但在皇位继承问题上,她又左右为难。建立周王朝之后,她让侄子们做了宰相和将军,掌握朝政大权。其余大臣有了功劳也赐给武姓,而不是李姓。她还免掉了武姓的田赋,把自己的故乡文水县改为武兴县。从这些看来,武则天是想把皇位传给她的侄子。这促使她的侄子武承嗣等人公开地对李旦的皇储地位提出了挑战。

公元693年,武则天在万象神宫举行了祭典大礼。武则天让侄子武承嗣为亚献,武三思为终献,而正式的皇储李旦却被冷落到了一边。武则天的行为无疑是对侄子们的公开鼓励。

但是,武则天的意愿遭到了宰相狄仁杰等人的强烈反对,这让武则天非常矛盾:如果把侄子立为皇储,虽然可以保住大周政权,但以后的即位人绝对不会把她供奉到祖庙里去,因为她是武氏家族出嫁的女人,这在封建社会等于是外人了;如果立自己的儿子做皇储,将来继承皇位,她可以顺理成章地保住皇后的正统地位,和丈夫高宗一起享受儿孙们历代的供奉。但是,这样又要回到她已经打破的旧传统中去。

武则天的矛盾最后还是由聪明的狄仁杰给化解了。一天,已经74岁的武则天对狄仁杰说:"朕昨天晚上做了一个奇怪的梦,梦见一只大鹦鹉的两个翅膀折断了。爱卿看是什么征兆啊?"狄仁杰抓住这个绝佳的时机对武则天说:"陛下姓武,那鹦鹉便是陛下了。两个翅膀就是陛下的两个儿子,如果陛下再次起用两位爱子,两个翅膀就会重新好起来的。"

同时,宰相吉顼也在努力。他对武则天当时的男宠张易之和张昌宗兄弟俩说,你们俩因为受皇帝的宠爱,蔑视群臣,被众大臣们嫉恨,如果要保住性命,只有现在为立储君出力,日后才会有可能将功赎罪。你们要利用自己接近皇帝的有利条件,劝说她立庐陵王李显为太子。张氏兄弟听了吉顼的话,十分卖力,劝说武则天立李显为太子。

公元698年,武则天将李显秘密接回了京城洛阳。这让武承嗣极为气恼,因为他的继承权完全被剥夺了,不久武承嗣便气闷而死。武则天为了避免在自己死后侄子和儿子们相互残杀,还处心积虑地把太子李显、相王李旦、太平公主、武姓的侄子们召集到了明堂,然后祭告天地,立下了铁券,把铁券收藏在史馆,以为佐证。

公元704年年末,武则天病倒在床上,几个月也不召见朝臣。只有张易之兄弟俩侍奉左右,左右朝政大事,这使大臣们六神无主。宰相张柬之发现机会难得,经过周密部署,在公元705年的正月里发动了兵变,迫使病中的武则天让位,由中宗复位,重建唐朝。

这年的正月二十五,武则天不情愿地离开了她做了15年女皇的宫殿,搬到了洛阳宫城西南的上阳宫。中宗给她上了尊号"则天大圣皇帝",但没有了帝位的武则天心情很坏,没有了皇帝这个精神支柱,本来就衰老的身体很快垮了下来。公元705年的十一月初二,虚岁82的武则天死于上阳宫的仙居殿。临终时她异常清醒,立下了遗嘱,包括去掉帝号,称则天大圣皇后,葬在乾陵,和高宗合葬。只许为她立碑,不许立传,这就是武则天无字碑的来历。公元706年的正月,武则天的灵柩运回了长安。

武则天死后,她的谥号几经变动,但儿孙们尊敬她的态度没有变。睿宗第二次即位后,改称为"天后";后来又先后改为"大圣天后",尊为"天后皇帝",改为"圣后"。唐玄宗即位后,改为"则天皇后"。到了公元749年,李隆基最后把武则天的谥号定为"则天顺圣皇后"。武则天14岁入宫,从才人、昭仪,到皇后、天后、太后、圣母神皇,一直到龙袍加身、立国称帝,一生当政50余年,独掌朝纲21年,其中15年是名正言顺的大周帝王。武则天为后人留下了无数的谜,经受了一代又一代人的褒贬。她的刚毅、果敢和权欲,不让须眉,登极问鼎,自有她不同凡人之处。她不让后人在自己的墓碑上刻字,有人说其本意是自己功德无量,书不胜书;也有人说,那是武则天认识到一个人的功过是非,不应自己吹嘘,还是由后人去评论。各种猜测,不一而足。

据《新唐书·艺文志》录有武则天《垂拱集》一百卷,《金轮集》十卷,已佚。令人辑有《武则天集》行于世。

武则天夺李氏天下,做李氏没做的事,死后又复归李氏天下,前无古人。这样的人应该也可以被称为"则天"了。

郭子仪

郭子仪(697年~781年),华州郑县(今陕西华县)人。唐代著名的军事家。武举出身。安史之乱时任朔方节度使,在河北打败史思明。后联合回鹘(原称回纥)收复洛阳、长安两京,功居平乱之首,晋为中书令,封汾阳郡王。代宗时,叛将仆固怀恩勾引吐蕃、回鹘进犯关中地区,郭子仪正确地采取了结盟回鹘、打击吐蕃的策略,保卫了国家的安宁。郭子仪戎马一生,屡建奇功,以84岁的高龄告别沙场。天下因有他而获得安宁达20多年。他"权倾天下而朝不忌,功盖一代而主不疑",举国上下,享有崇高的威望和声誉。

郭子仪的父亲郭敬之,历任绥州、渭州、桂州、寿州、泗州五州刺史。在父亲的教育和影响下,他从小爱读兵书,练武功,无论读书还是习武都刻苦认真。郭子仪身材魁梧,体魄健壮,相貌秀杰。他不仅武艺高强、阵法娴熟,而且公正无私,不畏权贵。传说,他20岁时,在河东(今山西太原)服役,曾犯过军纪,按律处斩,在押赴刑场途中被当时著名诗人李白发现。李白见他相貌非凡,凛然不惧的样子,甚感可惜。他认定此人将来一定会大有造化,会成为国家的栋梁之才,便以自己的官职担保,救下了这条年轻的生命。郭子仪果然不负所望,参加武举考试后,便获高等补左卫长史(皇帝禁军幕府中的幕僚长)之职,因屡立战功,多次被提升晋职。天宝八年(749年)他便出任安塞军使,拜左卫大将军。安史之乱爆发的前一年,他已出任天德军使,兼九原太守,朔方节度右兵马使。

领军讨逆

天宝十四年(755年)十一月初九,安禄山以"奉密旨讨杨国忠"为名,召集了诸蕃兵马15万人,号称20万,日夜兼程,以每天60里的速度长驱南下杀入中原。

安史之乱爆发后,玄宗提拔郭子仪为卫尉卿,兼灵武郡太守,充朔方节度使,命令他带领本军讨逆。唐朝的国运几乎系郭子仪一身之上了。

自"贞观之治"以来,唐朝内地多年未发生战争。在和平环境里,刀枪入库,马放南山,军队战斗力锐减,军备空虚。因此,当叛军打来的时候,黄河以北24郡的文官武将,有的开城迎敌,有的弃城逃跑,有的被叛军擒杀。安史叛军长驱南下,势如破竹,一路上几乎没有遇到什么阻力,很快就席卷了一大片地区。在安禄山的放纵下,叛军每到一个地方,就烧杀掳掠,奸淫妇女,强抽壮丁,残害百姓,无恶不作,使得沦陷区广大人民家破人亡,流离失所。

长期沉溺于游乐宴饮的唐玄宗由于对这场叛乱毫无应变的准备，事到临头，仓促应战。他急派封常清、高仙芝去东京洛阳募兵抵抗。但乌合之众难敌虎狼之师，洛阳很快陷落。玄宗在盛怒之下，处斩了封、高二将。当时的形势十分严峻。在这紧急关头，朔方节度右兵马使郭子仪被升任为朔方节度使，奉命率兵东讨叛军。

郭子仪立即亲赴校场，检阅三军，誓师出征。

756年4月，朔方军旗开得胜，一举收复重镇云中（今山西省大同市），大败叛军薛忠义，坑其骑兵2000人。接着郭子仪又使别将公孙琼岩率2000骑兵攻击马邑（今山西省朔县东北），大获全胜。马邑的收复使东陉关得以重开，从而打通了朔方军与太原军的联系，使安禄山下太原，入永济，夹攻关中之军事行动无法实现，从而赢得了战略上的主动权。捷报传到京城长安，人心稍安，郭子仪以功加御史大夫。

朝廷命郭子仪回到朔方，补充兵员，从正面战场出击叛军，以图收复洛阳。郭子仪则认为，必须夺取河北各郡，切断洛阳与安禄山老窝范阳之间的联系，绝其后方供给线，才能有效地打击叛军前线的有生力量。这一出击方向的选择无疑是正确的。

经郭子仪推荐，朝廷任命李光弼（契丹人）为河东节度使。郭子仪分了1万军队给李光弼，送他出征。李光弼由太原出井陉口，一连收复7座县城，直奔常山（今河北正定）。史思明闻讯，率5万大军从西包围李光弼于常山。双方展开激战持续40多天。李光弼消耗很大，寡不敌众，被迫困守，只得派人向郭子仪求援。郭子仪急率军东进，火速驰至常山，与李光弼会合，以10万官军，与史思明会战于九门城（今河北省藁城西北）南，大获全胜。

史思明新败后，又收整了5万叛军，退守博陵。博陵是河北重镇，西依丛山峻岩，东临百汇群川，易守难攻。郭、李两部久攻不下，郭子仪决定退守常山，采取先疲后打的战略，转战歼敌。史思明求胜心切，采取了追踪跟进的策略，企图重创唐军。"我行亦行，我止亦止。"郭子仪将计就计，亲选500精锐骑兵，交相掩护，牵着史思明的叛军疾速北进。史思明不知是计，一连追了三天三夜，追到唐县时，才发现前面只有500骑兵，方知上当，然而已经人困马乏。郭子仪乘其疲惫不堪之机，返军掩杀，大败史思明于沙河，又打了一个大胜仗。

安禄山忽闻败报，心惊胆寒，急忙从洛阳抽调2万兵马，派谢希德北上增援；又发范阳老巢的精兵万余人，令牛廷蚧南下助战。会合5万叛军准备卷土重来。

郭子仪

郭子仪这时驻扎恒阳(今河北曲阳),他见贼兵兵锋甚锐,兵力大增,欲求决战,仍然实行疲敌战术,加紧修缮防御工事,深沟高垒,严阵以待。"贼来则守,贼去则追,昼扬其兵,夜袭其幕",使5万叛军欲战不能,欲退不可,大大挫伤了敌人的锐气。特别是郭子仪的扰敌战术,使叛军整日提心吊胆,不得安宁,几乎连休息也做不到了。当叛军被拖到相当疲劳的时候,郭子仪对李光弼说:"敌已疲惫,我们即可出战了。"于是两位大将在嘉山(今河北定县)摆开了战场,布好战阵,史思明等叛将也列阵而至,一场大战一触即发。郭子仪指挥得当,唐军奋勇无畏,锐不可当。叛军士气低落,阵势混乱,四处溃逃。史思明见败局已定,吓得慌不择路,坠下战马,丢了头盔,连靴子都跑掉了,光着两脚,拄着一条断枪,逃回博陵。他总算捡了一条命。叛军被斩杀4万多人,被生擒5000余人,损失战马5000余匹。郭子仪指挥官军乘胜前进,进围博陵,声威大震。

嘉山一战,对军心民心产生极大的影响。河北10多郡,自发集结武装,支援和响应官军,地方军民纷纷诛杀叛兵叛将,归迎唐朝。

安禄山丢失河北,后方交通线随即被切断。叛军将士家在范阳者,都惶惶不安,忧虑后退无路。安禄山也控制不住自己的恐慌,对他的军师高尚、严庄骂道:"你们叫我反唐,说是万无一失。现在起兵已经几个月了,后路被郭子仪切断,只剩下汴、郑几州,进退两难,万无一失在哪里?"他和谋士们不得已才考虑出一个放弃洛阳、撤回范阳的计策。

郭子仪在河北的辉煌战绩,扭转了唐军仓促应战的被动局面,改变了整个战争形势。这时郭子仪提出了坚守潼关、挥军北上、直捣范阳的方略。如果朝廷采纳这个方略,平定安史之乱就不需要很长的时间了。

但是,在这个至关紧要的时刻,昏庸的唐玄宗听不进郭子仪的正确意见,却对杨国忠的瞎指挥、乱参谋言听计从,结果造成潼关失守。叛军从困境中得以解脱,使战局急剧恶化。

当时驻守潼关的哥舒翰是位突厥人,立过许多战功,担任过陇右和河西两镇的节度使。此时由于年老多病,已回长安居家休养。安禄山叛军进逼潼关时,唐玄宗为了借重哥舒翰的威名吓走敌人,就任命他为天下兵马副元帅(元帅由太子李亨挂名),领兵御敌。哥舒翰推辞不准,只得抱病出征,把军队驻扎在潼关一带。他十分清楚,自己带领的十几万唐军,不过是一群乌合之众,并不能打硬仗,能守住潼关就不错了。因此采取以守为攻的稳妥之计,潼关守得很好。杨国忠看到哥舒翰兵权在握,怕对自己造成威胁,权势不保,于是插手哥舒翰的作战指挥。杨国忠密奏唐玄宗,派使者催促哥舒翰速出潼关,收复陕郡、洛阳。哥舒翰明知这样蛮干,只能招致失败,可是又不能违抗圣旨。他失声痛哭一场后,怀着视死如归的悲痛心情,领兵出了潼关,在灵宝县西南中了叛军的埋伏。几场苦战下来,葬送了十几万唐军的性命,哥舒翰被杀,潼关失守。京城长安暴露在叛军的面前,已经岌岌可危了。

唐玄宗知长安不保,听信了杨国忠的建议,向四川逃跑。第三天,唐玄宗一行走了100多里路,来到马嵬驿,愤怒的士兵杀死了祸国殃民的杨国忠。龙武大将军陈玄礼对唐玄宗说:"士兵们杀了杨国忠,不把贵妃正法,他们就无心保驾了。"众怒难犯,自己的安危就在片刻之间,玄宗不得不忍痛割爱,将杨贵妃赐死。马嵬驿哗变平息下来后,唐玄宗继续向西南逃难。百姓上路拦驾,请求玄宗留下来率领人民讨伐叛贼。玄宗无奈,只得分出2000人马留给太子李亨,让他主持军事,留下来平叛。朔方镇的留守官员劝李亨称帝,以便号令全国。天宝十五年(756年)七月,李亨在灵武(今宁夏回族自治区灵武县)即位,是为唐肃宗。

收复长安

唐朝称长安为西京,洛阳为东京,首都设在西京长安。安史之乱爆发后,叛军很快攻占了东都洛阳。安禄山看到洛阳宫阙尊雄,心里急欲僭号。第二年正月便僭称雄武皇帝,国号燕,建元圣武;封他的儿子安庆绪为晋王,安庆和为郑王;任达奚珣为左相,张通儒为右相,严庄为御史大夫,还设置了百官。潼关失守后,安禄山还没有到长安,士民就逃入山谷,宫嫔哭着散匿逃亡,将相府第之家委弃的宝货不可计数。不逞之徒成群结队争抢财物,一连几日都抢不完。又剽掠政府盈库,百司帑藏,抢完便放火烧毁其余的财物。安禄山到长安,大怒,便大规模搜索了3天。民间的财产也全部进行抢掠,百姓更加骚动不安。安禄山怨恨他留在长安的儿子安庆宗被杀,便将皇帝的近属霍国长公主、诸王的妃妾、子孙姻婿等100多人全部害死,用来祭祀安庆宗。朝中群臣随从天子走的,诛灭其宗族。

京城长安是唐朝政治、经济和文化的中心。洛阳是陪都,在政治和军事上也很重要。叛军占领长安、洛阳后,整个局势急转直下,朝廷危在旦夕。收复两京对挽救危局具有重大的政治意义。

肃宗即位后,便图谋收复两京,诏令郭子仪班师。八月,郭子仪与李光弼率领步兵、骑兵5万人从河北来到灵武。这时,新的朝廷刚建立,军兵少而且弱。及郭子仪、李光弼全军来到皇帝的行在,军声遂振,兴复之势才形成,人民才觉得看到希望。肃宗任命郭子仪为兵部尚书、同中书门下平章事(宰相),依旧兼任灵州大都督府长史、朔方军节度使。肃宗检阅六军,到彭原郡时,宰相房琯请求领兵1万人,自己任统帅去讨伐贼兵收复长安。皇帝平常就很重用房琯,同意了他的请求。军队开到陈涛时,被贼兵打败,丧师殆尽。刚要进行讨伐,军队就丧失一半,只有依靠郭子仪的朔方军作为国家的根本了。

唐肃宗求胜心切,以"克城之日,土地、士庶归唐,金帛、女子皆归回鹘"的无耻条件,向回鹘借兵15万。并且任命自己的儿子李俶(即李豫)为天下兵马大元帅,郭子仪为副元帅。他深知李俶也只配当个挂名元帅,恳切地嘱托郭子仪要全力以赴。郭子仪答道,自己准备破釜沉舟,不消灭叛军,以死谢罪。

郭子仪从房琯的失败中吸取了教训，认为要收复两京，必须先夺潼关，攻入陕州（今河南陕县），击溃潼、陕之间的叛军，截断叛军的后路，然后才能直取长安。唐肃宗同意这个意见，命令唐军按照郭子仪的军事部署去奋勇战斗。

贼将崔乾祐据守潼关。郭子仪在潼关大破贼兵，崔乾祐退到蒲州据守。这时，永乐尉赵复、河东司户韩旻、司土徐旻、宗子李藏锋等人，被贼兵关押在蒲州，四人密谋等王师来到时为内应。及郭子仪进攻蒲州，赵复等人杀死守城的贼兵，打开城门迎郭子仪进城。崔乾祐逃到安邑，安邑的百姓假装投降，崔乾祐的军队进城门快一半时，城上的悬门落下，攻击贼兵，崔乾祐没有进入城门，才得以脱身东逃。郭子仪遂收复陕郡的永丰仓。从此潼、陕之间不再有贼寇抄掠。

公元757年，安史内讧，安禄山被帐下李猪儿杀死。李猪儿幼年时就开始侍奉安禄山，成为阉人后，对他更加亲敬。安禄山反叛后，由于着急上火眼就瞎了，不久又得了疽疾，更加急躁。左右侍奉的人，稍不如意，即被鞭挞。李猪儿被侮辱的次数更多。严庄虽然是亲信，也时常遭到鞭笞奚落，所以二人非常怨恨安禄山。安禄山僭号后，宠幸段夫人，爱她的儿子安庆恩，欲立他为太子。安庆绪颇有所闻，很是畏惧。严庄也怕变难一起对自己不利，便私下对安庆绪说：“君听说过大义灭亲吗？自古就有不得已而为者。”安庆绪暗中晓示说：“对。”严庄又对李猪儿说：“你侍奉君上的罪可数吗？不行大事，离死没有多少日子了！”遂与他定谋。至德二年正月初一，安禄山诏见群臣，疮痛很重，草草罢朝。这天夜里，严庄、安庆绪手持兵器在门外把守，李猪儿进入帐下，用刀捅了安禄山的腹部。安禄山眼睛看不见，摸不着佩刀，手击幄柱呼道：“是家贼！”一会儿肠子溃流在地，随即死了。李猪儿矫称安禄山传位给安庆绪，仍伪尊他为太上皇。

安禄山死，朝廷想要大举进攻，诏令郭子仪率军直趋京师。军队在谲水西，与贼将安太清、安守忠战斗，唐军失利，部队溃败。郭子仪退保武功，来到朝堂请罪。9月，随从广平王李俶率蕃汉军队15万进攻长安。回鹘派遣叶护太子率领精

郭子仪

兵帮助唐朝讨贼。郭子仪与叶护太子在宴会上亲近修好，共同发誓要平定国难。郭子仪与贼将安守忠、李归仁在京西香积寺之北战斗，从午时至酉时，斩贼首6万级。贼将张通儒放弃长安，逃入陕郡。第二天，广平王李俶进入京师，城中老幼百万人，夹道欢呼，流着泪说："没有想到今天又见到官军。"肃宗在凤翔听到捷报，群臣称贺。

郭子仪收复了都城长安后，又奉命率军乘胜东进，攻打洛阳。洛阳守将安庆绪听说唐军前来攻城，慌忙派大将严庄、张通儒带领15万大军前去迎战。叛军在新店（河南省郏县西）与唐军相遇。新店地势险要，叛军依山扎营，居高临下，形势对唐军非常不利。

郭子仪趁叛军立足未稳之机，选派2000名英勇善战的骑兵，向敌营冲杀过去；又派了1000名弓箭手埋伏山下，再令协助作战的回鹘军从背后登山偷袭，自己则亲率主力与叛军正面交战。战斗打响之后，郭子仪佯装败退。叛军倾巢出动，从山上追赶下来。这时，突然杀声如雷，唐军埋伏的弓箭手像神兵一般从天而降，万箭齐发，无数的箭簇像雨点一样射向敌群。郭子仪又杀了个回马枪。这时，叛军的背后又传来高呼声："回鹘兵来了，快投降吧！"叛军前后被围，左右遭打，在唐军和回鹘军的夹击之下，被打得一败涂地。严庄逃回洛阳，同安庆绪一起弃城北走，官军一举收复洛阳。

郭子仪因功封为代国公。不久，郭子仪入朝，肃宗慰劳他说："虽吾之家国，实由卿再造。"郭子仪顿首感谢。

公元758年9月，唐肃宗命郭子仪与河东节度使李光弼、关内节度使王思礼、北庭行营节度使李嗣业、襄邓节度使鲁炅、荆南节度使季广琛、河南节度使崔光远、滑濮节度许叔冀、兴平节度李奂等九节度使率60万军队围攻相州，讨伐安庆绪。皇帝因郭子仪、李光弼都是国家的元勋，难以相互统属，所以不设立元帅，只用宦官鱼朝恩为观军容宣慰处置使。

从洛阳逃到相州的安庆绪，明知已被唐军困于死地，便以让皇帝位为代价，向史思明求救，史思明率5万精兵杀来。

以九节度使的兵力本来可以一举灭敌，但群龙无首，诸将各自为战，互不统属。鱼朝恩是监督和操纵九节度使的最高官职人员，但他根本不懂兵法，不知用兵。这次联军战斗唐军损失严重，战马万匹只剩三千，刀枪十万几乎全部丢掉。

宦官鱼朝恩一向忌妒郭子仪，便把相州失利的责任推到郭子仪身上。唐肃宗不明是非，信以为真，便削了郭子仪的兵权，以李光弼代替郭子仪的职务。

上元三年二月，河东发生叛乱，杀死统帅李国贞，太原节度邓景山也为部下所杀，朝廷对此很忧虑。而后辈的将帅没有能力弹压，势不得已，遂起用郭子仪出镇绛州（今山西新绛）。三月，郭子仪辞朝赴镇，肃宗身体不适，没有见一个朝臣。郭子仪请求说："老臣受命，将死于外；没有见到陛下，是会死不瞑目的。"皇帝将他引到卧室内，对郭子仪说："河东的事情，全都委托给卿了。"郭子仪呜咽

流涕而出。郭子仪来到绛州,擒拿杀害李国贞的贼首王元振数十人,将他们处死。太原的辛云京听说郭子仪诛杀王元振,也将杀害邓景山的人诛杀,从此河东诸镇将帅皆遵奉国法。

公元762年4月,李豫即位。内官程元振当权,认为郭子仪功高难制,巧行离间之计,奏准罢免郭子仪副元帅之职,让他充任肃宗的山陵使,督工皇陵的建造。

史思明在相州替安庆绪解了围,自认为立了大功,要和安庆绪平分兵权。安庆绪不答应,史思明就把他杀了,吞并了他的军队,回到范阳,自称大燕皇帝。他听说郭子仪被夺去兵权后,于759年5月,从李光弼手中,夺取了洛阳。占据洛阳不久,他就被自己的儿子史朝义杀死了。

陷于内忧外患之中的唐代宗李豫,在危亡面前,不得不启用郭子仪,他任命雍王李适(即后来的德宗)为统兵元帅,郭子仪为副元帅,又向回鹘借兵10万,攻打洛阳。史朝义败走莫州(今河北任丘北)。史朝义的部下田承嗣、李怀仙等见大势已去,遂率部向官军投降。公元763年正月,史朝义看到众叛亲离,走投无路,便上吊自杀。至此,延续了7年零3个月的安史之乱才算完全平定。

安史之乱使唐朝由盛转衰,国力虚弱。由于讨伐北方叛军的需要,西部的军队,大部被撤走调离。吐蕃乘虚深入内地,大举攻唐,占领了陕西凤翔以西、邠州以北的十几个州。763年10月,他们又占领了奉天(今陕西乾县),很快打到长安城下,吓得代宗逃到陕州避难。于是,吐蕃兵占领了长安。他们把唐宗室广武王李承宏立为皇帝,当自己的统治工具。纵兵焚掠,将长安洗劫一空。

朝廷在没有什么别的御敌之计的情况下,急忙下诏拜郭子仪为关内副元帅。郭子仪接到诏书时,只有骑兵20人。他从洛阳到武关,才收拾散兵游勇4000余人。到达陕西蓝田时,各路勤王之师才相继到达。为了共赴国难,共雪国耻,收复京城,各路大军都表示愿意接受郭子仪的统一指挥。

郭子仪分析了敌强我弱、敌众我寡的形势后,采取声东击西、虚张声势之计。他派羽林军大将长孙全绪,带领200轻骑,到蓝田城北面,白天擂鼓呐喊,夜晚燃起火把,牵制吐蕃兵力,佯作向蓝田城东进军的姿态;暗中亲率主力杀向蓝田城西。与此同时,他又派遣禁军将领王甫潜入长安,暗中连结京城中的少年豪侠作为内应。郭子仪迅速集中兵力,奋勇攻击,打得吐蕃措手不及。吐蕃兵直向蓝田城东冲杀,扑了空,方知中计,吓得惊惶失措。这时,京城中的内应,此起彼伏高喊:"郭令公(指郭子仪)亲率大军来了!"吐蕃兵陷入四面楚歌之中,不战而走,慌忙逃离。

长安陷落15天,又被郭子仪收复。

公元764年11月,皇帝的车驾从陕州回宫,郭子仪伏地请罪,皇帝将车停下来慰劳他说:"朕没有及早用卿,所以才到这种地步。"便赐给他铁券(免死牌),在凌烟阁为他画像,以表彰他的兴唐之功。

大败吐蕃

安史之乱爆发后,唐朝社会内部矛盾重重,真是一波未平,一波又起。广德元年(763年),仆固怀恩叛变,屡引回鹘、吐蕃攻唐。

唐朝将领仆固怀恩是铁勒族人,安史之乱时,从郭子仪、李光弼作战,屡立战功。曾与回鹘兵击败过史朝义,官至河北副元帅、朔方节度使等职。因没有得到封官加爵,对朝廷不满,妄图反叛。他的母亲得知后,骂他忘恩负义,还举刀要砍杀他,以绝后患。

仆固怀恩与朝廷猜疑日深,最终背叛朝廷,顿集军队于汾州,寇掠并州、汾州下属各县作为自己的封邑。

广德二年十月,仆固怀恩招引吐蕃、回鹘、党项数十万部众南下,京师惶恐。皇帝召见郭子仪,问抵御戎兵之计。郭子仪说:"据臣所见,仆固怀恩不能有所作为。"皇帝问其原因,他回答说:"仆固怀恩虽然号称骁勇,但他平素不得人心。仆固怀恩本是臣的偏将,其下边的人皆是臣的部曲,臣的恩信曾施及他们。今天臣为大将,他们必然不忍心以锋刃相向,因此知道他不能有所作为。"戎虏侵寇邠州,郭子仪让他的长子朔方兵马使郭曜率军援救邠宁,与分宁节度使白孝德闭城拒守。仆固怀恩的前锋来到奉天,在城外挑战,诸将请用兵击之,郭子仪制止他们说:"客兵深入,其利在于速战,不可与他们争锋。他们都是我的部曲,缓之必然会叛离;如果逼迫他们,是加速他们战斗,开战则胜负不可言。敢言战的人,斩!"便加固城墙以待之,果然不战而退。

唐代宗永泰元年(765年)八月,仆固怀恩不甘心失败,又勾引吐蕃、回鹘、吐谷浑以及山贼等30万军队,先出兵侵掠同州,约期从华阴趋赴蓝田,直取长安。京师震恐。代宗急召郭子仪从河中回来,屯驻长安北面的泾阳城,抵御贼兵。

郭子仪一军仅1万多人,被敌重重包围在泾阳。他命令部将四面坚守,自己亲率骑兵出没于前后左右侦察敌情。这时仆固怀恩在行军途中暴病已死,群凶无首,分营扎寨,各自为战。郭子仪心中暗喜。但敌众我寡,仗还是不好打。尤其是回鹘兵,骁勇善战,又多于唐军5倍以上。不可一世的回鹘王骄吟道:"威风凛冽气昂昂,塞外称雄无人言;鼓角声高催战马,诸蕃兵力我为强。"

战则必败,退则被歼,如何是好?足智多谋的郭子仪决定智取,放弃力敌。他派自己的得力牙将李光瓒前去回鹘大营游说。回鹘王听说他是郭子仪派来的,疑惑地说:"令公还活着吗?仆固怀恩说天可汗(指唐朝皇帝)已经抛弃四海,郭令公也已谢世,中国无主,我们才随同他来的。如果他老人家健在,我们倒要见一见。"

郭子仪深知只有争取回鹘和唐军联合,重点打击吐蕃,才能取得这场"反侵略"战争的彻底胜利。错过这个机会,战争的胜负、京城的安危不堪设想。他立即

决定,亲自到回鹘军营走一遭。

郭子仪将要出去会见回鹘将领,诸将劝谏说:"戎狄之心,不可相信,请不要去!"郭子仪说:"房寇有数万之众,今天依靠实力无法相敌。况且至诚能感动神灵,何况是房寇之辈!"诸将说:"请选铁骑500卫从。"郭子仪说:"那样适足以招致祸害。"说完只带几名亲随准备上马出发。这时他的儿子急忙赶来,拦住马头哭道:"回鹘像虎狼一样凶狠,您身为国家元帅,怎么能冒这个险呢?千万不能去送死!"郭子仪说:"现在国家更危险,我以至诚相待,亲说回鹘退兵,国家转危为安,别的还有什么可顾惜的。"他的儿子还是拦着不放,郭子仪扬起马鞭,照儿子的手上打去,纵马奔驰。

回鹘首领药葛罗,怕唐军用计,赶紧叫部下摆开阵势。自己也搭弓上箭,准备射击。郭子仪远远看见这场面,干脆脱下盔甲,把枪也扔了,继续接近回鹘。回鹘首领看清后,赶忙上前迎接郭子仪。

郭子仪两次从安史叛军手里收复两京时,曾经带领过借来的回鹘兵,同他们可以说有过并肩战斗的情谊。他在回鹘人中有很高的威信,回鹘人一向称他为郭令公,表示对他的尊敬。郭子仪来到回鹘营寨,他们一齐向他跪拜。郭子仪将他们扶起,与之痛饮叙谈,又派人送来罗锦,欢言如初。

郭子仪对回鹘说:"吐蕃本是我朝舅甥之国,朝廷没有辜负他们,而他们到这里,是不再为亲了。如果乘其不备倒戈一击,如拾地芥那样容易。他们的羊马遍野,长达数百里,这是天赐,不可失此机会。今天能驱逐戎兵战胜敌人,与我朝和好而凯旋,不亦善乎!"他们遂答应下来。

郭子仪派遣朔方兵马使白元光与回鹘会师。吐蕃知道他们的计谋,当天夜里就逃跑了。回鹘与白元光穷追不舍。郭子仪率大军继其后,在灵武台西原大破吐蕃,斩首5万,生擒上万人;收取他们所房掠的士女4000多人,缴获的牛羊驼马300里内接连不断。

待人宽厚

郭子仪戎马一生,屡建奇功。但他忠勇爱国,宽厚待人,从不居功自傲,因此在朝中有极高的威望。

李光弼和郭子仪同为唐朝著名将领,他们曾经同在朔方镇当将军,可是两个人的关系并不太好,互不服气。安史之乱爆发后,唐玄宗提升郭子仪任朔方节度使,位居李光弼之上。李光弼怕郭子仪刁难他,曾想调到别的方镇去。这时朝廷要郭子仪挑选一位得力的大将,去平定河北。郭子仪出于公心,推荐了李光弼。李光弼却以为郭子仪是借刀杀人,让他去送死,可是朝廷成命又不能不服从。临行前他对郭子仪说:"我赴死心甘,只求你不要再加害我的妻子儿女好吗?"郭子仪听到他冤枉自己的话后,流着热泪对他说:"现在国难当头,我器重将军,才点你的将,愿与你共赴疆场讨伐叛贼,哪里还记着什么私忿呢?"李光弼听了非常感动。两人手扶手相对跪拜,前嫌尽释。

唐代宗大历二年(767年)十二月,有人掘了郭子仪父亲的坟墓,可是盗贼却没有抓到。人们怀疑是朝中宦官鱼朝恩指使人干的。因为鱼朝恩一向嫉妒郭子仪,并向皇上屡进谗言,一再阻挠皇上任用郭子仪。郭子仪对于祖墓被毁的原因心里也是明白的。他入朝时,皇帝先提起此事,郭子仪哭奏道:"臣长期主持军务,不能禁绝暴贼,军士摧毁别人坟墓的事,也是有的。这是臣的不忠不孝,招致上天的谴责,不是人患所造成的。"满朝的公卿大臣原来都很忧虑,怕郭子仪闹出事端,听了他的回奏后,都对他无限钦佩。郭子仪想到的是国家安危事大,朝廷的安稳远比自己的私事重要。

郭子仪功德越高,人们越尊重他。吐蕃、回鹘称他为神人。皇帝都不直接呼他的名字。甚至有些安史叛将也很尊重他,因为他曾施恩于很多人。安庆绪的骁将田承嗣占据魏州后,蛮横无理,飞扬跋扈。郭子仪派遣自己的一个部将去见他。田承嗣倒很规矩,还向郭子仪所在的方向遥望叩拜,指着自己的膝盖对使者说:"我这双膝盖,不向别人下跪已有多年了,现在要为郭公下跪。"他麾下的老将军数十人,都是王侯显贵,郭子仪颐指他们进退,他们就像奴仆一样,听从他的安排和指挥。

郭子仪处处做士兵的榜样。他领兵打仗从不侵犯百姓的利益。当时,连年战争,农村经济破坏,农民生活困难,负担很重,筹集军粮确实不易。为了减轻人民的负担,他不顾自己年迈力衰,亲自耕种。在他的带动下,官兵在休战时,一边训练,一边参加农业劳动。动乱时期,他的驻地丰收的庄稼到处可见。

郭子仪不仅得军心民心,侍奉圣上也很忠心勤谨。无论是手握强兵,还是方临戎敌,诏命他何时入朝,他从未迟延过。在他被幸臣鱼朝恩谗毁,削去兵权后,仆固怀恩率10万大军进逼京师。正当用人破敌之急,朝廷恢复和加封他为太尉,分宁、泾原、河西及朔方招抚观察使,关内河东副元帅,中书令等一系列虚职和实职。郭子仪从不把打仗破敌当做升官发财的敲门砖,他坚决要求辞去太尉之职,只保留招抚观察使一职即可。他上奏说,自兵乱以来,纲纪破坏,时下与人比高低、争权势已成风尚流行,他希望朝中兴行礼让,就由自己开始实现。他还说,自己早已懂得知止知足的道理,心中惧怕盈满之患。等到秩序安定,仆固怀恩被擒,往昔的官爵决心一无所受。经过他再三恳让,才辞掉了太尉之职。但这位四朝柱石,卫国功臣,理应受到宠遇。他权倾天下而朝不忌,功盖一代而主不疑,德宗尊他为"尚父"。他既富贵又长寿,后代繁衍安泰。他有八子七婿,都是朝廷重要官员。孙子有数十人之多,当孙子来问安,他都无法分辨谁是谁,只是颔首而已。有一出戏《打金枝》,反映了他家兴旺热闹的场面。戏的故事是,郭子仪70大寿,全家人全来拜寿,只有他的六儿媳升平公主没到。儿子郭暧气愤之下打了皇帝的金枝玉叶,还斥责道:"你依仗皇父就不来拜寿,我父还不愿意当皇帝呢!"

郭子仪知道儿子打了"金枝"以后,带着儿子就去向代宗皇帝请罪。代宗对郭子仪说:"儿女闺房琐事,何必计较!老大人权作耳聋,当没听见这回事算了。"郭子仪谢过皇恩,回家后把儿子痛打一顿,小两口又和好如初了。

建元二年(781年)六月十日,郭子仪以85岁的高龄辞世。德宗沉痛悲悼,废朝5日,下诏书高度评价和追念他。按律令规定一品官坟墓高1丈8尺,特下诏给他加高10尺,以示尊崇。君臣依次到府第吊唁,皇帝还到安福门临哭送行。生前死后,哀荣始终。

李光弼

李光弼（708年~764年），营州柳城（今辽宁朝阳）人，属于契丹族。他的父亲李楷洛是契丹酋长，在武则天当政时期内附，官至左羽林大将军，封蓟郡公。吐蕃入侵河源，李楷洛率精兵迎战，出发的时候，他对别人说："平定了吐蕃贼，我也回不来了"。在胜利回师的途中，他真的暴病而亡，朝廷追赠营州都督，谥号忠烈。李光弼就成了烈士子弟，他少年从戎，开始了南征北战的辉煌历史。

善用良计

大唐帝国极盛时期国土空前辽阔。北至贝加尔湖，南到越南中部，东北到达黑龙江以北，西北到达锡尔河、阿姆河流域。这中间，"九夷四蛮"出身的将领作出了巨大的贡献，李光弼就是其中的杰出代表。在平定安史之乱的过程中，他智计百出，功劳盖世，谱写了一幕又一幕的战争传奇。兵法中有"美人计"，是运用了"异性相吸"的原理。李光弼独出心裁，将之运用到战马上，唱出了一出令人拍案叫绝的好戏。李光弼与史思明的叛军交战时，明显感觉到对方骑兵的压力，因为史思明营中的马匹很多是从塞北带来的，这些公马精壮高大，奔跑如飞，使史思明的骑兵具有很强的战斗力。李光弼发现，没有战事的时候，这些公马每天都要赶到河边洗澡放牧。于是，李光弼大肆收购带驹的母马，一下子从百姓手里收购了母马、马驹各500匹。待到史思明的公马又到河边的时候，李光弼将母马赶出城去，却将马驹统统留在城中。母马来到城外的河边，吸引了所有公马的注意力。公马发情了，纷纷下河朝母马跑过来。母马挂念城中的马驹，转身往城中飞奔，公马紧追不舍，全部跑进唐军驻守的城中，等史思明反应过来，想要拦截马匹，这些公马已被唐军尽数捕获。后来，补充到唐军的坐骑中，使李光弼的部队成

李光弼

为唐军中最有战斗力的部分，功勋屡建，威震天下。这计策只是李光弼小试牛刀，他一生的故事则更为精彩。

李光弼自幼就严正刚毅，他喜欢读《汉书》，擅长骑射，显露了非同一般的资质。他的父亲去世，他按照礼节守孝，终丧不入妻室，显示了他表里如一的性格。天宝五年，他被河西节度使王忠嗣提拔为兵马使，充赤水军使。王忠嗣慧眼如炬，对别人说道，"日后能代我统兵的必然是李光弼"。天宝十三年，朔方节度使安思顺表奏李光弼为副使，知留后事。李光弼出类拔萃，安思顺十分喜爱，想把自己的女儿嫁给他。李光弼不想趋炎附势，借口自己有病，推托了这门婚事。陇右节度哥舒翰素来与安思顺不和，听说了李光弼拒婚的事，就表奏李光弼入朝做了武官。

安史之乱爆发了，天宝十五年（756年），在郭子仪的推荐下，李光弼被朝廷任命为河东节度副使，参与平叛。他带领五千朔方军与郭子仪会合，东出井陉，收复常山郡。叛将史思明率领数万兵卒赶来支援常山。李光弼大破叛军，先后收复九门、赵郡（今河北赵县）等地，因功升为范阳长史、河北节度使。七月，在嘉山大破史思明部，斩首万余，俘虏四千。史思明狼狈逃窜，披散着头发、光着脚板逃往博陵。李光弼进围博陵，唐军声威大震，河北十余郡县纷纷杀掉叛吏重归大唐，大半河北郡县被唐军收复。在连连大捷的形势下，李光弼清醒地认识到，敌人锋芒正锐，应该端掉范阳这个安禄山的老窝，"握贼根本"。不料形势急转而下，哥舒翰潼关失守，长安门户大开。唐玄宗手足无措，领着儿孙逃往蜀地。长安落入了叛军的手中，留在长安的王孙公主被叛军切瓜砍菜般地杀害。一时间，血雨腥风，惨不忍睹。太子李亨灵武即位，是为唐肃宗，遥尊唐玄宗为太上皇。李光弼被授予户部尚书、同中书门下平章事，提兵五千入驻太原。

当地的节度使王承业荒于军政，侍御史崔众成为事实上的一把手，他和王承业本来是上下级关系，在王承业面前却没有半点规矩。在皇帝的诏令被宣读以后，崔众本该把所部兵马全部交给李光弼，可他就是不办，见李光弼只是长揖。李光弼火了，既然崔众自己撞到枪口上，他决定杀崔众立威。崔众被抓起来了，朝廷的中使也赶到了，要任命崔众为御史中丞。李光弼将在外，君命有所不受。他对中使说道："崔众有罪，已被关押，现在要处斩的，是侍御史崔众。如果你宣诏拜他为御史中丞，我就杀御史中丞崔众。"中使害怕了，不敢拿出诏书，崔众就在军中被斩首。李光弼从此威震三军，令出必行。

平安史之乱

唐肃宗至德二年（757年），史思明、蔡希德等人率叛军十多万人进攻太原（今太原西南）。当时李光弼所部的精兵都被征调到朔方军去保卫唐肃宗，李光弼手下连一万人都不到。众人眼看叛军将至，都建议加固城防，以利坚守。李光弼说服了大家:"环城有四十里,工程浩大,而敌人转眼就到。到时大家精疲力竭,如何能够抵御史思明的叛军?"但是,李光弼并不是消极等待,他为叛军准备了二百人才能挽动的巨型抛石车。叛军进攻了,巨石像冰雹一样砸向叛军,叛军伤亡惨重,一下损失了一两万的兵力。史思明冥思苦想,想出应对之法。他让士兵建造飞楼,用木幔围住,飞楼上堆土成山,以此作为攻城利器。李光弼精通兵法,焉能不知,他指挥士兵把地下挖空,土山沉重,顿时崩塌。史思明又出一招,他在城下举行宴会,让戏子上台扮演唐玄宗,意在打击唐军的士气。不料李光弼早就叫人挖了不少地道,与史思明打起了地道战。奇兵从地道出来,戏子从地道被抓走。很快,戏子的脑袋被唐军丢下了城墙,史思明吓坏了,赶紧将自己的牙帐搬走。叛军退走的时候,眼睛都紧盯着地面,生怕自己也会掉下去,脑袋被唐军搬家。

狠招一步接一步,唐军又把史思明大营的地下挖空,再用木头撑住,表面上不露痕迹。李光弼以城中粮尽为理由,派人向史思明诈降。数千人的部队出城了,领头的是一个手持白旗的唐军将领,叛军集结队伍,举行欢迎仪式。突然间,地道内的支撑木抽掉了,地面塌陷,数千叛军被埋进了土中。城上城下的唐军大声鼓噪,骑兵趁势杀出,一举俘斩上万人。史思明胆战心惊,一筹莫展,他知道遇上了平生劲敌。此时,安禄山已经为逆子安庆绪所杀,史思明受诏命去守范阳。叛军由蔡希德统领,继续与李光弼周旋。李光弼挑选了一支敢死队,个个武艺高强。他身先士卒,冲锋在前,率领敢死队与叛军进行了殊死搏斗,一举歼敌七万,缴获军械辎重不计其数。至此,李光弼的名字威震天下,他被朝廷晋封为司空和郑国公,"食实户八百"。

至德二年九月,十五万唐军在郭子仪的指挥下,在长安城南香积寺北与十万叛军进行决战。唐军在四千回鹘骑兵的帮助下,将安军斩首六万人,收复长安。至德二年十月,唐军乘胜追击,在新店大破安军十五万人,收复洛阳,形势一片大好。安庆绪逃到邺城(今河南安阳),苦等史思明的援军。唐军进围邺城,史思明率叛军来援。战阵之上,突然狂风大作,飞沙走石。双方阵营大乱,各自溃退,唐军中唯独李光弼部和王思礼部全军而还。邺城失利,李光弼取代了郭子仪成为天下兵马副元帅。不久,史思明杀安庆绪,叛军攻陷汴州(今开封),再度威胁洛阳,有人建议退守潼关,有人建议坚守洛阳。李光弼认为,双方兵力相差悬殊,硬拼不是办法,退守河阳(今河南孟县南),"北阻泽、潞,胜则出,败则守",阻止叛军西进,方为上策。他下令洛阳城的官吏百姓都出城避贼,空出洛阳城,唐军严阵以待,准备与叛军决一胜负。

史思明率军去偃师,李光弼率军往河阳,双方在石桥相遇。李光弼的部队盔甲鲜明,手持火炬慢慢前行。叛军害怕李光弼,没人敢挑起战端。叛军占领洛阳后,担心李光弼的部队会攻击其侧翼,就驻扎在洛阳东面的白马寺,挖掘战壕,修筑月形城,在河阳南面与唐军对峙。叛军发起了进攻,唐军凭借河阳三城坚

守,较量之下,唐军斩首千余人,俘虏五千人,叛军有不少人掉入河中淹死。

唐军人数少得可怜,但李光弼胸有成竹,指挥若定。他对李抱玉说:"将军能为我守南城二日吗?"李抱玉问道:"过后怎么样?"李光弼回答:"弃之。"李抱玉一口应承。他派人给叛军送信,"我们的粮食已经吃完了,明天就向你们投降"。叛军欢呼雀跃,停止攻城。李抱玉赶紧率人修筑残破的城墙,等敌人得知上当,南城已固若金汤。叛军大怒,急攻之,李抱玉出奇兵夹击,叛军损失颇重,十分气馁。李光弼手下的另一位大将荔非元礼守卫羊马城,战事更为激烈。贼将周挚率领八道兵马全力进攻,双方陷入了胶着状态。这时,李光弼下令荔非元礼出城迎敌。荔非元礼手下都是精锐士卒,作战勇猛,冲锋之下,叛军退却。他眼见敌众我寡,不宜硬拼,就摇旗让士兵回阵。李光弼以为荔非元礼怯敌畏战,勃然大怒,准备将他军法从事。当李光弼派人去召荔非元礼的时候,荔非元礼告诉来人:"我们正在战斗,暂时不能拜见主帅,等破敌之后,我再见他。"荔非元礼告诉手下众人:"主帅以为我怯敌,准备将我斩首,现在我们只能拼死一战。就算战死,也胜过在营中背着懦夫之名被砍头。"唐军气势如虹,雷霆出击,荔非元礼手持大刀,冲锋在前。唐军斩首数百,叛军溃不成军。毕竟是久经训练的虎狼之师,贼将周挚又将他们收拢在一起,与安太清合兵三万进攻北城。

李光弼守卫北城,他一向治军极严,唐军人数虽少却极有战斗力。李光弼告诉众人,旗进人进,旗退人退。并派大刀督战队在后面守着,战阵之上,有后退者杀无赦。唐军背水一战,斩首万余级,俘敌八千人,缴获战马二千匹,军资器械数以亿计,抓获周挚、徐璜玉、李秦授三员敌将。史思明还在进攻南城,李光弼用大炮猛击史军,在黄河边将八千俘虏全部斩杀。史思明部看得胆战心惊,败退而走。河阳之战唐军共斩首两万,全面大捷,成为中国历史上著名的以少胜多的典范战例。每次大战前,李光弼都要把一柄短刀插在靴中。他说:"战争是你死我活的较量,我位居三公,绝不能活着被叛军俘虏。万一不捷,当自刎以谢天子。"三军感奋。唐肃宗上元元年(760年),李光弼率军收复怀州(今河南沁阳)。在与史思明的较量中,唐军再度胜出。这次,李光弼的妙计又发挥了作用。

再施妙计

李光弼率唐军进驻于河阳以南的野水渡,这里是一片平地,唐军四周竖起木栅,与叛军对垒。史思明长于野战,见此情形,喜出望外。他手下有三员大将高晖、李日越、俞文景,都有万夫不当之勇。史思明当即向李日越下了死命令:"李光弼驻守在平地上,这是千载难逢的好机会。今晚,你率领五百重甲骑兵去把他抓来,如若不成,提头来见。"而此时,李光弼也正向牙将雍希颢布置行动计划:"贼将高晖、李日越悍勇非常,今夜史思明一定会派他们来劫营。你千万不要与他们交战,敌人要是投降,你就带他们来见我。"然后,李光弼率大军回到了河阳。李日越率骑兵直扑野水渡,却没有见到李光弼。得知李光弼不在营中,李日越果然下马向唐军投降,在李光弼的表奏下,他被朝廷授予金吾大将军之职。不久,史思明帐下的悍将高晖也归降了唐军。众人不解,向李光弼询问原因。李光弼一语道破:"史思明一败再败,迫切地希望与我进行野战。现在听说我在平地上扎营,必然派悍将来偷袭,也必然下了失败必死的命令。李日越得知我不在营中,抓了雍希颢回去也不免一死,除了投降,没有第二条路可走。高晖的名声一直在李日越之上,听说李日越得到朝廷如此待遇,他当然动心,投降唐军就是顺理成章的事情了。"众人恍然大悟,对李光弼更是佩服得五体投地。唐军在怀州城下集结完毕,决开丹水倒灌入城。叛军颇为顽强,唐军一时难以攻破。李光弼又搞起了地道战,命郝廷玉从地道进入,得到叛军口令,然后潜上城楼,打开城门。唐军乘机进攻,鱼贯而入,抓获了安太清、杨希仲等几名贼将,献俘于太庙。怀州光复了,大唐的旗帜高高飘扬。

史思明屡战屡败,就想引诱唐军进行野战。他派间谍散布消息说,将士们都是燕人,久战思归,现在正是决战良机。陕州观军容使鱼朝恩信以为真,向唐肃宗多次汇报,唐肃宗就下令让李光弼收复洛阳。李光弼头脑清醒,向皇帝说明情况,"贼锋尚锐,未可轻进"。李光弼帐下大将仆固怀恩立功心切,附和鱼朝恩的提议,李光弼别无选择,只得出兵。

李光弼要求仆固怀恩依托邙山布阵,仆固怀恩善长骑兵作战,因此布阵于平原。李光弼心中不安,"据险布阵,可进可退;平原布阵,一旦失利就会全军覆没"。仆固怀恩固执己见,拒绝了他的建议。唐肃宗上元二年,史思明在洛阳北面的邙山脚下,击溃唐军。唐军死伤数千,退保闻喜(今山西闻喜东北)、河阳、怀州相继失陷。朝廷震动,立即增兵,阻止叛军西进。唐肃宗知道不是李光弼的过错,对他优容有加,"未几,复拜太尉,兼侍中、河南副元帅",都统五道行营节度使。临行,皇帝亲自赋诗送别。邙山之战后,史朝义杀父亲史思明。宝应元年(762年),史朝义进围宋州(今河南商丘南)。诸将建议李光弼退保扬州,李光弼说:"朝廷把安危寄托在我的身上,我当然要竭诚以报。叛军并不知道我们人数多少,如果出其不意,打败敌人是有把握的。"他抱病出征,进驻徐州,率大军进攻围住宋州的史朝义,为宋州解围。接着,收复许州,将叛军斩首千余级,抓获叛军将领二十二人。不久,浙东袁晁造反,李光弼参与镇压农民军,很快平定了浙东。他因功晋封临淮郡王,"诏增实封户二千,与一子三品阶,赐铁券,名藏太庙,图形凌烟阁"。至此,他达到了戎马生涯的顶峰。

辉煌之后是暗淡,在战场上李光弼是冲锋陷阵的勇将,但在如何逢迎拍马上他还没有入门。唐代宗李豫即位后,宠信太监程元振、鱼朝恩。太监做监军是唐王朝的惯例,为了显示自己的功劳,必然要贬低前线作战的将领。而李光弼偏偏是一位功高震主的人物,唐代宗的猜忌是不可避免的。来瑱就是因为程元振的谗言而被朝廷处死,李光弼对没有男根的太监产生了前所未有的恐惧。唐代

宗广德元年(763年),"吐蕃凌犯上都,乘舆幸陕"。皇帝让李光弼赶去救驾,李光弼担心鱼朝恩等人趁机加害他,拖延行期,迟迟不愿动身。这时,郭子仪挺身而出,化解了这场危机,唐代宗得以返回长安。李光弼不听朝廷调遣,他手下的将士心生不满,也渐渐不听他的调遣。李光弼忧惧交集,病入膏肓,弥留之际,黯然感叹:"我为朝廷效力,无暇奉养老母,是个不孝之子,还有什么可说的?"下令把自己获赐的金帛分发给诸将。广德二年(764年),李光弼在徐州因病逝世,享年57岁。死后,赠太保,谥号武穆,唐代宗"吊恤其母",为李光弼举行了隆重的国葬。一代良将结束了自己轰轰烈烈的一生,"工于谋国而拙于谋身",道出了中国历史上忠臣良将的共同命运。但是,无论如何,在平定安史之乱的艰苦卓绝中,李光弼功不可没。

李　白

　　李白(701年~762年)，字太白，号青莲居士，祖籍陇西成纪(今甘肃安东)。他是继屈原之后我国又一位伟大的浪漫主义诗人。他才华横溢，抱负宏大。在他现存的九百多首诗歌中，有对当时社会腐朽势力的猛烈抨击，有对美好理想的执着追求，有对祖国壮丽河山的热情讴歌，有对处境困厄的愤激抗争，充分体现了他奔放的激情、洒脱不羁的豪侠气概和积极及世的精神；部分作品有时也流露出饮酒享乐、求仙访道的消极思想。在艺术上，李诗想象丰富，夸张奇特，绘景抒情，挥洒自如，形成了飘逸、奔放、雄奇、壮丽的独特风格，对后世产生了深远的影响。

　　据说，李白降临人世的时候，他母亲梦见太白金星入怀，故名李白。李白少年时读书山中，未成弃去。过小溪，见一老妇人正在细心地磨着铁杵，李白好生奇怪，问磨它干什么。老妇人说，想把它磨成针。李白感悟，重回山中，继续学业。《天宝遗事》中说，李白曾梦笔生花，尔后果然文采风流，名播天下，成为永世不朽的诗人。但是，绝世的放纵与浪漫，不朽的激情与狂想，无与伦比的天才与苦难，却真实地伴随李白的整个生涯。以至，我们在隔代的相思中，已很难体谅他那漫无边际的神圣的苦痛和梦想。

身世传奇

　　唐武则天长安元年(701年)，李白出生在西域碎叶，他是凉武昭王李暠的九代孙，属李唐宗室，有深远的贵族血统。他的先辈犯了某种"谋逆"之罪，窜居西域，绝嗣之家，难求谱牒，致使后来李白每次想表白自己的家世渊源又羞于启齿，总在半吞半吐的尴尬中。也许，所谓家世，是李白为了便于立功于当世而不得不虚荣地编造的。

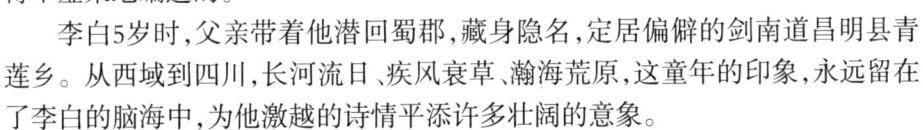

　　李白5岁时，父亲带着他潜回蜀郡，藏身隐名，定居偏僻的剑南道昌明县青莲乡。从西域到四川，长河流日、疾风衰草、瀚海荒原，这童年的印象，永远留在了李白的脑海中，为他激越的诗情平添许多壮阔的意象。

　　李白五岁诵六甲，十岁观百家。轩辕以来，颇得闻矣。"十五观奇书，作赋凌相如。"他性敏早慧，读书不辍，遍观古来的文章典籍，喜欢并且动笔模拟相如汪洋绚丽的辞赋，名动西蜀。

　　前礼部尚书苏颋出为益州长史，李白路中投刺，拜见苏颋。苏待以布衣之

礼,对同僚说:"此子天才英丽,下笔不休。虽然风力不够,但有成大器的禀赋。"

李白的学识杂乱散漫,曾与东严子赵蕤隐于大匡山,巢居数年,不迹城市,学习经世的才略。赵博学韬晦,长于经世,节操高尚,不赴微召。著《长短经》十卷,言王霸之道,辨析时势,纵横捭阖。上至君德臣行,下至通变相术。李白一生喜读王霸之术,对于春秋纵横家们的事迹了如指掌,以管仲、苏秦、诸葛自许,显然受了赵的影响。

蜀中的履历上还有一项重要的内容——游侠生活。

"十五好剑书,遍于诸侯""结发未识事,所交尽豪雄……托身白刃里,杀人红尘中"、"少任侠,手刃数人。"他很小就长剑随身,往来旁郡。北抵陇右,漫游三国时邓艾入蜀取道的江油,直到一夫当关、万夫莫开的剑阁。游侠的生活方式、行为准则,游侠的勇气、胆略,逐渐内化为一种人格,影响、决定着李白的一生。

李白20岁,南游成都,遍历锦城风流,也见识了市井生活的种种细节。"托身白刃里,杀人红尘中",似乎是这一段生涯的写照。后又游峨眉,登金顶,领略了佛光的诱惑,"倘逢骑羊子,携手凌白云。"

豪迈的唐文化与蜀中原生纯朴的风土人物哺育出李白肆行无碍的品性。他不停地走,不停地幻想,不停地打碎和创造,为自己寻找更广阔的世界,去印证他充盈活跃的生命,印证那个如日中天的文化时代。

远离家乡

开元十二年(725年)春,24岁的李白,开始了离家万里的仗剑远行。他向蜀中山水投下深情的一瞥,轻松地吟诵充满自恃的告别诗:"莫谓无心恋清境,已将书剑许明时。"同年秋天,"发清溪"、"下渝州",很快到达荆门,与蜀中友人吴指南同游湘楚。

吴指南因病死于洞庭之滨,李白恸哭不止,如丧骨肉。抚摸着同伴的尸体,李白第一次感到冰冷的恐怖,生死之间原来仅有一层薄薄的隔离。他哭得泪中带血,哭出了自己从未体验过的置身于广阔天地间的孤独和悲哀。然后,将吴葬于湖边,东下南京,这已经是第二年的秋天了。

游子的行踪遍及维扬越中,东涉溟海,酒馆、歌楼、河舫、舞榭、寺院、赌场,不逾一年,散金三十余万,有"落魄公子,悉皆济之"。李白的行囊慢慢变得羞涩。

"孤剑谁托?悲歌自怜。迫于栖惶,席不暇暖。寄绝国而何仰,若浮云而无依。"他没有找到迈入国门的途径,心中时时涌动着青春难耐的伤感,与无根飘萍的凄惶。

三年内,千金散尽,他所得到的仅仅是逆旅的相思、无言的轻蔑,是苦闷的诗,而不是关于社稷民生的经济、事功,甚至无关乎起码的生计。"乡曲无知名,朝端乏亲故",南图无从,北游失路,零丁而已。他不得不考虑自己仗剑远行最踏实的初衷。

公元727年,李白结束了吴山越水间的逗留,回舟向西,游云梦。这是他曾在相如辞赋中读到的最令他心醉神迷的所在。

就在这一时期,李白应召,娶故相许圉师的孙女,入赘许家,开始定居湖北安陆。其间结识了"风流天下闻,迷花不事君"的孟浩然与无心仕进、潜心修炼之术的元丹丘。

这是一段饮酒、读书、吟诗、揽胜、感伤的蹉跎岁月。许夫人贤慧温柔,萌发着不安和躁郁的是李白。他想申管晏之谈,谋帝王之术,奋其智能,愿为辅弼,使寰区大定,海县清一,事君之道成,荣亲之事毕。然后与陶朱、留侯,浮五湖,戏沧洲,不足为难矣。

但是,入赘许家并不能给他提供用世的机会,赘婿的身份本就难堪。地方负有察举职能的长史大吏,在欣赏李白飘然不群的诗文后,又总是听到关于李白颓唐浪荡的风流轶闻或者难以羁勒的狂傲。

长安之行

开元十九年(731年),李白留下妻子,取道南阳、洛阳,前往长安。

盛唐的长安,文明荟萃,规模宏大,红尘喧嚣,在开放性的精神气氛与恢宏的牧歌情调中,隐含颓堕与不可一世的病态气概,充斥着物欲与浮华。

李白以朝圣者的姿态,先觉察到的是自己空前的孤立与渺小。悒郁愁闷中,他看到了堂堂皇城中斗鸡走马者的得意,看到了人事杂错中的机巧。李白向朝廷奉呈了自己刚刚写成的《明堂赋》,《明堂赋》辞彩富丽,明堂却是唐玄宗认为有乖典制的建筑。李白不知道其中内幕,只知道自己的文章成了泥牛入海。

李白决定隐居离长安不远不近的终南山。在此之前,隐居终南山已开始成为获得皇帝重用的捷径,当时唐玄宗的妹妹——玉真公主也在终南山建有别馆。玉真公主在太极元年即出家为道士,赐号持盈法师,一度师承司马天师承祯,司马承祯曾盛赞李白"有仙风道骨,可与神游八极之表"。

李白认识了玉真公主,并且获得玉真公主的青睐。同时认识了宰相张说之子——皇帝的女婿卫尉卿张垍,此公当时获得玄宗的特深恩宠,许于禁中置内

宅。侍为文章，赏赐珍顽，不可胜数。这正是一异乎寻常地适合李白的职务，但毛病也许正出在这里。

李白已经"赐金放还"，根本找不到向玄宗陈述心事的途径。他走笔赠诗，希望有人能给他帮助。但是，李白用尽了所有的忠诚，却"心知不得语"，只有"揽涕黄金台，抢走呼昭王"的悲怆。报主之愿、济代之心，不能不化作空前的愤怒。李白将玄宗比作楚怀、殷纣，在诗中表达了彻底的失望：

"殷后乱天纪，楚怀亦已昏。夷羊满中野，菉葹盈高门。比干谏而死，屈平窜湘源。虎口何婉娈，女嬃空婵媛。彭咸久沦没，此意谁与论？"

没有人理解这种苦衷，灾难行将降临："日惨惨兮云冥冥，猩猩啼烟兮鬼啸雨。我纵言之将何补？皇穹窃恐不照余之忠诚。雷凭凭兮欲吼怒，尧舜当之亦禅禹。君失臣兮龙为鱼，权归臣兮鼠变虎。"他看不到灾难的尽头，看不见除了远窜江湖如自己的忠臣外，有谁能扭转危亡。从此，李白像屈原怀沙哀郢，永别长安！

怀才不遇

失望的李白想起阮籍的穷途之哭。不同的是，阮籍面对的似乎是不可换回的生命穷途，而盛唐之走向穷途却是人为的失败。

卞和曾献璞玉于楚王，楚王把璞玉认作石头，治卞和欺君之罪，断其左足；卞和再献，断其右足。盛唐天下有多少如卞和的忠臣义士呢？北海太守李邕被杀，尚书裴敦复死于非命，左丞相李适之自杀……山雨欲来，李白披发长啸如古之狂叟，却并不希望自己的预言真的实现。他决定往江东，寻访老友元丹丘，用元丹丘不喜不愁的方外之思和江东秀丽的云烟山水，平息心中几近疯狂的躁郁。

"吟诗作赋北窗里，万言不值一杯水"、"苦笑我夸诞，知音安在哉"、"人生飘忽百年内，且须酣畅万古情"。世事和人生，都只能通过他自己去达成和保持一份寂寞的自在，一份未卜先知的宽解。接下来发生的一件事让李白又惊喜又忧伤。

天宝十三年（754），李白在扬州，一个名叫魏万的年轻人单骑来访。此人读李白的诗，对李白渴慕多时，一年前，离开家乡王屋山，经嵩山、到梁园，辗转吴越，行程三千里，追寻李白。当时慕名而寻访李白者远不止魏万一个，他向李白历诉了自己的景仰和一路的艰辛。李白异常感动，与他一起饮酒游览，同舟入秦淮，至金陵。

李白很欣赏魏万的勇气和才能，认为魏万必将著大名于天下。他把自己的创作交付他，请他编成一集，并且伤感地嘱咐他照顾自己的孩子明月奴，然后金陵相别。李白作诗道："黄河若不断，白首长相思。"

送走魏万，李白在金陵畅游多时。与"饮中八仙"之一的崔宗之，月夜溯长江过白壁山玩月,观者如阵,李白顾瞻笑傲,旁若无人。又玩月金陵城西孙楚酒楼,通宵歌吹自娱,乘醉悼歌秦淮河。大自然在李白心中逐渐恢复了寂寞而伤心的美,"沧江溯流归,白壁见秋月。秋月照白壁,皓如山阳雪。""会稽风月好,却绕剡溪回。云山海上出,人物镜中来。"

不久,李白到了宣城。宣城有谢朓楼,是遗落的六朝烟水。李白面对历史的残迹,写下了"弃我去者,昨日之日不可留;乱我心者,今日之日多烦忧"、"抽刀断水水更流,举杯浇愁愁更愁。人生在世不得意,明朝散发弄扁舟"的诗句。只有独坐在宣城的敬亭山上,他才觉得有一种依托。

不幸的是,沉闷与压抑的气氛快要打破,平静行将消失。天宝十四年(755年)十一月,只字不识的安禄山率二十万大军,起兵范阳,以征讨朝廷奸相杨国忠为名,意在颠覆唐室,创建自家的基业。河北诸郡烟尘千里,所过州县,望风披靡。承平日久,帝国的精神、政治、军备乃至普通的兵器都仿佛烂到了极点,安禄山如履平地,长驱南下。

长安城内,叛军任意杀戮。皇帝不知去向,百姓恐慌异常。7月13日,太子李亨在甘肃灵武即位,是为唐肃宗。当是随身的文武官吏仅三十人。叛乱日甚一日,不堪收拾。李白"抚剑夜吟啸,雄心日千里。誓欲斩鲸鲵,澄清洛阳水"、"过江誓流水,志在清中原。拔剑击前柱,悲歌难重论"、"但用东山谢安石,为君谈笑净胡沙",他很长时间没有如此的亢奋和激昂,如此真诚地希望能有自己的用武之地。但是"有策不敢犯龙鳞,窜身南国避胡尘。宝书玉剑挂高阁,金鞍骏马散故人"。他只好鞍马投赠,书剑飘零,退而自嘲,隐居在庐山屏风叠,真正做起了晋太原中的武陵人。

至德元年(756年),玄宗的另一位皇子永王璘以平乱为号召,出镇江夏,筹集物资,招募将士。起兵东至浔阳,闻李白名,便欲招入幕下。李白早就盼望有这样的队伍抵抗安禄山南下,收复北方失地。"诸侯不救河南地,更喜贤王远道来",李白欣然投入永王的幕下,希望"南风一扫胡尘静,西入长安到日边"、"浮云在一决,誓欲清幽燕"、"齐心戴朝恩,不惜微躯捐。所冀旄头灭,功成追鲁连。"

当李白夸张而激动地想象着自己"终与安社稷,功成去五湖"时,肃宗早就提防着永王膨胀自己、拥兵分庭的算计,诏命永王速速赶回玄宗身边。永王不从,肃宗集中力量以讨逆之名,将永王的军队包围。内战在金陵附近展开,永王一败涂地,逃走鄱阳被杀,乌合之众作鸟兽散。李白从死人堆里爬出来,匆匆南逃,追兵如蝗,将他在彭泽抓获,投入浔阳狱中,罪名是"附逆作乱"。

半年后,江南宣慰使崔涣和御史中丞宋若思为李白推覆清雪,上书唐肃宗荐李白可用。肃宗原谅了自己的弟弟永王,却不能原谅李白。李白在狱中陈诗崔涣:"能回造化笔,或冀一人生"、"星离一门,草掷二孩,万愤结缉,忧从中催"。又用宋若思的口气上表求救,"臣所管李白,实审无辜……岂使此人名扬宇宙而枯槁当年?""哀哉悲夫,谁察余之贞坚"?

在狱中，李白还作《万愤词投魏郎中》："穆陵关北愁爱子，豫章天南隔老妻。一门骨肉散百草，遇难不复相提携。树榛拔挂，囚鸾宠鸡！""德自此衰，吾将安栖？好我者恤我，不好我者何忍临危而相挤！"他的儿子并没有逃离东鲁，妻子远在庐山，一门星散。国事没有转机，吐蕃侵西北，回鹘又凌侮中原。李白满腹凄凉，读《史记·留侯传》。

乾元元年（758年），李白58岁。由于郭子仪的斡旋，免了李白死罪，流放夜郎。他由浔阳出发，浮长江、上三峡，背负"附逆"的狼籍声名，踏上流窜的长途。"我愁远谪夜郎去，何日金鸡放赦回"、"夜郎万里途，西上令人老"。曾经到过的一山一水，曾经见过的一草一木，都让他无限酸楚，"远别泪空尽，长愁心已摧。三年吟泽畔，憔悴几时回？"

第二年，肃宗册立太子，全国大赦。李白也在被赦之列。万里流徙，不想有生还之日。一旦释归，李白"旷如鸟出笼"、"炎烟生死灰"、"天地再新法令宽，夜郎迁客带霜寒"、"有似山开万里云，四望青天解人闷。人闷还心闷，苦辛长苦辛。愁来饮酒二千石，寒灰重暖生阳春"。经历了不死的苦难，李白居然恢复了以前的亢奋，恢复了饮酒高歌的豪情。他仍然固执地热爱他的李唐天下，热爱他栖息的故土。

郭子仪克复两京（长安、洛阳），他欣喜若狂，"愧无秋风力，谁念矍铄翁。"在浩翰的洞庭湖上，他与曾经割珠相赠、寸心相知的朋友贾至诗酒盘桓，"南湖秋月夜无烟，耐可乘流直上天。且就洞庭赊月色，将船买酒白云边"；与汉阳县令王某千金买醉，"愿扫鹦鹉洲，与君醉百场。啸起白云飞七泽，歌吟渌水动三湘。莫惜连船沽美酒，千金一掷买春芳。"天上人间的无边气象，重现在李白的天才诗篇里。

李白获释时，很多人已经把唐朝的"中兴"大业挂在嘴边，但是，胡兵的变乱并没有平定。李白觉得圣朝已舍季布，当征贾生。改弦易辙、任用贤俊，该是当务之急了。

公元759年，史思明打败唐军，杀死安庆绪（安庆绪曾杀死其父安禄山），自立为大燕皇帝。洛阳又被占领。公元761年，史朝义杀死父亲史思明，率兵向南骚乱。唐太尉李光弼率领百万大军，出镇临淮，抵抗史朝义。李白请缨，冀申一割之用，可惜半道病还。他为此长叹"天夺壮士心，长吁别吴京"。

在此之前，李白由江夏至浔阳，与老妻相见，即赴金陵。他壮心不已，盼望朝廷的征召。但是，他从来不曾断绝过

李白《上阳台帖》

的夸张的自信,世人已不再理会。"烈士击玉壶,壮心惜暮年！三杯拂剑舞秋月,忽然高咏涕泗涟。""豪士无所用,弹弦醉金罍。东风吹山花,安可不尽杯！"连他自己也意识到,虽然平生傲岸,志不可测,"数十年为客江湖,未尝一日摧眉折腰",但是,此生此世,作为"辅弼"的抱负却是在失败中终结的。"我发已种种,所为竟无成",失败的崇高奖赏是他苦闷中写成的诗。"学剑翻自哂,为文竟何成！剑非万人敌,文窃四海声",这是他莫大的荣誉,也是他莫大的悲哀。"我志在删述,重辉映千春。大雅久不作,吾衰竟谁陈？"

晚景凄凉,李白暮年生活的贵族气味,丧失殆尽。他是曾经"附逆"的人。而且,他的人生狂旅即将走完,再不可能有任何青云直上的指望。酒肉豪门逐渐与他疏远。在诗中,李白多处表现了一种类似平民精神的怜悯与感激。

他曾为一荀姓老媪给他进饭而惭愧得不能自禁,"令人惭漂母,三谢不能餐。"他又为宣城一位善酿老春酒的纪翁之死而哭泣:"纪叟黄泉里,还应酿老春。夜台无晓日,沽酒与何人。"在安微泾县,他与桃花潭的农民汪伦情长似水,"桃花潭水深千尺,不及汪伦送我情。"

唐代宗宝应元年(762年),62岁的李白衰病交加,到安徽南部的当涂,投靠当涂县令——他的一位族叔李阳冰。他自知不久于人世,将诗稿交给李阳冰,请李结集作序。李阳冰说:"自三代以来,风骚之后,驰驱屈原、宋玉,鞭挞扬雄、相如,千载独步,唯李白一人。"十一月,李白逝世。逝世时,赋《临终歌》:"大鹏飞兮振八裔,中天摧兮力不济。余风激兮辞万世,游扶桑兮挂石袂。后人得之传此,仲尼亡兮谁为出涕？"

杜 甫

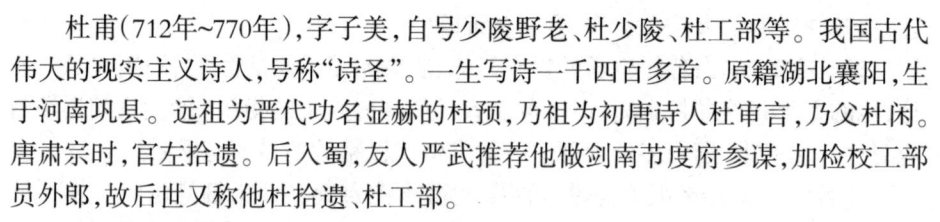

杜甫（712年~770年），字子美，自号少陵野老、杜少陵、杜工部等。我国古代伟大的现实主义诗人，号称"诗圣"。一生写诗一千四百多首。原籍湖北襄阳，生于河南巩县。远祖为晋代功名显赫的杜预，乃祖为初唐诗人杜审言，乃父杜闲。唐肃宗时，官左拾遗。后入蜀，友人严武推荐他做剑南节度府参谋，加检校工部员外郎，故后世又称他杜拾遗、杜工部。

杜甫生在"奉儒守官"并有文学传统的家庭中。7岁学诗，15岁扬名。20岁以后可分4个时期。

玄宗开元十九年（731）至天宝四年（745），杜甫过着"裘马清狂"的浪漫生活，曾先后漫游吴越和齐赵一带。其间赴洛阳考进士失败。天宝三年，在洛阳与李白结为挚友，次年秋分手，再未相会。杜甫此期诗作现存20余首，多是五律和五古，以《望岳》为代表。

天宝五年至十四年，杜甫困守长安，穷困潦倒。他不断投献权贵，以求仕进。六年曾应试"制举"；十年献"大礼赋"三篇得玄宗赏识，命宰相试文章，但均无结果。直到十四年十月，安史之乱前一个月，才得到右卫率府胄曹参军之职。仕途的失意沉沦和个人的饥寒交迫使他比较客观地认识到统治者的腐败和人民的苦难，使他逐渐成为一个忧国忧民的诗人。创作发生了深刻、巨大的变化，创作了《兵车行》、《丽人行》、《前出塞》、《后出塞》、《自京赴奉先县咏怀五百字》这样的不朽名篇和"朱门酒肉臭，路有冻死骨"这样的警世之句。此期流传下来的诗大约100首，其中大都是五言、七言古体诗。

肃宗至德元年（756）至乾元二年（759），安史之乱最盛。杜甫也尽历艰危，但创作成就很大。长安陷落后，他北上灵武投奔肃宗。但半路被俘，陷贼中近半年，后冒死从长安逃归凤翔肃宗行在，受左拾遗。不久因房案直谏忤旨，几近一死。长安收复后，回京任原职。758年5月，外贬华州司功参军，永别长安。此时期的杜甫，对现实有了更清醒的认识，先后写出了《悲陈陶》、《春望》、《北征》、《羌村》，"三

杜甫

吏"、"三别"等传世名作。759年,关辅大饥,杜甫对政治感到失望,立秋后辞官,经秦州、同谷,于年底到达成都。此期流传下来诗歌200多首,大部分是杜诗中的杰作。

肃宗上元元年(760)至代宗大历五年(770)11年内,杜甫在蜀中八年,荆、湘三年。760年春,他在成都浣花溪畔建草堂,并断续住了五年。其间曾因乱流亡梓、阆二州。765年,严武去世,杜甫失去凭依,举家离开成都。因病滞留云安,次年暮春迁往夔州。768年出峡,辗转江陵、公安,于年底达岳阳。他生活的最后两年,居无定所,飘泊于岳阳、长沙、衡阳、耒阳之间,时间多在船上度过。770年冬,杜甫死于长沙到岳阳的船上,年59岁。逝世前作36韵长诗《风疾舟中伏枕书怀》,有"战血流依旧,军声动至今"之句,仍以国家灾难为念。这11年,他写诗1000余首(其中夔州作430多首),占全部杜诗的七分之五强,多是绝句和律诗,也有长篇排律。名作有《茅屋为秋风所破歌》、《闻官军收河南河北》、《秋兴八首》、《登高》、《又呈吴郎》等。

杜甫和李白齐名,世称"大李杜"。他的思想核心是儒家的仁政思想。他有"致君尧舜上,再使风俗淳"的宏伟抱负。他热爱生活,热爱人民,热爱祖国的大好河山。他嫉恶如仇,对朝廷的腐败、社会生活中的黑暗现象都给予批评和揭露。他同情人民,甚至幻想着为解救人民的苦难甘愿做自我牺牲。所以他的诗歌创作,始终贯穿着忧国忧民这条主线,由此可见杜甫的伟大。他的诗具有丰富的社会内容、强烈的时代色彩和鲜明的政治倾向,真实深刻地反映了安史之乱前后一个历史时代政治时事和广阔的社会生活画面,因而被称为一代"诗史"。杜诗风格,基本上是"沉郁顿挫",语言和篇章结构又富于变化,讲求炼字炼句。同时,其诗兼备众体,除五古、七古、五律、七律外,还写了不少排律、拗体。艺术手法也多种多样,是唐诗思想艺术的集大成者。杜甫还继承了汉魏乐府"感于哀乐,缘事而发"的精神,摆脱乐府古题的束缚,创作了不少"即事名篇,无复依傍"的新题乐府,如著名的"三吏"、"三别"等,死后受到樊晃、韩愈、元稹、白居易等人的大力弘扬。杜诗对元白的"新乐府运动"的文艺思想及李商隐的近体讽喻时事诗影响甚深。但杜诗受到广泛重视,是在宋以后。王禹偁、王安石、苏轼、黄庭坚、陆游等人对杜甫推崇备至,文天祥则更以杜诗为坚守民族气节的精神力量。杜诗的影响,从古到今,早已超出文艺的范围。

李德裕

李德裕(787年~850年),字文饶,真定赞皇(今河北省赞皇县)人,幼有壮志,苦心力学,尤精《汉书》、《左氏春秋》。穆宗即位之时,禁中书诏典册,多出其手。历任翰林学士、浙西观察使、西川节度使、兵部尚书、左仆射,并在唐代文宗大和七年(833年)和武宗开成五年(840年)两度为相。主政期间,重视边防,力主削弱藩镇,巩固中央集权,使晚唐内忧外患的局面得到暂时的安定。公元844年,辅佐武宗讨伐擅袭泽潞节度使位的刘稹,平定泽、涟等五州。功成,加太尉赐封卫国公。因反对进士科举,主张"朝廷显官须是贵党子弟",从而与牛僧儒、李宗闵为首的牛派展开了长达40余年的"牛李党争"。党争失利,初贬荆南,次贬潮州。大中二年(848年)在贬崖州(治所在今琼山区大林乡附近)司户,次年正月抵达。大中四年(850年)正月卒于贬所,终年63岁,逝后被封太尉,赠卫国公。

李德裕在琼期间,著书立说,奖善嫉恶,备受海南人民敬仰。生前代表作有《会昌一品集》、《左岸书城》、《次柳氏旧闻》等。

李德裕是唐武宗会昌年间名相,为政六年,内制宦官,外平幽燕,定回鹘,平泽潞,有重大政治建树,曾被李商隐誉为"万古之良相"。在唐朝那个诗的时代,他同时又是一位诗人。他的《长安秋夜》颇具特色,它如同一则宰辅日记,反映了他日理万机的从政生活中的一个片断。诗中曰:"内官传诏问戎机,载笔金銮夜始归。万户千门皆寂寂,月中清露点朝衣。"

晚唐时,强藩割据,天下纷扰。李德裕坚决主张讨伐叛镇,为武宗所信用,官拜太尉,总理戎机。"内官传诏问戎机",表面看不过从容叙事,但读来却感觉到一种非凡的襟怀、气概。因为这经历,这口气,都不是普通人所能有的。大厦之将倾,全仗栋梁的扶持,关系非轻。一"传"一"问",反映出皇帝的殷切期望和高度信任,也间接透示出人物的身份。作为首辅大臣,肩负重任,不免特别操劳,忘食废寝更是在所难免。"载笔金銮夜始归",一个"始"字,感慨系之。句中特意提到

李德裕

的"笔",那决不是一般的"管城子",它草就的每一笔都将举足轻重。"载笔"云云,口气是亲切的。写到"金銮",这绝非对显达的夸耀,而是流露出一种"居庙堂之高"者重大的责任感。

在朝堂上,决策终于拟定,他如释重负,退朝回马。当来到首都的大道上,已夜深人定。偌大长安城,坊里寂然无声,人们都沉入了梦乡。月色撒在长安道上,更给一片和平静谧的境界增添了诗意。面对"万户千门皆寂寂",他也许感到一阵轻快;同时又未尝不意识到这和平景象要靠政治统一、社会安定来维持。骑在马上,心关"万户千门",一方面是万家"皆寂寂"(显言);一方面则是一己之不眠(隐言),对照之中,间接表现出一种政治家的博大情怀。

秋夜,是下露的时候了。他若是从皇城回到宅邸所在的安邑坊,那是有一段路程的。他感到了凉意,不知什么时候朝服上已经缀上亮晶晶的露珠了。这个"露点朝衣"的细节非常生动,大概这也是纪实,但写来意境优美、境界高远。李煜词云:"归时休放烛花红,待踏马蹄清夜月"(《玉楼春》),多么善于享乐啊!虽然也写月夜归马,也很美,但境界则较卑。这一方面是严肃作息,那一方面却是风流逍遥,情操迥别,就造成彼此诗词境界的差异。露就是露,偏写作"月中清露",这想象是浪漫的、理想化的。"月中清露",特点在高洁,而这正是诗人情操的象征。那一品"朝衣",再一次提醒他随时不忘自己的身份。他那一种以天下为己任的自尊自豪感跃然纸上。此结可谓词美、境美、情美,为诗中人物点上了一抹"高光"。

李德裕还有一首《谪岭南道中作》:"岭水争分路转迷,桄榔椰叶暗蛮溪。愁冲毒雾逢蛇草,畏落沙虫避燕泥。五月畲田收火米,三更津吏报潮鸡。不堪肠断思乡处,红槿花中越鸟啼。"这首七言律诗,是李德裕在唐宣宗李忱即位后贬岭南时所作。诗的首联描写在贬谪途中所见的岭南风光,带有鲜明的地方色彩。第一句写山水,岭南重峦叠嶂,山溪水流湍急,形成不少的支流岔道。再加上山路盘旋,行人难辨东西而迷路。这里用一"争"字,不仅使动态景物描状得更加生动,而且也点出了"路转迷"的原因,似乎道路迂回,使人迷失方向是"岭水"故意"争分"造成的。这是作者的主观感受,但又是实感,所以诗句倍添情致。第二句紧接上句进一步描写山间景色,桄榔、椰树布满千山万壑,层林叠翠,郁郁葱葱。用一"暗"字,突出桄榔、椰树等常绿乔木的茂密,遮天蔽日,连溪流都为之阴暗。这一联选取岭南最具特色的山水林木落笔,显示出浓郁的南国风光。

颔联宕开一笔,写在谪贬途中处处提心吊胆的情况:害怕遇到毒雾,碰着蛇草;更担心那能使人中毒致死的沙虫,连看见掉落的燕泥也要避。这样细致的心理状态的刻画,有力地衬托了岭南地区的荒僻险恶。从艺术表现技巧来看,这种衬托的手法,比连续的铺陈展叙、正面描绘显得更有变化,也增强了艺术感染力。清人沈德潜认为这一联"语双关",和柳宗元被贬柳州后所作的《岭南江行》一诗中的"射工巧伺游人影,飓母偏惊旅客船"一样,都是言在此意在彼,诗中

李德裕墨迹

的毒雾、蛇草、沙虫等等都有所喻指。这样理解也不无道理。

颈联转向南方风物的具体描写，在写景中透露出一种十分惊奇的异乡之感。五月间岭南已经在收获稻米，潮汛到来的时候，三更时分鸡就会叫，津吏也就把这消息通知旅行的人，这一切和北方是多么不同啊！这两句为尾联抒发被谪贬瘴疠之地的思乡之情作铺垫。

尾联是在作者惊叹岭南环境艰险、物产风俗大异于秦中之后，引起了身居异地的怀乡之情，更加上听到在鲜艳的红槿花枝上越鸟啼叫，进而想到飞鸟都不忘本，依恋故土，何况有情之人！如今自己迁谪远荒，前途茫茫，不知何日能返回故乡。思念家园，情不能已，到了令人肠断的地步。这当中也深含着被排挤打击、非罪谪贬的愤懑。最后一句暗用《古诗十九首·行行重行行》中"越鸟巢南枝"句意，十分贴切而又意味深长。此联为这首抒情诗的结穴之处，所表达的感情异常深挚动人。全诗写景抒情相互交替，景中寓情，情中有景，显得灵活多变而不呆板滞涩。

《登崖州城作》是李德裕遭迁谪后所写："独上高楼望帝京，鸟飞犹是半年程。青山似欲留人住，百匝千遭绕郡城。"李德裕在武宗任上功劳显赫。可惜宣宗李忱即位之后，政局发生变化，白敏中、令狐绹当国，一反会昌时李德裕所推行的政令。他们排除异己，嫉贤害能，无所不用其极；而李德裕则更成为与他们势不两立的打击、陷害的主要对象。其初外出为荆南节度使；不久，改为东都留守；接着左迁太子少保，分司东都；再贬潮州司马；最后，终于将他贬逐到海南，贬为崖州司户参军。这诗便是在崖州时所作。这首诗，同柳宗元的《与浩初上人同看山寄京华亲故》颇有相似之处：都是篇幅短小的七言绝句，作者都是被贬谪失意之人，同样以山作为描写的背景；然而，它们所反映的诗人的心情却不同，表现手法及其意境、风格也迥然不同。

作为身系安危的重臣元老李德裕，即使处于炎海穷边之地，他那眷恋故国之情，仍然割舍不断。王谠《唐语林》卷七云："李卫公在珠崖郡，北亭谓之望阙亭。公每登临，未尝不北睇悲哽。"他登临北望，主要不是为了怀念乡土，而是出于政治的向往与感伤。"独上高楼望帝京"，诗一开头，这种心情便昭然若揭，因而全诗所抒之情，和柳诗之"望故乡"是有所区别的。"鸟飞犹是半年程"，极言去京遥遥。这种艺术上的夸张，其中含有浓厚的抒情因素。人哪能像鸟那样自由地快速飞翔呢？然而即便是鸟，也要半年才能飞到。这里，深深透露了依恋君国之情，和屈原在《哀郢》里说的"哀故都之日远"，同一含义。

再说，虽然同在迁谪之中，李德裕的处境和柳宗元也是不相同的。

柳宗元被贬在柳州，毕竟还是一个地区的行政长官，只不过因为他曾经是王叔文的党羽，不被朝廷重用而已。他思归不得，但北归的可能性还是存在的，否则他就不会乞援于"京华亲故"了。而李德裕在被迁崖州，则是白敏中、令狐绹等人必欲置之死地而后快所采取的一个决定性的步骤。在残酷无情的派系斗争中，他是失败一方的首领，此时，他已落入政敌所布置的天罗地网之中。历史的经验，现实的遭遇，使他清醒地意识到自己必然会贬死在这南荒之地，断无生还之理。沉重的阴影压在他的心头，于是在登临望山时，其着眼点便放在山的重叠阻深上。"青山似欲留人住，百匝千遭绕郡城。"这"百匝千遭"的绕郡群山，不正成为四面环伺、重重包围的敌对势力的象征吗？人到极端困难、极端危险的时刻，由于一切希望已经断绝，对可能发生的任何不幸，思想上都有了准备，心情反而会平静下来。不诅咒这可恶的穷山僻岭，不说人被山所阻隔，却说"山欲留人"，正是"事到艰难意转平"的变化心理的折射。

诗中只说"望帝京"，只说这"望帝京"的"高楼"远在群山环绕的天涯海角，通篇到底，并没有抒写政治的愤慨、迁谪的哀愁，语气显得悠游不迫、舒缓宁静；然而正是在这悠游不迫、舒缓宁静的语气中，包孕着深沉的忧虑与感伤，情调悲怆沉郁。

宋代篇

在众人的记忆中,可能宋朝能够让世人铭记的也就是几个懦弱无能的皇帝,要么不愿亲临前线,要么举家逃跑。但是好在,还有很多的精臣良将存在,爱喝醋但是更爱国家的寇准、号称包青天的包拯,主张变法的王安石,本领强、有远见的狄青,精忠报国的岳飞,一片丹心照汗青的文天祥,用不同的方式演绎了对祖国的忠心不二。

另外,毕昇发明了印刷术,让中华文明跻身世界前列;号称科学通才的沈括著著就了科学巨著《梦溪笔谈》,被誉为是中国科学史上的里程碑,影响深远。

赵匡胤

赵匡胤（927年~976年），涿州（今河北涿州）人，公元960年发动兵变，即皇帝位。建国号为宋，定都开封。公元963年开始统一全国，同时兴修水利，发展生产，整治中原运河，以利南北交通并增加财政收入。他竭力加强中央集权，将政权、兵权、财权和司法权均集于一身，维护了国家的统一，但也形成弊病。他在位时间为17年，庙号太祖。

赵匡胤是赵弘殷的长子。后汉乾祐元年，枢密使郭威讨伐李守贞。赵匡胤21岁时，离家外出游历。23岁投奔后周太祖郭威帐下，开始征战沙场。世宗柴荣即位后，赵匡胤典领禁军，随世宗征北汉、南唐，战功卓越。30岁时，拜定国军节度使。31岁迁义成军节度使。周世宗去世后，33岁的赵匡胤任殿前都点检，再迁归德军节度使。后周显德七年（960年）正月，34岁的赵匡胤代周建宋，在位17年，50岁去世。

军旅生涯

赵匡胤的祖辈均做过官，其父赵弘殷为后唐庄宗李存勖的爱将。由于出身将门，赵匡胤自幼便学习骑射，表现出极强的恒心和毅力。他曾找了一匹没有驯服的烈马来练骑术。赵匡胤才坐上马，那马却不甘人骑，使起性子来，直朝城门狂奔。赵匡胤猝不及防，一头撞在城楼上摔了下来。在场的人大惊失色，都以为他必受重伤。哪知赵匡胤却猛地从地上跃起，迅速追上烈马，纵身跃上，将烈马驯服，自己却毫发无损。

赵匡胤出生后十几年，朝代两度更迭。其父赵弘殷也在唐庄宗被杀后备受冷落，赵家逐渐衰落。到了赵匡胤21岁时，就连生活也变得十分艰难。赵匡胤正值风华正茂之时，他眼见不能依靠父亲谋取前程，便辞别父母和成婚三年的妻子，离家外出闯荡。

赵匡胤离家后，一路南下，穷困潦倒，受了许多白眼和冷遇。他曾投奔父亲昔日的同僚王彦超，希望能谋一官半职。王彦超看到赵匡胤落魄的样子，竟像打发乞丐一样，给了他几贯钱，便把他赶走了。赵匡胤无奈中拿着这几贯钱去赌博，哪知手气竟是出奇地好，盘盘皆赢。当他满心欢喜地拿钱离开时，那些红了眼的赌徒却欺负赵匡胤是外地人，一拥而上，将他按在地上，一阵拳打脚踢，抢了他的钱财之后扬长而去。

两年的流浪生活颇为艰辛,但却磨炼了赵匡胤的意志,也开阔了眼界。一日,赵匡胤到了襄阳一所寺庙里。院中住持饱经沧桑,阅世知人颇深。他见赵匡胤方面大耳,虽风尘仆仆,却难掩富贵之相。一身不起眼的装束,却透出英伟之气。又见赵匡胤谈吐不凡,胸中自有一番天地,便劝赵匡胤北上。南方地区相对较稳定,而北方却是战乱频繁,乱世出英雄。赵匡胤接受了住持的建议,便骑着住持送给他的驴北上。

赵匡胤到了邺都后,投奔了后汉枢密使郭威。乾祐三年(950年),郭威发动兵变,建立了后周,是为周太祖。赵匡胤因战功被升为皇宫禁卫军的一个小头目。周太祖的养子、开封府尹柴荣时常出入皇宫,见赵匡胤颇有才能,便将他调到自己帐下,让他做开封府的骑兵指挥官。周太祖无子,柴荣是皇位继承人。赵匡胤到了未来皇帝的门下,由此走上了通往权力顶峰的道路。

陈桥兵变

显德元年(954年),周太祖病死,柴荣即位,是为世宗。这时,北汉刘崇联合辽朝大举进攻后周,世宗调兵遣将,御驾亲征,赵匡胤随同出征。双方在山西高平展开激战。战斗开始不久,后周大将樊爱能、何徽等人临阵怯场,自乱阵脚,周军呈现溃败之势。而世宗身边只有赵匡胤和另一个将军张永德所率领的亲兵4000人。危急之时,赵匡胤镇定自若,建议世宗兵分两路夹击辽军,得到同意。赵匡胤和张永德领兵直扑敌军,赵匡胤高喊为主效忠的口号,士气大振。后周的增援部队及时赶到,投入战斗,世宗最终打败汉辽联军。班师回京后,赵匡胤因高平之战的出色表现,成为禁军的高级将领,还被周世宗委以整顿禁军的重任。赵匡胤出色地完成这项任务,使后周军队的面貌大大改观,增强了士兵的战斗力。更为重要的是,赵匡胤在整顿军队过程中,逐渐在禁军中形成自己的势力。他结交禁军其他高级将领,其中,石守信、王审琦、杨光义、李继勋、王政忠、刘庆义、刘守忠、刘廷让、韩重赟与赵匡胤结为"义社十兄弟"。此后几年里,赵匡胤又陆续将自己的心腹罗彦环、田重进、潘美、米信、张琼和王彦升等人安排到禁军中担任各级将领,进而从上而下控

赵匡胤

制了禁军。此外，赵匡胤还网罗人才组成自己的智囊团，他帐下有大批谋士，如赵普、吕余庆、沈义伦、李处耘和楚昭辅等人，后来还有他的弟弟赵匡义。

周世宗是位很有作为的皇帝，素怀统一天下的大志。在他为统一进行的战争中，赵匡胤战功赫赫，官位一步步上升，被封为节度使，逐渐成为周世宗的左膀右臂，掌握了军政大权。

显德七年春节，人们正沉浸在欢庆祥和的佳节气氛中，边境却传来了辽朝与北汉联合入侵的紧急军情。宰相范质和王溥并未核查消息是否属实，便急令赵匡胤率领军队北上御敌。然而，人们却依然记得，10年前，河北边境入报，契丹犯边，当时身为后汉枢密使的郭威奉命率大军北征，当军队抵达澶州（河南濮阳）时，郭威忽然发动兵变，自立为帝，建立了后周政权。再加上此前早就流传"点检做天子"之说，人们只觉得眼前之事宛如当年的翻版。因此，当位高权重的赵匡胤奉命北上时，京城中流言四起，到处都流传着"出军之日，当立点检为天子"。

显德七年正月初三，赵匡胤率军从京城开封出发，当晚抵达距京城四十里的陈桥驿。当大军刚出城门时，有个号称通晓天文的军校苗训指着天上说，他看到了两个太阳在相互搏斗，并对赵匡胤的亲信楚昭辅说这是天命所归。这类说法无非是改朝换代之际惯用的伎俩而已，然而，这场煞有其事的谈话迅速在军中传开。军中将士议论纷纷："当今皇上年幼，不懂朝政。我们冒死为国家抵抗外敌，也没人知道我们的功劳。倒不如先立赵点检为天子，然后再北征。"赵匡胤早已知道军中将士们议论之事，他暗中部署，派亲信郭廷斌秘密返回京城，与心腹将领石守信和王审琦约为内应，一旦大军返京，便由他们打开城门。

当日夜里，赵匡胤喝得醉意朦胧，拥被大睡。到了清晨时分，一夜未眠的将士们握刀持剑，早已环立帐前，呼声四起。有些将士全副披挂，准备径直入帐。守在帐外的赵匡义和赵普见状，连忙进帐唤醒赵匡胤，拥他出帐。帐外将士一见赵匡胤出来，便大声高喊道："诸军无主，愿奉太尉为天子。"赵匡胤来不及回答，一件黄袍已披在他身上。众将士一齐跪拜在地，三呼"万岁"，呼喊声震耳欲聋。赵匡胤假装推辞，众将士不依，扶他上马南行。赵匡胤佯装无奈，说将士们贪图富贵强立他为天子，因此必须听他指挥，众将士都答允。

赵匡胤立即整饬军队回京，早已等候的石守信和王审琦打开城门迎接新皇帝。赵匡胤在众人配合下迅速控制了整个局势。

正在早朝的后周大臣们得知兵变消息，个个大惊失色，手足无措。宰相范质握着王溥双手，悔恨不该仓促出兵，直握得王溥双手几乎出血。只有大臣韩通立即从朝中回家，企图组织抵抗，但刚进家门，便被赵匡胤的部将王彦升杀了。将士们冲进朝堂，逼迫范质、王溥等人来到都点检衙门。赵匡胤见到他们，假装伤心不已，说他受先皇厚恩，今日为将士们所逼，到了这般地步，实在惭愧。范质正想答话，军校罗彦环持剑上前，厉声喝道："我辈无主，今日必得天子。"范质等人面面相觑，深知已无回天之力，只得一齐跪拜在地，口呼"万岁"。

赵匡胤见众官已被收服，立即赶往皇宫，迫周恭帝逊位。文武百官就列后，发现尚未制定禅位诏书。哪知，翰林学士陶谷却拿出早已准备好的诏书念给百官听。赵匡胤换上龙袍，接受群臣朝贺，正式登基为帝。由于其所领归德军在宋州（河南商丘），于是定国号为"宋"，改元建隆，定都汴京（河南开封），赵匡胤便是宋太祖。太祖即位后，封柴宗训为郑王，母符太后为周太后，迁居西京，终生奉养。其后代也受到宋朝历代皇帝的照顾，据说这是赵匡胤亲自立下的规矩。

杯酒释兵权

建隆二年（961年）七月，太祖设宴招待石守信、王审琦等高级将领。酒酣之时，赵匡胤却闷闷不乐。石守信等人忙问原因，太祖遣走左右，说："若非你等出力相助，我怎能有今日？你们的功德，我铭记于心。只是今日做了天子，却常常难以入眠，还不如做个节度使快乐。"石守信等人纳闷，忙问为何。太祖答道："其中缘由极易知晓，做天子如此风光，天下谁人不想？"石守信等人听到往日鲜有隔阂的义社兄弟话中有话，顿觉气氛不对，均表示如今天命有归，无人敢怀有异心。不料，太祖却说："纵使诸位无异心，若你们的部下贪图富贵，将黄袍披在你们身上，那也由不得你们了。"此言一出，石守信等人都冒出一身冷汗，皇帝的话分明是怀疑他们有夺位之心。他们都知道臣子一旦被猜忌，后果很严重，便磕头请太祖指点明路。太祖见时机成熟，便直截了当地说："人生如白驹之过隙，所谓好富贵者，不过欲多积金银，厚自娱乐，使子孙无贫乏罢了。你们何不释去兵权，购买良田，为子孙立永久之业；多置歌儿舞女，饮酒作乐，颐养天年。如此，我们君臣间毫无猜嫌，上下相安，岂不为好？"石守信等人跟随太祖多年，深知他说这番话来是经过深思熟虑，便一齐叩头谢恩。

第二日，石守信等禁军将领纷纷上书，称自己有病在身，请求解除兵权。太祖十分高兴，立即同意请求，赐予大量金银财宝，授予他们有名无实的节度使官衔。之后，太祖又与这些将军结为儿女亲家，他的长女昭庆公主下嫁王审琦之子王承衍，次女延庆公主下嫁石守信之子石保吉，皇弟赵光美（廷美）娶大将张令铎的女儿为夫人。就在赵匡胤收兵权全面成功之际，建隆三年九月，湖南武平军节度使周行逢死，以子周保权继任。张文表叛乱，周保权向宋朝乞援平叛，这给赵匡胤平定荆、湘提供了最好的借口。乾德元年（963年）正月，赵匡胤起用宿将慕容延钊为都部署，以枢密副使李处耘做监军，讨伐张文表。二月，宋军以借道为名先灭荆南高氏政权。湖南虽已自己讨平张文表，但宋军继续前进；三月，灭湖南高氏政权。

乾德二年十月，后蜀派往北汉的使者向宋朝告密，赵匡胤遂以此为借口，次月即以王全斌、崔彦进、刘光义率军分路进攻。次年正月王全斌攻下剑州（今四

川剑阁)后,后蜀主孟昶即降宋。

开宝三年(970年)九月,赵匡胤对一直拒绝臣服的南汉进行讨伐,宋将潘美、尹崇珂率军攻至广州城下,南汉后主刘(龙天)出降。南唐(江南)自宋建立即对宋臣服,赵匡胤想灭南唐而师出无名。开宝七年(974年)九月,遣使召南唐后主李煜来朝,当李煜称病不来时,即于十月派曹彬、潘美统兵进攻;次年十一月,宋军攻占金陵,李煜被迫降宋。开宝元年(968年)七月,北汉主刘钧死,养子刘继恩即位,赵匡胤认为是消灭北汉的好时机,次月即派李继勋、党述统兵攻北汉。北汉刘继元杀刘继恩即位,辽军应援救北汉,宋军退回。开宝二年正月,赵匡胤又亲征北汉;二月,攻至北汉首都太原(今山西太原西南)城下,围攻数月未下,受夏雨和疫病困扰,只得再次退兵。

加强皇权

赵匡胤建宋之初,对后周大小官员一律留用,尤其是继续任用后周末年的大臣范质、王溥、魏仁浦、吴廷祚等,对局势的稳定起了很大的作用。所以,即使最亲信的心腹赵普,也只能以枢密直学士实际控制枢密院。但是,宋初的这种政局并不是赵匡胤所愿意看到的。当建隆元年六月平定李筠,宋朝初步稳定后,即升赵普为枢密副使,赵匡胤的心腹赵普才名正言顺地掌握枢密院大权。当赵匡胤在平定李重进之后,建隆二年又先后免除韩令坤、慕容延钊、石守信、王审琦、高怀德、张令铎等的军职。宰相范质看到赵匡胤的政权已巩固,即推荐赵匡胤的心腹吕余庆、赵普为相,但赵匡胤感到时机还不成熟而未采纳。建隆三年十月,赵匡胤首先罢免留用的枢密使吴廷祚,升赵普为枢密使,李处耘为枢密副使。但是,当李处耘以赵匡胤的心腹、枢密副使身份,担任削平荆、湘宋军的监军,在与统帅、宿将慕容延钊发生小矛盾时,尽管李处耘行为并没有错,却被赵匡胤免去枢密副使降为州官;而对有小错的慕容延钊则不仅不责问,反而照常升迁官衔。这是赵匡胤为使已被解除军职的宿将们心安的措施。此前,赵匡胤已废去唐及五代一直沿行的宰相"坐而论道"的旧制,宰相常朝立班自范质等开始。此举显然是要打击旧相范质等人,以树立自己的威望,也有暗示范质应自动辞相之意。当留用的枢密使吴廷祚首先被免职出为节度使后,范质

窦仪

等人深知赵匡胤的意图,遂于乾德二年正月与王溥、魏仁浦三人再次请求罢相。此正合赵匡胤的心意,但行伍出身的赵匡胤虽已当了数年皇帝,却对宰相的任命程序并不了解。因急于要罢免范质等人的相职,在还没有任命新宰相的情况下,匆忙间同日罢免了三人的相职,以至于出现历史上少见的,在颁布任命新宰相赵普的敕书时,竟然没有在任宰相"署敕"的怪现象。赵匡胤就对赵普说:"卿但进敕,朕为卿署字,可乎?"由于不合乎任命新宰相的程序,只得暂时作罢。为了处理由于赵匡胤、赵普等无知而造成的尴尬局面,翰林学士窦仪建议改由节度使加同平章事衔的使相赵光(匡)义,以有同平章事职名而行使宰相职权"署敕"。这是从唐代天宝十五年(756年)正月,哥舒翰以节度使加同平章事衔而为"使相"的二百多年以来从来没有过的。赵光义以使相"署敕",是赵匡胤、窦仪等人的"创新"。同时任命的,还有枢密使李崇矩,随后又任命王仁瞻为枢密副使。

乾德二年四月,赵匡胤又想用窦仪为相,但遭到赵普的反对,遂想为赵普设副手以分事权。"上欲为赵普置副而难其名称,召翰林学士承旨陶谷问曰:下丞相一等者何官? 对曰:唐有参知机务、参知政事",于是任命薛居正、吕余庆为参知政事做副相。唐代参知政事高于同平章事,陶谷"翻以参知政事为丞相下一等"之事,为真宗初年宰相李沆在重修《太祖实录》中所讥笑。隋、唐、五代只设宰相不设副相,宋初设副相是赵匡胤的"创举"。赵匡胤为了巩固宋朝的统治,曾问赵普:"天下自唐季以来,数十年间,帝王凡易八姓,战斗不息,生民涂地,其故何也? 吾欲息天下之兵,为国家长久计,其道何如?"赵普答道:"此非他故,方镇太重,君弱臣强而已。今所以治之,亦无他奇巧,惟稍夺其权,制其钱谷,收其精兵,则天下自安矣。"

乾德元年六月,由于天雄军节度使"符彦卿久镇大名,专恣不法,属邑颇不治",赵匡胤遂派奚屿等多人以常参官出任天雄军属县知县,以削弱符彦卿职权。其后属县知县周渭赴任时,"符彦卿郊迎,渭揖于马上,就馆,始与彦卿相见,略不降屈",知县与节度使抗礼是赵匡胤加强皇权后的新现象。

赵匡胤自上次未能攻灭北汉以后,改而采取浅攻轻扰,破坏其农业生产以削弱北汉的经济实力;又不断移其民户于宋境以削弱其兵源,以待适当时机攻灭北汉。

开宝九年(976年)八月,赵匡胤认为消灭北汉的时机已经成熟,以党进、潘美、杨光义率军进攻北汉,宋军分道进入北汉境内,屡败北汉军。十月,宋军已攻至北汉首都太原城北,北汉很可能即将被消灭。正当赵匡胤踌躇满志地进行着统一战略的部署时,在一场突如其来的变故中,时年50岁的赵匡胤被其弟赵光(匡)义杀害。

寇 准

寇准(961年~1023年),字平仲,华州下邽(今陕西渭南)人,北宋的宰相。为人豪放正派,善断大事。少时不修小节,颇爱飞鹰走狗,在太夫人的严厉管教下,"由是折节从学",精通《春秋》三传。19岁,举进士。初入仕途寇准就显示出才干,在理政时,不苛取百姓,以恩信为办事的准则,深得民心。征纳赋役时,官府不需出符移,只在县衙门前公布乡里姓名,百姓便主动按期交纳。不久,迁殿中丞、通判郓州;又召试学士,授右正言、直史馆,为三司度支推官,转盐铁判官。淳化五年(994年)为参知政事。景德元年(1004年),辽兵进攻宋朝时,他力排众议,主张坚决抵抗,促使真宗亲往澶州督战,与辽订立澶渊之盟。不久被王钦若排挤罢相,出任陕州知州。晚年又被起用,天禧四年(1020年)又遭丁谓陷害,后被贬至雷州(今广东海康),卒于贬所。他为官清正廉明,政绩卓著,名垂青史。

刚直多智

寇准出身于书香门第。他的父亲寇相学问很好,在五代后晋时中过进士,曾在一个贵族府第做秘书一类的小官。寇准出生后不久,父亲就去世了,因此家境贫寒,可是深受书香世家影响的寇母十分重视寇准的学习。少年时的寇准,聪明好学,从书本上学得许多知识和道理。尤其对《春秋》三传,读得烂熟,理解得很透彻。这为他以后入仕从政打下了坚实基础。

宋太宗太平兴国五年(980年),19岁的寇准考中进士,被任命为大理评事,次年又被派往归州巴东任知县。以后他又先后升任盐铁判官、尚书虞部郎中、枢密院直学士等官。寇准官运亨通并不是由于阿谀逢迎,依附权贵,相反,他刚正廉明不畏权。寇准的青云直上靠的是自己的忠诚与智谋,用宋太宗的话来就是"临事明敏"。端拱二年(989年),寇准曾奏事殿中,极言利害。由于忠言逆耳,太宗听不进去,生气地离开了龙座,转身要回内宫。寇准却扯住太宗的衣角,劝他重新落座,听他把话讲完。事后,宋太宗十分赞赏寇准,高兴地说:"我得到寇准,像唐太宗得到魏征一样。"寇准被钦誉为魏征,可见他在宋太宗智囊团中占有相当重要的地位。

寇准在太宗朝群臣中,以刚直足智著名。淳化初年,北宋朝廷处理了两桩受贿案。情节严重的王淮,赃钱以千万计,仅被撤职杖责,不久又恢复了的原职;而情节较轻的祖吉,却被处以死刑。寇准知道这是王淮的哥哥、参政王沔搞的鬼,心中忿忿不平。淳化二年(991年)春天发生了一次大旱灾,宋太宗召集近臣询问时政得失。群臣多认为是天数所致,寇准则借用当时十分流行的天人感应学说,指出旱灾是上天对朝廷刑罚不平的警告。宋太宗听后,生气地转入禁中,但又觉得寇准的话必有根据,就召问寇准朝廷的刑罚怎么不平。寇准回答说:"请将二府大臣都叫来,我当面解释。"当王沔等人上殿后,寇准就把王淮、祖吉两案述说了一遍,然后看了王沔一眼问道:"这难道不是刑罚不平吗?"宋太宗当即责问王沔。王沔吓得魂不附体,连连谢罪。从此寇准更加受到太宗的赏识,被任命为左谏议大夫,枢密副使又改为同知枢密院事,开始直接参预北宋朝廷的军国大事。

寇准在枢密院与知院张逊发生了严重的意见分歧。由于受张逊诬陷,寇准被贬至青州。但这时宋太宗已离不开寇准了,寇准去青州后,太宗闷闷不乐,经常询问有关寇准在青州的情况。第二年,寇准就被召回京师,拜为参知政事。至道元年(995年)又加给事中。

当时宋太宗在位日久,一直未立皇储。这件事也一直是令太宗头疼的事情。因为太祖赵匡胤死后,其子德昭未能即位;太宗赵光义以皇弟身分践祚。并且太祖之死还有"烛影斧声"之谜,也就是说太宗有杀兄夺位之嫌。因此太宗传位,就面临两个选择:立自己的儿子,还是立太祖的儿子。当时一般大臣都讳言立储一事。大臣冯拯曾上疏请立皇储,被太宗贬到岭南。从此朝野上下很少有人再敢议论此事。寇准刚从青州还朝,入见太宗。太宗当时正患足疾,让寇准看过伤情后,深情地问道:"你怎么现在才回来?"寇准回答说:"我是被贬之人,不待召见是不能回京的。"太宗觉得有点过意不去。接着太宗便向寇准问起应立谁为皇太子。寇准已猜到太宗这次召见他的目的,他早已成竹在胸,但他并没有直接回答太宗的问题。他告诉太宗:为天下选择国君,不能与后妃、中官(太监)商量,也不能与近臣谋划;应选择众望所归者立为太子。太宗低头想了好久,屏退左右的人,轻声问道:"襄王如何?"寇准心中暗喜,便顺水推舟地说:"知子莫若父。陛下既然认为襄王可以,就请决定吧。"第二天,太宗便宣布襄王赵恒为开封尹,改封寿王,立为皇太子。

太宗与太子拜谒祖庙回来,京城的人们拥挤在道路两旁喜气洋洋,争着看皇太子。这时人群中有人喊了声"少年天子"。太宗听后很不高兴,问寇准:"人心归向太子将把我放在什么位置?"寇准连连拜贺说:"陛下选择的皇储深得人心,这是国家的福气。"太宗恍然大悟,赏寇准对饮,大醉而罢。此后太宗更加倚重寇准。有人给太宗献了个宝物——通天犀,太宗令人加工成两条犀带,一条自用,另一条赐给了寇准。

澶渊退敌

自从赵宋王朝建立以后,为了巩固统治,就把主要力量放在对内镇压方面。北宋的前两个皇帝太祖、太宗均把外族入侵视为"肘腋之患",而把人民"谋反"和军事政变,看作"心腹之患"。因此,赵宋王朝的一系列法度,大多是针对防范内患而制定的。这样一来,北宋政权的绝大部分力量都消耗在对内控制上,而对于外部强敌契丹,却表现得异常软弱。

契丹是10世纪初至12世纪初由契丹族耶律氏在我国北方建立的一个少数民族政权,后称辽。唐末五代,中原割据混战,契丹趁机迅速发展。923年,后梁灭亡后,河北一片混乱。辽太祖耶律阿保机率骑南下,攻占了幽州和安次、潞、三河、渔阳、怀柔、密云等县。后唐清泰三年(936年),后唐大将石敬瑭为了做皇帝,向辽太宗耶律德光求援。石氏在辽兵帮助下建立了后晋,割幽云十六州给辽,

宋真宗

使中原失去北方屏障。后周世宗柴荣曾为收复失地,重振国防而致力北伐。宋太祖时,辽朝正值穆宗耶律璟在位,耶律璟沉湎于酒色,不理国事,对宋采取保守战略。宋太祖乘机得以发展势力,平定了南方的割据政权。等到辽景宗耶律贤即位,辽的国力一时尚未恢复,因此还能与宋相安。开宝七年(974年)至太平兴国四年(979年)宋辽遣使通好达五年之久。然而这个友好局面终因宋太宗亲征北汉,辽兵援助北汉而破裂。宋太宗时,宋、辽之间在太平兴国四年和雍熙三年(986年)发生过两次大规模战争。在这两次战争中,宋军都遭到严重失败。从此北宋朝"守内虚外"的倾向就更加严重,宋朝廷内消极妥协的情绪也因此而日益增长。契丹骑兵间岁南下,河北大平原经常遭受侵扰,人民的生产和生活遭到严重破坏。

至道三年(997年),宋太宗驾崩,太子赵恒继位,即宋真宗。契丹骑兵乘宋主新立,更加频繁地骚扰边境。咸平二年(999年),辽军大败宋军于高阳关,俘宋并代都部署康保裔,大掠而还。咸平六年,辽军再侵高阳关,宋军副都部署王继忠又被俘降辽。这两次战争极大地震惊了北宋朝廷。景德元年,边境告急文书频传,说辽军又要大规模入侵了。宰相李沆、毕士安面对强敌压境,束手无策。这年六月,毕士安向宋真宗推荐寇准为相。毕士安说:"寇准天资忠义,能断大事;志身殉国,秉道嫉邪。眼下北强入侵,只有寇准可以御敌保国。"八月,寇准被任命为集贤殿大学士,和毕士安同为宰相。

景德元年(1004年)九月,辽圣宗耶律隆绪和他的母亲萧太后,率20万大军,从幽州出发,浩浩荡荡,向南推进。辽军由威虏军攻定州,被宋兵阻击,便把兵锋转向东南。当敌骑南下侵犯,"急书一夕五至"的时候,北宋统治集团的上层人物大多惊惶恐惧。参知政事王钦若是江南人,主张迁都金陵。枢密院事陈尧叟是四川人,提议迁都成都。他们主张用躲避敌人的办法,应付敌人的入侵。宋真宗本

来就无心抗敌，更表现得惶恐不安。只有寇准坚决主张抵抗，当真宗问他的意见时，王钦若、陈尧叟二人正好在场。寇准心里明白，迁都之议就是他们提出的，但他却假装不知，对真宗说："不知谁给陛下出此迁都之策？罪可杀头！"他进一步提出，皇帝应该亲征以决胜。他指出，如果御驾亲征，敌人自当遁去；否则也可以出奇兵打乱敌人的战略部署，同时坚守都城以使敌疲困，这样就可使敌劳而我逸，最后我们必得胜算。寇准的意见最终阻止了妥协派逃跑避敌的主张。为了消除王钦若对真宗的影响，寇准把他从真宗身边调到天雄军前线去防辽兵。

寇准派探子到前线侦察情况，根据对敌情的分析，制定了一套抗敌方略。他指出："目前敌人已至深州、祁州以东，我方大军在定州及威虏等地，东路别无驻军。应一面调天雄军步骑万人，驻守贝州，派孙全照指挥，遇敌掩杀；另一方面招募民兵，深入敌后，袭击敌人据点，兼以报告敌情。这样就可以振奋军威，安定人心，打乱敌人的军事部署，并可与荆州和沼州的军事据点构成犄角之势，以便攻守。万一敌骑南下攻入贝州，即应增援定州，向东北进攻，牵制敌人后方，使敌兵不敢纵深作战。"同时寇准特别强调指出：为了鼓舞士气，争取更大的胜利，真宗必须渡过黄河，亲临前线！

寇准一方面同妥协派斗争，一方面积极备战。他派人到河北把农民中的优秀青年组织起来，加以训练，发展民兵队伍。并规定：河北民兵杀敌，所在官军应给予声援；民兵中有杀敌立功者，同样给予奖赏。寇准还派人携带钱物慰劳河北驻军，并出银30万两交给河北转运使，用来收购军粮，充实军资。

景德元年十月，辽兵攻下祁州，向东南推进，经贝州，直扑澶州城下。这样一来，不仅河北大片领土陷入敌手，而且仅隔一河的都城汴京也暴露在敌骑威胁之下。事实摆在面前，只有坚决抗敌才是唯一的出路。怯弱的宋真宗在寇准的督促下终于决定亲征。但统治集团内部仍然有不少人对抗敌没有信心，甚至当时的宰相毕士安自己也以抱病在身，以及太白星白天出现对大臣不祥为借口，不愿随驾北征，并对寇准促使真宗亲征说三道四。

在寇准的督促下，宋真宗让雍王留守京师，自己起驾北上。当车驾缓慢行至韦城时，辽军日益迫近的消息雪片似的从前方飞来。臣僚中又有人劝真宗到金陵躲避敌锋，于是真宗又动摇起来。寇准十分懂得把握军心民心和"取威决胜"的军事法则。他提醒真宗在大敌压境、四方危机的情况下，只可进尺，不可退寸。寇准明确指出，进则士气倍增，退则万众瓦解。殿前都指挥使高琼也支持寇准的意见。真宗车驾终于北行到达澶州。北宋时，黄河还是从澶州流过的，将澶州城一分为二。辽军已抵北城附近，真宗不敢过河，只愿驻扎在南城。寇准力请渡河，真宗犹豫不决。寇准对高琼说："太尉承蒙国家厚恩，今日打算有所榀答吗？"高琼说："我是军人，愿以死殉国。"于是寇准与高琼商议了一番，便一同去见真宗。寇准对真宗说："陛下如果认为我刚才的话不足凭信，可以问问高琼。"没等真宗开口，高琼便说："寇准的话不无道理。随军将士的父母妻子都在京师，他们不会

愿意抛弃家中老小随您迁都而只身逃往江南的。"接着高琼便请真宗立即动身渡河。枢密院事冯拯在一旁呵责高琼对真宗鲁莽。高琼愤怒地驳斥道："你冯拯只因为会写文章，官做到两府大臣。眼下敌兵向我挑衅，我劝皇上出征，你却责备我无礼。你有本事，为何不写一首诗使敌人撤退呢？"高琼命令卫士把真宗的车驾转向北城行进。渡过浮桥时高琼简直是在驱赶卫士前进。当真的黄龙旗在澶州北城楼上一出现，城下北宋的兵民立即欢声雷动，气势倍增。真宗到澶州北城象征性地巡视后，仍回南城行宫，把寇准留在北城，负责指挥作战。真宗几次派人探视寇准的举动。寇准与知制诰杨亿在城楼上喝酒下棋，十分镇定。寇准胸有成竹，使真宗不再恐慌。

自从契丹大举入侵之后，各地军民英勇抗敌。辽军虽然号称20万，却是孤军深入，供给线长，粮草不继。十月以后，契丹军队在战场上节节失利。尤其是真宗亲临北城时，辽军先锋萧挞览在澶州城下被宋将李继隆部将张环用精锐的床子弩射杀，极大地动摇了契丹军心。因此契丹太后萧燕燕及大丞相耶律隆运估计在战场上捞不到什么便宜，便转而向北宋统治者"议和"，企图从谈判桌上获得在战场上得不到的好处。

宋真宗本来就没有抗敌的决心。差不多在他离京亲征的同时，宋朝的议和使节曹利用也被派往契丹军营。曹利用当时是一个职位很低的官员。在辽宋对垒的过程中，曹利用总是往来于两军之间。辽圣宗和萧太后也通过前一年望都之战中俘虏的宋将王继忠和曹利用联系。契丹提出的议和条件是要宋"归还"后周世宗北伐夺得的"关南之地"。宋方的条件是：只要辽国退兵可以每年给辽一些银、绢，但不答应领土要求。谈判在两军对峙中进行。最后终于按宋方的条件达成了协议，剩下的问题就是每年给辽银、绢的数量。曹利用临行前请示宋真宗，真宗说："必不得已，一百万也可。"曹利用从真宗的行宫一出来就被一直守候在门外的寇准叫住。寇准叮咛他说："虽然有圣上的旨意，但你去交涉，答应所给银、绢不得超过30万。否则，你就不必再来见我，那时我要砍你的头！"

寇准始终反对议和，主张乘势出兵，收复失地。主战派将领宁边军都部署杨延昭也上疏提出乘辽兵北撤，扼其退路而袭击之，以夺取幽、燕数州。但由于真宗倾心于议和，致使妥协派气焰嚣张。他们攻击寇准拥兵自重，甚至说他图谋不轨。寇准在这班人的毁谤下，被迫放弃了主战的主张。于是，在妥协派的策划下，于同年十二月，宋辽双方订立了和约。这就是历史上著名的"澶渊之盟"。

功高名重

澶渊之盟本身并不值得称道，但在这次战争中，宋军给辽军以有力的反击，使辽朝统治者认识到宋军和中原地区的人民是不可轻侮的。从此以后，辽就不敢发动大规模的入侵了。澶渊之盟后，宋辽边境干戈宁息，贸易繁荣，人民生活安定。从积极抗敌到澶渊之盟,寇准功冠朝臣,朝野上下有目共睹。正如宋神宗时的宰相王安石曾在《澶州》一诗中所歌颂的:"欢盟从此至今日丞相莱公功第一。"但是有功之臣却由此招来不测之祸。

寇准对北宋王朝功重如山,真宗对寇准十分敬重,引起妥协派官僚的嫉恨。王钦若这个曾被寇准斥之为"罪可斩首"的妥协派首领,对寇准更是恨之入骨。一回到东宫,王钦若就开始对寇准施展阴谋。在一次退朝之后,他乘机对真宗说:"陛下敬重寇准,是因为他对国家有功吗?"真宗点头肯定。王钦若说:"我想不到陛下竟有这样的看法。澶渊之役,陛下不以为耻,反而说寇准有功。"真宗一愣,问他原故。王钦若说:"《春秋》一书都把城下之盟当作一种耻辱。澶渊之盟实际上是城下之盟,陛下不以为耻吗?"王钦若见真宗不高兴,接着说,"陛下听说过赌博吧。那些赌徒在钱快要输完时,就尽其所有押了上去,输赢在此一着,这就叫'孤注一掷'。陛下在澶州时不过是寇准的'孤注'罢了,真是危险啊!"从此,真宗对寇准就冷淡起来。

寇准做宰相,选拔人才不讲门第,喜欢进用出身贫寒而有真才的人。御史台是专门批评朝政得失的机构,每当御史台官员有缺额时,他就让平时具有批评精神的人去担任。这样一来,他就更成为王钦若等人的眼中钉。在王钦若一伙的攻击下,景德三年二月,寇准被免去相职,到陕州去做知州。

寇准离开东京,在河南、陕西等地做了多年的地方官,朝中大权落入王钦若、丁谓一伙人手中。丁谓与王钦若一样,也是一个善于逢迎的无耻之徒。为了博得真宗的欢心与信任,王钦若、丁谓等人大搞封建迷信活动,以伪造所谓"天书"、编造祥异等事,粉饰太平、迷惑视听。真宗晚年卧病不起,越发迷信和糊涂,对于王钦若与丁谓,简直到了言听计从的地步。

天禧三年(1019年),形势发生了有趣的变化。丁谓主动邀请寇准回朝再当宰相。丁谓此举别有一番用心。当时,无论从资历还是从声望上讲,丁谓实在不够宰相的资格。因而他以参知政事的名义请寇准回朝为相,以便假借寇准的资望为自己的权势服务。这一点,局外人是清楚的。寇准的一个门生就曾十分恳切地对寇准说,称病不去为上策,而"再入中书"当宰相为下策。然而耿直的寇准不听劝阻,最终在六月间赴京上任了。

丁谓对寇准先后施展了两套阴谋。

寇准

起初他一心想把寇准拉为同党。在一次宴会上,寇准的胡须沾了些菜汤,丁谓马上起身为寇准擦须。寇准不但不领情,反而十分恼火,当场训斥丁谓有失大臣之体。丁谓恼羞成怒,发誓要报复寇准。

真宗得风湿病后,刘皇后参预朝政,凡事皆问丁谓。丁谓误国,有识之士有目共睹。寇准、王旦、向敏中等元老重臣都上奏建议应选择正大光明的大臣来辅佐太子监国。寇准还特别指出:"丁谓、钱惟演是奸佞之人,不能辅佐少主。"其实这是在反对刘后预政,反对丁谓专权。病中的真宗也意识到丁谓专权的严重局势,批准了寇准等人的上奏。寇准让知制诰杨亿秘密起草太子监国的诏旨,并且准备与杨亿一起辅政。刘皇后是四川人,她娘家的人仗势犯法,真宗为了刘后的面子,下诏赦免。寇准坚决反对,认为必须按国法处置。为这件事,刘皇后与寇准结下怨仇。不料,寇准与杨亿密谋由太子监国一事被杨亿的妻弟张演酒后泄漏。刘皇后先下手为强,罢寇准为太子太傅,封为莱国公。正在这个节骨眼上,和丁谓有私怨的太监周怀政联络同党,企图发动政变——斩杀丁谓,复相寇准,尊真宗为太上皇,拥立皇太子即位。这件事被客省使杨崇勋出卖。丁谓连夜化装乘牛车到曹利用那里商量对策。丁谓、曹利用派兵包围了周怀政的住处。周怀政被俘后自杀。丁谓想乘机干脆把寇准置于死地,就诬告寇准参与密谋。寇准虽没被问成死罪,却再次罢相,被逐出京城。

寇准遭贬,据说是丁谓等背着宋真宗干的。据《宋史·寇准传》记载,寇准被贬,真宗卧病不知,问左右的人为什么多日没见寇准,左右臣僚都不敢回答实情。寇准离开京城那天,大臣们由于害怕丁谓,都不敢去送行,只有王曙以"朋友之义"为寇准饯行。另外还有个叫李迪的人对寇准罢相十分愤懑,公然宣布自己与丁谓不共戴天,甚至持手板击打丁谓。李迪面奏皇帝痛斥了丁谓之奸邪,力诉寇准之蒙冤。

寇准再次罢相后,丁谓当了宰相。丁谓为了将寇准置于死地,把他一贬再贬。最后寇准在乾兴元年(1022年)被放逐到边远的雷州去当司户参军,等于被发配到那里去充军。寇准到雷州后,生活艰难,气候恶劣,身体很快垮下来。第二年秋天在忧郁中病逝。

寇准去世后,经他夫人宋氏请求并得到朝廷恩准,将灵柩运到洛阳安葬。途径公安等县时,当地老百姓沿路拜祭。据说哭丧的竹杖插在地上,后来都成活长青了,形成了一片竹林,后人称为"相公竹"。人们又在竹林旁建了"寇公祠",纪念这位议论忠直、不顾身家的政治家。明代大文人戴嘉猷路过公安时,曾题写"万古忠魂依海角,当年枯竹到雷阳"的不朽诗句,以歌颂寇准。

景祐元年(1034年),仁宗下诏复寇准官爵,追赠中书令、莱国公。皇祐四年(1052年),诏命翰林学士孙抃为寇准撰神道碑,仁宗亲笔题"旌忠"二字为碑额,立于墓前。寇准墓在今渭南市官底乡左家村附近,墓前立有"宋寇莱公墓"的碑石,列入陕西重点文物保护单位。

包 拯

包拯(999年~1062年),庐州合肥(今安徽合肥)人,宋代著名的政治家。包拯年幼即勤于学,成年后,以孝行闻于乡里。父母去世后,包拯于景祐四年(1037年)赴京听选。当时他写有一首诗咏志:"清心为治本,直道是身谋。秀干终成栋,精钢不作钩。仓充鼠雀喜,草尽狐兔愁。史册有遗训,毋贻来者羞。"表明了自己从政、为人的志向与原则。不久,出知天长县(今属安徽),后徙知端州(今广东肇庆)。庆历三年(1043年),入京除殿中丞,又迁任监察御史。庆历六年(1046年),奉命出使契丹,他圆满地完成了使命。使还后,迁三司户部判官,先后出为京东、陕西、河北转运使。庆历八年,入为三司户部副使,上《天章阁对策》等奏疏。皇祐二年(1050年)除天章阁待制、知谏院。皇祐四年,除龙图阁直学士、河北都转运使,后徙知瀛、扬、庐等州府。嘉祐元年(1056年),权知开封府,任上改革诉讼制度,并拆除中官势族跨河修建的园榭,疏通了惠民河。嘉祐三年,迁权御史中丞,兼领京畿转运使、提点刑狱、考课院。次年,以枢密直学士权三司使。嘉祐六年,迁给事中,为三司使,随即又升任枢密副使。嘉祐七年(1062年)五月,包拯在枢密院视事时,突然得疾。数日后,逝世于开封邸舍,终年64岁,谥孝肃。著作有《包孝肃奏议》十卷传世。

官场生涯

包拯的幼少年时代,深受父母宠爱。包拯长大后,也极为孝顺父母。与包拯同时代的欧阳修,曾经弹劾包拯"素少学问"。这里的"学问",主要不是指读书和文化水平,而是指不懂人情世故。欧阳修其实不是贬低包拯,而是认为包拯"少有孝行,闻于乡里;晚有直节,著在朝廷",应该给他以更合适、恰当的官职。

包拯的青少年时代,也曾刻苦读书,所以在他29岁时,终于考中了进士甲科。按照宋朝规定,考取进士之后,便可以做官。包拯被派到建昌县(今江西永修)任职。但包拯认为父母亲年事已高,应该尽孝奉养双亲,因而请求回到安徽,在和州(今安徽和县)做官。但是,父母亲希望儿子在自己身边,包拯便决定辞职回家,在家孝敬父母多年,直到双亲去世。包拯守丧期满,仍不想离开故土。当时,这种封建孝道,受到家乡人的称道。近年,安徽合肥发现了一块包拯为父亲包令仪立的神道碑,碑上阴刻篆书"宋故赠刑部侍郎包公神道碑"十二字。这既是包拯留下的珍贵文物,又是他力尽孝道的见证。

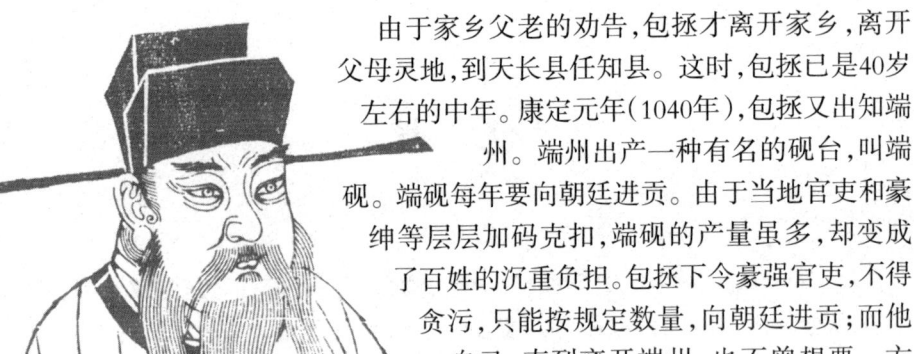

由于家乡父老的劝告,包拯才离开家乡,离开父母灵地,到天长县任知县。这时,包拯已是40岁左右的中年。康定元年(1040年),包拯又出知端州。端州出产一种有名的砚台,叫端砚。端砚每年要向朝廷进贡。由于当地官吏和豪绅等层层加码克扣,端砚的产量虽多,却变成了百姓的沉重负担。包拯下令豪强官吏,不得贪污,只能按规定数量,向朝廷进贡;而他自己,直到离开端州,也不曾想要一方端砚。

或许由于包拯这种铁面无私的性格,被大臣们赏识,所以朝廷于庆历三年(1043年)将包拯调到首都开封。这是自从进京考试之后,包拯第二次来到京城。包拯被任命为监察御史。当时,监察御史虽然没有多大实权,但对包拯来讲,却十分重要。这是因为,从此包拯可以直接参与朝政,并且可以对于朝廷各个方面,尤其是用人等方面,提出看法和建议。实际上,包拯在任监察御史期间,确实对北宋的内政外交,提出过许多批评和改进办法,并且还曾出使契丹(辽国),出色地完成了任务。

庆历六年(1046年)夏,包拯调任为三司户部判官。当时的三司是中央财政机构,户部掌管全国户口、两税等,户部判官协助三司使的工作。不久,包拯先后担任京东、陕西、河北转运使,转运使负责一路(相当于省)的财政、监察等行政事务。在地方,包拯十分重视体察民情,要求朝廷让百姓休养生息而安居乐业。两年之后,包拯被召回开封,提升为户部副使。在此期间,他曾前往河北解决军粮问题,又曾到陕西解决运城(今属山西)盐业问题。在河北,他奏请用做养马的田地,还给地方和农民。在运城,他改革盐税法令,以便利于商贩经营盐业。

皇祐二年(1050年)被擢升为天章阁待制、知谏院。天章阁是存放朝廷图书文献的地方,待制之衔,有名而无权。包拯又叫包待制,不过是对他的尊称。然而,知谏院即兼任谏官之职,却十分重要。谏官的任务是向皇帝进谏朝政的弊端,它可以涉及朝政的所有方面。在包拯兼任谏官期间,不但对横行不法的权臣屡次抨击,而且对时政的许多方面,提出了革新建议。可惜的是,两年之后,包拯改命为龙图阁直学士,这也是个虚衔(从此人们又称他为包龙图)。并且又一次离开京城,到河北、庐州、池州(今安徽贵池)、江宁(今江苏江宁)等地任地方官。直到至和三年(1056年)才回到京城,任开封府尹。嘉祐四年(1059年),包拯以枢密直学士、权三司使等官职,上升为当时重臣。第二年升任三司使和枢密副使,相当于副宰相之职。但是,年过六旬的包拯,这时已经夕阳西下。嘉祐七年(1062年)五月二十五日,包拯病死在开封。仁宗皇帝到包拯家中向包拯最后一别,追认他为礼部尚书,赐谥"孝肃",所以包拯死后又叫包孝肃。

清官为民

范仲淹的新政失败以后,北宋的朝政越来越腐败,特别是在京城开封府,权贵大臣贪污受贿的风气十分严重;一些皇亲国戚更是肆无忌惮,不把国法放在眼里。后来,开封府来了个新任知府包拯,这种情况才有了点改变。

包拯早年做过天长县的县令。有一次,县里发生一个案件,有个农民夜里把耕牛拴在牛棚里,早上起来,发现牛躺倒在地上,嘴里淌着血。掰开牛嘴一看,原来牛的舌头被人割掉了。这个农民又气又心痛,就赶到县衙门告状,要求包拯为他查究割牛舌的人。这个无头案该从哪里去查呢?包拯想了一下,就跟告状的农民说:"你先别声张,回去把你家的牛宰了再说。"农民本来舍不得宰耕牛,按当时的法律,耕牛是不能私自屠宰的。但是一来,割掉了舌头的牛也活不了多少天;二来,县官叫他宰牛,也用不着怕犯法。那农民回家后,果真把耕牛杀掉了。第二天,天长县衙门

包拯

里就有人来告发那农民私宰耕牛。包拯问明情况,立刻沉下脸,吆喝一声说:"好大胆的家伙,你把人家的牛割了舌头,反倒来告人私宰耕牛?"那个家伙一听就呆了,伏在地上直磕头,老老实实供认是他干的。原来,割牛舌的人跟那个农民有冤仇,所以先割了牛舌,又去告发牛主人宰牛。打那以后,包拯审案的名声就传开了。

包拯执法之刚正不阿在其出知庐州时得到了充分的反映。庐州是包拯的家乡,任知州时,他的亲朋故旧多以为可得其庇护,干了不少仗势欺人,甚至扰乱官府的不法之事。包拯决心大义灭亲,以示警戒。时恰有一从舅犯法,包拯不以近亲为忌,在公堂上将其依法责挞一顿。自此以后,亲旧皆屏息收敛,再不敢胡作非为。权知开封府时,包拯也做了两件深得民心的事。一是整顿吏风,改革诉讼制度。开封府旧制,凡往告状者,必须先将状纸交给守门的府吏,再由府吏转呈。是否审理,何时审理,则由府吏通知。由于诉讼者不能面见长官,府吏往往借此敲诈勒索,营私舞弊,而有冤屈者常因送不起钱财而告状无门。包拯革除此弊,大开正门,使告状者可直接至公堂见官纳状,自陈冤屈,于是审案也更能公

正合理。二是疏浚惠民河。惠民河也称蔡河,原自东京至通许(今属河南),直达淮河。后为了水运之便,又自新郑引闵水汇入,使之流量大增。时惠民河常涨水为患,大水时"门关折,坏官私庐舍数万区,城中系筏渡人"。包拯查知河水泛滥的原因乃"中官势族筑园榭,侵惠民河,以故河塞不通",遂毅然下令,将所有跨河修建的楼台、花园、水榭全部拆毁,使河水得以畅通。有些权贵持伪增步数的地券与包拯相争,包拯皆通过实地测量、验证,揭示其伪,并上朝劾奏,要求严惩。东京多皇亲国戚、达官显贵,素以难以治理著称。而包拯"立朝刚毅",凡以私人关系请托者,一概拒绝,因而将东京治理得"令行禁止"。也正因他执法严峻,不徇私情,"威名震动都下",在他以天章阁待制职名任知谏院时,弹劾权贵。"贵戚宦官为之敛手,闻者皆惮之。人以包拯笑比黄河清,童稚妇女,亦知其名,呼曰'包待制'。京师为之语曰:'关节不到,有阎罗包老。'"

包拯这个人很会审理案件,而且执法如山,铁面无私。包拯调到京城里做官,京城里有许多皇亲国戚、权贵大臣,这些人更是无法无天。有个张尧佐,他的侄女在宫内当贵妃。凭这点关系,他竟同时担任了三司使等好几个重要官职。三司使是主管全国财政赋税的官员,包拯认为按照张尧佐的才能,不适宜担任三司使,更不适宜同时担任几个重要官职。于是,他一连写了五道奏疏,弹劾这个既有后台、又有权势的大人物。为了这件事,有一次,包拯在朝堂上竟和宋仁宗当面争吵起来。在包拯的再三反对下,宋仁宗终于免去了张尧佐的两个官职。当时,还有一个大官僚,叫王逵。他担任荆湖南路转运使的时候,非常残暴凶狠,拼命剥削和压迫人民,逼得人民逃亡山中,联合起来进行反抗。后来,他调任江南西路转运使,还是继续残害百姓。包拯访问到这些情况,气愤极了,立刻上了两道奏疏,弹劾说:"王逵残害百姓,逼得他们逃入山洞,造成大害,至今未息。朝廷决不能任用这样的坏人,危害国家。"这两道奏疏上去了,朝廷并没有罢王逵的官,又调他做了淮南转运使。包拯坚决反对朝廷这种做法,又上第三道奏疏,进行弹劾。过了一些时候,包拯又了解到王逵的另一项重大罪行。原来,王逵担任江南西路转运使的时候,疑心地方官卞咸告发他的罪行,就打击报复。暗中指使人诬告卞咸,一下子关押了五六百人,制造了一个大冤案。包拯又接连上了四道奏疏弹劾王逵。他义正辞严地责问朝廷说:"难道朝廷竟忍心让一个地区的百姓,听任王逵去残害吗?"在包拯的七次弹劾下,最

范仲淹

后,宋仁宗不得不免去了王逵的官职。

　　历史上的包拯,不愧为值得肯定与歌颂的政治家、改革家与法律专家。他为民请命的一生,将永远使人怀念。包拯在社会享有盛誉,因而人们广泛传诵他的事迹,并加以理想化和艺术化,衍生出许多轶闻传说。南宋时有以包拯为主题的故事和戏曲,元杂剧中更有大量的包公戏如《陈州粜米》。包拯是以龙图阁直学士(后世讹为大学士)职名任权知开封府,包拯世称包龙图。有小说《包公案》(《龙图公案》)流行,遂成为一个家喻户晓的传奇人物。

狄 青

狄青(1008年~1057年),字汉臣,汾州西河(今山西汾阳)人。小的时候就开始习武。本领高强,有远见,擅长骑马射箭。他刚到陕西,还是一个低级军官。当时,将士大多胆小怕死,只有狄青艺高胆大,因此经常担任先锋。在朝廷上,他从不借势干预同僚,受到了众人的钦佩。无论在当时还是在后世,他都享有盛名。狄青从军不是主动从军,宋朝军人地位低下,士兵被百姓们称为"赤老",远没有唐朝军人"宁为百夫长,胜做一书生"的豪迈。为了防止士兵潜逃,宋军还有在士兵脸上或身上刺字的习惯。狄青就是因为兄长与他人斗殴,造成严重后果,为兄顶罪被迫充军的。"逮罪入京,窜名赤籍",所以他脸上刺有黥文,伴随了他一生的荣辱沉浮。他从普通一兵做起,在重文轻武的宋代,创造了一个不小的奇迹。

不怕出身低

狄青开始隶属骑御马直,身份是京城卫士。赵元昊(拓跋元昊)起兵反宋,宋仁宗下令挑选善于骑射的卫士从军,狄青来到了西北前线,开始了血战沙场的边塞生涯。"凡四年,前后大小二十五战,中流矢者八",他的军功是真刀真枪换来的,是流血流汗换来的。"出入贼中,皆披靡莫敢当。"他得到了经略使韩琦、范仲淹的赏识,待遇甚厚。进士出身的范仲淹就是那位"先天下之忧而忧,后天下之乐而乐"的大才子。他对狄青说道:"将不知古今,匹夫勇尔。"将《左氏春秋》赠予狄青,鼓励他多读史书兵法。狄青听从了他的建议,折节读书,"悉通秦、汉以来将帅兵法",战功累累,升至经略招讨副使。西夏党项人十分畏惧这个戴着铜面具的宋朝武将,把他称作"狄天使"。比起好水川战役中宋军的表现,狄青训练的士兵个个都是能征惯战的好手,能拉强弓,能骑烈马,能使刀枪。皇祐四年(公元

宋仁宗

1052年)狄青升为枢密副使,带着精锐的西北军来到平定侬智高叛乱的前线,打出了兵书上传诵千古的精彩战役——昆仑关(今广西邕宁县与宾阳县交界)之战。

北宋皇祐四年,西南壮族首领侬智高起兵反宋。"陷邕州,又破沿江九州,围广州,岭外骚动",并在邕州(今南宁)建立了大南国。史书上记载侬智高为了摆脱交趾(今越南)的控制,多次向宋朝恳求内附。宋仁宗赵祯担心因此得罪交趾,多次拒绝了侬智高的请求。侬智高忍无可忍,向大宋发动了一场风云变色的战争。侬智高精通汉文诗书,是当时广源州少有的中举的读书人。侬智高的母亲却是一个喜欢吃人肉的女魔头,而且口味颇为挑剔,爱吃幼儿,每天都要杀死一名小儿供她大快朵颐。如此可怕的蛮族,难怪宋朝君臣头皮发麻,敬而远之!侬智高在汉族奸细的帮助下,很快形成了雷霆之势。宋仁宗害怕了,一反往日文人为正、武人为副、宦官监军的带兵惯例,任命狄青为宣徽南院使,总领平南的一切事宜。

狄青率领三万人马前去。第二年,狄青攻破了邕州。侬智高逃到大理,被杀死了。狄青平定侬智高割据政权,又立了大功。宋仁宗拜他为枢密使,让他掌管军权,还赏赐他一所住宅。

狄青打仗的时候,有个特点。他每次上阵,都披头散发,脸上罩着一个铜面具。他在敌阵中往来冲杀,勇猛异常,西夏军没有一个抵挡得住,以为是天神天将下凡,因此给他起了一个外号,称他"狄天使"。狄青打仗,也很有智谋。有一次,狄青率领少量军队,在泾原和西夏军作战。西夏军人数很多,狄青想,敌众我寡,如不采用奇计,无法取胜。于是,他下令军中,出战时不用弓箭,都拿刀枪,以钲(古代军队中所用的打击乐器,用铜制成)声作为号气。第一次敲钲,全军停止不动;第二次敲钲,全军退却,但仍排好阵势;钲声一停,全军转身向前,大喊大叫,向敌军冲杀过去。宋军士兵还按照这一办法,作了演习。第二天,宋军出战。他们还没有跟西夏军接战,军中第一次钲声就响了,宋军士兵全部停下来不动。第一次钲声刚过,第二次钲声又响了,宋军士兵又突然退却了。西夏士兵一向惧怕狄青,这次看了宋军的出战情况,不觉大笑说:"哪有这样的打法,谁说狄天使勇猛善战!"就在这时候,宋军的钲声突然停止了,宋军将士顿时转过身来,大声喊杀,冲入西夏军阵中。敌人措手不及,乱成一团,吓得四散逃奔,很多人都自相践踏而死。这一仗,狄青以奇计制敌,取得了大胜。他在西北的四年当中,大大小小的仗打了二十五次,身上受了八次箭伤,也为宋朝立了不少功劳。

后来,宋仁宗把他调回京城,担任马军副都指挥。宋朝有个残酷的制度,为了防止兵士开小差,在兵士的脸上刺上字。狄青当小兵的时候也被刺过字,过了十多年,狄青当了大将,但是脸上还留着黑色的字迹。

因为狄青脸上有黑字,宋仁宗召见他以后,认为当大将脸上留着黑字,很不

体面，就叫狄青回家以后，敷上药，把黑字除掉。狄青说："陛下不嫌我出身低微，按照战功把我提到这个地位，我很感激。至于这些黑字，我宁愿留着，让兵士们见了，知道该怎样上进！"宋仁宗听了，很赞赏狄青的见识，更加器重他。

英勇善战

宋仁宗宝元初年（1038年），西夏元昊，不断骚扰宋沿边州郡，而沿边将帅又多为元昊所败。狄青就是在这时应诏从边，先后在军中任三班差使、殿侍、延州指挥使。前后四年，在大里、清化、榆林、归娘岭东女之崖、木匦山、浑州川、白草、南安、安远等地，大小二十五战，计中流矢八次。狄青在战斗中能身先士卒，受伤后，仍顽强杀敌。有一次，他受伤后，临阵披发，戴铜面具，继续战斗，所向披靡。几年来，岁香、毛奴、尚罗、庆七、家口等族一一为他所收服。他还修了桥子谷城，以及筑招安、丰林、新砦、大郎等堡，皆是军事要地，对保卫宋朝沿边州郡具有重要作用。狄青的才略，深得经略判官尹洙的赏识。庆历元年（1041年），元昊派兵攻打渭州，逼近怀远城，行营总管任福领兵迎战，桑怿为前锋，中西夏军埋伏，于好水川西的羊牧隆城附近，被打得大败，任福、桑怿皆战死。庆历二年（1042年），西夏军再次进军定川，宋军大败，总管葛怀敏战死，西夏军队直抵渭州城下。这时，仁宗急调狄青前去应战，狄青到达前线，乘对方不备，短兵相接，一举把西夏军打得大败。这时，由于西夏正逢旱灾，财力不济，又加之连年战争，死伤极多，元昊已无力攻宋，只好息兵。狄青以军功从捧日、天武四厢都指挥使，移真定路副都总管。不久，迁侍卫亲军、步军、马军殿前都虞侯，历惠州团练使、眉州防御使、保大军节度观察留后，迁步军、马军副都指挥使。遂领彰化军节度使，又知延州，不久召为枢密副使，加检校司空。

后来他又平定了南方，宋仁宗欣喜万分，将狄青破格提拔为枢密使，成为最高级别的军事长官。狄青当上了枢密使，就变成了文人眼中的"赤枢"。宋仁宗曾劝狄青用药物除去脸上的黥文，改头换面，重新包装。狄青十分坦然，"（狄）青若无此两行字，何由致身于此？断不敢去，要使天下贱儿知国家有此名位待之也"。宋仁宗十分感佩，认定狄青是个忠心耿耿的好臣子。但是，文人出身的大臣如欧阳修等人轮番上书，一定

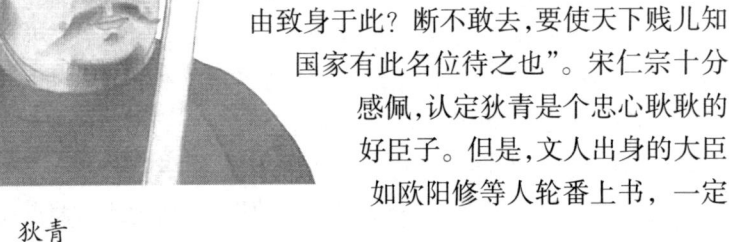

狄青

要罢免狄青,不达目的誓不罢休。皇帝置身在文人的喧嚣当中,左右为难。说一千道一万,文人们其实找不到狄青的什么罪证,狄青一向深受军士们的爱戴。史书上记载,狄青"尤喜推功与将佐"。但是文人们的借题发挥却是耸人听闻,他们说,狄青家中夜里出现光怪。其实这是狄家祭祖烧纸钱的火光,但管家忘了事先通知京城的有关部门。还有人说,狄青家的狗头上长角,是个怪物。京城突发大水,狄青避洪水于相国寺中,他穿过浅黄色的衣衫,正好犯了民间忌穿黄色的大忌,被视为企图谋逆的证据。众口烁金,宋仁宗再三为他辩护,说他是个忠臣。文彦博立马反驳,"本朝太祖也是周世宗的忠臣"。欧阳修上书说道:"水者阳也,兵亦阴也,武将亦阴",把京师发大水的天灾解释为上天对狄青担任枢密使的警示。宋仁宗大病刚愈,一位刘姓官员就大放厥词,"今上体平复,大忧者去矣,而大疑者尚存",这"大疑者"就是狄青。终于,在朝廷强大的舆论压力之下,狄青担任了四年枢密使之后,"乃罢青为同中书门下平章事",外放陈州。去陈州之前,狄青黯然说到:"陈州有一种梨叫青沙烂,此去狄青必死无疑。"去陈州之后,朝廷每半个月都要遣使探问,狄青整日生活在惶恐之中,"明年二月,疽发髭,卒",享年49岁。宋仁宗得知他的死讯,非常悲痛,"赠中书令,谥武襄",陪葬皇陵,极尽哀荣。

王安石

王安石(1021年~1086年)，字介甫，号半山，小字獾郎，封荆国公，世人又称王荆公。临川人，北宋杰出的政治家、思想家、文学家。他出生在一个小官吏家庭。父益，字损之，曾为临江军判官，一生在南北各地做了几任州县官。安石少好读书，记忆力特强，从小受到较好的教育。庆历二年(1042年)登杨镇榜进士第四名，先后任淮南判官、鄞县知县、舒州通判、常州知州、提点江东刑狱等地方官吏。治平四年(1067年)神宗初即位，诏安石知江宁府，旋召为翰林学士。熙宁二年(1069年)提为参知政事，从熙宁三年起，两度任同中书门下平章事，推行新法。熙宁九年罢相后，隐居，病死于江宁钟山，谥文。年轻时就爱好读书。他读书很认真，读过的书终身不忘。他的文章写得又快又好，诗词也写得不错。曾巩把他的文章送给欧阳修看，欧阳修非常赞赏。王安石是著名的"唐宋八大家"之一。

儒门新秀

天禧五年十一月，北宋临江军判官王益官署的后院里，诞生了一个小生命。贺客盈门，人们沉浸在添丁之喜的氛围中。谁也不会料到这个男婴在数十年后，会成为叱咤风云、左右北宋朝政的显赫人物，他就是王安石。临江镇风景秀丽，气候宜人。王安石这位宦家子弟就读于这里，开始接受儒家思想孔孟之道的熏陶。稍长以后，虽然也博览诸子百家、医、农、艺、文一类书籍，但在小小的心灵里，先入为主的修身、齐家、治国平天下的信念，毕竟是影响深远的。在经过长期孕育以后，终于升华为一种以天下为己任的投身实践的精神。王安石中年以后跃登执政舞台，主持翻天覆地的熙宁变法运动。虽有接受历史经验的一面，但就其指导思想和追求的理想境界来说，就是从小植根于心灵深处的儒家伦理和政治学说的产物。

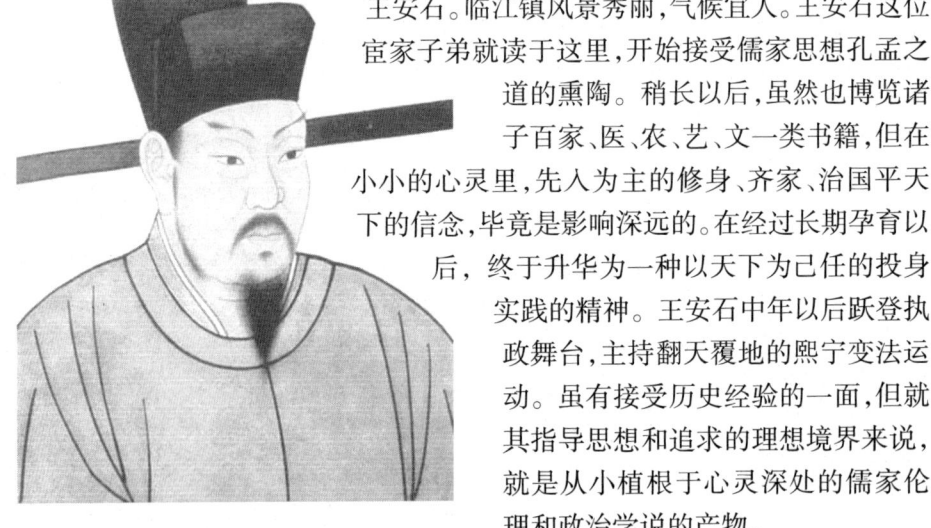

王安石

天圣八年（1030年）王益调任韶州，随父南下的王安石，进一步开阔了风土人情、民生状况的视野，也增长了官宦生涯、社会问题的识见。但岭南的居留不过三载，就随父守孝而回到了原籍江西临川。16岁那年又随父至京师候命。第二年王益被任命为江宁通判，这是他一生中担任最高的地方官职务。在江宁继续进学的王安石，正在为自己的锦绣前程编织金榜梦，父亲的官职在他眼里算得了什么呢？后来他撰写《忆昨涛》，回忆江宁的岁月时写下了"男儿少壮不树立，挟此穷老将安归"、"材疏命贱不自揣，欲与稷契遐相希"等诗句。他以商、周的始祖相比，竟至视父亲为没有出息的"穷老"，慨然表鹏飞万里的青云之志。孔夫子、孟夫子的得志泽加于民的思想，已经在起膨胀的作用了。可是正当王安石踏着书籍堆砌成的天阶想通往月宫折桂的时候，人生道路上的第一次挫折降临到他的面前：王益病死于任上。19岁的王安石，突然从春风奉迎、锦上添花的顺境，转入世态炎凉、人情冷暖的逆境。人生向他展示了另一幅画面。葬父于牛首山下结庐守孝，遂以江宁为第二故乡。经历了"母兄呱呱泣相守，三年厌食钟山薇"的布衣素食的困顿生涯以后，他一刻也不能忍受了，急于往京师赶考。

仁宗庆历二年（1042年），王安石应试汴梁，本来可以名列进士第一名的，但枢密使晏殊之婿杨察之弟亦应试，遂由杨绘取得了状元，王安石列为第四名进士。晏殊还对他说了要他度量大些能容人、人亦能容自己的话。王安石很不满身为大臣而如此教人，但他还是考虑到小不忍、则乱大谋而隐忍下来了。这件事对于触发他改革科举重在选拔真才实学的志向是有影响的。按宋代的制度，中选的进士立即任命为官员，王安石就走马上任到扬州知州韩琦的官署去当签书判官事，即负责审理案件的职司。到职后的王安石还是勤奋好学，通宵不寐，常常稍作假寐，来不及梳洗就去官府上班。韩琦疑心王安石夜来饮酒冶游，训诫他年轻时应多读书，甚至不分配公事给他。王安石并不辩白，但对韩琦之官僚作风很不满，影响到后来他们的关系。

庆历四年（1044年）王安石居官的第三年，曾回到过家乡，他侍母弟还是严格遵循孝悌的原则。这一年，24岁的王安石添了个儿子，取名王雱，这是从《诗经·邶风·北风》中借取的，雱是大雪纷纷之貌。这可以从一个侧面反映他依恃"六艺"之深。次年，三年的签书淮南判官的任期满了，他又来到京师听候新的任命。正当王安石高中进士与签判扬州之际，范仲淹正好担任副相。在仁宗的动员下，上了"陈十事疏"，发动庆历新政，锐意改革，刷新吏治之际，但新政很快就失败了。此番王安石重临皇城，看到的依然是弊政处处，不像范仲淹在《岳阳楼记》中写的政通人和、百废待举的样子。王安石对时政很失望，他不想按一般官场惯例在京谋求翰林院等接近中枢、易受赏识的官职，冀求得到较快升迁的机会，而是立志到地方上去考察时弊，寻求改革之道，充实他的治国良策。庆历七年（1047年），他又离开京师，仆仆风尘，来到东海之滨的鄞县（今浙江宁波）充当知

县去了。正如他写下的《读诏书》诗说的："去年东出汴河梁,已见中州旱势强。日射地穿千里赤,风吹沙度满城黄。近闻急诏收群策,颇说新年又亢阳。贱术虽工难自献,心忧天下独君王。"那样,王安石看到旱灾严重,民生维艰和朝政黯淡。他自认为已有救民于水火的良策,但条件不成熟,还难自献。因此,他要到地方去开创业绩和政治声望,以便更上一层楼。

思想卓越

　　王安石从小随父宦游南北,对北宋中期隐伏的社会危机有所认识。在他进入仕途担任地方官吏时,能够关心民生疾苦,多次上书建议兴利除弊,减轻人民负担。由于较长时期接触了解社会现实,"慨然有矫世变俗之志"。嘉祐三年(1058年)《上仁宗皇帝言事书》,系统地提出了变法主张,要求改变北宋"积贫积弱"的局面,抑制大官僚地主的兼并和特权,推行富国强兵政策。在他任参知政事和宰相期间,取得神宗的支持,抓住"理财"和"整军"两大课题,积极推行农田水利、青苗、均输、方田均税、免役、市易、保甲、保马等新法,史称"王安石变法"或"熙宁变法"。由于受到以司马光为代表的大官僚大地主集团的坚决反对,神宗后来也动摇、妥协,革新派内部又产生裂痕等,新法终被全部废止。安石变法,虽然归根结底是为加强皇权,巩固封建地主统治地位,但在当时对生产力的发展和富国强兵,确曾起了推动的作用,也在一定程度上减轻了人民的负担,在历史上有其进步的意义。

　　为了给变法确立理论根据并反击守旧派,安石提出"天变不足畏","尚变者,天道也",用"新故相除"的进化观点驳斥了守旧派的"道不可变"的形而上学论调;同时又公然提出"祖宗不足法",认为"祖宗之法,未必尽善,可革则革,不足循守"(《司马温公传家集·学士院试李清臣等策目》)。在变法过程中,他更设置专局,使子雱及门人修撰《诗》、《书》、《周官》三经新义,对新政从理论上加以解释与阐发,并通过政府力量作为学校诵习的定本,被称为"新学",直接或间接为推行新法服务。上述这些思想,具有一定的进步意义。

　　王安石不仅是一位著名的政治家和思想家,同时也是一位卓越的文学家。他为了实现自己的政治理想,把文学创作和政治活动密切地联系起来,强调文学的作用首先在于为社会服务。他反对西昆派杨亿、刘筠等人空泛的靡弱文风,认为"所谓文者,务为有补于世而已矣。所谓辞者,犹器之有刻镂绘画也。诚使巧且华,不必适用;诚使适用,亦不必巧且华。要之以适用为本,以刻镂绘画为之容也。"正因为安石以"务为有补于世"的"适用"观点视为文学创作的根本,他的作品多揭露时弊、反映社会矛盾,具有较浓厚的政治色彩。今存《王临川集》、《临川集拾遗》、《临川先生歌曲》等。

王安石为"唐宋八大家"之一,他的散文,雄健简练,奇崛峭拔。大都是书、表、记、序等体式的论说文,阐述政治见解与主张,为变法革新服务。这些文章针对时政或社会问题,观点鲜明,分析深刻。长篇则横铺而不力单,短篇则纡折而不味薄。《上仁皇帝言事书》,是主张社会变革的一篇代表作,根据对北宋王朝内外交困形势的深入分析,提出了完整的变法主张,表现出作者"起民之病,治国之疵"的进步思想。《本朝百年无事札子》,在叙述并阐释宋初百余年间太平无事的情况与原因的同时,尖锐地提示了当时危机四伏的社会问题。期望神宗在政治上有所建树,认为"大有为之时,正在今日"。它对第二年开始施行的新政,无疑吹起了一支前奏曲。《答司马谏议书》,以数百字的篇幅,针对司马光指责新法为侵官、生事、征利、拒谏四事,严加剖驳,短小精悍,言简意赅,措词得体,体现了作者刚毅果断和坚持原则的政治家风度。王安石的政论文,不论长篇还是短制,结构都很谨严,主意超卓,说理透彻,语言朴素精练。"只用一二语,便可扫却他人数大段"(刘熙载《艺概·文概》),具有较强的概括性与逻辑力量。这对推动变法和巩固北宋诗文革新运动的成果起了积极的作用。王安石的一些小品文,脍炙人口,《鲧说》、《读孟尝君传》、《书刺客传后》、《伤仲永》等,评价人物,笔力劲健,文风峭刻,富有感情色彩,给人以显豁的新鲜感。他还有一部分山水游记散文,如《城陂院兴造记》,简洁明快而省力,酷似柳宗元;《游褒禅山记》,亦记游,亦说理,二者结合得紧密自然,既使抽象的道理生动、形象,又使具体的记事增加思想深度,显得布局灵活并又曲折多变。

毕 昇

毕昇(？~1051年)，北宋时代的人，活字版印刷术的发明者，与其同时代的沈括所著《梦溪笔谈》中对其发明有详细记述。活字印刷在宋仁宗庆历元年至庆历八年间发明。毕昇发明的活字印刷，是中国古代四大发明之一。

雕版印刷比起手工抄写，已方便得多。但是雕版仍有缺点，雕刻一部大书，需要不少人力、物力，很不经济，同时书板还占据大量空间。活字印刷术的发明，是印刷史上的一次伟大的技术革命。据沈括《梦溪笔谈》卷十八的记载，毕昇用胶泥刻字，一个字，一个印，用火烧硬。先预备好一块铁板，铁板上面放着松香、蜡、纸灰等，铁板四周围着一个铁框，在铁框内密密地摆满字印。满一铁框为一板，拿到火上加热，药就溶化，用一平板把字压平。为提高效率，用两块铁板，一板印刷，另一板又排字。这块板印完，第二板又准备好了，这样互相交替着用，印得很快。每一个单字，都有好几个印，如"之"、"也"等常用字，每字有二十多个印，以备一板内有重复时用。至于没有预备的冷僻生字，则临时写刻，用草火马上烧成。把字印按照韵目分类，安放在木格子里。根据毕昇的试验，假使只印三两本显不出简便，假使印数百、数千本，就极为神速。他的方法虽然原始简单，但与现在铅字排印的基本原理相同。

遗憾的是，沈括对于毕昇的生平事迹，没有交代清楚，只说他是"布衣"，没有做过官。在之后的记载中，凡是讲到毕昇的，只不过重复或节录沈括原文，至今还未发现任何新的文献。不少外国学者说他是一个铁匠，也是根据《梦溪笔谈》，因沈括说有一位老锻工毕昇，曾在皇宫中用铁锻炼黄金。有人说他是四川人，但没有提出任何证据。当他发明活字板时，沈括只是十几岁的小孩。毕昇死后，他发明的泥活字印，为沈括的侄子辈所获得，作为古董般保藏起来。所以毕昇与沈家或有亲戚关系，沈括是杭州人，毕昇可能也是杭州一带人。

毕昇

1993年，有报道说湖北英山发现毕昇墓碑，此碑风化严重，又遭撞击损伤，笔画多有残缺，年号难以确定。但有人认为此碑的墓主即为发明活字的毕昇。

明朝正德年间（16世纪初），在河南汝南地方一个武官家中，从地下掘出黑子数百颗。每子有一字，书法像唐欧阳询的字体，坚硬如牛角。当时有人以为这些就是宋活字，它的精巧，非毕昇不能造。不过这只是后人的一种推测。毕昇的胶泥活字，是经过苦心设计的，因为这牵涉到刻字、排版、印刷等实际技术问题。清朝道光年间安徽泾县有一位教书先生翟金生，仿照毕昇的老法子，费了三十年心血，造成同骨头牛角一样硬的泥活字十万多个，到1844年才印出《泥版试印初编》，可知泥活字印刷并不是一件简单的事。过去有些学者以为泥活字一触即碎，不能印刷，并说胶泥刻字，不合情理，可能指的是金属活字，或铸字的模型，因而怀疑毕昇是否真的用过胶泥活字。其实泥活字"坚贞同骨角"，并且印得字画清楚。据近年新发现的几种泥活字印本和翟金生的泥活字实物，就可用来否定上述主观臆说了。又有人提出毕昇的胶泥，不是普通的泥土，而是炼丹时用来密封炉顶的"六一泥"。实际上，清代翟金生用的只是普通泥土，并非用七种药物合成的所谓"六一泥"。同时，李瑶在杭州仿宋胶泥印书，朝鲜用陶字印《三略直解》，也都根本不提"六一泥"。"六一泥"之名只见于宋人医方，及《道藏》内《丹房须知》、《太极真人杂丹药方》等道书中。而正统《道藏》清代学者是很难见到的。所以说普通胶泥不能印书，要印书须得用"六一泥"的说法，是没有依据的。

毕昇发明活字不久，南宋周必大于1193年就用泥活字印刷自己著作的《玉堂杂记》。后来的人除沿用毕昇的泥活字外，元代王祯又制成木活字。其实木活字毕昇早已考虑过，他发现木头的纹理有疏密，沾水后高低不平，并且与药相

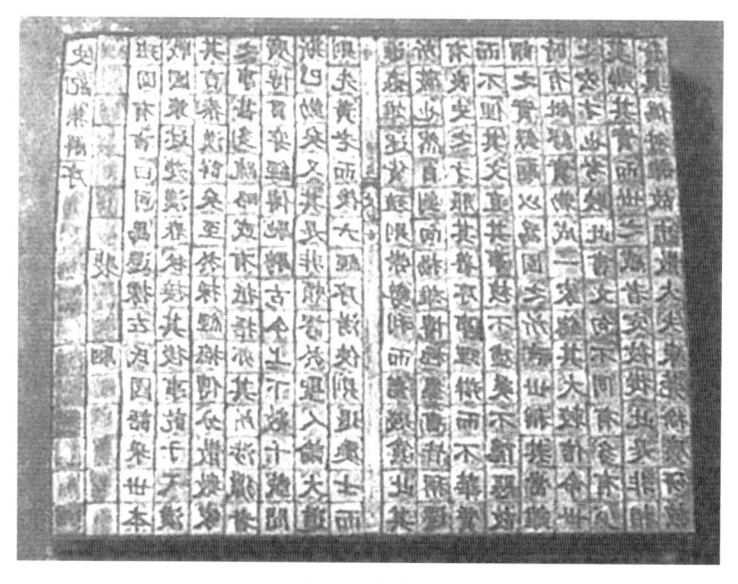

毕昇活字印刷

粘，取下不便，所以舍木用泥。清代包世臣也说过用木活字印书，印了两百部，字画就胀大模糊，而泥版可印至千万而不失真。元、明两代，又有人利用锡、铜、铅等材料铸成金属活字，与雕版印刷相辅而行。

毕昇的泥活字传到朝鲜，称为"陶活字"。朝鲜人利用毕昇活字印刷的原理，推陈出新，早在王氏高丽高宗时（约1234年）已用铸字印书。李氏朝鲜太宗三年（1403年）以后，铸造活字二十余次，铸成铜活字二三百万个，并在世宗十八年（1436年）铸成世界最早的铅活字。活版印刷后来由朝鲜又传到日本。越南在黎圣宗光顺三年（1462年）已能很迅速地排印中越诗人唱和的诗篇。这些都是中国系统的汉文活字。西洋活字印刷术由德国而后传到欧洲各国，以及新大陆的美洲。因为文字与中国不同，看起来似乎另成一系统。但自16世纪以来，不少的西方学者均认为欧洲的活字印刷术也受到中国的影响。所以中国发明的印刷术（雕版与活字板），不但直接传播到亚洲各国，并且影响了整个世界，对人类文化有着极其重大的贡献。

沈 括

沈括(1031年~1095年),字存中,是钱塘(今浙江杭州)人。宋仁宗嘉祐八年(1063年)进士。曾参与王安石的变法运动。一生都勤奋好学,无论是在天文、方志、律历、医药等方面无所不通。他所写的《梦溪笔谈》集其一生的研究和见闻的精华,其中涉及到了数学、地理、水利等各个方面。他的父亲沈周长期在外面做官,沈括十岁起就跟随父亲走南闯北,获得了很多见闻。他从24岁起,开始做官,又到了好多地方。33岁那年,他考上了进士,不久又调到京城昭文馆编校图书。他在馆中读了大量藏书,学识更加长进了。

科学研究

沈括的童年和少年时代,就是在这样一个充满书香气息的温馨环境中度过的。然而,人生并不总是一帆风顺的,人也不能一世停留在宁静的港湾。尤其是对于那些"天将降大任"的天才,命运似乎更为坎坷。就在沈括刚满18岁的时候,父亲去世了,家计顿时艰难起来。沈括只好外出做官。从那时起,政务便占据了这位天才科学家一生的大部分时间。但是,无论仕途多么险峻,宦海如何浮沉,公务怎样繁忙,他得志也罢,失意也罢,都从未放弃过科学研究。凭着超凡的意志、敏锐的观察力和过人的精力,他不停地攀登,终于达到了一个光辉的顶点。沈括知识渊博,天文地理、数理化、医药以及文学艺术,无不通晓。他在科学研究上涉猎范围之广,见解之精辟,都是同时代人所望尘莫及的。他从事的许多项目都代表了时代的水平,具有世界意义。在天文学方面,沈括制定了《奉元历》,制造了新的天文仪器,把天文研究又推向一个新的高峰。此外,最突出的贡献是他发明了"十二气历"。按中国古代历法,阴历和阳历每年相差11天多,古人虽采用置闰的办法加以调整,仍难做到天衣无缝。沈括经过周密的考察研究,提出了一个相当大胆的主张:废除阴

沈括

历,采用阳历,以节气定月,大月31日,小月30日。这种历法当然是比较科学的,对于农民从事春耕、夏种、秋收、冬藏十分有利,然而却因否定了老祖宗的"经义"而受到上层统治阶级的抵制,迟迟未能推行。青山遮不住,毕竟东流去。科学最终一定会战胜愚昧。在沈括之后900年,英国气象局使用了以节气定月的"萧伯纳历"。如今,沈括所提倡的阳历法的基本原理,已为世界各国所接受。沈括一生为官,四处飘泊,几乎走遍了大半个中国,峭拔险怪的名山,一碧万顷的平川,烟波浩渺的湖泊,飞湍急流的江河,到处留下了他的足迹。

他深邃的目光,透过青山秀水,看到了它们的沉浮变迁。比如在雁荡山,沈括发现了一个奇怪的现象:他曾游览过不少名山,都是从岭外便能望得见峰顶;而雁荡山却不然,只有置身山谷,才能看到高耸入云的诸峰。经过再三琢磨,沈括得出了结论:是山谷中的大水,将泥沙冲尽之后,这些巨石才高峻耸立、拔地而起的。而且,雁荡山的好多独特景观,如大小龙湫、初月谷等,也都是大水长年累月冲凿的结果。由此,他联想到西北那土墩高耸的黄土区,和雁荡山的成因相同,也是大自然的杰作,只不过一个是石质、一个是土质而已。沈括关于因水侵蚀而构造地形的观点,在当时只有阿拉伯的一位科学家与他"英雄所见略同"。直到700年之后,英国科学家赫登才完整地运用了这一原理论述地貌变化。另外,在冲积平原成因的解析方面,在"化石"的命名以及地形测量和地图绘制等方面,沈括的贡献也极有价值。沈括对数学也有着独到的研究。相传,刚过"而立"之年的沈括,曾在一位转运使手下当官。在频繁的接触中,转运使发现沈括才华出众,很想把才貌双全的女儿嫁给他。正在这时,一位多嘴多舌的同僚告诉他,说近来沈括常出入酒楼,回来就闭门不出,想必是醉得人事不省,在蒙头大睡呢。转运使听后心中十分不悦:没想到这青年平时仪表堂堂,做事一丝不苟,原来竟是个酒鬼!这样想着,便径直闯入沈括住处,推开门一看,沈括正在摆弄桌上摞起来的酒杯。见转运使大驾光临,沈括忙让座倒茶,并把这些天的发现对上司娓娓道来。原来,酒楼里常把酒桶堆成长方台形体,从底层向上,逐层长宽各减一个,看上去四个侧面都是斜的,中间自然形成空隙,这在数学上称为"隙积"。数学上又把计算中间空隙的体积的方法,叫做"隙积术"。他冥思苦想,就是在研究"隙积术"。转运使听罢,这才转怒为喜。没多久,沈括便成了转运使的乘龙快婿。沈括是历史上第一个发明"隙积术"的人。

另外,在物理学、光学、声学、生物医学等诸多科学领域内,沈括也有很深的造诣。有一次,沈括的妻子刚推开楼上房间的门,猛听得案上的古琴发出"铮铮"的弹奏声,吓了一大跳,忙唤丈夫前来观看。沈括四下一望,见院墙外面正有一支迎亲队伍穿街而过,鼓乐声还不绝于耳。"原来如此。"沈括和妻子进入房中,命仆人取来另一架琴,又用剪刀剪了个小纸人,贴在琴弦上。然后,他走到原来的古琴旁,用手指用力拨动琴弦。结果,那贴在另一架琴上的纸人竟颤颤巍巍跳动起来,同时弦上发出"铮铮"的声响。"瞧见了吗?这就是声学上的共振现象。如果琴弦音度相同,拨动一架琴上的弦,另一架琴上相应的弦就会振动,发出声音。刚才街上娶亲的鼓乐声传来,你正开门,引起古琴的共鸣,就是这个道理。"还有一次,沈括听说,慎县发生了一起殴打致死人命案。可是,知县前往验尸时,却怎么也查不出死者的伤痕。后来,听了一位老者的指教,知县命人把尸体抬到日光下,又用红伞遮住阳光,那尸体上的各处伤痕就顿时清晰地显现了出来。沈括细细琢磨,反复实验,最后才明白这是滤光的作用。新的红油伞,就像是今天的滤光器,皮下瘀血的地方一般呈青紫色,白光下看不清楚,但在红光下却能清晰显现。沈括把这次"红光验尸"的奇迹记载在他的《梦溪笔谈》中,给后代法医、物理工作者以很大的启示。沈括晚年退出政坛,隐居在江苏镇江朱方门外竹影摇动、溪水潺潺的梦溪园,潜心笔耕,写出了伟大的科学巨著《梦溪笔谈》。这是一部反映当时科技发展最新成就、内容丰富的著作,充分显示了作者的博学多闻和旷世才华。书中涉及数学、物理、化学、天文学、地学、生物医学、工程技术等许多学科,共609条记述。

为官造福

除了科学研究,沈括在政务上也很突出。皇祐三年(1051年)十一月,沈周在杭州去世。至和元年(1054年),沈括父丧服满,以父荫授海州沭阳县(今属江苏)主簿。此后十多年辗转四方,担任地方低级官吏。虽然职位低微,事务繁杂,但沈括兢兢业业,取得了令人称赞的政绩。在沭阳主簿任上,他首先采用安抚措施,平息了一场县民抗官的斗争。接着着手整治该县长年失修的水利工程,使危害多年的沭水得到治理,得良田七千顷,促进了当地农业生产的发展。继沭阳治沭水后,嘉祐六年(1061年)他任宣州宁国县(今属安徽)令,通过实地调查,力驳众议,动用八县1.4万名民夫,费时80天,重建万春圩,垦辟良田1270顷,使数县受益。

嘉祐八年(1063年),沈括进士及第,除扬州司理参军。治平三年(1066年),沈括入京城任馆阁校勘,编校昭文馆书籍,删定三司条例。因馆职清闲,故沈括有较充裕的时间深入研究天文和历算,为日后从事历算仪象方面的工作奠定了基础。

熙宁五年(1072年),时任太子中允、检正刑房公事的沈括,又被任命为兼提举司天监,主持司天监的工作,并进行整顿和改革。首先是整顿机构,罢免六个庸官,招募有真才实学的人士充实机构,提高人员的素质;其次是任用卫朴编修新历,于熙宁八年(1075年)修成《奉元历》;再次,针对原司天监的观测仪器破败不堪,难敷应用,在对天文仪器作了系统的研究后,沈括写出《浑仪》、《浮漏》、

《景表》三篇论文,建议制造更精确的浑仪、浮漏、圭表等。在得到允准后即着手研制,于熙宁七年(1074年)完成新仪的制造。因制新仪之功,沈括被升迁为右正言、司天秋官正。沈括生活在北宋中期,这时的宋朝外有辽、西夏的侵逼,内为冗官、冗兵、冗费所困,财政危机深重。内外交困,矛盾激化,统治不稳。为解决积贫积弱的问题,实现富国强兵,继范仲淹等人发动"庆历新政"失败后,王安石又再次倡导变法,在宋神宗的支持下,开始了一系列的改革活动。沈括是王安石变法的积极参与者,史载:"朝廷新政规划,巨细括莫不预。"同时还参加了一系列推行新法的重要活动,多次出京前往各地视察。1072年,沈括奉命治汴。汴河水利是王安石变法的农田水利法中一个重点工程,自熙宁二年(1069年)开工后,取得了一定成效,但屡遭守旧派的攻击。沈括通过考察,从治汴的历史和现状出发,说明了治汴工程的巨大好处。熙宁七年(1074年)八月,沈括被任命为河北西路察访使,兼提举该路保甲,主要任务是视察和整顿边防。他向朝廷就兴修防御设施、推行保甲法等问题提出31项建议。同年九月,受命兼管新政的重要机构——军器监,在此后近两年的时间里,使军器监生产的兵器在数量与质量上均有很大提高。同时,沈括还钻研阵法与城防,重订《九军阵法》,编成《修城法式条约》等。

沈括出使

自从宋真宗以后,宋朝一直依靠每年送大量银、绢,维持了几十年跟辽朝暂时妥协的局面,但是辽朝欺宋朝软弱,想进一步侵占宋朝土地。公元1075年,辽朝派大臣萧禧到东京,要求划定边界。

宋神宗派大臣跟萧禧谈判,双方争论了几天,没有结果。萧禧一直说黄嵬山(在今山西原平西南)一带三十里地方应该属于辽朝。宋神宗派去谈判的大臣不了解那里的地形,明知萧禧提出的是无理要求,又没法反驳他。宋神宗就另派沈括去谈判。

沈括先到枢密院,从档案资料中把过去议定边界的文件都查清楚了,证明那块土地应该是属于宋朝的。他向宋神宗报告,宋神宗听了很高兴,就要沈括画成地图送给萧禧看,萧禧才没话说。

宋神宗又派沈括出使上京。沈括首先收集了许多地理资料,并且叫随

宋神宗

从的官员都背熟。到了上京,辽朝派宰相杨益戒跟沈括谈判边界,辽方提出的问题,沈括和官员们对答如流,有凭有据。杨益戒一看没有空子好钻,就板起脸来蛮横地说:"你们连这点土地都斤斤计较,难道想跟我们断绝友好关系吗?"沈括理直气壮地说:"你们背弃过去的盟约,想用武力来胁迫我们。真要闹翻了,我看你们也得不到便宜。"辽朝官员说不服沈括,又怕闹僵了,对他们没好处,只好放弃了他们的无理要求。

　　沈括带着随员从辽朝回来,一路上,每经过一个地方,都把那里的大山河流、险要关口,画成地图。还把当地的风俗人情,调查得清清楚楚。回到东京以后,他把这些资料整理起来,献给宋神宗。宋神宗认为沈括立了功,拜他为翰林学士。

　　沈括为了维护宋朝边境的安全,十分重视地形勘察。有一次,宋神宗派他到定州(今河北定县)去巡视。他假装在那里打猎,花了二十多天时间,详细考察了定州边境的地形,还用木屑和融化的蜡捏制成一个立体模型。回到定州后,沈括要木工用木板根据他的模型,雕刻出木制的模型,献给宋神宗。这种立体地图模型当然比绘制在纸上的地图更清楚了。

　　宋神宗对沈括画的地图和制作的地图模型很感兴趣。第二年,他就叫沈括编制一份全国地图。但是不久,沈括受人诬告,被朝廷贬谪到随州去。在那里,环境虽然很困难,但是他坚持绘制没有画完的地图;后来,他换了几个地方的官职,也是一面考察地理,一面修订地图。坚持了十二年,终于完成了当时最准确的一本全国地图——《天下州县图》。同年十月,沈括升任翰林学士、权三司使,主持宋朝财政。他推行新法,改革财政制度,在一定程度上改善了宋朝的财政状况。

　　熙宁十年(1077年)七月,沈括因主张免除下户役钱、轻役依旧轮差,遭御史蔡确等人诬劾,被罢三司使,出知宣州。元丰三年(1080年)五月,改知延州(今陕西延安)。不久又兼任鄜延路经略安抚使,成为一方军事统帅,在与西夏的对抗中屡立战功,并升任龙图阁直学士。但在元丰五年(1082年)九月,永乐城被西夏军攻破,北宋损失官兵万余人,夫役无数。沈括在此次战役中,虽竭尽全力阻止西夏军的继续前进,但他身为主帅,未能坚持自己的主张,纠正钦差徐禧的错误,导致宋军损失惨重,应负有一定责任。十月,朝廷以"措置乖方"罪,降沈括为均州团练副使,限他居住在随州(今湖北随县)。八年,徙秀州(今浙江嘉兴)团练副使,在秀州安置。

　　后来,沈括把精心编制的《天下州县图》献给朝廷,才被允许任便居住。元祐五年(1090年),沈括迁润州(今江苏镇江)朱方门外梦溪园定居。从此闭门谢客,潜心著述,恬淡而平和地度过了他的晚年。绍圣二年(1095年),沈括病逝,享年65岁。

辉煌成就

沈括资质聪颖，勤于思考，见多识广，能够向各行各业能者学习。在物理学、数学、天文学、地学、生物医学等方面都有重要的成就和贡献，在化学、工程技术等方面也有相当的成就。例如，他在数学方面首创的隙积术和会圆术，提出了高阶级差求数和公式及求弧长的近似公式。他提倡科学的十二气历，意识到石油的价值，表明了他卓越的科学见识。他的调查、观测、科学实验等方法，在当时也十分先进。北宋时期许多科学发明，例如活字印刷、指南针应用等技术，都借助沈括的记载而得以流传。宋代是中国古代科学技术发展的高峰期，而沈括则是最重要的代表人物。此外，沈括在文学、音乐、艺术、史学等方面都有一定的造诣。

据胡道静的统计，沈括著述近40种，分为易、礼、乐、春秋、仪注、刑法、地理、儒家、农家、小说家、历算、兵书、杂艺、医书、别集、总集、文史等17类。今存的仅《梦溪笔谈》、《补笔谈》、《续笔谈》、《苏沈良方》和综合性文集《长兴集》（原有41卷，仅存19卷）等五种，其余多已亡佚。其中《梦溪笔谈》是沈括晚年在梦溪园中，将其一生所见所闻和研究心得以笔记文学体裁形式写下的不朽著作。现存《梦溪笔谈》为26卷，连同《补笔谈》3卷，《续笔谈》11篇。笔谈共分故事、辩证、乐律、象数、人事、官政、权智、艺文、书画、技艺、器用、神奇、异事、谬误、讥谑、杂志、药议17门，分类系事，考辨精邃，共有609条。有关历史（包括考古）方面的记述，至少有120条以上。有关自然科学条目占255条，约为全书的42%，内容涉及自然观、数学、物理、化学、天学、地学、生物、医药、工程技术等诸多领域。书中反映有当时科学技术成就的一些忠实记录，如喻皓的《木经》、毕昇的活字印刷术等，都是我们今天在这方面所能获得的唯一资料。《梦溪笔谈》不仅是一部史料价值很高的历史典籍，而且是一部科技史

《梦溪笔谈》书影

资料汇编,在中国科学技术史上具有十分重要的地位,英国科学史家李约瑟博士曾称此书是"中国科学史上的里程碑。"

为了纪念这位世界闻名的中国古代科学家,1979年7月1日,中国科学院紫金山天文台将该台在1964年发现的一颗小行星命名为沈括。

岳 飞

岳飞（1103年~1142年），字鹏举，相州汤阳（今属河南）人。出身佃农。自幼喜读兵书，练就一身好武艺。北宋末年，北方的金国屡次南侵。岳飞以"敢战士"应募入伍。传说岳飞的母亲姚氏为了鼓励儿子英勇杀敌，报效国家，亲手在他的背上刺"精忠报国"四个字。岳飞参军后，作战勇敢，屡立战功，驰骋疆场，南征北战，收复了大片失地。他亲自组建的岳家军，训练有素，纪律严明，深受百姓的爱戴和支持。岳家军攻必克，战必胜，敌人闻风丧胆，金兵畏其军威，纷纷传说："撼山易，撼岳家军难！"岳飞壮怀激烈，坚决反对和金国议和，屡次受到投降派的打击。正当他准备直捣黄龙府，一举收复中原时，宋高宗竟一天连发十二道金牌，逼令撤军。"十年之力，废于一旦。"1142年，岳飞被宋宰相秦桧以"莫须有"的罪名诬杀。

从军抗金

岳飞在宋徽宗崇宁二年（1103年）二月十五日生于相州汤阴一个农家。据说岳飞出世那天，他那响亮的啼声惊醒一只停在他家茅屋上的大鸟张起双翼，在天空中飞鸣起来。父亲岳和便替儿子取名为"飞"，字"鹏举"。希望儿子将来前程万里，远举高飞。

岳飞出世还没满月，就遇到黄河决口，洪水淹没了整个汤阴县。岳飞一家随乡亲惊惶奔逃。这时岳和又走散了，在大水就要吞没岳飞母子时，岳飞的母亲姚氏急中生智，连忙抱着岳飞跳进一口大瓦缸里，顺水漂到岸边，才给人们救起，一家人才得以团聚。

岳飞家境贫穷，自幼便帮父母干些农活。虽然上不起学，但他却很爱读书写字。母亲姚氏便在地上，用树枝教他写字，还经常给他讲古代英雄豪杰的故事。岳飞天资聪颖，少年时便有志气节操，性格朴实

岳母刺字

敦厚。他喜欢读《春秋左氏传》及孙、吴兵法,对用兵打仗有浓厚的兴趣。成年后,父亲便把他送到一个有钱的人家韩府去当家丁。给人家看家护院要勇敢、有力,能对付强盗歹徒什么的,岳飞天生有神力,能拉300斤的硬弓,8石的强弩。11岁时,外祖父就带他到县里著名的刀枪手陈广处学枪法。后来又向本村武林高手周同学习射箭。周同老人见岳飞年少有志,勤奋刻苦,便把一辈子掌握的精湛武艺,全教给了岳飞。还把自己最心爱的一支劲弓送给了岳飞,岳飞在他的精心指导下,能左右开弓,百发百中。

此时北方的金国崛起,不断南侵宋朝。金兵逼近汴京时,宋徽宗惊恐异常,于公元1125年12月退位,称"太上皇"。他的儿子赵桓继位,是为宋钦宗。钦宗和他父亲一样,也是个昏庸懦弱的君王。宋钦宗靖康元年(1126年)八月,金太宗又出动大军南下,十一月便逼近开封。京城无赖郭京声言他会神术"六甲法",只要挑选7777人,经过咒语训练后,便刀枪不入即可捉拿金军两路元帅,消灭金军一个不剩。兵部尚书孙傅立刻推荐给钦宗,钦宗对郭京封官赏银。郭京率部一经交战就大败而归,金兵乘机掩杀过来。郭京借口出城抵抗,便携带金银财宝溜出城门,向南逃得无影无踪,金军不费一兵一卒,便开进汴京。

宋钦宗带领大臣,赶到金军元帅大营送上降表,向金国称臣。还派出大批官员,三番五次地向富豪之家大肆搜刮金银财宝,以讨好金军。至于朝廷府库就不用他操心了,因为金军进城就查封了。宋钦宗靠送白银黄金和劳军的美女,仅维持了两个多月的帝王生活。第二年春天,就被扣压起来。金太宗下令,把徽宗、钦宗、太后、皇后、妃子、公主,甚至驸马和宦官,以及各种工匠等3000多人,全部压送到金国当奴隶。一队队的牛车、马车载着金1000万锭、银2000万锭,绢1000万匹,其他财宝、物、图书不尽其数,洋洋自得地回国。

北宋王朝就这样被金国灭亡了。这次野蛮的颠覆和掠夺发生在北宋靖康年间,所以历史上称"靖康之耻"。金军在退走以前,曾在宋朝当过宰相的投降派头目张邦昌做傀儡皇帝,国号楚,可是张邦昌只过了36天的皇帝瘾,就被迫下台。

公元1127年五月初一,康王赵构在文武百官的拥立下,于南京应天府

宋徽宗听琴

(今河南商丘)即位做了皇帝,改年号为建炎,是为宋高宗。他重建的宋朝,历史上叫南宋。

赵构是宋徽宗的第九个儿子。开封沦陷之前,他的哥哥宋钦宗封他为"天下兵马大元帅",让他出汴京集结"勤王"兵力,他才逃脱了当俘虏的灾难。岳飞早在公元1122年宋朝"联金抗辽"之际,便被真定府路抚使刘韐以"敢战士"招募入伍。不久,其父病故,岳飞回家奔丧,离开了部队。在国家又遭受危难之际,20岁的岳飞,决心从军抗金。年迈多病的岳母深明大义,支持岳飞从戎报国。

一天晚上,他让儿子把衣服脱下来,岳飞跪在母亲的面前,在灯光下,岳母用针在他的背上刺"精忠报国"四个字,岳飞忍痛接受母亲的期望和勉励。岳飞在相州投身于康王麾下。开封一天比一天危急,岳飞眼看着康王,虽树起抗金的旗帜,招兵买马,却畏敌如虎,不敢进军北上迎敌,而是尽量避开金兵的锋芒,躲得越远越好。岳飞眼巴巴地看着开封失守,非常愤激,但又敢怒不敢言。高宗继位后,起用抗战派李纲做宰相;任命投降派黄潜善任中书侍郎,掌朝政大权;任命汪伯彦担任同知枢密院事,执掌军权。宋高宗同徽、钦二宗一样是软骨头,他不但不敢把都城迁回汴京,甚至连应天府也不敢久留。立朝后,在黄、汪两奸臣的怂恿下,就逃到繁华的扬州,把扬州做了临时首都,日日夜夜饮酒作乐,过着荒淫的生活。宰相李纲决心收复失地,多次上书宋高宗要巡视部队,鼓舞士气;要向北迁都,组织、支持地方的抗金义军;要启用能人,疏远奸邪……这些建议高宗听得不耐烦。黄、汪二人乘机离间,他们说李纲名气大,要压过皇帝了,是个最危险的人物;金国最不喜欢李纲,有他在,金兵早晚还会打过来。于是宋高宗仅在立朝75天,就把忠心耿耿的李纲罢免了。

岳飞再也按捺不住自己的愤怒了,毅然向高宗呈上一份长达数千言的奏章,指责黄潜善、汪伯彦这些人送皇上的车驾一天天向南,这些弄权误国的奸臣不能维系中原百姓的信仰。黄、汪两人看到岳飞的奏折,大为恼怒,向高宗进献谗言,告岳飞干涉国事,说他现在这么小的一个官就敢上书言事,将来难免会造反。高宗从其言,以"小臣越职,非所宜言",罢免官职,令其回乡。

光复建康

岳飞被夺官归田后,金军由完颜兀术(即完颜宗弼,金太祖阿骨打第四子)统率大举南侵。岳飞在家乡再也呆不住了。当时河北招抚使张所正在招募天下的英雄豪杰,岳飞认为张所是个忠心报国的良将,便前去投奔。张所也早就听说岳飞治军有方,打过许多胜仗。两人一见,果然很投机。张所问岳飞:"听说你打仗勇猛,你一人到底能对付多少金兵?"岳飞答道:"战争的胜负不能光凭将领勇猛不怕死,用兵之道首要还是制定计谋。"

张所深以为然,他感到岳飞确实是一位了不起的军事奇才,立即任命他为任中军统领,跟随都统王彦带7000精兵渡过黄河去攻打卫州的新乡等地。岳飞亲率一军猛冲敌阵,金兵招架不住,被杀得人仰马翻,连金军的大旗也被岳飞夺得。他冲锋陷阵,锐不可当。宋军将士见岳飞如此威风,个个英勇无畏,战斗中活捉了金军千户阿里孛,使新乡又回到宋朝掌管之中。

岳飞作为一个偏将,在新乡战斗中发挥了主将的作用,确实立下了大功。这一点王彦虽然心里明白,但却嫉妒不已,对岳飞不配合不支持。但岳飞仍又打了几次胜仗,把敌将黑风大王刺于马下,活捉金兵统帅拓拔耶马等,缴获了无数的战利品。至此,金兵给岳飞打怕了,都称岳飞为"岳爷爷",望到"岳"字战旗就魂飞魄散。对岳飞有知遇之恩的张所,后来被主和派罗织罪名罢官免职,河北招抚使之职由王彦继任。岳飞本来对罢免张所就很不平,心胸狭窄的王彦又当上自己的顶头上司,他就更加气愤。于是,他带领自己的人马重去投奔宗泽。

当年,岳飞应募参加赵构的军队后,有一段时间曾在副元帅宗泽的领导下,参加过解救汴京的战斗,立下不少的战功。宗泽十分赏识岳飞。有一次,他对岳飞说:"论勇、论智、论才,你都比得上古之良将,但你只会野战这是不够的。"说着宗泽把一些绘制好的阵图递给岳飞。岳飞感激老前辈对自己的培养和厚爱,但却不赞成老帅的意见,他说:"古今时势不同,每个战场的地形、险易也有区别,怎么能按照固定的阵图用兵呢?"宗泽反问道:"依你之见,古人的兵书、阵法就都没用了吗?"岳飞又答道:"先布阵而后作战,这是用兵的常法。但形势常有变化,布阵就不能拘泥阵图。所谓运用之妙,全系一心,这就要看统帅能否审时度势,以变制变了。"宗泽听了岳飞的论兵之道,觉得耳目一新。因为北宋期间的将帅出征,都是按照皇帝亲自颁发的阵图去布阵作战,把将领们束缚住了,宗泽自然也深受影响。宗泽听了岳飞的议论后,觉得他的军事思想是很了不起的。

高宗继位后,经李纲推荐任命宗泽为东京留守兼开封知府。岳飞此次投奔帐下,宗泽十分高兴,遂任命岳飞做他的留守司统领。不久,又升任他做都统领。

岳飞雕像

岳飞协助宗泽安定汴京，招募壮士，训练部队。在城外设立了24个据点，保卫京城，沿着黄河修建堡寨，称为连珠寨，形成巩固的防线。宗泽一连20多次上书，请求高宗回师汴京，高宗置之不理，沉迷偏安于一隅。宗泽忧愤成疾，背生疔疮，整天诵吟杜甫的"出师未捷身先死，长使英雄泪满襟"等诗句抒发自己的郁闷心情。建炎四年（1130年），70岁的老将宗泽含恨而死，死前连喊："过河！过河！过河！"

宗泽死后，朝廷命杜充接任开封留守。杜充是一个贪生怕死的无能之辈。金国得知宗泽已死，便派骁将黏罕率50万大军进犯开封。杜充根本无心留守，便以南下"勤王"之名，率部退到建康。金军轻而易举地开进汴京。昏庸的高宗又将留守建康的重任交给了擅离开封的杜充。杜充在建康整天吃喝玩乐，不问兵事。金军统帅兀术率兵从马家渡越过长江天险时，他根本没有设防。他怕金兵破城后怒杀了自己，索性出城投降，保全活命。岳飞在主帅弃城、军心涣散的形势下，无力据守，为了保存实力，只得撤离建康城，转移至淮南、广德一带。他在这一带六次袭击金军，六战皆捷，俘虏金兵数千人，生擒金兵猛将王权。

建康失守后，在扬州歌舞升平的宋高宗如梦初醒，慌忙逃到杭州。到了杭州又逍遥快乐起来，整天忙着建行宫，修御花园，游山玩水，养金鱼。可是金人却看准这个昏庸的皇帝好欺侮，兀术便从广德打来，流亡朝廷又慌忙逃到越州（今绍兴）。在越州又觉得不保险，便又逃到明州（今宁波）、定海（今镇海），后来索性就漂流海面，不敢上陆了。兀术得知高宗走海道出逃，索性自己也抛弃战马，下海去追，一直追出300多里。兀术为什么没有追上这个毫无抵抗力的皇帝呢？那是因为在海上有宋朝水师的堵截，在陆地上有岳飞紧紧尾追他的主力部队。兀术这才认识到孤军深入的危险性，于是放弃南进灭宋的计划，准备由杭州沿大运河北撤。

当金军撤至常州时，岳飞突然从宜兴杀过来，四次阻击金兵，活捉金军万户少主孛堇等11个大头目。金兵死伤不计其数。当金军北撤到镇江附近时，又遭到南宋大将韩世忠的拦击。金兵有10万，韩世忠手下宋军才有8000人，双方在江边摆开阵势，展开决战。韩世忠披挂上阵，他的夫人梁红玉身着戎装，在江心的一艘战船擂鼓助威。金兵死伤无数，兀术险些被活捉，他的女婿龙虎大王被俘虏。这就是历史上著名的黄天荡大战。

金兀术在黄天荡被围困48天后，摆脱了韩世忠的阻击。逃到金兵占据的建康，准备在那里休整，他下令大抢3天。这时岳飞已在建康的牛头山布下天罗地网。他选派数百精兵，穿着黑色衣服，入夜时潜入金军大营，在约定的时间里应外合。潜伏的数百宋军个个以一当十，猛袭中军大帐。外围的宋军杀声震天。金兵一听是岳家军吓得慌不择路，只知向北逃跑。牛头山伏击战，共杀死金军大小将领170多人，士兵数千人，缴获军用物资不计其数，南下金军全部覆没。岳飞大获全胜,收复了江南巨镇建康。岳飞从此威名远扬。

收复六州

　　金兀术自建康惨败后,改变了直逼江南的战略,准备先攻取川、陕地区,控制长江上游。然后顺流东下,徐图灭宋。在中原则主要依靠伪齐军队来牵制宋军。公元1130年金国在开封拥立了一个傀儡政权,册封刘豫当他们的儿皇帝,称为齐国。刘豫在北宋末年历任殿中侍御史、河北提刑等职。高宗建炎二年(1128年)知济南府,杀济南抗金将领关胜后降金,受金册封为"齐帝"后,多次配合金兵攻宋。绍兴三年(1133年),刘豫伪军相继占领了襄阳、唐、随、邓、郢、信阳六州,控制了江汉一带要地,切断了南宋与川、陕地区的联系,使他们得以与金主力相配合,造成压迫江、浙之势。岳飞连续上奏高宗,他说:"襄阳六郡,地势险要,恢复中原,此为基本。"高宗从江、浙安全着想,勉强同意了岳飞的主张。但对他的用兵严加限制,规定六州收复后,不得越界进攻。

　　绍兴四年(1134年)五月一日,岳飞率军出征。战船渡到长江中流,岳飞对幕僚们说:"我不擒获贼寇,再不渡过此江。"郢州伪将京超号称"万人敌",凭借坚城抗拒岳飞。岳飞擂鼓催动士兵登城,京超跳崖而死,岳飞收复郢州。接着,派遣张宪、徐庆收复随州。岳飞赶到襄阳,李成迎战,左翼靠着襄江。岳飞笑道:"步兵适宜在险阻地区作战,骑兵适宜在开阔平地作战。李成左翼骑兵排列在江岸,右翼步兵排列在平地,虽有10万军队又能有什么作为?"他举起马鞭指着王贵说:"你用使长枪的步兵进攻李成的骑兵。"指着牛皋说:"你用骑兵攻击他的步兵。"两军交锋,李成军的战马应枪倒毙,后面的骑兵都被挤着掉入江中。步兵死亡不计其数,李成连夜逃走,岳飞收复襄阳。岳飞进军邓州,李成和金将刘合孛堇排列营寨抗拒岳飞。岳飞派遣王贵、张宪乘敌军不备发起攻击,敌军大败,仅有刘合孛堇只身逃脱。李成的党羽高仲退保邓州城,岳飞率领军队一鼓作气攻下邓州城,擒获高仲,收复邓州。最后收复了唐州、信阳。

　　岳飞以迅雷不及掩耳之势,不到三个月就收复了襄阳六州,保住了长江中游,打通了通往川陕之路,扭转了南宋的被动局面。捷报传到临安,

岳飞

朝野一片欢腾。高宗也惊叹不已，十分高兴，几次召见岳飞。岳飞趁此良机，面奏他恢复中原的谋略和决心。而议和派领袖秦桧却千方百计地通过高宗节制岳飞的军事行动，令其班师回朝，驻守鄂州（今武汉市武昌）。

绍兴七年（1137年），宋朝抓到一个金兀术的密探。岳飞计上心来，决定利用这个密探除掉刘豫这个心腹之患。岳飞叫部下把那个人绑到大帐里，岳飞一见那人就佯装认错了人，对部下说："松绑！"随后又对那人说："你不是张斌吗？我派你到大齐约刘豫引诱四太子（即金兀术），你怎么一去不复返了？我只好又派人去联系，刘豫已经答应我今年冬天以联合进攻长江为名，把四太子骗到清河。你拿着我的信竟然不送，难道是要背叛我？"侦探怕死，假意认罪，请求戴罪立功。岳飞说："先饶你这一次，给你一个立功的机会。你拿着我的信去见刘豫，问明出兵的时间。"于是岳飞给刘豫写了一封信，把那人的大腿割开了一个口子，将密信放入，然后包好，警告他不得泄露。那个侦探忍痛回到金兀术处，向金兀术报告了被岳飞捕获的全部经过，并将密信取出交给金兀术。金兀术看后大吃一惊，派人火速报告金国国君，于是刘豫被废。

刘豫被废黜后，岳飞又上奏说："应该乘废掉刘豫的机会，攻其不备，长驱直入，进取中原。"朝廷还是没有答复。不久，朝廷晋封岳飞为"武昌郡开国侯"以示安抚，使其和刘光世、韩世忠、张俊三人并列为宋朝四大名将。岳飞以32岁的年纪封侯，在别人看来应该意满志得了，但岳飞并非追逐功名之辈，他有忧无喜。

失败告终

南宋朝廷在金国没有直接入侵、相对稳定的形势下，开始着手解决内乱的问题。各地官员纷纷向朝廷请求派岳飞平定叛乱，镇压钟相、杨么等农民起义。

岳飞虽然受命解除过农民起义军的武装，但他的军队对老百姓却是秋毫无犯。"冻死不拆屋，饿死不掳掠"是岳家军的传统。有一士兵拿了百姓一缕丝麻去捆柴草，岳飞发现后，立即将他斩首。可见，岳飞的军纪是多么严厉。岳飞在平定虔州起义后，对官兵下令凡投降的义军一个不杀。可是由于这一带的义军曾袭击过隆祐皇太后，高宗恨之入骨，密令岳飞屠城报复。岳飞请求诛杀首恶，赦免胁从，高宗不许。岳飞再三再四地累奏，高宗冲着他的面才赦免了虔州城，百姓感其恩德，家家绘岳飞像供奉。

岳飞利用这一时机，驰骋江西、湖南等地，收降了各路抗金义军，聚集了众多的英雄豪杰。岳家军精锐部队发展到三万多人。岳家军不仅军纪严明，训练也很严格。在一次训练俯冲跳跃障碍这个项目时，他的儿子岳云从山坡上疾驰而下，马被绊倒，岳飞不由分说猛抽岳云一顿军鞭。可是战士生病了，岳飞却能亲自调药照顾。阵亡将士的家属子女，也能得到他的照顾、教育或抚养。凡朝廷的封赏犒劳,他都平均分给部下,自己不多拿一丝一毫。

在这样的将领统率下的军队,必然无敌于天下。金军一听岳家军,闻风丧胆,纷纷议论说:"撼山易,撼岳家军难!"

金国大将兀术建康大败而回之后,金国国内主和派占了上风。金国统治者决定改变对宋朝的策略,以和议代替攻战,想通过谈判获得他们在战场所得不到的东西,于是向宋朝发出和议的信号。南宋朝廷也分两派。主和派的代表秦桧,曾被金人俘虏过,是金国释放回来暗中从事卖国活动的高级间谍。这时他已升为宰相,把向金人屈辱议和,作为朝廷大事。他绞尽脑汁制造借口,说什么议和于"孝、悌、仁、慈,一举四得",纯粹是骗人的鬼话。宋高宗则只求有一个偏安的小朝廷,金人只要不再打过来,什么条件都可以答应。他和秦桧对谈判代表说,只要和议成功,地界划到哪里都可以。主和派实际是投降派。以岳飞为代表的主战派,则反对议和,因为当时内外形势都明显地对南宋有利。岳飞亲到临安说服宋高宗,为他指出:"夷敌不可信,和好不可恃,相臣谋国不臧,恐贻后世讥论。"昏庸的高宗最怕岳飞打到金国,迎回二帝,自己就坐不成金銮殿了,因此对岳飞反对议和大为不满。

绍兴九年(1139年)正月,以高宗、秦桧为代表的投降派,最终不顾各界舆论的强烈反对,接受金国提出的和议条件。这些条件是:宋高宗向金国称臣;金国把中原、陕西等地"赐"给宋朝;宋朝每年向金国交纳贡银25万两,绢25万匹;金国答应归还宋徽宗及其皇后的灵柩。这就是割地输银的宋金"绍兴和议"。后来由于战争,和议被搁置两年,直到绍兴十一年(1141年)才正式签订,条约的内容也有些改动。高宗将和议布告全国,大赦天下,给百官晋位升级,以示庆贺。按照当时的规制,文武官员也要向朝廷上表祝贺。但吴阶等主战将领拒不上表。岳飞上了表,但表文的内容却说:议和决非长久之计,敌人无事而请和,其中必有阴谋。况且以岁币达成和议,金人会得寸进尺,后果必不堪设想。只有重整军备,报仇雪耻,收复失地,赢得抗金胜利,国家才有前途。岳飞的这篇《谢表》,充分反映了南宋广大官兵和民众的爱国精神,很快便在朝廷内外广为传诵。秦桧读后,对岳飞更加忌恨。

历史证明,岳飞的预见是完全正确的。绍兴十年(1140年)五月,金兀术发动政变,撕毁和约,亲帅四路大军向南宋发动大规模的进攻。高宗如梦初醒,又吓昏了头。连连下诏,要求各路宋军奋起抵抗。

岳飞接到出征的命令后,立即调兵遣将,布置好作战的阵势。他坐镇郾城指挥,准备抗击金军的主力部队。

金军统帅兀术进驻汴京,与众将商议军情。达成共识,宋朝的将帅都不难对付,唯独岳家军,将勇兵精,锐不可当。当兀术探知岳飞驻守郾城的兵力并不多时,遂下决心调集自己的主力龙虎大王、盖世大王的军队与岳飞郾城决战。

宋金两军摆开战场，列好阵势。岳飞首先派他的儿子岳云去打头阵。出阵前，岳飞对岳云说："如不能取胜，定斩不饶。"岳云虽然年轻却勇冠三军，他双手使两个80斤重的大铁锤，冲入敌阵，如入无人之境，杀得金兵尸横遍野。部将杨再兴随即也单枪匹马，穷追不舍。兀术险些被他生擒，金军大败。

兀术仓皇后撤，逃回开封。岳家军乘胜追击，长驱直入，一直打到距离北宋故都汴京只有40多里的朱仙镇。岳飞激励部将："直抵黄龙府（今吉林省农安县），与诸君痛饮耳！"郾城大捷使整个中原都震动了，各地义军纷纷前来投奔。汴京城里城外的百姓，用牛车拉着粮食，顶着香盆，到大道边迎接岳飞的军队打过来。

岳飞正想利用天时地利，渡过黄河，继续收复失地。然而，高宗慑于岳飞震主之威，听信秦桧奏言，"令岳飞暂且班师"，下令各路大军一律撤回原驻地。岳飞锐意北伐，奏道："豪杰向风，士卒用命，时不再来，机难轻失。"高宗借口"孤军不可久留"，一天催发12道金牌（即一尺长朱漆金字木牌），日行四五百里，强令岳飞班师回朝。岳飞悲愤地说："十年之力，废于一旦。所得州县，一朝全休。社稷江山，难以中兴。乾坤世界，无由再复。"他实在不忍心，但是如果不回去，那就是抗旨不遵了。在忠君就是爱国的时代，精忠报国的岳飞是不可能跳出这个局限的，他只好遵旨班师。沿途的老百姓哭喊着，跪请岳飞留下来。岳飞流着热泪安慰百姓，掩护百姓撤退。岳飞的部队撤走后，大片土地得而复失。用宋朝将士的鲜血、生命换来的北伐胜利果实，就这样被昏庸的皇帝轻易地葬送了。

冤断忠魂

岳飞回到临安（今杭州），高宗和秦桧，乘机收回岳飞和韩世忠、张俊三个大将的军权，派他们做明升暗降的大官枢密使和枢密副使。

这时，金兀术为报复岳飞打败他的耻辱，又率领大军，从开封出发攻打过来，占领了很多地方。秦桧忙向兀术讲和，兀术提出"必杀飞，始可和"的条件。秦桧也觉得，岳飞一天不死，和议就一天不成，就下了狠心，千方百计，陷害岳飞。他知道张俊妒嫉岳飞功高，王彦和岳飞有怨，就收买他们做帮凶；又用计谋，煽动和岳飞有仇的谏议大夫万俟卨，做成一个陷害岳飞的圈套——叫他们捏造种种罪状和证据，出面控告岳飞，硬说岳飞勾结金人，存心造反。

秦桧把陷害岳飞的圈套布置好后，就派他的心腹殿前司统制杨沂中，带着堂牒，往庐山逮捕岳飞。随后又将岳飞及岳飞部将张宪逮捕入狱。

岳飞被关在牢狱里，受尽了种种酷刑的磨折，但是他没有屈打成招。秦桧最初派御史中丞何铸做审问官，他把秦桧事先捏造的罪状，读给岳飞听。岳飞听了，只说了一句："我给奸贼秦桧陷害，一切都完了，还有什么可说的？"便合上眼睛,任凭狱卒拷打,何铸被岳飞背上由岳母亲手刺上的"精忠报国"四个大字深深感动,转而为岳飞鸣冤。大理寺丞李苦朴、何彦猷,觉得岳飞委实冤枉,没法定罪。大理寺卿周三畏也认为没法审问下去。于是朝廷改由秦桧同党万俟卨接任审理。韩世忠这时已被解除了军权,听到岳飞被诬下狱,心中愤愤不平,便去质问秦桧:"岳飞犯了什么罪,有什么真凭实据说他谋反?"秦桧说:"这事情莫须有(或许有)"。"'莫须有'三个字,怎能说服天下人呢?"韩世忠愤怒谴责。秦桧冷笑一声,置之不理。

这样拖延了两个多月,任凭秦桧怎样千分百计捏造岳飞的罪状,但终没有一件可以定岳飞的死罪。到了那年腊月二十九日,秦桧和妻子王氏围炉吃酒,因为岳飞案没法了结闷闷不乐。王氏也是个凶狠歹毒的女人,认为"缚虎容易纵虎难",献计叫秦桧下毒手杀死岳飞了事。秦桧听了王氏之计大喜,于是写一张字条,藏在一个黄柑中,送与审案的万俟卨。万俟卨奉了秦桧之命后,便在最后审问岳飞的时候,强迫岳飞在一张伪造的供状上签字。岳飞仰天长叹了一声,在供状上面写了"天日昭昭,天日昭昭"八个字。意思是说:我对国家的一片忠心,苍天是会知道的。

这天晚上,岳飞就被杀害在大理寺狱中。儿子岳云,部将张宪,也同时被杀。当时岳飞年39岁,岳云只有23岁。

文天祥

文天祥（1236年~1283年），字宋瑞，又字履善，号文山，庐陵（今江西吉安）人。20岁，举进士。开庆初年（1259年），元兵犯宋。宦官董宋臣主张迁都，文天祥当时为宁海军节度判官，上书"乞斩宋臣，以一人心"。宋景炎二年（1277年）文天祥收复兴国等县，包围赣州，气势颇盛。不久，元大将李恒到江西，打败宋军，后文天祥为元军所俘。经珠江口零丁洋时，赋著名的《过零丁洋》"人生自古谁无死，留取丹心照汗青"，以明不屈之志。南宋著名的抗元英雄、状元出身的宰相文天祥，几百年来，受到世人的钦仰。有人赞扬他说：身任相国，扶颠持危，文天祥和诸葛亮是相同的，但他慷慨尽节；举义倡勇，杀身不异，文天祥和张巡一样，但他位至宰相。"名相烈士，合为一传，三千年间，人不两见。"这个评价是恰当的。文天祥在中国历史上，是著名的宰相，英勇节烈之士，他的事迹足以彪炳千古！

勤学苦读

文天祥，出生在江西庐陵（今江西吉安南）淳化乡富田村的一个地主家庭。其父文仪喜爱读书，常常手不释卷，经史百家，无不精研；天文、地理、医药、占卜等书，都广为涉猎，在乡邑中以有学问著称。他对文天祥的教育非常严格，又请名师教导，因此文天祥在少年时候，已广读诗书，对经史的钻研成就尤大。

13世纪初，蒙古族在我国北方发展、强大起来。在铁木真（成吉思汗）的领导下，统一了蒙古各部，建立蒙古族的汗国。蒙古贵族驱策骠悍强劲的草原铁骑，横行欧亚大陆。理宗端平元年（1234年），文天祥出生的前两年，金朝灭亡后，蒙古发动了征服宋朝的战争。陕西、四川、朔北的许多州县，都被蒙古军队占领。后来由于蒙古大汗窝阔台病死，诸王争权夺利，才大部撤兵。淳祐十一年（1251年），蒙哥继任大汗后，蒙古军队又大举攻宋，在

胡铨

邓州（今河南邓县）、亳州（今安徽亳县）一带驻扎重兵，南宋又面临着严重的威胁。

对于严峻的时局，少年的文天祥深为忧虑。有一天，他怀着沉重的心情信步来到吉州学宫，看到欧阳修、杨邦父、胡铨这几位本朝的名臣、志士的遗像，不禁肃然起敬。他暗下决心，要以他们为榜样，做一番事业。当时战火还没有燃烧到江西来，他还能在县学读书。不久，他转入白鹭书院学习。这所书院的主持人欧阳守道，道德、文章都受到人们的推崇。文天祥在他的教诲下，学业大进，品德也受到锻炼，更加成熟了。宝祐三年（1255年），文天祥20岁那年，考中吉州贡士，取得了参加进士考试的资格。第二年，他到南宋的首都临安（今浙江杭州）应考。

欧阳修

在礼部的考试中，文天祥被主考官誉为"忠君爱国之心坚如铁石"，随后参加由皇帝主持的殿试。殿试的《御试策》这篇文章，主要提出四个问题：为什么天灾频繁、人才匮乏、兵力薄弱、"虏寇"入侵？文天祥运笔如飞，洋洋洒洒，一气写了将近一万字。他直言论政，一针见血地指出：天灾的发生是民怨招来的，从皇帝到各级官员巧取豪夺，贪而无厌，人民怎能不痛苦呢？人才匮乏的根本原因是士风败坏，士人或追逐名利，或空谈性理，对国家的耻辱和人民的痛苦漠不关心。国家重用这种人，有才能的人就被弃了。兵力的薄弱是国家财政困难造成的，财政困难则是因为皇室、大臣和寺观挥霍浪费。如果天下之财专供军用，就不会兵力不足。他对这三个问题的见解都是正确的。可惜对第四个问题，文天祥出于阶级偏见，作出了错误的答案。他认为少数民族的入侵，是"盗贼"蜂起，也即农民起义的结果。文章回答这些问题后，又要求皇帝采纳逆耳的忠言，重视社会的公论，使政治清明，社会安定，国家强盛。

皇榜张贴出来后，文天祥取得了一甲第一名——状元及第。不幸他父亲文仪去世，文天祥应在家守制，不能出仕做官。

政绩显著

文天祥出任职事，起先是主管建昌军仙都观，这是一个闲散使。不久他奉旨除秘书省正字，这是前科状元例行担任的职务，主要工作是为朝廷草拟文书，勘

正文字谬误。这个职务他担任了将近两年。在这期间,他还兼任景献太子府教授,讲解四书五经等舆籍。文天祥开始当地方官,是景定三年(1262年)被任命知瑞州(今江西高安)。

瑞州在三年前曾经被一支窜扰江南的蒙古兵攻破,人民惨遭杀戮。文天祥就任时,城郭萧然,满目疮痍。他"抚以宽慰,镇以宁静",尽量让人民养生休息。地方一些不法分子乘战乱之后,敲诈勒索,残害百姓;郡兵也骄纵成性,目无法纪。文天祥抓了一些罪大恶极的,处以重刑,又公布法令,秩序很快安定下来了。他还从赋税收入中,提出一大笔钱,刨立"便民库"供借贷和救济之用。这些措施,使老百姓得到了实惠,因此都很感激他。在封建社会,地方官被称为"父母官",有教导人民之责。文天祥很注意做好这一工作。瑞州有个碧落堂,是著名诗人江万里住过的地方。江万里在南宋是主战派,他的报国丹心很受文天祥的景仰。碧落堂已剩下残垣断壁,文天祥把它修复起来。另有一个三贤堂,是奉祀余靖、苏辙、江万里的祠堂,也已毁于兵灾,文天祥全部重建。这些行动,目的在于弘扬先贤正气,淳朴教化风俗。文天祥知瑞州,时间虽只一年,却是政绩显著,颂声不绝。

就在这时,文天祥受到他人的攻击诽谤,罢官回到家乡。赋闲了五年,直到咸淳五年(1269年),德高望重的江万里和马廷鸾出任左、右丞相,文天祥才又被任命知宁国府(今安徽宣城)。

宁国府地处江南,本是富庶的地方,这时却是府治残破,只剩一座荒城。更严重的情况是经过战乱和南宋政府的残酷压迫、剥削,社会经济凋敝,老百姓生活极为困难。文天祥接任的时候,政府已是"税务无所取办,惟榷剥为民害",老百姓到了山穷水尽的地步。他不得不首先奏请减免赋税,同时为老百姓找一些生计,这样,老百姓才得到喘息的

文天祥

机会。知宁国府才一个月,文天祥就奉调入朝。宣州父老对他依依难舍,甚至捐钱为他立生祠。他也觉得还没有为人民做过多少事情,遽然离去,很不忍心。他写了《宣州劝农文》留别父老,劝告老百姓勤事农桑,勤教子弟。咸淳六年(1270年)一月,文天祥到临安就任军器监,主管制造武器,又兼崇正殿说书等职。

说书是给皇帝讲解经史,备顾问应对。文天祥时常借题发挥,触及时事,规劝皇帝。度宗皇帝昏庸无能,沉湎酒色,对文天祥的忠言根本听不进去。当时宰

相贾似道揽权,度宗称他为"师臣",对他言听计从。贾似道更加威福自专,荒淫无耻,日日在他的"半闲堂"中寻欢作乐,或者在西湖上置酒泛舟。有人写诗讽刺说:"朝中无宰相,湖上有平章。"文天祥对这种现象非常气愤。许多人趋奉贾似道,他则洁身自好,不和他们沉瀣一气;又因讥责贾似道,结果被免去了所有职务。

文天祥又回到庐陵故乡,再次过隐士生活。咸淳七年(1271年),蒙古大汗忽必烈建立元朝,迁都燕京,称为大都,对南宋的进攻也越来越频繁。文天祥身在江湖,心存巍阙,对国家大事非常关心。他不愿在国家危急存亡的严峻时刻,自己却在过山林隐逸的生活。咸淳九年(1273年),朝廷最终起用文天祥担任湖南提刑,主管一路司法。

这时江万里任湖南安抚大使,知潭州(今湖南长沙)。文天祥到潭州拜见江万里,两人都非常高兴。他们看到军事重镇襄阳、樊城失陷,东南受到严重威胁,彼此都深为国家忧虑。这一年江万里已经76岁了,他无限感慨地对文天祥说:"吾老矣,观天时人事,当有变,吾阅人多矣,世道之责,其在君乎。"老成练达的江万里,慧眼识英雄,看出只有文天祥这样的人才能承担挽救国家的重任。

任湖南提刑不到一年,文天祥被任命知赣州。为家乡办事,文天祥格外勤谨。他主张对人民"不可以威刑慑,而可以义理动",所属十县百姓对他非常拥戴。这一年赣州风调雨顺,年成丰稔,百姓的生活还过得去,因而出现了"词讼希省","诸县民皆乐业,无持梃为盗如宿昔者"的现象,治安情况较好,社会安定,经济也有所发展。

文天祥到赣州还不到一年,元军大举扑向东南,打破了后方的安宁,也结束了他十五年的宦海浮沉,开始了戎马生涯。

临危受命

至元十年(1273年)四月,元世祖忽必烈召集大臣商讨对南宋进行大规模的军事行动,单徒公履等人都认为灭亡南宋,此其时矣!于是忽必烈设立荆湖行枢密院,由史天泽、阿术、阿里海牙主持,驻襄阳;设立淮西行枢密院,由合丹、刘整、塔出、董文炳主持,驻正阳。他们整顿军队,进行出兵的准备。至元十一年(1274年)一月,准备工作就绪。由丞相伯颜、元帅阿术统率,从襄阳水陆两路进攻东南,从淮西进攻淮东。襄阳的一路,经汉水入长江,陷鄂州(今湖北武昌);又以破竹之势,接连攻下黄州(今湖北黄冈)、蕲州(今湖北蕲春)、江州(今江西九江)、安庆等地。淮西的一路直取淮东,指向扬州。

鄂州陷落时,临安受到空前的震动。这时度宗已经病死,由他的幼子赵㬎继位,即宋恭帝。赵㬎只有四岁,由太皇太后谢氏主持朝政,十二月二十一日,太皇

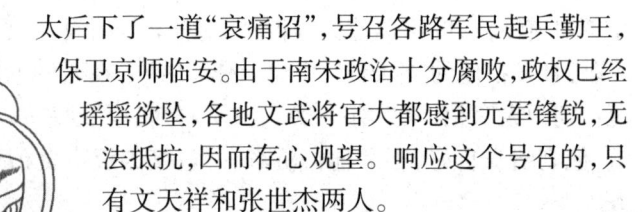

太后下了一道"哀痛诏",号召各路军民起兵勤王,保卫京师临安。由于南宋政治十分腐败,政权已经摇摇欲坠,各地文武将官大都感到元军锋锐,无法抵抗,因而存心观望。响应这个号召的,只有文天祥和张世杰两人。

文天祥是第二年(1275年)正月十三日才接到这道"哀痛诏"的。他涕泣不能成声,决心应召勤王,挽救南宋王朝。南宋人民本来很痛恨元军的烧杀掳掠,只要有人倡导,就成千上万参加勤王军。文天祥又素孚人望,三天之间,就募集了一两万人。他把自己的财产充做军饷,准备粮食,只要命令一到,就开向京师。

伯颜

元军继续沿江东下,群臣、太学生纷纷要求丞相贾似道率兵抵抗。贾似道迫于形势,不得不亲自出征。他抽召各路精兵十三万,舳舻百里,于二月间到达芜湖,和从鄂州败退下来的夏贵会合。伯颜、阿术从江北、江南两路夹攻,南宋水陆两军都遭到惨败。贾似道乘小船从鲁港逃到扬州,后来被罢了官。三月初伯颜大军进占建康(今江苏南京),镇江、江阴等地官吏都望风而逃。威迫临安的形势已经形成,临安第一次实行戒严。

这时文天祥的勤王军集中于吉州,要求从速入京。丞相王㷒非常高兴,主张速召这支军队来拱卫临安。知枢密院(主管军队)兼参知政事(右丞相)陈宜中却从中阻梗,说文天祥"猖狂",他的行动是"儿戏无益",要他留屯隆兴府(今江西南昌)。王㷒一气之下,离职出京去了。直到七月间,朝廷觉得临安空虚,才颁旨催促文天祥率兵入京。八月十七日,诏令文天祥为工部尚书,兼都督府参赞军事。八月下旬,勤王军抵达临安。

文天祥做了到前线和元军决战的准备,而丞相陈宜中、留梦炎却畏敌如虎,积极策划议和。文天祥上疏反对朝廷姑息养奸,并建议把东南一带划分为四镇,给地方官以实权,让他们去收复失地。陈宜中、留梦炎不加理睬,文天祥十分愤慨。由于常州告急,平江(今江苏苏州)受到威胁,文天祥率领勤王军到平江前线作战。

勤王军在初次作战中表现非常英勇,除守卫平江外,文天祥还派出三千人支援常州。淮军将领张全不能很好配合,让勤王军孤军作战。勤王军在兵力悬殊下,仍然夜以继日地和元军浴血苦斗。有一支由尹玉率领的赣州义军共五百人,遭到元军的日夜合围,一直前仆后继进行冲杀,结果除几人冲出外,其他全部壮烈牺牲。

元军元帅伯颜兵分三路加紧发动进攻，一路沿长江入海，取澉浦、华亭(今上海松江县)，一路取常州，另一路由建康经广德攻打余杭县西北的独松关。其中第三路是到临安的捷径，宋军防御空虚，朝廷最为担心。陈宜中、留梦炎议定调文天祥驻扎余杭，守独松关。当文天祥回师余杭的时候，独松关已经失陷。伯颜亲率大军攻陷常州，全城上万人都被杀死，只有七个人伏桥坎下才幸免于难。三路元军很快包围临安，南宋朝廷或者与元军决一死战，或者投降，没有第三条路好走。文天祥和张世杰主张坚守阵地，和元军作殊死战。陈宜中一心想要议和，留梦炎看到形势不妙，偷偷跑出临安，后来投降了元军。太皇太后召集大臣议事，来朝的官员只有六人，南宋朝廷已陷于极度混乱之中。

这时闽、广两路平静无事，江西、湖南也还有很多地方在宋朝手中。文天祥勤王军有三四万人，京师义民可动员二十万。文天祥和张世杰商议，背城借一，以战为守；如守不住，则分两路到江西、两淮活动，继续斗争。太皇太后和陈宜中加紧进行议和活动，派人到伯颜营中，请求称侄纳币，准许议和。伯颜不许，求称侄孙，也不行。太皇太后无可奈何，准备奉表称臣，岁纳银、绢各二十五万两匹，以乞求保存小朝廷。伯颜根本不让南宋保存朝廷名义，坚持非丞相亲自来请降不可，并指定于德祐二年(1276年)正月十五日到长安镇商议投降事宜。

丞相陈宜中害怕被扣留，没敢去议降。朝廷派赵吉甫、贾余庆献上传国玉玺和恭帝赵㬎的降表，向伯颜请降。表中赵㬎已削去帝号，自称"国主"，并"以两浙、福建、江西、湖南、二广、四川、两淮现有州郡，悉上圣朝"，把土地也献出来。伯颜仍要求派宰相来接洽投降事宜。

元军兵临城下，太皇太后诏命文天祥为右丞相兼枢密使，都督诸路兵马，要他出来维持残局。几位执政大臣在左丞相吴坚的府第计议对策，他们都认为到伯颜营中谈判是非去不可的。但谁也不愿去，而属意于文天祥。文天祥自忖国事至此，不能顾惜一身了。而且他幻想要以大义来说动伯颜退兵，最终决定挺身而出。太皇太后命文天祥和吴坚、贾余庆、谢堂等人到伯颜营中去。吴坚胆小怕事，不敢抗争；谢堂遇事唯唯诺诺，没有主意；贾余庆是卑鄙小人，一味奉迎元军，以求取得新朝官位。这场尖锐的谈判，势必由文天祥来担任主要角色。他深感自己责任重大，下定决心：不为利诱，不被威屈，不辱使命。

贾似道

伯颜大营设在临安郊外的皋亭山明因寺。文天祥到来后,昂首阔步入见伯颜。营中刀枪森列,元军杀气腾腾,他视若等闲,十分坦然。伯颜首先问:"丞相来谈投降的事啊?"文天祥不承认是投降,而说是来谈判的。他严肃地说:"投降是前丞相一手经办的,我一概不知道。太皇太后命我为丞相,先来军前商量。"伯颜连忙改口说:"丞相来勾当大事,这很好嘛!"文天祥直截了当地问:"本朝承帝王正统,衣冠礼乐所在,北朝究竟想把它作为国家来对待呢,还是要毁它的社稷?"

伯颜只好说:"皇上(指元世祖忽必烈)的诏书说得很明白:社稷必不动,百姓必不杀。"

文天祥义正词严地指出:"现在两国丞相亲订盟好,你们应当退兵平江或嘉兴,把和议情况奏闻北朝,北朝诏令下来后再作续议。"

伯颜正是为了灭宋而来,怎么肯退兵呢?他露出胜利者的倨傲、骄横的神气,威胁着文天祥。

文天祥以高亢的声调继续说:"依我所说,双方讲和,是为上策;不然南北兵祸不已,对你们也没有好处。"文天祥的强硬态度使伯颜感到诧异,他从没有见过宋朝的使节敢于这样对待元军的统帅;但也不相信文天祥不能屈服,声色俱厉地恐吓着要把他置于死地。文天祥毫不畏惧,大义凛然地回答:"我是宋朝的状元宰相,但欠一死报国,斧锯鼎镬,在所不惧。"军营中元军将官见到文天祥竟是这样一个顶天立地的男子,都十分惊奇钦佩。伯颜和几个将领进去商量后出来对南宋的使节说,吴坚、贾余庆、谢堂等人回临安城见太皇太后,文丞相暂留下来,大家商议完毕,即可回去。这是伯颜的一条毒计,他对南宋大臣的情况了如指掌:吴坚、谢堂等老朽,他根本不放在眼里;文天祥声望很高,登高一呼,从者逾万,这对元军是极大的威胁。如果把他放回去,就会率勤王军抵抗,对元军不利,因此伯颜决定把他扣留下来。

文天祥提出抗议,伯颜耍起无赖,笑而不答。文天祥愤怒地质问:"我是为商议宋元双方大事来的,为什么把我扣留起来?"伯颜无法正面回答,叫人把他带到伴馆中,软禁起来。

第二天,太皇太后派吴坚等人送来降表,伯颜接受降表,南宋朝廷正式投降。文天祥被邀进军营时,仪式已经结束。看到这个情景,他怒火中烧。他痛恨灭亡宋朝的元军,对一些大臣的无能也很气愤,特别憎恶那些想当新贵的败类。

重举义旗

伯颜胁迫宋朝一批大臣做"祈请使",奉表到大都陛见元世祖忽必烈。文天祥也一同去,但他没有使节的身份,形同囚徒。押解的元军对文天祥严加防范,而且不时侮辱他。他们一行从临安出发,沿运河北上,经杭县到平江,又经无锡、常州，走了十天才到镇江。第二天，渡江到瓜州去拜见元军元帅阿术。一些大臣竭力奉承，唯独文天祥怒目而视，始终不发一言。文天祥和他的随行人员千方百计准备从镇江逃脱。元军江防极严，所有船只都被管制。到了第九天，居然有一个船户，敬重文丞相，甘愿冒死送他们到真州（今江苏仪征）。在一个月黑风高的夜里，他们从镇江逃脱，来到真州。

真州守将苗再成对宋朝忠心耿耿，一心想要恢复旧河山，对文天祥的到来十分高兴。他认为以丞相、枢密的威望作号召，江淮的宋朝将领同仇敌忾，要挽回颓局是大有希望的。他把考虑多时的想法告诉文天祥：两淮兵力足以复兴，只要淮东制置使李庭芝和淮西制置使夏贵能同心协力。西面佯攻建康，东面以通州、泰州军打湾头、扬子桥两个元军据点，扬州大军进攻瓜步，真州军队直捣镇江。各路军队同日行动，元军顾此失彼，只要拿下建康、镇江，两浙元军没有退路，伯颜就可以生擒了。文天祥听了，喜不自制，认为中兴机会在此一举。他连忙写信给李庭芝、夏贵和各州郡将领。这个战略是正确的，如能实行，可以沉重打击元军。但它已无法实现了，因为几天前夏贵已经投降，而李庭芝不相信文天祥这样的重要人物在元军的严密戒备中竟能逃脱，认为他是被放出来攻城的奸细，并移文真州要苗再成加以杀害。苗再成怀疑此事，怕错杀忠良，只是把文天祥一行十二人骗出城去，叫他们自找生路。

"误把忠良按剑猜"，被自己人怀疑比被敌人侮辱更难忍受，文天祥痛苦的心情到了极点，他们打算到扬州去和李庭芝说个清楚。但也有人反对，说到扬州正好送上虎口。最后他们决定不去扬州，经历了千辛万苦，才从高邮、泰州到了通州（今江苏南通）。

通州守将杨师亮对文天祥热情接待，让他到州衙好好休息。两个多月来，颠沛流离，这时才算过着比较安定的日子。文天祥把他从离开临安到达通州一路上所写的诗一百多首，编了集子叫《指南录》，表示心向南方，矢志不移。他还写了一篇序，叙述自己从离开平江府入卫独松关到出使北营、镇江脱险、历尽艰辛到达通州的经过。这不仅是他的一篇简要的自传，也是极其宝贵的历史资料。在通州，文天祥获得一个使他异常兴奋的消息：吉王赵昰、信王赵昺在驸马都尉杨镇等人的护卫下，到温州重新建立朝廷，挽狂澜于即倒。陆秀夫、张世杰等也到温州来。陈宜中本来就逃到了温州。文天祥由海路到温州来朝觐二王。从通州扬帆出海时，文天祥驻立船头，口占七绝一首："几日随风北海游，回首扬子大江头。臣心一片磁针石，不指南方不肯休。"诗中表示他南行的赤子之心和继续战斗的决心。

经过十三天，船在台州（今浙江临海）靠岸。文天祥由陆路赶到温州，原来二王已把大元帅府移到福州。文天祥写了奏章，派人星夜送到福州行在。主持朝政的陈宜中也派人来温州，和文天祥商议吉王即帝位事宜。有了皇帝，就象征着宋

朝的存在，文天祥完全赞同，并上书劝进，自己暂留温州候命。

吉王在福州登基，改元景炎，他就是端宗皇帝。信王晋封为卫王。陈宜中任左丞相兼枢密使，张世杰为枢密副使，陆秀夫为直学士，文天祥为观文殿学士、侍读，朝廷召他立即到福州来。

文天祥脱险来到温州的消息传开后，在浙、闽各地的同僚、旧部，不少人赶来温州和他商议重举义旗的事。他们准备在浙、闽发展水军，如能拥有几百艘海船，则可望收复江淮、浙东失地，同时杨师亮可在通州一带策应。文天祥把这一计划写信报告陈宜中，但陈宜中并不热心，使得计划无法执行。文天祥亲自来到福州，朝廷授予他右丞相兼枢密使、都督诸路军马等职，但他没有受命，主要原因是他不满左丞相陈宜中的为人行事。临安被围时，陈宜中悄然出走，收复浙东、淮东的计划，又未被采纳，这是陈宜中的私心在作怪。因为两浙是陈宜中为宰执大臣时失去的，他想依靠张世杰收回，不让文天祥得此功劳。宋朝一向重文轻武，张世杰是武将，他收复两浙，也不可能掌握朝廷大权，陈宜中仍然可以稳坐在左丞相的位置上；但如果文天祥收复两浙，成为中兴功臣，原来他又曾任右丞相兼枢密使，就很可能独操朝廷威柄。文天祥已经洞察了陈宜中这个心计，因此他上表力辞。朝廷只好改任他为枢密使、同都督诸路军马。陈宜中以私心误大事，南宋末年国家艰危，大臣不能同心同德对付敌人，这就注定了他们必然会失败。

文天祥打算到广州招集兵马，作北伐的准备。这时元军进行了新的部署，分数路向南进攻。一路攻占浙闽州县，一路进兵江西，另一路由鄂州南下，取潭州。但广州守将投降元军，开督府于广州的计划无法实现了。

景炎元年（1276年）七月十三日，文天祥到达南剑州（今福建南平），这是闽北军事要地，素有"八闽屏障"的称号。文天祥在这里组织督府军，来投效的既有富有谋略的人士，也有久历戎旅的战将。开府南剑，规模、声势比在赣州组织勤王军还要大得多。十月，塔出、李恒率领的元军连陷江西许多州县，朝廷命文天祥出兵汀州。十一月，督府人员大都来到汀州，文天祥做了部署，派遣赵时赏、赵孟荣取道石城，攻克宁都；派吴浚驻屯瑞金，相机攻取雩都；刘洙在江西策应；邹㵯在宁都起义，里应外合。不幸邹㵯起义失败，几个首领遇难，计划遇到挫折。

这时间刺罕、董文炳率领元军越仙霞岭进入福建，陷建宁府（今福建建瓯），南剑被围。知南剑州王积翁弃城逃到福安府（即福州，这时升为府），南剑落入元军手中。南剑沦陷，行都福安失去屏藩，受到很大威胁。这时宋军尚有十七万人，民兵三十万，还有战斗经验丰富的淮兵一万。如果有得力将领指挥，有正确的战略战术，和元军在闽江中游决战，谁胜谁负还难预料。但朝廷无人下这个决心，陈宜中、张世杰惊惶失措，匆匆护送端宗和卫王登舟入海，福安随即陷落。此后，南宋小朝廷设在船上，成为海上的流亡政府。起先船泊泉州港。泉州势力最大的是阿剌伯商人蒲寿庚。他居住中国几十年,当上市舶司使,看到元军势大,于是投降了元军。南宋船舰在泉州站不住脚,开向广东潮州,不久又移师惠州甲子门(今海丰县东面海口)。从此南宋政府再没有在大陆上行使过中央政府的权力。闽北、闽东、闽南相继陷落后,江西局势也继续恶化,这给处于闽西的文天祥增加了很多困难。元军统帅李恒了解了文天祥的困境,派降将吴浚来劝降;文天祥宣布吴浚的罪行,果断地把他处死。督府军中也有一些人动摇,文天祥正以军法,局面才稳定下来。

景炎二年(1277年)二月,文天祥率督府军移屯梅州(今广东梅县)。五月,经过一番整顿后,主力越过梅岭,开展收复江西的战役。勤王军旧部和各地义民纷纷起来和督府军相呼应,江西的抗元斗争掀起了高潮。乐安人何时招集一支义军攻克了崇仁县。文天祥的大妹夫吉州龙泉县令孙桌组织本县人起事,收复了县城。他的另一个妹夫彭震龙收复永新县城。攸县人吴希奭等在湘赣边境起义,攻克袁州萍乡县。在这个有利形势下,文天祥率主力一举攻克了赣州会昌县。接着又取得了零都大捷,并乘胜攻克兴国县,移督府于兴国。一连串的胜利,对各地义兵鼓舞很大。分宁、武宁、建昌三县豪杰派人来要求文天祥指挥;临川、洪州、袁州、瑞州义兵也来请求受督府节制,抗元声势越来越大。文天祥对军事作了一番部署:派遣督府参谋张汴率领主力部队直逼赣州城,邹枫率赣县义兵攻永丰、吉水,黎贵达率吉州所属各县义兵收复泰和。这时赣州所属各县已全部克复,元军被困守在赣州孤城之中,吉州所属八县恢复了四个县。督府军大有席卷赣南之势。湖南的抗元斗争也日趋激烈,衡山、湘潭、攸县、新化、安化、益阳、宁乡等县,都被当地义军攻克。

元军从襄阳东下以后,没有遇到过这样的军民联合抵抗的局面。元军非常紧张,立即采取对策,开展大规模的攻势。八月间,李恒率精锐部队兼程来赣南阻遏宋军的攻势。黎贵达率领督府军一千多人和民兵数千在泰和同元军遭遇,民兵没有作战经验,很快就溃散了。邹飘在水平聚集兵民数万,也为元军所败。督府军都是步兵,元军以铁骑冲击,往往很难抵抗。数万军队,经过几次战斗,已被击溃大半。在兴国的督府,兵力不多,文天祥只好带着他们撤退。李恒在背后紧紧追赶,文天祥且战且退,张汴、赵时赏、刘洙等将领都壮烈牺牲。督府军几乎全军覆没。

文天祥在江西失败的同时,南宋流亡政府从惠州甲子门转移到浅湾(今广东饶平南澳岛)。元军水兵进攻浅湾,张世杰率部和元军进行一场恶战,没能挫败元军的攻势。陈宜中、陆秀夫、张世杰护卫端宗先后逃到秀山(珠江虎门内的虎头山)、井澳和钢州(广州湾口外海中)。左丞相陈宜中对大局绝望,自己逃往占城(现越南境内)。端宗在钢州病逝,张世杰、陆秀夫立八岁的卫王赵昺继位,陆秀夫代陈宜中为左丞相,张世杰为枢密副使,文天祥仍为枢密使。陆、张在日

暮途穷的情况下,对宋朝仍忠心耿耿。他们觉得钢州也不安全,就把行朝移到新会县南八十里大海中的崖山,这是南宋朝廷最后落脚的地方。

文天祥率领督府军余部,到南岭过冬后,到处寻访行朝的消息,终于知道行朝在崖山。朝廷加封文天祥为太保、信国公。他先是在海丰活动,不久移督府于潮阳。正当文天祥筹划以潮、惠为依托收复附近失地的时候,元军水陆两路开始进攻潮州。为了避其锋锐,文天祥带督府军退入山中。元军统帅张弘范的弟弟张弘正率二百轻骑紧紧追赶,到五坡岭时,文天祥不幸被俘。他服冰片自杀,但没有成功。督府军的将领不是被俘,就是牺牲,督府军从此瓦解。

浩然正气

张弘正把文天祥押解到张弘范的大营中,元军将官威胁文天祥,要他向张弘范下跪。文天祥厉声回答:"能死不能跪!"张弘范在皋亭山伯颜大营中见过文天祥宁死不屈的英雄气概,知道要强迫他下跪是不可能的。有人提出把他杀掉,张弘范没有权力杀死这个宋朝的丞相、枢密使,只好说:"杀了他倒成全他得到忠义的美名,以礼相待才能显出我的宽宏大量,不能杀。"他亲自为文天祥解缚,并好言相慰,优礼有加。文天祥只要求给他一把剑,以自刎殉节。张弘范对他严加防范,不敢把他监禁在潮阳,而是囚在一艘海船中,四周不断有元军水兵巡逻。

祥兴二年(1279年)正月,张弘范率水陆两路元军直趋崖山,准备消灭南宋流亡政府。文天祥也被押解到崖山来。

珠江口外,零丁洋上,酝酿着一场中国历史上空前的大规模海战。就宋、元双方兵力而论,宋军还略占优势。张世杰的船队有大小船舰一千余艘,其中有不少巨大的海上楼船,将官兵民共二十余万。元军共有大小船只八百余艘,而且有二百艘迷失航向,还没有到达崖山。张弘范看到宋军的阵势,感到这场战斗没有必胜的把握,他决定必须智取,尽量避免力敌。

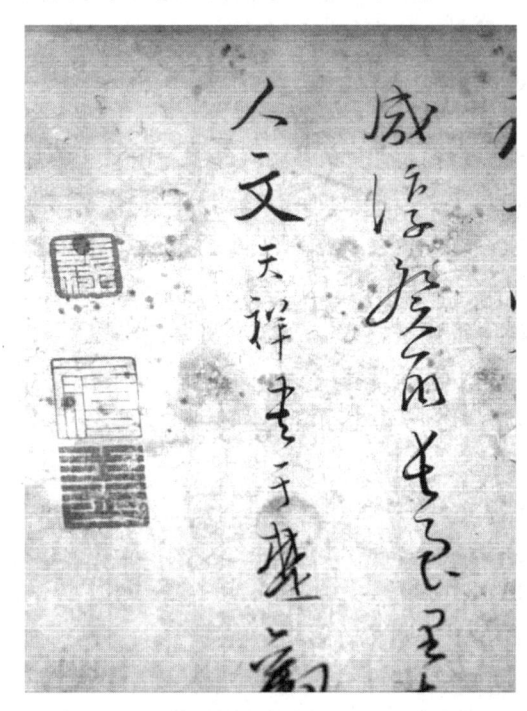

文天祥手稿

张弘范发现元军中一个姓韩的军官是张世杰的外甥,就派他去劝降,但遭到张世杰的拒绝。张弘范又派李恒元帅到文天祥船中,请他写信向张世杰招降。文天祥奋笔疾书,顷刻间写了一首七言律诗交给李恒,这就是那首著名的《过零丁洋》:

辛苦遭逢起一经,干戈寥落四周星。山河破碎风飘絮,身世沉浮雨打萍。惶恐滩头说惶恐,零丁洋里叹零丁。人生自古谁无死,留取丹心照汗青。

这是对元军劝降的有力回答,李恒无可奈何地拿了这首诗向张弘范复命。张弘范看到这首大义凛然的诗篇,不觉赞叹说:"好人好诗!"

崖山决战已经不可避免,双方都在准备。其实元军有不少弱点:一是兵力较少;二是北方士兵惯于驰马平野,一登上船就头昏目眩,呕吐不止,战斗力大大削弱;三是船工大都是南方人,心向南方,只要形势转变,他们是会站到宋军方面来的。但由于近年来张世杰多次失利,他的战略思想和采用的战术,都是小心翼翼,力求稳当,决战前,他竟把大船都连结起来,这样就只能守不能攻,失去了灵活性。

二月初六,决战这一天终于到来了。张弘范把元军船队分为四队,向宋军船队南北夹攻。宋军士兵全力抵抗,却无法扭转被动挨打的局面。元军士气旺盛,两军船只靠近时,纷纷登到宋军船上,只见宋军船只绳断旗落,阵势大乱。张世杰看到大势已去,下令砍断绳缆,突围出去。战斗从中午到黄昏,宋军许多船只被元军俘获。张世杰特别担心皇帝赵昺的座船,派人驾小船接赵昺到他的帅船中。保护皇帝的陆秀夫担心混战之后,来人真伪莫辨,没有让接去。皇帝座船较大,突围不出,陆秀夫怕靖康故事重演,于是叫妻子儿女跳海自尽,又回头对赵昺说:"国事至此,陛下应当殉国。德祐皇帝(恭帝赵㬎)被俘,受辱已甚,陛下不能再受辱。"说罢即背负九岁的赵昺跳海壮烈殉国。张世杰率一百多艘船只突围出去,其余八百多艘都被元军俘获。而张世杰突围后,遇到一场翻江倒海般的大飓风,许多船只沉没海中。将士要他上岸暂避,被他拒绝,终于坠水牺牲。自此,南宋王朝灭亡。

文天祥自始至终观察着这场崖山决战。起初,他多么希望张世杰能打一场扭转乾坤的战斗,事态却按照他预见的最坏的结局方向发展,使他痛心疾首,无以复加。他在《集杜诗·南海》序中说:"崖山之败,亲所目击,痛苦酷罚,无以胜堪。时日夕谋蹈海,而防范不可出矣!"他没有别的办法,只能"坐北舟中,向南恸哭"。他把崖山失败比作赵长平军被秦将白起坑杀,把宋朝的失败归咎于奸臣误国。

三月中旬,文天祥被押解到广州,他正等待着元朝中央政府给他处死的命令,没有想到张弘范却对他更加优待。在庆宴会上,张弘范向文天祥敬酒说:"宋朝已亡,忠孝之事尽矣。文丞相如能改心易虑,以事大宋的忠心事大元,大元贤

相,非丞相而谁?"文天祥沉痛地回答:"国亡不能救,作为臣子,死有余罪,怎敢怀有二心苟且偷生?!"张弘范劝降失败,向忽必烈上了奏章。忽必烈命令把文天祥押来大都。

　　至元十六年(1279年)四月二十二日,文天祥离开广州,被押送大都。一同被押北上的还有行朝官员邓光荐,他们一路上论诗谈史,虽然身为囚徒,却并不垂头丧气,还想有朝一日能够东山再起。

　　起初,元朝政府把文天祥安置在会同馆里,这里是接待投降官员的地方。管理人员以美酒佳肴款待,视为上宾。接着,劝降的人接踵而来,第一个来劝降的就是留梦炎,此人与文天祥都是南宋状元,官至丞相。他在临安危急时弃官逃走,降元后,任元朝礼部尚书。文天祥见到留梦炎,疾恶如仇便厉声斥骂,留梦炎只得窘然退下。随后是瀛国公赵㬎,即德祐皇帝,他已被元朝削去帝号,封瀛国公。只有九岁的赵㬎当然不懂得如何劝文天祥投降,元朝统治者是想利用君臣

文天祥手迹《正气歌》

关系来制伏文天祥。文天祥见到赵显,跪下痛哭流涕,连声说"圣驾请回",赵显只好怏怏而去。

元朝权倾朝野的平章政事阿合马只好亲自来劝降。阿合马高居堂上,要文天祥下跪。文天祥昂首挺立,义正词严地说:"南朝宰相见北朝宰相,怎么能跪?"阿合马见文天祥威武不屈,便讥讽地说:"那你怎么会来到这里呢?"文天祥正言厉色答说:"南朝如果早用我做宰相,北人就到不了南方,南人也不会来北方了。"阿合马无言答对,色厉内荏地环顾左右说:"这个人生死由我……"文天祥立即打断他的话,高叫:"亡国之人,要杀便杀,说什么由不由你!"

元朝政府知道文天祥是铮铮铁汉,不能易其心志,于是在牢狱中折磨他。文天祥安之若素,在狱中编自己的诗集《指南后录》。又集杜诗二百首,并作题记,这些题记是很有价值的南宋末年历史资料。文天祥还提笔写下了他那篇气壮山河、千古不朽的《正气歌》。

元政府一些官员想利用文天祥的声望来巩固对南方的统治,又有人提出继续劝降;另一些则反对,认为文天祥不死,是留下的一个后患。元朝最高统治者还没有下最后的决心。至元十九年(1282年)八月,元世祖忽必烈在和大臣议事中问道:"南方、北方宰相谁是贤者?"群臣奏称:"北人无如耶律楚材,南人无如文天祥。"忽必烈下谕,给文天祥高官显位,又下令兵马司优待文天祥,给上等伙食。但文天祥依然拒绝元朝政府给他的优待。

这时北方传说中山府(今河北保定)有人聚众数千人,准备打进大都,劫走文丞相。朝廷立即下令戒备。对于文天祥的处置,也到了最后决定的时刻了。十二月初八日,元世祖忽必烈召见文天祥,亲自劝降。文天祥来到皇宫大殿上,长揖不跪,侍卫官强行他下跪,他仍昂首挺立。忽必烈对文天祥说:"你在这里日子久了,如能改心易虑,以臣事宋朝的忠心事我,当令你在中书省有一坐处(意即当宰相)。"

文天祥坚定地回答:"天祥是大宋状元宰相,宋朝灭亡,只求速死,不当久生。""不愿当宰相就当枢密。"忽必烈命人传话。"不能当。"文天祥毫不含糊地回答。"你想怎么样?""但求一死足矣!"忽必烈无可奈何,只得命人把他带回兵马司监狱。十二月初九日,这是文天祥就义的日子。这一天,元朝政府派来监斩官,率领士兵和乐队到兵马司监狱来,顿时金鼓齐鸣。文天祥神情泰然地对狱卒说:"我事毕矣!"即被带上刑具,押到柴市。到了刑场,文天祥问旁边的老百姓,哪边是南方,遂即向南拜了两拜,从容就义,终年47岁。

就义的第二天,文天祥的夫人欧阳氏来收领遗体,在衣带间发现这样一篇附有序言的赞:

"位居将相,不能救社稷,正天下,军败国辱,为囚虏,其当死久矣!顷被执以来,欲引决而无间;今天与之机,谨向南百拜以死。其赞曰:'孔曰成仁,孟云取

义,惟其义尽,所以仁至,读圣贤书,所学何事?而今而后,庶几无愧!'宋丞相文天祥绝笔。"

　　文天祥一生刚直不阿,以国为本、高风亮节,深受历代人民敬仰。清代秦簧诗云:"破碎河山余正气,英灵风雨护荒丘。"

中國歷代風雲人物

[下]

少林木子 编著

内蒙古文化出版社

泱泱古国，浩瀚中华。从茹毛饮血的远古到封建文明高度繁荣的明清，中华民族缔造了无数的辉煌与成就。湮没了黄尘古道，远去了鼓角铮鸣，岁月涤荡不走的是那些熟悉的名字。数不清的英雄豪杰，站在时代的巅峰，以纵横捭阖的气度，激荡历史的时空，如同大江奔流，生生不息。

辽金元夏篇

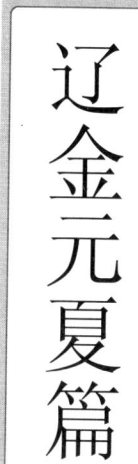

中国历史朝代的兴替总是不断地进行着，众多的少数民族在自己有才干的首领的带领下，开始反抗原来压迫自己的民族，翻身农奴把歌唱，实现了自己当家作主，并逐渐将权利扩大，鼎盛时期甚至统治了大半个中国。

女真勃兴于今黑龙江、松花江流域及长白山地区。1115年，女真领袖完颜阿骨打称帝建国，国号大金。金朝建立以后，展开了征辽、征宋的战争。金在与南宋、西夏并立期间，迫使西夏臣附，南宋屈辱求和，始终维持其霸主地位。

金末年，自然灾害较为严重，上京的繁荣成为过去。同时，蒙古大汗成吉思汗叛金自立，开始进攻金朝的北方，并迅速占领长城以北的广大地区，最终导致金朝的亡国。

阿保机

阿保机（872年~926年），契丹国建立者，我国少数民族政治家。初因战功被选为契丹可汗，后经过征战统一契丹八部称帝。在位期间，大胆改革契丹习俗，任用汉人，发展农业生产，创制契丹文字，使之成为当时我国北方一个强大的政权，谥号太祖。

战功显赫

阿保机全名是耶律阿保机，也就是辽太祖，小字啜里只，汉名为亿。阿保机对于契丹民族的发展起到了极其重要的作用，被视为契丹族的民族英雄。他以超群的谋略和卓越的政治军事才能，完成了中国北方地区的统一，为北方少数民族的发展作出了重大贡献。

阿保机被称为迭剌部耶律氏家族的英雄。在他出生时，契丹的贵族阶层正在为争夺联盟首领之位打得不可开交。阿保机的祖父匀德实在残酷的政治斗争中被杀，父亲和叔叔伯伯们也逃离出去，躲了起来。祖母对于这时出生的阿保机非常喜爱，但又担心他被仇人加害，因此常将他藏在别处的帐内，不让他见外人。

胸怀大志

阿保机长大成人后，身体魁梧健壮，胸怀大志，而且武功高强。在遥辇氏联盟后期，阿保机被推为迭剌部的夷离堇时，遥辇氏的最后一个可汗痕德堇也同时成为联盟的可汗。这时的阿保机只有三十岁，手中掌握了联盟的军事大权，专门负责四处征战，这又为阿保机建立军功树立威信和权威创造了有利条件。他充分利用本部落的实力四处征伐，接连攻破室韦和奚人等部落。同时南下进攻掠夺汉族聚居地区，俘获一些汉人和大量的牲畜和粮食，使本部落的实力大增。阿保机的伯父被杀后，阿保机继承了伯父的于越（地位仅次于可汗，史称"总知军国事"，高于夷离堇，掌握联盟的军事和行政事务，相当于中原王朝的宰相）的职位，独掌部落联盟的军政大权。阿保机还进一步向中原地区扩充势力，和河东的李克用缔结盟约。到朱温灭唐建立后梁的那一年，阿保机也取代了遥辇氏，当上了联盟的可汗。阿保机还注意重用一些汉人，尤其是汉人中的知识分子帮助他建立了各种政治文化制度，更进一步促进了迭剌部的发展，为阿保机以后称帝建立辽国奠定了坚实的基础。

阿保机虽然已经是部落联盟的可汗，但是，按照传统制度，可汗之位要三年改选一次。由于汉人谋士经常说，中原的帝王从来不改选，这使阿保机不再愿意遵从旧的制度。所以从他就任可汗之日起，阿保机就把目标瞄准了在契丹建立帝制。为此，他主要做了两方面的工作：一是对内加强权力控制，二是对外进行扩张，进一步增强本部落的实力，树立更大的权威。

阿保机

在对内方面，阿保机首先建立了自己的侍卫亲军，即"腹心部"，从武力方面保护自己的权力。并派亲信族兄弟耶律曷鲁、妻族的萧敌鲁等人任侍卫亲军的首领。其次，为使自己取代遥辇氏做可汗的事实合法化，阿保机让本族成为第十帐，位于遥辇九可汗族人之后。阿保机还设立了专门管理皇族事务的宗正官，即惕隐，以稳定家族的内部团结。除了重用本族人之外，阿保机还重用妻子述律氏家族的人，因为他们对他的地位稳固起了很大作用。

为取得更多的财富，扩张势力，树立权威，阿保机积极地四处征讨。他连续出兵，先后征服了吐谷浑、室韦、乌古等部落，而且向南边的幽州和东边的辽东进攻。当上可汗的第二年，他率领四十万军队大举南下，越过长城，掠夺河东等地，攻下九郡，俘获汉人九万五千多，还有无数的牛马牲畜。然后他又出兵讨伐女真，俘其三百户。阿保机还曾领兵七万与李克用在云州（今山西大同）会盟，和李克用互换战袍和战马，并互赠马匹、金缯等物，结为兄弟，约好一同进攻幽州的刘仁恭。随后，阿保机又在讨伐刘仁恭时攻陷数州，尽掠其民而归。这些通过战争掠夺来的财物，被视为阿保机耶律家族的财产，因而其家族的经济实力大大超过了其他家族。

智勇定北疆

阿保机掠夺来的这些人中包括一些汉族的知识分子，他们当中的代表如韩

延徽、卢文进、韩知古等对于阿保机的政权巩固,特别是对于他称帝建立契丹国起了重要的作用。同时,他们还帮助阿保机建立了各种政治制度,教他如何利用汉人从事生产,促进经济的发展。到朱温灭唐的这一年,阿保机最终取代了痕德堇,自己当上了可汗,离他称帝建国只有一步之遥了。各部落对于痕德堇也非常不满,他平庸无能,治理无方,马经常被饿死,领兵出征经常失利,满足不了贵族们征战掠夺财富的欲望。而阿保机相比之下,就要强很多了。于是,阿保机利用这个大好时机,遵照合法的传统制度举行可汗的改选仪式,终于凭借自己的威望坐上了可汗的宝座。此后,他继续领兵四处出兵,使契丹的领土扩张到现在中国北方长城以北的大部地区。

阿保机的目标是像中原的皇帝一样建立终身制和世袭制,所以在他任可汗满三年时不肯交出大权,凭借他的实力和威望继续坐在可汗的宝座上,向皇帝的目标努力。这就引起了本家族其他贵族的不满,因为按照传统,可汗实行的是家族世选制,即可汗之位转入耶律氏后,可汗就要由这个家族成年人担任。所以阿保机不让位,其他人便没有机会当选。为了争取这个被选举权,阿保机本家族的兄弟们便首先起来反对他,由此发生了历史上的"诸弟之乱"。

兄弟们的叛乱一共有三次。第一次在公元911年,这年的5月,剌葛、迭剌、寅底石、安端策划谋反,安端的妻子得知后就报告了阿保机。阿保机不忍心杀掉这些兄弟,就和他们登山杀牲对天盟誓,然后赦免了他们。但兄弟们并没有领情,第二年,又在于越辖底的带领下,再次反叛。除了原来的几个人外,新任命的惕隐滑哥也参加了。这年的7月,阿保机征伐术不姑部,让剌葛领兵攻打平州(今河北卢龙)。到10月时,剌葛攻陷了平州,领兵阻挡阿保机的归路,想强迫他参加可汗的改选大会。阿保机没有硬拼,而是领兵南下,按照传统习惯赶在他们的前面举行了烧柴告天的仪式,即"燔柴礼",再次任可汗。这样就证明他已经合法地连选连任,使众兄弟没有了反叛的根据。阿保机兵不血刃地平息了一场叛乱,体现了他超群的智谋。在第二天,诸兄弟便纷纷派人来向阿保机请罪,阿保机也就不再追究,只下令让他们悔过自新。但是,可汗宝座的诱惑毕竟比兄弟之情要大很多,兄弟们在不到半年之后,于公元913年的3月,又一次反叛。这次发生了较大的武装冲突。他们先商议好拥立剌葛为新可汗,然

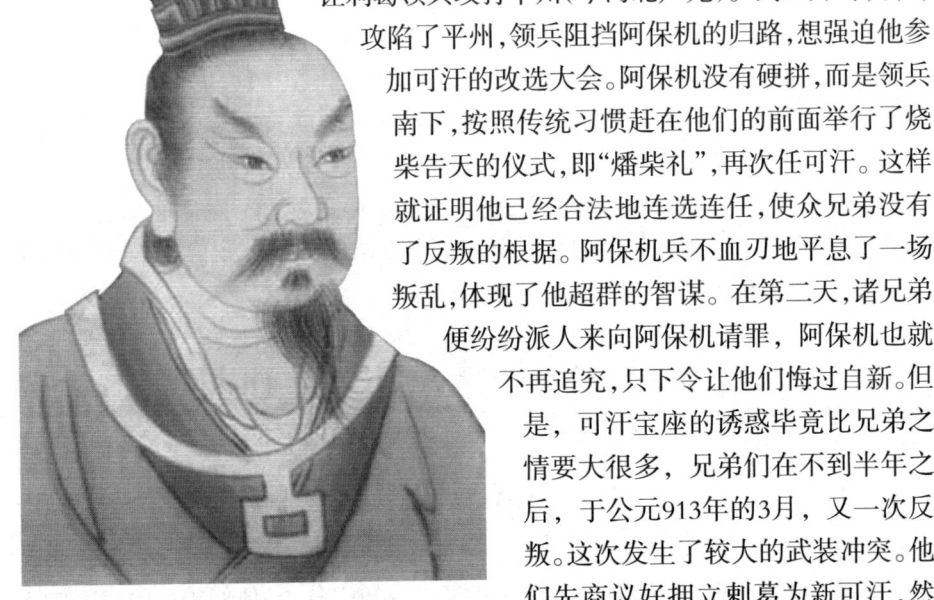

朱温

后派迭剌和安端假装去朝见阿保机，想伺机劫持阿保机去参加他们已经准备好的可汗改选大会。除了本部落外，乙室部落的贵族也参加了进来。阿保机看穿了他们的阴谋，解决了迭剌和安端，并收编了他们的一千名骑兵，然后亲自率领部队追剿剌葛。剌葛派的另一支部队在寅底石的率领下直扑阿保机的行宫，焚毁了辎重、庐帐，还夺走了可汗权力的象征旗鼓和祖先的神帐。阿保机的妻子看守大帐，领兵拼死抵抗，等到援军来后又派人追赶，但仅追回旗鼓。4月，阿保机领兵北上追击剌葛，他先派人分别在前面埋伏堵截，前后夹攻。这一次，侍卫亲军发挥了重要作用，最终将剌葛打败，剌葛将夺去的神帐丢在了路上。阿保机没有立即追击，而是先休整部队，因为他知道剌葛的部下不久便会思念家乡，等到士气低落无心恋战时再出兵，就会不战而胜。到5月，阿保机领兵进击，终于擒获剌葛。经过三次平叛，阿保机基本消灭了本家族的反对势力，但对部落的经济却造成了很大的损失。民间原有马匹上万，现在百姓出门都要步行了。

本部落的反对势力消除后，契丹其他七个部落的反对势力仍旧存在。他们以恢复旧的可汗选举制度为旗号，强迫阿保机退让可汗之位。阿保机只好先交出旗鼓，答应退位，然后以退为进，设下了计谋。他对众人说："我在可汗之位九年，下属有很多汉人，我想自己领一部治理汉城，可以吗？"众人都同意了。到了那里，阿保机率领汉人耕种，当地有盐、铁，经济也很发达。阿保机采纳了妻子述律后的计策，派人转告诸部落的首领："我有盐池，经常供给各部落。但大家只知道吃盐方便，却不知盐池也有主人，你们应该来犒劳我和部下。"众人觉得有理，便带着牛和酒来了，没想到却中了阿保机的诡计。阿保机布下伏兵，等大家喝得烂醉时，将各部落的首领全部杀死。

称帝建国

内外的反对势力除掉之后，阿保机就在公元916年称帝，正式建国，国号契丹，建元神册。契丹的国号有过几次变动：947年改成辽，983年又改为大契丹，1066年改成大辽，此后不再改号，直到1125年为金所灭。有的书中为避免混乱，就通称为辽。阿保机称天皇帝，妻子述律氏称地皇后，立长子耶律倍为太子。

称帝之后，阿保机继续扩张领土，这时漠北的游牧部落和契丹比起来势力很小。东边的渤海和高丽也已经衰落。南边的李克用和刚建立后梁的朱温长年对立交战。这种形势对阿保机开疆拓土非常有利，阿保机想建立一个南到黄河，北至漠北的北方大国。为此，他首先南下，但两次征战都以失败而告终。

阿保机极想征服黄河以北地区，而这时北方的军阀们也想利用强大的契丹为自己捞取好处，这就为阿保机进兵中原创造了良机。新州（今河北涿鹿）将领卢文进不满李存勖征兵本部用来进攻后梁，举兵投降契丹。阿保机于是就领兵

对中原发动了第一次战争,和卢文进一起攻打新州和幽州,最后击败周德威,并将幽州城围攻了将近二百天。后来,晋军李嗣源的援兵到达,阿保机被迫撤兵,并让卢文进常守平州,守住契丹南下的一个重要通道。不久,镇州防御使张文礼杀死节度使王镕,向阿保机求救,一同对付李存勖。阿保机第二次南下中原,攻陷涿州后进兵围困定州,和李存勖在沙河及望都(今河北望都)一带交战。这一次阿保机损失惨重,当时正赶上少见的大雪,雪下了十来天,地上的雪厚达数尺,契丹兵马粮草奇缺,伤亡很大,阿保机只好撤兵。契丹兵出征都是自己准备粮食和草料,战时让随军的后勤人员四处掠夺供应。所以,一旦中原兵围困他们或者打持久战,契丹兵就很难坚持了。

两次南下都损兵折将,无功而回,阿保机便及时调整了战略方向,改向西北和东北。他打算先征服北方的游牧部落,攻下东北的渤海国,消除两侧的威胁之后再向南用兵,夺取河东及河北地区。阿保机召开军事大会,部署新的作战计划,然后亲自征讨党项、阻卜等部落,向北到达了乌孤山(今肯特山)。还曾抓获回鹘都督毕离董,回鹘乌主可汗只得派使臣纳贡谢罪,阿保机的势力最西到达了今阿尔泰山一带,国土面积大大扩展了。为向东发展势力,阿保机又东征渤海国。渤海是东北地区的一个区域性的民族政权,政治和文化都在北方各民族之上,素有"海东盛国"之称,但当时的国力已经下降。阿保机集中全部兵力攻下了渤海国的西部重镇扶余城(今吉林农安),然后又围攻首都忽汗城(今黑龙江宁安东京城)。国王率领几百名大臣开城投降,不久统一渤海全境,阿保机将渤海改为东丹国,意即东契丹国,让皇太子耶律倍任东丹王,管理东丹事务,这样,阿保机就将势力扩大到了渤海沿岸。同时,阿保机又在黑龙江和乌苏里江流域广置官府,实施实际管理,从而结束了唐末以来东北地区的分裂局面,重新实现了统一。这对当地经济和文化的发展,促进各族人民的交流都有极其重要的作用。但在回师途中,阿保机却病死于扶余城,终年55岁,谥号升天皇帝,庙号辽太祖。

李存勖

李元昊

　　李元昊(1003年~1048年)，李德明子。李元昊即位后，实施了一系列提高民族意识的策略。随后，李元昊实行变发式、定服饰、造文字、简礼仪、立官制等一系列改革。并升兴州为兴庆府、扩建宫城，准备建国称帝。脱宋建大夏帝国。李元昊于大庆三年，宋宝元元年(1038年)十月十一日正式称帝，国号大夏，史称西夏。改元天授礼法延祚。又大封群臣，并派遣使臣到宋朝上表要求宋朝正式承认他的皇帝称号。1041年和1042年，元昊的部队在好水川和三川口相继大败宋军，宋仁宗只好册封元昊为夏国王。西夏疆域，东临黄河，西界玉门关(今甘肃敦煌西小方盘城)，南接萧关(今甘肃环县北)，北抵大漠。盛时辖地二十二州，包括今宁夏及陕西北部、甘肃西北部、青海东北部及内蒙古部分地区。实际上，当时的中国形成了宋、辽(金)、西夏三足鼎立的局面。

建立政权

　　1003年五月初五，一个婴儿在灵洲(今宁夏灵武)呱呱坠地，他刚出生就啼声宏亮，双目炯炯。他就是后来正式建立西夏王朝的第一代皇帝李元昊。少年时代的元昊，平素喜穿白色长袖衣，头戴黑冠，身佩弓矢。出行常常带百余骑兵，自乘骏马，前有两名旗手开道，后有侍卫步卒张青色三盖相随，左右簇拥，甚是耀武扬威。他幼读诗书，对兵书更是手不释卷，专心研读。尤倾心于治国安邦的律法著作，一向善于思索、谋划，对事物往往有独到的见解。宋朝边将曹玮，早想一睹元昊的风采，但总不能见到。后派人暗中偷画了元昊的图影，曹玮见其状貌不由惊叹："真英勇也！"

　　元昊成人后，对于先辈称臣于宋，特别是依赖宋朝的恩赐而改变本民族的生活习惯十分不满。父亲李德明对他说："吾久用兵久疲矣，吾族三十年衣年锦绮，此宋恩也，不可负！"

李元昊

元昊反驳父亲道:"衣皮毛,事畜牧,蕃性所便。英雄之生,当王霸耳,何锦绮为?"李元昊崭露头角是1028年进攻甘州(今甘肃张掖)回鹘政权的战争,这年元昊二十五岁。以甘州为中心的回鹘政权和占据西凉的吐蕃,都是宋朝得以联络而挟制党项的盟友。元昊之父李德明为了使西夏政权得以巩固和发展,首先采取攻占河西走廊的战略,并由其子元昊担当西攻的重任。元昊接受了西攻回鹘的重任后,采取突然袭击的战术,使回鹘可汗来不及调集兵力,甘州城即被攻破。此后,瓜州(今甘肃安西)、沙州(今甘肃敦煌)相继降夏。元昊由于这一显赫战功而被李德明册封太子。接着元昊又按其父意图,在率军回师途中,采取声东击西的办法,乘势突破西凉,一举成功。突袭甘、凉的成功,不仅使党项的势力扩展到河西走廊,也使年轻的李元昊赢得了荣誉。

北宋明道元年(1032年)十月,李德明病逝后,李元昊在兴州(今宁夏银川)以太子的合法身份和自己的军事才干以及显赫的战功,取得了党项政权的最高统治权。此时,西夏控制的领土"东尽黄河,西界玉门,南接萧关,北控大漠","方二万余里",事实上已形成了与宋、辽三足鼎立的局面。元昊即位后,为了强化民族意识,增强党项族内部的团结,争取贵族上层和广大党项部落人民的支持,首先抛弃了唐、宋王朝赐封给其祖的李姓、赵姓,改姓嵬名,称"吾祖"。"吾祖"为党项语,意为"青天子"。元昊自以为祖宗为鲜卑拓跋,为了怀念祖先,保持旧俗,他率先自秃其发,剃光头,并穿耳戴重环饰,以示区别。同时强令党项部族人一律"秃发",且限期三日,有不服从者,任何人都可以处死他。一时间,党项民众争相秃发。

1034年,李元昊改年号为开运、广运,后知此为晋朝年号,遂又改为大庆。同年五月,又升首都兴州为兴庆府,在城内大兴土木,扩建宫城,广营殿宇。兴庆府的布局,仿照唐都长安、宋都东京。李元昊还依照中原王朝的礼仪,设立文武百官。在皇帝之下的中央政府机构为:中书省、枢密院、三司、御史台、开封府、翊卫司、官计司、受纳司、农田司、群牧司、飞龙院、磨勘司、文思院、蕃字院、汉字院等。地方分别设州、县。对文武百官的服饰和官民服饰分别做了严格的规定。这些措施,进一步推进党项社会内部日益增长的封建关系,同时也适应了广大新占领汉族地区的封建统治的需要。作为一个军事统帅,元昊深知他占有包括河西走廊在内的广大地区后,没有强大的军事力量及严格的兵制,对内统治和对外防御都将失去保障。为此,在原有军事组织的基础上,随着党项国家的形成和疆域的扩大,元昊进而将十二个部落武装改变为十二个军事行政区。分别在各驻地置十二监军司,诸军兵总计五十万。每一监军司设都统军、副统军和监军使各一员,由贵戚豪右充任;下设指挥使、教练使、左右伺禁官等数十员,党项人、汉人都可以充任。除步兵外,常备军性质的还有骑兵、炮兵、"擒生军"、侍卫军等。炮兵使用一种旋风炮发射石块的兵器。"擒生军"是担任后勤或警卫部队的总称,由十万人组成。又有二万五千精兵驻扎在首都近畿担任卫戍,给他们配备服役的副兵达七万人。还有从出身豪族而擅长弓马技术的士兵中挑选出来的五千侍卫亲军,由元昊亲自掌握。近畿卫戍或宫廷值宿一般都佩戴由国家保卫部门颁发的"防守侍命"或"内宿侍命"西夏文铜牌作为标志。

元昊大庆三年(1038年)十月十一日这一天,在兴庆府的南郊,祭坛高筑。元昊在亲信大臣野利仁荣、扬守素等人的拥戴下,正式登上了皇帝的宝座,国号称大夏,改元天授礼法延祚。是年元昊三十五岁。李元昊建国称帝,一个重要的原因是以西夏社会经济的发展为物质基础。而西夏社会经济之所以取得了较为迅速的发展,在短时间里完成了向封建制的转化,与李元昊致力于加强同中原地区的经济联系,吸收中原先进的经济体制,改变西夏原有的社会经济结构是分不开的。夏国的中心地带,处于黄河上游两岸富庶的银川平原。"天下黄河富宁夏"是历史上对这个地区的荣称。元昊建国后,在疏通原有渠道的基础上,又修筑了由青铜峡至今平罗县境长达200余里的水利工程,后人称之为"昊王渠"或"李王渠",沟渠遗迹,至今仍存。"昊王渠"等的修筑,使首都兴庆府周围成为夏国主要的粮食生产基地之一。元昊还在国家机构中设置"农田司"以管理农业。党项族历来以畜牧业为其经济基础,在元昊攻占了自古既有"畜牧甲天下"的河西走廊甘、凉地区后,畜牧业经济的发展基础更为雄厚。著名的"党项马"及其它牲畜和畜产品是党项族与汉族地区进行贸易交换的主要商品。频繁的战争,大量消耗和损失牲畜,没有畜牧业的发展也难以维持。正因为畜牧业在党项族社会中具有特殊的地位,李元昊十分重视,为了使本民族的传统经济继续得以发展,建国后设立了专管全国畜牧业的群牧司。

重创宋军

李元昊不仅是一个十分有头脑的政治家,还是一个卓越的军事家。作战时,多针对客观情况指定战术。为了争取作战的胜利,元昊不惜采用种种手段,调动各种力量,用谋略取胜。每战或诱降,或诈降,或行间,或偷袭,或设伏。天授礼法延祚三年(1040年)正月,元昊派牙校贺真等率部向宋金明寨部都监李士彬诈降。又令将士与李士彬相遇时不战而退,称李士彬为"铁壁相公",说"我等闻铁壁相公名,莫不坠胆",以此使李士彬越加骄傲,松懈防务。然后李元昊用突袭战术围攻金明寨,原来诈降的党项士卒为之内应,一夜之间就攻破了寨城,俘虏李士彬。接着元昊进围延州,宋朝驻延州的长官范雍十分惊慌,立即牒令驻守庆州(今甘肃庆阳)的刘平和石元孙率军赴援。刘、石二人带领人马赶到延川、宜川、洛水三河的汇合处三川口时,已经人困马乏。西夏兵按照元昊的部署,在此设伏以待,从山地四出合击,将宋军万余人消灭殆尽,刘平和石元孙被俘。三川口之

战是西夏建国后取得的第一个大胜仗,充分显示了元昊的军事指挥才能和西夏军事力量的强大。

宋军三川口失利后,元昊针对宋军的进剿计划,指挥夏军诱敌深入,又一次重创宋军,这就是有名的好水川战役。好水川,在今宁夏隆德县城北十五里,两边山谷环抱,只有一径可通,正是兵家设伏之处。天授礼法延祚四年(1041年)二月,元昊又一次向宋发动进攻。元昊了解宋军将领任福求胜心切,设下引蛇出洞之计。先派小股部队入寇,遇任福大军后就佯装败北,仓皇撤退。任福不知是计,即抛掉淄重,率数千轻骑追击。沿途夏军遗弃了不少马匹、骆驼,宋军见状更是群追不舍。进入好水川口后,宋军发现路上摆着不少封闭的泥盒子,用手一拍,里面有跃动之声。任福命令士卒将盒砸开,装在里面的鸽子受惊腾起,直飞谷顶,这正是宋军进入埋伏圈的信号。夏军得到信号,十万人马一起从山头出击,将宋军压在谷地。李元昊在山头以二丈多长的鲍老旗作为指挥的标志。宋军向西旗指向西,宋军向东旗指向东,任宋军左冲右突,终不得脱险。此战宋军死伤惨重,损失将校十余员,任福亦身亡。

元昊建国后形成的宋、辽、夏三国鼎立的局面,使当时的局势复杂化,出现了三国角逐的形势。元昊时期的对外政策,既不同于继迁李元昊的祖父时期的一贯联辽抗宋,又不同于德明时期的与宋、辽和平相处,而是根据实际利益,随机应变,抗衡宋、辽,视二国"之势强弱以为异同"。这是十分灵活的外交政策。元昊即位后,同辽联姻,受辽封号。一旦两国因党项叛附问题发生纠纷,并引起战争,元昊在给辽以重创之后又立即以胜求和,恢复两国友好。对待宋朝,结盟于辽,有恃无恐,悍然发动攻掠战争。当元昊看到辽以出卖夏国利益从中渔利,便立即决定同宋媾和,在一向坚持的名分问题上向宋做出了让步。这一步不仅使元昊摆脱了早想结束的由长期战争造成的困境,而且避免了辽为从宋得到经济实惠,有可能牺牲夏国,夏国将遭到两面受敌的危险;对宋妥协,两国议和,还可以从宋得到经济实惠,可谓一举三得。

大力改革

元昊土著化的革新措施中,最有名的是他在1034年左右发布的剃发的法令。据载,"初制秃发令,元昊先自秃发,及令国人皆秃发,三日不从令,许杀之。"剃去头颅顶部的毛发,将前刘海蓄起来,从前额垂到面部两侧,在亚洲许多民族中(朝鲜、鲜卑等)都可以见到这种发式的不同变体。与此比较而言,据说古代羌人是将头发松散地垂覆在面部。据此似乎可以认为,颁发秃发令的目的,主要是要改革"落后"的羌俗,并将西夏的国民与辽、宋、吐蕃等邻人区别开来。嵬名元昊还颁发了有关服饰的规定,凡文官武将、庶民百姓都各有所服。从西夏的服饰

令中,可以看出吐蕃和回鹘对党项的影响。

1036年左右,西夏颁行了党项文字,这一事件的意义要比以上列举的改革重要得多。一般来说,人们都将党项文字的创制和完善归功于党项学者野利仁荣。但是创立党项文的工作可能在李德明统治时期就已经开始,并持续进行了许多年。党项文字由六千多个字构成,行用于政府机构和学校。在这些学校里,同时还开始了将汉文和藏文文献翻译为党项文的工作。一百多年后,"制蕃字师"野利仁荣在1162年被封为广惠王。从11世纪40年代起,在西夏与宋朝的交往中,就出现了西夏贵族和官衔名称的党项文形式。为了让类似西夏官员和与其地位相当的宋朝官员平起平坐,这些官衔只是在宋朝对外机构和外交文件中使用(采用汉文音译)。虽然这些文件的党项文本并没有保留下来,但至少有许多官职名称(大多数的含义还不清楚)借助于宋朝载籍得以保留至今。

嵬名元昊在军事和行政领域的改革奠定了党项国家政治构架的基础。元昊力图在西夏政权内推行文、武官分开任命的双轨并行制度,这种制度在辽朝久已为人所熟知。在这种制度之下,西夏的汉族臣民必定会乐于在官僚机构中供职,而在军事上则理所当然地保持了党项精英的统治权。然而,文武分途的结构在党项政权中并不十分清晰,而且在党项政权的构成中也没有发现明显地类似于辽政权的缜密的两面官系统,所以文武分途并不能为分析党项政权的构成提供适合的基准。这样说并不意味着辽模式没有对党项政权的创制产生影响,而是说这个问题还有待于进一步深入探讨。

早期党项军队的战斗力主要依赖于由部落首领控制的独立的军队,而这些军队往往都处于高度分散的状态。为了加强对军事首领的控制,嵬名元昊颁发了一整套军事规章。目的是要解决诸如征兵、训练及奖惩之类的问题,然而他并没有放弃传统的部落长者议事的习俗。据载,嵬名元昊"每举兵,必率部长与猎。有获,则下马环坐饮,割鲜而食,各问所见,择取其长"。其它一些措施反映出了当时党项边界的扩张和军事力量的壮大。西夏分作12个称为"监军司"的军事区域,其中六监军司为左厢,治夏州以东,辖治国家东半部;六监军司为右厢,名义上治甘州,辖治西半部。

这种独特的内部结构,也是吐蕃在凉州的军事组织的特色,而且很可能正是吐蕃人为党项的军事组织类型提供了范例。每一监军司照例由"贵戚豪右"中任命的三名官员充任首

西夏文铜符牌

领,次一级的官职由普通党项人或汉人担任。高居于整个结构之上的是左、右厢的两名首领,这个职务通常是由王族或王后的戚属担任,他们的权势几乎可以与一国之君相提并论。这些部落寡头政治集团的代表者与君主嵬名间的关系,逐渐不可避免地演变成了一种你死我活的关系。

在嵬名元昊统治的鼎盛时期,党项军队的数目达到了15万到30万。他们中的大多数都被指派去保卫边境地区和内部战略要地,从而分别处于这个或那个监军司的管辖之下。当决定要调军队时,由中央政权派信使用银牌向被调动的将军发出指令,由将军从征兵册中召集需要的兵员,所有身体强健的15岁至60岁的男性公民,都有服兵役的义务。接受银牌,就意味着遵奉君主征召军队的要求。此外,党项统治者还经常与将军们在战前盟誓,嵬名元昊在1038年就曾这样做过。

十二监军司建立之后,逐渐演变成了地方政府的最重要的机构。除此之外,党项统治者还改组和扩大了来源于宋朝制度系统的官僚机构。嵬名元昊创建了中书省(主政)、枢密院(主军)、三司(理财)和御史台(监察)。此外,十六司在名义上也是在尚书令的监理之下。这些官署的最高职务是由汉人或党项人担任的。其他一些职官采用了党项官称,如同最高军事职务一样,这些官职显然也是为党项统治集团的精英专门设置的。但是在汉官名称的表象后面,西夏政府机构的实际运作情况究竟如何,仍然是模糊不清的。比方说,我们对西夏政府的财政活动几乎一无所知。

在1035到1036年间,西夏军队发动了对青海的吐蕃人、兰州附近的部落以及河西回鹘的战争。在上文中,已经讨论了旷日持久的征服河西的战争。吐蕃与党项在湟水谷地进行过几次激烈而持久的战役,双方都遭受了严重的损失。虽然没有征服青唐,但是嵬名元昊还是利用唃厮啰与其年长的诸子以及被杀害的前大臣之子间的日渐疏远的关系,孤立了这位吐蕃首领,并迫使他临时撤退到了青唐以西的地区。此后,党项军队挺进兰州,确保了后方一线免遭吐蕃的袭扰,切断了吐蕃与宋朝的联系。后来他们甚至深入到了马衔山(今临洮以北),修筑堡塞,守卫这一地区。

大体上就在这一时期,尤其是在1038年之后,宋朝试图与吐蕃建立联合战线来抵御西夏,但是这一努力实际收效甚微。对于西夏来说,唃厮啰的衰落最终将意味着更大危险的降临,因为它并没有能够阻止宋朝在11世纪末年对这一地区的吞并。

对于反对他的政策和统治的人,嵬名元昊总是迅速而果断地采取行动,在许多记载中都保留了这方面的实例。1038年秋天,正当嵬名元昊准备最后公开登基称帝时,最高军事首领山遇(嵬名)率领军队逃入宋朝边界,寻求庇护。但是宋朝将山遇引渡给了元昊,被元昊处死于宥州。山遇和他的弟弟是元昊的"从

父",曾担任西夏军队左、右翼的首领。这次事件表明,嵬名元昊急于摆脱宋朝属国地位的行为,在西夏内部遭到了强烈的反对。宋朝拒不接纳山遇则说明,尽管宋廷对西夏统治者充满了疑虑,但他们最终还是不愿因为隐匿所谓的背叛者而违反与西夏订立的和约。嵬名元昊的登基最终还是按照预定计划进行。首先,元昊假作要盟誓进攻宋朝鄜延路,会同诸首领歃血为盟,将血与酒混合盛在骷髅中,饮酒为誓。然后,野利氏兄弟野利旺荣和野利遇乞分别被任命为西夏军左、右翼的首领,以取代此前图谋叛逃的元昊的从父。野利氏兄弟不是皇位继承人的母亲野利皇后的叔叔就是她的兄弟。他们掌握了西夏的大权,成了炙手可热的人物。

1038年的10月,元昊称大夏皇帝。他宣布了新的年号,而且同时还为父、祖追谥了帝号和庙号。此后,新皇帝巡幸西凉府(西夏对凉州的正式称谓)祠神,并积极调兵遣将,做好了军事上的准备。与此同时,元昊派遣特使携书信前往宋都,通报西夏建国的消息,并请求宋朝承认西夏为友好而享有独立自主地位的西邻。书信写作者明确希望达到的目的,其实只有通过战争手段才能实现。

此前,宋廷对元昊称帝已有风闻,所以对夏使的到来并不十分惊异。宋仁宗没有采纳处死西夏使团成员的建议,表示愿意接受普通的礼节,但是拒绝接受驼、马等礼物。同样,夏使也"不肯受诏及赐物",被护送返回边界。后来,仁宗下诏削夺了元昊的官爵,并关闭了所有的边市。嵬名皇帝也将宋朝所赐袍带并一封"嫚"书送返宋廷,声言:藩汉各异,国土迥殊,幸非僭逆,嫉妒何深!况元昊为众所推,盖循拓跋之远裔,为帝图皇,有何不可?

此后,双方立即开始了谈判,以解决在党项统治者的地位及其名分方面的分歧,直到1044年才最终达成协议。与此同时,两国都投入到一场破坏甚巨的消耗战争中,这场战争因党项人取得了三次较大的胜利而特别引人注目。左翼首领野利旺荣作为党项首席谈判代表,先后与宋朝的范仲淹、庞籍等人在延州进行了和谈。

到1042年,因为西夏统治者拒绝在给宋朝的书信中称臣,谈判在中途被搁置。但是也就在这一年,辽朝进行了外交干预,党项军队也令人惊奇地击败宋军,从而打破僵持局面。这时,契丹人迫使宋朝进一步在关南做出领土上的让步——关南是河北地区的一个战略切入点,可以直接威逼开封。在接受契丹人这些要求的过程中,宋廷极力主张由契丹人向他们的属国西夏施加压力,调解自己与西夏的矛盾关系。宋朝还进一步秘密向庞籍授意,只要西夏统治者向宋朝称臣,宋朝就接受西夏提出的议和条件,而且元昊还可保留本民族的"兀卒"的称号。

1043年初,党项统治者在致宋仁宗的书信中,就双方间的关系提出了一种新的表述程序:"男邦泥定国兀卒曩霄上书父大宋皇帝","邦泥定"似是西夏党

项名的异译(汉文写作"白上国"),"曩霄"则是元昊本人的新名字。宋朝一位大臣指出,这种表述不过是当时在宋、辽外交往来中使用的类似程式的翻版。最后,宋朝否决了元昊的新建议。

数月之后,宋朝也提出一些条款,其中特别强调党项君主可以称"主"(高于王,低于帝),接受"岁赐"。不久,西夏一方回复宋廷,提出了11项要求。其中包括增加岁赐数额、给予党项使节更多的贸易特权、允许在宋朝境内出售白盐等。宋人再次发现,党项人又模仿了契丹的先例。辽朝以他们最初要求的关南的土地作为交换条件,已经满意地使宋朝增加了财政援助数额。这种明显的仿效行为使宋廷确信他的两个北方邻人西夏和辽是勾结串通在一起的。这种认识使宋廷很快就陷入了非常尴尬的境地,因为仅仅一年之后,宋朝猜想的这两个同盟伙伴之间就因一些反叛的党项边境部族而爆发了战争。

当党项皇帝最终同意接受称"臣"的地位之后,宋廷扩大了居住在开封的政府邸店里的党项使节的贸易权,并增加了岁赐的数额,但是党项盐的买卖却没有合法化。1044年5月,正当和谈完成之际,契丹人就以追击反叛的边境部族为名,入侵到了西夏境内。党项人大胆地谋求与辽、宋同等的外交地位的行为,也许是导致契丹发动讨伐战争的主要原因之一。由于辽廷提出了不要立即与西夏议和的警告,宋朝谨慎地拖延对嵬名元昊的册封。但是当得知契丹被打败之后,宋朝就马上采取主动,派遣使节在1044年冬天与西夏达成了和约。

除了上文提到的诸点之外,宋、夏条约还议定西夏在宥州,而不是在党项都城接待宋使。规定会见使节时,采用与接待辽使相同的宾客礼。恢复边境榷场。岁赐总数25.5万:其中绢15.3万匹,茶3万斤,银7.2万两。但是宋、夏和约中对边界问题存而未议。由于未能划定一条清楚的边界,为双方日后的激烈争端留下了深深的隐患。直到宋朝北方领土尽陷于金,宋、夏双方没有了共享边界之后,这一争端才得以消弭。

重视人才

元昊在建国的过程中,很重视人才的培养和收罗。西夏建国初,因忙于战争,教育事业并不发达,所以元昊特别注重吸收汉族的知识分子为自己服务。《宋史·夏国传》记载元昊的"智囊团"有嵬名守全、张陟、张绛、扬廊、徐敏宗、张文显,除了嵬名守全是党项人,其余皆汉人。重用张元、吴昊,更说明了元昊对汉族人才的重视。张、吴二人为宋华州(今陕西华县)人,他们"累举进士不第",而又自以为有王佐之才,不甘寂寞,便写诗明志:"好著金笼收拾取,莫教飞去别人家。"明确表示宋朝廷弃人才而不用,他们将为异国效力。宋朝的边师未能重视,于是他们进入西夏。为了引起西夏王国统治者的注意,他们到酒店里狂喝豪饮,又在墙壁上书写"张元、吴昊饮此"。张、吴二人的所作所为被西夏巡逻兵发现,遂将二人带入宫中。当元昊问他们为什么不避讳自己的名讳时,他们毅然答到:"姓都不管了,谁还理会名呢?"明目张胆地对元昊接受赵宋赐姓进行讽刺。元昊听后,不但不生气,反而认为他们有胆识,有奇才,立即予以重用。并在数月之内派人潜入宋境将二人的家眷接来,使之团聚,从而安心为西夏服务。张元曾当过西夏的中书令,和元昊一起指挥了好水川战役。张、吴二人帮助元昊成就了一番事业,充分显示了汉族知识分子对少数民族地区的政治军事的作用,也说明宋朝不重视知识分子人才的失策。

元昊终其一生,可以用"文治武功"四个字概括。征服回鹘、吐蕃,统一河西的战争,对北宋与辽战争的胜利,显示了他的赫赫武功;建国前后实施的政治建设、文化建设和经济建设显示了他治理国家的才能。元昊在建国前仿宋朝制度建立起一整套职官制度,元昊称帝后,于天授礼法延祚二年(1039年)九月,又改革官制,仿宋制增设"总理庶务"的尚书令。又改宋朝的二十四司为十六司,隶尚书省,分理六曹。参照唐、宋典式与宋宫廷制度建立朝贺礼仪与宫廷制度,夏国官制自此渐趋完备。文化建设方面,中央国家机构中设"蕃学",由野利仁荣主持翻译《孝经》、《尔雅》、《四言杂字》等汉文典籍为西夏文。学习宋朝"科目取士"的办法,通过"蕃学"培养人才,选拔官吏。元昊"晓浮图学",受父亲德明的影响十分崇奉佛教。即位后与其父一样向宋朝献马求赐佛经,并向吐蕃、回鹘、西域各国及印度访求高僧和汉、藏、梵文经典,组织僧侣翻译、演释。元昊称帝后,在境内广修佛教寺院,如兴庆府的戒坛寺、高台寺、承天寺等,在这里贮经、译经。又下令规定每年四季的首月初一日为"圣节",令官员百姓到寺院礼神拜佛。元昊不惜耗费人力物力建造宫苑、陵寝,他在兴庆府和天都山都建有宫苑,兴庆府修建的避暑宫"逶迤数里,亭榭台池,并极其盛"。在贺兰山东麓建造的离宫,长达"数十里,台阁高十余丈"。传说为元昊时始建的西夏王陵,位于兴庆府西贺兰山东麓,方圆数十里。

西夏建国后,农、牧业并重,在朝廷机构中设"农田司"、"群牧司"为管理机构。元昊重视水利建设,他主持疏通原有灌溉系统,又开筑新的渠道,如修筑"昊王渠"。元昊时,夏国以畜牧产品作为对外贸易的主要输出品和贡品。如天授礼法延祚九年(1046年),宋朝每年通过保安军和镇戎军榷场,向夏国购进马2000匹,羊1万只。元昊在夏州(今陕西靖边)东70里处设立铁冶务,管理铁矿开采冶炼,用以制造农具和兵器。西夏的青白盐驰名于世,元昊建国后,对盐业开采实行垄断。元昊曾要求宋朝每年从夏国买进青盐10万石,所谓西夏"数州之地,财用所出,并仰给青盐"。元昊十分重视招揽人才和使用人才,他效法祖父继迁"曲延儒士";且用人唯贤,甚至国家重要官职"皆分命蕃汉人为之"。宋朝大臣也不得不承认"拓跋自得灵、夏以西,其间所生英豪,皆为其用"。元昊还特别注意招揽重用原宋朝来夏的失意知识分子、文臣武将,"或授以将帅,或任之公卿,推诚不疑,倚为谋主。"如宋朝华州人张元、吴昊。元昊生性暴戾,多猜疑,好杀虐。这样的性格给他的事业造成许多不应有的损害。元昊即位后,为了排除异己,防止外戚篡权,实行"峻诛杀"政策,为立国称帝扫清道路。元昊开运元年(1034年)十月,母族卫慕氏首领卫慕山喜密谋杀害元昊,被元昊察觉,山喜一族人都被溺死河中。元昊又用药酒毒死母后卫慕氏,尽诛卫慕氏族人。大庆二年(1037年)九月,元昊叔父、左厢监军使嵬名山遇因劝元昊勿进攻宋朝事不被采纳,遂叛逃宋朝后又被执送回夏国,元昊将其父子一族尽皆处死。元昊出兵善用疑计,又易中敌人离间之计。元昊的心腹重臣野利旺荣、野利遇乞兄弟,是元昊野利后的兄长,分统夏国明堂左厢与天都右厢。野利旺荣称野利王,野利遇乞称天都王。二将善用兵,有谋略,他们统领的"山界"士兵以善战著称。在元昊对宋朝作战的三川口、好水川两大战役中,击败宋将刘平、石元孙、任福等人,也多有二将之谋划。宋朝边帅对野利二将恨之入骨,早欲去之而后快。宋将种世衡巧设离间之计,使元昊轻易地杀害了二将。元昊好色,妻妾成群,尤喜强夺他人之妻。据传妻室(后妃)凡七娶,一说五娶,实际有八人之多。顺次为:卫慕氏、耶律氏、野利氏、索氏、都罗氏、咩迷氏、没移氏、没藏氏。其中没移氏本已给太子宁令哥择为妻室,元昊见她貌美,竟自纳为妃,称为"新皇后"。没藏氏本重臣野利遇乞妻,野利遇乞被元昊赐死,没藏氏出家为尼。后元昊访野利氏遗孀,迎没藏氏入宫与之私通,被野利后发现,令没藏氏到戒坛寺出家为尼,赐号没藏大师,元昊经常到寺中幽会。后没藏氏生子谅祚,收养于没藏氏兄国相没藏讹庞家中。元昊将国事委以没藏讹庞,自己与诸妃到贺兰山离宫享乐。没藏氏兄妹开始策划危害太子宁令哥,改立谅祚为太子的阴谋。其时因野利后失宠被废,太子宁令哥爱妻被夺。天授礼法延祚十一年(1048年)正月初一日,没藏讹庞用借刀杀人之计唆使宁令哥刺杀元昊。没藏讹庞又以谋叛罪捕捉宁令哥及其母野利氏。元昊死后,没藏讹庞以谅祚为元昊嫡嗣继立为帝。元昊终年46岁,在位17年。谥武烈皇帝,庙号景宗。

完颜阿骨打

阿骨打（1068年~1123年），女真名完颜阿骨打，又名完颜旻，习称阿骨打。按出虎水（今黑龙江哈尔滨东南阿什河）女真完颜部人。金王朝的创立者。女真族完颜部首领。12世纪初统一各部，并多次打败辽国。辽天庆五年（1115年）称帝，建国号金。曾命人创制女真文字。金太祖是中国金朝开国皇帝。

在阿骨打之前，当他的长兄乌雅束统治时期，女真人已经具备了充足的实力，足以使他们与高丽的边境得到巩固。与此同时还争取到了越来越多的氏族与部落归附于完颜部。完颜部的故乡位于按出虎水河畔。此地多年来一直是女真的政治中心，后来又成为他们的国都（即上京，坐落于今哈尔滨东南的阿城附近）所在地。乌雅束死后，1113年，阿骨打被部落长老们推举为女真的联盟长，并沿袭旧例被辽封为节度使。由部落推选首领的做法在女真人之中沿袭已久，虽然有关首领继承的问题并没有严格的规则存在，但选择只能限于完颜部之内。

不久之后，阿骨打的军队与辽朝之间就爆发了一场全面战争。开始时，阿骨打手下受过训练的士卒不超过几千名。但随着他屡次获胜，越来越多的首领带着自己的队伍投奔到完颜部的军中。这场战争的起因——虽然这至多不过是女真一方找的借口——阿骨打向辽索要阿疎。阿疎是女真的一名部长，多年以前投奔于辽。辽国拒绝交出阿疎，并且对此后女真一方提出的要求一概置之不理。阿骨打在极短的时间内就打退了派来进攻他的辽军，使自己成为东北地区无可争议的最高首领。

1115年春天，阿骨打正式称帝，建国号为金。"金"得名于按出虎水，在女真语中，"按出虎"的语义即为"金"。以一条河流的名字为一个朝代命名的做法源于辽朝，"辽"即因位于东北南部的辽河而得名。与此同时，一个汉族式的年号也产生了，这就是"收国"。在原有的姓名之外，阿骨打又为自己取了个汉名，具有讽刺意味的是，他的汉名叫做"旻"。

完颜阿骨打

至此，一个汉族皇帝建元称帝时所要做的一切，都已经被阿骨打完成。

1117年年初，在辽军的一次败仗或者说是被迫大规模撤退以后，阿骨打又向衰颓的辽强行提出新的要求。在1118年所提的和约条件中，阿骨打要求辽朝向他称兄，这意味着两国的地位比照1115年发生了颠倒。金还要辽割让出东北更大的三路地区，并且将一名皇子、一名公主和一名皇室女婿送到金廷来做人质。最重要的，还要在涉及辽与宋、与西夏、与高丽关系的外交文书上都写明对金朝的服从，要辽同意将此前宋付给辽的岁币合法地转由金来接受，并认可金的霸主地位，而让高丽和西夏作为他的东西两翼。

阿骨打取得的这些成功，无论给人以多么深刻的印象，人们也不过是把他看成为一个善作决策的能干的军事领袖，并未觉得这需要多么出色的外交技巧。他的突出之处，至多是善于掌握部众而已。但事实上远不止于此，阿骨打是一名特别无情的、才能出众的将领。他善于抓住对手因指挥失策、御众过苛、组织涣散等因素而虚弱的机会来取胜。1117年以后，他又以一个才智出众的外交家和战略家的面目出现，那正是金辽的双边关系为包括宋在内的三国关系所取代之时。

被金考虑在内的第四个强大的政权，是党项人所建的西夏，西夏此刻尚未直接卷入中原的纷争。1124年以前，党项人多少可以算是辽的支持者。但就是在金与西夏在这年开始接触以后，金取代西夏的直接邻国宋，宣布了对西夏的宗主权。夏金联盟正式建成，是由阿骨打的后继者吴乞买实现的，这使金朝的地位得到了进一步的提高。正如看到的那样，早在北宋建国初期，女真人就与宋廷建立了和平的往来，他们逐渐成为北方霸主的过程，一直被开封密切地关注着。

辽宋关系自1005年起一直是建立在一份和议之上的。和议约定宋朝每年要向辽交纳岁币，并正式承认辽对中国北部燕云十六州（包括今北京）的统治，以此来换得北部边境的和平。当辽朝已经明显呈衰势时，宋开始寻找潜在的同盟者来帮助他们收复这块从未被忘记的、在10世纪上半叶政治分裂时期丢给了契丹人的中原领土。现在，在宋朝的政治家眼中，对辽怀着刻骨仇恨的金，恰成为共同抗辽的天然盟友，依靠金朝支持来收复失地的希望在宋朝的国都燃起一片兴奋情绪。1117年，宋朝派遣了一名使者到金，名义上是去商谈买马事宜，而真实目的，却是就宋金联合抗辽一事进行谈判。

在1117年到1123年之间，宋朝向金廷遣使共计七次，金朝向开封遣使也达六次，这还没算上持续不断的信件往来。所有这些外交接触和谈判都集中于三个要点：宋金联合对摇摇欲坠的辽朝的进攻；领土（将燕云十六州退还给宋）；从前交纳给辽的岁币。但是就在这一期间，宋在这场交易中的地位急剧地恶化了。因为阿骨打很快就发现，尽管宋朝也多少做了些准备，但金军并不非得依靠宋军的援助，仅凭自己就能攻取辽朝的南部，包括它作为中心的燕京（今北京）。而从宋朝方面来说,却以为只要加入这个军事同盟,它为自己所提的那些领土要求就能够让金接受。不久,金也提出了自己的要求,那就是,他们应该取辽而代之,成为宋过去交纳给辽的岁币的合法接受者。

到1123年,当宋金之间终于缔结了一份正式和约的时候(这是两国间最早的一个和约)军事形势已经发生了根本的变化。宋朝收复燕地的企图宣告失败,而金军则不仅将辽赶出了西京与中京,而且到1122年底,还攻克了辽的南京——燕京。辽帝国已沦为遥远西部的一个流亡政权,它的覆亡指日可待。随着金国占有燕都,阿骨打的地位变得无懈可击,宋却只有招架之功,而无还手之力了。他们不得不接受阿骨打关于将燕地退还给宋的条件,不仅交还给宋的燕地并非六州的全部,而且金还以退还燕地导致税收减少为由,在宋过去交纳给辽的岁币上,又额外要宋添加上一笔巨额补偿。

阿骨打的军事地位既然已如此坚固,他又何必还要与宋缔结这样一个正式和约呢?他其实是想通过和议这一形式,使他的皇帝地位被郑重地承认。和议的条文,就像汉人早期的外交通例,是以一式两份平等的誓约来表示的,从双方各执一份的文件行文中丝毫看不出地位的区别。阿骨打被称为"大金大圣皇帝",而宋朝的统治者也与之相仿。这意味着金朝现在已经成为一个与宋平等的国家,而此时距金正式建国称帝仅过去10年。

1123年的三四月间,两国互换了誓约的条文。可是,对于如何将这六州移交给宋的具体做法,在这些条文中却没有涉及。其他细节,诸如边界如何划定,也被留给此后想当然的推论来规划了。大环境的普遍不稳,加上诸多悬而未决的问题,使中国北方边境始终呈现为不安定的态势。1123年的这个和约,标志着一个漫长的战争时期(几乎长达20年)的开始,这场残酷的、蹂躏性的战争所几度威胁到的,正是宋统治的中国的生存。

1122年,金兵攻陷辽中京。辽朝天祚帝向西逃窜。在南京(今北京)另一位契丹皇族成员被拥立为帝,旋即病死。金兵直抵南京。面对突然而至的金兵,尽管当地有人企图抗击,但契丹人却无力组织这些力量。1125年,辽朝的

完颜阿骨打

最后一个皇帝天祚帝被俘，降封为王。这标志着辽朝（这个曾让宋朝闻风丧胆的对手）统治的正式结束。但是，就在它的灭亡之处，作为宋的北方邻居，现在又兴起一个与它作对的国家，至少与从前的辽一样危险。阿骨打没能活着看到辽的灭亡和宋的受辱，他死于1123年和议缔结的数月之后。但是，他所开创的事业，为金朝日后的辉煌打下了根基。

天辅七年（1123年），完颜阿骨打八月，领兵返回上京，行经部堵泺西行宫病死。葬于上京宫城西南。谥武元皇帝，庙号太祖。

成吉思汗

成吉思汗(1162年~1227年),名铁木真。蒙古民族杰出的军事家、政治家。1206年,他被蒙古贵族推为大汗,称成吉思汗,他将蒙古游牧民族统一为大汗直接掌握的精锐军队。先后征服了金、西夏,占领了今中亚到欧洲东部和伊朗北部,建立起横跨亚欧的蒙古大汗国。同时其野蛮侵略和征服给人类带来了巨大的战争灾难。元朝建立后,被追尊为元太祖。

苦难童年

在12世纪50年代,俺巴孩被俘获和被处死的时候,也速该把他后来的新娘,即弘吉剌部的诃额仑,从同她订婚的一个篾儿乞人那里绑架走。娶了这位美丽贤惠的诃额仑后,也速该参加了针对塔塔儿人的袭击行动,这些行动也许就是由他的叔叔忽图剌发动的。

后来,也速该被泰赤乌人毒死,铁木真他们被孤立了五六年光阴,在别克帖儿死后不久出乎意料地暂时结束了。正如诃额仑预见,泰赤乌人害怕报复,就又回来查看也速该的儿女。当发现六个孩子中的五个活下来并已长大成人时,泰赤乌人包围了他们,要求他们交出长子铁木真,也许是作为人质以担保其他人的行为。铁木真当时已经15岁了,他逃离母亲的营地,在一片密林中隐藏了九天。饥饿最后驱使他走出森林,等候已久的泰赤乌人立即扑向了他。被带上了枷具后,他作为一名囚犯在泰赤乌人中待了一段时间,每晚上由不同的阿寅勒轮流看守。当铁木真在泰赤乌的一个属民,好心的逊都思部人锁儿罕失剌的帮助下成功地逃走后,这种羞辱和难熬的境遇才结束。

铁木真回到家里重新团聚后,在不儿罕合勒敦南面的群山中避难。这里的生活依然艰难(他们的食物主要由土拨鼠和田鼠构成)而且不太安全。尽管他们很贫穷,但他们的财产不久还是引起了某些过往强盗的注意,他们偷走了几匹阉割的公马。铁木真出发去追寻歹徒,在经过各种磨难之后,带着失窃的马匹胜利地返回了对他十分感激的家中。这次历险特别值得一提,因为在追寻过程中,铁木真得到了他第一个追随者和战友博尔术,从而开始了建立私人扈从的历程。

而且，这段插曲似乎极大地增强了铁木真的自信心。不管怎样，不久以后，他到弘吉剌地界去迎娶了几年前与他订婚的未婚妻孛儿帖。德薛禅毫不犹豫地承认了他与死去多年的也速该的誓约，把女儿嫁给了这个意志坚定的求婚者。通过这次联姻，铁木真不仅得到了一位妻子，而且又重新建立起了与老盟友弘吉剌的联系。他的家族被孤立与被抛弃时代终于结束了。

由于父亲被杀，部众离散，铁木真在血族复仇和饥饿中挣扎。那时他十分孤独，"除影子外无伴当，尾子外无鞭子"。据《蒙古秘史》载：成吉思汗母亲说五个孩子"如恰才五支箭杆一般"。她"将五个儿子唤来跟前列坐着，每人与一文箭杆教折折，各人都折折了。箭杆束在一处教折折，五人轮着都折不断"。后来，铁木真也常用这些话教训他的子孙，只有团结才有力量。

终成可汗

铁木真统一蒙古高原的战争主要是在呼伦贝尔草原上展开的，铁木真把呼伦贝尔草原作为他日后发展壮大的"练兵场、粮仓和后援基地"。著名的帖尼河之战和十三翼之战就发生在这里，在呼伦湖旁，至今还保留着相传是铁木真打仗时用过的饮马石和拴马椿。

铁木真崛起之前，北方的统治权掌握在女真人手中。当金朝发现铁木真的势力日益壮大时，在草原上构筑了很长的金界壕。但是，金界壕并没有挡住强悍的蒙古军队，他们以锐不可当之势给了金王朝致命的打击！

公元1206年，铁木真完成了历时十八年的统一战。在斡难河（今鄂嫩河）召开大会，竖起了象征和平的九旒白旗，被各部推举为大汗，号"成吉思汗"，创立了蒙古汗国。蒙古高原从此结束了"星空团团旋转，各部纷纷作乱"的混乱局面。从1206年铁木真成为大汗到1227年他逝世为止，史称"蒙古汗国时期"。正是这段时间里，成吉思汗创立了蒙古文字，改良了军械设备，为以后建立元朝，统一中国奠定了扎实的基础。

公元1204年乃蛮战争的前夜，成吉思汗按十进制组建了他的军队，他还建立了一支私人卫队（怯薛）。最初组建时，这支卫队包括70人的白天护卫（秃鲁华）、80人的夜间护卫（客卜帖兀勒）和1000名勇士

成吉思汗

(把阿秃)组成的特殊队伍。卫队作为一个机构,直接出自于成吉思汗在12世纪80年代晚期最初组建的家族统治体制。它的全体成员,像家族体系的成员一样,从他的那可儿中征募。从编制方面而言,他们既作为护卫(怯薛歹)兼可汗私人的保卫者,同时又作为照顾他个人需要与照看他财产的家庭管理者而效力。要区分二者,就算不是不可能的,也是很困难的。在后者的职能中,护卫履行的职务有管家(扯儿必)、厨师(宝儿赤)、箭筒士(火儿赤)、门卫(玉典赤)和牧军马者(阿塔赤)。此外,护卫们还兼管女性随从与小执事诸如牧骆驼者与牧牛者的行为,照管可汗的帐篷、马车、武器、乐器和府库,预备可汗的饮食。

随着成吉思汗权力与财富的继续增长,卫队的行政与经济职权也自然随之增长。卫队从最初1150人到1206年1万人的大幅度扩充,不仅是出于安全和威信考虑,更主要是用来满足新生蒙古帝国不断增长的行政需要。而且,由于卫队世家体制既提供了个人服务,又提供了运转机构,通过它们,成吉思汗管理着他迅速增长的属民、领土和经济收益。故而无论他去哪里——去战斗或围猎,这一体制总是伴随着他。这样,早期蒙古国家的"中央政府",实际上是帝国护卫军,处于其统治者选择落脚的任何地方。这时,成吉思汗还设立了一个新的职务,即大断事官(也可札鲁忽赤),来监督与协调新扩大的行政体制的活动。他选择了被他家所收养的塔塔儿弃婴失吉忽秃忽来担任这一职务。大断事官的职责多种多样,根据成吉思汗发布的命令,他将划分并分配属民,即决定怎样把属民分配给各军事单位与汗室。正如他的头衔所显示的那样,失吉忽秃忽具有帝国最高的法律权威;与卫队中挑选出的成员合作,他将审判所有的恶人,而且被授予掌握犯人生杀的大权。同时,他被指令制定并维护一部"青册"(阔阔·迭卜帖儿)。在那里面,所有的司法决议,包括成吉思汗本人的法律训言(札撒)都被保存起来以备用作将来司法判决时的判例。所有有关部众分配的事例也记载在里面。由此可见,青册是一个法典与人口登记的混合物。

1206年定期进行登记的方法的采用,很有可能是由于成吉思汗具有远见的决定所产生的,这一把其本族语言写成书面文字的决定产生于数年之前。在1204年,当乃蛮人被击败时,一名服务于乃蛮宫廷的畏兀儿人官员塔塔统阿落入蒙古人之手,在与这位有学识的俘虏进行长谈后,成吉思汗命令他用回鹘字母书写蒙古语,然后教他的儿子们认识新字母。被收养的成吉思汗的"第五子"失吉忽秃忽肯定是最初掌握字母和用它来写本民族语言的人之一。塔塔统阿还介绍了印章在官方事务活动中的用法,这也很快被蒙古人采用。

军事制度

　　成吉思汗在1204年引进蒙古军队的十进位制遵循了已有的草原传统。然而，它被采用的规模则是空前的。在1204年所形成的军事单位方面并没有多少数字可提供。而在1206年却有一个完整的蒙古军队战斗序列保存在《秘史》中，1227年的一个类似名单也保存在拉施特的《史集》中。根据前者的材料，1205年至1206年乃蛮人被打败和所有其他部落随之投降之后，成吉思汗以他可利用的极度扩充的有生力量组建了95个千户（敏罕）。在此之上还要加上10个千户组成他的私人护卫军。1227年成吉思汗去世时的数目则表明从蒙古诸部征调的千户的数量已经增加到129个。这些军队几乎不可能长期维持名义上的兵力，但至少在理论上来说，成吉思汗军队的纯蒙古成分的兵力在10.5万与12.9万之间。随着蒙古人的领土扩张，同一制度又被强加于属民（草原游牧部落和定居民）身上。到13世纪中叶，蒙古军队的数量，虽然在任何地方都没有被记载，但肯定是1206年或1227年数量的好几倍。

　　千户，而不是更有名的万户（土绵），是成吉思汗时代的基本军事单位。当需要增加时，10个千户会联合组成一个临时的万户。其中一个下级千户的指挥官被任命为这一更大组织的指挥官，而同时，他又继续指挥他自己的千户。看起来，成吉思汗所有的将领都永久地作为千户长（那颜）而效力，甚至被委任掌管更多军队时，也还是如此。大部分指挥官是成吉思汗的伴当和其家族成员。由于这个原因，军队许多最高级长官都拥有诸如牧羊者（火你赤）、管家和箭筒士之类似乎不太重要的头衔。作为一支军事力量，蒙古军队的成功依赖于它的机动灵活、纪律严明和听从调遣。他们没有超人的技术优势，也没有秘密武器。所有的游牧军队都天生机动灵活，但没有一个像成吉思汗的军队那样纪律严明。据我们所知，成吉思汗的训言似乎主要是关于军队纪律方面的。残存下来的片断表明，对不服从命令的处罚是严厉的，而且军事单位共同对其单个成员的行为负责。指挥官在战场上有效地协调大兵团运动的能力是蒙古军事机器的另一个明显证明。这一听从调遣的特性得自和平时期经常性的训练，通常以各军事单位加入的大规模狩猎为形式。这也有纪律方面的因素。蒙古战地指挥官被要求严格按照事先安排好的行动计划行事。如果一支军队没有能够在指定的时间和正确的位置出现，它的指挥官就会立刻被处罚，不管提供什么借口也无济于事。

　　蒙古军队除了它的首要任务之外，还有重要的行政职能。在1204年和1206年产生的千户的全体成员包括服兵役的战士以及他们的家属与奴隶，每一个千户既是一个军事单位，又是同一官员千户长控制下的地方政府的一个组织。十进位的建置给成吉思汗提供了一个机会来暗中破坏部落的权力与忠贞，并在一定程度上用军队纪律和团结一致来取代它。以前的对手诸如塔塔儿、克烈或乃蛮之类作为部落群体被有计划地破坏了,并被零散地分配给混合千户或者是分散成为由其他人组成的千户的属民。只有表现忠诚的旧有的同盟部落被允许组成他们自己的同一种族的千户。例如,弘吉剌人被允许以一个部落组成千户,以他们自己的首领为长官。但即使在这种情况下的部落,不论他忠诚的纪录如何,也只是被束缚在一个新的制度框架下并服从于严格的军事纪律。千户,既是军事动员的一种手段,也是社会控制的手段。

思想体系

13世纪初期,蒙古人精心制造了一个思想体系。不管怎样,他们自己满意的是,这使成吉思汗家族的统治权合法化并为他们的扩张政策进行辩护。虽然这一体系到13世纪40年代肯定已经定型,但这些原则被最初表达并传播的确切时间还不清楚。不过,似乎有理由认为,在1206年,成吉思汗和他的顾问们在他称汗时已经注意到了称汗的合法性这一问题。虽然蒙古意识形态的其它部分也许是后来被加上去的,但在这个时候概括整个思想体系是非常适宜的。

蒙古人的主权概念,像许多其他欧亚民族一样,植根于神圣的王权观念。在蒙古人自己的模式中,至高无上的权力由天神即草原游牧部落的主神长生天(蒙语读作"腾格里")授予一位地上首领。作为天神选定的代表,成吉思汗受到长生天的保护和扶植,后者保证他军事与政治冒险的永久成功。这样,伴随他夺得权力的鸿运就成为天意的表明。死里逃生、危险的及时警告和战场上出乎意料的胜利,都被用来证明成吉思汗是地上唯一的合法君主。前面提到过的他的九旒白旗,也标志并肯定了他的好运和由此而产生的统治君权。由于成吉思汗控制了鄂尔浑河河谷及其在突厥铭文中称为于都斤山的周围山脉,控制了东部草原所有的以前游牧政治中心地区,故而他更加自负。根据蒙古地区以前的突厥传统,好运和君权与对这些神圣山脉的占有有着极其密切的联系。确实,蒙古人有他们自己的圣山不儿罕合勒敦,在那里他们的汗必须驻留。但值得注意的是,当成吉思汗选择帝国首都的地点时,他选择了位于于都斤山心脏地带的哈剌和林,这可能是试图利用这一地区固有的好运并动摇游牧世界的观念。

授予成吉思汗并随后传给他的继承人的君主权力在特点上是世界性的。在发动战争之前,蒙古人习惯于向其邻国发出要求投降的命令。他们宣布有权,如果不是义务的话,将全世界置于他们的统治之下。他们边界之外的所有国家被认为是正在形成的蒙古帝国的组成部分,而且所有的国家都被要求毫不犹豫和毫无疑问地接受蒙古人的宗主权。因为在蒙古人眼里,他们的扩张是由神核准的,所以,任何拒绝投降的人都会由于阻挠了神意而遭受最严厉的惩罚。天命与一统天下的主张在众所周知的中国政治原则中也有反映，但在蒙古人整体观念中可以找到完全与突厥人类似的观念。虽然不能排除直接的汉人影响，但似乎更有可能的是，蒙古人引进的这些观念，不论其原始出处如何，均是通过突厥人，尤其是畏兀儿人作为媒介传入的。而后者对蒙古国家在其形成年代时的影响是非常广泛的。

早期的征服

除了帮助加强和巩固成吉思汗对东部草原地区的统治外，1206年的忽邻勒台还制定了各种新的军事和外交行动计划。会议结束后不久，蒙古人发起了肃清不亦鲁黑汗及其追随者的战斗，这导致了乃蛮的灭亡。

第二年，即1207年，成吉思汗派使者前往南西伯利亚的森林诸部。他的招降命令取得了预期的效果：叶尼塞河上游的吉儿吉思、贝加尔地区的斡亦剌以及其他森林部落均不战而降，并向他们的新统治者进献了皮毛、猎鹰和骟马等贡品。随着他们北部边界的安定和即将开始的新的征兵，蒙古人现在可以把他们的注意力直接转向他们南边的邻居了。到1207年，已出现金朝边界防卫体系开始被破坏的明显迹象。女真人没有能够阻止草原各部在蒙古推动下的统一，而且他们在戈壁地区的主要守护人——汪古部的阿剌兀思剔吉忽里公开与成吉思汗进行了谈判。主因（汉语为氿）为居住在敏感的金—党项—汪古边界地区的一混合种族，他们经常充当金朝的军事辅助力量。当他们起来反抗其领主，抱怨不平等的待遇时，女真人的边界问题就更加恶化了。女真人确信汪古部首领为骚乱的中心，于是刺杀了阿剌兀思剔吉忽里，希望汪古王族的一名忠于金廷的成员能代替他。然而，他们的计划没有奏效，其继承人，被杀害的君主的一个侄子，立即与女真人决裂，并正式承认了蒙古的宗主权。由于控制了有战略意义的汪古领土，成吉思汗现在既能够对金朝、又能够对西夏的党项王国发动大规模进攻。他决定首先征服西夏，在此之前他曾于1205年和1207年对其领土进行过试探性进攻。一支大军集结起来，向南进军，于1209年春末进入党项人的领土。在成吉思汗的亲自指挥下，蒙古军队击败了西夏的边界守军，一直推进到西夏的首都、靠近黄河的中兴府（今宁夏银川），并于十月包围了它。当正面攻击证明无效后，蒙古人试图引黄河水淹没这座被包围的城市。然而，他们的计划在执行中出现失误。黄河平原的灌溉渠水冲破了堤坝，在淹没西夏首都的同时也淹了蒙古人的阵地。面对意想不到的变化，双方决定结束敌对状态。1210年1月开始的谈判达成了一项双方都可以接受的妥协方案：党项君主向蒙古人称臣，保证派军队支持蒙古人今后的军事行动；作为回报，成吉思汗解除了围困，并从西夏领土撤回了他的军队。随后，提高了威信的蒙古大汗带着新妻——一位党项公主返回了草原;他的军队首次打败了一个强大的定居国家的军队。

返回家园不久,成吉思汗接受了另外两个定居民族畏兀儿人和哈剌鲁人的投降。然而这次,他们的降服是自愿而不是被迫的。畏兀儿人长期作为哈剌契丹王国(以准噶尔地区和斜米列奇为中心)的属民,在他们宗主的压迫统治下,多年来已变得越来越不满。1209年,畏兀儿人在忍无可忍的情况下发动了叛乱,杀死了驻在他们首都的残无人道的哈剌契丹政府官员。为了寻求蒙古人的保护,畏兀儿君主巴而术阿儿忒的斤立即向成吉思汗表达了忠诚和服从。后者很高兴,命令巴而术带着适当的贡品亲自来蒙古宫廷。因为成吉思汗正在进攻党项,耽搁一段时间后,畏兀儿君主终于有机会在1211年春天到克鲁伦河畔朝觐了成吉思汗。作为第一个自愿加入帝国的定居国家君主,巴而术被认作成吉思汗名义上的"第五子",而且排在归顺诸国国王的首位。排在第二位的是哈剌鲁人阿儿思兰汗,他是伊犁河谷的一座城市海押立的君主,他的入觐在巴而术之后。与畏兀儿人相似,阿儿思兰汗当机会来临时,摆脱了哈剌契丹的统治,自愿更换了主人。

二者都向蒙古军队贡献了附属军队。但重要的是,为数众多与文明发达的畏兀儿人为他们的新主人提供了一批熟练的行政管理和办事人员,他们曾被成吉思汗和他的继承者们所重用。蒙古人对畏兀儿人这种性质的服务的严重依赖导致了蒙古人在官职设置、财政制度和政治原则上大受突厥影响。

进攻金朝

蒙古人的下一个对手金朝,拥有一支庞大的和训练有素的军队,但他们对军队的需求也是极为广泛的。在西部,他们卷入与党项人的边界战争;而在南部,他们面临着南宋,后者从未放弃重新占领北方的企图。就在1206到1208年间,金宋发生了冲突,虽然金朝获胜,但它南部的边界安全仍是一个需要关注的焦点。完全了解了金军的部署后,成吉思汗于1210年对他的敌人采取了第一个敌对措施,即与金廷断绝了朝贡关系,大约是从1195年开始。然而,他推迟了军队的实际进攻,直到次年征服了西夏。没有了其他的直接敌人,现在成吉思汗能够集中力量进攻他最强大的近邻金朝了。蒙古军队于当年年初从克鲁伦河出发,春季到达了汪古部领地,他们利用那里作为即将发起的入侵的出发地。全军的中路军和左翼即东翼军由成吉思汗率领,沿金朝北部边界攻占了许多城堡,其中包括通往首都中都(今北京)大门的关键要塞居庸关。金廷向他们遭到威胁的边界派出了大批援军,但他们在北上途中被各个击溃。金朝的防御由于这些失败而变得混乱不堪,以至于蒙古军队的小分队能够抵达并掠夺中都的近郊地区。同时,蒙古军队的右翼即西翼军在成吉思汗的儿子们率领下在西面进入山

西,攻陷了一些城市,蹂躏了农村,更重要的是牵制了敌军。当1212年初撤退的命令下达后,两面的蒙古军队撤回北方,放弃了即使不是全部也是大部分为他们所占领的金朝领土。所有能掌握的资料均表明,1211年的战争的直接目的在于掠取战利品和获得情报,而不是获取土地。

金朝军队迅速重新占据了他们的边界地区,以准备迎战下一次进攻。1212年秋季,蒙古人重返回来,又开始进攻女真人的外围守军。诸要塞如居庸关等再一次被攻克,而且这是在1213年,成吉思汗把任务交给其附属部队后完成的。一旦边界防线被突破,蒙古人即迅速向南推进,比以前更加深入金朝疆土。他们到达黄河北部的农耕地区对,军队被分成了三部分,分别破坏山东、河北和山西。一些城市被占领并遭到劫掠,但通常蒙古人把注意力集中在开阔的农村。无论何时,只要有可能的话,他们都绕开坚固的据点。到1213年末,蒙古军队已严重破坏了金朝的心脏地带,开始撤回北方。但是这次他们保留了对所有重要边界通道的控制,并留下一支军队包围中都以进行封锁。包围城市的努力被证明是不成功的,但是惊恐的金朝皇帝不得不遣使求和。他向蒙古人提供了许多贡品(金、丝和马)作为结束敌对状态的回报。蒙古人接受了这些条件,并且按约于1214年春天解除封锁。金廷由于这次经历而失魂落魄,他们利用这次解围的机会撤离中都,转到开封;1214年夏季,他们以开封作为新都。

当成吉思汗在秋末得到金朝皇室逃离的消息后,他立即下令他的军队返回不久前包围过的城市。由于守军的顽强抵抗,通过猛烈攻击占领中都的企图没有成功。最后,成吉思汗于1215年1月来到中都战场,亲自指挥进攻。当蒙古人明显已阻挡住金朝的援兵时,守城军队的士气开始瓦解,这座城市于五月底向围攻军队投降。在被占领后的几个星期内,都城被有计划地洗劫而且部分地被大火焚毁。在他的直接军事目的完成和对大量战利品进行适当登记后,成吉思汗离开中都回到蒙古,并且在被占领的金朝疆土上留下了守军。然而,都城的陷落并不是金朝所遭受的唯一严重挫折。1212年,蒙古大将哲别横穿辽河流域,到接近本年年底时,暂时占领了金朝的东都东京(今辽阳)。这座城市的失陷又是一次惨败,反过来还促成了另一居于东北的民族契丹人的普遍叛乱。自从他们自己的辽王朝在1115年灭亡后,他们一直不愿意做金朝的臣民。趁着其对手不断溃败的机会,蒙古军队于1214年成功地进攻了辽河两岸的金朝据点。东京于1215年再次被占领,随后成为契丹叛乱首领耶律留哥的主要根据地,他现在已正式向蒙古称臣。到下一年为止,女真人故乡东北的大部已落入蒙古人之手。如果此时蒙古军队集中进攻,也许会使金朝完全崩溃,然而,在西域所发生的事件不久将会使成吉思汗花费近十年的时间率领蒙古军队主力向西发动一系列的进攻。

开始西征

蒙古人进入西域开始于1208年,当时,他们组织了一次惩罚性的远征去对付叛离的蔑儿乞与乃蛮部民组成的联盟,后者在西蒙古额尔齐斯河上游建立了一个行动基地。蒙古军队摧毁了叛乱,杀死了他们的首领、成吉思汗长期的敌人脱黑脱阿。残余的蔑儿乞人逃到畏兀儿领地,后又来到钦察草原,而乃蛮余部则逃入哈剌契丹即西辽的领地。后一群人的首领是屈出律,他的父亲太阳汗在1204年与蒙古人作战时阵亡。

屈出律逃难时,哈剌契丹王国正忙于与占据西突厥故地和呼罗珊大部分地区(阿富汗和伊朗北部)的一个穆斯林国家花剌子模进行争斗。乃蛮首领在一段时间内混水摸鱼,最后与哈剌契丹君主结盟。不久,他成为国王主要顾问并且利用这一受信任的职位于1211年篡夺了哈剌契丹王国的权力。日趋衰落的西辽帝国在屈出律强有力的领导下迅速得以恢复。他迫使花剌子模沙摩诃末撤回到锡尔河上游地区,并且于1213至1214年将其统治权力扩张到了塔里木盆地占优势的穆斯林居民那里。乃蛮篡位者的成功开始引起成吉思汗对西方的注意。正当此时,蒙古统治者在中国取胜的消息传到了算端摩诃末耳中。1215年,花剌子模沙派出一个外交使团到达中国北部成吉思汗处,以探听这支东方新生力量的消息。成吉思汗热诚地欢迎了使团成员,表达了与他的西方邻邦建立和平关系和商业往来的愿望。为了这一目的,成吉思汗派出使团回访摩诃末,使团于1218年春季到达花剌子模。谈判开始了,几天以后,算端同意签订一项与成吉思汗建立和平与友好关系的条约。然而,他们之间的友好关系不久就由于发生在锡尔河上游的一个花剌子模城市讹答剌的引人注目的事件而突然结束了。

条约签订后不久,这座城市的首领显然得到了算端的默许,杀死了这支蒙古人组织的庞大贸易商队的成员,夺取了他们的货物。作为对这一事件的回应,成吉思汗立即派出一名使者前往花剌子模沙,要求惩罚犯罪官员、归还被没收的货物。由于难以确知的原因以及对蒙古人的了解有限,摩诃末断然拒绝了这些要求,而且轻蔑地处死了成吉思汗的使者。蒙古统治者被这些暴行激怒,开始准备发动战争。在对付他的新敌人之前,成吉思汗不得不完成对其他两个前线的行动。首先,在北方,森林部落斡亦剌、秃麻和吉利吉思的叛乱不容忽视。叛乱开始于1217年而且不断扩散,直到1218到1219年冬天,术赤率领蒙古军队的右翼才到达南西伯利亚并迅速平定了叛乱。其次,在东突厥斯坦必须清除屈出律与哈剌契丹。这一地区的进攻在哲别的领导下开始于1216年,他受命毫不拖延地解决乃蛮人,并成功地完成了这项使命。到1218年底,屈出律被杀,通向花剌子模地区的哈剌契丹领土也被蒙古军队占领。

通往西方的交通路线既已安全,成吉思汗随即沿额尔齐斯河集结起一支庞大的军队。由蒙古正规兵和从属国征集的大批附属部队组成的大军于1219年夏天向花剌子模进发。主力军在成吉思汗的率领下向锡尔河南部敌人的人口中心区进发。而另一支掩护部队则在术赤的率领下进入锡尔河北面的草原地带,在那里与那些和花剌子模统治家族关系非常密切的游牧部落钦察和康里交战。摩诃末与他的将领们的建议相反,并没有与入侵者在开阔地带交战,而是用他数量上胜过蒙古人的军队去守卫王国的各重要城市。虽然这些决定或许葬送了他获胜的任何机会,但还是迫使蒙古人陷入了一系列费时的和破坏性的围城战。讹答剌、花剌子模、也里和撒麻耳干的陷落都是特别的流血事件。在那儿,蒙古人驱使解除武装的战俘冲向严密防守的城墙,为他们的攻击部队提供"人障"。而且,一些曾被攻陷的城市起来反抗他们的新主人并被重新征服后,又扩大了屠杀的范围。在这些城市中,野蛮的报复行为正式以集体处决的方式降临于人们身上。当摩诃末得知他的战略失败后,惊慌失措地逃到了里海中的一个岛屿上,他于1221年前后死在那里。他的儿子与继承人札兰丁用他所支配的少量军队继续进行不懈的抵抗。为了追赶强有力与劲头十足的札兰丁,一支蒙古分遣部队追踪他,从伊朗北部穿过阿富汗斯坦进入了印度,然后又回到伊朗和哲儿拜占。虽然在蒙古人的打击下,札兰丁总是能设法逃脱追捕,但是英勇顽强并不能长久地拖延花剌子模国的灭亡。到1223年,突厥斯坦和呼罗珊已被征服,蒙古守军和镇守者(达鲁花赤)被安排在所有的城市。尽管札兰丁的事业已毫无希望,但他拒绝投降,仍继续他徒劳无益的抗战,直到1231年他死于曲儿忒匪徒之手。

随着花剌子模境内有组织的抵抗结束,蒙古人开始着手准备他们下一步的一系列远征。速不台和哲别这时正在与谷儿只和哲儿拜占作战,他们请求允许他们越过高加索山去进攻钦察人,成吉思汗立即答应了。这样,在1221年,速不台发动了对欧亚草原西部的著名远征,或者更确切地说是武力侦察。他率领着由三个万户组成的一支军队进入了南俄罗斯草原。1223年春末,他在喀剌喀河(一条流进黑海的小河)战役中击败了斡罗斯诸王公和西部钦察人组成的联军。接着,速不台向西武力搜索斡罗斯诸公国直到第聂伯河,而后才折回向东。在与伏尔加地区的不里阿耳进行了一次短暂交锋后,于1224年返回蒙古西部。获得必要的情报后,术赤受命发动一次后续战争以使西部草原纳入蒙古版图。

成吉思汗在此同时从突厥斯坦撤出了他的大部分军队,1224年夏季他到达额尔齐斯河,1225年春季到达蒙古中部。回到家乡后,他计划发动另一次战役:1223年党项君主在没有通告的情况下,撤回了他支持蒙古对金战争的军队,蒙古统治者决心严惩这一不忠行为。当成吉思汗在1215年底或1216年初到达克鲁伦河时,蒙古对金的进攻暂时减少了,但并没有停止。成吉思汗最能干和最受信任的将领之一木华黎继续努力清除辽河流域的女真军队,1216年他完成了这项任务。在占领这一地区的主要城市后,木华黎于1217年秋回到蒙古向他的主人报告。出于对他战绩的满意,成吉思汗赐予他"太师""国王"的称号,并且任命他为统帅,并继续发动一场新的战争去夺取仍在女真人手中的中国北方领土,即太和岭以南的土地。

木华黎于同一年回到南方,在中都(此时改名为燕京)和西京(今大同)建立起军事指挥机构。他控制下的军队包括蒙古左翼军的2.3万人,扩编的由7.7万名汉人、女真人和契丹人组成的附属军队。后者在与金朝战争的早期,不是投降就是叛逃到蒙古人一方。蒙古人在政策上鼓励和奖赏这些背叛,而且效果令人满意。大量金军指挥官,特别是那些非女真族的指挥官,带着他们整个的军队投奔过来。正是这些起关键作用的附属军队的扩充,占去了木华黎可使用军队的四分之三。这使蒙古人甚至在占他们军队大部分的中军和右翼军从中国北部撤出进行西征后,也还能对金朝保持不断的压力。

在新战役的初期,木华黎从中都和西京发动了一场三路的攻势,企图从金朝手中夺取山西、河北和山东。率领中军主力推进到河北的木华黎,不久就遇到强烈的抵抗。他不得不用直接进攻的方式夺取城市,这使双方损失都很惨重。而有时花费这样高的代价所夺取的城市又失掉了,不得不再次攻取。虽然进展非常困难,但木华黎仍缓慢推进。到1218年,在留下金朝叛将张柔巩固蒙古人在河北的战果后,木华黎又将注意力转向山西。

太原位于山西西北部,是金朝西北面的战略堡垒。在太原于10月被攻陷后,蒙古人得以稳固地向南推进。到1219年底,只有山西最南面的狭长地带仍在蒙古人的控制之外。木华黎于是又回到河北中部,并在1220年的夏秋两季接受了金朝控制下的残余城市,包括大名要塞的投降。此后,他推进到山东西部,于10月未经战斗而占领了重要城市济南。由于金朝在南方的错误军事卷入,使1220年蒙古人进展顺利成为可能。1217年,在与蒙古人战斗的间歇期间,金朝皇帝愚蠢地同意对宋开战,因为三年前宋朝中止了对金廷的朝贡。从1217年到1224年,每年由金朝发动的一系列进犯虽然常常在局部获得成功,但他们从未获得绝对胜利。宋朝尽管在开始时遭受挫折,但仍拒绝谈判,他们继续抵抗,在1219年夏天甚至在汉水流域一度设法击溃了金军主力。

金朝分散兵力的做法显然得不偿失。从宋朝得到的疆土无论如何也不够补偿他们在北方丢给蒙古人的土地。而且,从长远利益来看,这明显破坏了他们对付木华黎军队的能力。然而,金朝毫不畏惧,在1220年,他们征集了一支新军,准备进行反击木华黎以重新获得他们损失的一些地区。新军刚组建起来即进攻山东东部,在那里已掀起反抗女真人的汉人起义(红袄军),这很快就引起了蒙古人的注意。当木华黎得知了这支新军的存在后,他立刻在1220年底从济南移师

南进，在离开封不远的黄河南岸的一个浅滩黄陵冈对其发动了进攻。他以决定性的胜利击败了敌军，而且由于这次成功，蒙古人扩大了他们的控制地区，占领了除山东东部和陕西之外的黄河北岸金朝的大部领土。山东东部仍在红袄军手中；陕西则仍在金朝的统治之下。在任命汉人叛将管理投降地区之后，木华黎回到北方，沿路进行扫荡。同时，金廷由于反攻失败，派出了一个由乌古孙仲端率领的使团来到西部成吉思汗处，商讨可行的和谈条件。蒙古人要求金朝皇帝接受"王"的称号，这样就承认了成吉思汗的宗主地位；而且必须撤出陕西。然而，金廷认为过于苛刻，所以敌对状态仍继续存在。

1221年中期，为了向金朝重施压力，木华黎在陕西和甘肃东部发动了一次巨大攻势。在首次越过鄂尔多斯之后（这得到西夏军的默许，西夏还提供了为数5万人的附属军队），木华黎于当年年底和第二年年初攻陷了陕西北部和中部的许多重要城市。到1222年春季，他留下了他的将领之一蒙古不花指挥在陕西的进攻，而他自己则越过黄河进入山西，在这一地区阻挡金朝新的反攻。在接下来的战斗中，蒙古人占领了河中和沿黄河的其他设防城市。但在陕西，蒙古不花却由于金军广泛的封锁行动而陷于困境。甚至在木华黎和他的军队于1222年秋季返回之后，蒙古人仍然不能迫使包括长安和凤翔等许多重要城市投降。而在这紧要关头，西夏军队的突然撤回更进一步削弱了蒙古人的军事力量。由于进攻力量大大削弱，木华黎在1223年初解除了对凤翔的包围。在对西夏边界进行了一次短暂的报复性进攻后，他回到了山西，在那里不久就病倒并去世。去世的指挥官立即被他的弟弟带孙代替，但是蒙古人的进攻势头已减弱。金朝充分利用这次机会，立刻结束了与宋朝敌对状态，将其军队撤回到山西南部，收复了以前丢失给蒙古人的一些领土。红袄军在与其结成松散联盟的宋朝的支持下，也利用这一形势扩大了他们在山东的统治，而且短暂地占领了河北的部分地区。后者的行动促使武仙的突然叛变。武仙是不久前投降蒙古人的原金朝将领，1225年，他又一次转变立场。这一次，他将其命运与宋朝联系在一起。面临这些挫折以及成吉思汗决定对付反叛的党项人，蒙古人在以后的几年中，只得满足于对中国北方的控制。

北部的管理

正如成吉思汗本人所承认的那样，蒙古人绝少懂得城市的法律和习惯，而且很难依靠自身能力从事复杂的定居社会的行政管理。因此，有必要吸收大量的熟练专家，尤其是那些有着行政管理和经商经验、愿意帮助蒙古人管理和剥削其统治下的农村和城市居民的人。甚至早在入侵金朝之前，成吉思汗即开始组织由这样的专家组成的骨干。这些专家来自契丹和汉人官员，由于种种原因，他们抛弃金朝的职位而投奔了蒙古人。到1211年发动对金作战为止,成吉思汗的身边已有一批既非常熟悉金朝的行政管理体制,又非常熟悉中国北部情况的顾问。

随着蒙古人越来越猛烈的进攻势头,叛投者的人数也显著增加。汉人官员在第二次波动中数量最多,但也首次出现了一些女真人投奔到蒙古人的阵营中效力。没有进行抵抗而叛降的行政官员按惯例都保留了他们管理县和州的旧有职位。他们的首要职责是维持秩序,征调本地区的人力物力,为蒙古人的军事机器服务。

改变立场的汉人和契丹人军事将领参加了进攻金朝的战争,他们或者独立作战,或者与蒙古军队联合作战。这些将领由成吉思汗或后来的木华黎批准任职。他们得到汉式或蒙古式的官职,被授予权力的符牌以作为他们新地位的一种标志。为了协调军事和行政管理工作,蒙古人借鉴金朝的先例,建立了一系列行台尚书省。这类机构原来是金朝政府的最高行政管理机构尚书省的分支机构,最早于12世纪初组成。它们简称为行省,主要建立于新征服的领土以及后来受到进攻威胁的边界地区。其负责官员,也被称为"行省",在他的管辖范围内被授予全权,而其管辖范围与金代正式的路(下面分为数州)相当。蒙古人迅速采用了这种制度以适应其需要。1214年,建立了第一个行省,其首领为蒙古将领三模合拔都。中都被攻陷后,1215年,契丹人石抹明安被任命为燕京(中都)"行省"。1217年大规模战争重新爆发后,迎来了汉人反叛的又一次浪潮,一些汉人首次被任命为"行省"。像他们的金朝对手一样,蒙古人任命的"行省"在就职后也获得了处置全权。他们中的大多数人是武将,既然被授予重要职务,在被任命之前就都要仔细地筛选。虽然"行省"这一职务至少在表面上与蒙古习惯相异,但它被有效地纳入了蒙古社会政治体系。被任命这项职务的汉人或其他族人被授予一种适当的军衔,而且在某种情况下,还被任命担任护卫军中的职务。这样,他们成为成吉思汗或他属下的国王木华黎的伴当。为了确保他们的忠诚,这些官员的儿子们被留在各种卫队中做人质。这样,一个汉式行省,就其军政合一的权力、正式的军衔和与汗廷关系的程度而言,大体上相当于千户或万户的高级蒙古指挥官。由于蒙古统治体系中的忠诚纽带是高度个人化的,所以任何种类或重要的官职通常均为世袭的。"行省"也是这样:儿子继承父亲,时间一长,行省辖区即变成私人领地。从长远角度而言,这种"封建化"进程会带来蒙古宫廷所不希望出现的后果。但在短期内,它是巩固对中国北部新征服地区统治的有效方法。站在统治中国北部的蒙古行政管理体系顶点上的是统帅木华黎。他无疑听命于成吉思汗,但从总体而言,他享有广泛的自治权力。一位宋朝使臣赵珙曾于1221年访问过木华黎的营帐,他把他同中原的皇帝相比,虽然他知道木华黎实际上并不是最高统治者。当然,没有其他蒙古指挥官像"国王"那样,被赋

予如此多的权力和行动自由。在长期与金朝作战的过程中,木华黎自然也渐渐熟悉了中原文化的一些方面。

据赵珙记载,"国王"的衣着和服饰是中原式的,他营帐中所采用的宫廷礼节也同样如此。而另一方面,赵珙记载说,在木华黎的营帐中,妇女地位很突出,她们可以自由地与男人喝酒和交谈。所有这些均证实了蒙古社会习惯的影响与存在。毫不奇怪,自13世纪前半叶发展起来的蒙古对中国北部的统治制度,是由汉人、女真、契丹、畏兀儿和蒙古的行政管理方法与社会习惯所组成的一个复杂的结合体。这是自汉朝灭亡以后,沿中国草原边界所形成的混合政治的典型。

蒙古对金的战争造成了普遍的破坏、杀戮和社会混乱。他们用蹂躏乡村孤立大城市的手法,意味着城市和农村居民都要遭受严重伤亡和穷困。花剌子模沙摩诃末的一位使臣,在1215年中都投降后不久来到该城,在那里他看到了非常可怕的场面。他记载道,前金朝都城的周围地区,几天里的所到之处都布满了死人的尸骨。而且,由于大量尸体没有被掩埋,瘟疫传播,造成新的死亡,他的一些随行人员亦未能幸免。由于1217年后汉人官员大量进入蒙古政府部门,特别是说服木华黎命令他的军队停止对生命与财产肆意破坏以后,情况多少有了一些改善。不过,在整个13世纪20年代,中国北部仍然是一个动荡的战争舞台,平民人口的死亡数一直居高不下。

那些在军队屠杀、瘟疫和饥饿中幸存下来的人和处于蒙古行政统治之下的人都面临着许多新的磨难。蒙古人从他们立国之日起就总是苛刻剥削他们的臣民。臣民的主要义务之一是提供附属部队以支持蒙古人的进一步扩张。由于围城和封锁对蒙古人来说是新生事物而且需要大量的人力,所以汉人军队被迅速征集起来以完成这项任务。这些汉人军队中,有些是在他们的长官率领下完整地投靠蒙古人,而其他则是由在新政权下保留原职的金朝官员从平民中新征募来的。到1213年,已有汉人军队被用来对金作战,他们被称为汉军或黑军。这些军队在战争期间稳定地发展起来,到木华黎去世时,在数量上已大大超过了蒙古军队。除了军事征兵外,汉人还被迫为他们的君主提供各种各样的物品和劳役。窝阔台时代之前,没有迹象表明,在蒙古国包括中国北部在内的定居地区存在着统一的赋税征收制度。虽然有关1211年到1227年期间金统治区内情况的资料很少,但看来蒙古人的政策和其他战争频仍地区一样,只要需求增加,他们就从臣民那儿征收他们需要的东西。这样,赋税征收只是一特定的没有规范的做法,实际上是为了满足战争的应急需要而实行的一系列无止境的极度征用与勒索。通常,蒙古人按种类征收实物赋税,像谷物、布匹、坐骑和武器(或者能制成武器的金属制品)等。在这一时代,所有国家义务(不管是兵役、劳役,还是各种赋税或金钱)都用"差发"一词概括。中国北部人口中,从这些各种各样的赋役中唯一能得到豁免的一类人是宗教人士。1219年,禅宗和尚海云为他的佛教僧徒争得了一项免税许可。1223年,蒙古宫廷又把这项特权授予道教长春派,后来,又授予其统治区内其他主要宗教集团——回回、基督教徒等。

1217年汉人在行政机构中影响增长后,中国北方的严峻情况稍有缓解,并开始进行重新建立毁坏的设施、恢复农业和复兴社会与教育事业的尝试。但这些努力只是局部性质的,从来没有得到蒙古统治当局的积极支持。这种情况直到金朝最后灭亡与13世纪30年代初期和中期耶律楚材改革时才得到重大改善。

天骄陨落

当成吉思汗出征花剌子模时,他曾向党项人征兵,但由于党项人违背了以前的誓约,所以要求没能实现。数年以后,党项人又有了另外的想法,为了恢复与蒙古人的关系,他们派出军队帮助木华黎从金朝手中抢夺陕西的地盘。但在1223年年初,政策又发生逆转,西夏出人意料地撤回了这些军队,这反映出西夏宫廷的严重分裂状态。一个属国这样反复无常的行为既是一种军事威胁,又是一种对蒙古人声望的挑战,是完全不能容忍的,必须让党项人作出解释并使他们永远保持协调一致。为了试探西夏宫廷的态度,或者可能是促使其进一步分裂,成吉思汗于1225年春提出一项建议,给党项人以和平的方式向蒙古国臣服一次最后的机会:他们的君主嵬名德旺,必须立即给成吉思汗的宫帐送去一个儿子做人质,以担保他以后的忠诚。但是,西夏没有对这项建议给予答复,而且在1225年秋季,他们与金朝签订了和平条约,这就更加触怒了蒙古人。战争于是不可避免的发生了。

与1209年快速进攻中兴府的入侵不同,1226年的战役有着预定的目标,即征服或摧毁西夏王国的西部地区,以使其都城、宫廷与王国的其他地区隔开。1226年春天,蒙古人由进攻党项人在戈壁西部的一个重要前哨基地哈剌和卓(马可·波罗称为亦集乃,汉人称为黑水)开始了战争行动。不久,那里的西夏要塞被突破,蒙古军队向南进入甘肃走廊,进攻肃州城和甘州城。到夏末,这两座

成吉思汗陵

城池均被攻陷,肃州还被屠城。成吉思汗在位于附近群山脚下山脉凉爽的大帐指挥了这两场战役。现在他重新组织军队,一部向西进攻瓜州,其余的则向东进攻西凉。后者为西夏王国的主要城市之一,于7月不战而克。随后,因获胜而士气旺盛的蒙古军队又受命越过黄河,向西夏的都城中兴进发。1226年末,他们抵达并包围了都城南边的一个重要设防要塞灵州。当西夏统治者感到威胁,并派出一支大军去解救这座被围困的城市时,成吉思汗立即率增援部队渡过黄河并打垮了西夏援军。到1227年初,中兴府本身也陷入了重围,而且到夏末,它已陷入崩溃的边缘。

　　成吉思汗的军队包围中兴府后,他本人即沿渭河流域向南进军,并于1227年春夏两季进攻金朝西部边界的据点。然而,在8月,这位蒙古首领病倒,不久就去世了。显然,由于他在1225年秋天所遭受的落马旧伤复发并引起了并发症,导致了他的死亡。他死于六盘山南麓某处,死讯被暂时封锁。为了实现他的临终遗愿,对西夏都城的围攻一直持续到9月城市被攻陷和劫掠为止。

　　西夏王国灭亡后,成吉思汗的遗体被立即运回蒙古,葬于不儿罕合勒敦。军队被留下来巩固新取得的战果,但进一步的入侵行动则停止了。这是因为皇族及其主要顾问和将领们在去蒙古本土集合,以悼念他们领袖的去世,并把汗国的诸项事务安排妥当。

　　成吉思汗戎马生涯近50年,施展雄才大略,依靠一批能征善战的将领和谋士,特别是善于利用游牧民族的骑兵优势,创造了震撼世界的征服。他善于治军,创建和统帅的蒙古军训练有素、纪律严明,既善野战,又能攻坚。在众敌面前,善于利用矛盾,联此击彼、各个击破;在战法上,善于扬长避短、巧施诈术、避实击虚、多路出击、迂回突袭、速战速决。重视以战养战。其军事思想和指挥艺术,在世界军事史上都有重要地位,对后世有很大影响。

　　成吉思汗是蒙古民族的杰出领袖,也是整个中华民族乃至全人类发展史上的重要人物。成吉思汗使蒙古高原的众多部落统一为一个整体,形成强大的蒙古民族,但蒙古民族的发展壮大是以牺牲其他民族的利益为代价的。其本人及其子孙的军事扩张活动,改变了欧亚大陆众多民族国家的历史发展轨迹,很多古老文明遭到极大的破坏,经济崩溃,人口锐减。但另一方面,蒙古大帝国的建立克服了当时东西方陆路交通的人为障碍,促进了东西方文化交流,又在一定程度上又推动了人类文明的进步。在东方,中国各被征服民族也遭受了空前的屠杀、掠夺和奴役,人民死亡流离,幸存者生活在水深火热之中。但成吉思汗及其子孙弭平了中国自唐朝以后形成的数个政权分立对峙的局面,奠定了后世中国的基本版图。因此,毛泽东主席在他的词作《沁园春·雪》中,将成吉思汗与汉民族武功卓著的帝王秦朝始皇帝、汉朝武皇帝、唐朝太宗皇帝、宋朝太祖皇帝并列。

耶律楚材

耶律楚材(1190年~1244年),辽皇族之后,蒙古成吉思汗窝阔台汗时大臣。元代著名的政治家。蒙太祖十年(1215年)被召用,甚受信任。随成吉思汗西征,劝戒妄杀。后任事近30年,官至中书令,元代立国规模多有其奠定。亦善诗文词翰。他在成吉思汗时,长期掌管文书;在窝阔台汗时,官至中书令;为用兵西域,统一北方,出谋划策;引导蒙古走向汉化,建立各种规章制度,出过不少力,对蒙古立国中原起到积极的作用,给人们留下了深刻的印象,是历史上有很大贡献的人物。

艰难时世

金明昌元年(1190年)六月二十日,在首都燕京(今北京)西山,一个新的生命在尚书右丞耶律履的宰相府中诞生了。耶律履这年60岁,得了这个孩子,当然非常高兴。在这以前,耶律履虽然已经有了两个孩子,辨才和善才,这时都已长大成人,可是其才平平,尚未出仕,看来不会有太大的出息。因而对这个晚年所得的幼子,寄予很大的期望。他常常对家人说:"这孩子是我们家的千里驹,将来必定能够成就一番伟大的事业。"可是,他仔细想一想,大金国昔日的威风虽然还勉强支撑着,但种种腐败的迹象都已逐渐显露出来了,国势日微。这孩子的才干再大,恐怕也发挥不了什么作用。古人不是说过"楚虽有材,晋实用之"吗?金国既然没有他施展才干的机会,就让他到其他地方去干一番事业吧。于是他给这孩子取了个寓意深远的名字:楚材,字晋卿。这个名字,既寄托了当父亲的美好愿望,也反映了那个时代艰难的形势。

耶律楚材出生的时代,确实是

耶律楚材

艰难的。大金国在北方的统治,从太宗天会五年(1127年)算起,到这时已经六十多年了。朝气蓬勃的全盛时期已成过去,各种社会矛盾日益暴露出来,开始进入了由盛到衰的转折时期。而且每况愈下,一年不如一年了。从"国际"形势看,偏安东南的宋王朝并未忘怀收复北方的失地,不时在淮河沿岸挑起武装冲突;立国灵武的西夏,也趁机与南宋交结,在西部边境进行侵扰;新起的蒙古,更是雄心勃勃,在北边不断发起进攻,难于应付。在这三面夹攻的形势下,金朝统治者不得不加强战备,训练军队,防边守关,这样一来,不仅军费开支与日俱增,加重了财政困难,而且人心惶惶,引起了社会的不安。同时,政府的财政由于政治腐败,机构庞大,奢侈浪费惊人,开支不断增加,陷入了入不敷出的境地。再加上黄河在这时多次决口,出现了三次大泛滥,大批农民死亡破产,流离失所。社会经济遭到严重破坏,税收减少,财政状况更加困难。统治者为了弥补财政上的亏空,便大量发行交钞(纸币),十贯百贯千贯万贯,面额越来越大,价值越来越低,到后来一万贯还买不到一个烧饼,不得已又发行宝货(银币),与铜钱、交钞并行。比价经常变动,币制十分紊乱,物价持续飞涨,广大人民的生活更加困难了。统治阶级内部矛盾也日益加剧。皇室之内、权臣之间,党同伐异,争夺不已,杀机四起。章宗时,杀了妄图夺权的郑王永蹈、镐王永中;章宗死,卫王即位,权臣胡沙虎发动政变将他杀死;宣宗即位,大将术虎高琪又将胡沙虎杀死。这种统治阶级内部的尔虞我诈、互相残杀,反映了政治局势的不稳。有材料说,金朝后期"疆土日益缩小,将帅乏人,士兵不能战斗,地方官贪残,百姓流亡,盗贼滋起",病状非常严重。能否对当时的政治,进行一些改革,谋求国势的中兴呢?不行。因为当时金国的统治已经腐朽,丧失再生的活力了。"为宰执者往往无恢复之谋,上下同风,只以苟安目前为乐,凡有人言当改革,则必以生事抑之","宰执用人必择无锋芒、软熟易制者"。真正锐意改革、有点锋芒的人物是出不来的。看来,谁也挽救不了这个大厦将倾的局势了。

不仅金朝的国事令人心摧,不可闻问;而且耶律楚材的家事,也突然发生了变故,有些不堪回首话当年了。耶律家族,本是契丹皇室的后裔,楚材的八世祖是辽太祖的长子东丹王突欲。七世祖娄国是辽国的燕京(今北京)留守,其后数代,任职将军、太师者,颇不乏人。辽末,伯祖德元始归金,被任命为兴平军(今河北卢龙)节度使。其子履,即楚材之父,博学多艺,受知于金世宗,历官翰林待制、礼部侍郎;章宗即位,以定策功,升任礼部尚书、参知政事,不久又升为尚书右丞,成为有很大权力的宰相。耶律贵族之家的权势,达到了顶点。然而,就在这时却发生了突然的变化。绍熙二年的六月,耶律楚材出生刚满一岁,他的父亲耶律履便生病去世了。耶律楚材的两个哥哥也只20岁,尚未出仕,家道中衰,已成必然的现实了。

幼年丧父,耶律家的衰落,对耶律楚材的成长当然产生很大的影响。耶律履虽然官居宰相之职,俸禄也可能很优厚,但他平时仗义疏财,乐善好施,受到人们的称赞,"文献阴功绝比伦,昆虫草木尽承恩"。但不善于置家,一旦去世,竟然没有给家人留下一份可观的遗产。后来,耶律楚材在自己的诗中回忆他的父亲:"入仕三十年,庙堂为柱石,重义而疏财,后世遗清白。"不会完全是假话。"我考文献公,清白遗四壁",大概确实是没有很多遗产的。尽管这会给他们的生活带来某种程度的拮据和不便,有时不免感叹"余生叹不辰",但贫困的生活也能磨炼有志者的意志,"贫困志不渝,未肯忘平昔。"耶律楚材表示坚决要干出一番事业来。

耶律楚材为了实现自己的理想,自幼便在他的母亲杨夫人的教育下,兢兢业业努力学习,"继夜诵诗书,废时毋博奕。"学习非常用功,时间抓得很紧,每天晚上都读书到深夜,决不为了贪玩赌棋而浪费时间。杨夫人"挑灯教子哦新句,冷淡生涯乐有余",生活虽然清苦,看到孩子学习努力,可望成才,也自有一番乐趣。耶律氏族虽然出身契丹贵族,但很早就接受汉化,对传统的汉族封建文化造诣颇深。耶律突欲自幼学习汉籍,精通汉文,能用汉文写作,政治上积极主张采用汉法,反对力图保持契丹旧制的母后,矛盾激化后被迫"载书浮海",逃到中原。耶律履更是"通六经百家之书",汉文诗词写得很漂亮,五岁时就写出过"卧看青天行白云"的诗句;及长,以文章行义受知于金世宗,历任经史院编修官、翰林院修撰等职。到耶律楚材出生时,耶律氏早已是一个充分汉化的封建士大夫书香门第了。耶律楚材在父亲去世后,经济状况虽然不太好,但学习的条件还是优越的。他经过艰苦努力,短短几年中,竟然学到了不少知识。据说,他博览群书,旁通天文、地理、律历、术数及释老、医卜之说。而且文思敏捷,下笔为文,奋笔直书,很少改动,好像头一天就作好了似的。

金章宗泰和六年(1206年),耶律楚材17岁,根据他学习的情况可以出仕了。按照当时的制度规定,宰相之子享有赐补政府机关佐武官的特权。可是耶律楚材不愿要这个特权,他希望参加正规的进士科考试。章宗认为旧的制度不应轻易更改,特别下了一道敕令要当面对他考试,亲自询问了几件疑难案件的处理。同时参加考试的十七个人中,耶律楚材回答得最好,便被正式任命为某个政府部门的掾官(是协助长官掌管文书,办理日常行政事务的官)。权力虽然不大,但对一个17岁的青年来说,初入仕途,锻炼锻炼,也是大有好处的。

耶律楚材正式进入仕途后,才发现这条道路并非十分通畅平坦的。当时,官场已经非常腐败,真正有才干的人是很难得到重用的。耶律楚材在一首诗中曾经谈到他的侄儿耶律正卿,"学书写尽千林叶,习射能穿百步杨",文武双全,完全靠自己的本事。"曾陪剑佩待明昌",当上了章宗的侍卫,可是仍然不被重用,结果还是"荣枯枕上梦黄粱"。耶律楚材自己当然也不会有更好的遭遇,尽管他工作得很努力,干了六七年,仍然只不过是一个开州同知。除了协助知州处理一些日常事务外,实际上没有多少事情可干。这对一个志欲"辅翊英主",精力旺盛的青年来说,当然会感到生不逢时,前途渺茫,心灰意冷了。

金宣宗贞祐二年(1214年),为了逃避蒙古南下的威胁,金国把首都迁往南京(今开封)。耶律楚材的全家也随同南下,只有他本人被燕京留守完颜承晖留了下来,被任命为左右司员外郎。名义上的职务是分掌尚书省所属六部的日常章奏,实际上只不过是一种寄禄官,并无实际职掌,还是白拿钱吃闲饭,不干事。不久,蒙古兵围困燕京,形势越来越严峻。耶律楚材被困城中,绝粮六十余日。蒙古太祖十年(1215年)五月,城被攻陷。从此,耶律楚材便与金政权和家人失去了联系。

耶律楚材眼看金朝的大势已去,国破家亡,前途渺茫得很,便"将功名之心束之高阁,"拜万松老人(行秀)为师,学习佛理。他杜绝人迹,屏斥家务,专心一意参禅。虽遇大寒大热,也从不间断,焚膏继晷,废寝忘食。没日没夜地修炼了三年,终于参透了禅理,接受万松老人授予的显诀,成了燕京城中著名的佛教信徒。不过,遁世脱俗并不是他的最高理想,致主泽民才是他的根本志向。他认为,"穷理尽性,莫尚佛法;济世安民,无如儒教。"简单的说,就是艰难的时世,磨炼了耶律楚材。他经过自己的刻苦学习,不仅树立了经邦治国的雄心壮志,而且作好了两种准备:"否,则以简易之道治一心;达,则以仁义之道治四海。"他,在等待着时局的发展,等待着机会。

投身蒙古

蒙古太祖十三年(1218年),成吉思汗在南征北战过程中,逐渐感到人才的重要。为了征服战争的继续进行和扩大,他需要各种人才。这时,他打听到在他统治下的燕京城中,有个博学多艺的耶律楚材,便派专使前来礼聘。耶律楚材陷在燕京城中已经三年了,过着隐居式的生活,除了礼佛参禅而外,无事可干。这时得知有雄才大略的成吉思汗要召见他,感到是一个图谋进取的好机会,不应轻易放过,便立即应召,跟随来使欣然上道了。后来,他有一首诗讲到这件事,"圣主得中原,明诏求王佐。胡然北海游,不得南阳卧。"心情是很愉快的。

当时,成吉思汗正在准备西征,其行在远在克鲁伦河的上游与臣赫尔河合流之处,今属蒙古人民共和国的肯特省。耶律楚材于3月16日从燕京出发,过居庸(今居庸关),历武川(今河北宣德),出云中(今山西大同),抵天山(今呼和浩特北大青山),穿越浩瀚的大沙漠,于6月20日左右到达行在。耶律楚材看见这里车帐如云,将士如雨,马牛被野,兵甲赫天,烟火相望,连营万里,真是一个千古少有的盛大场面,心中非常高兴。成吉思汗得知耶律楚材到了,马上召见,看到这位身材修长、胡须长得很漂亮、声音宏响的伟丈夫,说道:"辽金世仇,我为你报了仇。"耶律楚材答道:"那是很早以前的事了。从我的祖父开始已经入侍金朝,既然做了臣下,怎敢与君为仇呢?"这几句话讲得非常得体,成吉思汗听了很满意,认为这个人值得信任,便让他做自己的亲随,不离左右。耶律楚材很快便以其渊博的学识,受到成吉思汗的宠信。成吉思汗待他很亲切,经常不叫他的名字,而称为"吾图撒合里",蒙古语就是"长胡子"的意思。耶律楚材终于在风云变幻的年代里,找到了一个可以施展才干的机会。

然而,一个新来归顺的儒生,想在以武力取天下的军事贵族中取得充分的信任和巩固的地位,是很不容易的。有个名叫常八斤的人,因为善造弓,受到成吉思汗的重用,因而非常骄矜,有一次竟然当着耶律楚材的面对成吉思汗说:"现在正是用武的时候,耶律楚材是个儒生,对打仗的事一窍不通,有什么用处?"耶律楚材听了并不生气,从容答道:"治弓尚且须用治弓匠,难道治天下就不须用治天下匠吗?"成吉思汗听了觉得有理,对耶律楚材更加亲信重用了。

从蒙古太祖十四年到二十年(1219年~1225年),成吉思汗进行了著名的西征。这次西征,主要是对中亚的花剌子模用兵。在整个战争过程中,耶律楚材一直跟随在成吉思汗的身边。这一时期,耶律楚材的主要工作和贡献,有以下几点:

一是担任成吉思汗的必阇赤,掌管文书。当时,蒙古立国未久,诸事草创,各种规章制度正在逐步建立。战争仍在激烈进行,来往文书甚多,由于民族复杂,文书大约有蒙文、汉文、波斯文三个系统。蒙文由怯烈哥主管,波斯文由镇海主管,汉文即由耶律楚材主管。由于当时蒙古贵族多不识字,因而必阇赤的作用不应低估。他们常常可以利用方便的条件,按照自己的私意处理问题,具有一定的权势。当时不少中原地区的官僚地主都慕名而来,通过耶律楚材向成吉思汗钻营。耶律楚材是一个有高度封建文化修养的儒生,为人正直,把"行道泽民"作为自己的"素志";虽然他自称"备员翰墨,军国之事,非所预议",但必要时向成吉思汗提醒什么事该做,什么事不该做,还是非常方便的,他肯定会利用这个职务做一些有益的工作。

二是在塔剌思城屯田。这个地方是古代中亚的名城,位于塔剌思河畔,为中西交通的要道。蒙古军攻占此城后,即以此为基地继续西进,陆续攻占了讹打剌城(阿里斯河注入锡尔河处附近)、蒲华城(布哈拉),最后攻占了花剌子模的首都寻思干(撒马尔罕)。寻思干在西辽时称为河中府,当地土地肥饶,经济繁荣,多豪民。蒙古军入城之后,俘虏了3万名工匠,送往蒙古分赏诸将为奴。同时,又迁徙了四百多名豪民子弟到塔剌思城屯田。这是一个削弱新征服地区反抗力量的措施,对恢复发展后方的社会经济也有好处。耶律楚材奉命主持这一工作,大概这是他的主意。这对蒙古军事贵族只知道打仗,掠夺财富,转变到恢复发展社会经济,是很有意义的。

三是在司天台担任春官,用他的方技之术,为成吉思汗服务。当时整个社会的科学文化水平很低,对天文、历法、星象知识了解得很少,包括成吉思汗在内的许多蒙古贵族都还非常迷信,每遇将兵出征的时候,都要耶律楚材预卜吉凶,借以增强将士的斗志,坚定胜利的信心。例如,蒙古太祖十四年(1219年)夏六月,成吉思汗决定出兵征讨回回国,祭旗那天,忽然雨雪三尺。有人怀疑用兵是否有利,耶律楚材便说:"隆冬之气,见于盛夏,是克敌取胜的好兆头。"第二年的冬天,忽然打雷,有人问这又是什么兆头呢。耶律楚材回答说:"回回国主快死了。"蒙古太祖十七年(1222年)的八月,天空的西方出现了一颗长长的彗星,耶律楚材说:"金宣宗快死了。"这些预测虽然"后皆验之",但显然是"猜"准了,并无科学的根据。另有一些事情,则表明耶律楚材确实具有相当高的科学水平。蒙古太祖十五年(1220年),西域的历官说五月十五日夜将有月蚀,耶律楚材说不会有,结果没有发生。次年十月,耶律楚材说将有月蚀,西域人说不会有,结果却发生了。两次都证明耶律楚材说对了,也证明了西域的历法有问题。于是,耶律楚材将旧的历书细加修订,著成《庚午元历》,上奏颁行。从此东西数万里,天象不差,对军事、生产和生活都有好处。耶律楚材的这一贡献当然是应予肯定的。

像耶律楚材这样的人才,在当时是不多的。他在西征中的表现也很不错,因此成吉思汗对他印象很好。有一次他指着耶律楚材对窝阔台说:"此人,天赐我也。尔后军国庶政,可以全都委托给他。"由此可见,耶律楚材用自己的知识为蒙古统治者服务,已经获得了很高的评价,取得了充分的信任。

但是,在整个西征过程中,成吉思汗进行战争的主要目的,仍然在于掠夺财富,他所需要耶律楚材为他服务的东西,只不过是一些舞文弄墨、医法星象的方技之术而已。因此,在成吉思汗的眼中,耶律楚材的这点本领,比起两军对垒斩将攀旗的武功来说,分量终究要轻得多。同时,戎马倥偬的时代,遐荒异域的环境,也使得他这个只懂得中原文化、意欲以儒治国的书生,一时难以施展自己的才华。英雄无用武之地的冷落感,在耶律楚材的思想深处,还有较多的存在,并且不时在自己的诗文中流露出来:"西征万里扈銮舆,高阁文章束石渠。"本想投笔从戎做出一番事业,但现实的生活并不如预想的那么容易,许多美好的愿望都不能实现,"醉里莫知身似蝶,梦中不觉我为鱼。""十年潦倒功何在,三径荒凉翠已寒。"很显然,他对万里西征,未能发挥更大的作用,做出更大的贡献,是很不满意的。

出谋划策

蒙古太祖二十二年(1227年)的冬天,耶律楚材在经过长达十年之久的西征之后,又回到了燕京。"天涯流落从西征"、"十年沦落困边城"、"赢得飘萧双鬓雪"、"今日龙种返帝京"。既有无限的感慨，也有未来的期望。"再行不惮风沙恶"、"尚期晚节回天意"，还是想在未来的岁月里，做一番事业。

这一年的七月，成吉思汗病逝。新主未立，暂由其四子拖雷监国。这次，耶律楚材回到燕京，就是奉了拖雷之命，前往搜索经籍的。耶律楚材对图书经籍，素来就很爱好。上一次蒙古军攻下灵武（今属宁夏），诸将争相抢掠子女财帛，耶律楚材却只收图书和药材，人们都以为无用，不久，军中流行疾病，耶律楚材所收的药材救活了几万人，人们又惊以为神。大概也因此引起蒙古贵族对图书的重视。燕京是辽金两朝的旧都，图书经籍很多，又是耶律楚材的故乡，派耶律楚材到燕京搜集图书，是很恰当的，这次任务可能完成得很好。

同时，耶律楚材在燕京又发现那里道教的势力极度膨胀，好些佛寺都被改为道观，心里很不愉快。前面说过，耶律楚材原先在燕京时曾经学习过佛理，废寝忘餐，三年不倦，是一个虔诚的佛教信徒，因而对以丘处机为首的道教徒非常不满。他写了一本《西游录》，上半部叙述了他西征的经过，下半部便对道教进行了猛烈的抨击，主要是揭露丘处机的欺骗和不法。当时风传丘处机有长生不老的秘术，已经三百多岁了。成吉思汗知道后很感兴趣，派人把他接往行在，细加询问。当问到他究竟有多大岁数时，他竟然不肯老实回答，伪称不知确数。当问到道教的极理时，故弄玄虚，用"出神入梦"、"提真性遨游异域"等假话骗取信任。他还违背诏旨，广收徒众，滥发符印，自出师号，扩大实力。又骗取军用的牌符，悬牌跃马，横行诸州，招摇撞骗。甚至以权谋私，当成吉思汗准许僧道修善之士皆免赋役后，竟然在执行时只给道人免役，不及其他。特别让人不能容忍的是，他竟然在许多地方折毁夫子庙和佛寺，改为道观。所有这些，耶律楚材认为都是小人之辈鼠窃狗盗的行为，是严重的违法乱纪，应该处以严刑。他最后表示，应该找一个积极的办法，使"三圣人"之道，能够像权衡一样，不偏不倚，平等地共同发展。用佛教的"产因果之诫化其心"，用道教的"慈俭自然之道化其迹"，用儒家的"君君臣臣父父子子之名教化其身"，太平之世就指日可待了。这当然只是耶律楚材追求的理想，在现实生活中是很难做到的。他反对道教的努力，没有收到显著的效果。

耶律楚材在燕京做的另一件事，则是比较现实、而且效果很好的。当时，蒙古最高统治者忙于东征西讨，来不及制订必要的规章制度，因此派往各州郡的长吏，便生杀任情，掳人妻女，掠取货财，兼并田地，无所不为。其中，燕京留后长官石抹咸得卜尤为贪暴，杀人如麻，市场挂满了示众的人头。耶律楚材了解到这个情况后，不觉凄然泣下，立即入奏，发出禁令。于是，各州郡如果没有奉到盖有皇帝玉玺的文书，不得擅自向人民征发，因犯需判死刑必须上报；违背这项命令的，其罪当死，决不轻贷。于是各地贪暴之风稍有收敛。

当时，燕京城中社会秩序也很不好。每天傍晚，尚未天黑，就有一些盗贼驾

着牛车闯入富家,搬取财物。如果反抗不与,则杀人劫货而去,谁也不敢阻拦追究。看来这些盗贼决非一般普通人物,处理起来可能很棘手。拖雷特派中使塔察儿偕同耶律楚材前往穷治。耶律楚材经过仔细察询,了解到这些盗贼的姓名,原来都是留后的亲属和势家子弟。耶律楚材毫不手软,将他们一网打尽,投入监狱。这些人的家属贿赂中使,准备从轻发落。耶律楚材知道后,晓以利害祸福,中使害怕了,只得听耶律楚材的意见,依法处理。最后结案,将十六个罪大恶极的首犯,绑赴刑场,斩首示众。从此以后,巨盗绝迹,燕民始安,社会效果很好。

耶律楚材回到燕京处理的这几件事,都取得了很好的效果,获得了人们的好评。这表明他确实是很有才干的,因而蒙古最高统治集团,更加增强了对他的信任。

社稷重臣

蒙古族是草原游牧民族,正处于氏族社会向阶级社会转化的发展时期。成吉思汗建立的大蒙古国,万事草创,各种制度虽然初具规模,但是极不完善,在许多方面还很落后。随着征服战争的胜利,统治地区的扩大,原来的某些制度和做法,很难适应"汉化"地区高度发达的封建社会的需要。一场涉及政治、经济、文化等各方面的改革,势在必行。窝阔台汗是比较开明的,决心采用"汉法"。耶律楚材便成了他重要的参谋和助手,在进行政治改革的过程中,提出了许多有益的建议。窝阔台汗对此言听计从,制订出一系列重要的政策和制度,其中最主要的是:

一、逐步革除屠城杀掠的习惯法,免难民、降俘之死,大大促进了统一战争的胜利进行。蒙古统治者在初期的征服战争中,曾经下令:凡在攻城之时,敌人敢于武力抗拒者,城破之后,必加严厉惩处,杀之无赦。这种野蛮残暴的屠城杀掠政策,固然对敌人有一种威慑的作用,使之不敢抗拒,早日迎降;然而在事实上威胁的作用非常有限,抗拒者还是很多。残暴的杀掠政策不仅严重地破坏了社会经济,而且增加了抵抗者持续反抗的决心。元太宗三年(1231年),蒙古军将征河南,耶律楚材便请求不要残杀当地居民,可以把他们迁往山后之地,在那里开采金银、栽种葡萄,既可贷其不死,又可提供皇室

窝阔台汗

所需。窝阔台汗说:"卿言是也。"采纳了这个意见。次年春,大军南征,陕、洛、秦、虢等州的人民纷纷逃往山林洞穴躲避。窝阔台汗下诏:"逃难之民,若迎军来降,与免杀戮。"有些蒙古贵族反对这个诏令,他们说:"逃民们急则降,缓则走,不把他们杀掉,终为敌人所用。还是不要宽宥,完全杀掉为好。"耶律楚材请求制旗数百面,发给逃民,让他们回到蒙古军控制的州郡去种田。据说,因此而活下来的逃民不可胜数。元太宗四年(1232年),蒙古军大将速不台攻打金国的南京开封府,即将攻下时,派人向窝阔台汗奏请说:"此城抗拒持久,我军死伤甚多,城破之后,应尽屠之,以示惩罚。"耶律楚材听说后忙向窝阔台汗说:"我军将士在外征战数十年,所想要得到的不过是土地和人民。如果得到了土地,却没有人民,又有什么用处呢?"窝阔台汗听了犹豫不决,耶律楚材又说:"制造弓矢甲仗、金玉器皿的能工巧匠,和官民富贵之家,都聚在这个城中。如果全都杀了,我们将一无所得,那这个仗就白打了。"窝阔台汗点头称是,于是下了一道诏令:"除皇族完颜氏罪大不赦外,其余皆免罪不问。"据说当时因避兵乱居于城中的有147万多人,都因此而免遭屠杀。从此以后蒙古对南宋用兵,攻取淮、汉诸城,也都以此作为"定例",不再"屠城",只诛"首恶"。这当然是蒙古军事政策的一大转变,有着重要的意义,而耶律楚材在其中所起的作用,自然也应该给予充分的肯定。

二、谏阻"裂土分民",建立军、民、财分治的中央集权制。自成吉思汗建国以来,蒙古统治者就实行"裂土分民"的分封制。窝阔台汗即位以后,也准备把新占领的中原地区分赐给亲王和功臣。耶律楚材说:"裂土分民,容易引起彼此间的不满和猜疑,使矛盾扩大化,产生尾大不掉的毛病,不如多给他们一些金帛。"窝阔台汗说:"已经答应他们了,怎么办呢?"耶律楚材说:"那就由政府派遣官吏到各州县收税,颁发诸王功臣,不让他们擅自科征。把向地方征税的权力收归中央,也可以收到同样的效果。"于是制订了"每五户出丝一斤以给诸王功臣"的政策,大大削弱了他们的实力。当时,诸路官吏均兼管军、民、财三个方面的事宜,权力极大,往往肆为不法,骄横异常,不仅生杀自专,而且各州郡地方之间,也常因争权夺利,彼此相攻,有时连皇帝也无法统摄。为了改变这种局面,耶律楚材建议:各州郡置长吏专管民事,设万户府总领军政,设课税所管钱谷。他们之间势均力敌,不相统摄,力量有限,骄横的气焰就会受到遏止。窝阔台汗采纳了这个建议,制订了地方官军、民、财三权分立的制度,结果大大加强了中央集权的实力,压制了地方势力的滋长,避免了分裂因素的扩张。

三、尊孔用儒,始兴文治。蒙古帝国的建立,在很大程度上是依靠武功,因此在初期对文治是不够重视的。窝阔台即位后,耶律楚材对他说:"天下虽得之马上,而不可以马上治。"经常向他宣传"周孔之教",窝阔台认为很有道理,便要耶律楚材推荐一批文臣到政府部门任职,试行"汉法"。耶律楚材于是把当时著名儒士陈时可、刘中、周立和、吕振等人派往燕京、宣德等地征收课税,后来都取得

了很大的成绩。这是蒙古统治者试用文臣治天下的开始，耶律楚材创议之功是不应忽视的。此后，耶律楚材继续在这方面做了许多工作。最主要的有求孔子之后，得五十一代孙孔元措，奏请封为"衍圣公"，付给林庙地，世袭其位，以示尊崇。又下令招收因战乱而散亡的礼乐人才；还接受著名学者元好问的请求，把许多沦为俘虏的儒生解放出来分配适当的工作。到元太宗九年（1237年），更以"制器者必用良工，守成者必用儒臣"为由，建议"用儒术选士"，试图恢复唐宋以来的科举考试制度。这年八月，窝阔台汗命令刘中等人在各地考试，计分经义、词赋、论三科。儒人被俘为奴者也可参加考试，如果主人隐匿不遣，其罪当死。据说这次考试共得儒士四千余人，他们充实到各级政府机构中去，当然大大改善了官员的文化结构，对由武功向文治的转变，是有重大意义的。

四、立法执法，制止贪暴。为了使政府的法令得到认真贯彻执行，耶律楚材常常挺身而出，维护法律的尊严，与权贵作斗争。有一次，窝阔台汗的宠臣杨惟中等人包庇杀人犯，耶律楚材得知便把他拘留起来加以审问。窝阔台汗听信谗言，一怒之下，不辨真假，反而把耶律楚材抓了起来。既而又感到不对，有些自悔，命人把耶律楚材放了；耶律楚材却不肯罢休，说："臣位至公卿，辅佐陛下处理国政。陛下下令逮捕我，认为我有罪，应当向百官宣布我的罪在哪里；现在却又释放我，说明我没有罪。这样轻易反复地处理问题，有如儿戏。如果国家真遇到什么大事，能够这样处理吗？"在场的大臣们不觉大惊失色，都为他这种"犯上"的语言捏一把汗。不过，窝阔台汗毕竟不是一般昏庸的皇帝，他对耶律楚材的耿直是信得过的，不仅没有发怒，反而温言相劝："我虽然贵为皇帝，难道就没有一点儿过错吗？"这种君臣互相信赖的精神，是政治改革得以顺利进行的重要保证。

耶律楚材"以儒治国"的思想，表现在经济方面是促使蒙古统治者尽快适应中原地区高度发达的封建制度，恢复战乱的破坏创伤，制止苛重的赋敛剥削，把封建经济推向正常发展的轨道。他主要做了以下几方面的工作：

一、阻止将农田辟为牧地的建议。窝阔台即位之初，有个名叫别迭的蒙古贵族说："中原地区的汉人不懂得畜牧业生产，对于我们没有什么用处，不如把他们全都杀了，好在那里开辟牧地。"这种变先进为落后的建议，反映了某些习惯草原生活的贵族的无知，这种人虽然可能只是个别的，然而如果不加阻止，一旦被采纳作为政策，后果将不堪设想。耶律楚材非常敏锐地发现了问题的严重性，及时指出"天下是广阔的，四海是富裕的，各地的人民都会勤劳生产。只要我们的政策好，他们就可提供大量的财富，怎么能说无用呢？！"窝阔台汗说："如果真像你说的那样好，国家收入增加了，又何必杀人呢？！就按你的意见办吧！"一场破坏中原农业经济的灾难被制止了。

二、用课税的方式代替军事掠夺。蒙古立国之初，战事频繁，军费所需，多属

"以战养战"。赤裸裸的军事掠夺,不仅给社会经济造成不必要的破坏,而且来源也极不可靠,妨碍了战事的顺利进行。元太宗二年(1230年),耶律楚材向窝阔台建议:"陛下即将南伐,军需应该早日筹措。如果建立税收制度,仅中原地区的地税、商税以及酒醋盐铁山泽之利,每岁就可得银五十万两,绢八万匹,粟四十万石,军费就不成问题了。"窝阔台汗同意试行,于是在燕京、宣德、西京、太原、平阳、真定、东平、北京、平州、济南等十路设立课税所,选派汉人儒者担任其事。次年秋天,各路使者将征收到的粮仓簿籍和金帛实物进呈。窝阔台汗见了,高兴地对耶律楚材说:"你没有离开我的左右,却搞来这么多的钱粮,真了不起啊!"从此对他更加信任。不过,当时的税制尚未定型,税率各地很不一致。大体上是蒙古以马计,西域以丁计,汉人以户计,难免混乱与不便,急需改进。元太宗六年(1234年),大臣忽都虎等人主张按人丁多少征收赋税,耶律楚材说:"自古以来,在中原都没有实行过以丁收赋的办法。如果强制执行,人民必将逃散,赋税就收不到了。"看来,耶律楚材是想要减轻人民的负担。但是不少人主张对人身课税,以谋求财政收入的增加,结果未能作出最后的结论。到元太宗八年(1236年),耶律楚材终于奏请制订了新的赋税制度:(一)户税,每两户出丝一斤交给国库,每五户出丝一斤交给诸王功臣;(二)地税,上田每亩三升,中田二升半,下田二升,水田五升;(三)商税,三十分之一。有人认为这个税率定得太轻了。耶律楚材说:"历史的经验证明,许多法最初定得轻,后来都变重了。如果开始就定得很重,后来的人民就无法过活了。"这种轻税的思想,对恢复发展生产是有好处的。

三、释放俘虏,提高劳动者的地位。蒙古灭金后,大批百姓掠为俘虏,北返途中,逃亡者十有七八。窝阔台汗下令严查:"停留逃民及资给饮食者,皆死。无问城郭保社,一家犯禁,余并连坐。"此令一下,立即引起了广大百姓的惶骇不安。虽是父子兄弟,一经俘虏也不敢相认。逃民无所寄食,多死于道路。耶律楚材对窝阔台汗说:"十多年来,我们执行存抚百姓的政策,因为百姓是很有用处啊!现在我们已经统一了中原,他们还能逃到什么地方去呢?岂能因为一个俘虏,便把数十百人连坐处死呢?"窝阔台汗顿然醒悟,立即解除了这个禁令。不过,当时诸王大臣将校在战争过程中,仍然将大批人民掠为驱口,动以万计。驱口的身份很低,任凭主人驱使买卖,毫无人身自由可言。这不仅是对劳动力的摧残,也因此减少了国家的财政收入。耶律楚材于是奏请下令括户口,凡属驱口"并令为民,匿占者死"。大批驱口被释为民,地位提高了,对发展农业生产当然是有好处的。

四、抑制高利贷势力,反对过分剥削。蒙古贵族为了获取巨利,曾委托回回商人发放高利贷。年息百分之百,一锭银十年后本利可达一千零二十四锭,时称羊羔息,为之倾家破产的很多。耶律楚材奏请:"子母相侔,更不生息",使高利贷势力稍有抑制。当时政府官员为了增加财政收入,竟然允许商人"扑买"。商人们勾结权贵承包了全国的课税、差发,甚至连地基、水利、河泊、桥梁、渡口、猪鸡也

承包了。这种把国家财政经济命脉全都交给商人的做法，是十分有害的。耶律楚材说："这是贪利之徒，罔上虐下。想出来的恶主意，为害甚大，决不能干。"于是奏请窝阔台汗罢除了。此外，耶律楚材还在"衡量、给符印、立钞法、定均输、布递传、明驿券"等方面做了不少工作，都是有关发展经济的政策措施。由于这样，"庶政略备，民稍苏息"，收到了很好的效果。

权力失势

在即位最初的活跃时期过去以后，自13世纪30年代中期起，窝阔台渐渐失去了管理帝国的兴趣。当他开始沉溺于饮酒、玩乐以及奢侈生活的时候，各地方和地区的势力积极地施展他们的影响。在宗王自治的支持者和帝国中央集权的坚定拥护者之间发生的斗争，其转折点是1236年和1237年。

最初清楚地表明耶律楚材开始失去合罕（帝王称号，此处指窝阔台）重视的迹象发生在1236年，当时窝阔台决定大量增加王公们在中国北方的封地。根据皇帝旨令，所有地位较高的宗王和公主都接受了大量的农业用地作为增加私人收入的来源。例如，术赤后人被赐予平阳41302户，而察合台得到太原47330户。

尽管耶律楚材设法使窝阔台颁布了另一项法令，规定帝国宫廷保留在私人封地内收税和征兵的权力，但如此大规模的分封仍然会成为中央集权拥护者们的重大挫折。就像耶律楚材清楚地预见到的那样，没有一个积极而且强有力、能够坚决实施自己意愿的合罕，中央政府实际上不可能在封地内行使很多的权力。那些封地内的属民，没有任何形式的保护，只得屈从于无休止的暴政和剥削之下。

耶律楚材不可否认地输掉了一场致命的战役，但他仍然致力于改革。这一次他将注意力转向了行政机构的改革。蒙古人自己已经在这方面迈出了一步。随着金朝在1234年的灭亡，蒙古人开始意识到他们自己的法律（成吉思汗的札撒）在管理一个定居的社会时作用有限，于是他们决定在他们的中原领土上普遍实行金朝的法规，即《泰和律》。它在唐朝模式的基础上编纂而成，最初颁布于1201年。尽管这是一个值得高兴的进步，但耶律楚材的头脑中还酝酿着更宏大的计划，这就是他希望能够导致最终在中国北部完全恢复儒家模式的政府。为达到这个目的，耶律楚材首先在1237年寻求窝阔台的许可，举行整个北方文职人员的考试，以此作为使中国的知识分子恢复到他们以往在政府中的地位的手段。那些人在过去的数十年里饱经贫困，而且失去了地位。合罕对他的这个计划表示同意，随后耶律楚材在下一年组织了各"路"的考试。4000多人通过了考试（其中四分之一的人在参加的时候身份是奴隶或者战俘），但使这位契丹族大臣失望的是，只有少数成功的候选人被派去担任实际职务。代之而来的多数情况下，他们在自己的家乡充做行政管理的顾问。蒙古人无意将中国北部（或者任何其它被征服地区）交由当地的官员管理。实际上，在以后的岁月里，外来行政专门人才的作用，主要是畏兀儿人和突厥斯坦居民，在中国北部政府机构内继续存在，甚至有所增加。

耶律楚材的行政管理计划没有被接受，进一步证明了他的影响有限。以后的事情也表明，他不只是无法发展他的改革，而且已实施的措施也绝不是可以免受攻击的影响。尤其是在过去十余年里，他的财政政策步履维艰。这次攻击的核心力量是那些耶律楚材从来未能有效控制住的内亚和中亚商人。他们在蒙古统治集团中的影响力一向很强，而且在耶律楚材影响被削弱的情况下稳定地增长。1239年窝阔台被说服将中国北部的税收交给回回商人奥都剌合蛮承包，这就绕过了国家正式的税收系统。当年确定的税收额不出所料地大量地增加到银4.4万锭。第二年年初，合罕为商人的成就感到高兴，于是安排这个包税人主管中国北部的税收部门，充任提领诸路课税所官。商人集团的胜利暂时告一段落。

新政策给汉人居民带来的有害影响，可以在窝阔台于临近1240年年底的时候颁布的旨令中发现。按照这份旨令的说法，平民和官员被迫向无处不在的内亚和中亚商人大量借款以应付他们不断增长的纳税义务。利率数额是如此之高，利息通常在一年之内就与本金相等。按照合罕"仁慈"的旨意，此后利息超过原来借款的数目是不合法的。

在奥都剌合蛮的管理下，斡脱商人们（他们同时以包税人和放债者的双重面目出现）在损害了蒙古统治下的汉人臣民的情况下无疑获得了高额债息。事实上，很难想象有比这一时期普遍存在于中国北方更具破坏性和剥削性的经济制度存在。税务承包人竞相以大数目向宫廷争取征税的权力，这就使税额不断上涨。当然，商人们总是为了获得最大的利润，在超过定额的情况下尽可能征收税款，因为很少有人能付得起如此高额的款项，所以他们被迫去向斡脱商人借高利贷。应该被提到的是，后者的资金是由蒙古宫廷或者其他宗王用他们可怜的臣民最初交纳的税款提供的。就这样，到了窝阔台统治的晚期，耶律楚材在宫廷中的影响已经消失了，改革计划的实施也非常艰难。他继续保有中书令的头衔，依旧是御用占星术士，但不能够再参与讨论国家大事。最能显示出耶律楚材失势的事件发生在1241年。当时窝阔台最终采取行动，推翻自己施行于中国北部的破坏性的财政政策。情况实在太糟糕了，以至于合罕决定将奥都剌合蛮赶下台，并且重新建立一个较为合理的征税制度。然而，其结果是，窝阔台并没有转向耶律楚材，而是起用了另一个中亚的回回、说突厥语的花剌子模人马合木·牙老瓦赤。在1239年以前，他一直是阿姆河行省的首脑。显然，在宫廷内普遍存在的政治气氛下，窝阔台认为他不能将中国北部的管理权交还到耶律楚材或者其他汉人利益的维护者手中。

然而，撇开耶律楚材而选择牙老瓦赤，这并不是说宫廷想要（哪怕是变相地）继续奥都剌合蛮的政策。马合木·牙老瓦赤是一个完全依靠自我奋斗的改革家，尽管在他的汉人同事中从未得到什么较高的评价。他曾经调整了突厥斯坦的税收，反对窝阔台宫廷的奢侈铺张，而且在他以前的职权范围内与分封体系的扩大进行斗争。虽然事实是他在从1241年晚冬到1242年春季的短暂的任职期内，无法减少到处蔓延的官员腐败现象和封地所有者之间的不断争斗，但对他的任命仍然表示出了帝国对中国北部的政策的改变。

简而言之，尽管牙老瓦赤的政策在许多方面与耶律楚材相似，但是他被指派去取代奥都剌合蛮一事清楚地表明这名契丹人已经失去了个人影响力。

巧谏上书

耶律楚材作为窝阔台汗的中书令，利用其有利的地位和权力，确实在促使蒙古统治者接受"汉法"，适应中原地区封建社会的要求，建立必要的政治经济制度，促进社会经济文化的恢复和发展等方面，做了许多有益的工作。史称窝阔台汗的统治，"量时度力，举无过事，华夏富庶，羊马成群，旅不赍粮，时称治平。"其中当然应该有耶律楚材的功劳和贡献。

耶律楚材取得成功的道路，却并不平坦。他的政治改革一开始就遭到守旧贵族的反对。例如，燕京留后长官石抹咸得卜竟以旧怨，诬告耶律楚材"率用旧亲，必有二心"，务欲杀之而后快。窝阔台汗对耶律楚材也不是完全言听计从。有时耶律楚材发现某些事情做得不对，极力辩谏，声色俱厉，言与泪下。窝阔台汗不仅不体谅耶律楚材的好意，反而说什么："你想要打架吗？""你就知道为百姓哭鼻子！"有时甚至下令把耶律楚材捆绑起来，这都是不够尊重与信任的表现，因而大大妨碍了耶律楚材"以儒治国"理想的彻底实现。

特别是元太宗十三年（1241年）窝阔台汗逝世后，乃马真皇后称制，宠信奥都剌合蛮，不少贵族畏惧其势，争往附之，耶律楚材更遭到排斥疏远。耶律楚材眼见政事日乱，不忍心撒手不管，只要发现有"不便于民"的事，还是站出来仗义直言，更引起了某些人的

耶律楚材

不满。一次,乃马真皇后将盖了御宝的空白纸,交给奥都刺合蛮,让他自行填写颁发。耶律楚材知道后说:"天下者,先帝之天下。朝廷自有宪章,必须遵守。不按宪章办事,就乱了法。这样的诏令我不敢奉行。"乃马真皇后又下旨:"奥都刺合蛮提出的建议,令史如果不办,断其手。"耶律楚材说:"国家大事,先帝全都委托老臣处理,令史没有责任。事若合理,自当奉行;如不可行,死且不避,还怕断手吗?"乃马真皇后听了很不愉快,耶律楚材仍然辩论不已,大声说道:"老臣跟随太祖、太宗三十多年,没有做过对不起国家的事,我是无罪的,你总不会把我杀掉。"乃马真皇后听了更加不满,但终因他是先朝勋旧,不好轻易处理,便采取了敬而远之的办法。实际上是排挤他,不让他掌权。耶律楚材得不到信任,眼见奸邪当道,政事日非,心中很不愉快。最终在太宗后乃马真氏三年五月十四日"愤惋"而死,死的时候才55岁。

耶律楚材对于蒙古立国中原,是很有贡献的。因而在他死后,许多蒙古人痛哭流涕,如丧其亲戚,接连几天听不到奏乐唱歌的声音。全国各地的士大夫听说耶律楚材死了,也莫不涕泣相吊。当时的人们对他的死都感到非常悲痛和惋惜。后来,许多评论家对他的一生也有很高的评价。元朝的宋子贞认为耶律楚材在那个"大乱之后,天纲绝,八理灭"的时代,"以一书生,孤立于庙堂之上,而欲行其所学",确实是很困难的。但他最终发挥他的才干,取得了蒙古统治者的信任。在政治、经济、文化等方面进行的广泛改革,使"天下之人固已均受其赐",贡献之大是非同一般的。明朝的张溥则认为他"相二帝,辟草昧,开基元德",其功绩可与周召二公相比。沈德符对他的评价也很高,认为他"功德塞天地",是一个"大有造于中国"的人。清朝乾隆年间为了"褒贤劝忠",在今北京西郊颐和园更为他建祠,题碑塑像,供人瞻仰。当然,历代统治阶级之所以褒扬耶律楚材,主要是因为他站在封建儒家道德的立场上,维护了地主阶级的利益。我们今天评价耶律楚材,则是由于他提倡高度发达的汉族文化,在促进蒙古向封建制过渡的过程中,同时在中华民族的缔造和形成上,起了积极的作用。他在我国多民族结合和前进的道路上,确实有过不小的贡献,我们应该给他以应有的历史地位。

忽必烈

忽必烈(1215年~1294年),成吉思汗之孙,蒙哥汗(宪宗)弟。名字全称孛儿只斤·忽必烈,蒙古族,拖雷正妻唆鲁禾帖尼的第二子。公元1260年即大汗位,年号中统,公元1271年改年号为元,次年定都大都(今北京)。公元1279年灭南宋,统一全国。在位期间主张"遵用汉法";兴修水利;开拓海运;强化中央对边远地区的控制,对西藏实行直接管理,促进了多民族国家的统一。元朝的创始皇帝,庙号世祖,谥号圣德神功文武皇帝,蒙古语尊称薛禅可汗。他也是第五代蒙古大汗。

最初岁月

忽必烈的能干非凡和聪明的母亲唆鲁禾帖尼,与几乎同一时代的阿基坦的埃莱诺一样,唆鲁禾帖尼养育了四个成为君王的儿子——蒙哥、忽必烈、旭烈兀和阿里不哥。两位母亲都献身于儿子们的前程,并且在自己的儿子们登上王位之前从未停止努力。公元1215年九月二十三日唆鲁禾帖尼生下忽必烈,恰好在这年成吉思汗占领北京。关于忽必烈的童年、教育和游历的史料是有限的。但是,有一点看来是清楚的,即对他的抚育由他的母亲承担。因为在忽必烈的童年和青年时代,他的父亲拖雷离家在中亚或中原征战。唆鲁禾帖尼招募一位名叫Tolochu的畏兀儿人教忽必烈读写蒙古文。她确保通过她的汉人幕僚使忽必烈受到汉人方式的影响,但奇怪的是从未教他阅读汉语。她还为忽必烈争取到了第一个官职。她说服大伯窝阔台将邢州封给忽必烈管辖。邢州地处河北地区,在1236年拥有上万户的人口。以他的母亲为榜样,忽必烈通过鼓励农业以及宗教上的宽容政策寻求与他的汉族臣民保持良好关系。也像他的母亲,他在自己的周围笼络了一批志同道合的幕僚,其中大部分是汉人。在他以后的事业中,他常和聂思脱里基督教徒、吐蕃佛教徒以及中亚穆斯林教徒磋商,而不把自己囿限于汉族幕僚之中。

忽必烈最早的谋士们是一群折衷主义者。海云和尚向他介绍佛教的戒律和习俗,并且安排忽必烈和刘秉忠见面。后来刘秉忠成为忽必烈最重要的大臣之一。赵璧向忽必烈讲演儒学。但是毫无疑问姚枢是对忽必烈影响最大的儒士幕僚,因为姚枢是一位"务实并多才多艺的且善于使自己的传统学识适用于新环境的儒士"。他的实用主义和现实主义对忽必烈和蒙古贵族有一定的吸引力。姚枢的建议总是隐含在蒙古人所能理解的逻辑之中。也有一些儒学谋士仅仅勉强地为忽必烈服务。赵复是这些不太合作的谋士中的一个,他只被忽必烈召见过一次。在他们的谈话中,忽必烈询问他如何征服南宋。赵复的回答是:"宋,吾父母国也,未有引他人以伐吾父母者。"

一位对忽必烈有影响力的顾问是他的妻子察必。尽管有关她的一生及事业细节的文献甚少,但足以证实对于一位追求成为伟大帝国统治者的男人,察必是一位合适的伴侣。她劝告忽必烈防止蒙古家臣把他分地中的肥沃农田变成牧羊的牧场。她的理由是如果忽必烈鼓励这种转化,他不仅会破坏自然农耕经济,而且还会疏远他的汉族臣民。察必还是一位虔诚的佛教徒,尤其热衷于吐蕃佛教。她生下的第一个儿子取名为朵儿赤。毫无疑问是她敦促忽必烈邀请像海云那样的僧侣来到他的领地并且和他们讨论深奥的佛教教理和教义。她对佛教的热情肯定促使他支持这种宗教。总之,忽必烈认真地考虑了察必的各种见解。

察必皇后

然而在他的兄长蒙哥统治期间,忽必烈的第一项重要任务是承担一次军事远征。蒙哥希望继续他的前任们的扩张政策,并命令他的弟弟旭烈兀把蒙古统治扩大到中东。而另一个兄弟忽必烈则受命率军对现今云南省内的大理王国远征。对中国西南这一地区的控制可为蒙古人提供进攻南宋王朝的另一个基地。1252年7月忽必烈接受蒙哥发动远征的命令,但是直到1253年9月他才向大理进军。大理战役的准备对他来讲特别重要,因为这是他的第一项重要任务。在36岁时他才得到一次进攻极其重要的军事目标的机会,他不希望糟蹋掉这次可以证明自己是军事指挥家的机会。

公元1253年夏末忽必烈准备好完成蒙哥交给他的这项任务,他的军队从陕西出发向大理进军。在发动进攻之前,忽必烈派遣三位使者要求大理投降。大理国王段兴智以及在国王后面执掌实权的宰相高祥对此所做的回答是杀死了这三位使者。因此忽必烈向大理国发动三路进攻,他的军队打败敌人,迫使敌人退回到首都。汉文史料称赞姚枢阻止了不必要的杀戮,他劝说忽必烈命令部下制作一幅带有禁止杀戮字样的帛旗,使城内的居民确信如果投降,他们的生命可

不受伤害。由于这种保证,大理选择了投降。忽必烈没有食言,居民没有受到伤害,他们的政府系统只有很小的改变,并且允许段氏家族和忽必烈指定的宣抚使分享权力。

忽必烈的第一次军事远征凯旋而归。

公元1253年到1259年,从西南战役凯旋回到他的分地之后,忽必烈开始把注意力集中到他的分地的行政管理之上。依靠儒士幕僚的支持和协助,他发展农业、发行纸币鼓励贸易并且征收赋税。总而言之,他的分地既稳定又富庶,使得忽必烈得以考虑长期规划。刘秉忠劝说忽必烈培养、保护和使用被他描述为国家财富的儒士。他还督促这位蒙古宗王开办训练儒士的学校,恢复传统的科举考试并重新引入古代中国的礼乐制度。最后,他建议为忽必烈的汉地臣民制定不过分沉重的税收和军事义务。最终除了没有恢复科举之外忽必烈批准了所有的建议。他不希望全部使用汉人幕僚,或者至少不希望全部使用讲汉语的幕僚和官员。

刘秉忠和忽必烈之间最重要的合作可能是在这位蒙古宗王的农耕世界的新分地内建设一座都城。1256年,他们在滦河以北后来属内蒙古清代城镇多伦诺尔以西36里处选择了一个地点,这个地点夏天的气候比中原北部凉爽,四面环山,水源丰富,足以供应中等规模的城市。它靠近汉人农业边缘地区和蒙古人牧场的边线,距北京约有十天的路程。这样,传统的蒙古人就不能指责忽必烈放弃传统而站在汉人一边。然而,忽必烈已对他周围的汉地臣民发出了变革信号。

对忽必烈的定居臣民发出的另一个信号是名为开平的新城,开平以中原过去的都城为模型。许多建筑的布局基于中国古书《易经》的规定。城分为三个区。外城为方形,由12至18英尺高的土墙包围。大部分居民居住在这个区域里的土房和木房里,外城还有几座佛寺。第二个区是内城,容纳忽必烈和他的扈从。高10至16英尺的砖墙包围着内城。建筑在土台上的皇宫大安阁是这个部分的最重要的中心。在宫殿内,"大殿、房屋和走廊全部贴金并且油漆得富丽堂皇。宫中的绘画、肖像、鸟树花草等等美妙精巧,使人愉快和惊奇。"在内城中还分布着许多其它殿堂和官府。开平城的最后一部分是外城北面的猎场,由草地、树林和河流组成。猎场中驯养着供忽必烈打猎的各式各样的动物,尤其是鹿。园中还饲养着白牝马和母牛,它们所产的奶,除了大汗和他的后裔之外,谁都不准饮用。

刘秉忠

目睹忽必烈分地中的这些发展,蒙哥必然会对他的弟弟与其汉人臣民的认同不安。蒙哥的大臣们也指责忽必烈避开传统的蒙古法律采用汉人的法律统治他的分地。1257年蒙哥派出两位亲信大臣调查忽必烈分地的状况,揭露出他们声称的大量违法和越权行动后,他们逮捕和处死了几位高级官员,不过清洗未殃及忽必烈。几个月之后,蒙哥面临两个关键问题,并且感觉到要解决这两个问题,忽必烈的协助非常重要。第一个问题是已经上升到猛烈的械斗并且破坏庙宇道观的佛教和道教之间的宗教冲突;第二个问题是征服比中原最富裕地区更为富庶的江南地区。忽必烈和他的汉人谋士可以帮助蒙哥解决儒道之间的争端并且同时帮助他得到中原汉人的忠诚,因此蒙哥在1258年上半年安排了和他弟弟的一次会面,他们两人重归旧好。事实上,他们都需要对方。这次会见后不久,忽必烈召集300位佛教僧侣、200位道士以及200位儒士和朝廷官员对有争执的问题进行辩论。他要对这两个宗教团体的论战主张进行裁决。道教和佛教都追求"唯我独尊"并且都期待着非宗教权威的支持。辩论的焦点是所谓"化胡"理论(野蛮人的皈依),道教徒坚持认为老子曾离开中国到西域去,在西域老子把自己变换成佛祖并且开始传播佛教学说,他们暗示佛教只不过是老子发展的道教中的一种简单的庸俗化形式,以便吸引比较落后的印度人。道教的辩护者依据两本古书《老子化胡经》和《老子八十一化图》中所找到的证据。但是,他们的佛教对手尤其是吐蕃的八思巴对这些著作的可靠性提出疑问。他们指出包括司马迁的伟大历史著作《史记》在内的早期中国史料都没有提到过这两部著作,八思巴提出这两本书是后来的伪造品。忽必烈赞同这种观点。这位蒙古王子向道教徒提供一次挽回的机会。他邀请道教徒表演他们精通的绝技,由于不能完成这项挑战,道教徒被宣判为是这次辩论的失败者。忽必烈命令烧毁所有的《老子化胡经》和《老子八十一化图》,并且把没收道教徒的财富归还给佛教寺院。忽必烈没有禁止道教,仅仅抑制他所认为的过分行为,因为惩罚性的清洗会激怒道教徒,他们的许多支持者将会阻碍蒙古人统治中国北方的努力。忽必烈的决定以及他惩罚道教徒的温和态度看来得到了他的汉人臣民的赞同。

1258年年底,蒙哥作出征服江南的计划。他计划在四条战线上展开进攻。由他本人统率的军队首先试图占领四川然后向东挺进。忽必烈接着应该率领另一支军队从开平出发在长江中游的鄂州渡过长江,并在鄂州吸引住南宋军队。另外两支军队将从云南以及陕西的六盘山出兵,后者进逼宋朝重镇襄阳。蒙古人显然希望西部战场的迅速胜利会导致宋朝投降。因为遇到宋兵的顽强抵抗,蒙哥自己指挥的征战没有达到他的预想。1258年3月占领成都之后,他的远征军在1258年下半年和1259年的前七个月徒劳地陷入试图占领牢固守卫的合州城(今四川合川)的战斗之中。1259年8月11日,蒙哥病死于合州附近的军中。

蒙哥去世后,蒙古人在欧亚大陆上的征战全部停顿下来。蒙哥的军队不再向前移动,也未和其他三支进攻宋朝的军队进行联络。在中东,扩大蒙古在西部疆域控制的蒙哥的弟弟旭烈兀仓促地返回蒙古本土,只留下一支小部队守卫新占领的地区。蒙古帝国的这种混乱是由于缺少对汗位的有序继承而造成的。

1259年在拖雷家族中展开了皇位争夺。这不仅仅是一场两个人之间的争夺,因为他们各自代表着蒙古贵族中的主要派别。忽必烈受到被他征服的国家的文明的吸引并且寻找他的民众的建议和帮助,他代表着受到定居世界影响,并且希望同他们和解的蒙古人;而他的弟弟阿里不哥则作为传统的蒙古方式及准则的捍卫者出现。对于阿里不哥,草原世界要比农耕世界更有吸引力。他不信任他的两个哥哥旭烈兀和忽必烈,并且认为他们受到外来准则和观点的腐蚀,由此引发了涉及到蒙古帝国未来方向的兄弟之间的争斗。

这场争夺推迟了几个月。1259年9月中旬,忽必烈通过他的异母兄弟派出的信使获悉蒙哥的死讯,他的这位兄弟要求忽必烈返回蒙古本土选举新的大汗。此时忽必烈刚刚到达长江北岸并且正准备向南入侵。按《元史》的说法,他告诉使者:"吾奉命南来,岂可无功遽还?"波斯史学家拉施特证实了这个说法,注明忽必烈的反应是,"我们带着一支多如蚂蚁和蝗虫的军队来到这里,我们的使命尚未完成,怎么能够返回,难道仅仅因为传闻?"看起来忽必烈希望击败宋朝以提高汗位争夺中的地位,他应该作为一位成功的军事领导人投入这场争夺。出于这个原因,他没有立即返回北方。为了得到支持,忽必烈不得不依靠汉地的资源和汉人臣民。他发布了一份由他的儒士幕僚王鹗起草的诏书,承认对于统治中原光靠蒙古军事技能是不够的。为了统一中国需要一位仁义的和按照先人传统进行统治的贤人,并且暗示他正是这样的人。他还提出减少百姓的赋税和徭役负担。在发布这份诏书几天后忽必烈采用了汉制年号"中统",尽管他还没有为他的王朝采用一个汉文国号。他设立的政府机构中书省和宣慰使司类似于传统的中原机构。事实上,忽必烈希望向所有的汉人示意——他想采纳传统中原统治者的服饰和风格。但是南宋的汉人不接受这种让步。他们把忽必烈派来对双方冲突进行外交协商的使者郝经扣押起来。1260年郝经被投入牢中,一直关押到13世纪70年代忽必烈成功地发动对南宋的军事征战为止。

但是争夺帝位对于忽必烈来说,还是比较有利的,因为忽必烈自己可以利用中国北方的资源,并且利用占据中原的优势封锁向阿里不可提供的物资供应。以和林为基地,阿里不哥需要输入大部分粮食,忽必烈决心切断他弟弟的供应线。而甘肃、东北以及更西的畏兀儿是由忽必烈的盟友控制的。阿里不哥供给的主要来源是以中亚为基地的察合台汗阿鲁忽。起初阿鲁忽支持阿里不哥争夺帝位,但是对税收及分配掠夺品的争执使他们反目。因此,1262年以后,阿里不哥没有了可依赖的盟友以及可靠的供应来源。对他来说,放弃帝位争夺只是时间问题。在几次小冲突之后,1263年阿里不哥向忽必烈投降。对忽必烈足够有利的是,几年后阿里不哥在被监管中死去,人们怀疑他是被毒死的。尽管阿里不哥死了,忽必烈的权力仍然面临着其他威胁。在把自己扮演成为蒙古帝国的大汗的努力中,忽必烈仍然摆脱不了对他即位的合法性的怀疑。

同样,接受忽必烈为中国的皇帝的基础也是脆弱的,因为出现了几位权力的竞争者。他的第一个对手是山东益都的李璮。汉文史料描述李璮是一个"反叛的逆臣",因为他最终倒戈反对忽必烈。从而,他被看成为是一位反叛而不是一位献身建立中国王朝的忠臣。撇开不谈这种错误的表述,李璮的确对忽必烈自称为中国皇帝构成了直接威胁。早期,在对宋朝的战争中李璮和蒙哥合作并且袭击过几座滨海城镇。当忽必烈1260年登上中国皇位时,看来没有理由怀疑李璮对蒙古的忠诚。另外,李璮是王文统的女婿,而王文统刚被忽必烈任命为中书省的平章政事,这是政府里最有影响的官职之一。

李璮的反叛

1260年和1261年,忽必烈送给李璮金银,作为对宋战争的费用。但在1261年下半年,李璮准备和忽必烈决裂并且实行与南宋的一项和约。由于可以从山东贮藏的盐和铜得到巨大财富,李璮拥有向蒙古统治发起重要挑战所需的资源。他可能已经得到宋朝给予支持的保证并且必然认为和南宋的贸易以及其他经济关系要比与蒙古的友好关系更有实利。另外,在种族上作为一个汉人,他可能具有忠于宋朝的感情。不论出于什么动机,1262年2月22日他背叛了他过去认可的君主。忽必烈立即对此作出反应,派出几支最信任的军队来对付这位麻烦的汉人领导人。忽必烈的两位主要将领史天泽和史枢以及儒士幕僚赵璧前去粉碎李璮的反叛军队。数量上的优势在几个月之内就显示出来,8月初李璮被击败并被抓获。朝廷的士兵按通常为贵族施行的处死方法,把李璮放在一个袋中用他们的马把他踩死。他的岳父王文统在此之后也很快被处死,并且为了对王文统受到的惩罚提供法律根据,公开宣布了王文统在叛乱中的造反及"叛迹"。

李璮的反叛在忽必烈的统治中是一个转折点,因为它增加了忽必烈对汉人的猜疑。在一个重要经济地区发生的由一位重要的汉人领导的,并且得到一位受信任的最高层汉人显贵隐蔽支持的叛乱,肯定会对忽必烈产生影响。从这个时刻开始,他自然对仅依赖他的汉人助手统治中国产生怀疑,作为替代,他从非汉人幕僚中寻求协助。即使在他成为大汗和中国皇帝之前,忽必烈已经招募出身于不同种族的幕僚。而且,李璮的背叛引起更大的对依赖汉人的怀疑,忽必烈更强烈地意识到需要非汉人的幕僚和官吏。他的妻子察必支持统治上的这种改变。察必渴望成为有权力的皇后,而不仅仅是一个部落首领的妻子。她对不同背景的尤其是吐蕃背景的官吏的庇护也补充了忽必烈的政策。然而,他们两人仍

意识到他们的大部分臣民是汉人,从而容纳某些汉人价值观念和制度是必不可少的。

忽必烈早期实行的行政制度意在吸引汉人的支持并且反映蒙古人的利益。但是,和以前的中国朝代不同,忽必烈新设计的政府不实行科举。这种需要对孔子学说进行反复学习和探讨的考试从7世纪起为中国的各朝代提供了许多官员,并且为北方的辽、金所采纳。但是,忽必烈不急于把自己囿于由汉人思想熏陶出的幕僚和官员的圈子之内。此外,他想拥有任命自己官员的权力。不过他所建立的制度应该是他的汉人臣民所熟悉的。

传统的中国政府机构中书省负责大部分行政事务,如接收呈交给皇帝的奏章以及制定法律。中书省的负责人在主要的政治决策上和忽必烈商量,然后由左丞相和右丞相监督的六部执行。枢密院负责军事事务,御史台监察全国官吏的行为并且向皇帝呈写报告。尽管中央事务的大部分框架类似于更早的中国各朝代,但地方控制系统是不同的。中国分成行省,各省由行中书省丞相管理。皇帝还指定蒙古人或中亚人为专门代表(达鲁花赤)检查各省官员及各省180路地方官吏的活动。

忽必烈的政治制度明显地不同于以前中国各朝代的政治制度。首先,他把居民分成三个种族。蒙古人占据最重要的位置,然后是称为色目人的西亚和中亚人,称为汉人的中国北方居民最初构成最低的阶层,而在征服中国南部之后称为南人的南方汉人变为最低的阶层并且排除在一些最重要的文职之外。忽必烈认识到如果想避免为人口多得多的汉人所吞没,蒙古人必须拥有控制权。概括地说,比起以前的中国各朝代对控制的强调要更多。

忽必烈关心的是官员(其中不少人不是蒙古人)保持忠心、诚实和廉洁。"蒙古的监察系统……要比任何一个前朝的系统更为渗透得多,并且它与中央集权紧密联系的程度在中国的监察史上是前所未有的。"忽必烈寻求保持官员的忠诚同时防止他们滥用职权。受贿的官吏、在履行职权时缺乏热情的官吏或者向他们的臣民过分征税的官员要受到严厉的惩罚。同时忽必烈需要新的制度来控制和保持蒙古人的统治地位。从窝阔台时代开始,许多蒙古贵族得到封地的赏赐,在他们自己的封地里他们认为自己是至高至上的并且几乎不允许干预。而忽必烈必须使这些封地得到中央政府的监控,坚持使这些统治者必须遵守他的政府制定的法律和制度。另外,他期望由他而不是封地的拥有者来征收赋税和征募国家的军队。

统一中国

至元八年(1271年),忽必烈建国号为大元。次年,确定以大都为首都。中央

集权政治的重新确立,恢复了正常的统治秩序,对人民的赋役剥削限制在一定的数额之内。并采取了一些有利于农业和手工业生产的措施,如立司农司、垦荒屯田、兴修水利、限制抑良为奴等。但是,这个政权也保留了大量的蒙古落后旧制。这些制度在元代一直保留下来,严重地束缚了生产力的发展,使元代的社会矛盾愈益激化。同时,忽必烈又积极着手消灭南宋的战争,至元十一年,命伯颜大举伐宋。十三年,下临安。十六年最后消灭了流亡在崖山的南宋残余势力,完成了全国的大统一。元朝是中国历史上第一个少数民族统治全国的王朝,它初步奠定了中国疆域的规模。

忽必烈

全国统一后,忽必烈的保守、嗜利和黩武等消极因素都有了发展。他重用回回人阿合马。阿合马从中统初便主管中央财政,多方搜刮,权势日重,后阿合马独擅朝政。十九年,大都发生了王著、高和尚刺杀阿合马事件。此后,忽必烈又先后任卢世荣、桑哥专理财政,都以失败而告终。同期,忽必烈接连派遣军队远征日本、安南、占城、缅甸与爪哇,都遭到失败。但抗击海都、笃哇等西北诸王的侵扰和平服东北诸王乃颜叛乱,具有一定的积极作用。

在中国建立政府之后,忽必烈就把他的注意力转向对外关系。和他的蒙古前辈一样,忽必烈懂得必须坚持领土扩张。在蒙古人的心目中,衡量一位统治者的成就在某种意义上讲就是看他是否有能力将更多的财富、人民和领土并入他的版图。同样,汉人相信贤明的君主应该使外国人臣服并且接受中国至上的观念。外国人应该不可抗拒地受到中国统治者的德政以及浩荡皇恩的吸引,蒙古人和汉人的世界观念导致忽必烈把扩张放在首要位置上。忽必烈获取权力的方式也可能导致他追求对外征服,因为他曾经受到他自己弟弟的挑战,在他作为蒙古世界的统治者的合法性上确实笼罩着疑云。忽必烈可能试图通过进行对外战争消除这种怀疑,因为新的征服将会支撑他在蒙古人中的声誉。

出于安全上的考虑也促使忽必烈对南宋开战。和其他历代王朝一样,宋朝渴望统一中国。在宋朝朝廷中复仇主义是政治辩论中的一部分,尽管此时宋军相对较弱并且没有构成对蒙古的直接威胁,但它可能恢复元气,并且它的首要目标之一是收复被蒙古占领的中国北方领土。忽必烈应该在南宋变成更强大的对手之前征服宋朝。宋朝的大量财富是另一种吸引。南宋土地肥沃,这对北方极其重要,因为北方的人口超过北方的食品供应能力,因此北方需要很好地利用

来自南方的谷物供应。宋朝与南亚、印度及中东的海运贸易使南宋的沿海城市富裕起来,这是忽必烈的另一个经济动机。

但是要占领中国南方存在许多障碍。尽管蒙古军队和骑兵在北方的气候和地形条件下是成功的,但他们不习惯南方的气候和地形。他们对中国南方亚热带地区折磨人的高温没有准备,也不适应南方或西南地区的疾病、寄生虫病和蚊子肆虐的热带雨林。他们的马匹不能很快适应高温,并且在南方农田上不能像在草原上那么容易得到草料。另外,蒙古军队需要采用以前未使用过或至少很少使用过的军事技术。例如,为了对付南方的水军,他们需要造船、招募水手并且需要更加精通水战。在陆地上他们需要围攻人口众多、守卫良好的城镇。事实上,在蒙古人攻打的国家中,宋朝人口最多,资源最丰富;而对大宋帝国的占领需要大量的支出和努力。

表面上,南宋是繁荣的。像首都杭州那样的活跃城市追求奢华并具有为此所需的资源。杭州拥有豪华的饭馆、茶馆及戏院,"别的城市都没有这样地聚集财富"。南宋的繁荣来自广泛的国内贸易以及和亚洲及中东其他国家的贸易。认识到可以从贸易中征集潜在的税收,南宋政府在最重要的港口中任命海上贸易监督人(提举市舶使);雇用商人监督国家专卖并在社会上给他们以较高地位;还鼓励与中国开展贸易的外国商人。随着海上商业的繁荣,宋朝关心航运并且相应地关心水军力量的提高。朝廷建立海军抵御沿海的海盗,装备着火箭、火器和炸弹的大战船成为南宋武装力量的重要分支,构成蒙古入侵的一种障碍。

虽然有着商业繁荣和水军强大,13世纪中期宋朝内部面临许多严重的政治和经济困难。许多善于经营的大地主通过压迫农民或者得到官僚亲戚的偏袒,从而积累大量财产并且获得免交赋税的特权。随着越来越多的土地从税收名册上消失,朝廷的国库需求不能得到满足。宦官和外戚在朝廷的政策制定中起着重要的作用,有时压倒高级官员。军事上的开销不断上升,腐败和低效使军队战斗力下降。从13世纪60年代初期,大臣贾似道开始试图改革并约束牟取暴利的宦官、外戚和官吏。他清洗一些这样的人物并使自己的党羽担任重要的官职,从而使宫廷两极分化,疏远并扩大对立面。因此,到了和蒙古对抗时,宋朝朝廷陷入了严重的分裂。

因为宋朝拒绝放弃它的主权,武装冲突不可避免。从1260年之后出现小冲突,1265年在四川发生了大的冲突。战争于1268年爆发,一直持续到1279年。从1268年到1273年的襄阳之战是战争中时间最长的战役并被证明是最关键性的。位于汉水沿岸的襄阳是具有决定意义的重要战略要地,是通向长江中游盆地的最后一个要塞。宋人在那里修建了几乎坚不可摧的防御工事,其中包括如拉施特所描写的"坚固的城堡、厚实的城墙和深深的护城河"。为了战胜守卫者的抵抗,蒙古军队需要取得汉水上的水上霸权以阻止来自宋朝首都的给养和增援部

队。蒙古军队还需要熟练掌握攻城战术和使用火炮。为了提供这种专门技能,忽必烈挑选了一组来自各种族的军官,并为他的军队招募蒙古人、汉人、畏兀儿人和波斯人,为他的水军招募高丽人和女真人。

围困开始于1268年秋天,但是很久之后才实现全面封锁,从而在围攻的头三年中宋朝能够向它被围困的要塞发送给养和增援部队。同时忽必烈反复地派出他自己的增援部队向襄阳的保卫者施加压力。例如,从1269年4月到1270年4月,他向该地区的指挥官派出10万官兵和5000艘战船。但是襄阳的保卫者坚持不投降。然而,从1272年初宋朝朝廷在打破围攻中遇到更多的障碍。从这时起,襄阳完全被孤立。但蒙古指挥官认识到强攻城堡和要塞要付出沉重代价,如果他们选择避免流血,毫无疑问他们会被钳制,为了打破僵局他们需要帮助。

两位回回技工提供了蒙古人所寻求的帮助。忽必烈的侄子、波斯的伊利汗阿八哈应大汗的要求派出亦思马因和阿剌瓦丁前来中国。这两位回回人在1272年下半年到达襄阳并建造了能够远距离发射大石块的投石机和石弩,年底蒙古军队开始使用这些设备。有记载说"当该炮发射时声音惊天动地,它所击中的所有东西都被击破和摧毁"。借助这种大炮的神威,蒙古人最后强行攻城,剩余的宋军用密集的石块和弹射器反击但未能挡住敌军。1273年3月勇敢的宋军将领吕文焕投降,几乎持续五年的围攻终告结束。

襄阳失守之后,宋廷士气低落,贾似道信誉扫地。贾似道试图通过亲自主持抵抗蒙古军队的进攻尽力挽回声誉。他知道进击的蒙古人将沿东南方向向宋朝首都杭州进军,所以决定在西北方向上靠近扬州城的地方进行抵抗,贾似道率领13万大军等待敌人。为了加强自己的入侵力量,忽必烈决定指定一位攻宋军队的统帅。

1273年夏天,忽必烈选择了伯颜,一位可能是那个时代最有才华的军人担任远征军的指挥官。在旭烈兀领导下的波斯和中东战役中以及在大理战役中伯颜已功成名就,但是现在他得到最重要的任命。认识到这项任务极其重要,伯颜对远征作了大量准备。他还鼓励和欢迎汉人投降者。

完成计划制定和对军队的训练之后,1275年1月伯颜从汉口渡过长江。两军展开了水陆激战,但很快宋军被迫后退。3月中旬,伯颜终于在离扬州不远的丁家洲遇到主要对手贾似道。除了蒙古具有包括投石器和石弩在内的大炮之外,双方势均力敌。大炮意味着差异,伯颜借此击溃宋军并予以重创。贾似道的军队开始逃跑,贾似道被迫重聚军队并且退却。他在首都杭州的政敌得到了他们一直寻找的机会,他们剥夺他的官职并把他流放到南方省份福建。在途中,贾似道被押送他的人害死。

宋廷处于慌乱和无序状态。当蒙古人继续向前推进时,南宋的皇族面临着其它困难。年轻的皇帝度宗于1274年8月12日突然病逝,由他的年仅四岁的儿子继承皇位。祖母谢太皇太后为孙子摄政，但她体弱并且缺乏好顾问，因为越来越多的有权势的臣僚投靠了蒙古人。同时，在丁家洲战役之后伯颜的军队包围扬州并且占领一个又一个的城市，多有宋军和居民不战而降。除了投降之外，太皇太后没有别的选择。1275年末，她派出使者答应向蒙古进贡。但是伯颜拒绝这些提议，声称除无条件投降外他对一切都不满足。

1276年1月末，太皇太后最终承认宋朝皇帝是忽必烈的臣民并把国玺交给伯颜。宽厚地接受宋朝的投降之后，伯颜告诫他的手下不要抢劫和掠夺并把皇族护送到北方忽必烈的驻地。同样，忽必烈对投降的皇族是很关心的，尽管他没收了一些珠宝和官服，但他为皇太后和皇后提供住处、年俸及侍从。年幼的皇帝同样得到从小已习惯的奢侈，但他很快被放逐到吐蕃并且成为一位虔诚的佛教徒。后来在1296年他离开宫殿出家，1323年被迫自杀。

尽管占领杭州，但是尚未完成对南宋的征服。一些宋朝忠臣带着皇帝的两位异母兄弟逃到南方。1276年6月14日他们聚集在福州拥戴七岁的哥哥赵昰为皇帝。面对这样一位年幼的皇帝，宋朝忠臣需要一位强有力的摄政王来保证他们事业的生存。由于主要官员政治观点不同，不能选出单一的摄政王。缺乏团结和不断的争吵削弱了宋朝并且使蒙古人率领的军队更有信心以最快的速度向南挺进。

畏兀儿将军阿里海牙率领的军队经湖南和现在的广西向西南挺进。当年年底，另一支由蒙古将领唆都指挥的部队占领福州，迫使宋朝忠臣向更南的港口泉州退却。泉州的主管海上贸易的招抚使回回人蒲寿庚最初欢迎逃来的皇帝和他的随从，但是蒲寿庚很快感觉到宋朝官吏的傲慢和专横，随即发生争执。1277年4月他把忠诚转向蒙古人，因为蒲寿庚指挥着一支精良的船队，对忽必烈来说这是一次重要的变节。同时，在这一年中，忠于宋朝的大臣在南方从一个港口转移到另一个港口，从潮州开始，接着到惠州，最后在年底抵达广州。唆都不断追击他们，并在1278年2月占领广州。忠于宋朝的大臣仍然不投降，而且再一次逃跑。但是，压力、艰苦的生活以及不断变化的气候和环境都使年幼的皇帝难以承受，在5月8日他将满10岁时夭折。

他的死对宋朝的忠臣是一个沉重的打击，但是他们的领导人张世杰和陆秀夫最后一次把他们重组在一起，推戴已死皇帝赵昰的异母兄弟赵昺并以他的名义进行统治。此时他们以中国东南边陲的雷州半岛附近的硇洲岛为基地。蒙古人的持续进攻迫使他们再次逃跑，这次从广州过海到达崖山岛。蒙古人对岛进行封锁。1279年3月19日，宋朝船队试图打破封锁，但在接踵而来的战斗中，却失败了，最后陆秀夫背负小皇帝跳海。宋朝的末代皇帝夭折在海上，宋王朝最终被蒙古人推翻。三个月之后，张世杰在他的船队遭到飓风摧毁时溺死。一些忠臣逃到占城，他们计划恢复力量并且对蒙古在中国的统治进行挑战，但是他们已没

有能力做到这一点。

到了1279年,忽必烈和蒙古人粉碎了宋朝的残余力量。但现在忽必烈可能面临更加难以对付的局面,因为他必须获得他征服的汉人的效忠。为赢得他们的信任和支持,他不能仅仅表现为一位只对掠夺中国南方财富有兴趣的"蛮人"占领者;相反,忽必烈需要建立一个为蒙古人服务但又不过分压迫当地百姓的政府。某些政策和人员使用上的延续还可以使蒙古统治平稳过渡。因此,忽必烈对他的军队下令允许汉人不受妨碍地从事经济活动。他还试图为他的政府招募汉人官员,许多有才能的"南人"为蒙古人工作。但是,一些学者和官员拒绝为蒙古人服务,并且投身到非政治的事务中。一些人物,例如,著名的儒将文天祥,表现对宋朝的忠诚,则被蒙古人监禁或杀害。在忽必烈后来的统治时期,史书上没有记载重要的宋朝造反者,明显地显示出他在世界上人口最多的国家中建立蒙古统治的能力,他遇到的困难很少。

对外扩张

在平定高丽的战争中,忽必烈取得了同样的成功。1258年,他的兄长蒙哥派出远征军平息叛乱并使高丽处于蒙古控制之下。武力的炫耀导致高丽的屈服,其象征是世子王禃(译者注:王禃初名王倎,封王后改名)作为人质抵达蒙古宫廷。忽必烈和这位年轻的高丽人相处得很好。当第二年蒙哥和高丽国王去世后,在一支蒙古部队的护送下忽必烈把王禃送回高丽并授予他高丽国王的封号;反过来,王禃很快地通过把世子送到忽必烈的宫廷作为人质以表现他的忠诚和"信诺"。在后十年中,高丽和蒙古朝廷间的关系持续改善。王禃向蒙古进贡,而忽必烈用慷慨的礼品回酬,允许高丽商人和中国进行贸易,并在经济困难时向高丽提供谷物和肉类。

忽必烈甚至在政治骚乱时帮助他的盟友。1269年,一位名叫林衍的军官发动军事政变。在得悉发生暴乱消息后的一个月内,忽必烈派出3000名特遣军驱散叛乱军队并恢复了王禃的王位。1273年,残存的反抗者被赶到大陆南海岸旁的济州岛。为了巩固与

忽必烈行猎图

高丽皇族的关系,忽必烈让他的女儿和高丽世子定婚,并成为以后在中国的蒙古王朝统治者的一种惯例。作为回报,高丽人每年派使团向中国进贡土拨鼠、水獭、白银、猎鹰、陶瓷和药品直至忽必烈去世;高丽向忽必烈的宫廷递交人口登记册,并且向派到高丽宫廷的蒙古监临官提供给养。济州岛的一部分变成养马的牧区,这些马匹进贡给蒙古或者用于贸易。在13世纪70年代中期平定高丽后,忽必烈对高丽提出了蒙古在军事和经济上的要求。

也许忽必烈对高丽最艰巨的要求是在他的对日关系中作出帮助。尽管在13世纪初期高丽被称为倭寇的日本海盗所烦扰,他们仍希望避免牵连到蒙日关系之中。例如,1266年他们通过描述日本岛屿附近的汹涌海洋和狂暴气候劝阻忽必烈派往日本的使团不要继续前进。为高丽的不合作所激怒,忽必烈严厉地进行惩戒,他在1268年派出另一个由高丽人参加的使团。日本幕府首领和体现出武士自尊及爱国特点的摄政王北条政村,不接受作为中国的蒙古统治者的仆从地位,因此他们断然拒绝使团的提议,甚至不答复忽必烈的来函。在这封信中忽必烈把日本君主称为"小国之君"。1271年和1272年派去的使者得到相同的待遇,这两次使者返回中国后都描述了在日本所受到的粗鲁和屈辱的待遇。忽必烈不能容许日本人对他的无限期的蔑视。

1274年忽必烈开始组织迫使日本接受进贡国地位的惩罚性远征。这次行动由1.5万名蒙古人、汉人和女真人士兵以及6000~8000高丽军队组成,由7000名高丽水手引导,从高丽的合浦(接近现代的釜山)出发驶向日本。他们占领对马岛和壹岐岛并且在九州东部海岸上的福冈登陆。因为忽必烈完全低估了日本人抵抗力量,这并不是一支很强大和给人深刻印象的军队。尽管日本不具有能和蒙古人的长射程武器,例如弩和石弩相匹敌的武器,而且他们的将领不像蒙古将领那样有经验,但是他们早就布置好沿海岸的防御,并且是在自己的土地上进行战斗,更加熟悉地形和气候。

11月19日,看来日本人在福冈要输掉反抗蒙古人的第一场战争,但是那天晚上突然袭来未曾预料到的大风暴。日本人习惯这种"反常的"事件并且轻而易举地就隐蔽到任何他们能够找到的躲避处。但是蒙古人被吓坏了,在他们的高丽属下的劝说下返回到船上并驰向宽阔的大海等待风暴平息。后果是灾难性的:风、浪、岩石毁坏了几百艘船,1.3万人丧生。远征以蒙古人的灾难告终,残余的部队开船返回并向忽必烈报告惨败的消息。因为忽必烈企图再次彻底征服南宋,所以他没能立即向日本报仇。1275年他派出另一个使团,但是使团的使者很快被趾高气扬的日本统治者杀死。尽管忽必烈不能允许这种蛮横的行为不受到惩罚,但是数年之后他才能够向日本派出惩罚部队。

同时,在中亚的察合台汗国,是另一个与忽必烈对抗的、企图从他手中夺取控制权的劲敌。同对忽必烈的地位不造成实际威胁的高丽和日本的关系不同,与中亚的关系涉及到谁应得到蒙古汗位的敌意挑战。忽必烈的主要对手海都不仅是一位蒙古人,而且是皇族家庭中的一员。海都是大汗窝阔台的孙子。因为中亚与忽必烈的领土具有共同边界,敌对关系会使中国西北的边境受到打了就跑的侵扰,内亚游牧民的这种袭击使得汉地农民一年四季遭受损害。在这样的袭击之后,游牧民可轻易地逃向中亚草原和沙漠中无边无际的辽阔空间,躲避定居居民的追击军队。这种攻击破坏了忽必烈鼓励的跨越欧亚大陆的远距离商队贸易并且危害忽必烈在中亚建立牢固的城镇和绿洲。如果敌人控制这些必不可少的屯驻地点,他们可以破坏贸易。

忽必烈的侄子海都代表蒙古人中游牧民族的利益,这种利益威胁着日益在中国呈定居趋势的蒙古王朝。海都喜欢游牧生活,喜欢作为牧人的君主的生活,但不喜欢作为农民的统治者的生活。他的住所是开阔的空间,而不是在人口众多的都城里的豪华宫殿中。比起由中央政府统治的充满官僚气息的定居农业社会来,他更偏爱游牧社会。史料不公正地把他描绘成为一位掠夺者和一个背信弃义的叛徒,但是他的确既不想破坏这个区域里的繁荣城镇也不想粉碎那里的贸易基础。实际上,海都曾积极地阻挡对中亚绿洲的掠夺并且肯定指示过他的下属不要骚扰居民。不过,他对这些城市征税,并且用所得到的收入支持他的军队。无论如何,他表现为蒙古传统的捍卫者,并且在他看来,忽必烈是背叛者。

难以确定忽必烈和海都彼此开始敌对的准确时间。早在1266年7月9日,忽必烈就任命他的儿子那木罕为北平王,试图让这位年轻人负责中国北部的军事事务并且防止海都对中国西北地区的侵犯。五年之后忽必烈指派他的儿子到阿力麻里(今新疆霍城)的中亚前哨,保护这个地区不受海都的侵扰。忽必烈还派去几位那木罕的侄兄弟去陪伴他,但这铸成了大错。因为他们全部卷入激烈的争执,严重妨碍了远征,并最终导致了远征的失败。

在粉碎中亚的反对者的远征中,那木罕几乎没有进展。他成功地建立了军队的补给线,但不能很快地制约敌人。海都的军队以游击战的方式行动而不与他进行传统的战斗,一旦发现自己在数量上处于劣势或者处于险境,他们立即脱身逃到他们熟悉的草原上或沙漠里。因为不能轻而易举地追击机动性极强的游击部队并和他们正面作战,那木罕的军队灰心丧气。为了打破僵局,1275年忽必烈派出妻子的侄子安童(1245年~1293年)支持那木罕。安童是一位有能力的和杰出的人物,当时已任右丞相。到达那木罕的营地之后,安童很快意识到,宗派主义使诸王分裂,并妨碍着有效的军事行动。但是,由于站在那木罕一边,安童也被卷入这场争论之中。

1276年下半年,陪伴那木罕的几位宗王秘密计划破坏远征,包括阿里不哥的两位儿子和蒙哥的一位儿子在内的谋反者拘捕了那木罕并把他交给斡罗斯的钦察汗,而把安童交给海都。他们二人被监禁几乎达十年之久,但是没有受到

伤害。谋反者由于发现海都在和他们结盟的问题上含糊其词而感到失望,海都不希望他们待在他的王国内。不久他们就移居到认为更安全的蒙古草原上。最终钦察汗和海都均未能从两位俘虏身上勒取到赎金并且看出继续监禁他们没有好处,便释放了那木罕和安童。当1284年他们返回时,忽必烈热烈地迎接他的儿子和他的内侄,并且再次授予他们过去的职务和头衔。

在那木罕和安童被拘捕的那十年期间,忽必烈并没有袖手旁观。获悉那木罕被俘之后,他派出他最有能力的和最有声望的将领伯颜去营救儿子。刚从南宋王朝凯旋归来的伯颜几次受到挫折。和那木罕一样,伯颜不能制伏敌人,因为海都的军队继续躲避。那木罕无人统率的军队也作出过一些勇敢的努力,试图营救忽必烈的儿子,但是他们的营救同样失败了,未能救出那木罕。

最终忽必烈明白他不能控制中亚并且不得不承认海都是这个区域的实际统治者,甚至他的最杰出的将领都不能把忽必烈的宗主权扩大到中亚。他承认自己的失败,勉强放弃在该地区的草原和绿洲的统治地位。他退到易于防御的汉人居住地,容忍海都在农耕地区之外自由地统治,但他不能防止海都以这些村庄作为其主要目标加以袭击。他所遇到的困难是:支援他的军队和当地友好居民的供应线漫长而脆弱;游牧民持续不断的骚扰对他的士兵和盟友都造成不便和威胁;他所追求的使这个区域的绿洲和城镇自给自足的目标从未实现。简而言之,忽必烈对中亚的进攻一事无成。

但在对付漠北的挑战中他成绩斐然。曾经背叛忽必烈的儿子那木罕的谋反者迁移到漠北,并且计划攻击蒙古国的传统首都哈剌和林。忽必烈和他的政府对付漠北的这种威胁的准备要比在更远的西部地区所作的准备强得多。一段时间以来,他们通过对当地居民减轻赋税和传播更先进的农业技术来鼓励哈剌和林附近地区的农业。他们还建立驿站,以此加强与中国北部的蒙古新首都的战略和商务联系,并且还派遣手工业者帮助本地人发展他们自己的手工业。这些措施使他们获得当地居民的支持,从而在反对反叛宗王的战争中得到当地人的合作。1279年上半年,忽必烈的军队发动了征讨叛王的远征。在当地百姓的支持下,几个月之内他们打败并且抓获了这些反叛的宗王。这一年年底时,漠北又成为忽必烈帝国的一部分。

制定政策

在征服中国南部以及高丽和平定中亚以及漠北的同时,忽必烈也注意到在中国北部面临的困难。1260年他试图去统治的中国北部出现需要他去解决的严重困难——尚未从1211年至1234年蒙古和金朝的冲突所造成的破坏中真正恢复过来。农民不能断定蒙古统治者的意图。应有人向他们保证,既不会没收他们

的土地也不会对他们施加任意过度的赋税。但是，与阿里不哥以及南宋的连续战争阻碍了商业，并且由于缺乏可接受的法律条文造成很大的混乱。因为中国以前以科举为教育中心的科举制度的废止，使教育系统一片混乱。以前的宗教不符合忽必烈和蒙古人的政策标准，佛教上层僧侣集团知道忽必烈同情他们，但道教徒不清楚新统治者是否会歧视他们。儒家担心蒙古人会废除传

郭守敬发明的简仪

统的宫廷仪式并且会降低儒士的地位。也许最重要的是，忽必烈的汉人臣民关心着自身的地位，他们肯定会被排斥在某些高级官职之外，但在其他方面他们也会受到歧视吗？

如果忽必烈希望在汉人社会里建立秩序，他必须对这些问题作出回答并且处理这些问题。他所设置的政府机构有重要的作用，但是需要方向上的指导。忽必烈需要将官员执行的政治、社会和经济政策连接起来。他必须公开他管理中国而不仅仅是剥削中国的计划，从而他的官员可以仿效他并协助他摸索对定居文明的统治。某些学者对忽必烈早年亲自参与指导统治决策感到惊讶，这一次他是会继续在设计政策和计划中起到积极的作用呢，还是仅仅由他的汉人幕僚向他呈交建议，然后不加思考地采纳这些建议？诚然，忽必烈的确没有制定许多随后被执行的政策，但他也没有袖手旁观仅仅等待着提议，他积极地征求建议。他的一位官员引用了一段诏书："有上书陈言者，皆得实封呈现。若言不可采，并无罪责；如其可用，朝廷优加迁赏。"当时的一位监察御史王恽，告诉人们忽必烈在朝廷上参与审议。例如，在1261年5月的一个星期中，王恽得到忽必烈的三次召见，讨论政府事务。

忽必烈在有计划有条理地规定和阐明他的政治和经济观念之前，他必须先减轻中国北方人民的苦难。蒙古人接管之前的战争在中国北方造成巨大破坏并丧失了大量的人口。很清楚这种劫难使幸存者承受着巨大的痛苦，在忽必烈统治的最初几年，他根据请求反复地对他的领地上的许多地区给予帮助和豁免。汉文史料记载他经常免去或减少遭受经济困难的地区的赋税。他还向受到自然灾害折磨的村庄提供纸币、谷物和布匹。但是，除了这些应急措施，他还需要制定恢复中国经济的长期规划。

这个规划的中心点之一是鼓励农业。1261年忽必烈建立劝农司，劝农司挑选农艺学上有造诣的人去帮助农民更好地利用他们的土地。该机构每年向中央

政府递交农业、蚕业和水利控制工程的报告。最终忽必烈组建一个庞大的官僚机构以促进更有效地利用土地和推动生产发展。他下令建造粮仓存储剩余的谷物，为歉收年份食品短缺提供安全保证。他对定居居民的关心表现在1262年的一个敕令中，这份敕令禁止牧民在农田中放养牲畜。他不希望自己的蒙古人民对宝贵的农业区域进行蚕食并且造成其它的损害。

忽必烈还摸索着帮助农民自行组织起来恢复经济。1270年他给予称为"社"的组织正式的地位，以鼓励农业生产和促进垦殖。社由约50户人家组成并且由社长或者村庄的长者指导。忽必烈命令各社适时耕作、植树、开荒、改善防洪措施及灌溉、提高丝绸产量以及在河湖中养鱼。忽必烈和他的幕僚把社设想为农民的自助组织，而且还想给社植入其它的功能。他们希望利用社恢复农村的稳定并且帮助进行监视和进行统计。

也许政府的最有新意的目标是利用这个新组织促进普及教育。每个社都有为村里的儿童们建立学校的义务。当农田中只需要很少劳动力时农民的孩子就去上学。这一阶段的编年史对这个教育系统作出过浮夸的判断。至1286年，按照《元史》的说法，有20166个社学。但是这个数字看来是言过其实的，因为社的领导者意识到期待他们做什么，从而可能向中央政府夸大他们的报告，虚报学校数量。普及教育系统的幻想肯定从未实现，事实上，甚至在全中国普遍组建社的证据也是很少的。然而这种幻想揭示忽必烈和他的幕僚们的观念：教育农民，让政府为他们的利益服务。中国的蒙古统治者不再认为自己只属于游牧民，所以农民也应该受到公正的对待。

更为明显的证据是政府在限制农民负担上的努力。忽必烈设计出一种固定的正规的征税制度，免除包银并且限制投下的权利。根据新制度，过去强迫农民交给投下的难以计数的钞和丝现在移交给政府，然后由投下和中央政府均分。农民每年交税粮但不需要再考虑投下领主强加的反复无常的征收。他们与包括手工业者和教士僧侣在内的其他人口一样支付人头税。他们其他的主要负担是承担几乎和赋税一样沉重的徭役义务。忽必烈修建道路、都城、扩展大运河并且组织驿站系统，所有这些都需要大量的劳力投入。然而他寻求通过他的统治限制对农民的过分要求，有时还放弃为徭役指派的其它赋税。但是他不能控制所有的官员，

北京郭守敬纪念馆

并且一些对农民的劳力要求也是不合理的。忽必烈不像许多其他传统的蒙古人,不是仅仅追求剥削中国农民,这似乎是很清楚的。

和他的祖先一样,忽必烈爱护手工业者。和传统的汉人不同,他给手工业者较高的地位。因为蒙古人自己只有很少的工匠,他们所需要的手工业品靠外族人提供。忽必烈在他的政府里设置了一些机构组织手工业者并保障他们的福利。例如,他的机构中有一所将作院,负责向宫廷提供珠宝、布帛和纺织品。为了获得手工业工匠的忠诚,忽必烈制定了对他们有利的制度。政府向他们提供相当高的工钱以及食品和布匹配给并且免除徭役,还允许他们完成每年的朝廷定额后制造可销售的产品。但是,作为对这些优惠的回报,由政府管理世袭的手工业阶层。13世纪后期,大约30万户人被划分为匠户,而且不能更改户籍。尽管有这种限制,总的说来手工业工匠是从中国的蒙古人统治中获益的。

商人可能是从忽必烈的政策中获益最大的阶层。儒家士大夫不赞同贸易,中国各王朝也对商人施加大量限制。但是忽必烈没有这种偏见,并且实际上给予商人很高地位。斡脱这个以回回人为主组成的商人集团,就受到政府的支持。在被蒙古征服的最初年代,斡脱曾向蒙古贵族提供极需要的贷款。作为报答,1268年忽必烈建立了"斡脱总管府",向斡脱提供低息贷款。斡脱将这些经费主要用于商队。斡脱和中国商人的商业交易税为3.33%的低额。

为了便利贸易并且促进商人的福利,和中国历史上以前的任何朝代相比,忽必烈在更广泛的范围内使用了纸币。1260年忽必烈发行三种纸币,但是用银储备支持的中统元宝钞比别的纸币更为流行,并且受到汉人的信赖。朝廷愿意用纸币接收应交纳的赋税逐渐建立起了对新纸币的信任。纸币的稳定有助于发展贸易从而提高了商人的利益。1276年以前该系统运转良好,因为政府严格控制纸币印行总数。1260年朝廷印刷总面值为73352锭(银锭)的纸币,1265年总量逐步增加到116208锭。1276年由于对南宋及日本的战争造成开销激增,朝廷把印行总量急速扩大到1419665锭。由于成功地征服南宋后得到的大量税收,使朝廷得以控制通货膨胀。

忽必烈的政府还通过改善运输系统帮助贸易和商人。把大运河延长到中国北部的蒙古首都和修建道路是两个显著的成就。马可·波罗对这些道路的印象极深并且写道:"忽必烈指示在道路两边每隔三步远种上树……大汗下令这样做是使每个人都能看见道路,从而商人可以在树荫下面休息,并且不会

马可波罗铜像

迷失方向。"交通上最显著的成就是驿站系统。至少从汉朝起中国就有驿传和驿马，但是蒙古统治者大规模地扩大了该系统。驿站的设置是为发送和传递官方邮件，但是旅行的官员、军人和国宾也可使用它。驿站还帮助运输国内外贡品，便利贸易。它并不是商人的旅店，不过商人照样可以利用它，并且是国内外贸易网络中的重要环节。在忽必烈统治的后期，中国有1400个驿站，共配备5万匹马、1400头牛、6700匹骡、4000辆货车、近6000条船、200多条狗和1150只羊。任何地方相隔15里到40英里都有一座驿站，服务员在驿站工作，以完成他们徭役中的一部分。在紧急情况下，骑马的信使可以以每天250英里的速度传送重要消息。这是13世纪一种有效的邮政服务，尽管受到官员、商人、随员的滥用，驿站有效地运行，这是包括马可·波罗在内的大量外国旅行者证实的事实。

所有这些进展都表明忽必烈对商人的关心以及在鼓励贸易上的努力。很多事实表明，在忽必烈统治期间，蒙古人的确是成功的，商业蒸蒸日上。例如，马可·波罗写到："我相信世界上没有别的地方能聚集这么多的商人，并且比世界上的任何一个城市里的更贵重、更有用和更奇特的商品都汇集到这个城市里。"

其他一些行业阶层在忽必烈的统治下比在别的汉族皇帝的统治下过得更好。医生是从蒙古统治中获益的这样一个集团。作为一个实用主义者，忽必烈重视医学并且给医生较高的社会地位。他在开平和中国北部建立以回回医生为主的广惠司的分支机构为宫廷服务。蒙古官员咨访回回医生，翰林院增添了36卷回回医学药方。

忽必烈还设立太医院，其任务是规定挑选医学教员的标准，监督对医生的训练以及医学教科书的准备，编制医生的资格考试并且负责所有的医生和药物。它剔除不胜任的医生并且确保未通过考试的候选者不得从医。如李约瑟指出的那样，"存在着普遍地提高医生医术的步骤"。在这种努力下，朝廷在首都建立了四个回回药物院，所有这些学校都受到波斯医生治疗方法的影响。

这些努力富有成果，被医学吸引的优秀人才比以前各朝代所吸引的都多。朝廷不轻视医生职业，优秀人才把这个职业看成是有用的和有利的，因为通过病人可以接触权贵并且医生的工作符合儒学对正直和利他的强调。医生经常被免除徭役，这是选择医学职业的另一个原因。

忽必烈还重视科学家并且努力促进他们的工作。他向他们提供财政支持并且试图提高他们在汉人社会中的地位。听说波斯人取得大量的科学发现之后，他邀请天文学家札马剌丁到中国说明这些发明。札马剌丁1267年到达宫廷时带来日晷仪、星盘、地球仪、天球仪，以及一种新的、更准确的中国人称为万年历的历法。四年之后，忽必烈建立回回司天监招募和吸引波斯和阿拉伯天文学家到他的宫廷来。后来汉人天文学家郭守敬利用波斯曲线和计算推导出另一种历法《授时历》，这种历法略作修改后到整个明代还在使用。在忽必烈的保护下，地理

考察和地图绘制蒸蒸日上。阿拉伯和波斯的旅行家和商人带来有关亚洲和欧洲的信息,从而"活跃的中国地理学把来源于阿拉伯的非中国世界的数据结合进来"。教士和艺术家是另外两个得到忽必烈偏爱的群体,在后面对宗教及艺术的讨论中将更清楚地表明忽必烈对他们的态度。

总之,对于那些在中国历朝未得到很好对待的职业阶层,忽必烈努力排除对他们的歧视。手工业者、医生和科学家获得更多的利益并且得到朝廷更多的关心,因为忽必烈显然希望在统治中国上得到他们的支持。他还保证不剥削农民,并且实际上鼓励了农业的发展。受到蒙古人损害的主要阶层是地主精英,从这个阶层中涌现出大量的士大夫统治阶级,忽必烈和蒙古人作为国家的统治者取代了他们。废止科举制度之后,汉人精英只有很少的选择。一些人顺从了,并为蒙古人服务;一些人放弃公共生活成为隐居者或者把兴趣转向艺术;还有一些人不满蒙古人的统治,形成潜在的破坏力量。汉人精英感觉到他们是排除在蒙古人给予利益的阶级和职业之外的主要群体。但忽必烈和宫廷试图通过保留某些政府机构,如翰林院、国子学、集贤院及国史馆来安抚他们,在这些机构中任职的人以士大夫为主。

军队是另一个需要确定它和朝廷关系的群体。忽必烈主要关心的是不使蒙古人对军队的控制受到危害,他所建立的组织及制度反映着这个目的。1263年,他重建枢密院以监督卫军、怯薛(蒙古大汗的侍卫军)和万户(即"万户之长")。这些单位主要由蒙古骑兵和以汉人为主的步兵组成。所有的蒙古成年男性有义务被征募,某些汉人家庭则被指定为世袭的军户。对他们豁免施加在普通百姓上的一半赋税。但是,反过来,他们需要支付自己的费用,有时这也是一项沉重的经济负担。这些负担,加上军官对资金的侵吞勒索,最终导致士兵逃亡和武装力量的衰落。但是,一直到忽必烈去世之后,这些问题还没有引起很大麻烦。

使人更为焦虑的是汉人军队的征募。忽必烈不能仅仅依赖汉人,他需要用蒙古军队去制约他们。因此他使用蒙古怯薛作为自己和宫廷的侍卫军。同样,在沿着边界部署驻军时,他感到需要保持军队中蒙古人的优势。

忽必烈还认识到蒙古人对军事供应和军事设施的控制是必不可少的。例如,朝廷禁止汉人买卖竹子,因为竹子可用于弓箭;竹子由朝廷专卖。忽必烈还力求保证朝廷得到可靠的战马供应。随着蒙古人开始在中国转向定居生活,在得到马匹上他们面临着和汉人一样的问题。为了提供政府所需的马匹,忽必烈命令汉人臣民拥有的每100匹马中要上交给朝廷一匹马。他还保留买马的权利,强制马主按官价卖马。企图隐藏马或者私下卖马的汉人家庭会受到严厉的惩罚。称为太仆寺的政府机构照管马匹并且管理集中在漠北、中国北部和西北部以及高丽的牧场。尽管史料间或提及走私马匹和别的欺骗行为,但在忽必烈统治期间,朝廷仍能得到足够数量的马。

朝廷关心的另一项事情是制定用于它的疆域里的法规。蒙古人的传统的法律"札撒"缺乏统治定居文明所需的复杂性；相反，它只反映游牧社会的价值观，不适用于统一后的中国。在夺取权力期间，忽必烈保留了金朝女真人的法律。但在1262年他命令他最信任和最有影响的两位幕僚姚枢和史天泽制定一部更适用于他的汉人臣民的新法律。从1271年开始执行这些法律，不过蒙古的法律、惯例和习惯还影响着新的法律。

在法律上蒙古人明显地比汉人优待。死罪的种类为135种，要比宋朝法典中规定的数量少一半还多。按照蒙古惯例，通过向政府上缴一定的赎金，犯罪者可以免遭惩罚。忽必烈可以发布大赦，而且他的确这样做了，甚至对反叛或政敌都予以大赦。为了避免滥用被告的权利，行省和中央政府的官员对地方司法裁决的重罪进行日常的审核。因为缺乏对法律执行情况的详细研究，很难辨别这些法令上的改革是否转化成比以前的中原王朝更为宽容和灵活的系统。然而该法律中体现的忽必烈及蒙古人所支持的法律思想看来的确不如以前的汉人法律那么严厉。

建都大都

忽必烈给他的汉人臣民的最明确的信号是把首都从漠北迁到中国北方。在他的幕僚刘秉忠的帮助下，他接受把首都从和林迁到大都（今北京）的想法。1266年，他下令建造汉人称为大都而突厥人称为汗八里的城市。蒙古人直接从汉语翻译，称它为大都。尽管回回人监督这项工程并且有大量外国工匠参与建设，在概念上和风格上这座城还是中国式的。因为忽必烈希望大都作为他努力吸引传统的汉人儒士的象征，设计者遵循了中国模式。但是，他选择了一个不落俗套的地点建设首都，和以前的大部分位于黄河或其支流附近的中国首都不同，大都位于中国北部边境附近。

忽必烈选择这个曾是辽、金首都的地点，一是因为他领悟到他的帝国不仅仅只包括中原，二是他希望保持对他的蒙古故乡的控制。这个在中国北部的行政中心将向他提供一个监控地点并向他提供确保他对故园权威的基地。大都的主要欠缺是谷物储备不足。为弥补这个缺点，忽必烈从中国南方运来大量的粮食，最终还将大运河延长到首都。

建筑师也黑迭儿和他的助手把大都建筑成典型的中国式的首都，但又带有一些蒙古格调，城市呈矩形，围在用土夯实的城墙之中。在它的外城墙之内是两道内城墙包围的皇城及忽必烈的住所和宫殿，百姓不得进入。城市按东西轴和南北轴对称地布局，宽阔的街道从11座入城的城门按几何图形延伸。街道足够宽阔，以至"九轨可并驰"。在所有的城门处，三层高的城楼用以警告对城市即将来临的威胁和危险。紫禁城里的所有建筑,包括皇帝自己以及后妃的住所、接见外国使者的大殿,以及湖、花园和桥都明显地和典型的中国式的首都相同。然而,在一些建筑物中蒙古装饰是明显的。在忽必烈就寝的帐篷里挂着貂皮帐帘,这是他念念不忘蒙古人的狩猎生活象征。在宫里的花园中设立蒙古风格的帐篷,忽必烈的儿子们经常居住在帐篷里而不是住在宫殿里。当忽必烈的后妃们临产时,她们就被移到帐篷中分娩。忽必烈从蒙古草原为他的宫殿台基带来青草和泥土,这样他自己和他的蒙古伙伴就不会忘记他们的传统。但是,最大的影响仍是汉人的。

汉族对城市建设的影响也许最清楚地表现在忽必烈下令在宫殿附近建造的庙宇。太庙的建设表明他想取悦儒家精英的愿望。汉人极为重视对祖宗的崇敬,建造太庙表示忽必烈想保持有关敬仰祖宗的礼仪。忽必烈还为他的八位包括成吉思汗、窝阔台和蒙哥在内的先王建造牌位。毫无疑问相同的动机促使他在都城建立地坛和社稷坛。1271年,他下令按汉人方式每年在这些祭坛进行祭祀,以便在神的保佑下确保丰收。他甚至建造孔庙,在那里宫廷官员向这位中国圣人祭奠并进行一年一度的仪式。忽必烈很少参加这些典礼,仅仅派汉人幕僚代表自己。

1274年阴历一月忽必烈首次在他的新首都主持朝会。随着大都成为更具汉人风格的都城,忽必烈原来的夏都开平或上都,即塞缪尔·泰勒·柯尔律治诗中的行宫(英国诗人,1772年~1834年,《忽必烈汗》是他的著名诗作),变成别的用途。上都成为继续举行蒙古人萨满教仪式的主要地点,元一代这些仪式一直在这里举行。上都不再是真正的首都,而越来越多地作为忽必烈的夏天休息场所和猎场,此地是他赖以保持和重申他与传统的蒙古事务息息相关的纽带。上都没有那么多的政府机构,从这一点上看,上都的蒙古风格更浓,而汉族影响较小。所以这为蒙古大汗提供了良好的宽松氛围,使他从中国皇帝必须承受的压抑的生活方式中摆脱出来。

忽必烈还在国内宗教政策方面尽力迎合他的中原臣民。尽管他自己继续出席蒙古萨满教的仪式,他母亲的培养已使他牢记对新征服地的主要宗教提供庇护及支持的政治重要性。13世纪60年代忽必烈需要同支持他统治中国的各派宗教发展关系,从而确保蒙古对这个国家的控制。即使在他僭取中国皇帝的名分之前,他已经试图吸引汉地宗教的上层人物,但是现在这种努力更为重要和迫切。

首先,忽必烈力图与儒家保持良好关系。在开始建设大都的1267年,他下令建造太庙并且制作祭奠祖先所需的祖宗牌位。而且他选定了国家的历法,这是农业社会统治者必不可少的工作。他的王朝名称的选择对于儒士将是一个最重要的信号,采纳富有汉地象征的汉语名称将表示忽必烈希望和中国某些传统融为一体。1271年,在刘秉忠的建议下忽必烈从《易经》中选择了"大元"作为国名。元的涵义是"乾元——天地万物的起源"或者"原始力",但最重要的是,新朝代的名号直接出自汉族传统经典著作。

同一年,忽必烈在朝廷中重新实行传统的儒家礼仪以及伴随礼仪的乐舞。如果朝廷想防止导致洪水、干旱或地震的自然灾害,采用相应的礼仪是必不可少的。忽必烈不仅命令重新引入这些礼仪并且让他的儒家幕僚们教授200余名挑选出来的蒙古人演习朝仪,这是他希望迎合汉人的另一种表示。

从忽必烈为最终被指定为继承人的次子所规定的训练和教育中,可以进一步看到他对儒教和汉人价值观的敏感。在佛教僧人海云和尚的帮助下,他为儿子取了一个汉文佛教名字真金。为了使真金接受第一流的汉式教育,他指定姚枢、窦默和王恂——他的最好的儒家幕僚中的三人作为这位年轻人的老师。这些学者向真金讲授汉人经典著作,并向他介绍阐述早期中国各朝代皇帝及大臣的政治观点的文献。

忽必烈还让他年轻的儿子接触中国领土上的其他宗教信仰。这样真金接受佛教喇嘛八思巴的传授,八思巴为他的年轻学生写了一篇题为《彰所知论》的短文,向他说明佛教。一位重要的道教大师向他介绍这门神秘的宗教。忽必烈为汉人对真金的信任不断增加而高兴,所以授予他的儿子更多的责任,并且不断地提升他。1273年达到顶点,指定真金为明确的皇太子。忽必烈这样指定自己的继承者,完全打破了蒙古习惯,因为这样做抛开了正常的选举过程,所遵循的是传统中原王朝的普通做法。

吸引儒家学者的另一种方法是为传播他们的观点提供实质性的支持。例如,忽必烈鼓励把汉文著作翻译成蒙古文。诸如儒学经典《孝经》和《书经》,以及真德秀所著《大学衍义》等理学著作,也在忽必烈的支持下得到翻译。蒙古精英可以享用这些作品,忽必烈以此告知汉人他尊重儒家思想。他还招聘一些杰出的学者来教育汉人以及蒙古人和中亚人,此事给汉人学者留下深刻的印象。被招聘的杰出人物之一是许衡,忽必烈在1267年任命他为国子祭酒。许衡被公认是那个时代最伟大的学者之一,因为在讲学中他专心务实而赢得他的蒙古保护人的欢悦。他的成功在于"他不涉及纯理论、形而上学的内容或者更高深的内容"。在他给忽必烈的建议中,他强调务实的观点,这是一种肯定会在蒙古宫廷中获得好感的态度。

忽必烈赞同用传统的中国方式记载元朝历史的建议,这也使他得到儒士的称赞。儒学重视过去,强调利用历史经验指导行为,所以它为这种官方认可的编年史工程提供了依据。1261年8月,儒家学者王鹗建议收集辽朝、金朝以及早期的蒙古统治者的历史记录。他还建议朝廷在翰林院下建立翰林兼国史院以搜集记录并且撰写辽史和金史。忽必烈表面上没有像汉人对编写历史的热情,然而批准建立国史院,这是另一个他希望获得儒士赞同的决定。

如果忽必烈希望自己被看作是中国的统治者,他必然要求助于除儒家之外的宗教和信仰,他特别急于想要有影响的宗教团体之一是伊斯兰教。早在唐朝,伊斯兰教就传到中国,到了忽必烈时代尽管他们正在向西北和东南集中,还是可以在全国各地找到回回商人、工匠和士兵——他们当中的大部分是来自中亚的移民,也有一部分汉人是皈依伊斯兰教的教徒。忽必烈对回回人实行一种仁慈的政策,因为他们有助于他在中国的统治。忽必烈把回回人招募到政府中,从而减少自己对汉人幕僚和官员的依赖。他允许回回人组成实际上自治的社团,以回回宗师作为领导,由哈的为他们解释穆斯林法律。回回居民区有他们自己的集市、医院和清真寺,不禁止他们使用自己的民族语言,也不禁止他们遵循伊斯兰教意旨。事实上,忽必烈任命回回人在财政机构担任重要职位并给予他们特权。他豁免他们常规的赋税,并且招募他们担任汉人极少能够担任的达鲁花赤。回回人十分感激,并以忠心为宫廷服务作为回报。回回人中最有名的是来自不花剌的赛典赤·赡思丁,在1260年他被任命为中国北方一个地区的宣慰使并且以后提升为西南地区云南行省的平章政事。

另一个团体是佛教徒众,忽必烈也希望得到他们的支持。早在13世纪40年代他本人就接受过禅宗的僧侣海云的教导,但他很快发现中国禅宗太深奥、太超脱,不符合他的追求。例如,当一位禅宗大师告诉忽必烈"万物皆空惟灵仅存"时,看出他对实际事物毫不关心。但藏传佛教为忽必烈的理想提供一种适用得多的工具。几十年来吐蕃僧侣在世俗的政治事务中起着积极的作用,比起禅宗僧侣,他们在实际事务中提供了更多的经验。

吐蕃僧侣八思巴喇嘛证明是忽必烈在佛教徒中最接近的盟友。八思巴的大部分童年是在蒙古宫廷中度过的。通过长期和蒙古人的联系,他吸收了蒙古的许多价值观。他还是吐蕃佛教萨斯迦派主要领导人的侄子,1253年忽必烈对萨斯迦派作出崇信的表示,因此八思巴在他自己人民中赢得的即使不是崇拜也是尊敬。在汉地和吐蕃他都给予忽必烈宝贵的支持,因此蒙古君主对他特别友善。他家族的成员和蒙古皇室成员通婚。1260年忽必烈任命八思巴担任新职位国师,在第二年初让他掌管所有的佛教事务。

1264年忽必烈建立总制院管理吐蕃并监督政府和佛教僧徒的关系,八思巴成为总制院的第一位行政长官。在敌对的佛教派别必里公派领导的反叛中,八思巴在吐蕃的权威受到挑战,但1267年忽必烈调兵帮助这位年轻的佛教教长恢复了权力。1268年忽必烈的军队打垮了持异议者后,恢复了八思巴的权力,但又安置了一位蒙古人为吐蕃的宣慰使来帮助控制吐蕃。

忽必烈希望八思巴和他的佛教僧徒能够通过提供他所需要的宗教法令作出回报。八思巴论述了寺院和国家的地位,并得出政教合一的结论,因此这位吐

蕃佛教徒的确在这项交易中完成了自己的任务。八思巴把忽必烈等同于佛教的智慧佛文殊菩萨，并且按佛教传统歌颂他为宇宙之王。为提高他的派别和皇帝的联系，八思巴建议在宫廷仪式开始时采用佛教活动。每年阴历二月十五日组织消灭"恶魔"和保护国家的仪式，并且还在每年的阴历一月和六月安排音乐、典礼和游行。佛教僧侣参加这些庆典，从而使忽必烈在他的帝国里的佛教徒中享有更大的信誉。

反过来，忽必烈给予佛教徒特权和豁免。他在位时，佛教僧侣多年享有免税；朝廷为建设新的寺庙和修复佛、道之争中损坏的寺庙提供资金；政府还为寺院拥有的工艺品作坊和土地提供工匠和奴隶。政府的支持、赐赉和豁免使寺庙成为繁荣的经济中心，这有助于确保佛教僧徒对忽必烈的政策的支持。

道教是忽必烈试图从中寻求支持和帮助的另一种宗教。1258年忽必烈在佛道辩论中对佛教的支持使他不为道教所喜爱。然而他为道教驰名的法术所吸引，并承认他们对较低阶层群众有吸引力。因此朝廷为建设道观提供资金，并向他们提供佛教已得到的相同豁免和特权。一些道教领袖意识到需要与佛教和蒙古人相容共处，并且首先寻求儒、佛、道三家的和解。此后他们为忽必烈和他的朝廷演习和道教祭礼有关的祭祀和典礼，尤其是重要的皇家祭礼——祭泰山。他们愿意为忽必烈举行这些典礼是一种支持的信号，这种支持被传递给道教的普通信徒。在忽必烈统治的前20年中道教徒相对地保持沉寂。

忽必烈甚至还寻求获得中国数量不多的基督教徒和外国基督教徒的支持和协助。在忽必烈即位以前，基督教使者已经到达蒙古宫廷，例如约翰·普兰诺·加宾尼和鲁不鲁乞，而且几位工匠，例如著名的手工艺人威廉·布涉曾为大汗蒙哥服务过。但忽必烈采取更关切的态度邀请和招募外国基督徒。

马可·波罗是忽必烈时代中西方交流中最有名的基督徒。这位威尼斯旅行者声称于1275年到达中国，他的著作是许多年中欧洲人了解中国的唯一渠道。马可·波罗的父亲尼柯罗·波罗和叔叔马菲奥·波罗先于他到达中国。这两位商人于1252年离开威尼斯，在君士坦丁堡做了几年生意，并且在1265年下半年或者1266年上半年到达忽必烈的宫廷之前在俄罗斯和中亚旅行。根据马可·波罗的记述，忽必烈"面带最仁慈的微笑"并且"以很高的礼节接见他们，使他们感到极大的喜悦和欢乐"。在彬彬有礼的交谈之后，忽必烈提出他的请求：他要求老波罗们劝说教皇当他们返回中国时，派100位有知识的基督徒同来。他断言他们可以帮助他的子民皈依基督。不过他作出这个请求的主要动机是吸收有学问的人帮助他管理中国领土。由于这种对待宗教的折衷主义，忽必烈不急于使他的百姓转变为基督徒。但是他需要使教皇和基督教统治集团相信，他希望有学问的欧洲人帮助用基督教指导他的人民。

当老波罗兄弟于1269年返回到基督教的世界时，他们很失望。因为他们很快获悉,教皇克莱门特四世于一年前去世,他们尽快完成忽必烈的请求和尽快返回中国的计划受阻。正当他们决定在没有教皇的祝福下返回时,新的教皇被选出了,他们受到接见。但是,他们未能得到所请求的100位有学问的基督徒。总之,1271年他们向大汗的宫廷出发。在尼柯罗的儿子马可·波罗的陪伴下,他们最终于1275年到达中国。忽必烈肯定对他寻求的100位有学问的人没有伴随他们而来感到沮丧,但是他显然对马可·波罗的才智有了深刻的印象。根据马可·波罗的记载,这位大汗派他到中国和东南亚的不同地方去充当这位皇帝的"耳目",并带回他所到之处的见闻。

同样,马可·波罗被忽必烈的才能打动。马可·波罗看到的是高居权位的大汗,并以谄媚的词语描写他。马可·波罗把忽必烈评价为"毫无疑问是全世界空前绝后的最伟大的君主"。他较详细地描述宫廷宴会、新年庆典、忽必烈率领的狩猎和带鹰出猎,并且报告诸如纸币、煤及驿站系统等奇特事物,所有这些都会给欧洲人留下深刻的印象。这位年轻的欧洲人和蒙古人打成一片并且明显地钦佩蒙古人,这肯定让忽必烈十分满意。他认为善待这位年轻人对自己是最有利的,尤其如果他希望诱使更多的欧洲人到他的宫廷的话。

忽必烈通过对基督教实行宽容政策进一步吸引欧洲人。他的母亲通过笼络聂思脱里派设定了这条道路。忽必烈没有变为基督徒,但是他在宫廷里任用聂思脱里教徒。他不限制聂思脱里教的习俗,而且马可·波罗也曾提及他在甘州、肃州和西北的其它小城市中偶然遇见的教堂。忽必烈还豁免教士的赋税和兵役。最后,他建立了一个专门的政府机构崇福司监督他国土内的聂思脱里教牧师。他把两名聂思脱里教高级教士派往中东,这是他吸引基督徒的另一种迹象。

在1275年~1276年,列班骚马和麻古思离开大都去访问耶路撒冷的圣地,如果没有忽必烈的同意和支持,他们也许难以通过中国北部和中亚。列班骚马和波斯的蒙古伊利汗会见并且受一位伊利汗的派遣和欧洲人商谈结盟。他受到罗马教皇的接见,并且获准在巴黎与腓力四世、在波尔多与英格兰国王爱德华一世见面。这些会面并没有导致有学问的基督徒进入忽必烈的王朝,也没有造就和欧洲人的同盟。然而这显示了元朝朝廷对基督教的开明态度,在政府中任用基督徒官员并且欢迎同更大的基督世界接触。

文化交流

作为中国皇帝,忽必烈希望把自己扮演成中国文化的保护人。如果他想被视为汉人的天子,他就不能看起来像一个粗暴简单的"蛮人"。从最初的年代开始,蒙古的统治者都爱好珍藏著名工匠的作品,忽必烈可以利用这种传统对艺术尤其是对手工业进行支持。然而他又不能放弃蒙古式的服饰,以免被蒙古传

统的维护者指责为偏爱汉人。此外，作为大汗，他负有在他的领土范围之内交流促进各民族文化的责任，他不能仅仅和中原文化联系。为了使所有的不同文化保持平衡，既需要在政治上保持经常的警惕又要有间或的变通。

忽必烈对他领土中的文字的政策揭示出他对文化问题所持的态度。忽必烈需要有适当的文字来记录他的新政府的国库、军事和福利事务，然而蒙古人在收集和保留这些记录上经验不足。有实用性的文字是必不可少的，在成吉思汗统治期间蒙古人创造了一种用畏兀儿字母拼写自己语言的文字。忽必烈最初依靠汉人书记官，他们通常用文言文书写。但是，忽必烈强迫他们用白话书写，因为"采纳文言文意味着文化上对汉人的屈从"，而且还因为对于学习汉语的蒙古人来说白话更容易理解。大部分宫廷文件最初是用蒙古文书写的，其中有许多被费力地翻译成白话汉语。而畏兀儿体蒙古文不能准确地记录蒙古语言的语音；另外，它难以准确地记录汉语，因而不能实现忽必烈推广官方文字的计划。

忽必烈希望使用他选定的文字帮助统一他的疆域并且确保全面的统治，他希望超过那个时代他能得到的书面语言汉字和畏兀儿体蒙古文。作为一个居住着不同民族并且使用着多种语言的帝国的统治者，忽必烈希望有一种能记录所有这些不同语言的文字。总之，他渴望在短期内研制出一种通用的文字。但是，他没有意识到的是，实施一种不为人知的文字是不会马上被接受的。一种无论多么精确或者多么有效的人工设计的文字，将会遇到过分依恋传统文字的人们的坚决的排斥。

然而忽必烈仍决定创制一种更好更通用的文字。他把创制一种新文字的任务交派给吐蕃人八思巴。1269年八思巴创制了用藏文41个字母拼写的蒙古新字。由于文字的方形形状，八思巴文字有时称为"方形文字"，在对蒙古语语音的表达上它比畏兀儿语更准确。它还更准确地反映忽必烈的帝国中包括汉语在内的其它语言的语音。八思巴文字看来理想地适用于记录忽必烈帝国中的所有语言，适用于作为通用文字，并且有助于统一蒙古统治下经常对抗的各民族。忽必烈自豪地把它叫做蒙古文字（蒙古字），最终称它为国家文字（国字）。他命令用国字书写宫廷文件并且建立加速传播新文字的学校。

然而忽必烈的期待未能实现，因为这种文字不很容易被接纳，甚至他自己的官员都违反必须在宫廷文件中采用这种文字的规定。1269年建立的各个学校同样也不是像所希望的那样有效。1272年一位官员的报告表明汉人官僚的孩子和亲戚都不学习这种文字。尽管他不断努力和反复劝告，八思巴字却从未取代畏兀儿体蒙古文或汉字。保存下来的八思巴文字实物是很少的，只在一些印章、铜钱、纸币、瓷器上和一些敕令及佛经中发现这种文字。而汉字和畏兀儿体蒙古文还保持着优势。元朝灭亡后这种文字也随之消失了。

八思巴字的失败不应该归咎于它在技术上功能不全，语言学家认为它在发音的准确性和灵活性上是一个奇迹。它显示朝廷对一种通用文字以及对一种反映那个时代的白话文的书面文字的关心，但它是官方设计的而且是从上而下强制推行的。忽必烈希望使用八思巴字鼓励白话文在写作中的普及。通过强调白话文，他表示他无须遵守士大夫管理政府的原则和方法，这些原则和方法需要使用文言文，并且注重历史知识对当代政治决策的作用。因此不应对在宫廷文件之外还使用白话文感到奇怪。白话文渗透到元朝文学中，而且白话文和通俗艺术比中国历史上的任何时期都要繁荣。

元朝皇帝赐给桑杰贝的玉印

在忽必烈时代和以后几位继承者统治时期，中国戏剧尤其繁荣昌盛。宋末元初城市的发展为戏剧的兴起提供了合适的环境，因为它既提供了观众又提供了演出所需的资金。如果没有城市文化以及政府和平民的资助，戏剧就不会繁荣。元代的确有不少城市成为伟大戏剧的温床，尽管精彩的表演和不少于500部的创作剧目已不复存在，但从那个时代至少保留下来160部戏剧。在许多城市中很快发展出具有几十座剧场的地区。在以前总是被视为社会贱民的男女演员发现自己处于更值得羡慕的地位，至少在蒙古人统治的早期是如此。因为小品——穿插着唱歌、舞蹈和杂技——是元代戏剧的流派特性，所以被称为"杂剧"，并使它更易理解，更吸引普通观众。大部分戏剧是由专业剧作家以及由于废除科举制度而排除在官职之外的汉人文士写的。

忽必烈和蒙古朝廷都促进了戏剧。他们很少对其进行干预，剧作者可以设计各种主题不用担心政府的审查。一种更积极的趋势是忽必烈和其他官员曾命令在宫廷进行一些剧目的演出。他们看来还充当了一些剧作家的庇护人，他们对白话文的支持方便了剧作家的写作，因此对元剧的发展作出了贡献。汉人剧作家对自己的艺术创作是负责的。然而，这种鼓励（至少不扼杀）元代戏剧的环境，都应归功于忽必烈和他的蒙古下属。忽必烈知道在汉人眼中一位好皇帝应该是国家文化的支持者，而戏剧作为一种正在中国发展的艺术形式应该得到支持。

在小说的发展以及使大批读物在中国流传方面，忽必烈没起什么作用，但他的文化和文学政策为其提供了有利的发展环境。忽必烈强调白话文对于经常描写底层人物的小说家很有益处，采用白话允许小说家再造普通百姓的语言模式并表现更大范围的人物。

朝廷还促进书籍的更广泛传播，因此元朝的印刷术保持了宋朝所达到的高水准。1269年忽必烈建立专门机构，印刷得到了官方资助。又在1286年向学校分配土地，以让学校利用土地的收入印刷书本。印刷业的发展使得书籍更容易得到并且开始形成明清的文学特点。

绘画是另一种受到宫廷影响的文化形式。忽必烈和他的蒙古同伴发现绘画是可以接受的，因为欣赏绘画时他们不必去克服难以应付的语言障碍。这位大汗个人的虚荣也使得他的蒙古同伴要对视觉表现有所反应。忽必烈有一张自己的正式肖像，他又委托画家刘贯道画出他在狩猎中的形象。他下令把南宋的皇家绘画收藏运送到大都，在大都几位汉人鉴定家对这些画进行分类。宋朝的绘画是他自己的收藏的基础，随着他庇护一些画家并且得到这些画家

刘贯道《元世祖出猎图》

的一些作品，他的收藏不断增加。一些艺术史学家强调忽必烈和蒙古统治者在中国绘画上的负面影响或者缺少影响，但是最近的研究已对元朝作出某些肯定。

确实有一些伟大的汉人画家拒绝受聘或者拒绝与蒙古人合作，但是同样多的画家在元朝初期得到支持和保护。有些拒绝为外族征服者供职的人变成隐士，而其中对被征服的宋朝保持忠诚的人则专注于个人事业以掩饰他们对蒙古人的厌恶。绘画是这样一种值得注意的职业，从而形成一个和宋朝皇家画院的官方画家相区别的称为业余画家的群体。

他们逐渐形成的文人画派颇具画家的感情色彩，这自然能使画家谨慎地表

郑思肖《墨兰图》

达他们对蒙古人的敌意。例如，郑思肖是以他的中国兰花画著称的，当"问他为什么在花根周围不画泥土时，他的回答是泥土被北人偷去了"。龚开、钱选以及其他的画家也把他们的艺术当作反抗社会的微妙手段。另一方面，宫廷任用一些伟大的汉人画家做官。高克恭1312年在刑部得到一个职位；而书法家鲜于枢任职于御史台和太常寺。通过在政府中担任挂名职务，忽必烈还资助了许多其他画家。

忽必烈在画家中最有名的支持者是赵孟頫。因为赵孟頫是宋朝宗室后裔，他对蒙古人态度的转变提高了忽必烈在汉人中的威望和合法性。对于那些批评他背弃宋朝而为"北人"服务的人，赵孟頫回答说：每个人根据他所处的时代在世上生活。尽管许多蒙古人怀疑赵孟頫的忠诚，忽必烈仍任命这位画家为兵部郎中，赵孟頫则以诚心诚意地完成工作对此作出回报。他建议改革驿站服务并且减少汉人的赋税。在艺术上，他发现在蒙古人的统治下比以前的宋朝有更大的自由。他论证说，宋朝宫廷画院的建立使画家变得毫无价值，而元朝统治者不干扰画家的艺术创造并且让他们接触新的主题和新的旋律——例如，画马。

赵孟頫书《洛神赋》

忽必烈和蒙古人对手工艺的影响甚至更大。毫不奇怪，在忽必烈统治时期技术和美学都取得了进步。因为认识到陶瓷的潜在利润，朝廷特别鼓励陶瓷生产。这样朝廷既可以得到它所需的瓷器，又能将剩余产品与东南亚及中亚进行贸易以得到可观的利润。德兴、安福、德化、龙泉和景德镇的窑场位于中国东南，并且很容易从这个地区的大港口把瓷器运送到外国。元朝的工匠从蒙古人那里得到很大的灵活性并且不受类似宋朝审美准则的约束，可以进行创新，并且可以试验生产美丽的陶瓷产品。青花瓷源于蒙古人时代，白瓷和一些青瓷也源于这个时代。

对中国建筑，忽必烈也有间接的影响。他的吐蕃帝师八思巴对吐蕃一座新建的黄金塔有着极深的印象并且得知该建筑是由尼波罗国（今尼泊尔）工匠阿尼哥（1244年~1306年）设计的。1265年八思巴带着这位尼波罗国工匠回到内地并且把他介绍给忽必烈，忽必烈对这位年轻的外国人也颇有好感。忽必烈分配给阿尼哥几项工程。阿尼哥设计了一座佛庙（今白塔寺）、大都一个公园里的一

座亭子、涿州的一座庙宇和上都的寺庙,作为对他的庇护人的回报。忽必烈显然对阿尼哥感到满意,1273年忽必烈提升他为管理手工业者的诸色人匠总管,使他成为中国所有手工业匠人的主管。忽必烈的妻子察必同样为这位外国建筑家所陶醉,她为阿尼哥安排了与一位出身显贵的宋朝皇族后代女性的婚姻。这样忽必烈和他的家庭认可了一位伟大的匠人并对他的努力表示了欢迎和奖掖。

忽必烈本人以及作为整体的蒙古人都没有直接为中国的艺术和手工业作出贡献,然而他们对艺术的保护是不容置疑的,并且这样的支持促进了艺术的发展。同样,通过使艺人和手工业者得到较大自由和灵活性,从而激励了他们的创新和试验。他们本身是外族人,愿意为汉人艺术引入非汉人的风格和思想。例如,忽必烈对阿尼哥的支持导致在汉地建筑中出现西藏和尼泊尔风格。当然忽必烈对汉人和非汉人的一视同仁有助于他的一统天下的主张。

保留蒙古旧俗

忽必烈需要被承认为中国的君主,但他同时还必须表明自己是蒙古人的大汗以及蒙古统治下的非汉人疆域的统治者。过分强调汉人的特点会减损他作为辽阔蒙古疆域的统治者的形象。忽必烈不能让人觉得他认为汉族文明比他自己民族的文明更有吸引力,并且必须避免被中国文化吞没。最终他制定了用来保护蒙古特性和内部统一的政策。总的来讲他不鼓励蒙古人和汉人之间的亲善关系。

忽必烈没有将自己的政治倾向和汉人的政治倾向混为一谈。直到1315年即他去世20年后才重新恢复科举考试,一度使受过教育的汉人失掉一种过去最普遍、最传统进入官僚阶层的途径。财政管理落入非汉人手中。整个帝国安置了对官员进行暗中监视的御史,显示出比以前任何一个朝代都严厉的控制。同样,军队的地位仿佛要比在传统的中国朝代中更为重要。一些学者认为蒙古人开创了一个在宫廷增加暴力和野蛮行为的时代,但是这种责备难以证明是有根据的。看来不能说中国传统中的暴政少于蒙古传统。鞭笞和酷吏不是在蒙古人的时代中突然出现的。

忽必烈采取了一些积极措施保留蒙古人的仪式和习惯。他继续举行一些传统的蒙古庆典,并且按照蒙古风俗祭山、祭水和祭树,用萨满教士表演传统的仪式。每年8月,在他离开上都到大都渡过秋天和冬天之前,他举行洒马乳的祭祀仪式,据说这样会保证一年的好运气。这项祭礼包括供奉一匹马和一些羊,向上天祈祷,呼唤成吉思汗的名字,然后挥洒专门喂养的牝马的乳汁。以这种方式,忽必烈向祖先表示敬意,祈求他们保佑即将来临的冬天。如果皇族中的一位成员得病,忽必烈会命令把他或她移到帐幕里并且每天祭供两头羊,直到病人康

复。在忽必烈参加战斗之前,他倾倒马奶酿成的奠酒,祈求上天帮助他打败敌人。

忽必烈同样赞成世俗的蒙古习俗。不像汉人妇女那样,蒙古妇女没有缠足的习惯,忽必烈不把这条强迫汉人妇女遵守的限制强加给蒙古妇女。大部分蒙古人继续穿着他们的民族服装,并且在忽必烈的生日和新年那一天举行精心安排的奢侈盛宴,无节制地豪吃狂饮,这使人想起游牧部落的庆典。在这些盛宴上,宾客大量饮酒。酗酒是早期蒙古历史的一部分,并且是所有北方民族的生活方式,在忽必烈的统治中被明显地继承下来。

大汗对打猎的迷恋可能是保留蒙古方式的最有力证明。根据马可·波罗的记载,忽必烈带着驯化的狮子、豹和山猫打猎,它们追逐并且经常捕获野猪、野牛、熊和野驴。他还带着大约500只大雕(猎隼)捕捉天上其它的鸟类。打猎时,由驯鹰人、猎人和士兵组成的大批随从陪伴着忽必烈。

忽必烈在制订一项坚持蒙古传统、接受汉人习惯和力求广泛性的文化政策上,令人钦佩地获得了成功。对于蒙古人,他仿佛是民族传统中坚定的捍卫者。他参加打猎,和蒙古妇女结婚,并且自觉保护她们的权利。

晚年不济

1279年被证明是忽必烈统治的一个分水岭。在这以前,他在事业中很少经历失败。他粉碎了包括他弟弟在内的所有的反对者。他和他的幕僚建立了以汉人模式为基础的但不以汉人思想和风格为支配地位的政府。两个都城上都和大都是良好规划、实用和美丽的。他精心制定的政策得到他疆域中大部分宗教领袖的赞同。他的军队占领了中国的其他地区并且维护了蒙古人对高丽和漠北的控制。他鼓励创造性的艺术,他招募国内一些最有才华的工匠,为宫廷和贵族阶层及对外贸易生产精致的工艺品。他的最明显的失败是对日本的半途而废的入侵,但是他可以文过饰非,把这次失败归咎于摧毁他的军队的可怕的自然灾害——风暴。在他统治的前20年中,所有的其他事务似乎都在平稳地发展。

但是,表象是靠不住的。在表象后面隐藏着一些棘手的问题。一些儒家学者不顺从蒙古人的统治,随着南宋合并到元帝国,他们的不满更加明显。南方的学者没有经历过外族人的统治,相当多的人最终拒绝与蒙古人合作。忽必烈本人在1279年后开始迟钝。当时他年近七十岁,受到健康问题的困扰,痛风使他苦恼,令他难以行走。

忽必烈面对的最紧迫问题是财政问题。他的建筑工程、他对公共事务的支持以及他的军事远征需要巨额消耗。为了得到必要的资金,忽必烈求助于回回理财大臣阿合马。在《元史》中,把阿合马划归为"奸臣"中的一个,中国史料和西

方史料都责骂他。根据他自己的辩护,我们应该认识到阿合马知道对他的评价是根据为宫廷聚敛的税收额而定。他聚敛的金额越高,他的权力、威信和收入越大。他肯定专权纳贿,但是必须记住,他的指责者(那些书写中国历史的人)是对他的政策反感的官员。

从1262年后在中书省任平章政事到1282年死去,阿合马一直负责国家的财政管理。他首先把登记交税的户数从1261年的1418499户增加到1274年的1967898户。然后他对商人征收更高的赋税,对新生产的产品实行国家垄断,并禁止私人生产某些商品。总之,阿合马的政策对于国库是有利的。然而中国史料指责他牟取暴利和任人唯亲。他们宣称他利用新的赋税和垄断使自己致富。另外,他们指责他任命回回人为高官显爵,并且试图把自己无经验的、并且可能是不称职的儿子们安插在官僚机构中有权势的位置上。但是,从另一个角度来看,汉人的责备好像不那么严重,把志趣相投的助手和亲戚安插到政府中完全是合情合理的,如果阿合马要克服反对意见和执行他的政策,他必须把他的支持者也安排在重要的位置上。他的确强加沉重的赋税并提高商品的价格,但是他在宫廷中的位置(更不必说到提升和奖励的可能性)取决于他满足蒙古人收入要求的能力。他是蒙古朝廷的一个兢兢业业的代理人,这个朝廷对于收入有着巨大和迫切的需求。

但是,阿合马的政策激起宫廷中一些最重要的汉人的反对。忽必烈的儒家幕僚对阿合马的权力愤恨不满,并且指责他牟取暴利,还指责他是谄媚小人,办事奸诈。13世纪70年代后期,皇太子真金显然加入了反对他的行列。真金反对阿合马的儿子和亲戚得到显赫位置。1282年4月10日,当忽必烈在他的陪都上都时,一个汉人阴谋小集团把阿合马从他的家中诱出并将他刺杀。几天之内,忽必烈返回首都并且处死这个小集团的成员。不过他的汉人幕僚最终使他相信阿合马的奸诈和腐败,尽管他们用来反对阿合马的证据值得怀疑,但是忽必烈确信这位回回大臣有罪,因此将他的尸首掘出吊在一个集市上,然后忽必烈放出自己的狗群去咬阿合马的尸体。

然而除掉阿合马并没有解决忽必烈的财政问题。由于忽必烈多次发动对日本和东南亚的远征,在阿合马死后税收需求变得更加紧迫。同时,在13世纪80年代初,忽必烈失去了一些他最忠诚的汉人幕僚,包括许衡、姚枢和王鹗,他们都在这个阶段去世。他们的去世使得非汉人幕僚有更多的机会影响忽必烈。忽必烈本人的体弱多病与这些麻烦混合在一起,他越来越多地放弃了统治者的责任,这可能也是一部分原因。

中国史料指责另一位称为奸臣的卢世荣利用忽必烈的困难增大自己的权力。阿合马死后,卢世荣任中书省左丞,管理财政。和阿合马一样,他试图加大政府的税收来应付朝廷不断增长的费用。他试图以专卖、增加市舶税、发行更多的纸币(一种更容易地偿还政府债务的方法)以及擢用商人为课税官员等措施来增加政府的收入。卢世荣的经济计划与他的前任理财官员阿合马一样引来敌意。汉人指责他牟取暴利、任人唯亲以及剥削他的汉人同胞，还指责他迫害、追捕甚至处死竞争者和对手。这些指责的准确性是令人怀疑的，因为史料中并没有说明卢世荣本人对这些事件的看法。和阿合马一样，卢世荣只是试图提高极度需要的税收。皇太子又一次成为反对卢世荣的领袖。1285年5月，卢世荣被捕并且在这年年底被处死。卢世荣的死可能除去了一个被汉人视为横征暴敛的人，但是不能缓和朝廷面对的财政问题。

　　除了财政问题之外，忽必烈还面临着南宋与其它疆域的经济统一的困难。如果忽必烈希望实现其它任何经济和政治目的，中国必须是真正统一的和中央集权的。忽必烈首先释放被他的军队俘虏的大批士兵和平民，以争取江南的汉人。接着他发布以恢复中国南方经济为目的的命令，其中包括禁止蒙古人掠夺农田，并建立贮存剩余谷物的常平仓来保证遇到灾害时有足够的供应。朝廷一般不没收南方大地主的土地，也不削弱他们的权利基础，只是在统治集团的上层增加另一个等级——蒙古统治者。征收的农田税并不繁重，而且在灾年会被免除。盐、茶、酒和一些商品实行专卖，但是由专卖导致的价格不足是难以负担的。忽必烈推动南方繁荣的另一个基础是海上贸易。自身利益肯定是这些政策中的动机因素，因为南方的经济恢复最终将意味着更大的利润。

　　尽管他作出努力，南方一些汉人的敌意仍然没有平息下来，继续破坏着忽必烈的经济计划。其中发生了好几次反对蒙古统治的起义，1281年忽必烈的军队粉碎了其中的一次。这是由陈桂龙率领的起义，如果中国历史学家记载正确的话，有2万名造反者被斩首。为了制伏福建的另一场更严重的造反，朝廷调动了10万蒙古军队。在忽必烈统治结束之前，其它的起义持续不断。但是大部分抵制蒙古人的汉人不采取这种暴力手段。一些人认为"北人"对中国文明和思想不感兴趣，拒绝为蒙古人服务。另一些人找到专门的学术领域追求自己的知识趣味，干脆避免和蒙古人有所牵连。这种反抗使忽必烈和元朝丧失他们急需的专门人才，而连续不断的骚乱迫使他们在南方驻扎军队并造成很大的开销。总而言之，到忽必烈统治的后期，南方并没有完全统一，而且经济问题加上政治分裂在这个地区不断干扰着元廷。

　　由于在南方的努力没有全部成功，忽必烈面临实现满足北方核心疆域的需要。因为他把首都建在大都，忽必烈需要保证这个新城市中稳定的粮食供应。这迫使他从中国南方更富庶的地区运入粮食，因为大都附近的区域不能生长足够供给大都的粮食。最初忽必烈依靠两个在征宋战争中协助蒙古将军伯颜的海盗朱清和张瑄沿着中国的东海岸通过海路向北方运送粮食。1282年他们的第一次海运非常成功，超过90%的粮食到达北方，在沿岸的变化莫测的大海中仅损失六

条船。大约有四年时间朱清和张瑄独揽运送迫切需要的粮食的海运,因此他们变为"中国南方两位最富有和最有权势的人"。但是,13世纪80年代中期,台风和恶劣的气候条件造成大量沉船,使朝廷认识到需要另辟一条运送粮食的途径。

朝廷决定把大运河延伸,以使船运的粮食可以方便地到达大都。这项工程需要在山东省开凿135英里长的从济宁到临清的运河;商品可以从临清通过卫河上转运到离大都不远的直沽。这样,粮食可以从长江直接运送到忽必烈的都城。1289年2月完成了这项扩建,并将这条称为会通河的运河对船运开放。延长这条运河所需费用极大,大约300万劳工参加建设,为此政府花费了巨款。维护也是高成本的,这条运河所需的大量开销毫无疑问的是13世纪80年代后期困扰蒙古朝廷的财政问题中的一个重要因素。

13世纪80年代忽必烈在对外事务中总遇到挫折。这些年发生的事还给他个人带来悲剧和不幸。他的爱妻察必于1281年去世,她长期以来一直给予他支持和忠告。察必的儿子、忽必烈自己指定的继承人真金于1285年去世。真金曾被精心地培养成中国的下一位皇帝和他的汗位的继承人,真金四十多岁的早逝必然沉重地打击忽必烈并且使宫廷沮丧。为了寻求安慰,他越来越多地转向酒和食物。过度饮酒,使他的健康成为问题。在他的余生中,过度肥胖和痛风折磨着他。汉文史料揭示他晚年特别沮丧和抑郁。在1293年到1294年的冬季,他愈加衰弱。

忽必烈统治的成就是显著的。与其他蒙古大汗相同,他继续从事军事征伐。他最辉煌的胜利是征服中国的南宋,把一个人口超过5000万、具有大量财富和资源的领土置于他的控制之下。比起更早的许多次蒙古人的战争来,这场战争需要更缜密的计划和后勤,从而稳固了忽必烈作为蒙古人中一位伟大统帅的地位。而他在政治上的成就可能是令人印象深刻的。他希望使汉人相信他日益汉化的同时,本民族同胞仍对他信任。他设立了进行统治的行政机构,在中原建造了一座首都,支持中原宗教和文化,并且为朝廷设计出合适的经济和政治制度。然而他并未抛弃蒙古传统,仍保持着大量的蒙古习俗。在政府和军队的关键位置上任用蒙古人,废止科举制度使他不致在政府职位上受制于汉人。尽管在统治的最后十年中面临着困难与失误,但忽必烈留给他的继承者的是一个稳定和大体上繁荣的国家。

至元三十一年(1294年)二月十八日,忽必烈病逝。在位35年,年80岁。有子11人。谥圣德神功文武皇帝,庙号世祖。

郭守敬

郭守敬(1231年~1316年)，字若思，顺德邢台(今属河北)人。元代水利专家、数学家。修治西北河渠，裨益至今。与人编制《授时历》。创造和改进了简仪、仰仪、圭表等天象仪器。著有《推步》等天文历算著作。

良好教育

邢台地方本来属宋朝，宋高宗建炎二年(1128年)被金朝夺去，到1220年又被后来建立元朝的蒙古贵族占领。所以郭守敬是在元朝统治时期出生的。后来元朝在1234年灭金，到1279年又灭了宋，统一中国，郭守敬也逐渐成长为一位杰出的科学家。早些时候，金朝北边的蒙古人还过着游牧的生活，处在奴隶社会阶段。那时他们在金朝北方一带不断南下骚扰，进行的战争具有极大的掠夺性和破坏性。当地的农田水利遭到了严重的破坏，人口大量减少，生产急剧下降。这种状况对于元朝的建立统治是十分不利的。以元世祖为首的蒙古统治集团觉察了这一点，就在华北地区封建势力代表人物的支持下，逐步进行了一些改革，改变了一些野蛮的杀掠方式，实行了一些鼓励农桑增产的措施。因此，在元世祖时代，华北一带的农业生产才逐渐恢复起来。农业生产必须适应天时，农田排灌需要水利建设，于是对天文历法和水利工程的研究，就成为迫切的要求。同时，国家统一了，中外交通范围比以前扩大了，更给科学技术的发展提供了新的因素。因此，元朝的天文学和水利学，在金、宋两朝的基础上，有了

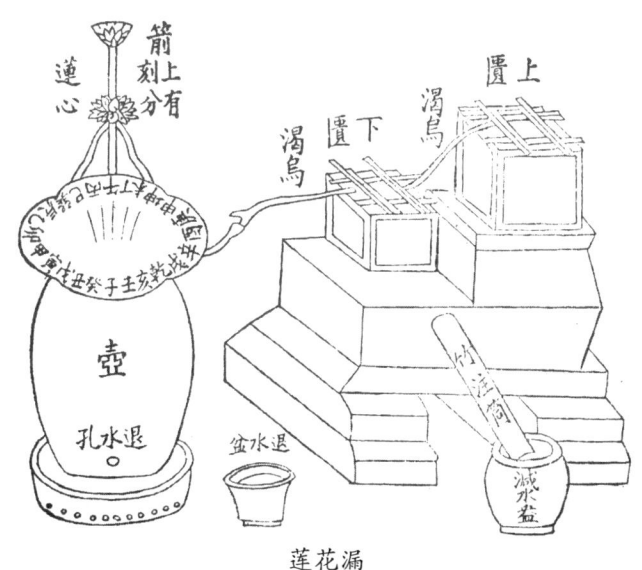

莲花漏

进一步的发展。

郭守敬正是在这个时期,在这两门科学方面作出了许多贡献。郭守敬父亲的名字,从现有的历史记载中已查不出来。他的祖父倒还留下名字,叫郭荣。郭荣是金、元之际一位颇有名望的学者。他精通五经,熟知天文、算学,擅长水利技术。郭守敬就是在他祖父的教养下成长起来的。老祖父一面教郭守敬读书,一面也领着他去观察自然现象,体验实际生活。郭守敬自小就喜欢自己动手制作各种器具。有人说他是"生来就有奇特的秉性,从小不贪玩耍"。其实,由于他把心思用到制作器具上,所以就不想玩耍了。郭守敬在十五六岁的时候就显露出了科学才能。那时他得到了一幅《莲花漏图》。他对图样作了精细的研究,居然摸清了制作方法。

莲花漏是一种计时器,是北宋科学家燕肃在古代漏壶的基础上改进创制的。这个器具由好几个部分配制而成。上面有几个漏水的水壶。这几个水壶的水面高度配置得经常不变。水面高度不变,往下漏水的速度也就保持均匀。水流速度保持均匀了,在一定时间内漏下的水量就会保持不变,不会忽多忽少。这样,就可以从漏下的水量指示出时间来了。燕肃留下的《莲花漏图》,就画着这样的一整套器具。配制这套器具的原理不很浅显。燕肃所画的图,构造也不很简单。仅仅依据一幅图就想掌握莲花漏的制造方法和原理,对一般成年学者来说也不是一件容易的事情。年纪才十几岁的郭守敬居然把它弄得一清二楚,这就足以证明郭守敬确是一个能够刻苦钻研的少年。在邢台县的北郊,有一座石桥。金、元战争的时候,这座桥被破坏了,桥身陷在泥淖里。日子一久,竟没有人说得清它的所在了。郭守敬查勘了河道上下游的地形,对旧桥基就有了一个估计。根据他的指点,居然一下子就挖出了这久被埋没的桥基。这件事让很多人惊讶。石桥修复后,当时一位有名的文学家元好问还特意为此写过一篇碑文。这时候,年轻的郭守敬已经能对地理现象作颇为细致的观察了,那一年,他刚刚20岁。

郭荣为了让他孙儿开阔眼界,得到深造,曾把郭守敬送到自己的同乡老友刘秉忠门下去学习。刘秉忠精通经学和天文学。当时他为父亲守丧,在张有读书。郭守敬在他那儿受到了很大的教益。更重要的是,郭守敬在他那儿结识了一位好朋友王恂。王恂比郭守敬小四五岁,后来也成为一位杰出的数学家和天文学家。这一对好朋友后来在天文历法工作中亲密合作,作出了卓越的贡献。

兴修水利

郭守敬在刘秉忠门下学习的时间不长。1251年,刘秉忠被元世祖忽必烈召进京城去了。刘秉忠离开邢台之后,郭守敬的行踪如何,史书上没有明确的记载,只知道后来刘秉忠把他介绍给了自己的老同学张文谦。1260年,张文谦到大名路（今河北省大名县一带）等地做宣抚司的长官，郭守敬也跟着他一起去了。在那儿，他把少年时代试作过的莲花漏铸了一套正规的铜器，留给地方上使用。后来，元朝政府里的天文台也采用了这种器具。

郭守敬跟着张文谦到各处勘测地形，筹划水利方案，并帮助做些实际工作。几年之间，郭守敬的科学知识和技术经验更丰富了。张文谦看到郭守敬已经渐趋成熟，就在1262年，把他推荐给元世祖忽必烈，说他熟悉水利，聪明过人。元世祖就在当时新建的京城上都召见了郭守敬。郭守敬初见元世祖，就当面提出了六条水利建议：第一条建议修复从当时的中都到通州的漕运河道；第二第三条是关于他自己家乡有关地方城市用水和灌溉渠道的建议；第四条是关于磁州（今河北磁县）、邯郸一带的水利建议的意见；第五第六条是关于中原地带（今河南省境内）沁河河水的合理利用和黄河北岸渠道建设的建议。这六条都是经过仔细查勘后提出来的切实的计划，对于经由路线、受益面积等项都说得清清楚楚。元世祖认为郭守敬的建议很有道理，当下就任命他为提举诸路河渠，掌管各地河渠的整修和管理等工作，下一年又升他为银符副河渠使。

郭守敬

元世祖至元元年（1264年）张文谦被派往西夏（今甘肃、宁夏及内蒙古西部一带）去巡察。那里沿着黄河两岸早已修筑了不少水渠。宁夏地方（今银川一带）的汉延、唐来两渠都是长达几百里的古渠，分渠纵横，灌溉田地的面积很大，是西北重要的农业基地之一。当年成吉思汗征服西夏的时候，不知道保护农业生产，兵马到达的地方，水闸水坝都被毁坏，渠道都被填塞。这种情况，张文谦当然是知道的。他巡察西夏，一方面要整顿地方行政，另一方面也想重兴水利，恢复农业生产。所以他带了擅长水利的郭守敬同行。

郭守敬到了那里，立即着手整顿。有的地方疏通旧渠，有的地方开辟新渠，又重新修建起许多水闸、水坝。当地人民久旱望水，对这样具有切身利害关系的大事自然尽力支持。由于大家动手，这些工程竟然在几个月之内就完工了。开闸的那一天，人们望着那滚滚长流的渠水，心里十分高兴。修完了渠，郭守敬就离开了西夏。在还京之前，他曾经逆流而上，探寻黄河的发源地。以往史书上虽也有些河源探险的记载，但都是些将军、使臣们路过这个地区，顺便查探，写下的一些记述，并不是特意进行的科学考察结果。有些记载只是从传闻得来，还不免

失实。以科学考察为目的，专程来探求黄河真源的，要推郭守敬是第一人。很可惜，郭守敬探查河源的结果没有记载流传下来。后来到了1280年，又有一位探险家都实奉元世祖之命专程前去考察河源。这次探索的经过记录在一部《河源记》的专著里，其中有不少有价值的结果。毫无疑问，作为先驱的郭守敬考察对于都实是有相当大的影响的。

1265年，郭守敬回到了上都，同年被任命为都水少监，协助都水监掌管河渠、堤防、桥梁、闸坝等的修治工程。1271年升任都水监。1276年都水监并入工部，他被任为工部郎中。

巧制仪器

我国是天文学发达的国家之一。西汉以后，国家天文台的设备和组织已经达到相当完善的地步。它的主要任务之一是编制历法。我国古代的历法，内容是十分广泛的，包括日月运动及其位置的推算、逐年日历的编制、五大行星的位置预报、日食月食的预推等等。历法关系到生产、生活甚至政治活动等很多方面。因此，历来对这项工作都是相当重视的。一种历法用久了，误差就会逐渐显著，因而需要重新修改。跟着每次重大的历法修改，总带来一些创造革新的进步，像基本天文数据的精密化、天文学理论的新成就或计算方法上的新发明等等。历法的发展可说是中国天文学发展史中的一条主线。

元朝初年沿用当年金朝的《重修大明历》。这个历法是金世宗大定二十年（1180年）修正颁行的。几十年以来，误差积累日渐显著，发生过好几次预推与实际现象不符的事。再一次重新修改是迫切需要的事了。

至元二十年（1276年），元军攻下了南宋首都临安（今浙江杭州），全国统一已成定局。就在这一年，元世祖迁都大都，并且采纳已死大臣刘秉忠的建议，决定改订旧历，颁行元朝自己的历法。于是，元政府下令在新的京城里组织历局，调动了全国各地的天文学者，另修新历。这件工作名义上以张文谦为首脑，但实际负责历局事务和具体编算工作的是精通天文、数学的王恂。

当时，王恂就想到了老同学郭守敬。虽然郭守敬

浑仪

担任的官职一直是在水利部门,但他长于制器和通晓天文,是王恂很早就知道的。因此,郭守敬就由王恂推荐,参加修历,奉命制造仪器,进行实际观测。从此,在郭守敬的科学活动史上又揭开了新的一页,他在天文学领域里发挥了高超的才能。

郭守敬首先检查了大都城里天文台的仪器装备。这些仪器都是金朝的遗物。其中浑仪还是北宋时代的东西,是当年金兵攻破北宋的京城汴京(今河南开封)以后,从那里搬运到燕京来的。当初,大概一共搬来了3架浑仪。因为汴京的纬度和燕京相差约4°多,不能直接使用。金朝的天文官曾经改装了其中的一架。这架改装的仪器在元初也已经毁坏了。郭守敬就把余下的另一架加以改造,暂时使用。另外,天文台所用的圭表也因年深日久而变得歪斜不正。郭守敬立即着手修理,把它扶置到准确的位置。

郭守敬的圭表改进工作大概完成于1277年夏天。这年冬天已经开始用它来测日影。因为观测的急需,最初的高表柱是木制的,后来才改用金属铸成。可惜这座表早已毁灭,我们现在无法看到了。幸而现在河南省登封县还保存着一座砖石结构的观星台,其中主要部分就是郭守敬的圭表。这圭表与大都的圭表又略有不同,它因地制宜,就利用这座高台的一边作为表。台下用36块巨石铺成一条长10余丈的圭面。当地人民给这圭表起了一个很豪迈的名称,叫"量天尺"。

郭守敬改进浑仪的主要想法是简化结构。他准备把这些重重套装的圆环省去一些,以免互相掩蔽,阻碍观测。那时候,数学中已发明了球面三角法的计算。有些星体运行位置的度数可以从数学计算中求得,不必要在这浑仪中装上圆环来直接观测。这样,就使得郭守敬在浑仪中省去一些圆环的想法有实现的可能。

郭守敬只保留了浑仪中最主要、最必需的两个圆环系统,并且把其中的一组圆环系统分出来,改成另一个独立的仪器;把其它系统的圆环完全取消。这样就根本改变了浑仪的结构。再把原来罩在外面作为固定支架用的那些圆环全都撤除,用一对弯拱形的柱子和另外四条柱子承托着留在这个仪器上的一套主要圆环系统。这样,圆环就四面凌空,一无遮拦了。这种结构,比起原来的浑仪来,真是又实用,又简单,所以取名"简仪"。简仪的这种结构,同现代称为"天图式望远镜"的构造基本上是一致的。在欧洲,像这种结构的测天仪器,要到18世纪以后才开始从英国流传开来。

郭守敬简仪的刻度分划也空前精细。以往的仪器一般只能读到1°的四分之一,而简仪却可读到1°的三十六分之一,精密度一下子提高了很多。这架仪器一直到清初还保存着,可惜后来被在清朝钦天监(掌管天文历法的官署)中任职的一个法国传教士纪理安拿去当废铜销毁了。现在只留下一架明朝正统年间的仿制品,保存在南京紫金山天文台。郭守敬用这架简仪作了许多精密的观测,其中

的两项观测对新历的编算有重大的意义。一项是黄道和赤道的交角的测定。赤道是指天球的赤道。地球悬空在天球之内,设想地球赤道面向周围伸展出去,和天球边缘相割,割成一个大圆圈,这圆圈就是天球赤道。黄道就是地球绕太阳做公转的轨道平面延伸出去,和天球相交所得的大圆。天球上黄道和赤道的交角,就是地球赤道面和地球公转轨道面的交角。这是一个天文学基本常数。这个数值从汉朝以来一直认定是24°,一千多年来始终没有人怀疑过。实际上这个交角年年在不断缩减,只是每年缩减的数值很小,只有半秒,短期间不觉得。可是变化虽小,积累了一千多年也会显出影响来的。黄赤交角数值的精确与否,与其它计算结果的准确与否有很大关系。因此,郭守敬首先对这沿用了千年的数据进行检查。果然,经他实际测定,当时的黄、赤道交角只有23°90′。这个是用古代角度制算出的数目。古代把整个圆周分成1365°,1°分作100分,用这样的记法来记这个角度就是23°90′.4,换成现代通用的360°制,那就是23°33′23″.3。根据现代天文学理论推算,当时的这个交角实际应该是23°31′58″.0。郭守敬测量的角度实际还有1′25″.3的误差。不过这样的观测,在郭守敬当年的时代来讲,那已是难能可贵的了。另一项观测就是二十八宿距度的测定。我国古代在测量二十八宿各个星座的距离时,常在各宿中指定某处星为标志,这个星称为"距星"。因为要用距星作标志,所以距星本身的位置一定要定得很精确。从这一宿距星到下一宿距星之间的相距度数叫"距度",这距度可以决定这两个距星之间的相对位置。二十八宿的距度,从汉朝到北宋,一共进行过五次测定,它们的精确度是逐次提高的。最后一次在宋徽宗崇宁年间进行的观测中,这二十八个距度数值的误差平均为0°.15,也就是9′。到郭守敬时,经他测定的数据,误差数值的平均只有4′.5,比崇宁年间的那一次降低了一半。这也是一个很难得的成绩。在编订新历时,郭守敬提供了不少精确的数据,这确是新历得以成功的一个重要原因。

在改历过程中,郭守敬创造了近20种仪器和工具。我们再介绍一件郭守敬独创的仪器,来看看他的技术成就。这件仪器是一个铜制的中空的半球面,形状像一口仰天放着的锅,名叫"仰仪"。半球的口上刻着东西南北的方向,半球口上用一纵一横的两根竿子架着一块小板。板上开一个小孔,孔的位置正好在半球面的球心上。太阳光通过小孔,在球面上投下一个圆形的象,映照在所刻的线格网上,立刻可读出太阳在天球上的位置。人们可以免用眼睛逼视那光度极强的太阳本身,就看明白太阳的位置,这是很巧妙的。更妙的是,在发生日食时,仰仪面上的日象也相应地发生亏缺现象。这样,从仰仪上可以直接观测出日食的方向,亏缺部分的多少,以及发生各种食象的时刻等等。虽然伊斯兰天文家在古时候就已经利用日光通过小孔成象的现象观测日食,但他们只是利用一块有洞的板子来观测日面的亏缺,帮助测定各种食象的时刻罢了,还没有像仰仪这样可以直接读出数据的仪器。王恂、郭守敬等同一位尼泊尔的建筑师阿尼哥合作,在大都兴建了一座新的天文台,台上就安置着郭守敬所创制的那些天文仪器。它是当时世界上设备最完善的天文台之一。由于郭守敬的建议,元世祖派了14位天文家,到当时国内26个地点(大都不算在内),进行几项重要的天文观测。在其中的6个地点,特别测定了夏至日的表影长度和昼、夜的时间长度。这些观测的结果,都为编制全国适用的历法提供了科学的数据。这一次天文观测的规模之大,在世界天文学史上也是少见的。经过王恂、郭守敬等人的集体努力,到元世祖至元十七年(1280年)春天,一部新的历法宣告完成。按照"敬授民时"的古语,取名《授时历》。

同年冬天,正式颁发了根据《授时历》推算出来的下一年的日历。很不幸,《授时历》颁行不久,王恂就病逝了。那时候,有关这部新历的许多算草、数表等都还是一堆草稿,不曾整理。几个主要的参加编历工作的人,退休的退休,死的死,最后的整理定稿工作全部落到郭守敬的肩上。他又花了两年多的时间,把数据、算表等整理清楚,写出定稿。其中的一部分就是《元史·历志》中的《授时历经》。在《授时历》里,有许多革新创造的成绩:第一,废除了过去许多不合理、不必要的计算方法,例如避免用很复杂的分数来表示一个天文数据的尾数部分,改用十进小数等。第二,创立了几种新的算法,例如三差内插式及合于球面三角法的计算公式等。第三,总结了前人的成果,使用了一些较进步的数据。例如采用南宋杨忠辅所定的回归年,以一年为365.2425日,与现行公历的平均一年时间长度完全一致。《授时历》是1281年颁行的;现行公历却是到1576年才由意大利人利里奥提出来。《授时历》确是我国古代一部很进步的历法。郭守敬把这部历法最后写成定稿,流传到后世,把许多先进的科学成就传授给后人。这件工作,称得上是郭守敬的一个大功。

王恂去世不久,郭守敬升为太史令。在以后的几年间,他又继续进行天文观测,并且陆续地把自己制造天文仪器、观测天象的经验和结果等极宝贵的知识编写成书。他写的天文学著作共有百余卷之多。然而封建帝王元世祖虽然支持了改历的工作,却并不愿让真正的科学知识流传到民间去,他把郭守敬的天文著作统统锁在深宫秘府之中。那些宝贵的科学遗产几乎全都被埋没了,这是件令人痛惜的事!

开凿水道

从800多年前的金朝起,北京就成了国家的首都。元朝时候,它被称为大都,更成为当时全国政治经济中心的大城市。大都城内每年消费的粮食达几百万斤,这些粮食绝大部分是从南方产粮地区征运来的。为了便于运输,从金朝起,在华北平原上利用天然水道和隋唐以来修建的运河建立了一个运输系统。但由

于自然条件的关系,它的终点不是北京,而是京东的通州,离京城还有几十里路。这段几十里的路程只有陆路可通。陆路运输要占用大量的车、马、役夫,一至雨季,泥泞难走。沿路要倒毙许多牲口,粮车往往陷在泥中,夫役们苦不堪言。因此在金朝时候,统治者就力图开凿一条从通州直达京城的运河,以解决运粮问题。

通州的地势比大都低,因此要开运河,只能从大都引水流往通州。这样,就必须在大都城周围找水源不可。大都城郊最近的天然水道有两条:一条是发源于西北郊外的高梁河,另一条是水源从西南而来的凉水河。然而这两条河偏偏都水量很小,难以满足运河的水源需要。大都城往北几十里,有清河和沙河,水量倒是较大,却因地形关系,都自然地流向东南,成为经过通州的温榆河的上源。水量最大的还数大都城西几十里的浑河(今永定河)。金朝时候,曾从京西石景山北面的西麻峪村开了一条运河,把浑河河水引出西山,过燕京城下向东直注入通州城东的白河。但这条运河容纳了浑河水中携带来的大量泥沙,容易淤积。到夏、秋洪水季节,水势极其汹涌,运河极易泛滥。这样,运河对于京城反是一个威胁。开凿之后只过了15年,就因山洪决堤,不得已又把运河的上游填塞了。这是一次失败的经验。然而,陆运耗费的巨大,始终在促使着人们去寻求一条合适的水道。这个任务,到郭守敬的时候才得以完成。郭守敬的开河事业也不是一开始就顺利进行的,他也经过了多次失败,最后才找到了正确解决的办法。金朝开挖的那条运河,正流经大都城城墙的南面,利用这条被废弃的运河,当然是最经济最简捷的办法。至少,大都城以东的那一段是完全可以利用的。因此,摆在郭守敬面前的问题就是如何解决这段运河的水源。

郭守敬提出的第一个方案就是他在1262年初见元世祖时所提出来的六条水利建议中的第一条。在大都城的西北,有座玉泉山。玉泉山下迸涌出一股清泉。这股清泉流向东去,并分成南北两支。南面的一支流入瓮山(今万寿山)以南的瓮山泊(今昆明湖的前身),又从瓮山泊东流,绕过瓮山,与北面的一支汇合。再向东流,成为清河的上源。郭守敬的计划是使进入瓮山泊的这支泉水不再向东,劈开它南面高地的障碍而引它向南,注入高梁河。高梁河的下游原已被金人拦入运河。这样,运河的水量就得到了补充。

当时,元世祖接受郭守敬的建议,下令实施这个计划,但是结果并不理想。因为引来增加水源的终究只有一泉之水,流量有限,对于数额巨大的航运量仍难胜任。事实上,引来的泉水只够用来增加大都城内湖池川流的水量,对于恢复航运没有多大帮助。这又是一次失败的经验。郭守敬仔细研究了这次失败的原因。显然,关键问题还是在于水量不足。他想:京郊河流中水量最大的是那条浑河,为什么不利用浑河的河水呢?3年以后,就在他从西夏回来以后的那一年,他提出了开辟水源的第二个方案。他认为可以利用金人过去开的河道,只要在运河上段开一道分水河,引回浑河中去;当浑河河水暴涨而危及运河时,就开放分水河闸口,以减少进入运河下游的水量,解除对京城的威胁。这算得是个一时有效的办法。之所以说"一时有效",那是因为这里还有个泥沙淤积问题,日子一久还是要出岔子的。当时,郭守敬也考虑到了这一点,所以他并没有在运河上建立闸坝,因为闸坝会阻碍泥沙的冲走。但是接着又发生了一个他估计不足的问题。原来从大都到通州这段运河的河道,虽不如大都以上一段那样陡峻,但坡度却仍然是相当大的。河道坡度大,水流就很急。没有水闸的控制,巨大的粮船自然无法逆流而上。结果,这条运河在1276年开成以后,只能对两岸的农田灌溉以及从西山砍取木材的顺流下送起相当的作用;至于对大都运粮,还是无济于事。

两次工程都没有达到预期的效果。郭守敬并没有灰心,更深入细致地分析了两次失败的原因。他认识到过去的设计思想带有颇大的片面性,今后的计划必须把水量、泥沙及河道坡度等种种因素综合起来,做一个通盘的考虑。在以后的几年中,他仔细地勘测了大都城四郊的水文情况和地势起伏。只是后来他被调去修历,才把运河工程的规划搁了下来。

至元二十八年(1291年),有人建议利用滦河、浑河作为向上游地区运粮的河道。元世祖一时不能决断,就委派正在太史令任上的郭守敬去实地勘查,再定可否。郭守敬探测到中途就发觉这些建议都是不切实际的。他乘着报告调查结果的机会,同时向政府提出了许多新建议。他这许多建议中的第一条就是大都运粮河的新方案。

这个经过实地勘测、再三研究而提出的新方案,仍然利用以前他那个试行方案中凿成的河道,但是要进一步扩充水源。扩充的办法是把昌平地方神山(今凤凰山)脚下的白浮泉水引入瓮山泊,并且让这条引水河在沿途拦截所有原来从西山东流入沙河、清河的泉水,汇合在一起,滚滚而下。这样一来,运河水量可以大为增加。这些泉水又都是清泉,泥沙很少,在运河下游可以毫无顾虑地建立一系列控制各段水位的闸门,以便粮船平稳上驶。这是个十分周密的计划。元世祖对它极为重视,下令重设都水监,命郭守敬兼职领导,并且调动几万军民,在至元二十九年(1292年)春天克日动工。这条从神山到通州高丽庄,全长160多里的运河,连同全部闸坝工程在内,只用了一年半的时间,到1293年秋天就全部完工了。当时,这条运河起名叫通惠河。从此以后,船舶可以一直驶进大都城中。那时大都城里作为终点码头的积水潭(今此潭还在,只是已经淤缩成一个小池潭了)上,南方来的粮船云集,热闹非常。这样,非但解决了运粮问题,而且还促进了南货北销,进一步繁荣了大都城的经济。从科学成就上来讲,这次运河工程的最突出之处是在于从神山到瓮山泊这一段引水河道的路线选择。

从神山到大都城的直线距离是60多里。白浮泉发源地的海拔约60米,高出大都城西北角一带最高处约10米。看起来,似乎完全可以沿着这条最短的直线

路径把水引来,但实际上这条直线所经地区的地形不是逐渐下降的。由沙河和清河造成的河谷地带,海拔都在50米以下,甚至不到45米,比大都城西北地带的地势都低。如果引水线路取直线南下,泉水势必都将顺着河谷地带一泻东流,无法归入运河。郭守敬看到这一点,所以他所选定的线路就不是直通京都的。他先把白浮泉水背离着东南的大都引向西去,直通西山山麓,然后顺着平行山麓的路线,引往南来。这样,不但保持了河道坡度逐渐下降的趋势,而且可以顺利地截拦、汇合从西山东流的众多泉水。从后来通航的事实证明,舍弃那条直线,采取这条迂回西山下的线路,是十分合理的。要知道,在60多里长的路程上,仅仅几米的高低起伏,那实在是非常微小,不是人眼所能直接看出的。从这取舍之间,可以看出郭守敬对大都城和四周地区的地形测量,是下过很深的功夫的。通惠河开通以后,郭守敬一直兼任天文和水利两方面的领导工作。

1294年,他升知太史院事。但是关于水利方面的工作,当时政府仍经常要征询他的意见。元成宗大德二年(1298年),政府决定在上都附近开一道渠,元成宗召郭守敬去商议。郭守敬就去当地查勘了地形,了解了雨量情况,发现这条河道近山,所经地区的年雨量虽不多,却很集中,大雨连日的时候山洪非常凶猛。他认为,纵然河道平时的流量不大,河道本身也一定要宽达50~70步。当时主管其事的官员目光短浅,认为郭守敬把雨季的流量估计得太大,处理这事太小心了,竟把郭守敬所定的宽度消减了三分之一。结果河渠开通的第二年,一到大雨时节,山洪顺河直冲下来,河身狭窄,容纳不下洪水,两岸泛滥成灾,淹没的人、畜、帐篷不计其数,几乎冲毁了元成宗的行宫。元成宗被迫北迁避水时,想起了郭守敬去年的预言,不由得对左右感叹:"郭太史真是神人呐!可惜没有听他的话!"从此以后,郭守敬的声望更高了。1303年,元成宗下诏,说凡是年满70岁的官员都可以退休,独有郭守敬,因为朝廷还有许多工作都要依靠他,不准他退休。

元成宗之后,元朝政权迅速腐朽。统治集团内部斗争日益剧烈,生活上穷奢极欲,荒唐到极点,把元世祖时代鼓励农桑的这点积极因素抛弃净尽了。在这种情况下,郭守敬的创造活动自然也受到极大的限制。同他当时不断提高的名望相对照,他晚年的创造活动不免太沉寂了。除了在1298年建造了一架天文仪器——灵台水浑以外,就再没有别的重大创制和显著表现了。可以设想,如果他晚年能够有较好的社会政治条件,可能还有更大的贡献。

元仁宗延祐三年(1316年),为祖国的科学事业辛劳了60多年的郭守敬去世了,享年86岁。为了纪念他,目前邢台市最主要的一条街道命名为"郭守敬大街"。

关汉卿

关汉卿,生卒年不详,号已斋叟,大都(今北京)人。元代戏曲家。曾任太医院尹,入元不仕,专事杂剧创作。所作杂剧,当今知道的大概有60多部,现存《窦娥冤》、《救风尘》、《拜月亭》、《蝴蝶梦》等13部。所作散曲甚多。

有关关汉卿生平的资料缺乏,只能从零星的记载中窥见其大略。据元代后期戏曲家钟嗣成《录鬼簿》的记载,"关汉卿,大都人,太医院尹,号已斋叟"。"太医院尹"别本《录鬼簿》作"太医院户"。查《金史》或《元史》均未见"太医院尹"的官名,而"医户"却是元代户籍之一,属太医院管辖。因此,关汉卿很可能是属元代太医院的一个医生。《拜月亭》中,他有一段临床诊病的描写,宛若医人声口,可以作为佐证。他是一位熟悉勾栏伎艺的戏曲家,"生而倜傥,博学能文,滑稽多智,蕴藉风流,为一时之冠。"(《析津志》)在元代前期杂剧界,他是领袖人物,和当时的杂剧作家杨显之、梁进之、费君祥等人都有交往。

他娴熟地运用元代杂剧的形式,在塑造人物形象、处理戏剧冲突、运用戏曲语言等方面都有杰出的成就。在《窦娥冤》中,自始至终把戏集中在窦娥身上。先写她悲惨的身世,继之展开她和流氓地痞的冲突,再集中写贪官污吏对她的压迫,最后写她的复仇抗争。《单刀会》在正面展开关羽与鲁肃的冲突之前,先用两折的篇幅由乔公与司马徽烘托关羽的英雄气概,使关羽虽未上场却已有先声夺人的强烈效果。在《望江亭》、《拜月亭》、《西蜀梦》等剧里,出色的心理描写打开了人们内心世界的窗扉,成为塑造主要人物形象不可缺少的艺术手段。

他善于提炼激动人心的戏剧情节,省略次要情节以突出主要事件。在《窦娥冤》里,安排了窦娥被屈斩后天地变色的奇迹,而对窦娥的结婚、丈夫的病死等一句带过,不浪费一点儿多余的笔墨。

作为一位杰出的语言艺术大师,他汲取大量民间生动的语言,熔铸精美的古典诗词,

关汉卿

创造出一种生动流畅、本色当行的语言风格。这主要表现在人物语言的性格化上,曲白酷肖人物声口,符合人物身份。如《窦娥冤》中的说白:"婆婆,此后遇着冬时年节,月一十五,有溅不了的浆水饭,溅半碗儿与我吃;烧不了的纸钱,与窦娥烧一陌儿,则是看你死的孩儿面上。"这样朴素无华的说白,看不到加工的痕迹,非常符合窦娥这个封建社会里小媳妇的身份。关汉卿一生创作了60多部杂剧。他的悲剧《窦娥冤》"列入世界大悲剧中亦无愧色"(王国维语)。1958年,关汉卿被提名为"世界文化名人"。

黄道婆

　　黄道婆，又称黄婆，生于南宋末年淳祐年间，约1245年，松江府乌泥泾镇（今上海徐汇区东湾村）人。初因不堪家庭虐待，只身逃往海南岛崖州。约元贞年间她回到故乡，将学到的纺织技术进行改革。她自治工具提高了纺纱效率，并织造了有名的"乌泥泾被"，推动了松江一代棉纺织技术和棉纺织业的发展。

　　黄道婆出身于贫苦农民家庭，在生活的重压下，十二三岁就被卖给人家当童养媳。白天她下地干活，晚上她纺织布到深夜，还要遭受公婆、丈夫的非人虐待。沉重的苦难摧残着她，也磨炼了她。有一次，黄道婆被公婆、丈夫一顿毒打后，又被关在柴房不准吃饭，也不准睡觉。她再也忍受不住这种非人的折磨，决心逃出去另寻生路。半夜，她在房顶上掏洞逃了出来，躲在一条停泊在黄浦江边的海船上。后来就随船到了海南岛的崖州，即现在的海南崖县。在封建社会，一个从未出过远门的年轻妇女只身流落异乡，人生地疏，无依无靠，面临的困难可想而知。黄道婆出现在了崖州崖城镇内草村，她的衣服又破又旧，站在一个黎族老大妈家的屋檐下浑身发抖。守门的黄狗汪汪吼叫，吓得她胆战心惊。正当她想拔腿逃走时，老大妈开门出来，看见她可怜的模样，就把她拉进屋里，给她换上黎族人穿的筒裙，让她喝几口山兰玉液驱寒，然后便问起她的家世来。黎族老大妈听了黄道婆的哭诉，流下了同情的眼泪。从此，大妈就认她为女儿，在生活上给予她无微不至的照顾。由于海南岛盛产木棉，黄道婆从黎族人民那里学到了精湛的纺棉织布技术。黄道婆看见黎族妇女的纺织技术和工具都比她家乡的先进，在她家乡江南，棉子要用手剥，效率很低；弹花只用小竹弓，弹出的棉絮不够松软；而黎族妇女使用的纺织工具踏车，既轻巧，又灵活，织出的布精细美观。心灵手巧的黄道婆很快就掌握了黎族的纺织技术和工艺，织出的花布

黄道婆

色彩鲜艳,上面有各种奇花异草、飞禽走兽等花纹图案,作成筒裙、被面令人赏心悦目,村里人看了都非常赞叹。

黄道婆的名气很快传向四方。有一天,一个外地商人窜进她家,蛮横地要用高价收买她的纺织精品,说是要作为贡品献给皇帝。黄道婆见来者不善,婉言谢绝道:"我织布自己穿还不够呢,哪有多余的东西出卖?"商人威胁说:"你就是自己没有穿,也不能不献给皇帝!不拿出来你担当得起罪责吗?"黄道婆毫不客气地回答:"你们有钱人以为出了钱就什么事情都能办到吗?你要把贡品献给皇帝,请你自己去织吧!"大妈也在一旁帮她说话,那商人恼羞成怒,只好灰溜溜地走了。

当时黎族人民生产的黎单、黎饰、鞍塔闻名内外,棉纺织技术比较先进。黄道婆聪明勤奋,虚心向黎族同胞学习纺织技术,并且融合黎汉两族人民的纺织技术的长处,逐渐成为一个出色的纺织能手,在当地大受欢迎,和黎族人民结下了深厚的情谊。黄道婆在海南黎乡生活了三十多年,虽然吃穿不愁,但她无时无刻不在想念自己的家乡。元朝至元年间(约1295年~1296年),她带着黎族人民创造的先进纺织工具和技术,依依不舍地告别了黎族同胞,乘船回到了阔别三十多年的松江乌泥泾。

黄道婆重返故乡时,植棉业已经在长江流域大大普及,但纺织技术仍然很落后。她回来后,就致力于改革家乡落后的棉纺织生产工具。她根据自己几十年丰富的纺织经验,毫无保留地把自己精湛的织造技术传授给故乡人民。一边教家乡妇女学会黎族的棉纺织技术,一边又着手改革出一套赶、弹、纺、织的工具——去籽搅车、弹棉椎弓、三锭脚踏纺纱车……对当地落后的纺织技术和工具也作了大胆改革。在剥除棉籽方面,黄道婆把黎族人民用的搅车介绍过来。搅车是由装在机架上的两根碾轴组成,两轴靠摇臂向相反方向转动。把棉花喂进两轴间的空隙碾轧,棉籽就被挤出来,棉纤维(皮棉)被带到前面。搅车的应用,大大提高了生产效率。在弹松棉花的过程中,黄道婆把弹花用的弓从一尺多长改成四尺多长;用绳弦代替线弦;用檀木作的椎子击弦弹棉,代替了手指弹拨。这样弹出的棉花均匀细腻,提高了纱和布的质量。在纺车

黄道婆墓

方面,黄道婆跟木工师傅一起,经过反复实验,把用于纺麻的脚踏纺车改成三锭棉纺车。使纺纱效率一下子提高了两三倍,而且操作也很省力。在黄道婆的带领下,乌泥泾从事纺织业的人越来越多。乌泥泾的棉纺织技术和新设备传遍了江浙一带,使松江一度成为全国棉纺织业的中心。

虽然她回乡几年后就离开了人世,但她的辛勤劳动推动了当地棉纺织业的迅速发展。黄道婆除了在改革棉纺工具方面做出重要贡献以外,她还把从黎族人民那里学来的织造技术,结合自己的实践经验,总结成一套比较先进的"错纱、配色、综线、絜花"等织造技术热心向人们传授。因此,当时乌泥泾出产的被、褥、带、帨等棉织物,上有折枝、团凤、棋局、字样等各种美丽的图案,鲜艳如画。一时"乌泥泾被"不胫而走,附近上海、太仓等地竞相仿效。这些纺织品远销各地,很受欢迎。很快松江一带就成为全国的棉织业中心,历几百年久而不衰。16世纪初,当地农民织出的布,一天就有上万匹。18世纪乃至19世纪,松江布更远销欧美,获得了很高声誉。当时称松江布"衣被天下",这伟大的成就其中当然凝聚了黄道婆的大量心血。

张士诚

张士诚(1321年~1367年),小名九四,泰州白驹场(今属大丰县)人,以驾船运盐为业。元至正十三年(1353年),因不堪富户凌辱,率众杀诸富户,率苦役、盐丁万余人起义。次年,据高邮,称城王,号大周,年号天佑。在高邮击败元丞相脱脱所率大军后,由南通渡江至常熟。至正十六年二月攻占平江(今苏州),并在此建都,后称吴王。至正二十七年七月朱元璋率军攻占平江,张士诚被俘,解至金陵(今南京)后自缢身亡。

被迫起义

张士诚时泰州滨海有很多盐场,白驹场为其中之一。士诚母曹氏,生士诚兄弟四人。士诚居长,二弟士义,三弟士德,四弟士信,都以驾运盐纲船为业,兼贩运私盐为生。士诚年轻时臂力过人,为人持重寡言,重义气,轻财好施。凡有盐民贫病他都慷慨帮助,所以盐民对他很有好感。士诚经常卖盐给一些富有之家,常遭他们欺侮,有时将盐拿去也不给钱。士诚兄弟对此都积有仇怨。当时有个弓兵叫丘义的,更是仗势欺凌他们。在忍无可忍的情况下,一天,士诚带领诸弟及壮士李伯升、吕珍、史文炳、张天骐、潘元明等共18人,杀了丘义及平时经常欺凌他们的一些财主,并放火将其房屋焚烧干净。张士诚自觉闯下大祸,遂决心招集附近盐场青壮盐丁聚会以谋起义。盐丁们苦难日久,胸中积怨,穷则思变,于是共推张士诚为盟主,即时起义造反。行至丁溪,当地土豪大姓刘子仁率众阻拦,发生战斗。张士诚二弟张士义中箭死,张士诚大怒,率盐民奋勇进击,刘子仁败逃入海。沿途不断有农民参加起义军,很快发展到万余人。这就是民间流传的张士诚"十八支扁担起义"。

张士诚先在农村扩展势力,不久即以攻夺城池为目标。泰州为淮南江北重城,张士诚首先

张士诚

要攻取的当然是泰州。当时元廷立淮南江北行省于扬州，以赵琏为行省参加政事，企图遏阻起义军势力。不久赵琏又亲自镇守泰州。张士诚先曾诈降归附，后来侦知赵琏在泰州城无防备，遂于1353年3月某日天未明纵火登城，攻取泰州。张士诚随即挥戈北上，夺取兴化城，结寨于得胜湖。4月，元廷以官禄招张士诚归顺，张士诚不理。5月，张士诚率义军西向攻破高邮城，占据之。张士诚兵势涨大，高邮湖区东连兴化得胜湖，舟舰四塞，宝应县亦入势力范围。元廷命高邮知府李齐赴高邮招降，为张士诚所杀。夏天，元廷又命淮南行省平章政事福寿率兵进攻起义军，又为张士诚所败。至此，张士诚已初步在泰州、高邮、兴化、通州一带站稳脚跟，建立了根据地。

元至正十四年春正月，张士诚在高邮自称"诚王"，国号"大周"，改元"天佑"。当时，刘福通奉韩林儿为帝，国号"宋"。徐寿辉也自称帝，国号"天完"。而朱元璋尚在郭子兴部下为将，羽翼未丰。张士诚取得高邮后，本应积极进取，抢在朱元璋之前夺取金陵作为创业的根据地，而他却踞高邮称王，这是战略上的一大失策。此后，张士诚虽曾一度攻进扬州城，但未能守住，旋又退回高邮。

张士诚在高邮称王一年多，原先并未有渡江进取江南的意图，江南还处于元朝的统治之下。但同样是地方不靖，豪强纷争，兵戈四起。当时江阴有个朱英，也是聚众的豪强，为元军所迫，携家逃至江北求救于张士诚，借兵复仇。张士诚心怀疑虑，不许，朱英乃陈述江南土地之广、物产之富、钱粮之多，并愿以妻子为质。于是张士诚命弟张士德率兵由通州渡江，以朱英为向导，入福山港。周天佑三年正月，张士德攻取常熟州，并继续向南进军。2月，前锋抵达平江。这时张士德手下不过三四千人。但因江南自世乱以来，农村不靖，又迭遭天灾，农民饥饿，往往投充壮丁以糊口；又未习战阵，大多为乌合之众。所以张士德兵虽少，却能长驱而入，势如破竹，直达平江大门。结果，"兵不发矢，剑不接刃"，缘城而上，攻下了平江。守城的元官员将领或死或逃，张士德即以苏州承天寺为府署，推倒佛像，踞坐于大殿之上，连射三支箭于殿栋，以示武功。接着昆山、太仓、嘉定、崇明诸州相继来降，张士德又派兵攻取常州、湖州。常州因有人为内应，不战而得，元将王与敬亦由松江叛元前来归附。在江北，张士诚也派兵攻取淮安。这是张士诚军事上发展上非常顺利的时期。3月，张士诚由高邮来到平江，改平江为隆平府，即以此为国都，仍称诚王，国号纪元不变。张士诚以承天寺为王宫，立省院六部百司，设学士员，开弘文馆以延揽人才；以李行素为丞相；弟张士德为平章提调各郡军马，潘元明为左丞镇吴兴，史文炳为枢密院同知镇守松江；周仁为隆平府太守，俨然一派开国景象。

此后数年间，张士诚辟地日广。南面有浙西以达婺州，北面囊括整个苏北以及安徽东北一带，最北抵达山东济宁。南北绵延两千余里，连朱元璋发迹地凤阳亦曾为张士诚据有，这是张士诚的全盛时期。不过，也应看到，如此广袤的领地，

并非都是自己军队驻守的稳固疆土。如北边徐、宿等州守将,并非张士诚自己手下的将领,只是临时归附于他,一有风吹草动,随时会顺风转舵,投靠别人。张士诚的主要地盘为常州、湖州、杭州一线以东的长江三角洲以及江北通州、泰州、扬州、高邮、兴化、淮安一带。

从1356年至1365年,张士诚与朱元璋在江浙一带发生的大小战争难以尽述。主要情况是:开始时,张士诚西面是朱元璋,南面是元朝军队,两面作战。先派水师由长江上溯,进攻镇江,与朱元璋军战于龙潭,失利。朱元璋即令徐达等进攻张士诚据守的常州,双方于常州、宜兴、长兴一线展开拉锯战,互有胜负与死伤;在南面战线上,元军有数万众屯嘉兴,阻断张士诚南下之路。张士诚乃派弟张士德率军绕过嘉兴进攻杭州,得手。但杨完者引兵蹑其后,张士德三战三败,乃率残部退走。次年,朱元璋南路军攻取长兴,北路沿江攻取江阴。长兴、江阴两地为战略要地。长兴被朱元璋占据,必危及苏州大本营,且张士诚由长兴陆路进窥广德威胁金陵的军事行动就不可能了。江阴一失,张士诚不仅失去和江北往来的重要通道,且水师难以出江逼金焦,从水路威胁金陵。江阴一役,主帅士德被俘,后至金陵绝食而死。张士德智勇过人,起义以来,南征北战,战功最大。他的死,使张士诚受到重大打击。

朱元璋攻取江阴后,又进逼常熟、无锡,致使张士诚西、北两面受逼。南面又受阻于元军杨完者,故江南领地日蹙。加之主帅士德之死,形势十分危急。据史载,张士德被俘至金陵,曾设法秘密带信给张士诚,叫他投靠元廷,以谋发展。张士诚手下亦有不少曾在元廷为官的谋臣,劝张士诚向元廷纳款归顺,以救危局。张士诚乃于1357年8月,通过元朝江浙左丞相达识帖睦迩向元廷纳降,取消诚王称号及大周国号。元廷为减少劲敌亦封张士诚为太尉,立江淮分省浙江分枢密院于平江,以授其官属。

张士诚无远谋,他在高邮称王后,既未立即引兵进取金陵,又拒绝陈友谅结盟夹击朱元璋的请求,从而贻误了战机。朱元璋的谋臣刘基看透了张士诚的保守弱点,建议朱元璋先消灭陈友谅再以优势兵力大举进攻张士诚。张士诚苦撑了两年多,最终覆灭。

张士诚失败的原因,仅从军事上看是不够的。他在政治上亦有许多弱点乃至错误。《明史》张士诚本传载:"士诚为人,外迟重寡言,似有器量,而实无远图。既据有吴中,吴承平久,户口殷盛,士诚渐奢纵,怠于政事。士信、元绍尤好聚敛,金玉珍宝及古法书名画,无不充牣。日夜歌舞自娱。将帅亦偃蹇不用命,每有攻战,辄称疾,邀官爵田宅然后起。"《明祖实录》亦有同样记载。这些记载虽出于官方,难免夸大不可尽信,但也指出了张士诚用人不严,赏罚失当,对部下一味宽容迁就之病。特别是后期任用四弟张士信执掌军政大权,张士信荒淫骄纵,军中不离乐妓歌舞。上行下效,为国谋者少,为私谋者多,这样的政权焉能持久!总之,张士诚不能知人善任,往往忠奸不辨,赏罚不明。如对他的谋臣徐义,张士诚过于信任,命其掌领亲军。当高邮危急时,张士诚遣其率大军赴江北援救,而徐义畏死,屯兵太仓三月不进,以致高邮及江北诸地失陷;而张士诚不予惩罚,仍任其领军不疑。史文炳是随士诚起义的十八人之一,有勇略,战功卓著,与张士德同为士诚军事上的左右臂。史守淮安时由于徐义忌妒,诬告他和朱吴来往,将叛变投靠朱元璋。张士诚不加详察,就突发兵逮捕而杀害之。后人曾有诗咏叹此事,说张士诚"自坏长城"。又加任用黄、蔡、叶三个迂阔不知大计的文人为参军。张士信为相时,三人参与谋划国事,竟毫无成就。故吴中童谣有云:"丞相做事业,专用黄蔡叶,一夜秋风起,干瘪。"可见张士诚失败的原因虽是多方面的,但政治上的失误实为根本。

明朝篇

有着诸多身份的朱元璋，饱尝了人间的冷暖，尽管书读得不多，却是确实天生的军事家。

在元朝统治后期，在广大人民正处于水深火热的时候，在刘伯温、徐达、常遇春的辅佐之下，征战南北，最终建立了明朝，将百姓重新聚集在自己的旗帜之下，明朝统治开始了。

趁着国威，郑和率领船队七下西洋，创造了中国航海史上的神话。

到了明朝的中后期，已经脱去了明朝建国时候的繁华，开始了不温不火的统治时期。但是仍旧不乏亮点，海瑞、戚继光、史可法、张居正、袁崇焕、李时珍，都是响当当的名讳。尽管他们当中有些人虽然爱国，但是结局却十分悲惨，但是他们的光辉事迹却被一代又一代的世人流传。

明朝后期，人民向任何一个朝代的人一样生活在水深火热之中。哪里有压迫哪里就有反抗，衣民举起反抗的大旗，李自成在短暂的时间内，赢得了众多百姓的支持，但是最终身陷囹圄被敌人杀害。

朱元璋

朱元璋(1328年~1398年),字国瑞,明朝的开国皇帝,濠州(今安徽凤阳)人。公元1352年,参加郭子兴部红巾军。1355年郭子兴卒,其部尽归朱元璋。后相继消灭陈友谅、张士诚等割据势力。1368年称帝于应天(今南京),国号明,年号洪武。在位期间奖励垦荒,整肃吏治,抑制豪强,巩固中央集权,为明朝的江山奠定了基础。

艰难的少年时代

朱元璋出生在一个普通农民家庭。元天历元年九月十八(1328年),明光东风湖荒滩上的朱家窝棚里,陈氏生下了她最小的儿子朱重八,他就是朱元璋。据说,他出生时,陈氏在梦中遇神人授给她一个"置掌中有光"的药丸。陈氏在睡梦中将这丸药吞入了腹中,醒后口中尚有余香。等到孩子出世的时候,更是红光满室,导致邻里都误以为朱家起火了,纷纷赶来搭救时才发现不是那么回事。

朱元璋是在苦难的家庭中度过少年时代的。现实中,朱家逃荒的脚步,并没有停止在东风湖的荒滩上。此后,朱元璋的父亲朱世珍又拖家带口地到处流浪,儿女乞讨,夫妻做雇农,先后去过虹县、灵壁,最后来到了濠州钟离(今安徽凤阳县太平乡孤庄村)。"上屋搬下屋,不见一箩谷。"经过多次搬迁,朱家的处境,到了贫寒得没法形容的地步。在传说中,儿时的朱元璋曾经饥饿得想去挖小老鼠吃,却在鼠洞中发现了大老鼠储存过冬的各种粮豆,于是大喜过望地兜回家中,让母亲将这些粮豆煮成了一锅粥,饱餐了一顿。对这锅粥的记忆,一直在朱元璋的脑海中挥之不去。他登基为帝后,还特意要求御厨在那天熬制。据说,这一天

腊八粥

就是腊八,而粥就是腊八粥。今天的人们仍然在腊八这天食用各色粮豆杂果煮制的粥,相传腊八粥就是这样流传下来的。

在艰难中,时间推移到了元顺帝至正四年(1344年),这年朱元璋17岁。对于朱元璋来说,这个甲申是他一生都不愿回想的年份。就在这一年,江淮大旱,蝗灾又起,瘟疫随之肆虐。逃荒的、病死的、饿死的,江淮一带十户九空,朱家也未能幸免。四月六日至二十二日,短短的十几天里,瘟疫和饥饿就夺去了朱元璋父亲、母亲、大哥、大哥长子,共四口人的性命。人死了总不能留在家里,可是这时的朱家穷得四壁萧然,哪里出得起棺材钱?朱元璋只能和二哥一起,将亲人的尸体用草席裹着先抬到村外去。据说玄乎的事情就在这时候发生了:地面居然涌成坟茔,将朱世珍夫妇给掩埋了。在传说中,这是老天爷为朱元璋这个未来皇帝选定的"风水宝地",而且还特地为他做苦工,免去他挖土之累。与这样的玄乎相比,另一种说法更不靠谱:两兄弟不忍将父母兄侄丢弃在乱葬岗,却又根本买不起棺材葬地,于是抬着破席卷不知该往何处,只能在村外徘徊。缚席的草绳早已陈旧,一来二去的就散断了。兄弟俩无奈,只得将尸体暂时放在一处山坡下,两人先去向雇佣自家的大户哀求,指望能施舍一块葬地。可再怎样苦求,也没有激起大户丝毫同情。朱氏兄弟只能痛哭着回到山坡去,却吃惊地发现,方才一阵雷雨竟引致山上泥石崩塌,将家人遗体都掩埋了起来,目瞪口呆的朱家兄弟只能回村求助。幸好,这片山坡地属于另一富户刘继祖,他一口答应朱家兄弟就地为墓,埋葬家人。

凤阳是刘氏聚居地之一,此地先祖可上溯至汉高祖刘邦之弟楚元王刘交,先前拒绝施舍葬地给朱元璋的大户也姓刘,与刘继祖还是至亲。二十年后朱元璋当上了皇帝,刘继祖被追封为"义惠侯"。"殡无棺椁,被体恶裳,浮掩三尺,奠何肴浆!"多年后朱元璋追想父母的死葬场景,依然难以控制情绪,号啕痛哭。这也成为他称帝后拒绝庆寿的原因。朱父死后家人各奔东西的场面再次重演。随着朱世珍夫妇的弃世,朱家兄弟也不得不各谋生路。朱元璋的大哥朱重四(朱兴隆)寡妻王氏带着剩下的一双儿女(后来的江西大都督朱文正及福成公主)投奔娘家,二哥留在破屋里为朱家守业以祭奠父母,三哥就近做了另一户人家的上门女婿(此户也姓刘)。

出家为僧

朱元璋小时候常患重病,曾在当地寺院中寄名,后来家庭难以维持生计;而他出生前后又"异样"连连,母亲陈氏作为算命先生的女儿,认为这个小儿子实在"命硬",不止一次想要干脆将他送去出家,都因朱世珍反对而作罢。

如今朱元璋没处归着,又想到了母亲当年的计划,干脆自己把自己送进了寄名的寺庙皇觉寺(原址在安徽凤阳县凤凰山日精峰下)当了和尚。然而破屋偏逢连夜雨，朱元璋本以为进了寺庙就能有片瓦遮盖、有充饥之食，却没有想到饥荒之年，寺庙所得施舍也极为有限，根本养活不了一众僧徒。和尚当了才个把月，朱元璋就不得不四处托钵游方。和尚游方，是好听的说法，但实际的情形却与沿街叫化乞讨没什么两样，还少了些头发。朱元璋在外游食，破衲芒鞋，走遍庐州(合肥)、光州(潢川)、汝州(临汝)、颍州(阜阳)等地，不但风餐露宿，而且途中卧病几死。历尽艰险和炎凉，他才在三年后返回寺庙，过上了虽然贫困却还有屋顶遮风挡雨，也有粗衣淡饭保障的生活。谁知和尚也并不好当，不久后的饥荒使得他不得不离开寺院外出化缘。这次外出可以说对朱元璋的一生影响非常大，不仅锻炼了他的意志、身体，同时也使他初步接触了一些反元的思想。一眨眼，又是五年过去了。元顺帝至正十一年(1351年)，红巾大起义爆发。事实上在元朝统治的中后期，起义就一直没断过。而红巾起义最终结束了元朝的统治。点燃那根爆发起义引线的不是火，是水，是黄河水。自至正二年以来，黄河就像疯了一样，连年决堤泛滥，百姓民不聊生。拖到至正十一年，元政府终于议定了修复河道的主意。

四月，元顺帝命工部尚书贾鲁为河防使主持治河。贾鲁动用民工15万，再加淮扬驻军2万，共计17万人之众；耗银"中统钞百八十四万五千六百三十六锭有奇"，在短短五个多月的时间里，就修整了沿河缺口一百零七处，堵塞决口并使黄河回归故道。对于贾鲁的修河成就，明朝人曾评价说："贾鲁修黄河，恩多怨亦多，百年千载后，恩在怨消磨"；认为贾鲁"竭其心思智计之巧，乘其精神胆气之壮，不惜劳累，不畏讥评"，完成了一项泽惠后世的功业。然而这项治河工程，在当时却实在是劳役太重、时间太紧；加上直接役管的官吏不但鞭役务工的军民，还克扣他们的粮饷；更何况这些军民已经在灾害中饱受多年苦难却，被元朝廷弃之不顾，积怨已到爆发的边缘。

颍州人刘福通和栾城(今河北栾城西)人韩山童早已经在策划造反，并利用白莲教宣传"天下当大乱，弥勒佛下生"、"明王出世"。还编出民谣广泛流传"莫道石人一只眼，此物一出天下反"。此时他们看准时机，将一只凿好的独眼石人埋在黄陵岗(山东曹县西南)附近的黄河河道处，有意让民工掘出。独眼石人出现的消息很快传开，使早已对韩氏父子深信不疑的教众群情振奋。刘福通又宣布说韩山童乃是宋徽宗的八世孙，定能"重开大宋之天"，决定择日起义，并以红巾为号。既是皇家后裔，准备做皇帝的，当然要有点派头，搞些仪式。然而就在众人杀白马黑牛誓告天地、忙得不亦乐乎的时候，消息却泄露了出去。还没能正式成事，韩山童就被捕杀，只有其妻杨氏和其子韩林儿侥幸逃入武安山。刘福通当即奔至颍州，宣布造反。由于策划已久，民怨又深，起义势头极佳。没多长时间，红巾军就占领了颍州、上蔡、亳州、项城、息州、光州等地，直属人马超过十万。闻听消息,江淮各地纷纷响应,濠州富户郭子兴也是其中之一。

郭子兴祖籍曹州,其父原是个到处游走的算命先生。某日这郭先生游至定远(今安徽定远),正遇上城中某巨富为嫁女发愁,皆因此女天生盲眼,时人害怕日后儿孙亦盲,因此根本无人敢于问津。郭先生便"见义勇为"地应承了下来。婚后盲小姐不但为郭家生了三个身强体壮的健康儿子,还带来了大笔嫁妆,郭家从此大富,也为郭子兴后来结纳四方强梁、担当领袖奠定了雄厚的物质基础。郭子兴是那位算命先生的次子。至正十二年(1352年)春,郭子兴集中自己平日交结的数千人,攻占了濠州,从此也成为红巾军的一路统帅。

此时的朱元璋,正再次陷入走投无路的绝境之中。元将彻里不花被派来平息濠州民变,然而他根本不敢与红巾军正面交锋,唯一的本事就是四处杀戮平民抢掠财物冒充军功俘获。至正十二年的二月,灾难波及皇觉寺,寺院不但被元兵抢掠,还被放火焚烧,幸亏和尚没啥头发难以冒充敌首,僧徒们的吃饭家伙才得以保全。24岁的朱元璋也随着逃命的僧众离开了皇觉寺。然而众人皆有去处,他却发现自己留在家乡的二哥、三哥以及各自妻儿都命丧兵乱了。朱元璋只得回到一片狼藉的寺院,在神像前动用起外祖父的本事,向天占卜吉凶。可是无论是当和尚还是重拾家业,问卜的结果都不吉利。他想起曾有红巾军中的同乡汤和劝说自己投军,决定为此再卜一次,结果这一次得了个上上大吉,大喜过望的朱元璋遂于闰三月甲戌(四月)这天投奔濠州郭子兴,开始了他的军伍生涯。

应天称帝

回到家乡后不久,由小时的玩伴汤和介绍,朱元璋参加了郭子兴的红巾军。由于他的睿智与勇敢,很快成为了郭子兴的心腹,并娶了郭子兴的义女马氏为妻。在郭子兴部下期间,朱元璋不断扩大自己的势力,并掌握了一支真正属于自己的队伍。这使得在郭子兴死后,朱元璋很轻易地就打败了郭子兴的儿子,取得了对这支队伍的控制权。朱元璋并不满足已得的地盘,他要大展宏图就要有稳定的根据地,这样南京(集庆)就进入了他的视线。1356年,朱元璋攻占集庆,并改名应天府,自称吴国公。同时采纳朱升"高筑墙、广积粮、缓称王"的建议,大力发展生产,为今后争夺天下打下了坚实的基础。接下来他在南京外围大败陈友亮,鄱阳湖血战彻底击溃比自己强大的陈友谅军团;消灭浙江的张士诚;灭杀韩林儿;派徐达、常遇春北伐,逐个消灭了各个势力。1368年,朱元璋在应天称帝,国号大明。同年将元顺帝赶出北京。

建国后,他采取与民休养的政策,减免赋税,颁布《大明律》,稳定社会秩序。同时他废除丞相,实行六部制;改御史台为督察院,实行卫所制;使武将与兵权分离,设立锦衣卫,对朝臣和百姓进行监督。这一系列的措施都使皇权得到极大

的加强。

论起来，朱元璋恐怕是中国所有皇帝中最俭朴最勤政的一位。据记载，在修建南京明皇宫时，他下令取消所有的华丽装饰，宫室墙壁上仅有少许彩绘，而且内容都非常正统：后妃宫室绘耕织图；太子宫室绘朱元璋开国事迹图；而他本人起居的宫室墙上更是连彩绘都没有，全是历代治国箴言。除此之外，他还是唯一一个把御花园改成"御菜园"的皇帝。洪武朝的明皇宫内连假山花木都没有，更别提造什么庭园。所有的院落空地里都栽上了菜，宫中菜蔬自给自足，朱元璋本人更是以蔬食为主，酒肉甚少。理政倦怠时他便在菜地里休息，欣赏众人热火朝天的种菜景象。这风光似乎比小桥流水更能使他恢复精力。作为雇农加绿林出身的皇帝，朱元璋也按自己心目中的田园风光为农村制订了细致的规律并要求百姓们严格遵守。在他的打造下，所有的乡村都要选派有声望的老人每月宣讲道德规范。每到农忙季节，人们还必须在乡中老人的监督下黎明即起忙碌农活。若有偷懒生事的，不但自己要遭殃，就连乡老都不能避免责任。不好好干活的青年，甚至会被流放边疆。朱元璋同情百姓，厌恶凌虐百姓及偷懒不劳而获者，这在下面的诏书中一览无遗。诏曰："天下大定，礼仪风俗不可不正。诸遭乱为人奴隶者复为民。冻馁者里中富室假贷之，孤寡残疾者官养之，毋失所。乡党论齿，相见揖拜，毋违礼。婚姻毋论财。丧事称家有无，毋惑阴阳拘忌，停柩暴露。流民复业者各就丁力耕种，毋以旧田为限。僧道斋醮杂男女，恣饮食，有司严治之。闽、粤豪家毋阉人子为火者，犯者抵罪。"

早在登基之前，朱元璋还亲自带着长子朱标在农家住了好几天，要求自己的继承人体味民生疾苦，稼穑艰难。洪武三年天下大旱，朱元璋不但第一时间下旨免了灾区税赋，还带着所有的皇子在六月南京的烈日下暴晒，用这种中国民间最朴实也最自虐的方式求雨。这一晒就是五天，当大雨倾盆而落时，举国上下都认为是皇帝的诚心感动了上天。朱元璋并不仅仅是要求百姓勤于耕织，他自己对工作也兢兢业业。自登基以后他事必躬亲，而且还严格遵守着自己制订的"百姓黎明即起"的时间表。除非病得不能起来，否则他都在每天凌晨四点就开始早朝，无论寒暑秋冬都雷打不动。这一坚持，就是三十多年。面对这样一个"以身作则"的皇帝，臣民们也只得将制度遵循不渝。

马皇后

朱元璋在郭子兴手下讨生活时，无论受到怎样的待遇，都坚持要把自己接到的任务完成得尽善尽美。也正是这样的性格特点，不但促成了他成就大业，也清清楚楚地表现在了他的治国方面：水必要至清，人必须克己。他自己是这么办的，也要求别人这么办，而且不许违反。然而如大家所知，一样米养百样人。世界上的事情一旦到了极端的地步，即使出于好意，麻烦也就要大了。

朱元璋出身赤寒，因此对底层小民百姓感情很深，对官吏士绅文人却似乎有一种本能的厌恶。做贫农和造反的经历，更使他明白了一个道理：官吏欺压百姓是倾覆王朝的直接导火线。因此，为了避免百姓遭殃更为了巩固政权，他对官吏采取了严格的管治，对农民却颇为慈和。最典型的事例莫过于他大力支持"民告官"，官吏若到乡间骚扰被百姓抓住控告并有据可查的话，他绝对是一面倒地支持，非但重处被抓官吏，还要重奖告官的乡民。他还编制了《明大诰》，专用酷刑重处官吏。只是此法实在残酷，动辄为几十两银子就将官吏剥皮楦草，或者并未贪污虐民也照样连坐，甚至砍头凌迟。因此《明大诰》及相关法令在朱元璋死后就被立即废止了。事实上，百姓们虽然痛恨官吏欺压，恐怕也没有几个人真愿意为几句闲话几两银子就把他们处死；何况吏员们多是百姓邻舍出身，祖辈相交，就更没有谁愿意造成如此后果。

诛杀功臣

朱元璋的人生经历不但使他厌恶官绅文人，也使他不信任异姓功勋。对于这些引起他疑心的人，他也像严治贪官那样用最极端的手段去对付。对于明王朝开国元勋们的死，史料和传说都找出了若干理由。但在事实上，猜忌并计划杀戮功臣的事情，恐怕早在登基称帝之前，在带着儿子朱标过那几天农家生活的时候，就已经在朱元璋的脑子里成形了。

洪武三年，元顺帝北逃，朱元璋真正成了中原之主。就在这一年他大封诸子及开国元勋。受封的皇子皇侄孙共计十人，元勋三十五人。就在这一次封赏中，刚得天下的朱元璋就毫不客气地显露出了他对功勋们的忌惮。按照朱元璋的意旨，开国元勋的功绩再大，也只能被封为公爵，所得的俸禄是每年三千至五千石；次一等的元勋封侯爵，每年

朱元璋

九百至一千五百石。然而对待儿女们,朱元璋可就不一样了。他公开对元勋们宣称:"天下之大,必建藩屏,上卫国家,下安生民。今诸子既长,宜各有爵封,分镇诸国。朕非私其亲,乃遵古先哲王之制,为久安长治之计。"对于皇帝这样的主张,群臣哪敢有意见,只得稽首对曰:"陛下分封诸王以卫宗社,天下万世之公议。"既是"天下万世之公议",皇帝也就不客气了。于是,皇帝的儿子们封亲王,岁俸五万石,钞二万五千贯,锦四十匹,纻丝三百匹,纱罗各一百匹,绢五百匹,冬夏布各一千匹,绵二千两,盐二百引,茶一千斤,马匹草料月支五十匹;皇帝的孙子们岁俸六千石,钞二千八百贯,皇帝的孙女们岁俸一千石,钞一千四百贯……侄孙朱守谦封靖江郡王,亦有岁俸二万石,钞一万贯,余物比亲王减半,马匹草料月支二十匹。公主受封后岁俸一千五百石,钞二千贯。直到洪武二十八年,由于皇子凤孙实在太多,不得已减少了俸禄,但也达到亲王一万石、郡王公主二千石、郡主八百石的程度。除此之外,朱元璋还特命诸皇子亲王在自己的藩国内豢养甲士,少则三千,多则一万九千。并且要"常岁训将练兵,临视周回险易,造军器务精坚堪用"。既然藩王们都有自己的甲士,当然就要应征出战。于是在战功封赏方面,朱姓诸王所行也格外不同。

洪武年间,秦、晋、燕、楚、湘等亲王都曾经数次领兵出征。朱元璋据此给了晋王、燕王各一百万锭重赏。楚王所得最次,也达马三千匹、牛二千头、牦牛一千头、羊九千只。与之相比,攻取元都定理中原的徐达只得了白金五百两,文币十表里;常遇春只得了文币一百表里。对于这样天差地别的赏格,就连后世记载此事的书生,都不禁要发出叹息:"难道说攻取元都所得的府藏不够丰富,所以赏得这么少吗?"如果光是封赏少还好说,最大的问题是,就连这些儿俸禄封赏,开国元勋们都不能保自己一生安享。

民间有个"火烧庆功楼"的传说,讲的是朱元璋在登基后曾经大宴功臣,却在宴中借故走开,并下令火烧宴席现场,将所有功臣全部烧死。这个传说实在有些荒诞不经,不过事实上朱元璋的许多开国元勋们结局并不比烧死好多少。一般认为朱元璋杀功臣是由于忌惮他们日后扰乱朱家天下,是在为接班人"除去荆棘"。当然还有另一种观点,认为朱元璋要求苛刻,不但是眼里进不得沙子,根本几乎连灰尘也容不得。而且从不讲什么功过相抵,功臣们也就只得落得如此下场。

由于皇帝多是如此手段,因此民间也就有了各种传说。例如水军统帅俞通海,他本来是在攻张士诚时受伤,于朱元璋登基称大明皇帝前就病死了的(死于1367年)。然而在民间传说中,却成了朱元璋派人在他家所住的街道上修了一座"百猫坊"(据说俞宅就在今天的南京彩霞街菜场一带),把附近一条巷起名为"赶鱼巷"(今甘雨巷)。又派侍卫每天在秦淮河上钓鱼,还将钓上的鱼活活晒死。最终逼得俞通海只能寻了自尽,虽然这只是一个经不起推敲的传说,但百猫坊确有,位置也确在俞府附近,有可能遭殃的是俞通海的后人或亲信吧。由此已足见朱元璋杀功臣事迹之一斑。

屡兴大狱

在打击官吏的时候,朱元璋更是毫不手软,宁肯杀错也不放过。真正的贪官污吏当然死路难逃,可是清正廉明的官员也像割草一样地被他一批批除掉。加上朱元璋并非什么政经全才,很多时候他对很多事情也弄不清楚,可是即使如此,他在一头雾水中也照样喊打喊杀不误。算起来,被酷刑杀掉的父母官恐怕比贪官污吏还多。多少出身寒苦农家一心想要利民报国又维系着全家希望的读书人,在十年寒窗苦读后,才刚刚进入仕途,只为真正是一点儿鸡毛蒜皮的小事,就成了冤魂。其中最具代表性的人物,莫过于当时的济宁知府方克勤。他虽然当上知府,仍然是一件布衣穿十几年,一日两餐素食粗粮,治下百姓则富足安乐。当他要调离时,百姓甚至作歌谣挽留道:"使君勿去,我民父母。"就是这样一个好官,在洪武八年(1375年)的泼天冤案"空印案"中,也被毫无理由地处死。这个方克勤,就是后来著名的建文忠臣方孝儒的父亲。"空印案"说来其实很简单:按规矩,各司府州县都要将地方财政状况上报户部。由于财务表是人工核计,各地距京城路途遥远,为防有何差错跑冤枉路,官吏们都会带上一些备用的空白盖印文书,方便随时修改。然而无论别人怎样解释,毫无会计知识的朱元璋偏要认定这是在贪污,不管三七二十一,也不做任何调查研究,就下令自户部尚书起,到各布政司、府、州、县,所有管官印的地方一把手统统都砍头,副手杖一百充军。上书辩冤的郑士利则被罚做苦工。更糟糕的是,朱元璋猜忌并报复强烈的脾性并不仅仅是针对元勋和官吏们的。

当年攻打张士诚的"东吴"政权时,朱元璋的"西吴"军曾经遇到过苏杭百姓的强烈反抗,以致于苏州一座孤城竟能在围困下坚持九个多月,战死了不少将士。张士诚死

锦衣卫随驾出行

后,朱元璋决意报复民间对张士诚的支持,他决定"死罪可免活罪难逃",大幅度提高当地的赋税。于是,在皇帝的亲自过问下,苏州松江地区的税赋一股脑儿涨到了元朝的三倍,更超过了宋朝的五倍。一亩地的税粮竟超过七斗。苏州一府所要交纳的税赋,竟达到全国税赋总量的10%。除此之外,松江农民的活动范围也被严格控制,总括言之,就是"不出一里之间,朝出暮入。作息之道,互相知晓"。由于朱元璋本人家族就是"逃税流民"出身,外祖父又曾经是个打着算命先生招牌反朝廷的人物,因此为了以防万一,他还规定百姓们必须彼此互通邻里信息,对别人的家庭内务乃至活动场合都必须了解。谁要是想保留隐私瞒哄大众,即可捉拿送官。行医卖卜的人也只允许在本乡活动,若敢远游就要重治。

这些对民众的约束规矩,已经超过了以往任何一个皇朝,充满戾虐气息。而要求世人窥伺告发自己邻里亲朋的规矩,更成为流祸久远的重弊。

朱元璋还有一个最大的缺陷,就是刚愎自用,完全不把人命当一回事。蒙古族官员道同的冤案就不能不提。

道同先世蒙古,后改汉姓,是河间人。明朝建立后,他出任番禺知县,是一个出了名的孝子,也是一个诚意为民的好官。史书称,番禺守军蛮横,胡作非为,几任县令都不敢为民出头。直到道同莅任,才改变这一状况,"民赖以少安"。谁知不久永嘉侯朱亮祖到了番禺,这家伙在地方上作威作福欺压百姓,却几次三番被道同顶了回去。当地豪门大户知道朱亮祖与道同不"道同",因此纷纷贿赂朱亮祖求他为自己出头。朱亮祖便请道同吃饭,要他释放被当街示众的富豪悍仆。道同立即厉声质问:"你也算是堂堂大臣,怎能与这些人为伍?!"朱亮祖哑口无言,宴席不欢而散。

朱亮祖回到家里,越想越是恼怒,立即派人强行打碎锁铐放了那帮地痞,又把前来论理的道同鞭打了一顿。此后番禺地方的恶霸们以为有了庇护,纷纷得意忘形。尤其是朱亮祖在当地所纳小妾罗氏的兄弟,更是在地方上横行霸道。道同为民出头,将罗氏兄弟抓了起来。谁知朱亮祖竟动用军队包围县衙,强行将人犯给抢了出来,而且还向皇帝上本,弹劾道同"傲慢无礼"。事情到了这一步,道同就是想忍让也不可能了,也随后向皇帝递送奏章。他原以为按常理,皇帝怎么也要派人调查核实,才会最后做出决定。可是朱元璋看了朱亮祖的告状信,就立马派人去斩杀道同。行刑之人出发不久,道同的报告也到了。朱元璋这才明白自己做错了事,觉得道同鲠直为民,实在是难得,马上派飞骑去追赶行刑之人。然而由于道同得罪了广东布政使徐本雅,后一位使者虽与行刑之人同日抵达番禺,却被人有意拖延,直到行刑之人处死道同,赦使才被放进县衙。对于道同的冤死,番禺百姓都十分痛惜,纷纷在家中设立他的牌位祭祀。据说每有灵验,乡间从此传说,道同已经成了地方之神。直到今天,番禺地方仍在祭祀道同神。朱亮祖的行径引起了朱元璋的震怒,这个杀人只凭一时性起而不是按司法程序办理的皇帝在大怒下立即命人将朱亮祖父子锁拿进京。

洪武十三年(1380年)九月初三,朱亮祖与长子朱暹一起被朱元璋当廷鞭死。可悲的是,道同之死并没有警醒朱元璋,此后仍有数不清的人在这位皇帝的一时火性下无辜丧命。更糟的是他处死朱亮祖父子的方法,从此开了明王朝"廷杖"的先例。终明一朝,数不清的士大夫和清臣直士,都被这种极端的刑罚丢掉了性命。

随着时间的推移,大开杀戒的朱元璋渐渐觉得法规碍事,终于在洪武十五年决定改革禁卫军为十二个亲军卫,其中最出名也最为其重用的,则是"锦衣卫"。这个锦衣卫有"掌直驾侍卫、巡查缉捕"的职能,处理皇帝钦定的案子,相当于皇帝的私人警察部队。下设南北两个镇抚司,五个卫所,拥有自己的监狱。在其中任职的校尉力士少则一千多则六万,被称为"缇骑"。他们有权自行逮捕、刑讯乃至处决,锦衣卫将正常的司法机构视若无物,只要他们看不顺眼的,无论是宰相大臣还是平民百姓,都不需要任何真赃实罪,都可以在片刻间让人家破人亡。朱元璋的屡兴大狱在历史上也留下了重重的一笔。

洪武时期的功臣除了耿炳文等少数几个外,其余全部被杀。胡惟庸一案,牵连被杀者达3万人。朱元璋晚年的蓝玉案又牵连了1.5人。以至于到了靖难之役南京朝廷竟无将可派,可以说朱元璋的分封外藩和大杀功臣直接导致了靖难之役中建文帝的失败。重用藩王领兵,当初对于朱元璋来说,是一个非常出色的构想,既可避免外姓诸臣节制军事跋扈成灾,又能使诸王"外卫边陲,内资夹辅"。何况照他的预想,诸王"分封而不赐土,列爵而不临民",应该也不会有什么大麻烦。然而朱元璋怎么也没有想到,长子朱标竟早早地就在洪武二十五年去世了。晚年的朱元璋面对幼弱的皇太孙朱允炆,虽知重用藩王领兵可能会为这个文弱小儿埋下隐患,但他无论如何也不可能甩下自己的儿子去用那些令他一百个不放心的外姓大将,于是他始终没有把削藩提上议事日程,只是一再地寄希望于能在自己生前为太孙多聚些人脉众望,寄希望于朱家子孙都懂得尊老爱幼之理,体恤骨肉血缘之亲。大约也正是出于这层考虑,老皇帝先是应允炆孙儿修改了自己施行多年过于苛刻的刑律七十三条,为朱允炆赢得了"天下莫不颂德"的美名。在洪武二十九年的时候,他还特地重新制定了朝见太孙之礼。又规定叔父们在公开场合须向侄子行君臣之礼,回到后宫皇太孙才向叔父们行家礼。为了增进家人感情,第二年他又让其他的侄辈和叔辈们一起游历天下山川。

洪武三十一年闰四月乙酉日这天,朱元璋抛下他的嫡长孙朱允炆,还有他那一大群儿子,以及在他多年治理下民生休养生息逐渐兴旺的大明帝国,离开了人世。1398年5月,明太祖朱元璋病死于南京,在位31年,终年71岁。

徐 达

徐达（1332年~1385年），字天德，濠州钟离永丰乡（今安徽凤阳东北）人，明朝开国功臣，杰出的军事家、统帅。公元1353年加入朱元璋部队，朱元璋称帝后，任右丞相兼太子太傅。后统兵攻克元大都、太原等，建立了不朽的功勋。徐达智勇双全，治军严明，一生谦虚谨慎，与下属同甘共苦，他功勋卓著，为明朝开国第一功臣。

开国功臣

徐达由于家境贫寒，艰苦生活的磨炼，使他长大以后，身材魁梧，性格坚毅，遇事善动脑筋。明太祖朱元璋在削平割据群雄，推翻元朝统治，建立明王朝的战争中，徐达长期担任最高军事统帅，身经百战，功勋卓著。他"以智勇之资，负柱石之任"，"廓江汉，清淮楚；电扫西浙，席卷中原。威声所震，直达塞外。"他为朱元璋开创明王朝立下了盖世之功，被誉为明朝"开国功臣第一"。

至正十三年（1353年）六月，朱元璋回到家乡招募兵士。22岁的徐达听到消息，毅然仗剑从军，投奔到朱元璋部下，开始了追随朱元璋南征北战的戎马生涯。

这一年，徐达等随朱元璋相继攻克河州新塘、三汊河、阳泉，保住达鲁花赤营寨，攻下徐官仓寨，朱元璋部声势大振。至正十四年五月，徐达随朱元璋攻克全椒，七月攻克滁州。至正十五年春正月，驻在滁州的朱元璋部队因粮饷缺乏，进攻和州（今安徽和县），以便筹集军粮。徐达率军先行，与张天祐、汤和一道攻下和州，徐达因攻打和州立下战功被擢升镇抚。

徐达

就在徐达被任命为镇抚之后不久,起义军中发生了一起非常事件:孙德崖因其部队缺粮,来到和州,请求朱元璋资助。朱元璋以大局为重,不计前嫌收留了他的部队。郭子兴则因过去与孙德崖有矛盾,知道这一消息后很生气,亲自从滁州赶来和州,训斥了朱元璋。孙德崖听说后很担心,想悄悄地溜走。朱元璋挽留不住,只好为其送行。走出城外三十里左右,忽然城中有人来报,郭子兴已和城中尚未走掉的孙德崖部打了起来,孙德崖已被郭子兴捉住,扣在城里。朱元璋听到后,大吃一惊,想打马回城劝说郭子兴把孙德崖放走。孙德崖部下误以为这是朱元璋策划的阴谋,便把他五花大绑,并扬言要杀掉朱元璋为其主帅报仇。徐达在城里听说朱元璋被孙部下扣留,生死未卜,就毅然请求替代朱元璋作为人质,以平息这起事件。后经多方调解,孙、朱都被对方释放,这场危机才算平定下来。然而,在这次事变中,徐达的舍身相救深得朱元璋的称赞,两人的关系更加密切了。

不久,郭子兴染病而死,朱元璋成为这支起义军的实际首领。朱元璋感觉到仅仅据有和州,难以实现他的雄图大略,而要渡过长江向南发展,又苦于没有船只。正在徘徊犹豫之时,巢湖水军头领赵普胜、俞廷玉、俞通海、廖永安、廖永忠等率军归附。朱元璋大喜,对徐达等说:"方谋渡江,而巢湖水军来附,吾事济矣!"于是,至正十五年(1355年)六月,朱元璋派兵遣将,部署作战方略:"采石(今安徽马鞍山采石镇)大镇,其备必固。采石矶(今安徽马鞍山西南长江中)前临大江,彼难为备御。今往攻之,其势必克。"徐达与诸将听命,各自挥师进发,直抵采石矶。常遇春奉命为先锋,先登上岸,徐达等率军一拥而上。在经过一阵短兵相接的激烈战斗之后,元兵力不支,溃败逃窜,徐达等占领了采石矶。沿江一带元兵望风而降。

朱元璋为这次胜利所鼓舞,便根据当时的形势,及时提出继续进攻周围州县的计划,他对徐达等将领说:"今举而渡江,幸而克捷,当乘胜径取太平。若听诸军取财物以归,再举必难,江东非我有,大事去矣!"徐达等表示赞同。为坚定将士们前进的决心,朱元璋采取"置之死地而后生"的策略,下令砍断渡船缆绳,把船推到江中,顺流漂下。众军士一见大惊,朱元璋趁机说道:"成大事者不规小利。此去太平甚近,舍此不取,将奚为?"士兵们只好听命。他们吃饱饭,就从观渡(采石附近)向太平进发,经太平桥直抵城下。纵兵急攻,守城元军抵御不住,守将完者不花等弃城而逃,元万户纳哈出等被俘。

翌年三月,朱元璋亲率大军进攻集庆,徐达奉命为先锋,率水陆军士并进。至江宁镇,攻破陈兆先营垒。陈兆先以所部投降,得兵三万六千余人。十月后,再攻集庆,大败元兵于蒋山。元御史大夫福寿督兵出城接战,被徐达等击败。朱军乘胜攻城,冯胜率陈兆先部降兵奋勇先登,终于攻破城门,打进城内。福寿战死,蛮子海牙逃奔张士诚,水军元帅康茂才率军民五十余万降附。占领集庆后,朱元

璋改集庆路为应天府。

在渡江攻拔采石、太平,进攻集庆的战役中,徐达作战勇敢,功勋卓著,成为朱元璋手下的得力战将。占领应天后,朱元璋有了根据地,粮食问题也基本解决,但军事形势仍极为严峻:东边有元将定定扼守镇江;青衣军张明鉴据扬州;张士诚占据平江(今江苏苏州)、常州,又占据浙江西部部分地区。南面有元将八思尔不花驻守徽州(今安徽歙县),石抹宜孙驻处州(今浙江丽水),宋伯颜不花守衢州;天完徐寿辉则攻占了池州(今安徽贵池)。为了摆脱军事上的不利境况,朱元璋在占领应天后,于当月任命徐达为大将军,统兵东下,进攻东线门户镇江。

大军出发之前,朱元璋为了整顿军队纪律,防止士兵进城后抢掠,故意找徐达的错处,扬言要按军法处治,暗地里让李善长当着众人的面苦苦求情,才松绑,并当面告诫说:"吾自起兵,未尝妄杀。今汝等将兵往,当体吾心,戒戢士卒。城下之日,毋焚掠,毋杀戮。有犯令者处以军法,纵之者罚无赦。"全军肃然,徐达等率军进攻镇江,不到两天,就打败镇守该城的元军,杀其守将定定、段武。徐达率军从仁和门入城,部队纪律严明,号令整肃。老百姓照常生活,就像没打过仗一样,因此很得老百姓的拥护。附近地方听到消息,都翘首盼望他们早日到来。

镇江一役,徐达以战功升任统军元帅,镇守其地。他兢兢业业,克尽职守,一方面安抚百姓,督课农桑;一方面分兵回击,攻下金坛、丹阳等地,以巩固镇江这个最东边的前哨阵地,防止张士诚的西侵。

同年七月,朱元璋在应天,自称吴国公,设立了自己的行政机构。同时设立了自己的军事管理机构江南行枢密院,任命徐达为同佥枢密院事。身为江南行枢密院同佥、镇江统军之帅的徐达,在打退张士诚军一次次的进攻之后,乘胜进围常州。但是,常州守敌据城固守,不肯投降。加上城内兵粮充足,徐达等攻打不下。朱元璋即以军法把徐达及其属下都官降一级,以示惩罚,并写信责备徐达说:"虐降致叛,老师无功,此吾所以责将军,其勉思以补前过;否则必罚无赦!"徐达为常州久攻不下而焦虑,也对朱元璋的责备而沉思,还要应付张士诚军的一次次反扑。可是,徐达处变不惊,沉着地指挥部队迎战,使张军的企图难以得逞。与此同时,驻在城外三十里远的常遇春、廖永安、胡大海等率部赶来增援,内外夹攻,大败张军,生擒敌将张士德。残敌溃逃奔入城内。张士诚见常州危急,派其手下悍将吕珍夜间潜入城内,加强防守能力。徐达督军轮番猛攻,吕珍眼看士气低落,难以支撑,不得不丢弃常州,只身逃遁。到至正十七年(1357年)三月,历时达半年之久的常州攻坚战终于以胜利宣告结束。朱元璋在常州设立长春枢密院,任命徐达为佥枢密院事,汤和为枢密院同佥,统兵镇守该城。接着,徐达等乘胜移师进攻宁国(今安徽宣城),得军士十余万,战马二千匹。继而又攻拔宜兴、常熟、江阴、马驮沙(今江苏靖江)等地,宜兴到靖江一线尽为朱元璋所有。经过两年多时间的努力经营,以应天为中心的朱元璋江南政权已经逐步稳定,大体控制了今江苏、安徽南部和浙江西北部地区。徐达作为朱元璋手下的主要战将立下了赫赫战功。

至正二十三年(1363年)四月,陈友谅"忿其疆土日蹙",建造高数丈的巨舰,纠集号称60万人的大军,倾巢而出,进围南昌。朱军守将朱文正、邓愈、赵德胜、薛显率领全城将士殊死搏战。坚守八十五天,使陈友谅顿兵坚城之下,未能前进一步。南昌守军浴血奋战,为朱元璋从容调兵遣将,准备与陈友谅决战赢得了宝贵的时间。

七月初六,徐达遵照朱元璋的指令,回师救援南昌。朱元璋在龙江(今江苏南京兴中门外)誓师,亲率大军20万进击陈友谅。陈友谅听说朱元璋亲率大军到来,遂解南昌之围,东出鄱阳湖迎战。这是一场关系到双方生死存亡的大决战,史称"鄱阳湖之战"。徐达作为主攻部队,率军先行,首先与陈友谅相遇于康郎山(今江西南昌康山),两军依湖对阵。陈友谅军人多势众,舰船高大,气势汹汹。徐达毫无惧色,身先诸将冒死闯阵,其部下将士大受鼓舞,无不以一当十,奋勇冲杀。徐达部一举击败陈友谅前锋,斩杀一千五百余人,缴获巨舰一艘,初战告捷。接着俞通海等乘风发射火炮,焚毁敌船二十余艘,烧死、溺死很多敌军。徐达在敌阵中奋力拼杀,连续酣战。大火从敌船上烧到徐达的战船上,他一面指挥士兵扑火,一面继续与陈军格斗,越战越勇,并指挥战船在敌阵中节节推进。双方在康郎山鏖战整整一天,湖水被血染成了红色,天空也被炮火硝烟遮蔽得暗淡昏黑。朱军在徐达等勇将的率领下,殊死搏战,击退陈友谅的进攻。此战,徐达首挫敌锋,壮大全军声威,为朱元璋取得决战胜利奠定了基础。当天晚上,朱元璋为防止东线张士诚利用鄱阳湖大战之机乘机入寇,命令徐达撤出战斗,回守应天。徐达走后,朱元璋指挥将帅士卒继续与陈友谅在鄱阳湖上血战,最终击毙陈友谅,全歼陈军主力,取得鄱阳湖大战的胜利。

徐达

卓越的指挥才能

徐达回到应天后,严格训练部队,加强东线守备力量。缉查奸细,修缮城池,

张士诚无缝可钻,未敢贸然进犯。后来朱元璋称赞徐达说:"我让徐达回守应天最为放心,无论遇有什么问题,他都能妥善处理。"可见朱元璋对徐达多么信任。

　　鄱阳湖大战后,朱元璋还师应天,徐达等率军攻克庐州。不久,奉命再返湖广前线。徐达先后率兵相继攻取江陵、夷陵(今湖北宜昌)、湘潭州(今湖南湘潭)、辰州(今湖南沅陵)、衡州(今湖南衡阳)、宝庆(今湖南邵阳)、靖州(今湖南靖县)等地,彻底肃清陈友谅残余势力,占领湖湘地区。徐达在消灭陈友谅割据集团的战役中,身经数十战,建立了赫赫战功。为表彰徐达的功绩,朱元璋在至正二十四年正月称吴王后,任命徐达为左相国,地位在众将之上。

　　至正二十五年(1365年)十月,徐达等奉命率马步舟师水陆并进,攻取淮东、泰州等地。大军渡过长江,一举攻克泰州海安坝(今江苏海安),进围泰州。经月余血战,终于攻克泰州,擒守将严再兴五千余人。之后,徐达又攻下通州、兴化、濠州等地。徐达在这些战斗中,师出迅捷,变化无穷,表现出卓越的指挥才能。

　　至正二十六年八月十二日,朱元璋任命徐达为大将军,常遇春为副将军,率军二十万讨伐张士诚。徐达用反间计制胜,使张士诚的老巢平江完全陷入孤立。次年,徐达亲率将士攻破葑门,大军一拥而上,进入平江城内。张士诚兀自率兵巷战,但其手下将士已无斗志,纷纷投降。张士诚见大势已去,纵火焚死其妻儿,闭门上吊自杀,被其部将解救,徐达将其押送应天。破城之日,徐达严格约束部下,立下军令:"掠民财者死,毁民居者死,离营二十里者死!"率军入城,纪律严明,秋毫无犯,很受百姓的欢迎。徐达论功封信国公,是此次封赏的最高爵位。

　　吴元年(1367年)十月二十一日,徐达为征虏大将军、常遇春为副将军率师二十五万由淮入河,北取中原。十二月攻克济南,收俘元军3855人,马429匹。在北伐军的节节胜利声中,朱元璋于翌年正月在应天登基称帝,建国号为大明,建

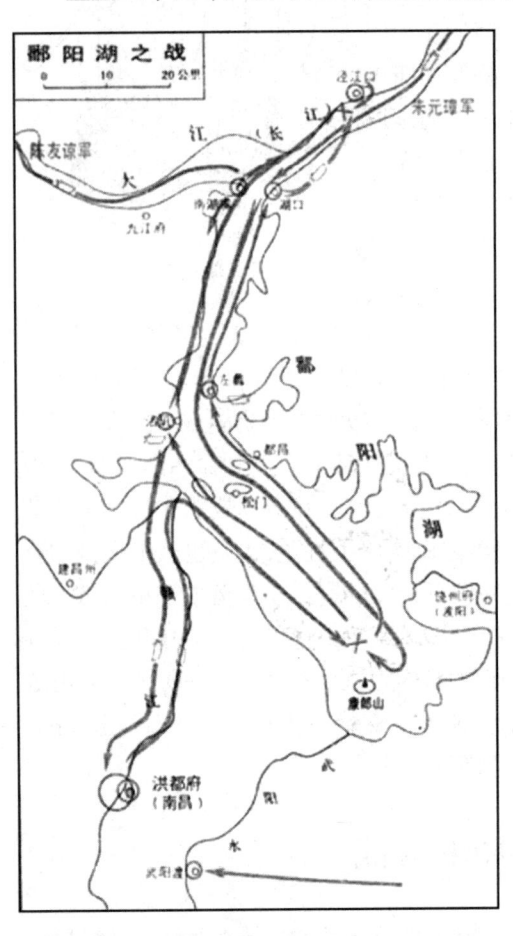

鄱阳湖大战图示

元洪武。徐达被封为中书右丞相兼太子少傅。

元顺帝逃至上都,仍然保持着一套政府机构,军事上仍然具有一定实力。洪武二年(1369年)二月,徐达统帅大军攻取山西、秦陇。徐达在扫平山西、出师秦陇的整个作战过程中,抓住扩廓帖木儿北出雁门关、进攻北平之机,乘虚直捣太原,倾覆扩廓的巢穴,使其进退失据,一举平定山西。抓住陕西元军李思齐、张思道遥巡观望、不敢主动出击的时机,直入奉元,进逼临洮,围困庆阳。似摧枯拉朽,风卷残荷,降李思齐,斩张思道,威震关陇。徐达用兵出奇无穷,克敌制胜,表现出过人的胆略和指挥才能。

徐达出师秦陇,平定关陇后,明朝北方版图已达今河南北、山西、陕西、宁夏、甘肃一线。但扩廓帖木儿仍驻扎在沈儿峪(今甘肃定西西北),火儿忽答驻扎云州(今河北赤城北云州镇),纳哈出驻屯金山,失喇罕驻军西凉州(今甘肃武威)。扩廓帖木儿在西北活动猖獗,趁徐达平定关陇之师凯旋京师,大举围攻兰州。洪武三年(1370年)春,徐达征尘未洗,又受命为征虏大将军,率李文忠、冯胜、邓愈、汤和等分兵两路,扫荡侵扰北方的元朝残余力量。徐达从潼关向西进军,出西路捣定西,进攻扩廓。徐达此次率军北征,取得较大胜利,逼使元朝残余势力向应昌、定西一线北撤。从此,明朝北边的防御趋于稳定。

同年十一月,徐达等班师回朝,朱元璋亲自到龙江迎接北伐将士。随后,大封功臣,徐达因功授开国辅运推诚宣力武臣,特进光禄大夫、左柱国、太傅、中书右丞相参军国事,封魏国公,岁禄五千石,子孙世袭。为了进一步打击残余元军,洪武五年(1372年)正月,徐达再次以征虏大将军的身份率军北征。这是一次大规模的军事行动,分兵三路,"肃清沙漠"(指对蒙古用兵)。徐达从雁门关出塞,直趋和林,作为中路军。三月,徐达师抵山西边境,派蓝玉为先锋,出雁门关向北挺进。蓝玉在野马川击败扩廓部流动部队,徐达率军至土剌河(今蒙古人民共和国境内土拉河),再败扩廓军。扩廓败逃后,与贺宗哲合为一军,在岭北布下阵势阻击徐达部队。扩廓、贺联军拼死进攻,明军受挫,死伤数万人。徐达处变不惊,收缩战线,坚守营垒,才免遭大败。然后,徐达整军而还,敛兵守塞。扩廓军队见此未敢贸然追击。由于蒙古军事力量一时难以消灭,明朝对北方的战略从以攻为主转为以防御为主。从此,徐达长期在北平、山西一带练兵备边,镇守北平十余年。

徐达在镇守北平期间,先后三次迁徙山西农民到北平屯田种地,以加强北平的防御力量。徐达将他们分散到长城沿线各卫所,按其户籍服役课税。属籍军户的,发给衣服、食粮,使应军差;属籍民户的,分给田地、牛、种子,使纳租税。前后移民三万五千多户,十九万余人,建立屯田点二百五十余个,垦田一千三百多顷。徐达的这些措施大大减轻了北方军队的粮饷供应问题,使明朝北部边疆日趋稳定。同时,徐达严格训练士卒,修缮城池,加强守备,谨严烽燧,时时防备蒙

古军队的侵扰。徐达被视为塞上长城。明朝建国后,随着文臣地位的提高,过去立下汗马功劳的武臣逐渐受冷遇,但是徐达始终受到朱元璋的重用,捍卫着明朝北方的安全。

长期的戎马生涯,奔波劳累,使徐达的身体逐渐支撑不住,最终积劳成疾,一病不起。洪武十七年(1384年)闰十月,徐达在北平病重,朱元璋遣使召还应天。翌年二月二十日病逝于应天府邸,时年54岁,追封中山王,谥武宁。赐葬钟山,配享太庙,名列功臣第一。

徐达墓旁的文臣雕像　　　　徐达墓旁的武将雕像

常遇春

常遇春(1330年~1369年),字伯仁,安徽怀远人。貌奇体伟,勇力过人,猿臂善射。原来当过土匪,在和阳归顺了明太祖朱元璋。明初名将。在朱元璋的部队里为前锋,朱元璋攻灭张士诚,北上灭元,都用做副将军。身经百战,经常打胜仗。

常遇春是明代开国皇帝朱元璋麾下的一员骁将。他身为军中前锋,作战勇猛,席卷幽燕,直捣元上都。由于他曾攻克了开平府(在今内蒙古正蓝旗),被封为开平王鄂国公。洪武二年(1369年),年仅39岁的常遇春因得"卸甲风",攻克开平还师时病死于柳河川军中。朱元璋痛失爱将,以诗悼之,"忽闻昨日常公薨,泪洒乾坤草木湿。"并将其作为陪葬明孝陵的勋臣,择墓于南京太平门外,赐给祭田。后又在南京鸡笼山下建的功臣庙中,将其居于首位以祀之,甚见尊礼。

戎马生涯

至正十五年(1355年)六月,常遇春投奔朱元璋不久,朱元璋即率军渡江南下。在著名的采石矶战役中,面对着元朝水军元帅康茂才的严密防守,常遇春乘一小船在激流中冒着乱箭挥戈勇进,纵身登岸,冲入敌阵,左右冲突如入无人之境。朱元璋即挥军登岸,元军纷纷溃退,缘江堡垒纷纷归附。朱元璋乘胜率军攻占太平。次年三月,又攻占集庆,改为应天府。集庆及其周围地区的占领,使朱元璋获得一块财富之区,为在江南的继续开拓和壮大奠定了基础。这一阶段的战斗,常遇春锋芒初露,立了头功,开始受到朱元璋的信用,由渡江时的先锋升至元帅。

元至正十九年(1359年)七月,朱元璋攻取金华后,派遣大将军常遇春进兵攻取衢州。常遇春率部一路杀将而来,首先攻取了龙游城。他在戎马倥偬

常遇春

间,还吟赋《龙游道中》一诗以纪行:"策蹇龙游道,西风妒旅袍。红添秋树血,绿长旱池毛。比屋豪华歇,平原杀气高。越山青入眼,回首鬓须搔。"字里行间,流露出英雄豪气。当常遇春率领马、步、水三军到达衢州城下时,但见城垣壁垒森严,固若金汤。守城的元将伯颜不花的斤,是维吾尔族人,荆南王朵尔的斤之子,1356年授衢州路达鲁花赤,因功升浙东都元帅,擢江东道廉防副使,分守衢州。伯颜还擅长诗歌,通晓音律,工于书画,他的《古壑云松图》至今仍藏于台湾故宫博物院。城中当时还有位汉名马浩的高官,即衢州路总管薛超吾儿,出身贵族,也是维吾尔族人,曾两度治衢,政绩显著。他与萨都剌、鲜于枢等交谊甚笃,也是元代著名的散曲家。常遇春率部在城下树栅栏,建奉天旗,从陆上、水上将衢州6座城门团团围住。常遇春又造吕公车、仙人桥、长木梯、懒龙爪等攻城军械,"拥至城下,高与云齐,欲阶以登城",他又在大西门城下"穴地道攻之"。伯颜不花的斤面对常遇春部的猛烈进攻,凭借坚固的城垣,"以束苇灌油烧吕公车,架千斤秤钩懒龙爪,用长斧砍木梯,筑夹城防穴道。"双方交战激烈,常遇春久攻不克。后来,常遇春以奇兵出其不意地突入,毁其所架之炮,攻围甚急。元军支持不住,遣使密约投降,衢州路院判张斌夜出小西门,迎常遇春大军入城。这样,元军甲士万人,才迅速崩溃。常遇春攻取衢州城后,立"金斗翼元帅府",设元帅和枢密分院判官,元朝在衢统治势力遂荡然无存。常遇春南下立功,升任元帅。

常遇春率军队进驻九华山时,适逢天旱无雨,士兵饮水困难。于是,他亲自带领将士在九华山下寻水,忽然在五溪桥南边挖出了六股泉水,解决了部队饮水的困难。这六股泉水是否为常遇春所发现,无从查考。但是常遇春结寨六泉口,大战九华山却是千真万确的。后人有诗可证:"偏仄旁山行,溪流咽不鸣。何年留古砦,犹复说开平。"

元至正二十年(1360年)初,朱元璋令常遇春与另一名大将徐达率重兵镇守池州防备。陈友谅统其兵众,部署袭取池州。徐达侦悉陈友谅的行动,令常遇春率精兵万人,设伏于六泉口。陈友谅兵至,全力猛攻池州城。徐达率领守军开城出击,常遇春伏兵掩其后,大破陈友谅军,斩首万余,擒捉三千,陈友谅败走江州(今九江)。这次战役不仅恢复了皖南军事要地太平县,也使"汉军"龟缩于武汉不敢再犯。论功行赏常遇春功劳最大。朱元璋夸赞他说:"当百万众,摧锋陷坚,莫如副将军。"常遇春当年设伏的地

常遇春雕像

方就在今天九华山的大古岭、凤凰岭一带,并在百丈潭前留有诗文:"赤汗透征袍,何如孝隐高。结庐亲冢侧,只为报劬劳。"

战功卓著

西征陈友谅,常遇春再立大功。陈友谅占据上游,精兵大舰,雄心勃勃,是朱元璋开拓事业的主要威胁。至正二十年(1360年)五月,陈友谅率水军数10万直取应天,在南京城西北的龙湾与朱元璋军展开一场恶战。朱元璋以弱御强,便设计用伏,诱敌深入。常遇春奉命与冯国胜率帐前五翼军3万人设伏,为全军主力。经过一场鏖战,在龙湾登陆的陈友谅兵,遭到常遇春、冯国胜伏兵的冲杀,死伤惨重,溃不成军。正值江水落潮,龙湾水浅,陈友谅一百多艘巨舰全部搁浅,朱元璋挥水陆军并进,陈友谅大败而逃。龙湾大捷,朱元璋转危为安,并壮大了力量。常遇春大破敌阵,战功卓著,不久,升行省参知政事。龙湾战后的第三年,公元1363年,陈友谅以号称60万大军倾巢来攻,在鄱阳湖与朱元璋军进行了一场持续三十六天的决定生死存亡的水上大决战。朱元璋先是派兵封锁敌人的归路,交战中,陈友谅军船大、坚固,但速度慢。朱元璋军船小、速度快,操作灵活,两军相持,难解难分。一次朱元璋座船搁浅,陈友谅的大将张定边率船队来围攻,情况危急。常遇春奋勇当先,射伤张定边,又用自己的战船撞击朱元璋的座船,使其脱离浅滩。战斗中常遇春奉命积极组织火攻,发挥小船优势,乘风纵火。陈友谅的舰队被烧得烈焰冲天,兵将损失过半,湖水尽赤。陈友谅率残舰撤往湖口,又受到朱元璋诸将的追击和常遇春的迎头堵截。陈友谅在混战中被流矢射中死去。这场决战扭转了双方力量的对比,陈友谅覆灭,使朱元璋成为群雄中之强者。常遇春因功受赏,得金帛田地甚厚。不久,升为平章政事。

至正二十四年(1364年)七月,常遇春先是随徐达率军攻占庐州;接着,又与邓愈会合征服江西的新淦、吉安、赣州、南安等郡县,岭南韶州、南雄等地望风降附。第二年五月,常遇春又奉命与邓愈率军攻取湖北的安陆、襄阳;十一月与徐达率军攻占了泰州。

常遇春像

至正二十六年（1366年）八月，朱元璋以徐达为大将军，常遇春为副将军，率兵二十万东征张士诚。按照朱元璋的部署，徐达、常遇春的军队先攻取了湖州和杭州等地，翦除了张士诚的羽翼。平江孤立无援，经过长达十个月的围攻，平江城破，张士诚败死。常遇春以功晋封为鄂国公。

至正二十七年（1367年）十月，朱元璋以徐达为征虏大将军，常遇春为征虏副将军，率二十五万大军出师北伐。当时北方元朝军事力量已经大大削弱，所以，徐达、常遇春出师三个多月，即平定山东。洪武元年四月，明军在洛阳的塔儿湾与元军遭遇。常遇春单骑突入敌阵，麾下壮士从之，勇猛冲杀，在洛水之北击溃元军五万，俘获无算，史称塔儿湾大捷。这一仗，占领了河南和潼关，夺取了陕西的门槛，为攻取元大都创造了极为有利的形势。

洪武元年闰七月，徐达、常遇春率马步舟师由临清沿运河北上，连下德州、通州。元顺帝携后妃、太子等逃奔上都开平。八月二日，徐达、常遇春一举攻占大都，改为北平府。稍事休整即又挥军西进，攻取山西。与精锐的扩廓帖木儿军进行了艰苦的搏战，平定山西。洪武二年三月，西征军进攻陕西，元将李思齐由凤翔奔临洮，力竭投降。元顺帝乘明军主力长驱秦晋之机，命丞相也速率军向北平反扑，兵锋已抵通州。常遇春又奉命与李文忠率步卒八万、骑士一万驰救北平，元军闻讯即向北逃奔，常遇春率军追奔千里，大获全胜。为了覆其巢穴，最终解除元军对北平的威胁，常遇春又率军径取元上都开平，顺帝逃奔和林。常遇春夺取开平，全歼留守元军，缴获车万辆、马三万匹、牛五万头。

病卒军中

洪武二年（1369年）七月，常遇春自开平率师南归，行至柳河川，得暴病卒于军中，年仅40岁。朱元璋闻丧大为震惊，赐葬钟山之下，并亲自出奠。书报大将军徐达回京参加会葬。为表彰常遇春的功绩，赠翊运推诚宣德靖远功臣、开府仪同三司、上柱国、太保、中书右丞相，追封开平王，谥忠武。又封子常茂为郑国公，岁禄二千石，常茂隶宋国公冯胜北征纳哈出，不奉约束，被削爵，安置在广西龙州；又别封次子常升为开国公，建文末，以抗靖难师安置云南临安（今云南建水），忧死。

"虽古名将，未有过之"常遇春自从1355年追随朱元璋，参加采石矶渡江战役，到1369年夺取元上都开平，暴卒于柳河川为止，14年戎马生涯，转战南北，可以说无役不从，战无不胜，常遇春"为人沉鸷果敢"，被誉为当时的天下奇男子。他曾自负地说："我率十万人便可横行天下"，军中送他一个绰号叫"常十万"。他不仅有勇，而且也有智谋，常常以智取胜，或者设伏，使用疑兵；或者声东击西，出敌不备。所以史书上说，常遇春"虽不习书史，用兵辄与古合"，"克敌制胜之方皆中节度"。常遇春"爱抚士卒","每与敌战,出则当先,退则殿后,未尝败北,士卒乐为之用。"这是自古名将所共有的一个优点。与此相应就是兵有纪律,所到之处秋毫无犯,不扰民。他很同情百姓的疾苦,这同他出身农家有关,也是朱元璋在开拓事业中一贯严格要求的。常遇春与胡大海一起曾向朱元璋建议,免收百姓给军队交纳的粮草——寨粮。朱元璋采纳了这个建议,注重发展屯田事业,以解决军队的粮饷,从而减轻了占领地区百姓的沉重负担。

在和同僚之间的关系上,常遇春处理得也比较好,在作战中能够节制诸将又能虚心与诸将研究对策,集思广益。他身为副将军,与大将军徐达一起征战,非常尊重小他两岁的徐达,谦逊地"奉节制,进止赴期不敢爽毫发,大将军雅敬爱之",始终无小间。当时,徐达、常遇春两员大将并称,"一时名将称徐、常",一个以谋略持重著称;一个以勇猛果敢闻名。朱元璋很会用将,以徐达为正,常遇春为副,用其所长,互相配合,相得益彰。常遇春对朱元璋一直忠心耿耿,敢于直言,效命疆场,尽瘁而终。朱元璋对常遇春也特别爱护。常遇春也善于处理同主子的关系。1365年2月,当常遇春率军征服江西上流未附郡县班师之后,朱元璋对常遇春"颁赏赐劳",特意表彰他"勤劳于外,南平诸郡,兵不失律,民无所扰"的功劳。常遇春对答颇为得体,他说,这是"皇上成算,所至辄克,非臣所能"。貌似宽厚心实险狠的朱元璋自然爱听这样的话了。常遇春忠于朱元璋,但生平爱杀降为世人所诟。死后,被追封为"开平王",故六泉口又有"开平寨"之称。

刘 基

刘基(1311年~1375年),字伯温,青田(今浙江温州)人,著名政治家、思想家和文学家。元末进士,后弃官归隐。50岁时辅佐朱元璋一统大明。明朝建立后,负责立法编订、军卫制度的建立、朝廷体制的整顿等,对明朝的政治稳定和社会发展起了重要的作用。他多才多艺,其诗词散文皆称明初的大家。

步入官场

刘基为元至顺三年(1332年)举人,参加次年的会试和廷试就考中了进士,可谓一帆风顺。按元朝的规定,必须到25岁才可以参加乡试,可是刘基22岁中举,23岁就是进士了,原来他在报考时虚报了三岁。虽然在年龄上作弊,但考中则是靠真才实学,所以刘基的高中在乡间一时传为美谈。然而,与科举的坦途相比较,刘基的仕途却显得坎坷得多。毕竟,科举在某种程度上取决于一个人的才华,而官运则更多地取决于一个人对于官僚体制的适应能力。

元统元年(1333年)的进士刘基,直到至元二年(1336年)才受了一个高安县丞的官职。县丞是协助县令处理政务的小官,秩正八品。此后二十多年中,刘基先后出任过江西行省掾史、江浙儒学副提举、行省考试官、行省都事、行枢密院经历、行省郎中、处州路总管府判等官职。这些官职中,儒学副提举是从七品,行省都事是七品,处州路总管府判是正六品。二十余年的宦途,不过一直是沉沦下僚罢了。对于自负不世奇才的刘基来说,自然极为郁愤。不幸,刘基的性格又是"疾恶如仇,与人往往不合"。刘基后来在与明太祖朱元璋的对话中也说自己"疾恶太甚"。在贿赂公行的元末官场,刘基的性格让他屡受打击。根据通行说法,最严重的打击分别出现在元至正十三年(1353

刘基

年)和元至正十六年(1356年)。

元至正十三年(1353年),47岁的江浙行省都事刘基因建议捕杀方国珍,与朝廷抚绥政策相左,次年春被羁管于绍兴。当时,刘基本人"发愤恸哭,呕血数升,欲自杀"。

至正十六年(1356年)春,江浙行省的一纸调令激起了刘基心中的涟漪。虽然绍兴风景难舍,但治国平天下的强烈愿望还是使刘基马上接受了这一调令,离开了绍兴,出任江浙行省枢密院经历,与枢密院判官石抹宜孙等同守处州。

不久,刘基升任行省郎中。与石抹宜孙同守处州这一段时间,是刘基心情最激昂的一个阶段。他与石抹宜孙彼此赋诗酬唱,甚是相得。然而,刘基虽然守土功大,但朝廷仅将刘基升为处州路总管府判。这一职位变动,使刘基对朝廷失望到极点。据说,刘基收到朝廷的谕旨后,即于庭中设香案,拜敕书,称:"臣不敢负世祖皇帝,今朝廷以此见授,无所宣力矣。"既然官职让充满抱负的刘基无法施展才能,于是他决计弃官归田,隐居在青田山下。刘基之言表明,他不是有意不为朝廷效力,而是朝廷没有重视他,给他的职位太小,让他无法干一番事业。

刘基

至正十八年(1358年)十二月,朱元璋的部队攻克了婺州路。不到一年,即第二年十一月,处州路也落入朱手,刘基的好友石抹宜孙败走。最后一块让刘基容身的净土也失去了。后来有人说:"这一年,先生因不为元用,隐居青田。如果不是这样,势必与胡琛、章溢等同议守备,出奇制胜。"以刘基的谋略,朱元璋的军队是否能顺利攻陷婺州、处州,还真是难说。明代学者王世贞就说:"元朝不用刘基,等于是将刘基送给了太祖朱元璋。不使刘基与太祖角力争斗,反而让刘基成为太祖的谋臣,为敌所用,真是奇特啊!"但换句话说,若不是被弃用于元朝,刘基也就成不了明朝的开国功臣。

辅佐朱元璋

刘基的出山,一半是请出去的,一半是逼出去的。刘基的出山为未来的朱明王朝立下了不少功劳。

刘基出山,多半是不得已。早在至正十九年处州被破时,朱元璋部将缪美就强迫刘基出山,将他带到金陵。无奈刘基确实不想留下来,朱元璋也只好放他回去。不过,刘基这样的人才肯定会始终惦记在朱元璋的心中。大概不久之后,朱元璋指示他的另外一个部将孙炎去劝刘基出山。孙炎此时是处州总制官。

孙炎这个人,在明史上不是很出名,今天的人也不怎么知道他,但在当时,他可是朱元璋最为得力的干将之一。时人夏煜描述朱元璋与孙炎之间的关系说:"我皇入金陵,一见颜色厚,高谈天下计,响若洪钟叩。"根据宋濂、汪广洋等人的记述,孙炎这个人身高六尺余,面黑如铁,有一只脚还有点跛;不怎么读书,但却喜欢赋诗,往往有奇句,又善于雄辩,一开口就是数千言。在他的面前,人人都怕他那张嘴。孙炎还非常喜欢喝酒,喝了酒后作诗辩论,有如神助,豪情万丈。孙炎交友广泛,夏煜、宋濂、汪广洋都是他的好友。可以想见,孙炎确实是一个非常有人格魅力的人。

刘基

孙炎以其豪情与雄辩折服刘基,完成了朱元璋下达的任务。控制家乡处州的朱元璋势力无疑是一个最恰当的投奔对象!这时候,朱元璋正在努力争取他。刘基也看到在当时的割据势力中,只有朱元璋兵精将强,最有前途。也许从总制官孙炎的身上他看到了另一个自己。在经过一段时间犹豫后,本来不情不愿的刘基也顺水推舟,来到当时朱元璋的权力中心地——集庆路,从此踏上新朝的宦途。当时,朱元璋已将此地更名为应天府。

当然,刘基要真正成为朱元璋的重要谋士,自然要表现出让人信服的能力来。据说,当时诸将多半是朱元璋在滁州、濠州刚起兵时就跟随他的人,多年来力战有功。何乔远《名山藏》称当时刘基以儒生"称军祭酒",一直到龙江之战时,朱元璋才令诸将拜其为"军师"。没有证据表明,"军祭酒"是不是朱元璋设立的一种官职。而且"祭酒"一词,虽然有"师"的意思,但似乎多少还表示刘基在军中仅是负责一些礼仪性的事务,并没有真正地成为军中谋略的重要决策者。刘基真正成为"军师",是在朱元璋与陈友谅于南京城外的龙江一战之时。

至正二十年闰五月,陈友谅率军自上游浮江而下,攻陷太平(今安徽当涂),杀守将花云及朱元璋义子朱文逊。随即陈友谅杀其主徐寿辉,篡位,改国号天完为汉,率军直逼应天府,声势颇大。朱元璋为此专门召集诸将,讨论对策。诸将议论纷纷,有主张投降的,有主张逃跑的。刘基因是最后进来的,见诸将所谈,无非投降或者逃跑,便瞪着眼睛,一言不发。朱元璋见刘基不言,遂召刘基入内间,问道:"今汉兵旦夕压境,诸将纷纷,先生默不言,有意乎?"刘基说:"请赐臣宝剑,先斩主张投降及逃跑的人,我再说话也不迟。"朱元璋说:"我想先听听你的议论,再赐你宝剑。"刘基说:"陈友谅凭借夺取太平城的胜利,浩浩荡荡地沿江而下;而我师士气不高,迎战必败。如今您刚刚在建康立足,要想图谋天下,必须与陈友谅的汉军决一雌雄。就看这一战了,胜则为王,败则为俘虏。在这样的关键时刻,您怎么能够听任部下的意见不统一呢?……您若打开府库奖赏军士来鼓舞士气,开诚布公地征求建议来稳定军心,那么您的王业,正在此时可以成就啊!何况我曾经望二国气,敌衰我旺,一定能够活捉陈友谅。"这一番话,无疑是告诉朱元璋:两军交战勇者胜,在生死决战的关键时刻,不应当为将领们的不同意见所迷惑,而是应该开诚布公,整合人心,努力奋战,争取胜利。当然,刘基最后没忘了将自己观天象的本领展示展示,以进一步增强朱元璋的信心。据说,朱元璋听后大喜,赐刘基剑,令诸将都拜他为军师,有不服者斩之。诸将悚然听命,于是有龙江之捷。《明太祖实录》记载此次作战的成果是:俘获陈友谅卒二万余人,获巨舰名混江龙、塞断江、撞倒山、江海鳌者百余艘及战舸数百。此后,朱元璋的军队能浮江而上,取安庆、九江等战略要地,都基于这次战役的胜利。

  朱元璋称帝后,有一次在给刘基的诏书中说:"攻皖城,拔九江,抚饶郡,降洪都,取武昌,平处州,尔多力焉。"这些功绩,看来是朱元璋也认定的。然而,刘基在朱元璋帝业中最大的贡献,莫过于提出"先汉后周"的战略。当时朱元璋政权的东面是张士诚所建立的周,西面是陈友谅的汉,北面是小明王韩林儿,南面则是福建山区,由效忠元朝的陈友定控制。朱元璋要想成就帝业,最大的威胁来自张士诚和陈友谅。当时一般将领们的想法,是要先取张士诚,因为张士诚力量较弱,而且处于富饶的长江三角洲上。但是,刘基提出了完全不同的思路。他对朱元璋说:"我们有两个敌国。陈友谅居其西,张士诚居其东。友谅占据饶、九、荆、襄等地,几乎是半个天下的地盘;而士诚仅有浙西地,南不过会稽,北不过淮扬,与您势力相当。不过,士诚内心狡猾,对元朝阳奉阴违,这是守财奴式的敌人,不会有什么作为。陈友谅杀害他的君主,胁迫部下,人心不服。他有勇而无谋,不怕死,很容易就将他的百姓推上战场送死。几场战役下来,民力损耗殆尽。有这几点,陈友谅的汉国就很容易攻取下来。逮野兽就必须先逮凶猛的,擒拿盗贼就必须先拿下强壮的。今日之计,不如先讨伐汉国。汉国地域宽广,夺取之后,您一统天下的形势就有了。"应当说,这一战略分析对于朱元璋后来取得胜利非常关键。从朱元璋灭张士诚时单苏州城就围攻了近一年这一事实看,张士诚虽然势力较弱,但也不是能轻而易举攻取下来的。而且,一旦朱元璋与张士诚开战,陈友谅必然会乘隙东下,那朱元璋就陷入了两线作战的境地。相反,自从张士诚的弟弟张士德被朱元璋擒杀之后,张士诚政权中基本上再无有进取心的将领。负责行政事务的幼弟张士信及女婿潘元绍不负责任,贪财好色,无心扩展张氏政权的势力范围。因此,刘基"先取陈友谅"的建议,基本上奠定了此后五年的

用兵战略，而此战略的最后成功实施，也就使朱元璋取得了西起武昌、东至苏州的广阔土地。当然，作为军中的重要谋士，刘基往往对于每一次重大的战役都会提出一些非常有效的妙计。例如，鄱阳湖之战可以说是朱元璋与陈友谅争霸战中最后的一场大战。当时，双方都将自己的主力投入战场，陈友谅甚至将家属、马匹、供给全部带到了船上。据《明太祖实录》记载，朱元璋投入兵力20万。陈友谅的军队据说是60万。一些学者考证说，各自的军队实际数量可能只有一半左右。但即使是这样，数量也很可观。至正二十三年（1363年），陈友谅围攻洪州城（今江西南昌），拉开了这次战役的帷幕。洪州守将朱文正是朱元璋的侄子，率领守军顽强抵抗。八月二十九日，来援的朱元璋军主力与陈友谅军的主力在鄱阳湖中相遇，激战持续了四天。四天中，陈友谅的军队损失非常大，陈的弟弟陈友仁、陈友贵及大将陈普略先后战死，想来朱元璋的军队伤亡也决非小数。王世贞记载说："太祖的舟师跟敌人在鄱阳湖中大战，未决胜负，太祖当时心里实在是忧虑害怕。"看来，真到了性命相搏的时分，连朱元璋自己也没有必胜的信心。

这时候，刘基提出"移师湖口"之策，就是将战舰全部移往湖口，封锁鄱阳湖通向长江的水路通道，关门打狗。九月二日，朱元璋的战舰尾部都升起灯笼，陆续驶向鄱阳湖湖口，鄱阳湖成为一只扎住陈友谅军队的口袋。很明显，陈友谅的巨舰在相对狭隘的湖口水面上远远比不上朱元璋的战舰那样灵活有用，所以，陈友谅始终未能攻破湖口。陈友谅的一些将领们主张弃舟从陆路回武昌。由于意见不统一，汉军内部发生争吵，接着发生了叛逃。更要命的是，双方相持很久，陈友谅军的粮食已经吃完，而五百艘抢粮的船只也被朱文正烧了个干净。可以想见，缺少粮食的陈友谅军队最后突围而出的窘迫。最后，陈友谅在激战中头中流矢，不治身亡。此战朱元璋得胜的关键，正是刘基"移师湖口"这一计策的实施。

开国功臣

正由于刘基在朱元璋日渐扩大的创业过程中所发挥的作用，他很受朱元璋的宠信。据说，朱元璋每次召见刘基，都是屏人密语，往往一谈就是一两个小时，所谈的内容"自徐达而外，人莫得闻"。吴元年（1367年）九月，徐达攻克苏州，擒张士诚，明朝已经初见立国规模。军中一帮谋士的作用也发生了转变。早在前一年，刘基就被授予太史令一职，主持修订新朝的历法。吴元年十一月，新历法颁行。昔日的谋略不再是朱元璋所必需的，五十七岁的刘基从此只要规规矩矩地按章办事就行了。大凡一个王朝的开国功臣，或者韬光养晦，安享晚年，或者骄横恣肆，最终被戮。然而，像刘基晚年那样处于进退维谷、左右为难的境地，却还是少见。

朱元璋曾将刘基比作汉高祖刘邦的张良，于是后人便将张良与刘基作比较。王世贞说："有人将刘基比作张良，刘基在谋略上确实不逊于张良。但说到做官或不做官的气节，却差得远了。"王世贞认为刘基早年仕元，后来转而扶助朱元璋灭元，大节有亏。这是一种比较。另外一种比较，是明人廖道南的话：汉代大封功臣，张良仅要求封为"留侯"就满足了，然后专心于道术，明哲保身，传说中还变成了神仙；而刘基却没有急流勇退，犹豫在朝，最终就像野鸡投于网罗、野象因其象牙而遭杀身之祸。难道他真是一心忠于朝廷而忽略了保全自身吗？

归隐田园

廖道南批评刘基不能及时功成身退，大体是合理的。其实，在洪武元年（1368年）刘基被授予御史中丞职务的时候，他还是有点意气风发的。中书省都事李彬犯下贪纵之罪。李彬是中书省左丞相李善长的心腹，因此李善长请刘基缓治李彬之狱。刘基坚决主张查办，并派人专程向远在汴梁的朱元璋汇报。李善长便在朱元璋面前抢先告了一状，说刘基"专恣"。对于专制君主来说，臣下的专恣自是不可容忍，太祖对刘基的宠信开始打折扣了。接下来的一件事，又正赶上刘基的方术似乎也不灵验了。八月，天大旱。刘基进言道："阵亡士兵的妻室共有数万之众，居于别营，阴气郁结；工匠死后，尸骸未收；张士诚的降卒们都编入了军户。这三点有干天和，所以发生旱灾。"朱元璋采纳了刘基的建议，一一妥善处理，谁料十天过后，依旧大旱。至此，刘基只得卷铺盖回青田老家。

但是，刘基毕竟是开国元勋，朱元璋没有一下子做绝。仅仅三个月之后，刘基又被召回了京城。洪武三年（1370），朱元璋大封功臣。刘基仅被封为诚意伯。微妙的是，此时的朱元璋对刘基不再是言听计从了。例如，朱元璋对李善长不满，想换杨宪、汪广洋或胡惟庸为相，咨询刘基的意见。刘基根据实情，一一指出了各人的缺点，认为三人都不宜为相。然而，朱元璋后来却将杨宪、汪广洋、胡惟庸先后起用为相。刘基所说的一番话，传到三人耳朵里，明摆着是得罪人。其中，胡惟庸是淮右集团中人；汪广洋虽是江苏高邮人，但其早年曾流寓太平，亦于此地遇到渡江而来的朱元璋，开始发迹。可见，刘基在明朝建国之后的生活，确实过得非常压抑。这才是刘基悲老叹穷的真正原因。上世纪三十年代，学者罗宝册有论刘基的一段话，非常精彩，可谓洞见当日刘基心态：

伯温悲叹之作，决不是无病呻吟，无因而来的；如果根据情理，设身处地一想，也很容易了悟他的难言之隐。想当年他同太祖一块起义，老谋深计，运筹帷幄。大的方略，紧急关头，十九是他一人擘画、决定和打开。那时如果分道扬镳，收纳一班豪杰，自己干去，当日的宇中，真不知是谁的天下。可恨费尽了心血，为人作嫁，好容易革命成功了，大明帝国成立了，自己得到的是什么？不过是一个

诚意伯的虚头衔，一些金玉粟帛的零星赏赐罢了。比之明祖的富有四海，南面而王，生杀予夺，集于一身，何尝不是天壤之别！加之，明祖猜忌嗜杀，屡兴大狱，少者牵连几千人，多者累万。眼看着身边的故旧朋友，杀的杀，族的族，流的流，说不定哪一日就会杀到自己的头上来！自己又是功高震主的人，走了不好，不走也不好。有时明主高兴了，钟山宸游，禁宫夜宴。自己又不能不暗拭眼泪，强赔笑脸，侍宴吟诗，前去凑趣，凑合热闹。此际难言之痛，想来很少人能知道吧！

　　碰上朱元璋这样的猜忌之主，刘基确实是"走也不好，不走也不好"。归乡隐居，弈棋饮酒，安享晚年，对刘基来说也成了奢望。不久，刘基由于建议在青田设立谈洋巡检司（谈洋是浙、闽地界的小地方，走私盐贩往往聚集在此，多出乱民），遭到胡惟庸的诬陷。胡惟庸对朱元璋说："谈洋这个地方有王气，刘基想占来做自己的墓地，百姓不同意，他便请求设立巡检司来驱赶百姓。"这一番诬陷可真是击中朱元璋的要害，也吓得老迈的刘基从家乡星夜兼程来到南京，再也不敢回家。生了病，胡惟庸送来医生诊治。服过药后，却觉腹中郁结，估计也是遭了胡惟庸的毒手。一直到病得实在不行，太祖朱元璋才一纸赐文，送刘基回乡。洪武八年（1575年）四月十六日，刘基卒于家中。据说，死前遗命锉骨扬灰，恐是无稽之谈，实际上他是被葬于其乡夏山上。

郑　和

　　郑和(1371年~1433年),本姓马,小字三保,云南昆阳(今云南晋宁)人。洪武十四年(1381年)入燕王府为宦官,因在燕王为争夺皇位的"靖难之役"中立功,被赐姓郑。次年奉命领旨出使西洋,前后出海7次,历时28年,访问了30多个国家。航海至南洋、印度、波斯、非洲东岸等处,开中外交通最远的航路,宣扬威德。助马来西亚建国,海外诸国争来朝贡。时人称为"三保太监下西洋",是明代初年的盛事,促进了与各国的经济文化交流和发展。宣德八年(1433年),客死归途。

成长经历

　　由于信仰伊斯兰教的原因,幼年时的郑和已开始学习伊斯兰教的教义和教规。郑和父亲与祖父均曾朝拜过伊斯兰教的圣地麦加,熟悉远方异域、海外各国的情况。从父亲与祖父的言谈中,年少的郑和已对外界充满了强烈的好奇心。而父亲为人刚直不阿、乐善好施、不图回报的秉性也在郑和的头脑中留下了抹不去的记忆。明朝统一云南战争后,郑和被带到南京。受阉,做了宦官后被分到北平,在燕王府服役。

　　郑和在燕王府期间,因为学习刻苦、聪明伶俐、才智过人、勤劳谨慎,取得了燕王的信任,被朱棣选在身边作为贴身侍卫。此时的郑和本身所具有的优秀光荣传统和领袖才能开始逐渐显露。在长达四年之久的"靖难之役"中,郑和跟随朱棣出生入死,南征北战,参加了多次战斗,建立了许多战功,成为朱棣夺取政权即位称帝的主要功臣之一。明成祖朱棣登上皇位之后,对跟随自己多年的武将文臣大都提升重用。其中也包括身为宦官的郑和,朱棣赐"郑"姓与郑和,又将其升迁为内官监太监。由于郑和又名"三保",所以人们也叫"三

明成祖　朱棣

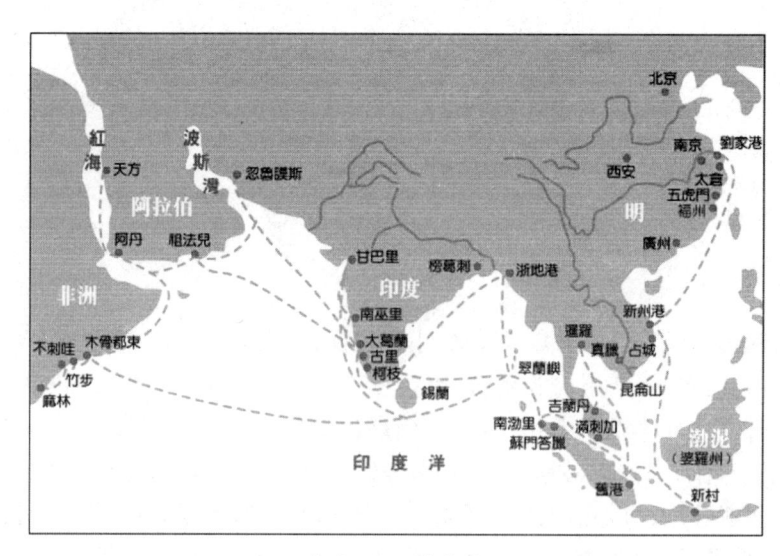

郑和下西洋地图

保太监"。

郑和能成就一番辉煌的事业是有其独特的机会和良好条件的。作为燕王的亲信与随从,郑和有机会广泛接触统治阶级上层人物,开阔视野,增长见识。又由于他为人正直,能与燕王推心置腹,共同商量国家大事,并随时向燕王学习政治、军事及处理各类事物的谋略,跟随燕王之后,耳濡目染,郑和受教育程度又加深了一层。这一切都促使朱棣在寻找下西洋的最佳人选时,首先想到的是郑和。郑和姿貌才智,在内侍当中无人可比,是领航远洋的最佳人选。

郑和是中国历史上最杰出的航海家。郑和的才能在他一生所做的各项伟大事业中体现得淋漓尽致,他在航海、外交、军事、建筑等诸多方面都表现出卓越的智慧与才识。

从永乐初年起,郑和按照明成祖朱棣的安排转向航海事业。在郑和早期的航海活动中,郑和已在研究和分析航海图,通晓牵星过洋航海术,熟通各式东西洋针路簿、天文地理、海洋科学、船舶驾驶与修理的知识技能。从公元1405年至公元1433年,郑和先后率领庞大船队七下西洋,经东南亚、印度洋远航亚非地区。最远到达红海和非洲东海岸,航海足迹遍及亚、非三十多个国家和地区。这七次航行的规模之大,人数之多,组织之严密,航海技术之先进,航程之长,不仅显示了明朝国家的强大,也充分证明了郑和统帅千军的才能。

航海笔录

郑和船队到达旧港(今苏门答腊岛的巨港)的时候,突然遭到海盗的拦截袭击。这群海盗的头子叫陈祖义。陈祖义本是广东人,洪武年间跑到现在的南洋,招集一伙人占领了旧港,常常打劫路经此地的商船,许多国家的商人都深受其害。这一次,陈祖义见郑和船队船多兵众,不敢贸然下手,就假意向郑和投降,暗地里却准备打劫船队。郑和及时发现了陈祖义的阴谋,立即部署对策。等陈祖义率众人来抢劫时,他指挥将士们把海盗打败,杀死了五千多人,烧毁了海盗船只十艘,俘获七艘,还活捉了陈祖义。

郑和宝船(模型)

在锡兰山,国王亚烈苦奈儿赠送了许多礼物给明朝,表示两国修好。哪知贪心不足的亚烈苦奈儿见郑和船队装载了大量金银,就假意请郑和到他的宫殿。盛宴招待之后,他再次向郑和索取金币,暗地里却发兵去劫夺郑和的船队。郑和沉着冷静,了解到锡兰山的大部分兵力已派去攻打船队,都城空虚,就火速传令,调来了两千多将士,出其不意地攻打了锡兰山的都城,生擒了亚烈苦奈儿及其妻子官属。领兵打劫船队的将领听说明军回攻都城,赶忙下令撤兵回救。郑和的军队乘胜杀了个回马枪,又把敌兵打得溃不成军。他们只得向明军投降了。郑和当场释放了投降的将士兵卒,只把亚烈苦奈儿和几个重要官属扣留在船上,然后继续访问其它地区。

当郑和的船队到达木古都束时,国王亲自去迎接,并且设宴款待。郑和向国王和王妃赠送了丝织品、陶器和茶叶。国王送给明朝皇帝一只珍贵动物,叫做"麒麟",也就是非洲长颈鹿。郑和回来的时候带回来了十七国的使节。和他们同来中国访问的,其中有的是王子,有的是王叔王弟,都同明朝建立了邦交。郑和还带回来了忽鲁谟斯的狮子、金钱豹、大西马;阿丹国的麒麟、长角马哈兽;木古都束的花福禄和狮子;卜剌哇的千里骆驼和驼鸟。

苏门答剌之役

郑和在国内休整了一年多后,永乐十年十一日,成祖又令他第三次远航西洋诸国。这次正好赶上了东北季风时节,郑和的船队顺风而行,不久就到达苏门答剌(今印尼苏门答腊岛)。苏门答剌刚刚经过一场大的事变,使郑和的访问遇上了麻烦。原来,苏门答剌的西面有个那孤儿国。明乐永六年(1408年),那孤儿国和苏门答剌打了一仗,苏门答剌国王中箭身亡。王子年龄尚小,不能替父王报仇。王后却复仇心切,她晓谕全国:谁能领兵打败那孤儿国,替先王报仇,我就嫁

给他,并请他当国王。一个有本领的渔夫奋勇领兵打败那孤儿国的军队,杀了他们的国王。渔夫娶了王后,当上了苏门答剌国王。老国王的儿子长大以后很不甘心,他培植了一伙心腹勇士,乘机杀死了渔夫,自己登上王位。郑和到达苏门答剌后,向新国王赠送了许多礼品。渔夫有个儿子苏干剌,想替父亲报仇,发兵攻打苏门答剌,企图争夺王位,没想到反被新国王打败了。他只得逃到一个叫邻山的地方,自立一寨。他听说郑和赠送给苏门答剌新国王许多礼物,却没有送礼给自己,心中又忌又恨,就带领几万兵众袭击郑和的船队。在苏门答剌的配合下,郑和指挥将士英勇还击,把苏干剌的兵众打得大败,乘胜追击到一个叫南渤利的地方,活捉了苏干剌和他的妻子、儿子。到永乐十三年回国后,永乐帝下令把苏干剌杀了。

郑和像

公元1405年到1433年这段短暂的时间里,总兵太监郑和所指挥的宝船船队,七次英雄式的远航,遍及中国海与印度洋,从台湾到波斯湾,并远及中国人心目中的黄金国——非洲。在宝船最后一次航行后不久,明皇帝下令严禁出海

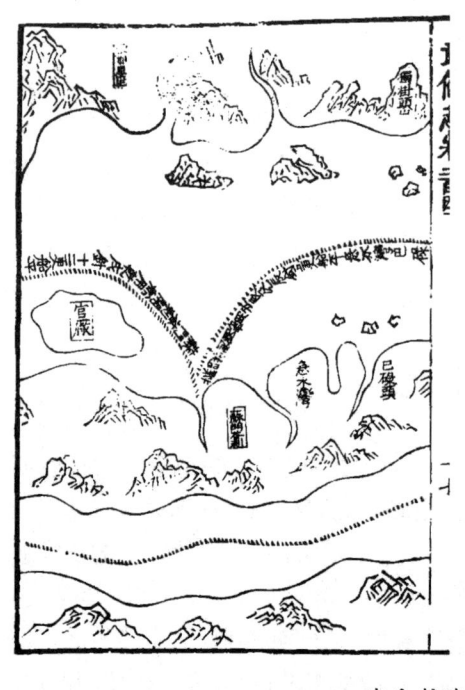

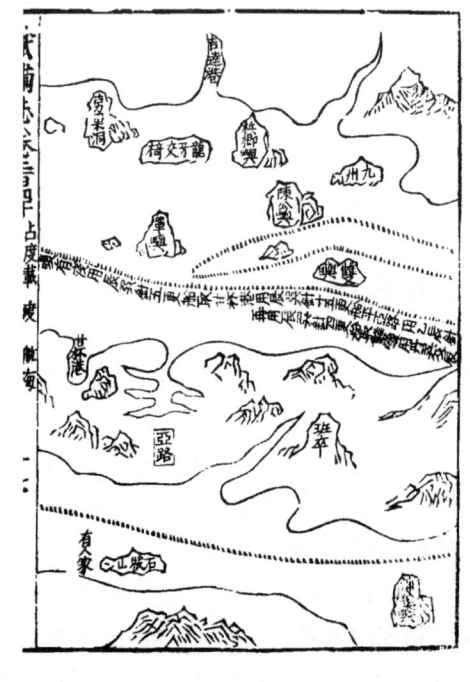

郑和航海图

航行,并停止了所有远洋帆船的建造与修缮工作,违反禁令的商人和水手都被处死。在100年间,举世无双的海军,走向自我毁灭的道路,反而使倭寇在中国沿海一带肆虐。中国在对外大扩张时代之后,紧接着的是绝对闭关自守的时期。15世纪初,中国这个世界科技的领导者,很快地离开了世界历史的舞台。就在同时,正在萌芽的国际贸易和刚开始的工业革命,把西方世界推向了现代。

宣德五年六月(1430年),明代的第五个皇帝——明宣宗朱瞻基又一次派遣郑和、王景弘率领船队,访问了忽鲁谟斯等二十来个国家。因为这次访问的国家多,地域广,路程远,因而时间也就很长,到1433年才启程回国。不料船队返航至古里(今印度南部西海岸之科泽科德)时,63岁的郑和因积劳成疾,不幸辞世。王景弘命人把郑和的遗体妥为装殓,准备回国安葬。当时已进入夏季,热带气候酷热,船队航进爪哇(今印尼爪哇岛)时,眼见郑和的遗体难于保存,已不可能运回国内安葬,王景弘只好决定埋葬在当地。

海 瑞

海瑞(1514年~1587年),明代著名回族政治家。广东琼山(今海口)人,字汝贤,自号刚峰。他自幼攻读诗书经传,博学多才,嘉靖二十八年(1550年)中举。初任福建南平教谕,后升浙江淳安和江西兴国知县,推行清丈、平赋税,并屡平冤假错案,打击贪官污吏,深得民心。嘉靖四十五年任户部云南司主事,上书批评世宗迷信巫术、生活奢华、不理朝政等弊端,遭迫害入狱。世宗死后获释。隆庆三年(1569年)调升右佥都御史,他一如既往,惩治贪官,打击豪强,疏浚河道,修筑水利工程。并推行一条鞭法,强令贪官污吏退田还民,遂有"海青天"之誉。后被排挤,革职闲居16年。万历十三年(1585年),重被起用。先后任南京吏部右侍郎、南京右佥都御史,力主严惩贪官污吏,禁止徇私受贿。两年后病死于南京。

清官上任

海瑞一生居官清廉,刚直不阿,深得民众的尊敬与爱戴。据说听到他去世的噩耗时,当地的百姓如失亲人,悲痛万分。当他的灵柩从南京水路运回故乡时,长江两岸站满了送行的人群。很多百姓甚至制作他的遗像,供在家里。关于他的传说故事,民间更广为流传。

海瑞和宋朝的包拯一样,是中国历史上清官的典范、正义的象征。海瑞到北京,即拜伏于宫殿下献上《平黎策》,要开辟道路设立县城,用来安定乡土,有见识的人赞扬海瑞的设想。代理南平县教谕,御史到学宫,部属官吏都伏地通报姓名,海瑞单独长揖而礼,说:"到御史所在的衙门当行部属礼仪,这个学堂,是老师教育学生的地方,不应屈身行礼。"迁淳安知县,穿布袍,吃粗粮糙米,让老仆人种菜自给。总督胡宗宪曾告诉别人说:"昨天听说海县令为老母祝寿,才买了二斤肉啊。"胡宗宪的儿子路过淳安县,向驿吏

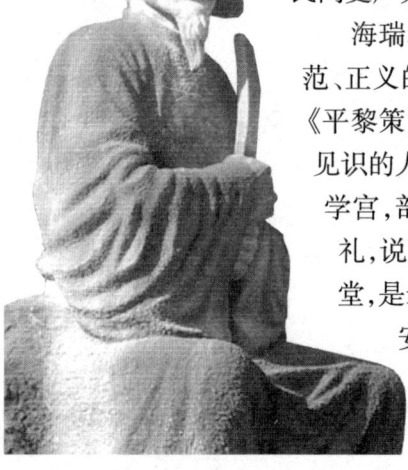

海瑞

发怒,把驿吏倒挂起来。海瑞说:"过去胡总督按察巡部,命令所路过的地方不要供应太铺张。现在这个人行装丰盛,一定不是胡公的儿子。"打开袋有金子数千两,收入到县库中,派人乘马报告胡宗宪,只说有人冒充他的儿子,胡宗宪只好吃了这个哑巴亏。都御史鄢懋卿巡查路过淳安县,酒饭供应的十分简陋,海瑞高声宣言县邑狭小不能容纳众多的车马。懋卿十分气愤,然而他早就听说过海瑞的名字,只得收敛威风离开,但他嘱咐巡盐御史袁淳治海瑞和慈溪和县霍与瑕的罪。霍与瑕,尚书霍韬的儿子,也是坦率正直不谄媚鄢懋卿的人。当时,海瑞已提拔为嘉兴通判,因此事贬为兴国州判官。过了很长时间,陆光祖主张文官选举,才提拔海瑞任户部尚书。

当时,明世宗朱厚熜在位时间长了,不去朝廷处理政务,深居在西苑,专心致志地设坛求福。总督、巡抚等大吏争着向皇帝贡献有祥瑞征兆的物品,礼官总是上表致贺。朝廷大臣自杨最、杨爵得罪以后,没有人敢说时政。嘉靖四十五年二月,海瑞单独上疏说:臣听说君主是天下臣民万物的主人,其责任最重大。要名符其实,也只有委托臣工,使臣工尽心陈言而已。臣请竭诚所见,直所欲言,为陛下陈说。从前汉文帝是贤良君主,贾谊还痛哭流涕而上疏言事,并非是苛刻责备,因汉文帝性格仁慈而近于柔弱,虽有推恩惠到百姓的美德,将不免于怠废,这是贾谊所大为顾虑的。陛下天资英明杰出,超过汉文帝很远。然而汉文帝能富有仁义宽恕的性格,节用爱人,使天下钱粮丰富,几乎达到刑具不用的境地。陛下则锐意精心治国时间不长,就被狂妄想法牵涉过去,反而把刚毅圣明的本质误用了。以致说遐举可成,一心一意学道修行,倾尽民脂民膏,用于滥兴土木工程。二十余年不临听政,法律纲纪已经废弛了。数年来卖官鬻爵推广开纲事例,毁坏了国家名器。二王不能相见,人们认为薄情于父子。因猜疑诽谤杀戮污辱臣下,人们认为薄情于君臣。享乐在西苑不返回大内,人们认为薄情于夫妇。官吏贪污骄横,百姓无法生活,水旱灾害经常发生,盗贼滋蔓炽烈。请陛

明世宗朱厚熜

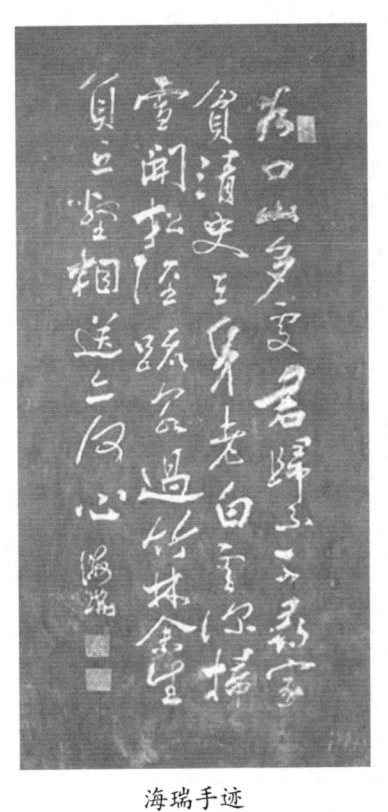

下想想今日的天下,究竟成了什么样子？近来严嵩罢相,严世蕃受极刑,一时较快人心。然严嵩罢相之后还像严嵩未任相之前一样而已,世道并不十分清明,不及汉文帝时太远了。因为天下人不用直道侍奉陛下已经很久了。古代君主有过失,依靠臣工扶正补救。现在竟然修斋建醮,大都前来进香、仙桃天药,大家一块奉辞上表祝贺。建筑宫室,则由将作官员竭力经营；购买香料珍宝,则由度支派人四处寻求。陛下的错误举动,而诸臣都跟着错误地顺从,没有一个人肯为陛下端正言论,阿谀奉承的太过分了。然而心中惭愧胆气空虚,退回去又有议论怨言,欺君之罪到了何等地步! 天下,是陛下的家。人没有不顾自己家的,内外臣工都是使陛下的家奠基得如同磐石一样的人。一心一意学道修行,是陛下的心受了迷惑。过分的苛断,是陛下的情偏。然而说陛下连家也不顾,合乎人情吗？诸臣徇私废公,得一官职多因欺诈失败,多因不做任何事情

海瑞手迹

败,实在有不能使陛下满意的人。其实不然,是君主之心和臣下之心偶尔不相遇合造成的。而遂说陛下憎恶卑薄臣工,因此拒谏。因一二个不合意,就怀疑千百个都这样,使陛下陷于有过失的举动中,安然处之而不知怪,诸臣的罪恶太大了。《礼记》:"在上君主有疑心则百姓易迷惑,若在下的人怀奸诈难知其心则在上君治理劳苦。"就是说的这种情况。而且陛下的失误很多了,其大端在于斋醮。斋醮的目的是为了追求长生不老。自古圣贤留给后人的训条,修身立命的说法叫"顺理而行,所接受的便是正命"了,没有听说过所谓长生不老的说法。唐尧、虞舜、大禹、商汤、周文王、周武王是圣人中的典范,没有能长久在世,在此后也没有见过真正自汉、唐、宋至今仍存在的。授给陛下道术的陶仲文,因此称为师。陶仲文既已死去了,他没有长生,而陛下如何能够单独求到？至于仙桃、天药、怪异虚妄最成问题。从前宋真宗得天书于乾佑山,孙奭说:"天如何能说话呢？岂能有书!"桃子一定是采摘后才能得到,药一定是炮制以后才能成。现在无故获得这两个东西,是有脚而能走吗？说"天赐给的",是上天用手拿着而交给您的吗？这是左右奸邪的人,制造荒唐离奇的事用来欺骗陛下,而陛下却误估了他,以为确实这样,太过分了。陛下又要说标明刑罚奖赏用来督责臣下,则分别职掌治理有人,天下没有不可治,而学道修行为无害己吗？太甲说:"有人以言语违背了你

的心,一定要用意义求其意;有人以言语顺从了你的心,一定要非道来考察。"用人而一定要他一句话也不违背,这是陛下谋划的错误。既面观察严嵩,他主持政务时,有一点不顺从陛下的吗?过去为同心的人,现在戮首了。梁材遵守正道坚守职责,陛下认为是叛逆的人,历任都成就好声望,现在在户部做官的人还在称赞他。然而诸臣宁可学习严嵩的顺从,不敢仿效梁材的抗争,难道真没有窥测陛下的细微好恶而暗暗作为趋吉避凶的人吗?就是陛下又从这些人当中得什么好处呢?陛下的确知道斋醮没有好处,一旦翻然改悔,每天临朝听政,和宰相、侍从、言官等人,讲论天下利害,雪洗数十年以来的积误,置身在唐尧、虞舜、大禹、商汤、周文王、周武王圣贤君主的行列。使诸臣也得以自己洗净数十年阿谀奉承君主的耻辱,置身于皋陶、夔龙、伊尹、傅说贤明辅臣的行列中。天下有什么忧虑不能治?万事有什么忧虑不能理?这只是在陛下一振作之间而已。放下这些不做,而急迫于轻身能飞脱离世间,枉费精神,用来追求捕风捕影、茫然不可知的领域,臣见劳苦一辈子,而最终将一无所成。现在大臣为保持禄位而喜欢阿谀奉承,小臣害怕治罪而不敢说话。臣制止不住自己的愤恨,因此冒着死的危险,愿意竭尽诚挚之情,希望陛下听取。

重获新生

嘉靖皇帝读了海瑞上疏,十分愤怒,把上疏扔在地上,对左右说:"快把他逮起来,不要让他跑掉。"宦官黄锦在旁边说:"这个人向来有傻名。听说他上书时,自己知道冒犯该死,买了一个棺材,和妻子诀别,在朝廷听候治罪。奴仆们也四处奔散没有留下来的。是不会逃跑的。"皇帝听了默默无言。过了一会儿又读海瑞上疏,一天里反复读了多次,为上书感到叹息,只得把上疏留在宫中数月,曾说:"这个人可和比干相比,但朕不是商纣王。"正遇上皇帝有病,心情郁闷不高兴,召来阁臣徐阶议论禅让帝位给皇太子的事,便说:"海瑞所说的都对。朕现在病了很长时间,怎能临朝听政?"又说,"朕确实不自谨,导致现在身体多病。如果朕能够在便殿议政,岂能遭受这个人的责备辱骂呢?"遂逮捕海瑞关进诏狱,追究主使的人。不久移交给刑部,判处死刑。狱词送上后,仍然留在宫中不发布。户部有个司务叫何以尚的,揣摩皇帝没有杀死海瑞的心意,上疏陈请将海瑞释放。皇帝大怒,命锦衣卫杖责一百,关进诏狱,昼夜用刑审问。过了两个月,

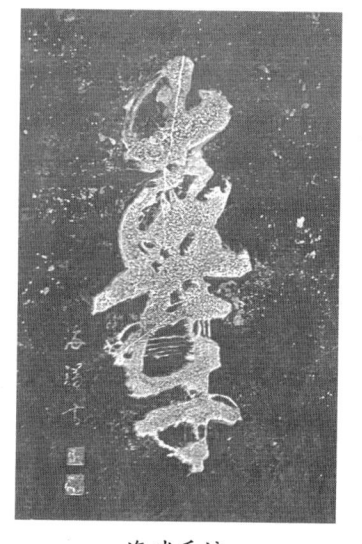

海瑞手迹

嘉靖皇帝死，明穆宗继位，海瑞和何以尚都被释放出狱。

嘉靖皇帝刚死，外面一般都不知道。提牢主事听说了这个情况，认为海瑞不仅会释放而且会被任用，就办了酒菜来款待海瑞。海瑞自己怀疑应当是被押赴西市斩首，恣情吃喝，不管别的。主事因此附在他耳边悄悄说："皇帝已经死了，先生现在即将出狱受重用了。"海瑞说："确实吗？"随即悲痛大哭，把刚才吃的东西全部吐了出来，晕倒在地，一夜哭声不断。海瑞被释放出狱，官复原职，不久改任兵部，提拔为尚宝丞，调任大理。

隆庆元年，徐阶被御史齐康弹劾，海瑞上言说："徐阶侍奉先帝，不能挽救神仙土木工程的失误，惧怕皇威保持禄位，实在也是有这样的事。然而自从主持国政以来，忧劳国事，气量宽宏能容人，有很多值得称赞的地方。齐康如此心甘情愿地充当飞鹰走狗，捕捉吞噬善类，其罪恶又超过了高拱。"人们赞成他的话。

为民做主

经历南京、北京左、右通政，隆庆三年夏天，海瑞以右佥都御史身份巡抚应天十府。属吏害怕他的威严，贪官污吏很多自动免去。有显赫的权贵把门漆成红色的，听说海瑞来了，改漆成黑色的。宦官在江南监织造，因海瑞来减少了舆从。海瑞一心一意兴利除害，请求整修吴淞江、白茆河，通流入海，百姓得到了兴修水利的好处。海瑞早就憎恨大户兼并土地，全力摧毁豪强势力，安抚穷困百姓。贫苦百姓的土地有被富豪兼并的，大多夺回来交还原主。徐阶罢相后在家中居住，海瑞追究徐家也不给予优待。推行政令气势猛烈，所属官吏恐惧奉行不敢有误，豪强甚至有的跑到其他地方去躲避。而有些奸民多乘机揭发告状，世家大姓不时有被诬陷受冤枉的人；又裁减邮传冗费，士大夫路过海瑞的辖区大都得不到很好地张罗供应，因此怨言越来越多。给事中舒化说海瑞迂腐滞缓不通晓施政的要领，应当用南京清闲的职务安置他，皇帝还是用嘉奖的语言下诏书鼓励海瑞。不久给事中戴凤翔弹劾海瑞庇护奸

海瑞墓

民,鱼肉士大夫,沽名乱政,遂被改任南京粮储。海瑞巡抚吴地才半年,平民百姓听说海瑞解职而去,呼号哭泣于道路,家家绘制海瑞像祭祀他。海瑞要到新任上去,正遇高拱掌握吏部,他早就仇恨海瑞,把海瑞的职务合并到南京户部当中。海瑞因此遂因病引退,回到琼山老家。

明神宗万历初年,张居正主持国政,也不喜欢海瑞,命令巡按御史考察海瑞。御史到山中审察,海瑞杀鸡为黍相招待,房屋居舍冷清简陋,御史叹息而去。张居正惧怕海瑞严峻刚直,中外官员多次推荐,最终也不任用。万历十二年冬天,张居正已死,吏部拟用为左通政,皇帝向来器重海瑞名,给他以前职。第二年年正月,召为南京右佥都御史,在道上改为南京吏部右侍郎,海瑞当时年已72岁了。上疏言衰老垂死,愿意效仿古人尸谏的意思,大略说:"陛下励精图治,而治平教化不至的原因,在于对贪官污吏刑罚太轻。诸臣都不能说到其原因,反而借待士有礼的说法,大家交口而文其非。待士有礼,而平民百姓则有什么罪呢?"因而举明太祖刑法剥人皮装上草制成皮囊,以及洪武三十年定律枉法达八十贯判处绞刑的规定,说现在应当用这样的方法惩治贪污。其它谋划时政,言语极为切实。劝皇帝用暴虐刑法,当时评议认为是错误的。御史梅鹍柞弹劾海瑞。皇帝虽然认为海瑞言论有过失,然而清楚海瑞的忠诚,为此免去梅鹍柞俸禄。

皇帝屡次要召用海瑞,主持国事的阁臣暗中阻止,于是任命为南京右都御史。诸司向来苟且怠慢,海瑞身体力行矫正弊端。有的御史偶尔陈列戏乐,海瑞要按明太祖法规给予杖刑。百官恐惧不安,都怕受其苦。提学御史房寰恐怕被举发揭正要先告状,给事中钟宇淳又从中怂恿,房寰再次上疏诽谤诬蔑海瑞。海瑞也多次上疏请求退休,皇帝下诏慰留不允许。万历十五年,死于任上。

李时珍

李时珍(1518年~1593年),字东璧,晚年号濒湖山人,明代蕲州(今湖北省蕲春县)人,是中国古代杰出的科学家。他在医药学方面的巨大贡献,一直为国内外人士所称颂。李时珍出身于世代业医的家庭,祖父和父亲李言闻都是医生。由于受家庭的影响,李时珍自小便对草木虫鱼的学问产生了兴趣。他聪明好学,小的时候已能把难懂的《释鸟》、《释兽》等文章背诵如流。

行医著书

李时珍出生在一个以医为业的家庭。父亲李言闻,是当地一位有着丰富实践经验和药物学知识的著名医生。他结合自己多年的行医经验,编著了《蕲艾传》、《四诊发明》、《医学八脉法》,以及《痘疹证治》等医药书。

李时珍受到父亲的影响,从小对医药学就产生了浓厚的兴趣。但他父亲却不想让他当医生。因为,那时医生这一行社会地位很低,不为人们所重视。李言闻大半辈子行医,虽然也享受到为人民根除病痛的快乐,但更多的是遭受权贵人家的白眼。所以,他竭力督促李时珍读经书,习八股,企图从科举中寻条出路。

起先,李时珍还真不辜负父亲的期望,竟于明世宗嘉靖十年(1531年),考中了秀才。可是渐渐地,李时珍却越来越热爱医学,而对读经书、八股反倒越来越不感兴趣。虽然李言闻多次开导,也未能改变儿子的志趣。因此,李时珍从16岁到22岁,虽曾连续三次参加考举人的乡试,可都名落孙山了。而在他第三次乡试落第之后,终于下定决心,把行医作为自己的终身职业。"不为良相,即为良医。"

1542年,李时珍开始行医。最初,他给父亲当助手,父亲忙不过来的时候,他也帮助看看病。一有空,他就捧起医书来读。李时珍读书的范围很广,他除了读《内经》、《难经》、《伤寒论》、《金匮要略》、《脉经》、《甲乙

李时珍石像

经》等古典医书外,尤其喜欢钻研历代的"本草"(即历代的药物书)。其中,《证类本草》(即《经史证类备急本草》)是他最喜欢读的药书。由于李时珍用心钻研前人的医学著作,又注意在医疗实践中学习并检验书本上的知识,因此,他的医术提高得很快。

公元1545年前后,颁州一带发生了大水灾。水灾过后,疫病流行,许多穷苦百姓都来找李家父子治病。李时珍总是热情地接待病人,不论病人有无诊费,他都一样细心地治疗。在行医中,李时珍善于运用"四诊"(即望、闻、问、切四种诊断疾病的方法)、"八纲"(即阴、阳、表、里、寒、热、虚、实八类症候,这是中医辨证治病的纲要)等方法诊病,熟练而又灵活地掌握了"辨证论治"的规律。诊病时,他"经方"、"时方"兼采用,因病而施,不拘一格。他尤其喜欢用"单方"(指药味简单、多能就地取材、匣子应用的药方)、"验扩"(指经临床应用而有效的药方)和民间的一些土方治病,使病人花费少而收效大,因此,深受广大贫苦百姓的欢迎。

李时珍通过自己的医疗实践深切感到,作为一个医生,辨药、用药是一个至关重要的问题。但他发现,古代的本草目极不完整,于建元年出外考察。李时珍历尽千辛万苦,终于获得了大量的第一手资料,为《本草纲目》的编撰奠定了坚实的基础。

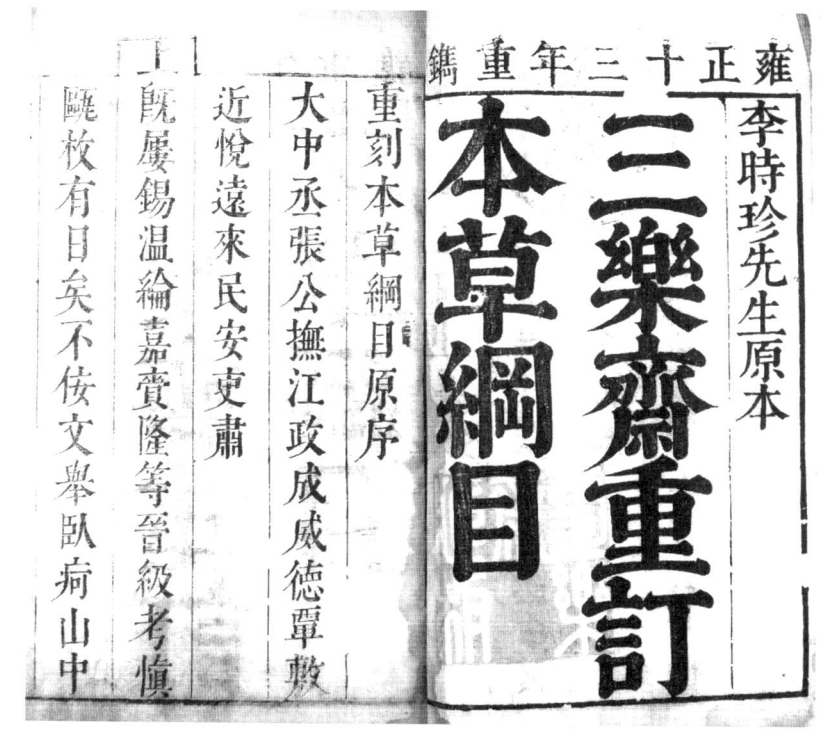

《本草纲目》书影

公元1578年,年逾花甲的李时珍终于完成了《本草纲目》的初稿。到这时,李时珍为编写这部书,已整整花去了27年的时光。但是,具有严谨科学态度的李时珍,并没有就此止步。他又经过十余年的修改,先后三易其稿,才将这部规模空前的药物学著作最后定稿。李时珍编写《本草纲目》时作为蓝本的《证类本草》,原载药物1558种,但这些药物名称杂乱,而且重复很多。

经李时珍整理后,实得药物1479种。李时珍又收录以后各代医家新采用的药物29种,他自己新增加的药物374种(李时珍自己在《序例》中说是376种,可能是后来经过修订,最后定稿时为374种)。

《本草纲目》的成书,系统地总结了我国16世纪以前医药学的经验和成就,极大丰富了我国的药物品种,是我国古代药物学、植物学的宝贵遗产,对我国乃至世界医药学的发展都起了重大的推进作用。

李时珍一生写了很多医药书,除《本草纲目》外,还有《濒湖脉学》、《奇经八脉考》、《濒湖医案》、《集简方》、《五脏论图》、《命门考》、《白花蛇传》等书,但大部分已经散佚了,流传下来的只有《濒湖脉学》、《奇经八脉考》两书。这两部书现在是学习诊脉的必读书籍。《本草纲目》的出版,不仅受到了我国人民的热烈欢迎,而且受到了世界其他国家人民的热烈欢迎。1606年,《本草纲目》传入日本和朝鲜,以后又陆续被译成拉丁文、法文、俄文、德文、英文等多种文字,流传到世界各地,成为全世界人民的宝贵财富。

张居正

张居正(1525年~1582年),字叔大,号太岳,湖广江陵(今属湖北)人,又称张江陵。明代政治家、改革家。嘉靖二十六年(1547年)进士,由编修官至侍讲学士令翰林事。隆庆元年(1567年)任吏部左侍郎兼东阁大学士。万历十年(1582年)卒,赠上柱国,谥"文忠"。死后不久为宦官张诚及守旧官僚所攻讦,籍其家;至天启时方恢复名誉。著有《张太岳集》、《书经直解》等。隆庆时与高拱并为宰辅,为吏部尚书、建极殿大学士。万历初年,与宦官冯保合谋逐高拱,代为首辅。当时明神宗年幼,一切军政大事均由居正主持裁决。前后当国10年,实行了一系列改革措施,收到一定成效。他清查地主隐瞒的田地,推行一条鞭法,改变赋税制度,使明朝政府的财政状况有所改善;用名将戚继光、李成梁等练兵,加强北部边防,整饬边镇防务;用潘季驯主持浚治黄、淮,亦颇有成效。明朝文臣,因其巨大的历史功绩而被后世誉为"宰相之杰"。

直上尽头竿

当张居正在荆州江陵的一位秀才的家里呱呱坠地的时候,其先祖的余荫对他早已不能关怀庇护,迎接他的只是曾祖父的一个白龟梦。梦中的月亮落在水瓮里,照得四周一片光明,然后一只白龟从水中悠悠地浮起来。曾祖父认定白龟就是这小曾孙,于是信口给他取了个乳名"白圭",希望他来日能够光宗耀祖。

白圭的确聪颖过人,很小就成了荆州府远近闻名的神童。嘉靖十五年,12岁的白圭报考生员,其机敏伶俐深得荆州知府李士翱的怜爱。他嘱咐小白圭要从小立大志,长大后尽忠报国,并替他改名为居正。这一年,居正补府学生。四年后,才高气傲的张居正又顺利通过乡试,成为一名少年举人。湖广巡抚顾璘对他十分赏识,曾对别人说"此子将相才也",并解下犀带赠予居正说:"希望你树立远大的抱负,做伊尹,做颜渊,不要只做一个少年成名的举人。"嘉靖二十六年,23岁的张居正中二甲进士,授庶吉士。庶吉士是一种见习官员,按例要在翰林院学习三年,期满后可赐编修。张居正入选庶吉士,教习中有内阁重臣徐阶。徐阶重视经邦济世的学问,在其引导下,张居正努力钻研朝章国故,为他日后走上政治舞台打下了坚实的基础。

明初为了加强中央集权，废丞相，设内阁，其职能相当于皇帝的秘书厅。首席内阁学士称首辅，实际上也就是宰相。张居正入翰林院学习的时候，内阁中正在进行着一场激烈的政治斗争。当时的内阁大学士只有夏言、严嵩二人，二人争夺首辅职位的结果是夏言被杀，严嵩为内阁首辅。对于内阁斗争，作为新科进士的张居正自然没发言权。但通过几年的冷眼观察，他对朝廷的政治腐败和边防废弛有了直观的认识。为此，嘉靖二十八年（1549年），张居正以《论时政疏》（《张文忠公全集》卷一五）首陈"血气壅阏"之一病，继指"臃肿痿痹"之五病，系统阐述了他改革政治的主张。而这些自然没有引起明世宗和严嵩的重视。此后，在嘉靖朝除例行章奏以外，居正没再上过一次奏疏。嘉靖三十三年，张居正借口请假养病，离开京师回到

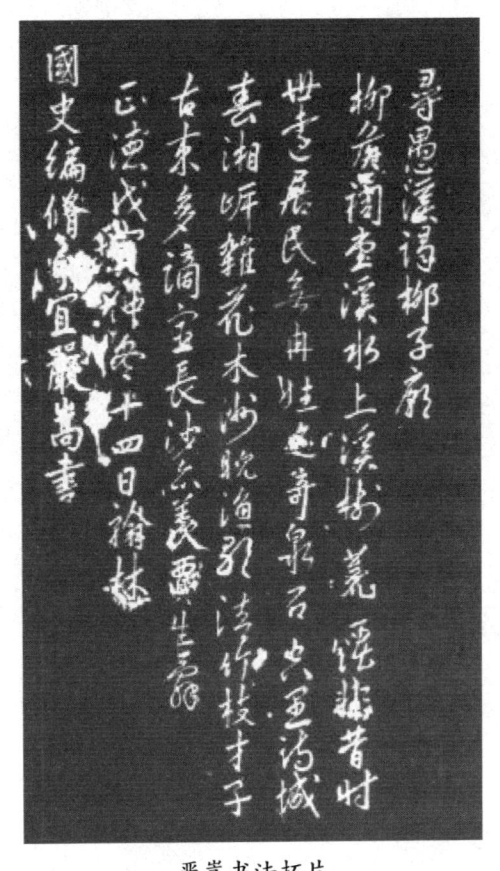

严嵩书法拓片

故乡江陵。休假三年中，他仍不忘国事，广泛接触农民。家境本就贫寒的居正，在乡间体会到了人民的辛劳、饥寒和痛苦。他在《荆州府题名记》（《张文忠公全集》卷九）中说："田赋不均，贫民失业，民苦于兼并。"这一切不禁使他恻然心动，责任感让他重返政坛。

嘉靖三十六年，张居正仍回翰林院供职。这时的他在苦闷思索中渐已成熟，在政治的风浪中，他模仿老师徐阶"内抱不群，外欲浑迹"，相机而动。嘉靖四十三年，居正进宫右春坊右谕德，深谋远虑的徐阶荐居正为裕王朱载垕的侍讲侍读。谕德只是个虚衔，但由于裕王很可能继承皇位，侍裕邸讲读就不是等闲之职了。在裕邸期间，"王甚贤之，邸中中官亦无不善居正者"（《明史·张居正传》）。四十五年，居正掌翰林院事。

这一年，世宗殁，裕王即位，是为明穆宗。张居正的机会来了。隆庆元年（1567年），他以裕王旧臣的身份，擢升为吏部左侍郎兼文渊阁大学士，进入内阁，参与朝政。同年四月，又改任礼部尚书、武英殿大学士。这年张居正43岁，此时的他大概不会忘记自己13岁写下的诗句"凤毛丛劲节，直上尽头竿"。三十年

后,他终于在暗暗的较量中"直上尽头竿"了。

摄夷蛮骚乱

　　入阁以后的张居正并没有为个人的升迁而自鸣得意。这时的明王朝,内则土地兼并,流民四散,草泽祸起,国家帑藏空虚,用度匮乏;外则北方鞑靼进兵中原,制造"庚戌之变",南方土司争权夺利。尤其岑猛叛乱,"两江震骇",东南倭寇骚扰沿海,民不聊生。面对这些,张居正无法轻松。而更使张居正感到担心的还是内阁内部日益白热化的政治斗争。自嘉靖四十一年(1562年)严嵩倒台后,徐阶继任首辅。他和张居正共同起草世宗遗诏,纠正了世宗时期的修斋建醮、大兴土木的弊端,为因冤案获罪的勤勉朝臣恢复官职,受到了朝野上下的普遍欢迎。但不久,隆庆二年(1568年)七月,徐阶终因年迈多病,举筹失措而被迫归田。次年,徐阶的老对手高拱重回内阁兼掌吏部事,控制了内阁大权。高拱当政期间,起用了一批人才,仕路稍清。

　　张居正曾是高拱知己,后发生嫌隙。高拱又和权宦冯保不和。隆庆六年,穆宗病殁,年仅十岁的神宗继位。张居正遂联合冯保,撺掇后妃,以"专政擅权"之罪令高拱回原籍。这样,张居正就成了首辅,从此独掌国家大权达十年之久。平心而论,徐阶和高拱都是十分能干的首辅,他们为巩固明王朝的统治作了不少具体和局部的努力。然而终是缺乏高瞻远瞩的战略眼光和改革弊政的才干与气魄,到张居正继任首辅时,明王朝仍然是危机重重。张居正清醒地认识到,小修小补已无法挽救明朝的覆亡,只有进行大刀阔斧的全面改革,才能使国家真正走出困境。早在隆庆二年八月,他托《陈六事疏》(《张文忠公全集》卷三六)中,从省议论、振纪纲、重诏令、核名实、固邦本、饬武备等六个方面提出改革政治的方案,其核心就是整饬吏治,富国强兵。他批评空做王霸之辩的人"不知王霸之辩、义利之间在心不在迹",而误认为"仁义之为王,富强之为霸"(《张文忠公全集》卷三一《答福建巡抚耿楚侗谈王霸之辩》),明确地把解决国家"财用大匮"作为自己的治国目标。而要实现这个目标,首先巩固国防,整顿吏治。

　　还在隆庆年间,入阁不久的张居正在首辅徐阶和内阁重臣高拱的支持下,主持了固巩边防的工作。

　　隆庆四年,鞑靼首领俺答进攻大同,计划称帝。居正闻悉俺答的孙子把汉那吉,携妻比吉和乳母的丈夫阿力哥共十几人请求内附,大同巡抚方逢时和宣大总督王崇古决策受降。鉴于此事非同小可,张居正写信,要崇古立刻把详情"密示"于他。原来,俺答的第三个儿子死时遗一小孩即把汉那吉,把汉那吉长大娶妻比吉,后爱上姑母之女三娘子并再娶。然而,身为外祖父的俺答也爱上了三娘子意据为己有。于是祖孙之间为一个小女子心中结怨,演出了失恋青年离家投汉的一幕。居正接到报告,再次写信给崇古,要其妥善安排把汉那吉,并派人通报俺答:"中国之法,得虏酋若子孙首者,赏万金,爵通侯。吾非不能断汝孙之首以请赏,但彼慕义而来,又汝亲孙也,不忍杀之。"(《张文忠公全集》卷二二《答鉴川策俺答之始》)然后,指授方略,要崇古、逢时奏疏皇上纳降。朝中很多人极力反对,认为敌情叵测。果然俺答的骑兵如黑云压城至北方边境。崇古早在居正授意之下作好战事准备并以其孙要挟,俺答终于被迫妥协。居正顺水推舟应俺答之求,礼送把汉那吉回乡,俺答则把赵全等叛臣绑送明室。

把汉那吉穿着皇上官赐的大红丝袍回鞑靼帐幕。俺答见到非常感动,说以后不再侵犯大同,并决定请求封贡、互市,和明友好相处。

隆庆五年,穆宗在张居正等人的力劝下,诏封俺答为顺义王,并在沿边三镇开设马市,与鞑靼进行贸易。北部边防的巩固使张居正可以把注意力转向国内问题。

不求自身利

作为一个雄才大略的政治家,张居正对明王朝所面临的问题是有深刻认识的。他认为当时国力匮乏和盗贼横行都是由于吏治不清造成的。官吏贪污,地主兼并,引起"私家日富,公室日贫"(《张文忠公全集》卷二六《答应天巡抚宋阳山论均粮足民》),加之皇帝的穷奢极欲,百姓因此才饥寒交迫,落草为寇。由于张居正客观地分析了当时的社会矛盾,正确地把握了问题的实质和关键,这才使他的改革能够顺应历史的潮流,并受到广泛的欢迎。基于上述看法,张居正决定从整顿吏治开始他的改革。万历元年(1573年)十一月,张居正上疏实行"考成法",明确职责。他以六科控制六部,再以内阁控制六科。对于要办的事,从内阁到六科,从六科到衙门,层层考试,做到心中有数,改变了以往"上之督之者虽谆谆,而下之听之者恒貌貌"(《张文忠公全集》卷三八《请稽查章奏随事考成以修实政疏》)的拖拉现象。考成法的实行,提高了各级部门的办事效率,而且明确责任,赏罚分明,从而使朝廷发布的政令"虽万里外,朝发而夕奉行"(《明史·张居正传》)。张居正整饬吏治的目的主要还是"富国强兵",这条红线贯穿于他的改革始

张居正

终,实行考成法的最大收获也正在于此。张居正在施行考成法时,将追收逋赋作为考成的标准。万历四年规定,地方官征赋试行不足九成者,一律处罚。同年十二月,据户科给事中奏报,地方官因此而受降级处分的,山东有十七名,河南两名;受革职处分的,山东两名,河南九名。这使惧于降罚的各级官员不敢懈怠,督责户主们把当年税粮完纳。由于改变了拖欠税粮的状况,使国库日益充裕。据万历五年户部统计全国的钱粮数目,岁入达435万余两,比隆庆时每岁所入(含折色、钱粮及盐课、赃赎事例等项银两在内)250余万两之数,增长了74%。(《明通鉴》卷六七)财政收支相抵,尚结余85万余两,扭转了长期财政亏虚的状况。正如万历九年四月张居正自己所说的:"近年以来,正赋不亏,府库充实,皆以考成法行,征解如期之故。"(《张文忠公全集》卷四五)可见,实行考成法虽是一种政治改革,但它对整顿田赋、增加国家财政收入起了很大作用。

但是仅靠考成法增加的收入仍是有限的,更远远不能满足王公贵族的无限挥霍。张居正认为"古之理财者,汰浮溢而不骛厚入,节漏费而不开利源"。理财还是要以节用为主。他所进行的一系列改革几乎都在围绕这个中心进行。比如他通过加强对官吏的考核,裁减冗员,节省朝廷的俸禄开支。据对"两京大小九卿及各属,有沉滥者裁之",竟"汰冗员二三"。同样,张居正也通过各种途径削减朝廷的军费开支。一方面与鞑靼人修好,通贡互市,保持边境安定,减少战争费用;另一方面也大量削减抚赏开支。到万历二年,北边"三镇二岁之中,所费不过万余,而所省已百余万"。还通过减客兵、清粮粮的办法减少支出,"岁所省,几得数十百万"。同时,张居正还要求封建社会的最高统治者皇帝勒紧裤带,和大家

张居正著《帝鉴图说》书影

一道过紧日子。他不仅多次向神宗提出"节用爱民","以保国本",而且在皇室的奢侈性花费上,也是锱铢必较,寸步不让。万历七年,神宗向户部索求十万金,以备光禄寺御膳之用。居正据理力争,上书说,户部收支已经入不敷用,"目前支持已觉费力,一旦有四方水旱之灾,疆场意外之变,何以给之?"他要求神宗节省"一切无益之费"。结果,不仅免除了这十万两银子的开支,连宫中的上元节灯火、花灯费也被废止。在张居正的力争下,还停止重修慈庆、慈宁二宫及武英殿,停输钱内库供赏,节省服御费用,减苏松应天织造等,使封建统治者的奢侈消费现象有所收敛。对于自己的用度,张居正也是力戒奢华。纂修先皇实录,例得赐宴一次。张居正参加纂修穆宗实录,提出辞免赐宴。他说:"一宴之资,动之数百金,省此一事,亦未必非节财之道。"他还请求将为明神宗日讲的时间放在早上,可以免晚上的灯火费用。

张居正在整顿吏治、厉行节约的过程中,不仅自己廉洁奉公,而且对家属也严格要求。儿子回江陵应试,他吩咐儿子自己雇车;父亲生日,他吩咐仆人带着寿礼,骑驴回里祝寿。万历八年,居正次弟张居敬病重,回乡调治,保定巡抚张卤例外发给"勘合"。居正立即交还,并附信说要为朝廷执法,就不能不以身作则。对于明王朝来说,张居正确实是难得的治国之才。他早在内阁混斗、自己政治生命岌岌不保的时候,写过一偈:"愿以深心奉尘刹,不予自身求利益。"他的确做到了。

心系百姓

作为一名杰出的理财家,张居正深知只顾节流尚不足以解决问题,而要彻底改善国家财政状况,还需要进一步开辟财源,增加收入。

但张居正反对通过"开利源"来理财,因为在他看来,"夫天地生财止有此数,设法巧取,不能增多。"他早年曾较多接触下层人民,深深懂得安民养民后国富的道理,他指出:"窃闻政理之要,惟在于安民。"那么,如何才能增加国家财政收入呢?当时明王朝的庞大机器都由田赋支撑,而田赋收入因土地兼并和负担不均而很难增加。为此,张居正提出惩办贪污、清理欠赋和清查田亩等三项措施,其中尤以清查田亩声势浩大。

万历六年(1578年),张居正以福建为试点,清丈田地,结果"闽人以为便"。于是在万历八年,张居正上书并获准在全国陆续展开清丈土地,并在此基础上重绘鱼鳞图册。全国大部分地区根据户部颁布的《清丈条例》对田地进行了认真的清丈,但也有一些地方官吏缩短弓步,溢额求功。如浙江海盐"水涯草堑,尽出虚弓,古冢荒塍,悉从实税。至于田连阡陌者,力足行贿,智足营奸,移东就西,假此托彼。甚则有未尝加弓之田,而图扇人役积尺积寸,皆营私窦。遂使数亩之家,出愈增而田愈窄焉。"然而由于大部分州县清丈彻底，革豪右隐占，额田大有增加。万历八年，全国田地为7013976顷，比隆庆五年（1571年）增加了2336026顷。随着额田的增加，加之打击贵族、缙绅地主隐田漏税，明朝田赋收入大为增加。尽管张居正清丈田亩、平均赋税的做法被海瑞等人认为是下策，并不能真正解决民间赋税不均的问题，但从理财的角度看，清丈田亩对于朝廷比较全面准确地掌握全国的额田，增加财政收入起了积极作用，更为重要的是它还为不久推行"一条鞭法"的赋税改革创造了条件。张居正很清楚，仅靠清丈田亩还远远不能彻底改变赋役不均和胥吏盘剥问题，不进一步改革赋税制度就无法保证中央财政收入的稳定增长，将会有更多的贫民倾家荡产，不利于社会的安定。赋役改革是一个十分棘手的事情，一旦过多触犯权宦土豪的利益，弄不好就会引起强烈的反对，使自己的所有心血前功尽弃。当时，不少地区已在试行适应本地区的赋役改革方案，如应天府（今江苏南京）的"里甲银"，浙江、广东的"均平银"，福建的"纲银"，还有江南的"十段锦"，以及有些地区的"一条鞭法"等。"一条鞭法"最早于嘉靖十年（1531年）二月，由南赣都御史陶谐在江西实行，取得了成绩。当时御史傅汉臣曾上书说："顷行一条鞭法。……通将一省丁粮，均派一省徭役。……则徭役公平，而无不均之叹矣。"此后王宗沐在江西，潘季驯在广东，庞尚鹏在浙江，海瑞在应天，王圻在山东曹县也都实行过"一条鞭法"。海瑞在应天府的江宁、上元两县"行一条鞭法，从此役无偏累，人始知有种田之利，而城中富室始肯买田，乡间贫民始不肯轻弃其田矣"，做到了"田不荒芜，人不逃窜，钱粮不拖欠"。

万历五年，山东东阿知县白栋推行"一条鞭法"，全县钱粮均按地丁起科。但由于这种做法触犯了官绅的利益，他们便制造浮言，户科部给事中光懋说："至嘉靖末年，创立条鞭，不分人户贫富，一例摊派；……然其法在江南犹有称其便者，而最不便于江北。如近日东阿知县白栋行之山东，人心惊惶，欲弃地产以避之。请敕有司，赋仍三等，差由户丁，并将白栋纪过劣处。"幸亏张居正及时派人前往东阿巡察，才知道光懋歪曲事实。于是张居正拟旨答复："法贵宜民，何分南

张居正像

北?各抚按悉心计议，因地所宜，听从民便，不许一例强行。白栋照旧策励供职。"又致书支持白栋的左都御史李世达："条鞭之法，近旨已尽事理，其中言不便十之一二耳。法当宜民，政以人举，民苟宜之，何分南北。"张居正认为"一条鞭法"不仅不应反对，而且可以"不分南北"，在全国普遍推广。万历九年，他终于下令，在全国范围内实行"一条鞭法"。"一条鞭法"是中国田赋制度史上继唐代两税法之后的又一次重大改革。它简化了赋役的项目和征收手续，使赋役合一，并出现了"摊丁入亩"的趋势。后来清代的地丁合一制度就是"一条鞭法"的运用和发展。"一条鞭法"的施行，改变了当时极端混乱、严重不均的赋役制度。它减轻了农民的不合理赋役负担，限制了胥吏的舞弊，特别是取消了苛重的力差，使农民有较多时间从事农业生产。当然，我们也应该看到，"一条鞭法"所实行的赋役没有征收总额的规定，给胥吏横征暴敛留下了可乘之机，这是它的主要不足。

张居正的理财并不限于一味地为朝廷公室谋利，而且也十分重视人民的实际生活。他通过多种渠道设法减轻人民的赋役负担，有时还直接提出减免人民的负税。万历十年，随着清丈田亩工作的完成和"一条鞭法"的推行，明朝的财政状况有了进一步的好转。这时太仆寺存银多达四百万两，加上太仓存银，总数约达七八百万两。太仓的存粮也可支十年之用。这年二月，张居正上疏请求免除自隆庆元年(1567年)至万历七年(1579年)间各省积欠钱粮。另外，张居正还反对传统的"重农轻商"观念，认为应该农商并重，并提出"省征发，以厚农而资商；……轻关市，以厚商而利农"的主张。因此也反对随意增加商税，侵犯商人利益。这些做法顺应了历史的发展潮流，在一定程度上减轻了百姓的负担，缓和了一触即发的阶级矛盾，对历史的发展起了积极的推动作用。张居正于国事日以继日地奔忙，连十九年未得见面的老父文明去世，他都未能服丧守制。

万历十年六月二十日，居正病逝，舍弃了他十六年始终不放的权力，十年来竭诚拥戴的皇帝，撒手人寰。死后，神宗为之辍朝，赠上柱国，谥"文忠"。他带着平生的抱负埋入了江陵的墓地，可他哪里知道，自己一生为国任劳任怨的功德，换来的竟是家族子孙的大难。

张居正一切的改革着眼于地主阶级的长远利益，因而必然在某些方面损害一些官僚、大地主的利益。他自己在政策及用人上也存在一些失误。在他死后，有些人就开始肆意的报复和攻击。而神宗呢？居正在位时，他不是一直尊其为师吗？那是出于需要与无奈。他早已耿耿于居正的震主之威。居正当国十年，所揽之权，是神宗的大权，这是居正效国的需要，但他的当权便是神宗的失位。在权力上，居正和神宗成为对立面。居正的效忠国事，独握大权，在神宗的心里便是一种蔑视主上的表现。这是帝王的逻辑！居正既死，神宗这个已经成年的以享乐和追求财富积累为天性的年轻皇帝，开始寻找一种复仇的快慰。

张居正逝世后的第四天，御史雷士帧等七名言官弹劾潘晟，神宗命潘致仕。

潘晟乃居正生前所荐,他的下台,标明了张居正的失宠。

不久,言官把矛头指向张居正。神宗于是下令抄居正家,并削尽其官秩,迫夺生前所赐玺书、四代诰命,以罪状示天下,还差点刻棺戮尸。他的家属饿死的饿死,自杀的自杀,流放的流放,逃亡的逃亡,一代能相之家竟落得如此可悲的下场。人亡而政息,居正在位时所用一批官员有的削职,有的弃市。而朝廷所施之政,也一一恢复以前弊端丛生的旧观。整个神宗一朝,没有人敢为居正呼冤。

然而国衰而思良臣,直到天启二年(1622年),明熹宗为激励臣下,才想起昔日的大功臣予以复官复荫,然一切俱已晚矣!

戚继光

戚继光(1528年~1588年),明朝抗倭名将、军事家。字元敬,号南塘,晚号孟诸。山东登州(今山东蓬莱)人。原籍河南卫辉。一说祖籍安徽定远,生于山东济宁。出身将门,于闽、浙、粤沿海诸地抗击来犯倭寇,历十余年,大小八十余战,终于扫平倭寇之患。著有《纪效新书》、《练兵实纪》等。

他年少的时候喜欢读书,精通经史大义。嘉靖二十三年(1544年)依例袭父职为登州卫指挥佥事。三十二年,任都指挥佥事,备倭山东。三十四年,调任浙江都司佥事。旋进参将,分守宁波、绍兴、台州(今临海)三府。三十六年以劾免官,旋以平汪直功复官,改守台州、金华、严州(今浙江建德东北)三府。时浙江多被倭患,而旧军素质不良。戚继光招募农民和矿徒,组成新军。严明纪律,赏罚必信,并配以精良战船和兵械,精心训练;他还针对南方多湖泽的地形和倭寇作战的特点,审情度势,创造了攻防兼宜的"鸳鸯阵"战术。以十二人为一队,配以盾、枪、叉、钯、棍、刀等长短兵器,因敌因地变换队形,灵活作战。每战多捷,世人誉为"戚家军"。中日两国一衣带水,很早以来,两国人民就友好交往。但在明朝的时候,由于日本国内形势的变化,酿成了倭寇侵扰中国沿海地区的倭患,和以戚继光为首的中国军民抗击倭寇的斗争。

倭寇之患从明初以来就一直存在。朱元璋建立明朝的时候,日本正处于封建割据的南北朝时代。早在元顺帝至元二年(1336年),打进京都的足利尊氏废黜了后醍醐天皇,另立天皇,自任征夷大将军,设幕府于京都。后醍醐天皇南逃吉野,建立朝廷,史称南朝,在京都的朝廷被称为北朝。后醍醐天皇为了恢复王权,推翻幕府,派他的儿子在九州设征西府。除了南、北两个朝廷外,还有许多割据势力——守护大名。他们掠夺财富,除互相争战之外,还常常支持和勾结海盗商人骚扰和掳掠中国沿海地

戚继光

区,形成了元末明初的倭患。

朱元璋即位后,连续派使者到日本,以恢复两国关系,更重要的是为了消弭倭患。但由于日本处于分裂对抗状态,几次派使都毫无结果,倭寇侵扰日渐繁复。北起山东,南到福建,到处受到劫掠。洪武二十五年(1392年),北朝统一日本。南朝的武士、失意政客和浪人失去了依托,于是流落海上,盘踞海岛,形成了一股不小的力量,不时侵扰中国沿海,造成洪武末年日渐炽盛的倭患。

统一日本的足利幕府第三代将军足利义满,也想肃清南朝的残余势力,打击海上盗贼。同时也想发展与明朝的贸易,获取丰厚的利益。于是,两国恢复了关系。明成祖时,双方建立了勘合贸易关系,明朝给予足利幕府贸易凭证,即勘合。日本方面凭勘合来中国进贡,进行贸易。明朝发展与日本的关系,主要是为了消除倭寇对中国沿海地区的侵扰,足利幕府也积极剿捕倭寇。在足利义满死后,其子足利义持改变政策,双方勘合贸易中断,日本也不再剿捕倭寇,足利义满时期稍有收敛的倭寇劫掠又在中国沿海一带蔓延开来。

其后,在足利义教时期,中日勘合贸易又得以恢复。成化三年,即日本应仁元年(1467年),日本进入了战国时代。足利幕府衰微,勘合贸易制度遭到破坏。一些守护大名为了争得与明朝贸易的权力,抢夺勘合,没有贸易勘合的大名便进行海盗活动。明嘉靖中叶以后,中日勘合贸易完全断绝,倭寇侵扰日益严重。

明初,由于国力强盛,重视海防设置,因此倭寇未能酿成大患。正统年以后,随着明朝政治腐败,海防松弛,倭寇气焰便日益嚣张。正统四年(1439年),倭寇侵扰浙江台州的桃渚村,杀人放火,掘坟挖墓。甚至把婴儿束在竿上,用开水浇,看着婴儿啼哭,拍手笑乐。倭寇的罪行,给中国人民带来了痛苦和灾难。至嘉靖时期,随着东南沿海一带商品经济的进一步发展,对外贸

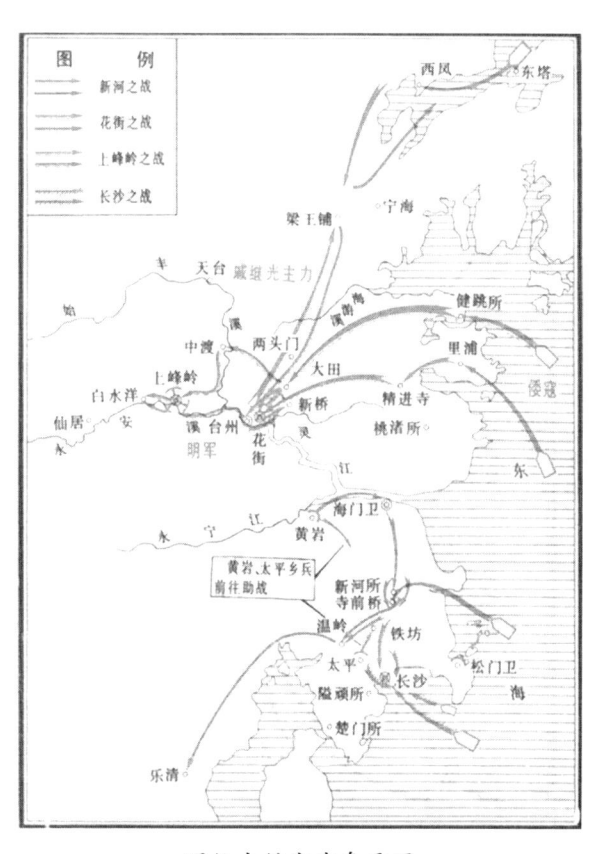

明抗击倭寇战争要图

易相当发达。沿海一带私人经营的海上贸易也十分活跃。一些海商大贾、浙闽大姓为了牟取暴利，不顾朝廷的海禁命令，和"番舶夷商"相互贩卖货物。他们成群分党，形成海上武装走私集团，有的甚至亡命海外，勾结日本各岛的倭寇，于沿海劫掠。这些海盗商人如汪直、徐海等，与倭寇勾结，使得倭患愈演愈烈。同时一些明朝官僚也与这些寇盗建立了联系。嘉靖二十七年（1548年），明朝派朱纨巡抚浙江，兼提督福建军务。朱纨到任后，封锁海面，击杀了通倭的李光头等96人。朱纨的海禁触犯了通倭的官僚、豪富的利益，他们指使在朝的官僚攻击朱纨，结果朱纨被迫自杀。从此，罢巡视大臣不设，朝中朝外，不敢再提海禁之事。倭寇更加猖獗起来。

倭寇的滔天罪行，给中国人民造成了严重的灾难。被激愤的中国人民纷纷组织起来，进行抗倭的自卫斗争。嘉靖三十一年（1552年），倭寇入侵南汇县，闵电等募集千人抗击。同年倭寇进犯松江，营州商人孙镗捐资助军饷，还派人回家乡动员子侄前来参加抗倭斗争。当时有"吴中倚镗若长城"的说法。嘉靖三十四年（1555年），由苗、汉、壮、瑶等族人民组成的抗倭军队，在明朝爱国将领的领导下，于王江泾（嘉兴北）大破倭寇，斩敌2000人。这是嘉靖年间抗倭斗争中的一次巨大胜利，被称为"自有倭患以来，此为战功第一"。嘉靖三十七年（1558年），倭寇进犯定海，城中居民誓死抵抗。倭寇转攻长乐，城墙崩坏几十米，居民数千人列栅拒战，拼死防守。同年，倭寇袭击扬州，各地来扬州经商的商人数百人参加守城作战，郜姓商人射死倭寇首领，扬州城得以保全。

后来，在抗倭斗争中涌现出了以戚继光为代表的爱国将领，他们依靠人民的力量，在抗倭斗争中屡建战功，最终取得了抗倭斗争的胜利。

戚继光在嘉靖时，任都指挥佥事，在山东备倭。他曾用"封侯非我意，但愿海波平"的诗句表达自己消除倭患的决心和志向。嘉靖三十四年（1555年），戚继光从山东调到浙江抗倭。他看到卫所官军毫无作战能力，而人民却英勇抗战，于是招募以义乌农民和矿工为主的3000新军加以训练，组成戚家军。戚家军纪律严明，战斗力旺盛。戚继光注意到倭寇的倭刀、长枪、重矢等武器的特点，创造了新的阵法"鸳鸯阵"，使长短兵器相互配合，大大提高了战斗力。在抗倭战斗中，屡建奇功，戚家军闻名天下。

嘉靖四十年（1561年），倭寇几千人袭击浙江台州、桃渚、圻头等地，戚继光率部队在人民群众的配合支持下，先后九战九捷，歼灭大量倭寇，取得了决定性的胜利。卢镗、牛天锡也在宁波、温州大败倭寇。至此，浙东的倭寇被全部扫除。第二年，倭寇大举进犯福建，从温州来的倭寇与福宁、连江的倭寇一起攻陷寿宁、政和、宁德；自广东南澳来的倭寇与福清、长乐等地的倭寇攻陷玄钟所，并延及龙延、松溪、大田、古田、莆田。倭寇在距宁德5公里的横屿，凭险固守，与官军相持一年多。新来的倭寇又在牛田、兴化筑营固守，互为声援，使福建频频告急。

戚继光又率军进入福建剿寇。戚继光攻下横屿,斩首2600人。又乘胜攻下牛田,捣毁倭寇巢穴。倭寇逃向兴化,戚继光乘胜追击,连夜作战,连克60营,斩首无数。戚家军进入兴化城,受到了人民的热烈欢迎。戚继光回师福清,又歼灭登陆的倭寇200人。同时明朝将领刘灏也屡败倭寇,盘踞在福建境内的倭寇几乎被全部消灭。

戚继光返回浙江后,倭寇又大肆劫掠福建沿海,嘉靖四十一年底攻陷兴化府城,在城中烧杀奸淫掠夺,无恶不作,盘踞两个多月才弃空城退出。又经岐头攻陷平海卫(今莆田县平海),以此为巢,四出骚扰。福建再次面临倭患的威胁。明朝调新任福建总兵俞大猷和先期援闽的广东总兵刘显与戚继光一道抗击闽倭。

嘉靖四十二年(1563年)四月,戚家军再次进入福建。在攻击平海卫倭寇的战斗中,戚家军为中军,担任正面进攻,俞大猷为右军,刘显为左军,从两翼配合攻击。二十一日,戚家军以胡守仁部为前导分兵三路,以火器打乱了倭贼前锋骑兵,乘势发动猛攻,俞、刘二部从两翼投入战斗。倭寇三面受敌,狼狈窜回老巢。三路明军乘胜追击,将敌人围困于巢中,并借风火攻,荡平了倭巢。此战只用了四五个小时,歼倭2000多人,解救被掳男女3000多人,明军收复兴化城。平海卫之战后,戚继光又率部消灭了原侵扰政和、寿宁的倭寇。嘉靖四十三年(1564年),又相继大败倭寇于仙游城下、同安王仓坪和漳浦蔡不岭,斩获颇多。其后戚继光又在福宁大败倭寇,并与俞大猷一起最后扫清了福建境内的倭寇。余倭逃往广东。至此,福建倭患基本平定。

俞大猷也是一位抗倭英雄。在福建境内的倭寇被平定后,广东倭患严重。广东的倭寇主要是由俞大猷平定的。他在任广东总兵前,就招收过漳州农民武装6000人,到广东之后,先后调汀、漳等地军队1.4万人到广东,其主要部分就是他在福建招收的那支队伍。到广东后,俞大猷又招募和组织农民武装力量,在抗击倭寇的战斗中获得很大成功。嘉靖四十三年(1564年),在海丰附近的战斗中,农民武装花腰蜂等英勇杀敌,取得了胜利。俞大猷领导广东军民歼灭了广东境内的倭寇。至此,东南沿海的倭患被最后平定,这是爱国军民共同奋战的结果。

倭寇的侵掠骚扰,给东南沿海地区的人民生活和社会经济造成

戚继光

了极大的破坏。平定倭患,使人们能安居乐业,发展生产。在平定倭乱的过程中,明朝政府的一些官员认识到,"海禁"既不能限制私人海上贸易,也不能防止倭寇,反而驱使沿海居民走上武装走私的道路,与倭寇内外勾结,为害颇大。嘉靖末年,比较有远见的官僚,纷纷建议政府解除海禁,发展海上贸易。到明穆宗隆庆时,明政府开始取消"海禁",准许对外通商。这无疑顺应了社会经济发展的趋势,促进了正常的海上贸易和东南沿海商品经济的发展。

抗倭斗争的胜利,与广大人民群众的支持和其他抗倭将领的配合是密不可分的。戚继光率领戚家军实现了他的"封侯非我意,但愿海波平"的灭倭志向。在剿倭战争中,戚继光身先士卒,与士兵同甘共苦;严格要求士兵,不准扰害百姓,做到兵民相体;在战略战术上,攻其无备,出其不意,进攻重集中兵力打歼灭战,防御重积极主动而不是机械地死守。在防御中伺机反攻,创造了独树一帜的"鸳鸯阵",发挥集体互助、长短兵器结合的机动、灵活、严密的作战力量,有效地打击敌人。这是戚家军屡败倭寇的重要原因,也是戚继光和戚家军留给后人的一份宝贵财富。

隆庆二年(1568年),戚继光以都督同知总理蓟州(今河北蓟县)、昌平、保定三镇练兵事务。后又为总兵官,兼镇守蓟州、永平、山海诸处,并督帅十二路军戎事。因屡立战功,万历二年(1574年)升左都督,七年加太子太保,录功加少保,为当时大臣高拱、张居正等倚重。戚继光在蓟州十六年,加固长城,筑建墩台,整顿屯田,训练军队,制订车、步、骑配合作战的战术,形成墙、台、堑密切联络的防御体系,多次击退侵扰之敌,军威大振,蓟门平静。时人誉为"足称振古之名将,无愧万里之长城"。

戚继光在张居正死后受到排挤。万历十一年被调任广东总兵官。万历十三年以年老多病,谢职归家,万历十五年病逝。著有《纪效新书》、《练兵实纪》两部军事名著和《止止堂集》等。

袁崇焕

袁崇焕(1584年~1630年),字元素,汉族,生于万历十二年(1584年)四月二十八日。

祖籍广东东莞,出生于广西布政使司梧州府藤县北门街(一说袁崇焕出生于广东东莞,年十四随祖袁世祥、父袁子鹏迁至广西藤县)。

邵武知县

万历四十七年(1619年),袁崇焕中三甲第四十名,赐同进士出身,授福建邵武知县。邵武,位于福建西北部,武夷山南麓,濒临闽江支流富屯溪,为"八闽屏障"。

袁崇焕在邵武知县任上的重要事迹,流传下来的主要有五件:

第一,救民水火。《邵武府志》记载:袁崇焕"素捷有力,尝出救火,著靴上墙屋,如履平地"。

第二,处理冤狱。《邵武府志》记载:"明决有胆略,尽心民事,冤抑无不伸。"

第三,关心辽事。夏允彝《幸存录》记载:袁崇焕"为闽中县令,分校闱中,日呼一老兵习辽事者,与之谈兵,绝不阅卷"。袁崇焕了解辽东边事,为后来的军旅生涯,做了初步的准备。

第四,聚会奎英。袁崇焕知道要做一番大事业,就要联络、组织志同道合者,为共同理想而奋斗。袁崇焕在邵武招纳的军人,如罗立,在宁远之战中向城北后金军大营燃放西洋大炮,一炮发中,"歼虏数百",发挥了很大的作用。

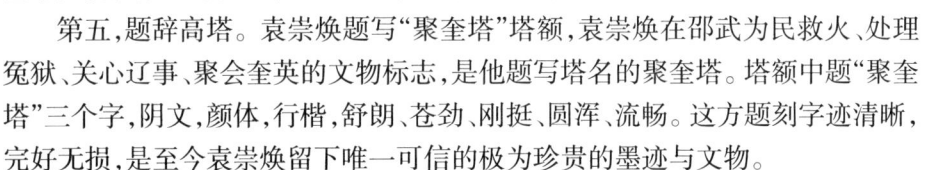

第五,题辞高塔。袁崇焕题写"聚奎塔"塔额,袁崇焕在邵武为民救火、处理冤狱、关心辽事、聚会奎英的文物标志,是他题写塔名的聚奎塔。塔额中题"聚奎塔"三个字,阴文,颜体,行楷,舒朗、苍劲、刚挺、圆浑、流畅。这方题刻字迹清晰,完好无损,是至今袁崇焕留下唯一可信的极为珍贵的墨迹与文物。

单骑阅塞

邵武知县袁崇焕任职不久,遵照朝廷的规定,于天启二年(1622年)到北京朝觐,接受朝廷的政绩考核。他利用在京的时机,察视边塞,了解形势,为辽事进行准备。

此时辽东形势,已经越来越危急。辽东经略王在晋分析当时关外形势道:"东事离披,一坏于清、抚,再坏于开、铁,三坏于辽、沈,四坏于广宁。初坏为危局,再坏为败局,三坏为残局,至于四坏——捐弃全辽,则无局之可布矣!逐步退缩之于山海,此后再无一步可退。"意思是:明朝先失陷抚顺、清河、开原、铁岭、辽阳、沈阳,又失陷广宁,丢弃全辽,无局可守。

《明史》记载:自努尔哈赤攻陷抚顺以来,明朝在辽东的总兵官,阵亡者共14人:抚顺则张承胤,萨尔浒之战则杜松、刘綎、王宣、赵梦麟,开原则马林,沈阳则贺世贤、尤世功,浑河则童钟揆、陈策,辽阳则杨宗业、梁仲善,广宁则刘渠、祁秉忠。天启帝惊慌失措,抓住首辅叶向高"衣袂而泣"。京师朝野官员,谈敌色变。张岱在《石匮书后集》中说:"时广宁失守,王化贞与熊廷弼逃归,画山海关为守。京师各官,言及辽事,皆缩朒不敢任。崇焕独攘臂请行。"

袁崇焕在这个明朝关外局势空前严峻的态势下,单骑出关,巡视形势。《明史·袁崇焕传》记载:天启二年正月,朝觐在都。御史侯恂请破格用之,遂擢兵部职方主事。无何,广宁师溃,廷议扼山海关,崇焕即单骑出阅关内外。部中失袁主事,讶之,家人亦莫知所往。已,还朝,具言关上形势。曰:"予我军马钱谷,我一人足守此!"廷臣益称其才,遂超擢佥事,监关外军,发帑金二十万,俾招募。

在广宁失陷的第四天,御史侯恂慧眼识人,不泥成规,题请破格擢用袁崇焕,具疏奏言:"见在朝觐邵武县知县袁崇焕,英风伟略,不妨破格留用。"

明天启帝采纳侯恂等的建议,授袁崇焕为兵部职方司主事,旋升为山东按察司佥事、山海监军。

袁崇焕赴任前,往见革职听勘在京的熊廷弼。熊廷弼问:"操何策以往?"袁崇焕答:"主守而后战。"熊廷

袁崇焕

粥跃然喜。

袁崇焕任职后,上《擢佥事监军奏方略疏》,力请练兵选将,整械造船,固守山海,远图恢复。他疏言:"不但巩固山海,即已失之封疆,行将复之。"当时山海关外广大地域,为漠南蒙古哈剌慎等部占据,袁崇焕便驻守关内。朝廷采纳蓟辽总督王象乾的奏议,对边外蒙古部落实行"抚赏"政策,就是颁发赏银,争取他们同明朝结盟,共同抵御后金。一些蒙古部落首领接受了"抚赏",辽东经略王在晋令袁崇焕移到山海关外中前所(今辽宁省绥中县前所镇)。王在晋又令袁崇焕往前屯(今辽宁绥中前屯)安置辽民流亡、失业者。袁崇焕受命之后,连夜赶路。丛林荒野,虎豹出没。他天明入城,将士都赞叹他的勇敢与胆量。

营筑宁远

天启二年(1622年)三月,王在晋经略辽东。四月有驻守北山的湖广士兵溃逃,袁崇焕杀数人乃定。六月王在晋令袁崇焕移往中前所,监参将周守廉,游击左铺,经理前屯卫事务。袁崇焕当夜出发,次日抵达前屯。夜行荆棘老虎、豹狼中,四鼓入城,将士莫不壮其胆。(《三朝辽事实录》)王在晋甚为倚重,题请升其为宁前兵备佥事。

王在晋当时提议在八里铺筑山海重关,袁崇焕以为不妥,上书朝廷,力争。朝廷命大学士孙承宗亲往视察。六月二十六日,孙承宗抵山海关,驳回了山海重关之请。孙承宗召集关内外众臣公议,阎鸣泰主守觉华,袁崇焕主守宁远。孙承宗实地考察后,认为宁远乃山海天然重关,听从袁崇焕之议。

八月,孙承宗自请督师辽东,王在晋调南京兵部尚书,阎鸣泰升任巡抚辽东,袁崇焕调永平道。九月,孙承宗抵关。十二月,阎鸣泰令袁崇焕审核兵数,袁崇焕私斩小校,(《明史本传》,《三朝辽事实录》中记其杀二人)导致军营几乎哗变。孙承宗怒其以监军专杀,袁崇焕请罪。

天启三年(1623年)春,孙承宗令袁崇焕抚哈剌慎各部,令其移出八里铺至宁远,收复二百七十里。(《孙承宗年谱》)孙承宗初令祖大寿筑宁远城,九月又令袁崇焕和满桂前往。袁崇焕定城规模,令祖大寿等督建城。天启四年(1624年),宁远城竣工,遂成关外重镇。

天启四年(1624年)春,孙承宗上疏言"宁远可战可守",又说"愿用崇焕指殚力瘁心以急公"不愿用"腰缠十万之逋臣,闭门颂经之孱胆",帝听之。

九月,袁崇焕、马世龙等携兵一万两千巡边广宁,叙劳进兵备副使,继又升至右参政。同年,袁崇焕父病故,袁崇焕两疏请辞,不许。

天启五年(1625年),孙承宗遣兵分驻锦州、松山、杏山等城。同年,因柳河之战,孙承宗屡次遭参,请辞。十月,兵部尚书高第经略辽东。

宁远大捷

　　高第上任后,认为关外必不可守,力主尽撤宁锦之兵于山海关。督屯通判金启倧上书给袁崇焕力拒,金启倧书曰:"锦、右、大凌三城皆前锋要地。倘收兵退,既安之民庶复播迁,已得之封疆再沦没,关内外堪几次退守耶!"袁崇焕亦力争不可,其言:"兵法有进无退。三城已复,安可轻撤?锦、右动摇,则宁、前震惊,关门亦失保障。今但择良将守之,必无他虑。"(《三朝辽事实录》卷十五)。高第不听,仍令马世龙撤宁、前二城之兵。(《孙承宗年谱》)袁崇焕说:"我为宁前道也,官此当死此。必不去。"(《边事小记》)高第只得尽撤锦州右屯松山、杏山、大小凌河等处兵马,弃粮粟尽十万余石。十二月,袁崇焕升任按察使,仍主事宁前。(《督师纪略》)

　　天启六年(1626年)正月十四日,后金兵渡辽河。右屯守将周守廉逃,松山等处守将左辅亦烧毁粮储庐舍而退。(《东华全录》)袁崇焕闻之,与总兵满桂,参将祖大寿,守备何可纲,集将士誓守宁远。令中左所都司陈兆阑和都司徐敷奏率兵入城,左辅朱梅为外援。(《三朝辽事实录》)又传令通知前屯赵率教,山海关杨麒有宁远之溃兵皆斩。

　　二十三日,努尔哈赤率后金军至宁远,努尔哈赤自称率军三十万,必破此城,令袁崇焕投降。

　　袁崇焕答曰:"来兵称三十万虚也,约有十三万。吾修治宁远决守以死岂肯降耳!"(《东华全录》)

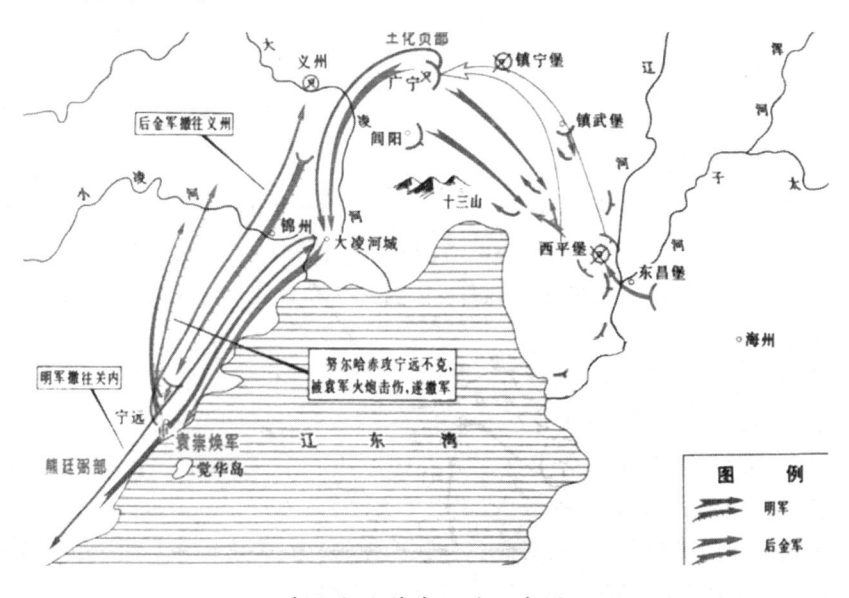

宁远大捷作战经过示意图

后金攻城,袁崇焕等宁远守军以火器拒之,宁远通判金启倧也因点炮自燃,为国捐躯。(《明熹宗实录》)

"自辰至晡,杀三千人,敌少却。二十五日佟养性督阵攻西门,势更悍,先登,益众。敌俱冒死力攻,城中卫之如前,击杀更倍于昨。"(《明季北略》)

"是役也,奴贼糜烂失亡者实计一万七千余人。而大炮以封,今所称'安边靖虏镇国大将军'者,职所首取四位中之第二位也。"(《徐光启集》,卷四,《练兵疏稿二》)

"天启六年正月宁远守城,歼贼一万七千余人,后奉敕为安边靖虏镇国大将军,此正西洋所进四位中之第二位也。"(明人瞿式耜《瞿忠宣公集》卷二《请求火器疏》)

"炮过处,打死北骑无算;并及黄龙幕,伤一裨王。北骑谓出兵不利,以皮革裹尸,号哭奔去。"(《石匮书后集》)

努尔哈赤自称"自二十五岁起兵以来,征讨诸处,战无不捷,攻无不可,惟宁远一城不下。"(《清高祖实录》)

后金攻打宁远不下,分兵掠觉华,岛上参将金冠等七千水兵抗击殉国,七千商民被屠杀。后金焚毁觉华岛粮料八万石,船两千只。崔呈秀弹劾高第、杨麟,杨麟因不援削职,高第准其辞职还乡。王之臣代替高第督师辽东。(《国榷》)

天启六年(1626年)三月七日,复设辽东巡抚,袁崇焕为之。叙功,加袁崇焕兵部右侍郎,荫千户。袁崇焕三疏辞之,不许。

巡抚辽东

时值满桂、赵率教交恶,袁崇焕五月上疏请调满桂。王之臣以为不妥,以满桂勇猛调其任为山海关总兵,袁崇焕认为不可,遂经抚不和。经过朝廷调停,袁崇焕和王之臣分权,袁崇焕主关外,王之臣主关内;袁崇焕认错,并复请满桂调任山海关。(《两朝从信录》)

袁崇焕遣使者吊唁努尔哈赤。后金皇太极趁机遣使回复,谋求议和。袁崇焕奏报朝廷主以和缓之建锦州大小凌河诸城。辽东经略王之臣主张派遣使者非计,应回绝和议。王之臣奏疏:"年来奴酋求和于西虏(蒙古),而西虏不从;屈服于朝鲜,而朝鲜不受。一旦议和,彼必离心,是益敌以自孤也!近日,都官过通令处,虏鞭其背云:'汝汉人全无脑子……喇嘛替他吊孝求和,反倒教别人与他为仇,我等不如也投顺罢了。'"(《两朝从信录》)御史智铤言,督抚意见各异,恐误边事。(《国榷》)天启七年(1627年)正月,召回王之臣,关内关外之事尽付袁崇焕便宜行事。(《三朝辽事史录》)

天启七年(1627年)正月初八,皇太极一面遣使与袁崇焕议和,一面派阿敏

出军征朝。关于阿敏征朝兵力,《朝鲜李朝实录》作三万,《三朝辽事实录》作八万,《八旗通志》无兵力数字记载。朝鲜作为亲身参战方,没有必要缩小遇敌人数,故阿敏征朝兵力目前史学界都是以三万这个数字为准。出军后金军渡过鸭绿江,进攻朝鲜,史称"丁卯之役"。(《东华全录》)十四日,克义州,分兵攻打毛文龙东江铁山部。毛文龙遁入云从岛。(《三朝辽事实录》)。

朝鲜和毛文龙告急,朝廷命袁崇焕发兵援助,并拣轻兵捣巢,袁崇焕上疏无虚可捣。疏言:"顷闻奴兵十万掠鲜,十万居守,何所见而妄揣夷穴之虚乎?我纵倾伍捣之,无论悬军不能深入,即深入奚损于逸待之夷?而虎酋新并炒花,意殊叵测,都令、塞令新通于奴而仇于我。万一我兵正道以东,奴暗以轻骑北出而袭我关宁,此时救人耶,抑自救耶?"此时后金总兵力约有七八万,前一年宁远大战努尔哈赤的发兵数就有五六万,因此皇太极留守沈阳的兵力至少还有四五万之多。虽然比起全族兵力驻防,此时沈阳的防务是略为薄弱了一些,可是袁崇焕此时身为辽东巡抚,所辖仅有宁锦七万兵,即使倾巢而出取沈阳,也无胜算。更何况朝鲜的战事在正月二十六日阿敏攻克平壤后就已经基本结束,之后阿敏部队留驻朝鲜只是为了威吓朝鲜以便在定盟时多捞些好处罢了。袁崇焕接到朝鲜命令出兵的时候就已经是三月,此时出兵对朝鲜战事已经无济于事,而且随时存在被阿敏部队回师前后夹击的危险。事实上,如果朝廷真的下定决心,从蓟镇和山海关调集大军集结到锦州,并协同蒙古察哈尔部一起兵发沈阳的话,对于近半数军队在外的后金来说,还是存在一定威胁的。但由于毛文龙虚报敌情,谎报征朝军有八万之众;又为了尽快减除自己的危机,谎报沈阳留守兵力不到一万(到四月,更谎报皇太极将留守兵力还派出部分增援朝鲜),让朝廷误判敌情,以为仅宁锦的兵力就足够犁庭捣穴,根本没有给袁崇焕配备能够威胁后金的军力。而且,即使三月份袁崇焕在接到朝廷旨意后立即全军出击沈阳,朝鲜和东江也早就在一个月

袁崇焕像

前被打垮了，根本于事无补。唯一可能的结果是，袁崇焕的军队由于毛文龙的谎报久攻沈阳不下，以至于被回师的阿敏前后夹击。

天启七年四月，也是"丁卯之役"战况正激之时，蓟辽总督阎鸣泰上奏折，称颂魏忠贤的功德，并要求在宁远、前屯两地为魏忠贤修建生祠，作为下属的袁崇焕也只得联名上奏。《大明熹宗实录》记载"蓟辽总督阎鸣泰、巡抚袁崇焕疏送魏忠贤生祠"。

宁锦大捷

天启七年即天聪元年（1627年）五月初六，后金皇太极，以"明人于锦州、大凌河、小凌河筑城屯田"，没有议和诚意为借口，亲率数万军队，谒堂子，出沈阳，举兵向西，进攻宁（远）锦（州）。

十一日，后金军至锦州，距城一里，四面扎营布兵，将锦州城包围。时明太监纪用、总兵赵率教驻锦州，负责筑城、守城。当后金兵将至时，左辅等人撤入锦州，凭城固守。皇太极得报后，传令攻城。后金兵攻城数日，伤亡惨重，别无所获。

十六日，明辽东巡抚袁崇焕派人送给纪用、赵率教的书信被后金兵截获，内称"调集水师援兵六七万，将至山海关，蓟州、宣府兵亦至前屯，沙河、中后所兵俱至宁远。各处蒙古兵，已至台楼山"云云。皇太极信以为真，即收缩围锦兵力，聚集于城西，以防明援师。

至二十六日，后金军已围城十五日不克，人马疲惫，士气低落。

二十七日，后金军分兵为两部：一部继续留驻锦州，在锦州城外凿三道濠，加以包围；另一部由皇太极率领官兵数万，往攻宁远。

辽东巡抚袁崇焕提出："坚壁固垒，避锐击惰，相机堵剿。"蓟辽总督、兵部尚书阎鸣泰题奏："今天下以榆关为安危，榆关以宁远为安危，宁远又依抚臣为安危，抚臣必不可离宁远一步。而解围之役，宜专责成大帅。"此奏，得旨："宁抚还在镇，居中调度，以为后劲。"朝廷为确保宁远，不允许袁崇焕亲自率领援兵，前往救援；而令满桂、尤世禄、祖大寿等率军一万，驰援锦州。

二十八日，辽军与后金军在宁远城展开激烈的攻守战。袁崇焕列重兵，阵城外，背依城墙，迎击强敌。皇太极欲驰进掩击，贝勒阿济格也欲进战；大贝勒代善、二贝勒阿敏、三大贝勒莽古尔泰"皆以距城近不可攻，劝上勿进，甚力"。天聪汗皇太极对于三位贝勒的谏止，怒道：

"昔皇考太祖攻宁远，不克；今我攻锦州，又未克。似此野战之兵，尚不能胜，其何以张我国威耶！"

明辽军与后金军两支骑兵，在宁远城外展开激战，矢镞纷飞，马颈相交。明

总兵满桂身中数箭,坐骑被创;尤世禄的坐骑也被射伤;后金贝勒济尔哈朗、萨哈廉及瓦克达俱受伤。两军士卒,各有死伤。

明军骑兵战于城下,炮兵则战于城上。袁崇焕亲临城堞指挥,"凭堞大呼",激励将士,齐力攻打。参将彭簪古以红夷大炮击碎八旗军营大帐房一座,其它大炮则将"东山坡上奴贼大营打开",后金军伤亡重大。明太监监军刘应坤奏报称:"打死贼夷,约有数千,尸横满地。"后金贝勒济尔哈朗、大贝勒代善第三子萨哈廉和第四子瓦克达俱受重伤,游击觉罗拜山、备御巴希等被射死。蒙古正白旗牛录额真博博图等也战死。后金军死伤甚多,尸填濠堑。

二十九日,后金天聪汗皇太极率军撤离宁远,退向锦州。

辽东巡抚袁崇焕欣喜地奏道:

"十年来,尽天下之兵,未尝敢与奴战,合马交锋。今始一刀一枪拼命,不知有夷之凶狠剽悍。职复凭堞大呼,分路进追,诸军忿恨此贼,一战挫之,满镇之力居多。"

皇太极攻宁远不克,又转攻锦州。

先是二十八日,当后金兵在宁远城下激战之时,锦州的明兵趁后金军主力西进、势单力弱之机,突然大开城门,蜂拥冲杀出来,攻向后金大营稍获初胜之后,迅即撤退回城。后锦州战报送到皇太极手里,他感到宁、锦前后腹背受敌,不得不迅速从宁远撤军。

六月初三日,皇太极向锦州城发起进攻。

初四日,皇太极攻城不下,遂命撤军回营。明总兵赵率教疏报:此役后金兵伤亡"不下二三千"。明镇守太监纪用奏报:"初四日,奴贼数万,蜂拥以战。我兵用火炮、火罐与矢石,打死奴贼数千,中伤数千,败回贼营,大放悲声。"

初五日,凌晨,天聪汗皇太极从锦州撤军。

初六日,辽东巡抚袁崇焕上《锦州报捷疏》言:

"……孰知皇上中兴之伟烈,师出以律,厂臣帷幄嘉谟,诸臣人人敢死。大小数十战,解围而去。诚数十年未有之武功也!"

宁锦之战,后金军攻城,明辽军坚守,凡二十五日,宁远与锦州,以全城而结局。明人谓之"宁锦大捷",载入中国战争史册。

平台应对

熹宗崩,崇祯即位,魏忠贤被诛。朝臣纷请召袁崇焕还朝。崇祯元年(1628年)四月,崇祯任命袁崇焕兵部尚书兼右副都御史,督师蓟、辽,兼督登、莱、天津军务。七月袁崇焕入都,十四日崇祯帝召见平台。袁崇焕慷慨陈词,计划以五年时间恢复辽东,并疏陈方略。皇帝大喜,袁崇焕复奏掣肘,奏曰:"以臣之力治全

辽有余,调众口不足。一出国门,便成万里。嫉能妒功夫岂无人?即不以权力掣臣肘,亦能以意见乱岂臣谋。"(《崇祯纪事》)二十四日崇祯赐袁崇焕尚方宝剑,便宜行事。袁崇焕疏谢并陈方略,崇祯赠蟒玉银币,袁崇焕辞蟒玉不受。

计斩岛帅

袁崇焕于崇祯二年(1629)五月二十五日自北汛口开洋出海,经大王山、风中岛、松木岛、小黑山、大黑山、猪岛、蛇岛、虾蟆岛,二十八日泊双岛。二十九日,崇焕登岛岭,谒龙王庙。当晚,毛文龙至。

六月初四,袁崇焕颁东江3575员名赏,军官每员自三两至五两,士兵每名一钱,并将饷银十万两发于东江。袁崇焕传徐旗鼓王副将谢叁将商谈。随后命令毛文龙,今后旅顺以东公文用毛文龙印,以西用袁崇焕印。又命令制定东江营制,同时命令准备收复镇江、旅顺。毛文龙均不同意。

六月初五,袁崇焕传东江各兵登岸,较射给赏。毛文龙问:"袁崇焕何日行?"袁崇焕云:"宁远重地,来日行。今邀贵镇岛山盘桓,观兵角射。"又说,"来日不能踵拜,国家海外重寄,合受余一拜。"交拜毕,登岛山。谢叁将暗传合营兵,四面密布,将文龙与随行官百余员,绕围内,兵丁截营外。袁崇焕询问毛文龙随行各官姓名,俱曰姓毛。毛文龙曰:"俱是敝户小孙。"袁崇焕曰:"岂有俱姓毛之理?似尔等如此好汉,人人可用。我宁前官兵,俸粮多于尔等,倘然不能深(饱)暖。尔等海外劳苦,每月领米一斛,且家人分食此米,言之可为痛心。尔等亦受我一拜,为国家出力,此后不愁无饷。"各官垂泣叩首。

随后对毛文龙说:"余节制四镇,严海禁者,恐天津莱登,受心腹之患。今设东江饷部,钱粮由宁远运来,亦无不便。昨与贵镇相商,必欲取道登莱。又议移镇,定营制,分旅顺东西节制。并设道厅,稽兵马钱粮,俱不见允。岂国家费许多钱粮,终置无用?余披肝沥胆,讲至三日。望尔回头是岸,谁知尔狼子野心,欺诳到底,目中无我犹可,圣夫子英武天纵,国法岂能相容?"说完,向西请命,缚毛文龙,去冠裳。毛文龙尚倔强,不肯就擒。袁崇焕又说:"尔疑我为书生,不知我乃朝廷一员大将。"随即颁布毛文龙十二条罪名,并对东江各官说:"毛文龙如此罪恶,尔等以为应杀不应杀?若我屈杀文龙,尔等就来杀我。"来官俱相对失色,叩首哀告。毛文龙语塞,叩首乞生。袁崇焕说:"尔不知国法久矣,若不杀尔,东江一块土,以非皇上有也。"请尚方剑,合水营都司赵不歧,何麟图监斩,令旗牌官张国柄执尚方剑斩毛文龙首级于帐前;又令将毛文龙首级,备好棺木安葬。围外兵丁汹汹,见袁崇焕兵严整,不敢犯。

袁崇焕又谕东江各官云:"今日斩文龙一人,以安海外兵民,乃杀人安人,尔等照旧供职,复原姓,为国报效,罪不及尔。"后分东江兵二万八千为四协,用文

龙子承祚管一协，用旗鼓徐敷奏管一协。其余二协，东江各官举游击刘兴祚，副将陈继盛二员分管。将带来饷银十万，分给各岛官民，令冯旗鼓，往旅顺宣抚；又令将毛文龙将剑，东江事权，让陈继盛代管。谕毕，离岛登舟，发牌晓谕，安抚各岛军民。檄承祚偿所欠各商银两，差官查岛中冤狱，并抢来各商船只俱即发商人洪秀等。

六月初六，备祭礼，到文龙棺前拜祭。云"昨日斩尔，乃朝廷大法；今日祭尔，乃我辈私情"。遂下泪，各将官俱下泪戚叹。

六月初九，往旅顺，官军迎，宣谶毕，扬帆以归。（《袁督师计斩毛文龙始末》）

崇祯虽然不满袁崇焕先斩后奏杀死毛文龙，但由于毛文龙曾经两次带兵到山东抢掠钱粮，狂言"牧马登州，取南京如反掌"，劣迹斑斑。又在给皇太极的书信中说："汗凡有旨来，我皆领受，无不遵行"；"尔取山海关，我取山东，若从两面夹攻，则大事可定矣"；"尔牵兵前来，我为内应，如此则取之易如反掌"，已经有投敌的趋势。崇祯自己也对毛文龙早有不满，认为毛文龙"通夷有迹"，故而对毛文龙之死甚喜，对袁督师斩毛文龙嘉谕倍至。

己巳之变

崇祯二年（1629年）十月，发生"己巳之变"，皇太极率数万清兵绕道蒙古，以避开忠于明朝的山海关总兵赵率教的防区。十月二十七日突破大安口，至十一月初连陷遵化、三屯营，巡抚王元雅、总兵朱国彦自尽。京师震动而戒严，同时诏令各路兵马勤王关。蓟辽督师袁崇焕对后金此举，已有所料。为此，袁崇焕曾上

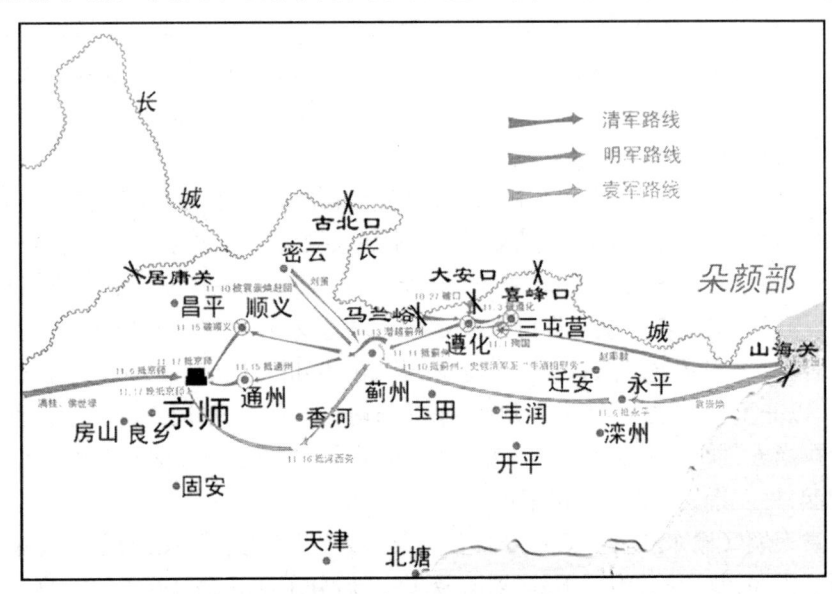

己巳之变 袁崇焕进军路线图

了一道奏疏,说:"惟蓟门陵京肩背,而兵力不加。万一夷为向导,通奴入犯,祸有不可知者。"因为宁锦防线坚固,皇太极打不破,就会以蒙古为向导,突破长城,来威胁北京。

"九月己丑,袁崇焕以清兵欲西,先请驻宁远增戍关门,至是遣参将谢尚政等往备。顺天巡抚都御史王元雅曰:此虚警耳。遣其众归,师果不出。"(《崇祯实录》卷二)

"崇焕随奏:'臣守宁远,寇被臣创,决不敢侵犯臣界。只有遵化一路守戍单弱,宜于彼处设一团练总兵。'遂以王威为请。兵部以王威新奉部劾,不肯即予,留难移时。"(《石匮书后集》)

"盖崇焕自任复辽,殚精竭力;甫及期年,锦宁一带,壁垒改观。正拟器械马匹,稍有头绪,决计渡河,惟虑蓟门单弱,请宿重兵。已特疏言之,再疏催之。"(《白冤疏》)

但是,袁崇焕的两次上疏,都没有引起崇祯皇帝的足够重视,派出的援军也被遣回。不幸的是后果被袁崇焕言中了。

崇祯二年即天聪三年(1629年)十月二十六日,八旗军东、西两路,分别进攻长城关隘龙井关、大安口等。时蓟镇"塞垣颓落,军伍废弛",后金军没有遇到任何强有力的抵抗,顺利突破长城,于三十日,兵临遵化城下。遵化在京师东北方向,距离京师300里。十一月初一日,京师戒严。

虽然按照朝廷分工,袁崇焕主要分管山海关外防务,蓟辽总督刘策分管关内防务,但是,袁崇焕作为蓟辽督师,对整个蓟辽地区的防务都是责无旁贷,况且后金铁骑正是从山海关外而来。

先是,十月二十九日,袁崇焕从宁远往山海关,途经中后所,得报后金军已破大安口。袁崇焕作出以下军事防御部署:

其一,严守山海关。因为山海关总兵赵率教已经调到关内,宁远总兵祖大寿也带精锐随袁崇焕入关。所以袁崇焕命前总兵朱梅、副总兵徐敷驻守山海关,防止后金乘机夺关。

其二,严守京师要道。袁崇焕命参将杨春守永平,游击满库守迁安,都司刘振华守建昌,参将邹宗武守丰润,游击蔡裕守玉田。

其三,严守京畿地区。在靠近京师东北方向的蓟州、三河、密云、顺义严密布防,防止后金从东北路入京。袁崇焕命保定总兵曹鸣雷等驻蓟州遏敌,自率大军,以总兵祖大寿做先锋,驻蓟州居中调度策应。命宣府总兵侯世禄守三河,保定总兵刘策守密云。

袁崇焕一面进行总体部署,一面阻截后金军南进,其措施是:

第一,遵化阻截。因为皇太极的军队突破了龙井关和大安口,直接指向遵化。遵化是京东的重镇,袁崇焕想把后金的军队阻截在这里。他急令平辽总兵赵

率教率四千兵马,驰救遵化。赵率教率部急驰三昼夜,行350里,到达遵化以东的三屯营。但三屯营总兵朱国彦不让入城,赵率教只好纵马向西,驰向遵化。十一月初四日,赵率教率援军至遵化城外,与后金贝勒阿济格等所部满洲左翼四旗及蒙古兵相遇,误入埋伏,中箭坠马,力战而亡,全军覆没。赵率教战死,是明军的重大损失。袁崇焕失去了最得力的大将,失去了救援京师的最佳时机。

当日,后金军进攻遵化城。后金先劝降,遭到拒绝。后四面攻城,明巡抚王元雅凭城固守,顽强抵抗。第二天,遵化"内应纵火",遵化城陷落。巡抚王元雅走入衙署,自缢而死。城中官兵人民,反抗者皆被屠杀。接着,后金军进攻遵化东面的三屯营。副总兵朱来同等潜逃,总兵朱国彦把逃跑将领的姓名在大街上张榜公布,然后偕妻张氏上吊自尽。初七日,后金军破三屯营。明朝丧失了将后金军堵在遵化的机会。

遵化失陷,驰报明廷,人心大震,朝野惊恐。时"畿东州县,风鹤相惊,人无固志"(《崇祯长编》卷二八)。皇太极命留兵八百守遵化,亲统后金军接着南下,向北京进发,逼近蓟州。这时,袁崇焕亲自带领九千兵马,急转南进,实施其第二步想法:就是把后金的军队阻截在蓟州。

第二,蓟州阻截。袁崇焕于十一月初五日,督总兵祖大寿、副将何可纲等率领骑兵,亲自疾驰入关,保卫北京。至此,袁崇焕在关外的三员大将——赵率教、祖大寿、何可纲,全部带到关内。可见袁崇焕已经下定决心,不惜任何代价,誓死保卫京师。初十日,袁军驰入蓟州。蓟州是横在遵化与通州之间的屏障,距离北京东郊通州约140里。袁军在蓟州阻截,"力为奋截,必不令越蓟西一步"(《崇祯长编》卷二八)。皇太极曾两次败在袁崇焕手下,这次就没有同袁崇焕军队硬碰,而是从东北方向通过顺义往通州进发。这样袁崇焕在蓟州拦截皇太极军队的计划又落空了。

第三,通州阻截。通州离北京只有40里,袁崇焕紧急率领军队往通州进发,力图把皇太极军队拦截在通州。十二月初一日,袁崇焕的军队到达河西务。河西务在天津和北京之间,大约离北京120里。这时候皇太极军队已接近通州,他揣测到了袁崇焕的军事意图,不打算在通州跟袁崇焕决战,而是取道顺义、三河绕过通州,直奔北京。这样,袁崇焕在通州拦截的军事意图又落空了。

从以上部署可以看出:袁崇焕这时的战略目标是将后金挡在京师以外,并部署军队依托城池来防守抵御。因为袁崇焕与后金征战多年,深知后金骑兵野战的优势,明军唯有依城作战,才能取胜。赵率教的4000骑兵在平原野战,全军覆没,就是明证。

虽然袁崇焕决意要"背捍神京,面拒敌众",堵塞八旗军入京师之路。但是,袁崇焕设计的三个阻截都没有成功,这样战线就推到了北京。

袁崇焕在河西务举行军事会议,议商进取。会上,副总兵周文郁提出:"大兵宜趋敌,不宜入都。且敌在通州,我屯张家湾,相距十五里,就食河西务,敌易则战,敌坚则乘,此全策也。"(《明史纪事本末·补遗》)就是说,未奉明旨,不宜入京! 袁崇焕说:"周君言是。弟恐逆奴狡诈异常,又如蓟州,显持阴遁,不与我战。倘径通都城,则从未遇敌之人心,一旦动摇,其关系又不忍言。""君父有急,何遑(闲暇)他恤? 苟得济事,虽死无憾。"(周文郁《边事小纪》卷一)。河西务会议之后,袁崇焕率领9000关宁铁骑,日夜兼驰,行120里,由间道急奔。抢在皇太极之前,于十九日抵达北京外城广渠门外。其实,袁崇焕统兵入蓟时,明朝官员中就传说他有引导后金兵进京之嫌。故崇祯帝下令袁崇焕不得越蓟州一步,而他竟然毫无察觉。现在他又擅自率部进京,所以,从他抵达京师的那一刻起,袁崇焕实际上已经身陷腹背受敌的局面,只是他还不很清楚,或者根本顾不得关注自己。

同时,明大同总兵满桂、宣府总兵侯世禄率兵,也来到北京城德胜门外扎营。

第二天,即十一月二十日,八旗军兵临北京城下。明朝北京保卫战即将开始。

京门初战首先在德胜门外打响,城外明军,主要是大同总兵满桂和宣府总兵侯世禄的勤王部队,另外参加战斗的还有城上的卫戍部队。

十一月二十日,皇太极亲率大贝勒代善和贝勒济尔哈朗、岳托、杜度、萨哈廉等,统领满洲右翼四旗以及右翼蒙古兵,向满桂和侯世禄的部队发起猛攻。后金军先发炮轰击。发炮毕,蒙古兵及正红旗护军从西面突击,正黄旗护军从旁冲杀。后金两军冲入,边杀边进,拼搏厮斗,追至城下。城上明军,奋勇弯弓,又发火炮,轰击敌军。不久,侯世禄兵溃,满桂率军独前搏战。城上明兵,发炮配合,但误伤满桂官兵,死伤惨重。满桂身上多处负伤,带败兵100多人在城外关帝庙中休整。第二天,守军打开德胜门的瓮城,供满桂的残兵休养。就在德胜门之战的同一天,广渠门也发生激战。

广渠门之战当天,莽古尔泰率满洲左翼四旗及蒙古兵2000往击袁崇焕军,此时袁崇焕、锦州总兵祖大寿率9000关宁铁骑屯沙窝门外。这场广渠门大战,9000关宁铁骑血战数万八旗军及蒙古兵,自巳(巳正10时)至酉(酉正18时),炮鸣矢发,激战8小时,转战10余里。战斗中,一敌军抢刀砍袁崇焕,适旁有材官袁升高以刀架隔,刃相对而折。莽古尔泰箭如雨下,袁崇焕身中数箭,两肋如猬,赖有重甲不透。由于袁崇焕身先士卒,拼死力战,关宁铁骑倍奋砍杀,莽古尔泰军被击败。袁崇焕部将游击刘应国、罗景荣,千总窦浚等,直追敌军至运河边。敌军忙迫拥渡,冰陷,淹没者无数。此一战,关宁铁骑杀敌千计,清军劲旅阿巴泰、阿济格、思格尔三部都被击溃。关宁兵亦伤亡数百。

这一役之后,清兵众贝勒开会检讨。皇太极的七哥阿巴泰按军律要削爵。皇

太极说："阿巴泰在战阵和他两个儿子相失,为了救儿子,才没有按照预定的计划作战,并不是胆怯。我怎么可以定我亲哥哥的罪?"便宽宥了他。可见这一仗清军败得很狼狈。

十一月二十日,袁崇焕又用乡导任守忠策,以五百火炮手,潜往海子,距皇太极军营里许,四面攻打。皇太极军大乱,遂移营出海子。

粜米蒙冤

明朝遗民谈迁的史学巨著《国榷》记载:

"辛未,召象乾及廷臣于平台问。象乾方署对曰:'插汉虎墩兔憨与顺义王卜石兔哈喇慎、白黄台吉,俱元小王子之后。卜哈俱插汉分部,岁贡。自黄台吉与插汉哄,插汉不贡。隆庆庚午,俺答受封开市,卜哈部夷屡掠之。去岁卜石兔西走,哈喇慎俱被掳,白台吉仅身免,东投于建奴。其弟跌各兔等不欲也,白台吉愧死,哈部今其人无几。朵颜三十六家此日亦当联络,与哈喇慎可得三万人。诸部惟永邵卜最强,约三十余万人,若合卜石兔之兵可御插汉。'

"帝曰:'插汉意不受抚,何?'对曰:'当从容笼络。'帝曰:'如不欵,何?'象乾密奏语不尽闻。帝善之,命往与袁崇焕共计。象乾请发抚赏银五万两。"

此事《崇祯长编》卷之十三元年九月亦有载,不过把"建奴"忌讳作"清"而已。由此可见朵颜是明廷笼络的对象。

而袁崇焕被指资敌的对象,就是上述的朵颜部。故市米资盗并不能成袁崇焕的罪名,而且袁崇焕后来卖米也是崇祯帝许可的:"其招来属夷,其有饥困,查明部落多少,计口量许换米。"

《国榷》卷八十九又有记载:"初,广宁塞外有炒化、暖兔、贵英诸虏,蓟镇三协有三十六家守门诸夷,所云西虏也,皆受我赏。建虏虽强,其势未大合。至是,中外迎上指。谓通建虏,并革其赏。诸夷已哄然。会塞外饥,请粟。上坚不予,且罪阉出者。于是东边诸胡群起飚去,乃尽折入建虏,不受汉索也。"

可见谈迁认为崇祯在蒙古人饥荒时不知乘机拉拢,才是蒙古人投向后金引其入寇的主因。

磔刑处死

明思宗在崇祯二年(1629年)十二月初将袁崇焕逮捕入狱。囚禁审讯半年后,在崇祯三年(1630年)八月,明思宗以"袁崇焕咐托不效,专恃欺隐,以市米则资盗,以谋款则斩帅,纵敌长驱,顿兵不战。及至城下,援兵四集,尽行遣散。又潜携喇嘛,坚请入城"的罪名于三年八月磔刑(分裂肢体)处死于西市,弃尸于市。

行刑那天,袁崇焕毫无惧色,他被五花大绑,押上刑场,"刽子手割一块肉,百姓付钱,取之生食。顷间肉已沽清。再开膛出五脏,截寸而沽。百姓买得,和烧酒生吞,血流齿颊",袁崇焕卒年47岁。(《石匮书》)

世传清太宗皇太极施反间计,捕捉两名明宫太监。然后故意让两人以为听见满清将军之间的耳语,谓袁崇焕与满人有密约,皇太极再放其中一名太监回京。明思宗中计,以为袁崇焕谋反。但是阎崇年等一些学者则倾向于认为明思宗杀袁崇焕是因为朝廷内阉党余孽的诬陷,皇太极的反间计只是袁崇焕落狱之因。

对反间计,《明史·袁崇焕传》记载:"会我大清设间,谓崇焕密有成约,令所获宦官知之,阴纵使去。其人奔告于帝,帝信之不疑。十二月朔再召对,遂缚下诏狱。"

《明季北略》则记载:"都中又喧言崇焕导虏入犯,上甚切齿。先是,虏出猎,掳我多人。中有二珰,上命侦崇焕者,亦被掳。虏视之,知为珰也,乃设一记,佯为袁遗书约犯边,答云:'知道了,多谢袁爷。'又佯惊云:'乃为珰闻,缚珰亟斩之!'又故遗一奴私放珰归。珰归,上其事。上再召崇焕入,即下诏狱。"

袁崇焕在行刑前,念出了自己的遗言:

一生事业总成空,
半世功名在梦中。
死后不愁无勇将,
忠魂依旧守辽东。

袁崇焕墓

史可法

史可法(1601年~1645年),字宪之,号道邻,生于河南祥符(今开封)一户中产人家。明末政治家、军事家。顺治二年(1645年),清兵围扬州,史可法坚守防御。在围城期间,清摄政王多尔衮劝降,史可法写了著名的《复多尔衮书》,不卑不亢,流传万世。后扬州城破,壮烈就义。

文武全才

史可法的母亲尹氏在怀孕时,曾梦见文天祥走进屋内,之后便生下史可法。这种说法虽难免带有迷信色彩,但它反映了人们对史可法的无限怀念之情。在人们心中,史可法与文天祥一样是尽忠报国的民族英雄。史可法的祖父史应元乡试中举,曾官至黄平(今贵州黄平县)知州,他是位对老百姓"有惠政"、"月俸外,囊无一钱"少有的清官。史可法出生时,明朝已经逐步走向衰微。明神宗朱翊钧不理朝政,整日沉湎于酒色之中,他宠信宦官,搞得朝廷内外一片乌烟瘴气。当时社会矛盾日益尖锐,土地兼并严重,再加上水旱虫灾,农民起义不断爆发。周边各少数民族纷纷崛起,外患频仍,危机四伏。面对如此国况,对国运兴衰尤为关注的史应元整日忧心忡忡。但当他听到史可法的第一声啼哭时,心情大为振奋,脸上露出少有的笑容。

史可法的父亲史从质,母亲尹氏,都体弱多病。史从质一生未应试猎取功名。辞官归故里的祖父,眼看儿辈没多大出息,家道逐渐衰落,便对长孙史可法寄予很大期望。幼年时代的史可法在祖父的严格督导下,遵循着儒家博通经史的要求,刻苦用功读书。除了学文以外,史可法继承先人尚武的传统,时常练武,从而造就了他的文武双才。

明神宗朱翊钧

史可法生性聪颖，少时即有"神童"之称。他学习异常勤奋，儿时所读的书是同龄人的几倍，且能出口成章。他曾自题对联于书屋：古砚不容留宿墨，旧瓶随意插新花。所谓"不容留宿墨"即"今日事今日毕"，其学习刻苦的态度可见一斑。良好的早期教育使史可法性情耿直，孝顺父母，立有鸿鹄之志：努力修身齐家，以便将来治国平天下。

对史可法一生影响最大的是其恩师左光斗。万历四十八年隆冬腊月，年方19岁的史可法在京师附近的一所古寺内研习经史。一天，风雪交加，天气寒冷，时任北直隶提学的左光斗带着随从微服出行，因躲避风雪而入古寺，见偏房中有一年轻人，因读书疲困，正伏案而卧，案头摊着一篇刚草就的文章。作为一府主管教育的长官，他下意识地将文章拿起看看，目下数行。左光斗不觉眼前一亮：这文章的见识和才华太出众了！及至仔细看毕，为国惜才之心不禁油然而生。他解下自己身上的貂皮袍子，轻轻披在熟睡的青年身上。临出门又将房门轻轻关上，以免过堂风把年轻人吹凉了。左光斗向方丈打听，原来这位20岁的年轻人名叫史可法，是千里迢迢从祥符赶来参加府试在此借读的士子。

史可法

府试之时，当堂上点名到史可法时，主考官左光斗将他仔细打量了一番。一看卷子，果然很好，随即点为府试第一名。从此，这位年轻秀才，便算是左的门生了。左光斗将史可法安顿在自己家中食宿，并且月支薪米，给他奉养父母。每当公余之暇，师生便在书房内谈论时局，辩论古今，形同父子。左公总是以忠孝大义勉励史可法，当谈到国家危难时，他的心情十分沉重，情绪激动起来时，他的眼睛竟冒出血来。左光斗曾不胜感慨地指着史可法对夫人说："我的几个儿子都是平庸之辈，将来继承我志向和事业的就是这个人。"

这时的史可法还未脱尽孩子气，有次他好奇地偷偷把老师的官服穿着试试，不巧恰被左光斗碰见了，这下可把史可法吓了一大跳。可是左光斗却笑着说："没关系，穿这官服算什么，你是当宰相的料子！"常言说：伯乐识千里马。这个比喻用在左、史的情谊上无疑是恰当的，但却又是远不足以表述其深刻内蕴的。

明朝末年,政治腐败。东林党与阉党从政治到经济都存在尖锐的利益冲突,激烈的斗争是不可避免的;由于阉党手中有皇帝这张王牌,斗争结果必然是东林党人惨遭镇压。

天启五年(1625年),魏忠贤镇压东林党人的恶浪终于将左光斗打入了由宦官把持的东、西厂监狱。左光斗在狱中惨遭炮烙(一种用烧红的铁块来烧烙犯人的酷刑),命在须臾。在亲朋都怕株连、躲得远远的不敢作声的情况下,史可法以五十两银子买通狱卒,化装成一个掏大粪者,冒险闯入布满魏忠贤爪牙的狱中。此时左光斗的面额已被烙铁烧得焦烂,连眼睛都已不能睁开。左边筋骨尽脱,正席地倚墙而坐。史可法睹此惨景,跪在老师身旁,抱着老师的膝盖失声痛哭起来。左光斗从哭声中辨出了来人是谁,奋力用手指拨开眼眶,炯炯的目光直盯着史可法,愤怒地骂道:"没出息的奴才!这是什么地方,你居然来了?!国事败坏到如此地步,我已经完了。你竟敢将自己的生命看得不值钱,跪到这里来寻死,天下大事将来靠谁支撑?你不快走,不必等暗探发现和陷害你,我现在就把你打死!"说着便摸地下的刑具要向史可法打去。史可法只得赶快离开这人间地狱。

这件事对史可法的心灵震撼太大了!连同前面一件件感人至深的事迹,都永不磨灭地深深铭刻在史可法的心中。老师的教诲、期望以及老师不论身处何境都以国事为重的崇高政治品质,如同灯塔,照亮着他的人生旅程;如同航标,指引着他的人生方向。后来每次提到老师,史可法总是声泪俱下地说:"吾师的肺肝是铁石所铸造的。"可以这样说,史可法的肺肝在相当大的程度上是左光斗铸造的。左公被陷害致死后,史可法用重金买通狱卒,收殓遗骸,使恩师得以安息。家教、幼学、师训使史可法在以后的政治生涯中将忠、义、节作为自己最大的人生信条。

忠心为国

崇祯的即位,敲响了魏忠贤一伙的丧钟。他除客魏,黜阉党,优恤被害的东林党人。一时间,濒临溃灭的明帝国似乎又出现了一线生机。崇祯元年(1628年),27岁的史可法殿试中进士。由于殿试是皇帝在殿廷上亲发策问的考试,史可法一跃成了名义上的"天子门生"。明清时代录用官吏是很重进士出身的,仕宦之途在这个27岁的年轻人眼前豁然打开了。祸国殃民的魏忠贤被铲除,恩师的沉冤得到昭雪,自己在科场上连战连捷,这一切对于当时的史可法来说,都是十分惬意的事。此后的事实表明,在史可法的忠君思想中,是糅合着对崇祯皇帝朱由检感恩图报的深情的。

史可法在中进士后,被授予西安府推官之职,从此踏上仕途。在崇祯朝从政17年,史可法一直是"上恐负朝廷,下恐愧吾师"。在任职西安府的三年中,史可法赈灾济民,除奸斩盗,办事果断干练。三年任满,考察官绩,史可法因列为最优等而升迁为京师户部主事。他在任主事期间勤廉奉公,于崇祯七年再次被擢升为户部郎中,督管太仓及辽饷,将太仓和辽饷的出入账目督管得清楚明了,不差丝毫。

崇祯八年(1635年),陕北的农民发动起义。起义军渡过黄河,与河南的农民军汇合,声势浩荡,大举南下,直捣明王朝的发祥地中都凤阳(今安徽凤阳)。崇祯朝廷十分恐惧,但慑于农民起义军的庞大声势,无人敢领命带兵去设

崇祯皇帝

防堵截。此时已任户部郎中要职的史可法出于对朝廷的耿耿忠心,情愿放弃安闲的京官生涯,去到兵凶战危的江北地区堵截农民军。崇祯八年秋天,明廷派卢象升总理江北、河南、湖广等地军务,大举围剿农民军;而以史可法为副使,分巡安庆、池州,监江北明军。卢象升和史可法在与农民军作战时是颇为凶恶的,可是又都先后壮烈牺牲于抗清战场上,表现出了崇高的民族气节。

在崇祯十一年(1638年)冬以前的三年多的时间里,史可法率领着不多的明军在安徽境内为进攻或防御农民军而疲于奔命。他不曾与高迎祥、李自成等重要股头交过锋,也没和张献忠打过大仗,主要是和一些较小股头的农民军周旋。一次作战时,他争先冲锋陷阵,连败农民军于英山、六合,掳获农民军首领顺天王。崇祯十一年冬,清军由墙子岭、青山关两路入关,大举攻明,北京戒严。当年腊月,史可法率二千余人北上赴援。从此以后,便与农民军脱离接触。

由于清军退回关外,史可法在率军渡过黄河后"奉旨止回"。崇祯十二年(1639年)夏至十四年(1641年)夏,史可法遵照封建礼制,在家守父丧三年,暂时离开了政治舞台。崇祯十四年阴历九月,史可法的丧服刚除,即被任命为漕运总督,这是一个保障东南地区的大米通过大运河输送到北京的重要官职。史可法在任上大力兴利革弊,成绩卓著。整顿漕运之后,史可法又致力于在江淮间建立军事重镇,以保证关联七省的漕运畅通无阻。他在辖区内开屯田,招募流亡的百姓,修城墙,访察贤明人士帮助自己处理军政事务,终日忙得不亦乐乎。在他的经营下,江淮南北,百姓安居乐业,军队衣足粮丰,一派欣欣向荣。崇祯十六年(1643年)阴历七月,史可法升任南京兵部尚书,参预军机,成为支撑即将坍塌的明帝国的一根栋梁。

回顾这十六年来的历程,史可法的官运是亨通的。如果换上别的人,恐怕早

已是姬妾成群、家财累万了。然史可法依旧两袖清风，经济上并不富裕，给家中寄钱，最多一次也不过银五十两，银杯一只；并多次叮嘱妻子"可将首饰变卖充用度"，又让妻子从少量的用度中匀出一部分救助贫苦亲戚。崇祯朝内的一些人对他的廉洁表示怀疑，曾在他回家奔父丧时，事先派几名宦官在涿洲等候，检查其行囊。使宦官们大为惊奇的是：史可法带回家的只有两个银杯、扇子十七柄、奠章三十二轴而已。这件事情传到皇帝耳中，一向爱猜疑的崇祯帝感叹万分，朝中的大臣甚至提出夺情(不等丧满而强行要史可法出来做官)之议。

节俭自律却并不妨碍史公对他人的慷慨。服丧期间，史可法路过画家崔子忠家，顺便拜访，见其已穷得揭不开锅，身边别无所赠，就留下自己所乘的马，步行回家。其对人的恭敬友善可见一斑。

史可法的继室杨氏见他42岁还没有子嗣，想要为其娶妾，史可法叹息说："王事方殷，敢为儿女计乎？"坚决不答应。史可法督师时，"行不张盖，食不重味，夏不箑(扇子)，冬不裘，寝不解衣。"平日作战，吃的是粗茶淡饭，睡的是地铺草垫。军队在六安驻扎时，生活较为安定，史可法也丝毫不放松。每日至夜不辍，凡事以国家为重，事无巨细皆亲自过问，从不敷衍了事。他在士兵面前总保持精神振作，从不露出半点倦色。然而，将史可法这十六年的一切德行惠政都加起来，也不过说明他是个比祖父史应元更大的清官而已。如果没有最后的一年，也就没有流芳百世的民族英雄史可法了。

鞠躬尽瘁

此时的明朝已是千疮百孔，少数忠臣良将的励精图志已难挽其颓势。崇祯十七年(1644年)正月李自成称王于西安，三月，李自成攻进北京城。崇祯帝知大势已去，连杀数名妃嫔，并刀劈爱女长平公主，最后自缢于万岁山腰的一棵老槐树上。

李自成已经进京十天之后，有关大顺军逼近北京的消息才传到南京。史可法闻讯急忙会合南京的大员们，准备勤王。阴历四月十四日，李自成进入北京、崇祯帝吊死山上的确息，由明宫中逃出的宦官带到了南京。闻听此讯，史可法北向痛哭，誓为崇祯复仇。可是，他手中并没有几个兵马，立即大举北伐是不可能的。当务之急是尽早立君，表示明朝仍然存在，以维系人心，收拾残局。史可法主张："非英主不足以定乱"，他和姜曰广、张慎言、吕大器、高弘图等东林党人认为福王朱由崧虽是神宗之孙，按次序固然当立，但此人有七不可"不孝、虐下、干预有司、不读书、贪、淫、酗酒"不适合当皇帝，而应当立贤明有德的潞王朱常涝。史可法据此呈上疏议。而凤阳总督马士英却与阉党分子阮大铖等认为朱由崧昏庸可利用，同时可有"拥戴之功"，便与拥兵江北地区的明将黄得功、高杰、刘泽清、刘良佐勾结,将昏庸的福王朱由崧弄到手中,居为奇货,用兵力做后盾,抢先一步送往南京。形势所迫,史可法等只有俯首听命。五月,福王在南京称帝,建立了南明第一个政权——弘光政权。东林党虽然在君王择立问题上受挫,但却成功地掌握了内阁的权力。其中史可法为内阁首辅,掌握了朝中大权。

马士英眼看觊觎已久的权位没能到手,不由大怒,便由凤阳带兵入朝,摆出了一副与史可法见个高低的架势,最终把史可法排挤出内阁。史可法则以忠奸势不两立的姿态,自动请求督师江北,出朝镇守淮、扬,仍挂兵部尚书衔。

这是南明弘光政权存亡的一个关键。史可法被马士英等排挤出朝的消息传出,南京城里一片哗然。吴县诸生卢渭奏疏中说:"秦桧在内,李纲在外","宋终北辕"之语,传遍了朝野上下。广大群众清楚地认识到,马士英之流是秦桧式的祸国奸臣,史可法是李纲式的民族英雄。现在有马士英在朝中窃弄权柄,处处作梗,史可法在外再有本领,也无法获取成功。此后的历史进程,日益清晰地证实了这个论断。

史可法雕像

史可法拥有巨大的东南人望,并且当时朝中还是正人居多,却如此迅速地为马士英所排挤。这里的最深刻原因是皇帝是偏向马士英之流一边的。当年万历皇帝曾想立宠妃郑贵妃的儿子朱常洵为太子,东林党人根据封建宗法制"有嫡立嫡,无嫡立长"的原则,坚决反对。结果朱常洵终被出封为福王。弘光帝朱由崧是朱常洵的儿子,东林党人是他的世仇,因此他对以史可法为首的东林党人从心理上就是既疏且戒且忌的。阉党余孽之所以看准了朱由崧这个奇货,主要也是因为这一点。对于这段恩仇记,史可法和马士英一样清楚,不过无法明言,被迫将这杯苦酒吞下而已。在此后的近一年中,史可法屡以诸葛亮"鞠躬尽瘁,死而后已"的名言激励自己。然而三国时的刘后主是将国事交给诸葛亮,现在的弘光却是将国事交给马士英,因此史可法虽有诸葛之忠谨而不能有诸葛之业绩。

扬州本是江北重镇,南北交通枢纽,商业繁荣,向称富庶之地。在扬州四周,有黄得功、高杰、刘泽清、刘良佐等四路大军作为藩屏,固守江北。这就是晚明史上的所谓"江北四镇",史可法的职责,就是调度指挥这四镇。然而四镇将领为了

争夺扬州，相互厮杀，使扬州一带景象残破。一路上史可法看到官兵军纪败坏，骚扰百姓。到扬州城下，更是惊心动魄：城门紧闭，城外大兵云集、杀气腾腾；城内严阵以待，剑拔弩张。高杰先到扬州城外，任兵士在城郊大肆掠杀百姓，抢夺财物，城外尸横遍野，惨不忍睹。城外的百姓无法耕作，城内的百姓不能交易，真是民不聊生。扬州百姓送上丰厚的物品犒劳高军，请求不要驻。高杰自然不愿放弃快到嘴的肥肉，将扬州城围困一个月；刘泽清不甘示弱，将军队驻扎在离扬州不远的瓜洲小镇；黄得功则陈兵仪真，四足鼎立，虎视眈眈。四镇中高杰气焰嚣张，最难安抚。史可法先连书三封，以飞马传送给刘泽清、刘良佐、黄得功，对他们晓以大义，然后亲自赴三镇劝说，使三镇得以安定。之后史可法亲赴最难对付的高营。高杰自恃有福王的安抚"手诏"，非常骄横。但他素来敬畏史可法，知道他要来，内心十分紧张，连夜挖坑，掩埋尸骸。当他拜见史可法时，脸上仍是苍白，脊背上冒着虚汗。史可法知道，其它三镇只会扰民，不能指望靠他们抗敌；高杰虽然骄横暴烈，难以驾驭，但他统率的数万精兵，却是能够打仗的。任其横行，则是一股祸水；将其笼住，则是一支力量。因此，史可法则和颜悦色，对高杰以诚相待，又一一召见高营的将士。这些和善的举动，使高杰大喜过望，内心余悸顿时消失得无影无踪。当史可法严肃指出高杰不服从朝廷命令，妄图抢占扬州时，高杰跋扈的本相便露出来了，他竟将史可法软禁于城外的福缘庵中达月余之久。史可法却利用这个机会，除做高杰的工作外，还对监视他的高营兵将做工作，使得他们深受感动，盛称史大人是个好统帅。高杰为史可法之诚所感，撤出了扬州。史可法凭着他的"德望"，多方斡旋，总算使四镇愿意听命，消除了四藩争夺扬州的战乱状况。

扬州安定下来了，史可法为了广召天下人才，设立礼贤官。又上《论人才疏》，主张打破常规，不拘一格，荐举选拔人才，调军前使用。他的礼贤馆的确吸收了不少的人才，后来有的在扬州保卫战中牺牲，有的成为各地抗清活动的骨干。例如有个吴尔填，曾在北京失陷时归顺过农民军。李自成从北京败退，他回到南方。马士英要治他"降贼"之罪，他便来投靠史可法，请求从军"赎罪"；并砍下自己的小手指让乡人带给父亲，请父亲予之以全部家产抗击清军。史可法不计前嫌接纳了他。吴尔填后来果在扬州保卫战争中壮烈牺牲。由于史可法任用了吴尔填这样的"降贼"，朝中的反对派大作文章，大肆攻击："督师之地，为招亡纳叛之区；阁部之前，为藏污纳垢之所。"对于恶意中伤，史可法置之不理，不屑一辩。事实胜于雄辩，后来的扬州保卫战中，礼贤馆的多数人都为抗清而献身。

此时清廷的《谕南朝官绅军民文告》传到了南方，这时南明方面才知道北京已为清所占，李自成败退山陕。当时清朝吞并全国的图谋还未充分表露，吴三桂则被讹传为申包胥式的"乞师复仇"英雄，因此弘光朝廷上下正在做着封赏吴三桂与联清灭闯的美梦。从表面上看，史可法一度也是附和的。但是，他并不是一味主张向清妥协,主要是想以此来延缓清军的南下,抓住清军与大顺军在北方"两虎相斗,南牧未遑"的时机,北取中原。

这个战略意图,在他的《请进取疏》中,表述得非常明白。应该说,站在当时南明的角度和立场来考虑问题,这不失为一个现实可行的方案。由于崇祯皇帝是李自成逼死的,当今皇上的父亲福王朱常洵也是李自成处死的。"君父之仇不共戴天",身为大明臣子,此时史可法是连做梦也不敢想到与李自成联合抗清的。作为南明的主要军事负责人,他一心想的是要抢在清朝彻底打败李自成之前,收复当时处于相对真空状态的中原地区,以为下一步不可避免的抗清战争争取到一个有利的战略地位。此时史可法心中,是将"靖内寇"与"制外夷"等量齐观的。随着清朝统治中国野心的公开显露,史可法便将注意重心转到抗清上来了。

就在史可法督师扬州、力拒清军时,南明朝内一片混乱。马士英夺取相权,重施"挟天子以令诸侯"的故技,招纳贪官污吏,陷害忠良,排除吕大器、姜曰广、高弘图等人。阮大铖则被福王任命为兵部尚书,把持军事大权,并企图借"妖僧案"株连打击史公。弘光帝朱由崧则以"万事何如杯在手,百年几见月当头"为座右铭,终日沉湎于酒色,与娼优、乐人和梨园子弟在一起寻欢作乐,人称"老神仙"。弘光元年八月,他又传令选妃子,使得"闾井骚然,苏杭民间婚娶一空"。朝中腐败已达到极点。督师扬州的史可法面对这些情况,疾首痛心,屡次上疏劝谏,要弘光帝卧薪尝胆,藉甲枕戈,奖率诸臣,报仇雪耻,恢复故土,告慰先帝,不可以以江南片席之地以求偏安。其疏中言辞极为恳切。然而弘光帝充耳不闻,依然故我。他和朝中人士皆依恃长江天险,仍终日逍遥,"清歌漏屋之内,痛饮焚屋之中",毫无危机感。

九月初,高杰与黄得功之间因偶然事件,又爆发了冲突。双方剑拔弩张,准备决一死战。史可法费尽了力气,好不容易才将它平息下来。为了动员高杰出师北伐,史可法连自己的督师府也让给高杰妻儿住,自己住偏房。在史可法的精诚感召之下,高杰发生了很大的转变,成为一名锐意进取的爱国将领。

与此同时,发生了一件意义非同寻常的事件,清朝最高统治者摄政王多尔衮致史可法的信到了扬州。史可法将书信上交朝廷,并且修书作答。这一来一往两封书信,辞令都很优美,成了历史上脍炙人口的两篇名文。多尔衮怀着灭亡明朝的勃勃野心,手握强大的八旗兵武力,在信中极尽纵横捭阖、强词夺理,气焰咄咄逼人。他把清军占据北京说成是"得之于闯贼,非取之于明国"。清是为明朝报仇雪耻的,凡是忠臣孝子,都该感恩图报。南明王朝另立国号,便是天有二日,是为敌国。如果不归顺大清,他便要与李自成合伙,一道来消灭南明。最后多尔衮又搬出吴三桂为样板,用高爵厚禄向史可法进行诱降;还以贬弘光、捧史可法的手法,图谋挑动弘光对史可法的怀疑和不满。

史可法刚刚调解了黄、高间的冲突,又遇到马士英从中掣肘,弘光对他的信任度也极其有限,实力地位是十分疲软的。在这种情况下,史可法复书的调子是语谦而意决,适当妥协而不失原则。他委婉地将多尔衮的无理要求和指责一一驳回。在多尔衮的来书中,还向史可法抛出了一个同以讨贼为心的圈套。史可法举历史上"契丹和宋,止岁输以金缯;回鹘助唐,原不利其土地"为例证,向多尔衮提出"合师进讨,问罪秦中,共枭逆贼之头"的反建议。这就将了多尔衮一军:你要"同以讨贼为心",很好!事成后你得像回鹘助唐一样,退回到你的关外老家去。史可法的心中是并不当真相信会有此举的。他在复多尔衮书后不久的《请讨贼御房以图恢复疏》中,字面上虽仍是将"讨贼"与"御房"并提,实质却是落实在"御房"二字上。在清军入关,满汉民族矛盾盖过了阶级矛盾的当时现实情况下,史可法作为一个清醒的明朝政治家,对于致命威胁为谁是清楚的。他在奏疏中曾着重地提醒弘光:"房(清朝)必图南","和议固断断难成"。在复书的最后一段,史可法表明了自己"鞠躬致命"、"光复神州"的坚强决心,义正词严地拒绝了多尔衮的诱降阴谋。

继清廷企图诱降史可法事件之后,南明派遣赴北京议和的副使陈洪范只身狼狈回到南京,他带来了正使左懋第被拘留(后被杀害)、清军即将大举南下的恶讯。和谈的美梦像肥皂泡一样破灭了,黄河沿岸到处有清军踪迹,前线羽檄交驰,纷纷告警。由于马、阮的掣肘,四镇的内讧,经营中原良机坐失,黄河天险已与清军共有。

此时,面对清军,史可法只有积极防御,他认为现在必须守住黄河南岸。只有守住了黄河才能守住淮河,守住了淮河才能守住长江。可是谁敢到第一线与清军对峙呢?高杰挺身站了出来!他奋然率部北上,进抵黄河南岸,身先士卒,沿河设防。他在与刘泽清书中说:"近日河南抚镇接踵告警,一夕数至,开封上下北岸俱有北兵,问渡甚急……时势至此,令人应接不暇。惟有殚心竭力,直前无二,于万难之中,求其可济,以报国恩而已。"这一片忠勇爱国之心,多么像史可法啊!如果说,当年左光斗为国家和民族发现并培育了一株栋梁之材的话,那么现在史可法为国家和民族终于将一匹害群之马驯训过来了。

这年十一月,清兵由山东南下占领宿迁,包围邳州。史可法派总兵刘肇基率领军队反击清军,收复宿迁。此时,江北局势十分危急,史可法以血书飞报朝廷请求援助。马士英反诬史可法,面对阁臣冷笑说:"史可法必是想到快年终了,将士需犒赏,军费需报销。此时报功,开口要钱,是兵立功未必可靠。"他漫不经心,拒不发放粮草,也不派兵援助。而各将也采取观望态度,没有进兵之意,并且屡次相互残杀。弘光元年正月,寒意袭击着整个江北,诸军已断荤绝饮。此时,意外的悲剧发生了:高杰进抵睢州后,被睢州明将许定国设计诱杀,然后渡河降清。噩耗传来,史可法伤心得泪流满面,连连顿足说:"中原完了!"

高杰出师未捷身先死,本是一件深可痛惜的事,然而有人却别是一种肺肝。马士英想趁机以自己的党羽来控制高营,而其它三镇想趁机并吞高营,扩大自己的人马和地盘。此时高营各部群龙无首,纷纷由前线南撤。他们既不买马士英党羽的账,更对其它三镇的企图感到愤怒,成了一支谁也管束不了的乱军。这局面自然又要由史可法来收拾了。史可法东奔西走,安抚高杰军。这时,西路清军已占领归德(今河南商丘),继续南下,进逼长江;东路清军已从邳州、宿迁进逼淮南,形势十分危急。此间,弘光王朝内部又先后发生所谓"南渡三疑案"。这"三疑案"是:第一,"大悲案"。大悲是个和尚,俗家姓朱,潞王朱常涝佞佛,曾和他认做本家。由于东林党人曾想拥立潞王,所以弘光对潞王一直严加防范,生怕他夺了自己的皇帝宝座。大悲来到南京后,弘光怀疑他是来为潞王刺探情报,便将他下到监狱,定成死罪。第二,"太子案"。有个自称是崇祯的太子朱慈烺的年轻人,从北方辗转来到南京。弘光又怕自己的宝座被他夺去,匆匆定其为伪,投入狱中。第三,"童妃案"。当年李自成攻下洛阳,时为福王世子的朱由崧扒城逃脱,在开封与周王府宫女童氏私相结合;而今童氏千里寻夫来到南京,他却坚不承认,拒不见面,将她投入狱中折磨至死。

这三案闹得满城风雨,引起一系列的恶性连锁反应。"童妃案"将弘光本人置于被怀疑的尴尬地位。人们疑心他是假的,怕童氏说出真相来,所以要杀人灭口。"大悲案"使阉党如获至宝,他们趁机将史可法等东林党人列为大悲的同党,想除之而后快。"太子案"的后果更是不可收拾,如果说腐败透顶的弘光小朝廷的复灭是历史的必然,那么三疑案,特别是"太子案"就是一副加速其灭亡进程的催化剂。

弘光元年三月,雄踞武昌的宁南侯左良玉,以"太子案"为借口,打着"清君侧"的旗号率领大军浮江东下,声讨马士英、阮大铖。左良玉为什么不早不晚,偏偏在这个时候发动兵变呢?这还得从左良玉本人说起。左良玉早年受东林党人侯恂的提拔,由普通士兵晋升为将军,所以他与东林党人关系较好,从而与阉党乃至弘光互相猜疑戒备。一些被马、阮之流迫害的东林党人,纷纷投到左良玉的保护伞下,从而更加深了双方的对立情绪。马、阮不敢与左良玉公开翻脸,暗里却经常克扣左军粮饷军需,并筑板矶城暗防之。左良玉对此很是不满,遂萌生反叛之心。恰在这时,朝内又发生了伪太子案。于是左良玉假为兵端,起兵发难,矛头直指马、阮二人。

与此同时,豫亲王多铎率领的一支强大清军,在攻破潼关,进占西安,击败李自成之后,正以狂风暴雨之势,横扫中原,直扑江北,进抵淮河一线。在这敌情万分严重之际,马士英竟操纵弘光,命令史可法尽撤江北明军来打左良玉。史可法急忙上疏恳切陈词,指出清军大举南下,关系国家存亡,江北之兵千万不可撤。他并且表示愿意亲赴左营,调停解决这场内部斗争。然而,马士英等对左良

玉既畏且恨,他们公然无耻地宣称:"与其死于左,不如死于北","宁可叩北兵之马,不可试南贼(左良玉)之刀。"露骨地表现了准备向清军屈膝投降的汉奸面目。他们已将黄得功部调来打左军,还要调二刘入卫,连史可法本人也迫于君命难违,不得不率军驰赴南京。本来十分脆弱的江北防线,就这样未经一战便稀里哗啦地散架了。

正巧此时,左良玉途中病死,其子左梦庚继续向南京进兵,被黄得功部击败。弘光帝又命史可法回守防地,不必入朝。史可法登上燕子矶头,遥望钟山与南京城垣,心头百感交集,南向八拜,痛哭而返。

硝烟弥漫

弘光元年四月,清军乘南明弘光政权内乱渡过淮河,每日推进50里,情势紧迫。史可法驰归扬州,尚未吃饭,就听得城中一片乱哄哄,说是许定国要引清军来杀尽高杰旧部。十四日刚交五更,高营兵将便拥着高杰的妻儿斩关夺门而逃,骡马船只抢劫一空。偌大一个扬州,顷刻之间成了不设防的城市。紧跟着,十五日清军前哨部队就到了扬州西北郊的斑竹园。史可法以"血书寸纸"驰报兵部请救,并急檄江北各处明军来援。但此时兵部尚书的要职已为阮大铖所窃取,他正想借刀杀人,除掉心头大患,又岂肯发兵!所以仅刘肇基等少数将领应命。

十八日清军渐集城郊,一面进行诱降,一面等待红衣大炮运到便行攻城。十九日,多铎派降清明将李遇春到城下说降,史可法令义子史德威痛斥其"负国背恩"。遇春无耻地挑拨说:"公忠义闻于华夏,而独不见信于朝,死何益也!"史可法大怒,下令射死这个汉奸,吓得李遇春狼狈逃去。多铎又遣人持书招降,史可法说:"吾为朝廷首辅,岂肯反面事人!"命勇士追下城去,将来人扔进护城河中。多铎知道史可法深得人心,决心招降他,让他成为洪承畴第二,为清朝征服江南卖力。于是在二十日又五次遣人持书至,史可法一概不予拆封,当着来人的面投之火中。由于扬州已被占压倒优势的清军包围,外援断绝,史可法知孤城早晚必将陷落,决心城亡与亡,以身殉国。十九日史可法在城楼上写了上奏朝廷的遗表;二十一日,再次作书与母亲、岳母、夫人诀别,这是史可法的绝笔了。

到了二十二日,多铎见招降不成,开始架炮轰城。密集的炮弹将城墙上的雉堞击毁了,史可法指挥军民随毁随修复;城墙被轰缺口了,立即用盛土的草袋填补起来。敌人的炮火吓坏了刚入援不久的甘肃镇总兵李栖凤、监军副使高岐凤两个软骨虫。他们竟想劫持史可法一道去投降,史可法正色斥责说:"这里就是我的死所,你们想图富贵,请自便。"这两个变节分子拥有四千余人,他们几乎是一半的守城兵力。史可法当时既不可能用武力解决他们,又恐勉强留着发生内变,只得听之投敌。李、高率部投清后,守城的兵力更加单薄了。本来,多铎连日屯兵坚城之下,软硬两手都不得逞,又"野无所掠",攻城决心曾有所动摇。恰好此时李、高率部来降,尽告以城中实况;许定国这个汉奸更是力言:"扬城无援,更待数日可破。"于是,多铎乃决心不惜一切代价,一举攻下扬州。

四月二十五日,这是中国历史上值得纪念的一天。这天一清早,清军便在多门红衣大炮的掩护下,用人海战术向扬州城发动狂涛般的猛攻。史可法一面令人持牌告谕市民:万一城破,敌人问抗拒不降之罪,有史可法一人当之,决不连累全城百姓;面祷告上苍,下令开炮狠狠还击。数百名清军在反击的炮弹下毙命了!多铎气得像头狂怒的野兽,他亲自督阵,用红衣大炮猛烈轰城,炮声隆隆如雷,硝烟遮天蔽日,城墙多处崩塌。而守城军民却前赴后继,屹立城头,寸步不退。清军架起登城器械攻城了,城上军民以飞蝗骤雨般的乱箭和擂石,将"蜂拥蚁聚"的敌人歼灭在城墙底下。清军死了一批又一批,城下的尸体越聚越高,以至最后清军竟靠踩着堆积的尸体,肉搏登城。

敌人潮水般地涌上城头了!起先,史可法曾与总兵庄子固约好:万一城破,就由庄子固将自己杀死,以免被俘。现在事到临头,庄子固却怎么也下不了手。史可法迅速拔刀自刎,刀刃刚接触颈子,便被庄子固和参将许谨夺刀抱住,衣襟上已是颈血淋漓。史可法又叫义子史德威动刀,史德威也哭着不依。数十名将校幕僚拥着史可法向小东门突围,而东门已被攻破;又折走南门,此时后面追兵已至。许谨、庄子固等都中箭牺牲,义子史德威仍死命相随。而前面又来了一支清军,史可法见事已至此,乃奋然大呼:"我就是史督师,快引我见你们主帅!"

清兵将史可法绑于多铎面前,多铎敬重史可法,相待如宾,口中直呼先生:"现在先生已经尽了做臣子的忠心,不为叛国了。如果能为我收拾江南,定当不惜以重任相委。"史可法回答:"我身为朝廷大臣,岂肯苟且偷生做万世罪人!我头可断,身不可辱,愿速死,早从先帝于地下。"多铎仍不死心,又说:"君不见洪承畴的榜样么?"史可法以蔑视的口吻回答说:"承畴身受先帝厚恩,而不能死节,实属不忠至极,我怎能跟他学!"这时,杨遇蕃这个动摇分子也来给多铎帮腔了,他劝史可法暂且不死,以救百姓。史可法厉声怒斥这个胆小鬼,越说越动火。多铎见亲自诱

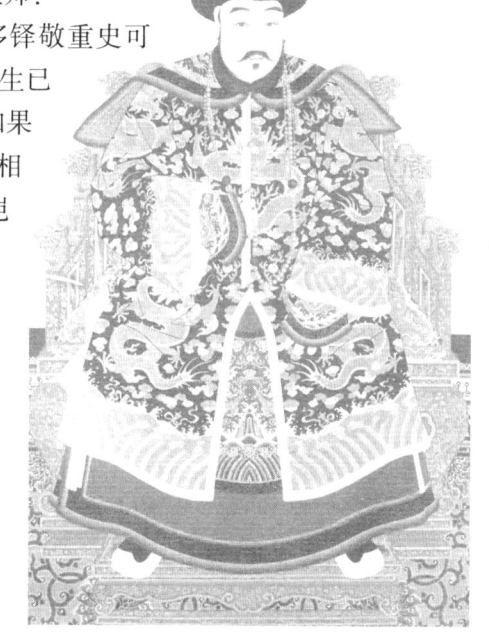

多铎

降仍不成,恼羞成怒,马上露出了征服者的凶残嘴脸,他拔出佩刀便朝史可法砍来。史可法迎着刀锋,巍然挺立不动。多铎被他这大无畏的气概镇住了,他倒退数步,连呼:"好男子!"

多铎又想玩弄诱降把戏,而史可法态度愈益严厉。多铎绝望之余,狠狠地说:"你既要做忠臣,我就成全你的名节!"史可法坦然回答说:"我早就下定了城亡与亡的决心,你可以将我碎尸万段。但扬州百万生灵,既属于你,当示以宽,万不可杀戮。"说罢,他慨然就义于南城楼上,时年44岁。史可法与扬州全城军民的心连在一起,血流在一起,尸体也混在一起。至今扬州梅花岭下葬钓乃是他生前服用过的衣冠——这位民族英雄的"衣冠冢"。

史可法在怒斥多铎、壮烈殉国之时,全城军民正与敌人进行着浴血巷战。仅文武官员,壮烈牺牲的就达二百人以上,一时奋战而死的军民,多至无法统计。这是清军进攻南明以来所遇到的第一次顽强抵抗,它开了后来嘉定、江阴全城奋起抗清的先声。多铎将全部仇恨都倾泻到扬州百姓的身上,他下令屠城十日。在屠杀了全城数十万人民之后,才行"封刀"。

在史可法牺牲后的二十天,多铎进入南京,弘光逃走被俘,后与潞王朱常淓、所谓"北来太子"一道,斩于北京宣武门外的柴市。一场加速弘光小朝廷覆亡步伐的无聊官司,至此彻底了结。而在史可法牺牲后的一个星期,李自成为英王阿济格所率清军击败,在通山九宫山区被地主武装杀害。一连串的重大事件,标志着一个阶段的结束,历史又将展开新的一页。史可法为国家民族鞠躬尽瘁的精神与宁死不屈的气节,鼓舞和感召着江南人民的抗清斗争,"嗣三吴兵起,咸曰可法尚在,竞借其声相慰奋。"而农民军将领们则与继起的南明政权联合起来,在更为广阔的地域里,进行了一场持续二十年之久的声势浩大的抗清斗争。

史可法的复书,受到清统治者的赞扬。清乾隆皇帝曾作御批:"可法遣人报书,语多不屈,""卒再一读,惜可法之孤忠,之叹福王之慧,有如此臣而不信用,使权奸掣其肘而卒至沦亡也。"并将史公与宋代的文天祥相提并论。乾隆四十一年(1776年)即史可法就义一百三十年,乾隆帝赐其谥"公正",并派人为史可法建祀立碑,题像赋诗,赞辞颇佳。"节秉清刚,心存于济,危颠难救,正直不回。"史可法,这位明朝的孤臣赤子,在朝时未得重用,死于清军之手,而死后却获得清朝皇帝的如此礼遇,可见其忠义之举感人之深。

史可法历经了神、光、熹、思及弘光五朝,以一介书生,受命于国家危难之秋。从政十七载,由推官逐步升为南京兵部尚书,直到南明首辅,官位至极,无不以其功德获得提升。他一生廉直恭毅、平易近人、克己奉公。在民族危亡之时,不避艰难,屡次上疏诤谏,与高弘图、姜曰广协心戮力,同辅弘光,不为高官厚禄所诱。然弘光帝不思进取,昏庸至极,奸臣当道,灾歉频繁,民心已失,士气堕落,南明政权已是风中之烛,无御敌之力。以史可法为首的忠良力量单薄,孤掌难鸣,无法挽回亡国之势。史公最终以身殉国,真可谓"数点梅花亡国泪,二分明月故臣心",其气浩然长存于天地之间。

时局类残棋,杨柳城边悬落日;衣冠复古处,梅花冷艳伴孤忠。古城扬州,庄严肃穆的史公祠内,楹联款款,道出了人们对明末忠相史可法的不尽哀思。"人生自古谁无死",史可法凭借着明清之际的历史舞台,演出了自己慷慨悲壮的最后一幕。从此,伟大祖国的历史画廊里,又多了一位民族英雄的塑像。

李自成

李自成（1606年~1645年），出生在陕西米脂县一个贫苦农民家庭。明末农民起义军领袖，他有勇有谋。后加入反明农民起义军，南征北战，公元1643年建立大顺政权。次年率军攻占北京，推翻了腐败的明王朝。但因镇守山海关的名将吴三桂引清军入关，李自成被迫领兵退出北京，转战陕西、湖北等地。在湖北通山县九宫山为地主武装所杀，有的说他出家为僧。

被迫起义

明朝末期，阶级矛盾日益尖锐，天灾人祸不断发生。连续多年闹灾荒，土地都被皇亲贵族、地主豪绅霸占了。千百万农民身上无衣，口中无食，受着统治阶级残酷的剥削和压迫。李自成从小就因欠债被迫给姓艾的地主放羊。21岁那年，他打伤了地主，逃到银川当了一名驿卒。当时，全国到处都有农民起义爆发。

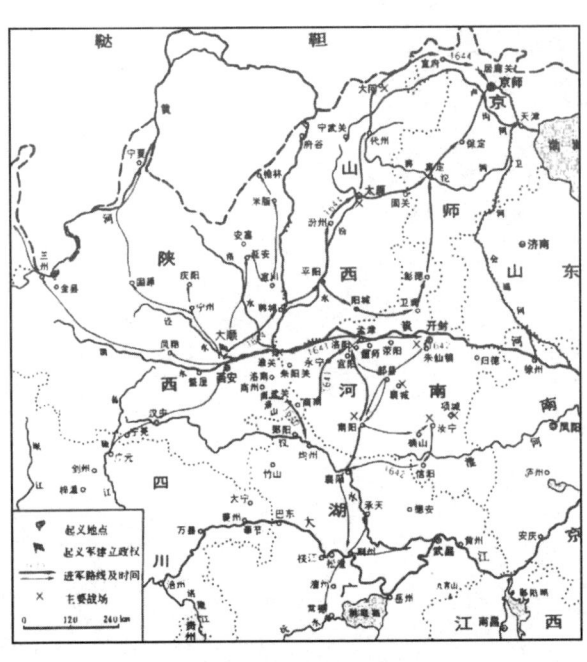

李自成起义路线图

1630年，张献忠在陕西米脂十八寨起义，自称"八大王"。李自成也杀死贪官造了反，在高迎祥领导的起义军中当"闯将"。1635年，明朝派洪承畴出陕西，朱大典出山东，两面夹攻起义军。斗争的实践教育了起义军，他们深深感到，只有联合作战才有力量。1635年，各路起义军会师于河南荥阳，共13家，72营，在一起共商对敌之策。杰出的农民军领袖李自成提出联合作战、分兵出击的方案，得到大家的支持。

高迎祥是明末农民战争早期的一位杰出领袖。1636年,他不幸被俘,英勇就义。起义军把"闯王"这个英雄称号推让给屡建战功、声望很高的李自成。从此,李自成做了"闯王"。李自成领导着起义军继续和明朝作战,成为中国历史上一位杰出的农民革命领袖。

李自成领导的起义军,英勇善战,南征北讨,声威大震,使腐朽的明统治阶级闻风丧胆。他们每到一处,都是砸官府,开粮仓,对官僚、地主坚决镇压,把粮食和财物分给劳动人民。他常向群众宣传:"我们杀掉欺压穷人的贵族地主,就是要解你们的心头之恨。"因此,李自成很受群众欢迎。当时在民间广泛流传这样的歌谣:"盼闯王,迎闯王,闯王来了不纳粮。""朝求升,暮求合,近来贫汉难存活。早早开门迎闯王,管叫大小都欢悦。"

闯王领导的起义军,经历了艰难曲折的斗争过程。1637年,李自成起义军中了敌人埋伏,队伍被打散。李自成、刘宗敏等十几个人被迫隐伏在商洛山中。但他并不灰心,同将士们白天耕田练武,晚上读书思考,吸取历史上各次农民起义成功和失败的经验教训,研究斗争策略,总结自己的斗争经验。

1639年,他率众出山,又受挫折,被困于巴西鱼腹山中。后来,李自成只率50骑人马突围,闯入河南。这时,河南大旱,斛谷万钱,饥民争相参加起义军者数万人,一个更大的革命高潮出现了。起义军获得迅速发展,人数达到50万以上。1641年,李自成提出了"均田免粮"的革命纲领。均田就是把土地分给农民;免粮就是取消封建的赋税剥削,把农民从封建压迫下解放出来。李自成还特别注意农民军的自身纪律约束。他规定:战士不准收藏白金;缴获物品归公;行军不住民房,自带帐篷宿营;损坏庄稼,严厉处罚;"公平交易","平买平卖";不滥杀人,不奸淫妇女。他提出"杀一人如杀我父,淫一妇如淫我母"的口号。李自成本人作风民主,上下平等,大的决策都和部下讨论决定。平

闯王李自成

日生活简朴,粗茶淡饭,食无兼味。每天早晨只喝小米粥,与战士同甘苦,始终保持劳动人民本色。这些正符合被剥削、被压迫劳苦大众的愿望,对部下是极大的鼓舞。

崇祯十四年(1641年)一月,李自成攻占洛阳镇压了福王朱常洵。次年,攻下襄阳,称新顺王,初步建立了政权机构。张献忠于崇祯十六年(1643年)五月攻下武昌,把楚王投入江中。张献忠在武昌称大西王,初步建立了政权。次年,张献忠带兵入川,八月攻陷成都,在成都称帝,改元大顺,建立大西政权。

李自成攻下襄阳后,在政治上提出"均田免粮"口号争取群众;军事上改变过去流动作战的战术,建立了各种军事制度。他连克承天府、孝感、黄州等地,基本上摧毁了明朝在河南的精兵。李自成已具备了推翻明朝的实力,并确定了先取关中、继取山西、后占北京的策略。崇祯十六年(1643年)十月,李自成大军攻克潼关,率10万大军围歼明三边总督孙传庭,十一月起义军不战而进入西安。崇祯十七年(1644年)一月,李自成在西安建立了大顺政权,年号永昌。还颁布了新的历书,铸造永昌钱币,平抑物价,招抚流亡,镇压地主豪绅,废除八股文,选拔官员接管地方政权。这时,李自成的起义军已经是雄兵百万了,开始向明王朝发动总攻击。

闯王进京

起义军进入山西后取得了节节胜利,消灭了大量的明朝官军,迅速攻下了太原、大同、宣化、居庸关、昌平。公元1644年3月17日,起义军包围了明王朝的都城——北京。北京明军不攻自溃,19日李自成率军攻入北京,统治中国276年之久的朱明王朝,终于被李自成领导的农民军推翻。但是农民军进入北京后,内部却发生很大变化。许多将领犯了严重错误。有的将领被胜利冲昏头脑,产生骄傲自满、麻痹轻敌的思想,忽视了地主阶级猖狂反扑的危险;有的进城后开始蜕化,不能抵制金钱酒色的侵蚀,原来的革命意志逐渐消失;也有些士兵,以为革命已到尽头,盼望回家务农。这给关外虎视中原的大清贵族和明朝的残余势力以可乘之机,胜利果实被满族贵族和汉族地主官僚篡夺了。1644年4月,原明朝山海关守将吴三桂引清兵入关,大败李自成亲率的农民军,李自成撤回北京。29日匆忙称帝,建国大顺,次日退出北京。5月初,清军占领北京。

李自成铸币永昌通宝

遭遇清军

　　1644年3月17日,农民军兵临北京城下。城内乱作一团,崇祯帝急得捶胸顿足,大呼:"内外诸臣误我!"他仓皇召集大臣问策,群臣一个个战战栗栗说不出话来。驻守城外的明军,不战而降;守城明军,连饭都吃不上,哪有心思抵抗?18日夜,农民军占领外城,崇祯帝领着几个太监乱窜,妄想冲出城去,都碰了壁。他只好奔到万岁山上吊。临死前,他逼迫皇后、妃子自杀,还挥剑砍伤、砍死两位公主。3月19日,由丞相牛金星、军师宋献策等陪同,李自成头戴大绒帽,身穿青布衣,骑着高头大马,从德胜门进入北京城。城内百姓热烈欢迎农民军。许多街门前书写着"大顺永昌皇帝万岁"等字。李自成来到承天门前,立马仰望,感慨万千。他摘下弓箭,向承天门的匾额射去,正好射在天字上,将士们雀跃欢呼。

　　农民军进入北京,军纪严整。大顺政权命令明朝贵族、官僚、富户交出巨额赃款,还镇压了一批罪大恶极的贵族、官僚。那时候,大顺政权控制了长城以南、淮河以北的广大地区。入北京城前,李自成连发三箭,同农民军约法说:"军人入城,有敢伤一人者,斩以为令。"进城的当天,他又张榜宣布:大军进城,秋毫无犯,敢有抢掠人民财物的,立即处死!百姓高兴地奔走相告,店铺很快开张营业,城内外迅速恢复正常生活。李自成两次接见城乡老年人,询问民间疾苦和农民军有没有扰乱百姓的现象。受接见的老人,出宫后向人们述说,李自成简朴可亲。

李自成行宫

李自成进军北京的消息传到关外,清朝摄政王多尔衮,急忙率领大军南下。驻守山海关的明朝将领吴三桂,投降清朝。李自成亲自率兵同吴三桂军队以及清军在山海关展开大战,农民军失利。山海关大战异常激烈。李自成在关下列阵,农民军英勇战斗,吴三桂军队面临崩溃局面。吴三桂见形势严峻,亲自去清营见多尔衮,请求清军立即出兵。多尔衮令清军进关。那一天,狂风大作,飞沙走石,对面不见人影。清军从吴军背后冲出,猛攻农民军。已经连续奋战两天的农民军被清军冲乱阵势,大将刘宗敏负伤,李自成只得下令退兵。李自成回师北京,接着被迫向陕西撤退。

清军入关以后,占领北京。顺治帝迁都北京,由多尔衮辅佐。清军继续追击农民军。

清军占领北京以后,明朝官僚在南京拥立福王组成小朝廷,这就是历史上南明的开始。小朝廷重用奸臣,政治更加腐败。1645年,清军进入江南,包围扬州,劝守卫扬州的南明统帅史可法投降。史可法拒绝,城破,他不屈而死。南京的南明小朝廷也迅速覆灭。

清军在江南进展迅速。多尔衮令汉人剃发易服。这种民族压迫政策,激起江南人民强烈反抗。剃发令限男子在十天之内,必须照满洲人的风俗,剃发梳辫,还宣布"留头不留发,留发不留头"。服装也要照满洲人的样式,男子穿长衫马褂,女子穿旗袍。江苏江阴人民誓死不剃发,提出"头可断,发决不可剃"!他们推举典史阎应元领导大家守城。阎应元组织全城百姓投入战斗,坚持了80多天。最后清军攻入城中,阎应元和守城百姓都壮烈牺牲。经过20年的战争,清朝才基本上统一江南。

起义失败

李自成撤出北京后,经山西退回西安。清军在清顺治元年(1644年)冬分兵两路进攻西安,次年二月潼关失守,李自成从西安经襄阳进入武昌。五月,李自成在湖北通山县南九宫山遭到地主武装袭击,壮烈牺牲,年仅39岁。顺治三年(1646年),清军由陕南入川,攻打大西军。张献忠于次年七月撤离成都,北上与清军作战,十一月牺牲在凤凰山(今四川南溪县北)。李自成、张献忠牺牲后,农民军余部继续坚持战斗。大顺农民军分为两路:一路由郝摇旗、刘体纯等领导,活动在洞庭湖以东地区;另一路由李过、高一功领导,活动在洞庭湖以西地区。大西农民军在孙可望、李定国率领下转入川贵,坚持抗清斗争。清军集中兵力镇压义军,李过病逝,高一功、刘体纯、郝摇旗等战死,孙可望降清,李定国兵败。到顺治十五年(1658年),明末农民军余部的战争完全失败。

明末农民起义虽然失败了,但它的伟大历史功绩是永垂史册的。它沉重地打击了地主阶级,遏止了土地高度集中的发展,使得农民对地主阶级的人身依附关系有所松弛;起义中提出的"均田"口号,是唐宋以来农民战争的一个新发展,它直接触及了封建土地所有制,这在中国农民战争史上是第一次,标志着中国封建社会的农民战争已经进入了一个新的历史阶段。明末农民起义,为中国人民革命斗争史写下了光辉的一页。

清朝篇

清朝于1644年入关，定都北京，逐渐完成了统一，建立了全国统一的政权。这一成就的取得，要归功于努尔哈赤、皇太极和多尔衮的统治，正是因为他们才使得清朝如此顺利的问鼎中原，成为中原的统治者。

清朝在历史上曾经出现过很多著名的明君。康熙、雍正、乾隆缔造了『康乾盛世』的局面。刘墉、纪晓岚这些名臣因着自身的的才华，也都名留青史。

但是清朝这个处在历史转换时期的朝代，注定要接受世人的白眼和谩骂。尽管有着号召世人睁眼看世界的林则徐和严复，终究没有挡住李鸿章、左宗棠、张之洞、曾国藩名义上变法但是实际是在维护封建统治的历史洪流。因为在他们背后还有一个更大的阻碍，就是慈禧太后。林则徐和严复启发了康有为和梁启超，依然被封建统治者的强大势力压迫掉了。虽然在这期间，国家有着懵懂的复苏迹象，比方说詹天佑率领工程师建立了我们自己的铁路，终究还是力量太过弱小，只能是挣扎，最终还是被淹没了。

努尔哈赤

努尔哈赤(1559年~1626年),满族爱新觉罗氏,后金(清)的建立者,史称清太祖。中国历史上卓越的政治家、军事家、战略家、统帅。公元1583年起,逐步统一女真各部,创建八旗制度。公元1616年在赫图阿拉(今辽宁新宾西南)即汗位,国号金(史称后金)。公元1618年起兵反明。公元1625年迁都沈阳。他在满族的初期发展中,起着重要作用,清朝建立后,被追尊为太祖。

重用贤能

努尔哈赤出生在一个小部酋长的家里。他的六世祖猛哥帖木儿,原是元朝斡朵里万户府的万户。1405年应明成祖朱棣的招抚,入京朝贡,封授建州卫指挥使,后掌建州左卫,晋升至右都督。公元1433年,因教授明都指挥佥事裴俊,被阿速江等卫"野人女真"杀死。其子董山是努尔哈赤的五世祖,初授指挥使,后晋升右都督,与叔父凡察分掌建州左卫、建州右卫。成化三年(1467年)以屡掠辽东人畜,被明朝斩杀。建州三卫遭到明军残酷征剿。董山的长子脱罗及其子妥义谟,先后袭职,多次进京朝拜明帝,贡献方物。董山的第三子锡宝齐篇古,是努尔哈赤的四世祖。锡宝齐之子福满,后被清朝追尊为兴祖直皇帝。福满第四子觉昌安是努尔哈赤的祖父。觉昌安第四子塔克世娶妻喜塔喇·厄墨气,生三子,长为努尔哈赤,次为舒尔哈齐,幼为雅尔哈齐。觉昌安是建州左卫枝部酋长,为明都指挥使,人少势弱。早期依附建州"强酋"亲家王杲,也常率领部众进入抚顺马市贸易,以麻布、粮食易换猪牛,领取抚赏的食盐、红

努尔哈赤

布、兀刺等物。公元1574年，明辽东总兵官李成梁率军数万，攻取王杲之寨，杀掠人畜殆尽，觉昌安、塔克世背叛了亲家，为明军向导。万历十一年，王杲之子阿台图报父仇，屡掠边境。李成梁再率大军出击，取阿台的古勒寨及其同党阿海的莽子寨，杀阿台，"杲自是子孙靡孑遗"。觉昌安、塔克世再次为明军向导，战乱中被明兵误杀。噩耗传来，年方25岁的努尔哈赤本想起兵索报父仇，但势孤力单，怎能与拥兵百万的大明"天皇帝"交锋。无可奈何，努尔哈赤乃诿过于建州左卫图伦城主尼堪外兰，指责其唆使明兵杀害父、祖，奏请明臣执送。不料这一要求，竟惹恼了骄横跋扈的明朝边将，被视为无理取闹，一口拒绝。并宣称要于甲板筑城，令尼堪外兰为"满洲国主"，尼堪外兰威望大升，"于是国人信之，皆归尼堪外兰"。甚至连亲族子弟也"对神立誓"，欲杀努尔哈赤以归之，尼堪外兰则乘机逼努尔哈赤"往附"，俨然以建州国君自居。

公元1583年五月努尔哈赤起兵时，只有甲十三副部众三十人。在关系到一部、一国盛衰兴亡的用人问题上，努尔哈赤强调了六项原则：一是必须任用贤人；二为不论亲疏门第，公正举人，"勿论根基，见其心术正大者而荐之；莫拘血缘，见有才者即举为大臣"；三系不拘一格，用其所长，"有临阵英勇者，用以治军；有益于国政之忠良者，用以辅理国政"；四乃举贤贬奸，因"善良公正之人不举不升，则贤者何由而进？不肖者不贬不杀，则不肖者何由而惩"；五是奖惩分明，功必赏，过必罚。"有善行者，虽系仇敌，亦不计较，而以有功升之；有罪者，虽亲不贯，必杀之"；六为赏赐效劳官将，视其所需，赐与马、牛、阿哈、食谷、衣服、财帛和妻室。

努尔哈赤还制定了厚待功臣的重要国策。对于早年来投、率军征战、尽忠效劳的"开国元勋"，如费英东、额亦都、何和里、扈尔汉、安费扬古等"五大臣"及杨古利、冷格里等人，给予特别礼遇和优待，赐给大量人畜财帛，任为高官，封授爵职，联姻婚娶，荣辱与共。当这些功臣出了差错时，他着重指出"贫时得铁，犹胜于金"，常以其功而从轻处治。

努尔哈赤重用贤人和厚待功臣，招徕了许多机智忠贞、武艺超群的有才之人和猛将谋士。他们献计献策，奋勇冲杀，善理国政。自此，女真部逐渐"民殷国富"，国势日强，军威大振。这就在政治上、经济上、军事上为统一女真各部，建立

努尔哈赤的宝刀

努尔哈赤入关前铸币——"天命钱"

和壮大后金国,奠定了坚实的基础。另一方面,在军事与外务上,努尔哈赤也制定了正确的方针、政策和具体策略。他采取了"恩威并行,顺者以德服,逆者以兵临",即以抚为主、以剿相辅的方针。其具体内容有三:一为抗拒者杀,俘获者为奴。因纳殷部七村诸申降后复叛,据城死守,"得后皆杀之"。额赫库伦部女真拒不降服,努尔哈赤遣兵攻克,斩杀守兵,"获俘一万",灭其国,"地成废墟";二是降者编户,分别编在各个牛录内,不贬为奴,不夺其财物。原是部长、寨主、贝勒、台吉,大都封授官职,编其旧属人员为牛录,归其辖领;三为来归者奖。对于主动远道来归之人,努尔哈赤特别从厚奖赐。当他听说东海虎尔哈部纳喀达部长率领一百户女真来投时,专遣二百人往迎。到后,"设大宴",厚赐财物,"为首之八大臣,每人各赐役使阿哈十对、乘马十匹、耕牛十头",以及大量皮裘、貂帽、衣、布、釜盆等物。对其他随从人员,亦"俱齐备厚赐之"。这样就缩小了打击面,争取到许多部长、路长带领属人前来归顺。仅据《八旗满洲氏族通谱》的记载,黑龙江、吉林、辽宁女真酋长统众来归的,就有二三百起之多。因而加速了女真统一的进程,减少了不必要的伤亡和损失。他还采取了正确的用兵策略,一般是由近及远,先弱后强,逐步扩大。他积极争取与蒙古联盟,尽力避免过早地与明朝发生正面冲突,直到公元1618年以"七大恨"誓师伐明以前,都没有受到明军的征剿,这极大地利于统一女真事业的顺利进行。努尔哈赤长于用计,重视保密,多谋善断,议即定,定即行,出兵犹如暴风骤雨,迅不可挡,经常以少胜多,变被动为主动。

统一各部

从明万历十一年以遗甲十三副兴师起,取图伦,下巴尔达,斩尼堪外兰,败九部联军三万,十年之内统一了建州女真部落。接着,他又灭哈达,并辉发,亡乌拉,降叶赫,取东海女真。三十六年内,统一了建州、海西女真及大部分"野人女真"部落。"自东海至辽边,北自蒙古嫩江,南至朝鲜鸭绿江,同一音语者俱征服","诸部始合为一"。在统一女真各部的过程中,努尔哈赤积极建立国家政权。

公元1587年,努尔哈赤在呼兰哈达东南加哈河、硕里加河两界中的平岗筑城三层,"建衙门楼台"。六月二十四日,"定国政,禁革作乱、窃盗、欺诈,立禁约法制"。

万历二十三年,他自称"女真国建州卫"王子。

万历三十三年,他又自称"建州地方等处国王"、"建州王"、"建州国汗"。与此同时,他命额尔德尼、噶盖创制满文,又逐步建立牛录——八旗制度。

万历四十三年,八旗制度正式确立,所有人员皆须编入八旗。一牛录三百丁,设牛录额真一员,代子二人,章京四人。五牛录为一甲喇,设一甲喇额真。五甲喇为一旗,置固山额真一、梅勒额真二。八旗人员居住同一地区,互为婚娶,耕田种地,牧马放羊,采参打猎,遵守国法,纳赋服役,听从汗、贝勒统率,使用满语满文。服装发式亦须一律,妇女不得缠脚,男子皆要剃发留辫。这样一来,使原先来自不同地区、制度相异、习俗不一的几十万女真、蒙古、汉人,在生产力、生产关系、赋役负担、国家法令、语言文字和风俗习惯等等方面,大体上达到了同样的水平。旧有的差异迅速消失,一致性愈益增多,逐渐形成一个在经济条件、语言文字、心理状态等方面基本一致的新的民族共同体——满族。

努尔哈赤,于公元1616年正月除夕,在赫图阿拉举行开国登基大典。当时他58岁,自称"承奉天命覆育列国英明汗"(简称"英明汗"),定国号为后金,建元天命。一个辖地数千里、臣民数十万的强大的后金国,出现在中国的东北地区。

公元1618年4月13日,努尔哈赤以"七大恨"呈告皇天,声讨明国之过,发军征明。努尔哈赤的"七大恨",是指责明朝政府欺凌自己和广大女真的七条大罪。第一恨为明军"无故生衅于边外",杀其祖父觉昌安与父亲塔克世;第二恨是明朝违背誓言,"遣兵出边,护卫叶赫";第三恨系明臣背誓,指责建州擅杀出边采参挖矿的汉民,逼令建州送献十人斩于边上;第四恨乃明朝"遣兵出边,为叶赫防御",使叶赫将其许聘与努尔哈赤及其子代善之女"转嫁蒙古";第五恨是明廷遣兵,驱逐居住柴河、齐拉、法纳哈三路耕田种谷的女真,"不容收获";第六恨为明帝听取叶赫逸言,遣人持函,"备书恶言",侮辱建州;第七恨是明廷逼迫努尔哈赤退出已经并吞的哈达地区。"七大恨"所表述的基本思想和主要目标,是正义的,是合情合理的。它对激励女真(满族)奋发图强,英勇冲杀,反抗明朝政府的压迫,起了巨大的作用。

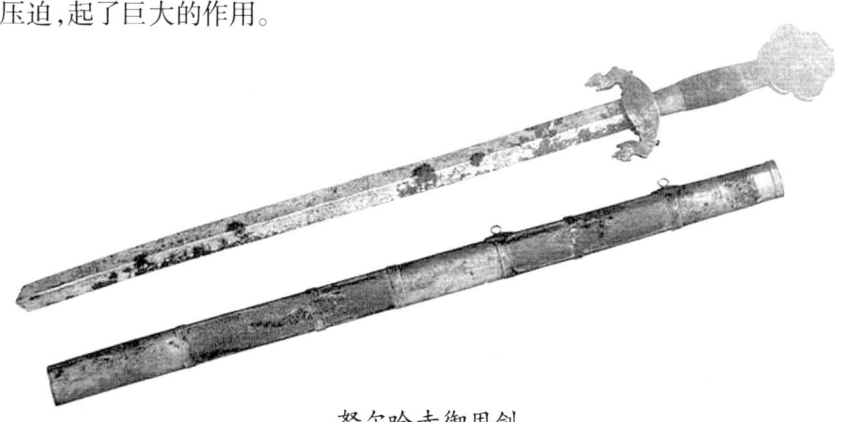

努尔哈赤御用剑

壮大实力

万历四十七年二月十一日,明辽东经略杨镐、蓟辽总督汪可受、巡抚周永春、巡按陈王庭,在辽阳演武场,集合征辽官将。议定分兵四路,北路以原任总兵马林为主将,西路主将是山海总兵杜松,南路由辽东总兵李如柏为主将,东路主将是总兵刘綎。四路兵共8.85万余人,加上朝鲜兵1.3万余及叶赫兵2000,号称47万。携带枪炮数万,约定分道出边,三月初二日在二道关会合,集中进攻后金都城赫图阿拉。努尔哈赤早已探听到明军消息。面临大军围剿、有可能遭到灭门灭族之灾的危险形势,身经百战的努尔哈赤和八旗子弟,却镇静自若,从容应战,胸怀保家卫族的决心,誓死杀敌。努尔哈赤显示了非凡的军事指挥才干,采取了集中兵力、各个击破、发挥所长、克敌之短的正确方针。他强调指出:"凭你几路来,我只一路去!"撤回各屯寨士卒,只留少数兵士防御南路、东路。八旗劲旅首先迎战明军主力西路杜松部。建州知悉杜松"勇健绝伦",决定设下埋伏,智胜勇取。当杜松领军2万余,日驰百余里,赶至浑河时,努尔哈赤已在山林深处埋下精兵,并遣人堵住上游,使河水突浅。一待杜松见水很浅而率军渡河时,后金军决堤,河水骤涨,"水深没肩",明兵"没于河者几千人"。当明军拥挤过河后,伏兵突起。努尔哈赤带领大贝勒代善、二贝勒阿敏、三贝勒莽古尔泰、四贝勒皇太极和八旗大臣,统率八旗劲旅,以两倍于杜松的兵力,勇猛冲杀。三月初一日,于萨尔浒(距赫图阿拉西120里,今辽宁抚顺东大伙房水库)迅速消灭了西路明军,斩杀杜松、王宣、赵梦麟三总兵。第二日,努尔哈赤又统军击败北路军,总兵马林仓皇逃遁。努尔哈赤坐镇赫图阿拉,遣大贝勒代善,率诸贝勒、大臣,领兵迎击明勇将刘綎的东路军。当刘綎于三月初四日进至阿布达里岗距赫图阿拉约50里时,后金军早已"设伏于山谷",并遣一明降官,持所得杜松的"号矢"(即令箭),驰至刘营,诱其速进。刘綎中计,匆忙前往,队不成列。一入伏中,代善挥令八旗劲旅突起冲刺,斩杀刘綎,明军措手不及,全军覆灭,朝鲜从征元帅姜弘立率众降金。明辽东总兵官李如柏知悉兵败,奉杨镐命令,仓

大贝勒代善

皇撤退。明军四路出击，三路败没。四位总兵战死，阵亡道臣、副总兵、参将、游击、都司、通判、守备、中军、千总、把总等官310余员。兵丁死亡4.58万余名，丢失马、骡、驼2.8万余匹，遗弃火器大小枪炮2万件。

公元1619年3月的萨尔浒之战，使明金关系发生了根本性的变化。从此，后金获得了主动权，人心振奋，器械充足，战马成群，军威远扬；而明国则君惊臣恐，官兵畏战，人畜火器损失巨大，士无守志，陷入了被动困窘的逆境。

天命四年6月16日，努尔哈赤乘明摄开原道事的推官郑之范贪婪昏庸、不理防务，和总兵马林松懈疏忽，率领大军轻取辽东军事要镇开原，"易如拉朽"，斩杀马林等官将。7月25五日又攻克了铁岭，后金军威声震天下。在军事进展异常顺利的形势下，努尔哈赤在政治上、经济上、外交上采取了一系列有力措施，来巩固内部、壮大实力、突破包围，为夺取辽东创造条件。

天命四年七月，原开原千总王一屏、戴集宾、金玉和、白奇策及守堡戴一位，因"子女被俘"，带二十余人"觅妻子来降"。佟家的二十人亦叛明逃来。努尔哈赤十分高兴，谕告说："尼堪（汉人）无叛逃他国之例"，"观此来降者，知天意佑我矣。彼闻吾养人，故来投耳"，"我等应善养来投之人"。遂赐六员千总各人五十名、牛马五十匹头、羊五十只、骆驼二头、银五十两、绸缎十匹、布一百匹；赐守堡、把总等官各四十人、牛马四十匹头、羊四十只、骆驼一头、银四十两、绸缎八匹、布八十匹。其余随从人员各依职务，赐与妻子、役使阿哈、田舍、耕牛、乘马、衣服、粮食等物。

七月二十六日，努尔哈赤亲率八旗健儿，在铁岭击败喀尔喀部斋赛等贝勒援明之兵，生擒斋赛父子三人及色本等二十名贝勒、台吉，使满蒙关系发生了重大的变化。

遣使修好

努尔哈赤一向重视与蒙古各部的和好、联盟，很早便与蒙古科尔沁部、喀尔喀五部的一些贝勒、台吉遣使往来，联姻婚娶。他曾将三弟舒尔哈齐贝勒之女孙带格格抚为己女，嫁与喀尔喀部之巴约特部恩格德尔台吉。他闻听科尔沁部的兀鲁特部明安贝勒之女"颇有丰姿"而聘为妃，又娶科尔沁部孔果尔贝勒之女。其子褚英、莽古尔泰、皇太极、德格类，皆分别与内齐汗等贝勒之女结为夫妻。特别是建州兴起以后，明朝实行"以西虏（蒙古）制东夷（建州）"的政策，每年花上百万两银子，赐与蒙古贝勒，要他们出兵，助明作战，从北面包围后金，更加突出了蒙古在明金争斗中的重要地位和强大影响。但在明廷重赏的引诱下，称霸于喀尔喀五部的斋赛，以及扎鲁特部色本、巴克贝勒等人，与明联盟，誓征建州，一再袭击后金村寨，劫杀后金使者，并出兵来援铁岭。甚至连努尔哈赤的内弟桑噶

尔寨(明安贝勒之子),也领兵随同斋赛,来援明朝,征剿姐夫。

努尔哈赤抓住斋赛、色本以后,作出了明智的决定,暂不杀戮;并释放斋赛部下一百四十人返回其部,以此来争取蒙古喀尔喀五部脱离明国,让他们与后金建立友好联盟关系。此举果然见效,八月,喀尔喀五部诸贝勒遣使来,请求不杀斋赛。努尔哈赤回信,列举斋赛之过,说明因念及五部卓里克图洪巴图鲁贝勒、厄布拉德依皇台吉,故拘而未杀。十月二十二日,以卓里克图洪巴图鲁贝勒为首的喀尔喀五部贝勒,遣使来求联盟对明,战则同战,和则同和。努尔哈赤于十一月初一日遣额克星额等五大臣前往,与五部贝勒宰牛杀马,对天盟誓;决心"共议讨伐原来之仇敌明国",若欲议和,必"共同议和",违者"损寿短命"。努尔哈赤释放斋赛之子克实克图,厚赐皮裘衣帽鞍马,送彼回部,并宣布待两国同征明国,取得广宁以后,再考虑斋赛的归期。在此之前,其二子可轮流在后金侍奉其父。后金与蒙古喀尔喀五部的关系发生了巨大的变化。

天命四年六月,为便于用兵,努尔哈赤于界凡筑"行宫"及八旗贝勒、大臣、兵士住房,迎汗和诸贝勒福晋来此居住。十六个月后又迁居萨尔价,一步一步逼近明境。

天命五年三月,努尔哈赤第一次制定"论功序爵"的制度,援用明朝官称。设总兵官、副将、参将、游击,均分为三等。大体上原来任固山额真之人即为总兵官,梅勒额真为副将,参将、游击为甲喇额真,原来当牛录额真的,一律为备御。从总兵官至备御,皆为世职。另外,每牛录下,设千总四员。这对鼓励八旗官将效忠于汗为国出力,起了相当大的作用。

天命五年六月初四日,努尔哈赤命竖二木于门外,下令说:"凡有下情不得上达者,可书诉词悬于木上,吾据诉词颠末,以便审问。"这一措施,有利于体恤民情,主持公正,使下情有可能上达于汗。同月,努尔哈赤第一次派遣人丁,"往东海煮盐"。建州女真地区素不产盐,一向依靠"抚赏"、"告讨",从明朝边臣手中领取十斤八斤二十斤盐,十分困难。以致相当多的女真人长期没有盐吃,包衣阿哈常因无盐食而离主逃走。这次煮盐,效果显著,不久便运回一二十万斤,"于国内按丁给与",在一定程度上缓和了食盐供应极为紧张的局面。

天命五年九月,努尔哈赤处理了皇族内部纠纷的重大案子,第一次提出了"共治国

清代瓷器

政"的制度。相当长的时间里,二贝勒阿敏厌恶其异母之弟斋桑古贝勒,大贝勒代善虐待前妻之子硕托贝勒,关系十分紧张。九月初三日有人首告斋桑古、硕托欲叛逃明国,十三日努尔哈赤与诸贝勒、大臣议定,"发兵堵截通往明国之路"。当晚将二人拘留监禁,代善、阿敏向汗奏乞,欲杀二人。二十日努尔哈赤断定斋桑古、硕托是与其兄其父不和而出怨言,并非叛逃,下令释放。随即查明,代善不将"良好僚友、国人"分与前妻之子岳托、硕托,并诬告硕托与己二妾通奸。努尔哈赤大怒,严厉谴责代善,愤怒指出这种听信后妻谗言欲杀亲子之人,"哪有资格当一国之君,执(掌大政)!"立即当众宣布:"先前(欲使代善)袭父之国,故曾立为太子。现废除太子,将使其专主之僚友、部众尽行夺取。"二十八日,代善亲手杀死继妻,遣人向努尔哈赤奏请,要求"若蒙父汗不处死刑而得再生",希望允己叩见请罪。努尔哈赤做出了宽厚的态度,并令代善与诸子立誓缓和关系。代善对天发誓,今后"不再为非"、怀抱怨恨。八和硕贝勒、众大臣"亦立誓书",指责了代善的过失。宣布"立阿敏台吉、莽古尔泰台吉、皇太极、德格类、岳托、济尔哈朗、阿济格阿哥、多尔衮、多铎为和硕额真",规定新汗"不得恣意横行",不能出于一己私怨而贬革勤理政务的和硕额真。如果某一和硕额真犯有扰乱政务的罪行,则由另外七旗和硕额真集议裁处,该罚则罚,该杀则杀。代善虽被革除太子,但仍旧统辖原有的正红、镶红二旗,仍居四大贝勒之首,佐理国政,统军出征。后金统治阶级的内部矛盾,有了较大程度的缓和。

天命六年闰二月十六日,针对阿哈遭受奴隶主虐待而反抗逃亡的情况,努尔哈赤下达"汗谕",劝诫家主"宜怜阿哈","阿哈应爱主","双方应该相互慈爱"。他要求阿哈将"耕种田地之谷"全部交与家主,主人家中要多织布,供给阿哈衣服饭食。如果家主不"善养"阿哈,阿哈"以衣食为劣而上诉后","则从虐养之主取之,转而给与善养之主"。努尔哈赤发布这一汗谕,是企图在大举攻明前夕,缓和奴隶主与奴隶之间尖锐的阶级矛盾,巩固和维护后金国中占居主导地位的奴隶制生产关系。

大败明军

天命六年(1621年)三月十日,努尔哈赤亲率大军出发,十二日晨到达沈阳,在城东七里河的北岸筑造木城屯驻。沈阳"城颇坚,城外浚壕,伐木为栅,埋伏火炮"。城外挖有与人身相等的陷阱十道,井底密插尖木桩。陷阱之后挖有四道大壕,尖桩密布。又树立大栅栏,沿内壕排列楯车,每车安放大炮二门小炮四门,两车之间又置大炮五门。奉集堡、虎皮驿亦皆开河建闸,修缮坚固,与沈阳成为掎角。沈阳城内有贺世贤、尤世功二总兵官,各将兵万余。总兵官陈策、董仲揆引川浙兵1万余正自辽阳来援,守奉集堡总兵李秉诚、守武靖营总兵朱万良、姜弼亦

领兵3万来援。按军队总数而言,明国稍占优势,兼之沈阳城坚濠宽堑深,枪炮众多,明军如果据城死守,是很难攻克的。

努尔哈赤知悉单凭硬攻,以弓矢对枪炮,以人力攻坚城,是难以奏效的。如战事拖延,陈策、李秉诚等四万余军队及其他援兵赶到之后,腹背受敌,局势便十分险恶了。遂临机应变,果断决定诱敌出城,发挥己军善于野战的长处,设下埋伏,乘机歼敌。三月十二日,努尔哈赤先派数十名骑兵"隔壕侦探",被总兵尤世功家丁追击,死四人。勇猛寡谋的总兵贺世贤"勇而轻,谓奴易与",遂改变了原来"固守"的方针,"决意出战"。第二日,努尔哈赤又遣少数老弱士卒挑战,贺世贤饮酒大醉,率家丁千余出城,夸下海口说,要"尽敌而返"。金兵"诈败",世贤中计,"乘锐轻进"。一入伏中,后金"精骑四合",将明兵重重包围,奋勇砍杀,大败明兵。世贤"身中四矢",且战且走,退至城边,因吊桥绳索被努尔哈赤数月前派往城中诈降的蒙古、女真人砍断,不能入城。八旗兵追至,击杀贺世贤及来援的尤世功,冲入城内,拿下了号称金城汤池的沈阳重镇。此时,明总兵陈策等率川浙兵来援,刚至浑河,川兵渡河,营于桥北,浙兵在桥南,营寨尚未安好。努尔哈赤乘机率军猛攻,先消灭了桥北川兵,随即击败朱万良、姜弼来援的3万明军,紧接着又歼灭桥南浙兵。一日之内,努尔哈赤统率八旗健儿五六万,鏖战四次,将7万余明军各个击破,攻克沈阳,创造了军事史上集中兵力击败优势敌军的光辉战绩。

努尔哈赤屯兵五日,论功行赏,三月十八日集诸贝勒、大臣定议,进军辽阳。三月十三日沈阳一失,辽阳危如累卵,城中"兵不满万",又"身无介胄,器不精利",辽东"战将劲兵",一半损于沈阳之战,一半在各地应援。如果金兵于十四日飞驰进击,当天即可轻取辽阳。明经略袁应泰、巡按张铨利用努尔哈赤的迟延和失误,飞速征调援军,撤虎皮驿、奉集堡兵回辽阳,五天之内,凑集了13万大军。

三月十九日午时,努尔哈赤率军进至辽阳城东南角,当天晚上,于城南七里安营扎寨。此时,论兵数,明倍于金。讲地形,明防守,得地利。辽阳城十分坚固,"城高厚壮,屹然雄峙"。城外挖濠三道,每道宽三丈、深二丈,濠外复筑大堤潴水,又引入太子河水,灌满护城深壕。辽阳有上万门大炮,其中七门,各重一千余、二千余、三千余斤,一发可毙敌数百,威力很大。《武皇帝实录》卷三记述辽阳守备情况说:"(明臣)放代子河(即太子河)水于壕,塞其西闸,内列火器于城上,排兵四面,守御甚严。"朝鲜文献甚至记述了后金军望城生畏的情形,指出:"(八旗军)至辽阳,望见城池险固,兵众甚盛,虏皆沮欲退。"如果明经略袁应泰调度有方,凭坚死守,辽阳是不会轻易失落的。努尔哈赤看到明军守备甚严,决定避免硬攻,力争智取。他首先严正宣布必战、死战的决心,声色俱厉地谕告众人说,"一步退时,我已死矣。你等须先杀我,后退去",并立即"匹马独进"。这种无所畏惧的英雄气概,对八旗官兵产生了强烈的影响,促使他们知难而进、转怯为勇。

　　努尔哈赤再次运用发挥所长制敌所短的正确战术,决定诱敌出城,引入伏中,以便合歼敌军;同时又派遣"细作",混入城内,待机内应。三月十九日,他先差少数人马横渡太子河,诱骗敌人,明军果然中计了。明经略袁应泰本来已和诸将议定,"畏敌多,主守",现在看见后金兵马太少,"其骑可数",遂因"见贼少而主战"。亲督侯世禄、李秉诚、梁仲善、姜弼、朱万良五总兵,率兵出城五里,在教场扎营。明兵忽守忽战,军心不定,努尔哈赤乘机指挥军队,"奋力冲杀","明兵大溃而死","军败多死"。第二日,三月二十日,努尔哈赤亲督士卒猛攻,鏖战多时,明兵又败。三月二十一日,努尔哈赤领军乘胜进击,原先派入的"奸细"从中内应,遂攻下辽阳,袁应泰自尽,张铨被俘,不屈而死。努尔哈赤带领八旗贝勒、大臣,进入城内,驻于经略衙门,谕令汉人归顺。辽河以东的宽甸、海州、耀州、盖州、镇江、熊岳、复州、汤站、武靖营、长宁、长静、三河、十方寺、永宁、镇夷、威远、孤山、甜水站、草河、奉集、平房、蒲河、懿路、鞍山等七十余城官民"俱削发降"。

　　天命六年努尔哈赤迁都辽阳,派人迎接汗之福晋和皇子,将建州地区人丁移驻辽东。努尔哈赤这一决策,对促进后金的发展起了重大的作用。

　　天命七年正月十八日,努尔哈赤统领八旗劲旅,西征明朝辽东重镇广宁。虽然明在关外有军队20万,两倍半于金军,而且火器众多,但努尔哈赤并不畏惧,二十日即渡过辽河,进围西平。二十一日午时猛攻克城,并随即与十万明军鏖战于沙岭,斩杀辽东总兵刘渠、援辽总兵祁秉忠,大获全胜。明辽东巡抚王化贞弃广宁城匆忙逃遁。正月二十四日,努尔哈赤领军至广宁,明游击孙得功等率士民执旗张盖奏乐叩降,迎入城中,驻巡抚衙门。平阳、西兴、锦州、大凌河、右屯卫等四十余城官兵俱降。二月十七日,努尔哈赤命诸贝勒统兵留守广宁,将锦州、义州等处官民迁于河东,回归辽阳。

重视发展

　　天命六年四月初一,即金军攻下辽阳后的第八天,努尔哈赤谕劝海州、复州、金州民归降时,正式提出了对待辽民的"各守旧业"政策。他下达汗谕说:对经过"死战而得获之辽东城民,尚皆不杀而养之,各守旧业",使辽民"皆各出其力,经商行贾,美好水果,各种良物,随其所产,此乃长远之利矣"!过了一个月,他在谕劝镇江民降顺时又指出:不会因镇江民杀死遣往劝降的后金官员,"而将此处之民俱皆杀戮,此处所出口粮尽皆丢弃"。"我方以民缺少为恨"。辽民应快归顺,则"各守其宅,各耕其田"。此后又多次重申这一政策。

　　紧接着,努尔哈赤又宣布实行"计丁授田"政策。天命六年七月十四日,努尔哈赤颁发分田汗谕,命于海州地方取无主之田十万日(一日为田六亩或十亩)、

辽东地方取田二十万日，分给八旗兵丁和汉民。一丁给与种谷之田五晌植棉之田一晌，"均行给与"，"乞丐、僧人皆分与田，勤加耕种"。同年十月初一日，他又降谕汉民说：辽东五卫之人和海州、盖州、复州、金州四卫之人，令种无主之田三十万日。此后，多次将田地授与满汉人丁。在授与汉民的土地上，基本上是延续了过去辽民的封建生产关系。

努尔哈赤在"各守旧业"、"计丁授田"的基础上，沿袭了明朝政府的封建赋役制度，并作了一些必要的修改。在七月十四日的分田谕中，努尔哈赤曾规定，领受田地的汉民，需"三丁耕官田一晌"，"每二十丁，征一丁当兵，以一丁服官役"。但这种耕种官田的劳役地租剥削方式太古老了，根本不适合于已经长期封建化的辽东地区，无法推行，乃改订新法。

天命六年八月十七日，努尔哈赤下令："从速逼迫催征依照旧例征收官赋之谷草。"九月十六日又谕令管理汉民事务的八游击、二都司，"官赋征收之谷，须并征以草"。十二月初十日，他再下汗谕，指责盖州副将刘兴祚说："依照旧例征收之谷、银、炭、铁、盐等官赋，何故不从速催督遣送"。责令刘遣派兵士，"催征依照旧例征收之赋"。这个"旧例"，就是明朝政府在辽东征收封建赋税的规定。由于金国一向采用以丁为主要的计算单位，因此，努尔哈赤在保留明朝政府征收封建赋税的基本项目和正额数量的条件下，渗进了入驻辽沈前的传统作法，实行计丁征赋金役制。

天命六年，努尔哈赤进驻辽阳明辽东经略衙门以后，即定下了许多任用汉官的政策。二十四日，他下令"释辽阳狱中官民，查削职闲住者，复其原职。设游击八员、都司二员，委之以事"。努尔哈赤这样做，是十分正确的。因为，以汗、贝勒为首的满族贵族人数并不多，五六万金兵，只能聚居在辽阳、沈阳、广宁及少数军事要地，其他州县和广大乡村，则难以一一分兵屯驻。兼之言语不通，文字相异，服饰有别，习俗不同，无法了解辽民心情，不易查获叛逃密谋，也很难逼迫汉人纳粮贡赋当兵服役。在这种条件限制下，没有汉族地主阶级代表人物的支持，汗、贝勒是很难在辽东站稳脚跟的。努尔哈赤就曾专门召集汉官对他们说："尔等之国人，可信者，不可靠者，尔等知之矣。"

努尔哈赤在给"明国众游击官"下达的汗谕中，对他们提出了四个方面的要求：一是责令降金汉官"勤守各种法令"，即贯彻执行要求阿哈耕田交谷、强迫汉民种地守法、纳粮当差、不得叛逃等等法令和汗谕；二要汉官"为汗之眼，观察众人；为汗之耳，用以听众。诸凡各事，皆详加督察。"即要他们侦察汉民对待汗、贝勒的态度，有无叛逃密谋，随时上报，为努尔哈赤制定的"平盗贼，止恶逆"政策服务；三为谕令汉官"公正审断"，以维护后金国的统治；四是谕劝汉官不要"科索下人"，以免激化矛盾，招致辽民更加猛烈地反对金国的统治。

努尔哈赤多次宣布，对尽忠效劳的汉官，要破格提升，要"嘉赏赐财"，要"赏以功,给与为官",要使他们"终身享受",而且功臣的子孙可以世代承袭祖、父的官职。原明抚顺游击李永芳,初升三等副将,从征辽阳后晋三等总兵官。明商人佟养性初授三等副将,破辽阳后晋二等总兵官。开原人刘兴祚,降后初任备御,下辽阳后,晋至副将,其侄亦为海州参将。这些措施产生了很大的影响,金军进入辽东初期,不少明朝官、将、生员降顺新君,献计献策,告密送信,催征赋税,迁民分地,查点丁口,追捕逃人,对巩固金国的统治起了相当大的作用。

努尔哈赤利用攻克辽东大败明军的有利条件,进一步加强了争取蒙古来归和建立满蒙联盟的工作,取得了显著效果。天命六年十一月,蒙古喀尔喀部古尔布什、莽果尔台吉率部民六百四十五户来归。七年二月十六日,蒙古科尔沁的兀鲁特部明安、兀尔宰图等十六贝勒,以及喀尔喀部石里那克等贝勒,率所属三千余户,前来归顺。喀尔喀五部又有一千二百户来投。努尔哈赤分别封授官职,赐与皮裘绸缎布匹银器及"房田奴婢牛马粮粟","凡所用之物,俱赏给之"。对一些人多势强的贝勒、台吉,还让他们与金国汗、贝勒联姻婚娶,共享荣华富贵。努尔哈赤封古尔布什为一等总兵官世职,以第八女聪古图公主嫁与为妻,尊称额驸,给与女真一牛录、蒙古一牛录。授莽果尔总兵官世职,嫁以族弟济白里之女。布颜代,初授二等参将世职,娶公主为妻,封额驸。努尔哈赤授岳父明安三等总兵官世职,给予特别优遇。明安之子多尔济亦娶公主,为额驸。很早就来拜谒的蒙古喀尔喀部的巴约特部恩格德尔台吉,也娶了努尔哈赤的侄女为妻,尊称额驸;归顺后,又授三等总兵官世职,盟誓赐诰,赐与十四个拖克索,"近身役使和伐木运水"的男女四十对,以及大量金银财帛。其子索尔哈娶努尔哈赤之孙女为妻。

努尔哈赤还专门下达文书,给予来归蒙古诸贝勒。宣布要"无差别地对待亲生儿子与仰慕而来之诸子",并指定他们分别与汗、贝勒"结成亲家",以便"很好地恩养"他们。当斋赛之家送其二子一女为质并带马二千匹、牛三千头、羊五千只来赎斋赛时,努尔哈赤很宽厚,同意提前释放。他率领四贝勒皇太极、二贝勒阿敏,与斋赛对天盟誓,宣布如骗取牲畜而不送还斋赛,则"将遭殃致死";斋赛也发誓要"以收养之父(指努尔哈赤)为父","以诸弟为弟",若回部之后变心负盟,则"遭殃致死"。努尔哈赤厚赐斋赛皮裘弓矢鞍马甲仗,命诸贝勒送至十里外,设宴饯别,将其所质之女,给与大贝勒代善为妃。努尔哈赤命诸贝勒又与科尔沁部鄂巴等贝勒盟誓,"愿同心合意"对付察哈尔。这些政策和措施,吸引了许多蒙古贝勒、台吉率部来投,编入八旗,扩大了军队,增强了战斗力。与喀尔喀、科尔沁建立了比较巩固的友好联盟关系,对后金国与明作战、与察哈尔林丹汗作战,提供了有利条件。鉴于各贝勒的势力强大和难以挑选合适的嗣子,努尔哈赤于天命七年(1622年)三月宣布今后要实行八和硕贝勒"共治国政"的制度,并采取了一些措施,逐步为这一制度的完全实行创造条件。

宁远之战

天命八年（1623年）六月，听说复州汉民人数增加，接受明国"派来之奸细和札付"将要叛逃，努尔哈赤派遣大贝勒代善、斋桑古、阿济格、杜度、硕托等贝勒，率兵两万，前往镇压。将男人全部杀光，带回大量子女、牲畜。天命九年正月，努尔哈赤连下九次汗谕，遣派大批八旗官兵，在金国的大部分辖区，查量汉民粮谷。凡每人有谷不及五金斗的，定为"无谷之人"。努尔哈赤辱骂"无谷之人"是"不耕田、无谷、不定居于家，欲由此地逃往彼处（明国）之光棍"。谕令八旗官兵"应将无谷之人视为仇敌"，发现其"闲行乞食"，立即"捕之送来"。并于正月二十七日"杀了从各处查出送来之无谷之尼堪"。天命十年十月初三日，努尔哈赤下达长谕，指责汉民"窝藏奸细，接受札付，叛逃不绝"。历数镇江、长山岛、川城、耀州、彰义站、鞍山、海州、金州等地汉民武装反抗事例，宣布要斩杀叛逃之人。他命令八旗贝勒和总兵官以下备御以上官将，带领士卒，各去自己辖属的村庄，"区别"汉民。凡系抗金者，一律处死。各将遵令，"分路去，逢村堡，即下马斩杀"。时有辽民几尽杀光之说，满汉关系极度恶化。

天命十年（1625年），努尔哈赤着手进行大举征明的准备工作。正月，闻听明遣兵一万，由海上至旅顺，修葺城堡，屯驻兵士。努尔哈赤命三贝勒莽古尔泰和阿布泰、巴笃礼二总兵官，领兵六千往攻，克城，击败明兵，毁城而还。三月初三日，努尔哈赤召集八旗贝勒、大臣商议，欲迁都沈阳。诸贝勒、大臣以"恐食用不足，力役繁兴，民不堪苦"为由，乞请不迁。努尔哈赤断然拒绝众议说："沈阳四通八达之处，西征明国，从都尔弼渡辽河，路直且近。北征蒙古，二三日可到。南征朝鲜，自清河路可进。"他坚持己见，遂议定迁都沈阳。

天命十一年正月十四日，努尔哈赤率领诸贝勒，亲统八旗劲旅，号称十三万大军，征讨明国，发动了明金（清）之间的第四次大决战。正月十六日，军抵东昌堡。十七日渡辽河，"于旷野布兵，南至海岸，北越广宁大路，前后络绎，首尾莫测，旌旗剑戟如林。"大军铺天盖地，直向明国杀去。这时，身任兵部尚书、辽东经略要职的阉党党羽高第，胆小怕死，严令从锦州、右屯卫、大凌河、小凌河、杏山、松山、塔山等城撤防。尽驱屯兵居民入关，焚烧房舍，遗弃米粟十余万石，搞得锦州等城兵民"死亡载途，哭声震野，民怨而军益不振"。因此，金兵未遇任何抵抗，"如入无人之境"，二十三日即抵达宁远城郊。宁远只有明兵万余，被金兵重重围困，孤悬关外，与外界的所有联系均已中断，"中外谓宁远必不守"。

努尔哈赤遣被俘汉人入城，谕告城主宁前道袁崇焕说："吾以二十万众攻此城，破之必矣，尔众官若降，即封以高爵。"遭袁严辞拒绝。正月二十四日，努尔哈赤下令，全军猛烈进攻。袁崇焕率领兵民拼死反抗，"枪炮药罐雷石齐下"，十数门大炮不断燃放，"周而不停，每炮所中，糜烂可数里"；又将被褥裹上火药，卷成一捆捆，投掷城下，射下点燃的火箭，"火星所及，无不糜烂"，击毙烧伤了大量金兵。努尔哈赤连攻两天，未能克城，伤亡惨重，"攻具焚弃，丧失殆尽"。无可奈何，乃遣三等副将武纳格率蒙古兵往攻宁远南十六里明军屯贮粮草的觉华岛，尽杀守兵七千，焚烧粮草千余堆和二千余只船。二十七日，努尔哈赤率军撤围，于二月初九日回到沈阳。著名的宁远之战，以明军的胜利金兵的失败而结束。

努尔哈赤死于公元1626年，终年68岁，谥号承天广运圣德神功肇纪立极仁孝睿武端毅钦安弘文定业高皇帝。葬福陵，又称东陵(在今沈阳东北)。

皇太极

皇太极（1592年~1643年），清太祖努尔哈赤第八子。一作黄台吉、洪太是、洪太主、红歹是等，均为同音异写。也有称为阿巴海。满族，爱新觉罗氏，正白旗，清朝的建立者，史称清太宗。杰出的政治家、军事家、战略家、统帅。天命十一年（1626年）即后金汗后，颁布保护农业的法令，加强专制统治，积极吸收汉族文化。天聪十年（1636年），改后金为清，称皇帝。在位期间继续完成对女真各部的统一，进一步加强对东北边疆各少数民族的的融合、开发。为夺取全国政权，屡次对明用兵。

才华出众

皇太极本人生来面色赤红，眉清目秀，行动稳健，举止端庄。他聪明伶俐，耳目所经，一听不忘，一见即识。从小就得到努尔哈赤的喜爱，皇太极的生母叶赫那拉氏，名叫孟古姐姐，是女真叶赫部首领杨吉努（仰加奴）之女。杨吉努为了与努尔哈赤结盟，把小女儿许配给他，称这是天生的"佳偶"。1588年努尔哈赤成婚，时已30岁，新娘只有14岁。当时努尔哈赤有众多妻子和儿女，地位最高的是富察氏衮代，即莽古尔泰之母。但是努尔哈赤与叶赫那拉氏感情甚笃，喜欢她只知侍奉丈夫而不干预政事。皇太极他很爱看书学习，在努尔哈赤的诸将中唯有他识字。皇太极出生时，努尔哈赤正从事统一女真的事业，以满洲部为核心，已将其周围各部统一。

公元1587年努尔哈赤在呼兰哈达山下东南建筑了赫图阿拉。皇太极就出生在这里，他家住在这一山城的最里边，是方圆几百里内最富有的大户。城外有自己的"农幕"，即农庄，家里有大量的绫罗锦缎，吃不

皇太极像

完的鸡、鸭、鱼肉及美酒等。当父兄长年累月忙于出征作战时,七岁的皇太极就开始主持家政了,把家里日常事务、钱财收支等管理得井井有条。特别是有些事情不烦努尔哈赤操心指示,皇太极就能干得很出色。因与自己想的一样,努尔哈赤对皇太极更是爱如"心肝"。皇太极在母亲死后,跟随父兄,迅速成长,能文能武,文武双全。满族及先世女真人素以尚武著称,皇太极向他父亲学习本民族的传统风俗,从小就参加打猎,练得勇力过人,步射骑射,矢不虚发。

　　皇太极在参加作战和协助努尔哈赤治理国家的过程中逐渐崭露了头角。据文献所载,皇太极早期较大的军事行动,是对乌拉作战,时间是万历四十年,皇太极20岁。九月二十二日大军起程,二十九日抵乌拉部,与乌拉兵相峙三天。努尔哈赤所部四出焚毁粮草,乌拉兵白天出城对垒,夜里入城固守。皇太极与其兄莽古尔泰急不可耐,想立即过河进攻。努尔哈赤对他们说:"用兵不能像你们想的那样简单,这好比砍伐大树,怎么能一下子砍断?必须用斧子一下一下去砍,渐渐折断。相同的大国,势均力敌,要一举将其灭亡,怎么可能办到?应当把它附属的城郭一个一个攻取,一直攻下去。没有阿哈,额真怎么能生存?没有诸申,贝勒怎么能生存?"在努尔哈赤的指挥下,他们毁掉了乌拉的一些城寨,而"伐大树"之说,对皇太极后来与明朝作战产生了深远的影响。第二年,乌拉被灭。在逐步完成统一女真各部的基础上,皇太极帮助努尔哈赤建立了新的后金国家,从此皇太极进一步得到了信赖。万历二十九年,努尔哈赤始建黄、白、红、蓝四旗。万历四十三年,合正黄、正白、正红、正蓝并加镶黄、镶白、镶红、镶蓝,正式完成了军政合一的八旗建制。皇太极被任命为管正白旗的贝勒。

　　公元1616年1月1日,当新年来到的时候,皇太极同诸兄弟们为努尔哈赤举行了庄严而热烈的仪式,上尊号"覆育列国英明汗",建国称金,也叫大金或后金,年号天命。现辽宁新宾县老城村为当时的都城赫图阿拉,迄今还有"尊号台"的遗址,俗称"金銮殿"。从此在东北大地诞生了一个和明朝对立的国家政权。在这个后金国家里,努尔哈赤以父和汗的名义处于权力的顶峰。其次就是他的子侄四人,称和硕贝勒,他们"共议国政,各置官属"。此四人依年龄次序为:大贝勒代善、二贝勒阿敏、三贝勒莽古尔泰、四贝勒皇太极,统称为四大贝勒。他们相当于汉人所说的王,所以有时也称大王、二王、三王、四王。阿敏是努尔哈赤之弟舒尔哈赤之子,其余三人均为努尔哈赤之子。在四人中,皇太极排在最后,但这并不表示他的地位低。公元1621年2月,努尔哈赤"命四大贝勒按月分直,国中一切机务,俱令直月贝勒掌理",这说明他们的地位和权力是同等的。

逐步成长

在后金所从事的主要战争活动中,皇太极献智献勇,发挥了重要的作用。天命三年(1618年),努尔哈赤下定决心要对明朝发动进攻,但是具体怎样行动,却议而未决。而在欢庆努尔哈赤六十大寿的宴席上,皇太极献上一计。他提出先打抚顺,"抚顺是我出入之处,必先取之"。并建议利用明朝守城游击李永芳要在四月八日至二十五日大开马市的机会,派遣五十人扮作马商,分成五伙,入城为市。继之由他亲自带领五千士兵夜行至城下,里应外合,两面夹攻。努尔哈赤欣然接受他的建议。四月十三日以"七大恨"誓师征明,结果大获胜利。抚顺之战是后金与明朝的第一次大战,对后金以后的发展影响深远。皇太极的献计献策及亲临战阵,对后金的胜利有决定性的作用。

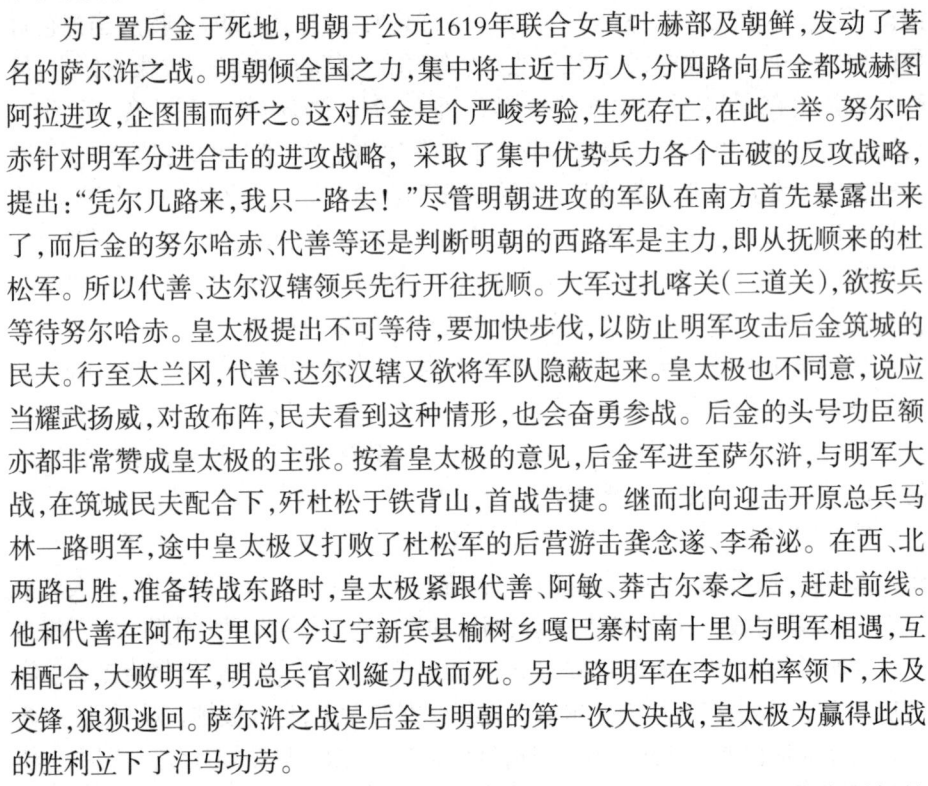

为了置后金于死地,明朝于公元1619年联合女真叶赫部及朝鲜,发动了著名的萨尔浒之战。明朝倾全国之力,集中将士近十万人,分四路向后金都城赫图阿拉进攻,企图围而歼之。这对后金是个严峻考验,生死存亡,在此一举。努尔哈赤针对明军分进合击的进攻战略,采取了集中优势兵力各个击破的反攻战略,提出:"凭尔几路来,我只一路去!"尽管明朝进攻的军队在南方首先暴露出来了,而后金的努尔哈赤、代善等还是判断明朝的西路军是主力,即从抚顺来的杜松军。所以代善、达尔汉辖领兵先行开往抚顺。大军过扎喀关(三道关),欲按兵等待努尔哈赤。皇太极提出不可等待,要加快步伐,以防止明军攻击后金筑城的民夫。行至太兰冈,代善、达尔汉辖又欲将军队隐蔽起来。皇太极也不同意,说应当耀武扬威,对敌布阵,民夫看到这种情形,也会奋勇参战。后金的头号功臣额亦都非常赞成皇太极的主张。按着皇太极的意见,后金军进至萨尔浒,与明军大战,在筑城民夫配合下,歼杜松于铁背山,首战告捷。继而北向迎击开原总兵马林一路明军,途中皇太极又打败了杜松军的后营游击龚念遂、李希泌。在西、北两路已胜,准备转战东路时,皇太极紧跟代善、阿敏、莽古尔泰之后,赶赴前线。他和代善在阿布达里冈(今辽宁新宾县榆树乡嘎巴寨村南十里)与明军相遇,互相配合,大败明军,明总兵官刘綎力战而死。另一路明军在李如柏率领下,未及交锋,狼狈逃回。萨尔浒之战是后金与明朝的第一次大决战,皇太极为赢得此战的胜利立下了汗马功劳。

皇太极对满族的形成,也有特殊的贡献。萨尔浒之战前,叶赫部依靠明朝的支持,一直抵制努尔哈赤的统一。经此一战,叶赫和明朝的联军被打败,它存在的基础动摇了。接着后金又下开原、铁岭,叶赫更加孤立。但是叶赫首领金台石(锦台什)、布扬古(布羊古)拒不投降。天命四年八月,努尔哈赤进攻叶赫,金台石、布扬古分别占据东西二城顽强抵抗。金台石在东城已被攻破而走投无路的

时刻,请求见皇太极,说见他以后可以投降。皇太极是他的外甥,特意从进攻西城的战场上来到东城。见面之后,皇太极百般劝金台石投降,然他个人顽固到底,纵火自焚。从此叶赫部被统一。这标志着一个新兴的满族已登上历史舞台。史载:"满洲国自东海至辽边,北自蒙古嫩江,南至朝鲜鸭绿江,同一音语者,俱征服。是年诸部始合为一。"

天命六年努尔哈赤发动了辽沈大战。皇太极是这次大战的策划者之一和冲锋陷阵的前线指挥官。三月初十日,后金倾国出兵,十二日兵临沈阳城下,明总兵贺世贤出城抵御被战败,十三日后金占领沈阳。明援辽总兵童仲揆、陈策及周敦吉等继与后金兵大战浑河。皇太极奋勇参战。后金的将领雅松遥望明兵,胆怯而退,皇太极却毫无畏惧冲上去,打败明军,并追杀至白塔铺(今沈阳市南郊)。然后与明奉集堡守将李秉诚、朱万良、姜弼接战,皇太极以百余骑击败明朝三总兵。第二天,努尔哈赤斥责雅松说:"我的儿子皇太极,父兄依赖如眸子,因你之败,不得不杀入敌营。万一遭到不幸,你的罪何止千刀万剐?!"怒斥之后,将其削职。攻下沈阳城后,后金兵进城住了五天。三月十九日,努尔哈赤又统大军攻向辽阳。明朝在辽沈的所有兵将都集中在这个古老的重镇。皇太极率后金右翼四旗兵冲锋在前,在左翼四旗兵配合下,于辽阳城外打败明军,直追至鞍山界方返回。二十一日,经过城外城内的反复激战,后金攻取了辽阳,明朝守城的经略袁应泰自焚。巡按御史张铨被活捉,这位大明的忠臣不肯屈服于后金。李永芳去劝降,被他大骂一顿。皇太极用宋朝徽、钦二宗降金的故事进行说服,他虽然终未低头,但对皇太极却表示相当尊重。从中反映出皇太极不单是后金英勇善战的一员骁将,而且已经是比较成熟的政治家了。后金在辽沈大战的胜利,影响所及至于辽河以东七十余城相继而下,连同以前所得,后金已经把东北的绝大部分地区纳入了它的统治范围。后来皇太极就以辽沈为中心,统一了全东北及蒙古的一部分地区。天命六年后金迁都辽阳,十年定都沈阳。

皇太极

继承霸业

努尔哈赤死后,皇太极终于登位为汗。与其争夺汗位者,只牺牲了一位乌拉那拉氏。皇太极能取得这场斗争的胜利,原因在于:一他本人当时的势力比较强大,有战功,有政治斗争经验,年仅15岁的多尔衮不能与他相比。二努尔哈赤死时,后金国家已经是稳定的政权,继他为汗者,必须有治国才能。这一点皇太极最合适。他在努尔哈赤诸将中是"仅识字"的一个,又对努尔哈赤的统治,"多所赞画"。夺取辽沈时,他首先注意收养辽人,表现出远见卓识。所以选汗位继承人时,代善之子岳托、萨哈廉最先提出皇太极"才德冠世",拥护他。三皇太极的母亲曾受到努尔哈赤的宠爱,他自己处事又比较稳健,不走极端,深得人心,当时就是个"人皆称道的人"。而更重要的因素是,势力最大、最有可能继承汗位的大贝勒代善,十分明智。他以巩固后金的大局为重,甘愿让贤,倡议推立皇太极。基于这些原因,皇太极终于继努尔哈赤为汗。

天聪汗皇太极雄才大略,不满足于守成,决心要开创崭新的局面。他执政后,踌躇满志,从面临的内政出发,采取了一系列有效的措施,取得了明显的成果:

第一,"安民"。努尔哈赤晚年,境内的人民反抗如火如荼。皇太极继位后提出:"治国之要,莫先安民。"他知道汉官汉民备受虐待是祸乱之源。因此规定,凡国内汉官汉民即使从前想逃跑的及令"奸细"往来的,事属已往,不再追究。结果"逃者皆止,奸细绝迹"。皇太极非常强调满洲、汉人"均属一体",审罪、服役,不要有差别。他了解到从前按满官品级分配被掠的汉人为奴,编庄服役,汉人常受欺凌,就改革为每个备御只给壮丁八人,牛二头,其余汉人,分屯别居,编为民户。他还禁止诸贝勒大臣属下私至汉官家勒索财物及进行骚扰。这使汉人得到安定,感到后金统治下的地方是一块"乐土"。

第二,"重本"。后金进入辽沈以后,不仅当地汉人从事农业,连满族也把农业作为本业了。皇太极爱惜民力,停止修城筑墙,为的是"专勤南亩,以重本务"。他下令,所有村庄田土,八旗既已稳定,以后就不要变更了。对庄民的财产及所养牛羊鸡猪等,都不准任意妄取。

第三,加强集权统治。努尔哈赤时代的后金带有浓厚的民族原始特色。皇太极当汗以后,倾心仿照明朝大搞专制集权。他上台伊始,便设了八大臣管理国务,称八固山额真,在旗内总管一切事务,国家有事,与诸贝勒"偕坐共议",狩猎出师,各领本旗兵行,还负有稽察责任。固山额真的设立,削弱了诸贝勒的权力,却加强了汗权。更有过之者是废除三大贝勒"直月"制度。天命六年(1621)努尔哈赤命四大贝勒"按月分直",皇太极即汗位,四去其一,其余三大贝勒仍"分月掌理",这是一种分权制度。天聪三年(1629)完全改为由以下诸贝勒代行直月之事,皇太极的权力便高高在上了。努尔哈赤创建的后金国,直到皇太极为汗的第五年,政府机构还不大完善。为了强化统治,皇太极根据汉官宁完我的建议,仿照明朝的政体,正式设立了六部,并以多尔衮等贝勒分管各部。贝勒以下,每部设满、蒙、汉承政三员,参政八员,启心郎一员。只有工部省设蒙古、汉军参政六员。后来证明,由于六部的设立,"各司其事,事不留行"。

天聪六年标志着皇太极集权统治加强的革新措施是,原来国人朝见时,皇太极与三大贝勒俱南面坐受,从本年正月始,由皇太极一人南面独坐。过去诸贝勒率大臣朝见,不论旗分,唯以年龄为序,从此也按旗分,依次朝见了。在对外扩张上,皇太极远远超过了他的前辈。刚刚迎来他即汗位后的天聪第一年,他就派大贝勒阿敏、贝勒济尔哈朗、阿济格等统大军征朝鲜,在朝鲜土地上点燃了两国的战火。他提出此战,一征朝鲜,二讨毛文龙,说是"两图之"。朝鲜责问后金无故兴兵,遭到阿敏的反驳,并列了朝鲜不遣使吊努尔哈赤之死等七大罪状。在后金兵的武力进攻之下,朝鲜国王李倧弃京城,带着妻子逃到了江华岛,派其弟原昌君与后金讲和,订立了"江都之盟"。后金与朝鲜结为兄弟之国,大掠三日而返。后金从这次胜利中,打破了朝鲜与明朝的同盟关系,缓和了它今后出兵可能出现的后顾之忧,又从纳贡和开市中获得了一定的物资利益。对皇太极最重要的考验当然是对付明朝。

进攻明朝

皇太极在总的战略上要与明朝争衡,这是不可改变的。但在辽西受阻,一时不得不另找出路。他决定向蒙古进军,一方面征服尚未统一的蒙古余部,另一方面也是寻找从蒙古向明朝进攻的道路。皇太极对蒙古是有所了解的,当时他已参加过与喀尔喀、科尔沁等部的结盟,也曾领兵驰援过科尔沁,还娶了两位蒙古女子为妻。然而蒙古方面的最大劲敌是察哈尔林丹汗。他在对付蒙古问题上要有所进展,必须制伏这个劲敌。

天聪二年二月,喀喇沁部落苏布地、杜棱古英等致书皇太极,报告"察哈尔根本动摇,可乘此机,秣马肥壮,及草青时,同嫩阿霸垓、喀喇沁、土默特兴师取之"。

于是,皇太极首先带领两幼弟多尔衮及多铎统大军征察哈尔

皇太极腰刀

所属的多罗特部,进至敖木伦地方,俘获一万一千二百人。因敖木伦大捷,多尔衮被赐号墨尔根戴青,多铎赐号额尔克楚虎尔。八月,与喀喇沁议和,九月调科尔沁、喀喇沁、敖汉、奈曼及喀尔喀诸部兵来会。九月六日,后金大军出征察哈尔。二十日进击席尔哈、席伯图、英、汤等处,俱下。第二天追至兴安岭,获人畜不计其数。十月中旬胜利而归。这次出征,后金既打击了大敌察哈尔,也进一步巩固了对已归服的诸部蒙古的统治。不久,皇太极派阿什达尔汉到这些地方宣敕:以后如征察哈尔,凡管旗诸贝勒年七十以下、十三以上,俱从征,违者罚马驼,不至约会之地者也罚马。

对于北京的威胁,使皇太极得到的巨大收获就是他的对手袁崇焕被崇祯皇帝清洗了。袁崇焕在辽西的顽强抵御曾使皇太极父子受阻,逼得皇太极只得绕过山海关。但是这位大明忠臣竟在内外夹攻之下含冤而死,灾祸起于崇祯元年的平台召见。那时袁崇焕被升为兵部尚书兼右副都御史,督师蓟辽兼督登莱天津军务。入都,崇祯于平台召见他,他对皇帝说,"计五年,全辽可复"。当时就有人认为他说了空话,要惹祸的。第二年,他又到皮岛亲自斩杀了毛文龙。时毛为辽东总兵,虽有迹象表明他与后金暗中媾和,但袁的行动毕竟有些冒失。在后金兵迅猛向北京进发时,袁崇焕、祖大寿的入援兵都没有狙击,到了广渠门外才重创后金兵。但此时满城都在传袁崇焕引敌协和,将为城下之盟。特别是后金兵攻北京城南时,袁崇焕拥兵不战,独满桂以五千人一日二十战。传说满桂身中五箭,拔出来,皆袁兵字号。崇祯和明朝统治集团中一些人对袁崇焕产生了怀疑。就在这时,皇太极巧施了一个反间计。他从进攻北京作战中捉了明朝两个太监,故意向二人泄露后金撤兵是与袁崇焕有密约,再把这两个太监放回去。他们到了北京,以重大军情奏报崇祯,性多猜疑的崇祯皇帝,认为不能再留着袁崇焕了。这就导致了十二月一日逮捕袁崇焕,祖大寿在旁见此情景,战栗失措,立刻逃回锦州。第二年八月,崇祯皇帝以酷刑处死袁崇焕。这是一桩历史冤案,袁崇焕对后金的斗争是坚决的,崇祯杀他是中了皇太极的反间计。从此明朝"边事益无人,明亡征决矣"。

巩固江山

皇太极本人有很好的文化素养,登基后他推行了振兴文教的措施。天聪三年首先提出"以武功戡乱,以文教佐太平",一改其父努尔哈赤屠杀文人的政策,并于当年进行考试,选取了满、汉、蒙古生员二百人。他已认识到发展文教对治理国家的重要性,说不能认为不读书不会误事。规定从天聪六年起,凡贝勒大臣子弟年十五以下、八岁以上,俱令读书。努尔哈赤时代创造的满文无圈点,上下字雷同,人名地名极易弄错。皇太极命巴克什达海酌加圈点,大大方便了学习,这就是有圈点满文的来历。皇太极还非常重视吸收汉族的先进文化。至天聪六年七月达海逝世时,经他手已翻译成帙的汉籍有《刑部会典》、《素书》、《三略》、《万宝全书》,及正在翻译中的《资治通鉴》、《六韬》、《孟子》、《三国志》等。后来又命达海之子继续学习汉书。天聪九年,后金的文馆诸臣翻译了辽金宋元四代史书。

天聪六年正月,管兵部贝勒岳托向皇太极建议改变原来屠戮辽东及关内四城的做法,以对待大凌河之役归降的汉人为榜样,重新树立"善养人"的形象。他主张无论官民都给家室和庄屯,不要使一个人失其所在。天聪七年六月初二日,皇太极在一次讲话中谕令将士对新附之众,"一切勿得侵扰"。在皇太极这种政策的影响下,明将孔有德、耿仲明、尚可喜等纷纷归降了后金。孔、耿皆辽东人,在明为登州参将,因内部矛盾,发动兵变,占领登州。明朝发兵来攻,他们难以自存,航海归金。天聪七年六月三日,皇太极率诸贝勒出迎至浑河,行抱见礼,以示优隆。这是后金发展史上的大奇迹,孔、耿不仅带了一万二千多精壮官兵及红夷大炮等,而且促使明朝的辽东海防很快崩溃了。之后不到四个月,明镇守广鹿岛的副将尚可喜就步了孔、耿后尘,皇太极称赞他"识时势之向背","残破海防,实为我功"。皇太极重新任命孔有德为都元帅,耿仲明、尚可喜都为总兵官,让他们继续带兵,与和硕贝勒并列。原来后金的军队是清一色的满洲八旗,天聪五年佟养性被命为总兵官,管理汉兵。攻大凌河时这支被称为旧汉兵的军队用红衣炮多所立功,到天聪七年马光远统领汉兵时,实际形成了一个汉军旗,满语叫乌真超哈。孔、耿、尚所领兵也是汉军。在此之前,蒙古旗兵也已形成。天聪八年三月十三日皇太极在沈阳城郊阅兵,参加的有满洲八旗、蒙古二旗、旧汉兵一旗,共十一旗。和以前有很大不同的是这时的军队已从私人武装变为国家的军队了。

萨尔浒之战作战经过示意图

皇太极即汗位以来就倾心于学习中国历代专制主义的封建统治,不断加强集权。在所有的人都不能和他争衡的情况下,他登上了皇帝的宝座,时间是天聪十年(1636)四月。先是诸贝勒大臣以远人归服、国势日隆为理由,请求为皇太极上尊号,未允。后来萨哈廉让诸贝勒检讨过去,表示今后忠诚效力,皇太极答应可以考虑了。然后皇太极又以"早正尊号"征询汉官儒臣的意见,鲍承先、宁完我、范文程、罗绣锦等都表示赞成。萨哈廉又召集诸贝勒各书誓词,向皇太极效忠。"外藩"诸贝勒闻讯也请求上尊号,皇太极同意了。上尊号的准备活动至天聪十年三月末大体就绪。

四月五日,满洲诸贝勒、固山额真,蒙古八固山额真,六部大臣,孔、耿、尚、外藩蒙古贝勒及满蒙汉文武官员齐集。多尔衮捧满字表、巴达礼捧蒙字表、孔有德捧汉字表各一道,率诸贝勒大臣文武各官赴宫门跪下,皇太极在内楼,御前侍卫传达。皇太极命满、蒙、汉三儒臣捧表入,诸贝勒大臣行三跪九叩头礼,左右列班候旨。三儒臣捧表至御前跪读,表中盛赞皇太极的文治武功,上合天意,下顺民情,请上尊号,一切仪物,俱已完备,只待赐允。皇太极听后同意,并发誓倍加乾惕,忧国勤政。消息由儒臣传出,众皆踊跃欢欣,叩头而出。第二天决定选择吉日四月十一日举行登极大典。届时正式祭告天地,受"宽温仁圣皇帝"尊号,建国号大清,实际是把后金改为大清,改元崇德,即天聪十年为崇德元年。祭告天地完毕,在坛前树鹄较射。从此中国历史上名副其实的清朝诞生了,就是这个封建王朝统治全中国二百六十八年,跨古代、近代两个历史时期。在此之前一年,皇太极下令国中之人皆称满洲原名,禁止称诸申。一个少为世人所知的满族因而扩大为举世闻名的中华民族重要成员了。

崇德年间,虽然不再发生大批汉人被杀,或汉人投毒、拦路劫杀等反抗事件了,但皇太极却仍然注意缓和汉人与清朝的社会矛盾。他命令臣下做好"养人"的事情,尤其是对新掠取或来降的满洲、蒙古、汉人做好安置。皇太极晚年,他的子侄们在他面前发牢骚说太祖时诛戮汉人,而今汉人有为王者矣,有为昂邦章京者矣,而满洲宗室却有为官者,有为民者,"时势颠倒,一至于此!"但这位远见卓识的大清帝并未因此动摇其国策。以前皇太极的权威并不很绝对。天聪九年九月,即称帝前半年,代善和哈达公主曾有轻视他的举动。皇太极大怒,召集诸贝勒大臣,让他们"别举一强有力者为君",靠了他们的跪请,才出朝听政。崇德年间就再无人敢向他的权威挑战了。在机构设置上皇太极也作了相应的改革和进一步完善。清初决策的重要机构是议政王大臣会议。崇德二年四月皇太极对这个机构作了调整:一、成员除令固山贝子尼堪、罗托、博洛等与议国政外,每旗各设议政大臣三人;二、规定他们启迪主心,救济贫乏,抚养新人三项任务;三、议政大臣奏事必先通过他们各自的固山额真,公议之后上奏。议政王大臣会议从此有了固定的程式,也更成了专制主义皇权的工具了。天命、天聪年间没有监察机关,崇德年间皇太极成立了都察院,给他们稽察一切官员的大权。有清一代,满蒙的结合,早比满汉更紧密。为了处理蒙古事务曾设蒙古衙门,崇德三年六月又改为理藩院,合原有的六部、都察院,构成了有名的八衙门。皇太极任命满洲、蒙古、汉人担任承政,每部三人,以下皆参政。崇德三年七月更定八衙门官制,每衙门只设满洲承政一人,以下酌设左右参政、理事、副理事、主事等官,由二等变成五等。这就强化了以他为首的国家统治权力。

清入关前没有内阁的名称。但是皇太极统治下的大清已初具内阁性质的内三院。天聪十年三月,皇太极改文馆为内国史院、内秘书院、内弘文院。从文馆到内三院,虽任职者均为大学士、学士,但分工更明确了。有的负责编考历史,有的起草敕谕及注释古今政事得失,还有的向皇帝进讲。崇德以后内三院的大学士、学士们对皇太极的决策有了更大的影响。

皇太极的统治还继续利用了八旗这个军政合一的组织。他使八旗通过变革越发充满生机:一是对满洲八旗不断补充新的成员,二是完善和扩大蒙古八旗、汉军八旗。努尔哈赤时的满洲被称为"佛满洲",即旧满洲。皇太极对黑龙江等地多次用兵,带来大批少数民族加入满洲共同体,被称为"伊彻满洲",即新满洲。皇太极把新满洲编入八旗。崇德五年一次就把征索伦俘获的新满洲壮丁并家小五千六百七十三人编为牛录,隶于八旗了。同时把征库尔喀俘获的新满洲壮丁四十二人补充了各旗披甲的缺额。满洲八旗之外,蒙古八旗早于汉军八旗建立。崇德年间汉军八旗发展最快。崇德二年,照满洲例,汉军分为两旗,四年扩大为四旗,每旗设牛录章京十八人,固山额真一人,梅勒章京二人,甲喇章京四人。但内部仍分正黄镶黄两旗、正白镶白两旗、正红镶红两旗、正蓝镶蓝两旗。崇德七年六月正式完成了汉军八旗的建制。皇太极说:"我国出则为兵,入则为民,耕战二事,未尝偏废。"这种扩大满洲八旗和建立蒙古八旗与汉军八旗措施,既增强了清朝的武装力量,也对满蒙汉的广大人民实行了深一层的控制。尤其是对夺取全中国统治权,皇太极创立的汉军八旗有重要意义。

坐镇指挥

皇太极是位杰出的军事家和统帅。他称帝之后,或亲自领兵,或坐镇指挥,其军事活动,是他帝业的重要组成部分。这时他亲自领兵打的第一个大仗是征朝鲜。自从十年前后金与朝鲜结为兄弟以来,朝鲜仍与明朝藕断丝连,对后金要求政治上尊重,经济上开市贸易,军事上借兵等都寻找借口不肯应允。皇太极每有胜利,都不厌其烦地告诉朝鲜,极力想把朝鲜从明朝一边拉过来,但收效甚微。皇太极登帝位的典礼上,最令人扫兴的是朝鲜使臣不拜,这使皇太极非常恼怒,促成了征伐朝鲜战争的爆发。

崇德元年十一月十九日,皇太极以"朝鲜败盟逆命"为由,决定发兵讨伐。十二月一日,大兵会于盛京(今沈阳),部署了济尔哈朗留守盛京,阿济格驻牛庄,阿巴泰驻噶海城。第二天征朝鲜的大兵出发,代善、多尔衮、多铎、岳托、豪格、杜度等随征。全军分左右两翼,右翼由往东京(辽阳)大路,至浑河岸排列,左翼由往抚顺大路排列。上午十时,皇太极大驾起行。朝鲜国王李倧预料"朝夕被兵",寄希望于明朝支援,实际落空了。清军于十二月十日渡鸭绿江,十三日抵安洲,来势凶猛。李倧召大臣问:"寇已深矣,将如之何?"大臣有的主张抵抗,有的提出逃走。李倧举棋不定。听说清军已过松都,只得奔向四十里外的南汉山城。朝鲜京城哭声震天,南汉山城也被清军包围了。三十日清军入朝鲜京城。第二年正月初四日,清军北渡汉江,距王京二十里驻营。初七日,清军战胜朝鲜全罗、忠清两道援军,但是66岁的额驸扬古利被朝鲜一败卒击中身亡。李倧"势穷情迫",称臣请罪。皇太极要求严惩朝鲜挑起衅端的大臣,同时造船发兵攻入江华岛,获朝鲜王妃、王子及阁臣等人。二十八日,李倧献出两祸首。同一天,皇太极提出:必须去掉明国年号,断绝与明交往,献出明国所与诰命册印;国王亲自来谒,以长子并另一子为质,诸大臣也以子弟为质,将来立其质子为嗣;从今以后一应文移,奉大清国正朔,所有节日俱行贡献之礼,使臣往来均遵照明国旧例;有事征伐明国,调兵数目、日期,一切不误,并当即备齐鸟枪、弓箭手及兵船五十艘,助攻皮岛;大军撤还时,欢送,俘获之人逃回执送本主;以后每年进贡一次,黄金百两,白银千两及皮张纸席等物均有定数。三十日,李倧亲至皇太极面前伏地请罪。举行受降仪式后,当即留下其长子及次子为质,其余被俘妻子家口二百余人遣送还京。二月初二日,皇太极自朝鲜班师。从此清朝代替明朝把朝鲜变成了藩属。朝鲜对清朝由以前的兄弟之称,更执藩臣之礼。不久阿济格领兵攻克皮岛,斩明将沈世魁等,彻底解除了清朝攻向关内的后顾之忧。

皇太极对明朝的军事行动仍因山海关的阻隔,分成为入口之战和关外之战。崇德年间一共发动了三次入口之战,每次作战都分出一部分兵力在关外,以为牵制。崇德元年五月皇太极派阿济格等领兵出战,六月二十七日分路入边,相会于延庆州,这是第一次入口之战。此战于九月八日阿济格奏捷,其军直入长城,过保定,至安州,克十二城,凡五十六战皆捷,俘人畜十七万九千八百二十,生擒总兵巢丕昌。明兵部尚书张凤翼、总督梁廷栋拥兵不敢出击,清军得以饱掠而归。崇德三年八九月,清朝发动第二次入口之战,派多尔衮为奉命大将军,岳托为扬武大将军,分统左右翼伐明。皇太极亲自领兵向山海关做牵制。岳托自密云东北墙子岭口毁墙而入,多尔衮自董家口东山关西墙缺处入,这是一次关内的大规模军事行动。崇德四年三月多尔衮奏报,两翼兵会于通州河西,由北边过燕京,自涿州分八道南下,京西千里之内六府俱被蹂躏,至山西界而还。复至临清州,渡运河,攻破山东济南府,克城败敌,俘人口二十五万余。右翼杜度奏报其军从燕京西至山西,南至山东,克城败敌,俘人口二十万四千余。两翼俱从迁安回,出青山关,四月凯旋。清军最大的损失是扬威大将军岳托死于军中。但是明朝损失更大,著名的抗清人物孙承宗、卢象升皆战死。原来明朝的兵部尚书杨嗣昌主张对清媾和,还说清军不会南下,他们没有火器,等等,实际完全不是那么一回事。崇祯皇帝不但宣布了京师戒严,而且非常忧虑,以致在农民军和清军都攻上来的时候,宁肯暂时放松对农民军的围剿,而把主要力量调到抗清战场上。

　　清军第三次入口前,明清在松锦一带展开了萨尔浒之战以后的第二次大决战。明朝看出了只有在东北战场上打败清军才能阻止他们发动关内外的一切进攻。而皇太极更清楚,只有从山海关进攻北京,才能灭亡明朝,或建立如辽、金、元那样的国家。所以在松锦有这样一场大决战并非偶然。自从大凌河之战以后,祖大寿回到明朝就驻守在锦州。吴三桂是大寿之甥,时为副将。祖、吴在辽东拥有强大实力,是明朝倚重的军事集团。清军打不败他,皇太极就用高官厚禄拉拢他的子孙。崇德三年为配合清军入口之战,皇太极亲自领兵攻向宁远、锦州,祖大寿在中后所,打败多铎的军队。皇太极到中后所,要求祖大寿来见,被拒绝。第二年皇太极又领兵围攻松山,旁及连山、塔山、杏山,崇祯召祖大寿救援,皇太极却要他来投降,也没有成功。祖大寿坚守锦州,清军屡攻不克。从崇德六年起,济尔哈朗开始令诸军包围锦州。前此因清军威胁,明朝已调洪承畴入卫京师,正式任命洪承畴为兵部尚书兼副都御史总督蓟辽军务,这是准备决战的重要一步。洪氏十月出山海关,调集曹变蛟、王廷臣、白广恩、马科、吴三桂、杨国柱、王朴、唐通八总兵,十三万军队,东来决战。当时祖大寿驻锦州,以松山、杏山、塔山三城为犄角。

　　崇德五年三月清兵修义州城。过去清军分出一部分入关,现在全力用于松锦决战。特别是明兵的增援,促使清朝不但把孔、耿、尚的军队调来助围锦州,汉军固山额真石廷柱甚至认为"明必与我并力一战",我军换防都不必换了。崇德六年八月,皇太极见形势危急,事关重大,亲自领兵进战,不顾鼻子出血,十五日起程,三日后方止。有人建议"徐行",皇太极说:"朕如有翼可飞,当即飞去,何可徐行也?!"经过六天急行军到了松山。皇太极亲征,大大鼓舞了清军的士气。他部署清军自乌忻河南至海,横截大路,绵亘驻营。再在高桥设伏,围追堵截,处处有备。明兵虽号称十三万,能战者只有白、马、吴三总兵所部。洪承畴不愿急战,但崇祯及兵部尚书陈新甲、职方郎中张若麒等皆轻躁促战,洪氏被迫进兵,初获小胜。皇太极采取大包围的攻势,挖深濠困住了明军,洪承畴正欲决一胜负,而诸将以无饷,议回宁远取粮。洪承畴看出:"战亦死,不战亦死;若战,或可冀幸万一。"但部将各怀异志。还没等下令打,王朴已畏敌先逃,于是各帅争驰,败如山倒。逃兵半路被清军伏击、追击,明十三万兵,被斩就有五万。只有曹变蛟、王廷臣突围入松山城,洪承畴与巡抚邱民仰在松山坚守。松山城内兵不过万,外失救

援,孤立绝望。洪承畴几次欲突围而出,皆失败。到第二年正月,副将夏承德以其子夏舒为质,密约清军为内应,二月十八日清军入松山,生擒洪承畴。三月初八日,锦州城内的祖大寿也以孤立无援被围一年后投降。四月,清军又攻克塔山、杏山,并毁二城。至此,松锦决战以清军胜利告终。经过松锦决战,明朝军队精锐伤亡殆尽。清朝人说,萨尔浒之战是"王基开",而松锦之战是"帝业定"。皇太极为大清奠定了一代基业。

沈阳辞世

皇太极在50岁时,因心爱的宸妃之死,身体立刻变得虚弱了。皇太极一生娶了十五位妻子,而他最喜欢的是天聪八年娶的博尔济吉特氏,崇德元年封她为关雎宫宸妃。这位妻子贤淑文静,皇太极和她颇恩爱。婚后曾生一子,皇太极高兴至极,为此发布了大清第一道大赦令。这个儿子二岁而殇。崇德六年九月,皇太极正在松锦前线,忽听宸妃病危,急忙赶回盛京,到时宸妃已死。皇太极悲不自胜。从此这位身体一直健壮的大清帝忽而昏迷,忽而减食,常常"圣躬违和"。当年十月初二日,他对诸王及他们的妻子儿女说:"山峻则崩,木高则折,年富则衰,此乃天特贻朕以忧也。"这流露出皇太极已为他年老体衰而不安了。崇德六年以后,皇太极因身体不好,曾发布过大赦令,也减少了处理日常事务的负担,甚至做过祈祷。公元1643年8月9日,劳累一生的皇太极最终因病在沈阳清宁宫与世长辞,享年52岁。后葬于昭陵,即今沈阳北陵。庙号太宗,谥为文皇帝。

多尔衮

多尔衮(1612年~1651年),清太祖努尔哈赤的第十四子,他是杰出的军事家、政治家。公元1626年受封贝勒,后因战功晋封睿亲王。在清朝开国过程中,他拥戴皇太极完成大业。多尔衮摄政时期,清军入关,清朝入主中原,对清朝开始在中国近300年的统治起了决定性的作用。其母为大妃乌拉那拉氏,同母兄阿济格,弟多铎。皇太极死后,顺治帝年仅六岁。他作为摄政王,实际上是当时中国的最高统治者,也是入关后清政权的真正缔造者和完成统一中国大业的杰出奠基人。

战功显赫

公元1626年,努尔哈赤死于沈阳附近的瑷鸡堡,多尔衮的生母被逼殉葬。接着,努尔哈赤的第八子皇太极即位,即清太宗。当时多尔衮年仅15岁,被封为贝勒(贵族封爵)。因按年龄序列第九,故称九贝勒或九王。

公元1628年2月,17岁的多尔衮随同皇太极进军蒙古察哈尔多罗特部,获敖穆楞大捷,因其作战英勇有功,深得皇太极赏识,被赐予美号墨尔根戴青,意为聪明王。从此,聪慧多智、谋略过人的多尔衮,逐渐成为后金军的主要统帅之一。多尔衮几乎是每战必出征,而且每次都表现得无比英勇。公元1629年,他随皇太极自龙井关进入明朝边境,进入通州,直逼明朝首都北京城下,在广渠门外打败明朝的援兵。天聪五年(1631年),又随皇太极在辽西进攻明朝。大凌河之战,他亲自冲锋陷阵,直抵大凌河城下。城上炮火猛烈,后金军有许多人员伤亡。事后,皇太极责备他的部下不加劝阻,说:"墨尔根戴青亦冲锋而入,倘有疏虞,必将你等加以严刑,断不宽容。"攻锦州时,他又一马当先。祖大寿从锦州城头向南发炮,洪承畴军由南向北发炮,多尔衮被夹击当中,几乎被击毙。后来祖大寿投降,多尔衮向他谈到当时的危险情形,祖大寿惶恐不安地说:"果有此事?如彼时炮中王马,为之奈何?"多尔衮则坦然说:"彼时两仇相敌,唯恐不中,大寿言不由衷,诚为可笑!"由于多尔衮在军事、政治上已经成熟和可以信赖,在天聪五年皇太极设立六部时,命他掌吏部事,更全面地参与军政大事。

多尔衮不负皇太极的厚望。公元1633年6月,皇太极与诸贝勒、大臣探讨进

一步兴国的大计,询问他们征讨明朝及察哈尔、朝鲜这几个地方应该先以哪个为首。多尔衮以锐敏的目光,直抒了他的战略思想。他从夺取全中国的目标出发,力主以征明为先。他说:"宜整兵马,乘谷熟时,入边围燕京,截其援兵,毁其屯堡,为久驻计,可坐待其敝。"这种深入内地、蹂躏明朝土地人民、消耗明朝国力、然后再与之决战的战略,深得皇太极的赞同。以后的几次战争,基本上都是照着这个方针行事的。天聪八年(1634年)五月,多尔衮随从皇太极征讨明朝,攻克保安和朔州。第二年,在招抚蒙古察哈尔的归途中,多尔衮自山西平鲁卫侵入明边。在山西、宣大一带,又捣毁了明朝的宁武关,骚略了代州、忻州、崞县、黑峰口及应州等地,俘获人畜七万余。公元1638年,多尔衮任职大将军,将左翼,岳托将右翼,自董家口等地摧毁明朝的边墙进入,越过明都至涿州,分兵八路,西掠至山西,南到保定,击破明朝总督卢象升。又南下临清,渡运河,破济南。北还时复掠天津、迁安等地,出青山关而还。此役,纵横豕突数千里,蹂躏城池四十余座,掳掠人口二十五万有余,夺取财物更是不计其数,给明朝以沉重的打击,但也给山西、河北、山东人民带来了巨大的灾难。明人夏允彝记述这次事件的影响说:"所至屠掠一空,祸为至剧。国力耗竭,而事不可为矣。"而多尔衮则因为此役,被皇太极赐马五匹,银二万两。对察哈尔和朝鲜,多尔衮全力贯彻皇太极"慑之以兵,怀之以德"的方针,使统一全国的后顾之忧得以早日解决。

早先,当后金征服与招抚蒙古各部时,强大的察哈尔部在雄主林丹汗的率领下,不肯降服,始终采取与后金对抗、周旋的态度。察哈尔部虽然不和后金明着作战,但终究是后金南下伐明的一大后患。公元1634年,林丹汗死于青海打草滩。皇太极以此为契机,于次年二月命多尔衮偕岳托等将领,率精兵万人,以强大的武力做后盾,去招抚察哈尔部众。此次进军,政治目的明确,秋毫不犯,进展颇为顺利。先在西喇朱尔格地方,招了林丹汗之妻囊囊太后。四月二十八日,就抵达林丹汗之子额尔克孔果尔额哲驻地托里图,多尔衮令已降的额哲的舅舅南楮前去劝降。额哲在父亲新死、兵临城下的情况下,只好率部投降。八月,多尔衮率师凯旋。林丹汗曾得元朝的传国玉玺"制诰之宝",这时,多尔衮使额哲呈献给皇太极。因为元朝的这方玉玺象征"一统万年之瑞",皇太极十分高兴。第二

多尔衮

年(1636年)便改国号为清,改年号为崇德。多尔衮同时被晋封为和硕睿亲王,更加受到重用。

朝鲜本是明朝的附属国,世代忠于明廷,虽多次受到清的分化、威胁,也始终不渝,在一些重大事件中总和明朝相呼应,因而始终是清侧翼的一大忧患。公元1636年1月,皇太极为彻底解除这一忧患,亲率大军侵入朝鲜,包围朝鲜国王李倧于南汉城。在这次军事行动中,多尔衮和豪格从宽甸入长山口,攻打昌州,崇德二年(1637年)正月,突袭江华岛。当时,朝鲜王妃、两个王子、很多大臣及其眷属都转移到此岛避难。多尔衮在这里遇到了朝鲜军队的顽强抵抗,经过激战,清军杀伤守军一千余人。围城之后,多尔衮恩威并用,立刻执行皇太极的招降政策,停止杀戮,使江华岛得以投降。对投降的朝鲜王室成员,多尔衮并没有侮辱他们,而是对他们以礼相待。朝鲜国王因妻子、儿子及很多大臣已被俘虏,各路援军又被清军打败,只好放下武器,穿上朝服,率领群臣,向皇太极献上明朝给的敕印,投降清朝。皇太极凯旋盛京时,让多尔衮约束后军,携带朝鲜的人质李溰、李淏及大臣回来。朝鲜国王因为多尔衮对他的妻子以礼相待,所以一直不忘此情,就连给清朝诸王送礼时,多尔衮的那一份也总是最厚的。在顺利解决了蒙古和朝鲜的问题之后,多尔衮便集中力量协助皇太极,和明朝在辽西地区进行了激烈而持久的较量。

公元1638年,为进军明朝作准备,多尔衮监督修治了盛京至辽河的大道。接着自董家口侵入明朝境内,残毁了山西、河北、山东大片的地方,公元1639年才率军返回。最后夺取了明朝在山海关外的地方。公元1640年,多尔衮屯田义州,并不断向锦州、松山、杏山等城进攻。由于进展迟缓,受到皇太极的责备,被降为郡王,罚了近万两的银子和两头牛。受到处分后,多尔衮更加兢兢业业,公元1642年,终于攻下松山,俘获了明朝统帅洪承畴,迫使明朝大将祖大寿最后投降。持续了三年之久的松锦战役终于结束,明朝受到巨大的打击,多尔衮威望更大了,被恢复亲王。这时的皇太极已抱病在身,军国大事便经常委托济尔哈朗和多尔衮这两个亲王共同处理。在清军入关前,多尔衮追随皇太极转战南北,为清朝统一东北及蒙古各部做出了成绩,他在当时的地位已跃居诸王之上。

摄政亲王

皇太极死后第五日,即八月十四日,多尔衮采取主动,他召集诸王大臣会议,议立嗣君。这一天,气氛紧张到了极点。天刚亮,两黄旗大臣就盟誓于大清门,并令两旗的巴牙喇兵(精锐亲兵)张弓箭,环立宫殿,摆出兵戎相见之势。正式开会之前,多尔衮还在试探黄旗大臣索尼的态度,索尼认为先帝有儿子在,必须立其中的一个。会议开始,索尼等人就抢先发言,力主立皇子。皇太极之兄、礼

豪格

亲王代善也说，应当让豪格继承皇位。豪格在已占优势的情况下，略表谦让之意。这时，阿济格、多铎展开了反攻，他们劝多尔衮即帝位。老于世故的代善也跟着见风转舵，说"睿王若应允，实是我国之福。否则，还是应当立皇子。"不再坚持立豪格。两白旗大臣进一步发动攻势，说若立豪格，我们都无法生活，坚决反对立豪格。多铎见多尔衮仍未明确应允，甚至又摆出立他自己或立代善。形势更加混乱，不可预测。代善以年老固辞，退出会议。多尔衮也不同意立多铎。这时，会议几乎开不下去了。两黄旗的将领们都佩剑上前说他们都属食于帝（皇太极），衣于帝，养育之恩与天同大；若不立帝子，则宁死从帝于地下。多尔衮看到，与豪格相比，他并不占优势。两黄旗与正蓝旗坚决支持豪格，镶蓝旗主旗贝勒济尔哈朗、正红旗主旗贝勒代善也是同意或倾向立豪格的，八旗之中有其五。在这种情势下，如果多尔衮强自为帝，必将引火烧身。于是，多尔衮提出一个折衷方案：立皇太极第九子六岁的福临为帝，由济尔哈朗和他辅政，等福临年长之后，当即归政。这一方案打破了僵局，为双方接受。这样，既排除了他的政敌豪格，又可使他实际上享有帝王之权。

不论多尔衮主观上如何打算，他拥立福临这一行动，在客观上避免了满洲贵族的公开分裂和混战；并且争取了两黄旗一部分大臣，如镶黄旗的固山额真谭泰、护军统领图赖、启心郎索尼，对他都表示了支持。这对下一步协调一致入关作战，夺取全国政权，无疑是很重要的。多尔衮辅政以后，到入关前，他采取了一系列限制旗主、加强集权的措施。

崇德八年十二月，他以"盈庭聚讼，纷纷不决，反误国家政务"为由，与济尔哈朗定议，"罢诸王贝勒管六部事"，削弱了诸王贝勒的权力，只让贝子、公等管理部务，而贝子、公要对摄政王负责。同时，又向各部尚书、侍郎和都察院分别发布谕令，要他们"克矢公忠"，听命于摄政王，否则决不宽容；又传谕都察院各官，要密切注意诸王贝勒的行动，有事应纠参者，必须据实奏闻，不许瞻徇隐匿。公元1644年12月又规定："嗣后凡外国馈送诸王贝勒礼物，永行禁止。"进一步限制了诸王贝勒同外界的联系，从而把更多的权力集中在摄政王手中。不久，济尔哈朗宣布："嗣后凡各衙门办理事务,或有应白于我二王者,或有记档者,皆先启知睿亲王,档子书名亦宜先书睿亲王名。"济尔哈朗由首位退居第二,这当然不是他慷慨让贤,而是多尔衮巧妙地运用计谋取得的。这样,诸王预政的权力既被削弱,济尔哈朗也已在多尔衮之下,"王由是始专政"。这时,礼部也议定,摄政王居内及出猎行军的仪礼,诸王不得平起平坐,于是多尔衮实际上享有了帝王的尊荣。

多尔衮在争得摄政王首位之后,即着手打击政敌豪格。顺治元年四月初一,原来支持豪格的正黄旗固山额真何洛会,告发豪格有怨言,语侵多尔衮,图谋不轨。借此,多尔衮以"言词悖妄"、"罪过多端"为由,要置豪格于死地。只是由于福临涕泣不食,豪格才免去一死,但被罚银五千两,废为庶人。同时,以"附王为乱"的罪名,处死了豪格的心腹大臣俄莫克图、扬善、伊成格、罗硕等。

至此,在短短的八个月内,多尔衮便集大权于一身。多尔衮这一系列做法,虽是个人的争权活动,但客观上对清政权的进一步发展却具有重要的意义。它使得清的军政大权得以集中,指挥得以统一。这正是不久之后,清兵入关的必要前提和可靠保证。

进驻北京

公元1644年3月,李自成领导的大顺军攻占北京,崇祯皇帝自缢,明朝灭亡。在这之前,正月26日,多尔衮曾以"大清国皇帝"的名义致书大顺军诸帅,"欲与诸公协谋同力,并取中原。倘能混一区宇,富贵共之矣,不知尊意如何耳?"这是要和农民军搞统一战线。四月初,多尔衮还不知道农民军已占北京,他在沈阳作了伐明的紧急军事动员:征调满洲、蒙古军的三分之二,以及汉军的全部。4月9日,他被任命为"奉命大将军",以"便宜行事"的大权,率领阿济格、多铎以及归降的明将孔有德、耿仲明、尚可喜等,向山海关进击。4月13日,清军抵达辽河。明山海关总兵平西伯吴三桂遣人至清军,报告农民军攻陷北京的消息,并向清军乞援。当此形势突变之时,多尔衮显示了惊人的应变能力。他没有丝毫迟疑,而是立刻改变策略,接受了临行前大学士范文程的建议,把农民军当成主要敌人。他又征询洪承畴的意见,洪承畴除同意范文程的建议之外,还着重指出,应派先遣官宣布,这次进军的目的,就是为了扫除逆乱、消灭农民军。有做内应及立大功者,将破格封赏。为了争取时间,应计算里程,精兵在前,辎重在后,限以时日,直趋北京。19日,清军到达翁后,吴三桂再次派遣副将杨坤致书多尔衮。多尔衮正式复信吴三桂,表示对"崇祯帝惨亡,不胜发指";声称这次出兵的目的是,"率仁义之师,沉舟破釜,誓必灭贼,出民水火"。并且一定要做到"唯底定中原,与民休息而已",明确表示要统一中国才肯罢休。同时又拉拢吴三桂说:"伯(吴的爵

位)思报主恩,与流贼不共戴天,诚忠臣之义,勿因向守辽东与我为敌,尚复怀疑。……伯若率众来归,必封以故土,晋为藩王。国仇可报,身家可保,世世子孙,长享富贵。"俨然反客为主,以全国最高的统治者自居。以这封信为标志,清政权彻底改变了打击目标,最终完成了政治上、军事上的战略转变。

4月21日,清军一昼夜行军二百里,至日昏黑时,距山海关十五里驻营。是日,李自成亲率二十余万大军到达山海关,将吴三桂部包围于关城之内,并即刻开始了夺关激战。吴三桂自知不敌,屡屡遣使向清军告急。但多尔衮与多铎、阿济格计议后,仍不敢轻信吴三桂,故当夜清军"披甲戒严,夜半移阵"。李自成与吴三桂激战的隆隆炮声,彻夜不止。22日凌晨,清军进迫关门五里多。吴三桂见清军来了,就炮轰大顺军,率诸将十余员、甲数百骑突围,一直到了清朝的军营,拜见多尔衮,剃发称臣。多尔衮在军前封吴三桂晋爵为平西王,树立了一个给明朝降将加官晋爵的样板。多尔衮令吴三桂先行,开关迎降。多铎与阿济格分率劲兵一时驰入关门,竖白旗于城上,多尔衮自统大军继入。复以吴三桂军做右翼先发,出关敌李自成。李自成自知边兵强劲,成败在此一举,挥军与吴三桂决一死战。山海关城内炮声如雷,清军的兵力锐不可挡。快到中午的时候,多尔衮见吴三桂的军队快要支撑不住了,于是让人吹号角,派多铎、阿济格率铁骑数万从吴三桂阵右侧出去,直冲向敌阵。并且放了许多的箭,一时刀光闪烁。当时狂风大作,李自成率领的农民军败溃。刘宗敏负伤,李自成率领残兵急忙退出了北京。在李自成的大军被击溃之后,多尔衮下令关内军民都剃发。又在进军途中,以汉官范文程的名义,四处张贴安民文告。文告说:"义兵之来为尔等复君父仇,非杀尔百姓,今所诛者唯闯贼。官来归者,复其官;民来归者,复其业。"这就完全改变了以往清军数度入关到处烧杀抢掠的野蛮做法,使得关内的官兵百姓,向风归顺,近悦远来。这样,清兵每日奔行一百二三十里,未遇任何抵抗,五月初一日便到了通州。在这前一天,李自成放弃北京,向西撤退了。

清军入关后,对于清朝应否建都北京,要不要统一中国等问题,在满洲贵族内部有着激烈的争论。当时,由于到处是战火,交通不是十分地便利。在这种形势下,多尔衮的同母兄八王阿济格就主张,将诸王留下来镇守北京;而大兵或者还守沈阳,或者退保山海关,这样才无后患。对于这样一个直接关系到清朝在全国统治能否建立和保持的战略问题,多尔衮非常坚定。他驳斥说:既得北京,"当即徙都,以图进取"中原,统一中国。特别是在目前人心未定的情况下,更不可弃而东还,动摇人心。他坚定表示:"燕京乃定鼎之地,何故不建都于此而又欲东移?"为了安定民心,六月间多尔衮明确宣布:建都北京。并派遣辅国公屯齐喀、和托、固山额真何洛会等,去迎接幼主福临,决计建都北京,以统一中国。9月,福临入山海关,多尔衮率诸王群臣迎于通州。福临到北京后,马上封多尔衮为"叔父摄政王",并为他"建碑纪绩"。多尔衮的同母兄阿济格、弟多铎也都升为亲王。

济尔哈朗则仅被封为"信义辅政叔王"。至此,摄政王只有多尔衮一人。10月1日,福临在北京"定鼎登基",宣告"以绥中国","表正万邦"。从此,清王朝把统治中心从关外转移到关内,在统一全国的道路上又前进了一步。

平息反抗

多尔衮在北京立住脚跟的同时,在政治、经济等各方面,又进一步采取了一系列缓和民族矛盾和阶级矛盾的政策,以巩固阵地,扩大战果。

取消加派:明末"三饷"(辽饷、剿饷、练饷)数目之多,已为明朝政府正常赋税的数倍,实是明末最大的苛政。这种无休止的加派,使得明末人民处于贫困交迫之中,人民对加派恨之入骨。清军入关后,有人建议清朝也按明末的数字进行加派,遭到多尔衮的反对。他在顺治元年十月下令,革除三饷及正税之外的一切加派。同时,他要求"各该抚按即行所属各道府州县军卫衙门,大张榜示,晓谕通知。如有官吏朦胧混征暗派者,察实纠参,必杀无赦。倘纵容不举即与同坐。各巡抚御史作速叱驭登途,亲自问民疾苦"。于是,每年赋税减少了数百万两,穷困已极的人民得以缓一口气。

反对贿赂:多尔衮对明末广行贿赂的恶劣作风也严加斥责。顺治元年六月,他在《谕众官民》中说:"明国之所以倾覆者,皆由内外部院官吏贿赂公行,功过不明,是非不辨。凡用官员,有财之人虽不肖亦得进;无财之人虽贤亦不得见用","乱政坏国,皆始于此,罪亦莫大于此"。因此,他责令:"今内外官吏,如尽洗从前婪肺肠,殚忠效力,则俸禄充给,永享富贵;如或仍前不悛,行贿营私,国法俱在,必不轻处,定行枭首。"因此,当时的一些汉官都认为,"王上(多尔衮)新政比明季多善,如蠲免钱粮,严禁贿赂,皆是服人心处。"

打击太监势力:明末太监势力极为猖獗,除操纵朝政外,对一般百姓迫害亦甚。当时宫廷中,宫女多达9000人,内监更多至10万人。清入关后,太监的势力仍然非常嚣张,当年7月,太监要照旧例,到京郊各县皇庄去催征钱粮。多尔衮认为这样"必致扰民",没同意这样做。8月正式下令,不准太监下去征收,而改为地方官征收。这是对太监势力的第一次打击。对太监的第二次打击是,禁止太监朝参。本来,明熹宗以后,每值上朝,太监也要着朝服参加。清政府迁京后,这种制度并无改变。每遇朝参,太监总行礼在文武诸臣之前。顺治二年(1645年),多尔衮批准礼部的奏请,规定上朝时"内监人员概不许朝参,亦不必排列伺候"。经过这两次打击,太监在宫廷政治和经济上的势力得以收敛。

暂时妥协,平息反抗:剃发问题是清朝统治者执行的民族压迫政策之一。早在努尔哈赤时,汉族及其他各族人民凡是投降满洲的,都要以剃发作为标志。清兵入京后,多尔衮仍以剃发与否,"以别顺逆"。但他很快发现,"剃头之举,民皆

愤怒"。于是,在进京的当月,多尔衮就改变前令,宣布"自兹以后,天下臣民照旧束发,悉从其便"。在剃发问题上的暂时让步,使清朝在攻下江南重颁剃发令以前,在一定程度上缓和了同北方汉族人民的矛盾。另外,多尔衮对当时北方农民军和各地人民的反抗,采取大力招抚的政策,下令各地方官,按能否招抚农民军将士,定各官之功劳。对投降的农民军将士,则委以不同的官职。顺治元年六月,顺天巡抚柳寅东见"流贼伪官一概录用",认为很不妥当,主张"慎加选择"一番。多尔衮则说,"经纶之始,治理需人,归顺官员既经推用,不可苛求"。多尔衮这个重要政策,对于瓦解农民军的反抗,起到了一定的作用。河北、山东、山西等地,很快被招抚平定,使刚刚入关的清政权有了一个能够保护自己、进攻敌人的战略基地。

以智取胜

以武力统一全国是多尔衮既定的方针。然而,当时主力退保西安的李自成的大顺军和活动在西南的张献忠的大西军,加在一起还有四十余万。明福王朱由崧刚刚在南京建立的南明弘光政权,集合江淮以南各镇的兵力,仍有五十万部众,并且雄踞长江天险。而清军入关时,满洲、蒙古、汉军八旗,总共不过二十万人。清军要在辽阔的中国腹地同诸多对手作战,兵力不足,并且顾此失彼,很可能陷入腹背受敌的境地。多尔衮审度形势,根据柳寅东的建议:"今日事势,莫急于西贼(农民军)。欲图西贼,必须调蒙古以入三边,举大兵以攻晋豫,使贼腹背受敌。又需先计扼蜀汉之路,次第定东南之局。"制订了统一全国的作战部署,先怀柔南明政权,集中力量攻击农民军。这样做可以达到一箭双雕的目的:第一,证明多尔衮宣称的清得天下于"流贼"的口号,付诸军事行动,以便得到汉族地主阶级的广泛支持;第二,便于清军集中主力各个击破敌人,避免两面同时作战,从而取得政治上和军事上的主动地位。

顺治元年1月,多铎率清军在潼关与大顺军激战近月,重创大顺军。公元1645年12月,清军攻占西安。2月,多尔衮接到多铎"克定全省"的捷报,立刻命令他,"初曾密谕尔等往取南京。今既破流寇,大业已成,可将彼处事宜,交与靖远大将军英亲王等。尔等相机即遵前命,趋往南京"。又责成阿济格率吴三桂等,追击大顺军。5月底,阿济格追击大顺军于湖北通山县,杰出的农民领袖李自成在九宫山遇害。顺治二年四月,张献忠在四川凤凰山与豪格率领的清军相遇时,战败身亡。此后,大顺军、大西军余部继续抗清斗争。

顺治二年4月15日,多铎率大军抵达扬州,明大学士史可法死守。25日,城破,史可法死于难。扬州城经历了空前浩劫,清军大肆屠戮,史称"扬州十日"。5月6日,清军渡江,弘光政权军队不战而溃。14日,清军占领南京,福王逃往太平,旋被俘,弘光政权的大批文武官员及二十余万军队投降。于是清军继续向南方各省进军。

清军占领南京,很快把自己的统治扩展到长江中下游地区。但是,由于当时清军再度强迫人民剃发,激起了江南人民的强烈反抗,清军继续统一南方的行动受到挫折。在这个紧要关头,多尔衮又灵活地改变了策略。顺治二年7月间,他以"大兵日久劳苦"为名,把南方人民最恨的多铎召回北京,而改派福建籍的大学士洪承畴"招抚"江南。他要利用洪承畴在南方汉族地主阶级中的影响,来"节制"南京、江西、湖广等地区,进一步消灭刚刚在福建建立的唐王的隆武政权和浙江鲁王的鲁监国政权。多尔衮在洪承畴临行前,称他为自己"心爱之人",鼓励他"此行须用心做事"。并特铸"招抚南方总督军务大学士印",授权他"便宜行事"。多尔衮采取的这套以汉人治理汉人的办法,在关键时刻收到了实效。洪承畴坐镇南京后,很快扭转了清军在江南的被动局面,组织了对唐、鲁两个小朝廷的军事进攻。洪承畴先后招降了两政权中执掌大权的方国安和郑芝龙,乘唐、鲁互争之时,轻松攻下浙江。随后长驱入福建,消灭了隆武政权。这样,清朝统治阶级就在多尔衮的领导下,在很短时间内消灭了南明的大部分势力。到公元1648年,便是"天下一统,大业已成",除了东南沿海和西南一隅,基本上完成了清朝在全国的统治。

选贤任能

多尔衮深知"古来定天下者,必以网罗贤才为要图"。他除了用科举、招抚等各种手段尽力收罗汉族地主知识分子参加清政权外,还经常让身边的汉官随时推举各地的贤才。顺治二年六月,清军下江南后,由于多尔衮重视搜求汉族统治人才,网罗名士,使大批汉族士大夫纷纷归附。多尔衮把他们当中一些最有统治才能的,安排在内院、六部等中央的重要机构中,使他们能有效地发挥治理国家的作用。多尔衮作为满洲贵族的代表,始终是把满洲贵族集团作为维护清朝统治的基本力量。为此,清朝刚一建立,他就明确规定了王公贵族在政治上和经济上享有的种种特权。但是,多尔衮有远大的政治眼光,他懂得维护满洲贵族的尊严和特权,并不完全等于依靠他们治理国家事务。所以,多尔衮在从根本上维护满洲贵族特权的同时,不断限制诸王、贝勒个人的势力。尤其是削弱、打击自己的政敌,使他们无法利用特权干涉国家重大决策和事务。入关之前,多尔衮就取消了诸王、贝勒在皇太极时代兼管部院事务的职权。入关后的一个长时间内,多尔衮接连派多铎、阿济格、豪格、济尔哈朗等亲王率领大批满族贵族,轮流到各地出征,使他们远离了统治中心,无法干涉国政。在南明基本被消灭后,当这些王公贝勒陆续回京时,多尔衮为了防止他们恃功争权,又用种种借口来打击他

们的势力。公元1647年2月,多尔衮以"府第逾制"的罪名,罢济尔哈朗辅政。五年(1648年)三月,又旧账重提,以当初皇太极死时,在继嗣问题上不揭发豪格为由,革去济尔哈朗亲王爵,降他为郡王。公元1648年11月,多尔衮由"叔父摄政王"被尊封为"皇父摄政王"。

多尔衮在打击他的满洲贵族政敌的同时,给汉官以更多的参政机会。原来,由满洲贵族组成的"议政王大臣会议",是重要的决定国策的机构。自多尔衮执政以后,这个机构的作用大大受到限制,它只能讨论和处理满洲贵族内部的一些升降、赏罚等事。多尔衮把更多的权力赋予了多由汉人担任大学士的内院。顺治元年五月,多尔衮同意了大学士洪承畴、冯铨的建议,首先改变了内院过去对一些重大事务不得与闻的地位,使内院成了参与国家重大决策的重要机构。这些大学士日随多尔衮左右,应对顾问,处理政务,颇得重用。内院之外,六部和都察院也是当时统治中枢的组成部分。不过在顺治五年以前,这些部的正职都由满人担任,汉人只能担任副手。顺治五年,多尔衮又设立了六部汉尚书、都察院汉都御史,提高了汉官在这些重要机构中的地位和职权。

多尔衮主张满汉人民通婚。在统一中国的过程中,为了缓和满汉间的民族矛盾,曾主张满汉人民通婚。顺治五年,他以顺治帝名义谕礼部:"方今天下一家,满汉官民皆朕臣子,欲其各相亲睦,莫若缔结婚姻。自后满汉官民有欲联姻好者,听之。"过了几天,又谕户部:"凡满洲官员之女,欲与汉人为婚者,须先呈明尔部。……至汉官之女欲与满洲为婚者,亦行报部;无职者,听其自便,不必报部;其满洲官民娶汉人之女实系为妻者,方准其娶。"多尔衮的统一中国、"满汉一家"的思想,是难能可贵的,较之清朝其他统治者确实高出一筹。

功过评说

多尔衮位宠功高,擅权过甚。豪格虽然镇压张献忠有功于清室,但因在继嗣问题上和他有争,最终在功成返京后,被他罗织罪名,置之死地。济尔哈朗原和多尔衮同居辅政,被多尔衮逐渐排挤,终被罢其辅政。在排除异己的同时,则任人唯亲。他的同母兄弟阿济格、多铎,都得到重用。尤其对多铎,待之甚厚。顺治四年,封多铎为"辅政叔德豫亲王",取代了济尔哈朗。多尔衮对国家大事也基本不向幼帝讲述,完全独断专行。所以,多尔衮才是当时实际上的皇帝,以至当他入朝时,出现"诸臣跪迎"的场面。多尔衮身材细瘦,虬须,素患风疾,入关后病情渐渐加重。顺治四年以后,由于风疾加重,跪拜不便,因而烦躁愤懑,易于动怒。上上下下都怕他,就是达官显贵往往也不能直接同他说话,要趁他外出过路时借便谒见。但他始终以全副精神经营清王朝的"大业",牢牢控制着军国重务。据多尔衮自己说,他之体弱神疲,是由于松山之战时亲自披坚执锐、劳心焦思种下的病根。其实,和他好声色也有一定的关系。他的妻子是博尔济吉特氏,当他的哥哥皇太极死后,顺治五年,他又将嫂嫂、皇太后娶了过来,这就是当时人称的"皇后下嫁";在他的侄子豪格被幽禁死以后,公元1650年1月,他又将豪格的妻子娶了过来;5月,又征朝鲜女成婚。多尔衮居住的睿王府宏伟壮丽,甚过皇帝居住的地方。由于北京暑热,曾下令在古北口外筑避暑城,为此加派钱粮,福临亲政后,才令此工程停止。李自成退出北京时,皇宫曾毁于火,多尔衮命令修复。曾从京外弄来工匠七百名,"俱皆铁锁所系",举一反三,多尔衮在修建睿王府、避暑城时,工匠的悲惨境遇可想而知。

满洲贵族酷好放鹰围猎,多尔衮亦如此。礼部议定有摄政王出猎的仪礼。顺治二年,多尔衮出猎古北口外,坠马受伤,涂了一点儿药膏,太医傅胤祖认为用错了药。十二月初九日死于喀喇城,年仅39岁。顺治帝率诸王大臣迎奠东直门外,追尊为"诚敬义皇帝",庙号成宗。多尔衮无子,以豫亲王多铎子多尔博为后。纵观多尔衮的一生,他功大于过,不失为一个值得肯定的人物。尤其是在清朝统一中国的问题上,他有着卓越的见识和胆量,是别人所不及的。

郑成功

郑成功(1624年~1662年),祖籍福建南安人,民族英雄。出生于日本九州平户,母为日本田川氏。郑成功原名郑森,字明俨,号大木。明末抗清名将,收复台湾的民族英雄。公元1646年在南澳(今广东)起兵抗清,1661年率部进军台湾,次年从荷兰侵略者手中收复台湾。

年少有为

郑成功的父亲是郑芝龙,受明朝朝廷招安前为一海盗首领。母亲是日本女子田川松,明天启四年(1624年,日本宽永元年)农历七月十四日(8月27日),在日本平户海滨产下郑成功,因此郑成功是中日混血儿。七岁之前跟随母亲住在平户,1630年郑芝龙将他带回南安教养。因受限于日本禁止女人离境的规定,故田川氏并未随行。郑芝龙延聘儒士教育郑成功,以便争取科考功名。

郑成功受南明隆武帝笼络,赐姓为明朝的国姓朱,并封忠孝伯,这也就是他俗称国姓爷的由来。22岁任南明隆武帝御营中军都督。清顺治三年(南明隆武二年,1646年),清军攻克福建,唐王隆武皇帝遇害。在清大学士洪承畴的招抚下,郑成功的父亲认为明朝气数已尽,不顾郑成功的反对,只身北上向清朝朝廷投降。清军在这时掠劫郑家,郑成功的母亲田川氏为免受辱于清兵,切腹自尽。"国仇家恨"之下,隆武二年十二月(1647年1月)郑成功在烈屿(小金门)起兵,旗帜上的称号是"忠孝伯招讨大将军罪臣朱成功"。永历三年(1649年)改奉南明永历年号,永历帝封他为延平郡王,故亦有称其为郑延平者。1651年到1652年

郑成功塑像

在闽南小盈岭、海澄(今龙海)等地取得3次重大胜利,歼灭驻闽清军主力。后挥师北取浙江舟山,南破广东揭阳。顺治十二年(1655年),清定远大将军济度率兵约3万入闽,会同驻闽清军,进攻郑军。郑成功利用清军不善水战的弱点,诱其出海作战,次年四月将其水师歼灭于厦门围头海域。在起义后的16年间,郑成功据地在现今小金门和厦门(当时为一小岛,并没有和大陆连在一起)一带的小岛,完全控制了海权。以和外国人做生意收集资金,筹备军力,并且深入内陆广设商业据点,收集许多有关清军与朝廷的情报。曾经几次起兵,也和清朝廷议和以争取时间恢复兵力。期间,降清的郑芝龙在清廷的要求下多次写信给郑成功招降,清帝亦曾下诏册封郑成功为靖海将军海澄公,郑成功坚辞不受;顺治十四年(1657年),郑芝龙与郑成功私信被清廷截获,以通敌罪流徙郑芝龙于宁古塔。

顺治十五年(1658年),郑成功统率水陆军17万北伐,次年入长江,克镇江,围南京。后因中清军缓兵之计,损兵折将,败退厦门。十七年,在福建海门港(今龙海东)歼灭清将达素所率水师4万余人,军威复振。

进入台湾

1661年康熙皇帝初即位,之前的郑氏降将黄梧陈下达灭贼五策,包括长达20年的迁界令。自山东至广东沿海廿里,断绝郑成功的经济支援;毁沿海船只,寸板不许下水;同时杀成功之父郑芝龙于宁古塔流徙处(一说斩于北京柴市口,即今府学胡同西口,元代刑场);挖郑氏祖坟;移驻投诚官兵,分垦荒地。由于清政府的新策略,郑成功和他的军队断绝了经济来源,面临着严重的财政危机。不得不放弃以近岸离岛为基地、骚扰东南沿海的军事策略,转而进攻已久为大航海时代以来远渡重洋来到亚洲的葡萄牙人、西班牙人、英国人、荷兰人所分别殖

郑成功收复台湾时所用的火炮

民割据的台湾,作为新的基地。这一年三月二十三,郑成功亲率将士2.5万、战船数百艘,自金门料罗湾出发,经澎湖,出敌不意地在鹿耳门及禾寮港登陆。先以优势兵力夺取荷军防守薄弱的赤嵌城(今台南市内),继又对防御坚固的首府台湾城(今台南市安平区)长期围困。经过九个月的苦战,在早年由其父协助渡海的汉人移民的支持下于1662年打败荷兰人,迫使殖民总督揆一于同年十二月十三日(1662年2月)签字投降,撤离台湾。于是祭告山川,颁屯垦令,开东宁王国,立郑家天下,拥有现在台湾南部以及一部分东部的土地。设"承天府",改台南为"东都",以示候明永历帝东来之意,争取明朝遗臣效忠。另辟海外乾坤,抗清朝于海外。同年4月间传来桂王朱由榔死于缅甸的消息。虽然仍有其他明朝宗室在台,但成功已决定不再拥立新帝,自为台湾之主。郑成功在台成立第一个汉人政权。然而,因为当时热带地方卫生条件不好,郑成功感染时疫,最终病倒,同年5月病逝,享年39岁。原葬台南洲仔尾,1699年迁葬南安祖墓。

郑成功的儿子郑经继续经营台湾,改东都为东宁。依陈永华之计,移植明朝中央官制。对内虽仍奉已死的明永历帝之正朔,与中国内陆清王朝之顺治、康熙各朝互不统属;对外则自称"东宁王国",始有开国长治之想,经营成效斐然。后因降将施琅师法郑成功当年进攻荷兰人故技,攻克澎湖岛,因此孙子郑克塽于1683年降清。为免台湾民众起反抗之心,郑氏在台诸坟悉数遭清王朝掘起迁葬中国内陆。1684年4月,台湾(时为台湾府)正式纳入大清帝国版图,隶属福建省,下设台湾县、凤山县与诸罗县。郑氏政权在台湾总计只有短短二十几年的时间而已。

名留青史

郑成功接收父亲的兵力,成员多是盗贼出身,所以郑成功一直是"强人统治","严刑峻法",极少接受属下的意见。然而他的文人背景却也能让他以德服众,同时也有助于他对商业方面的经营,创造出胜过他父亲的局面。因郑成功为汉和混血,日本人亦视之为大和英雄,如今日本平户(今长崎县平户市)海滨尚有"儿诞石",相传郑成功即在此出生。日本作家近松门左卫门曾写了一部名为《国姓爷合战》的净琉璃剧,风靡一时。台湾日治时期,日人拆除为数不少的汉人庙宇。但位于台南,清代设立祭拜郑成功的延平郡王祠所幸被保存。并另在旁兴建和风建筑"开山神社",亦供奉郑氏,形成双庙格局。直至战后,开山神社遭拆除,延平郡王祠则将原先闽式建筑整修为北方朝廷式。

中国把郑成功看作从荷兰人手上收复台湾的民族英雄,日本则把郑成功看成第一个日裔子孙经营台湾的例子。而台湾则把郑成功看成汉人脱离中国统治,移民台湾,建立新天地的典范。

康 熙

清圣祖康熙(1654年~1722年),名爱新觉罗·玄烨,清世祖第三子,顺治十八年(1661年)即位,年号康熙。康熙八年(1669年)从辅政大臣鳌拜手中夺回政权,开始亲政。他平三藩,定台湾,两克雅克萨,三征准噶尔,开拓疆土。他重视文化,提倡程朱理学,罗致天下名士,撰修《明史》、《康熙字典》等,注意吸取西方文化。康熙的文治武功为康、雍、乾盛世奠定了基础。

智擒鳌拜

康熙即位时只有八岁,他是顺治的第三子。顺治接受汤若望的意见,因其出过天花具有免疫力而把他选为继承人。康熙六年(1667年)七月初七在太和殿举行亲政仪式。在其祖母太皇太后孝庄文皇后的帮助下,在康熙九年赢得了与顾命大臣鳌拜的斗争,开始真正亲政的阶段。

康熙在六年七月初七举行亲政大典,但这只是形式上亲政,鳌拜在"仍行佐理"的懿旨下继续大权独揽。从形式上亲政到实际亲政是当务之急,但面对鳌拜在辅政期间所结下的庞大党羽,孝庄认为不能操之过急。就连康熙的御前侍卫都被鳌拜收买,经常在康熙面前称赞"鳌拜为圣人",足以表明康熙的言行已经在鳌拜的控制之中。为了让鳌拜疏于防范,在太皇太后的导演下,康熙对"布库"(满族摔跤)兴致日浓。甚至还观看身边小太监表演"布库",以便让鳌拜产生皇帝玩物丧志、不足为虑的错觉。让太皇太后始料不及的是,铲除鳌拜比当年擒拿阿济格还要艰难。如果明发谕旨治罪鳌拜、清除鳌拜集团"恐不免激生事端",祸起萧墙。她必须面对鳌拜党羽已经左右朝廷、尾大不掉的严峻局势。所幸她的联姻策

康熙

略开始起作用了，索尼第二子索额图已经辞去吏部侍郎,到康熙身边充当了侍卫,鳌拜的党羽还不可能把小皇帝完全封锁起来。在孝庄的策划下，康熙以下棋为名召索额图进宫,君臣在对弈的过程中就已经把擒拿鳌拜的细节安排完毕。几天后,鳌拜入宫陛见,正在演习"布库"的十几名小太监一拥而上。鳌拜猝不及防,摔倒在地,时为康熙八年(1669年)五月十六。在祖母的帮助下康熙终于实现了真正的亲政,诚如康熙所言"设无祖母，无以成立","设无祖母，无以至今日"。

康熙执政期间,撤除吴三桂等三藩势力(1673年)，统一台湾(1684年)，平定准噶尔汗噶尔丹叛乱（1688年~1697年）。并抵抗了当时沙俄对我国东北地区的侵略，签定了《尼布楚条约》，划定中国东北边界。他在承德修建了避暑山庄,作为与北方游牧民族交往的基地。从社会经济的角度考察，康熙采取了一系列有利于国计民生的政策:积极鼓励垦荒,废止圈地令,实施更名田;整修黄河、淮河、运河的水利工程;尤其是在康熙五十一年(1712年)决定"永不加赋"，取消新增人口的人头税,并最终演变成"摊丁入亩"制度。并大蠲赋税。最终促进了农业经济的发展,表现为耕地面积的迅速扩大与粮食产量的提高、经济作物的广泛种植,奠定了"康乾盛世"的基础。

康熙帝重视对汉族知识分子的优遇。他曾多次举办博学鸿儒科,创建了南书房制度,并亲临曲阜拜谒孔庙。康熙帝还组织编辑与出版了《康熙字典》、《古今图书集成》、《历象考成》、《数理精蕴》、《康熙永年历法》、《康熙皇舆全览图》等图书、历法和地图。但是，在另外一方面，康熙也存在保守和落后的方面。他在统一台湾后开放了海禁,但是由于担心米谷出境而明令禁止南洋贸易。他崇尚儒学,尤其是朱熹理学。此外,在康熙五十年(1711年)还发生过戴名世《南山集》"文字狱"事件。

废立太子

　　康熙十三年，康熙帝立皇后所生的一岁的皇次子胤礽为太子，但数十年后由于太子本身的素质问题及其在朝中结党而废太子。伴随着康熙四十八年三月初十胤礽的废而复立，诸王对储位的觊觎得到了遏制，德妃（太子母亲）的生活似乎又恢复了从前。但好景不长，到康熙五十一年（1712年）九月三十日皇太子再次被废。康熙非常清楚，作为皇位继承人的皇太子就是未来的皇帝，相当一部分大臣为了日后的荣华富贵要奔走皇太子门下，形成一个同皇权几乎平行的储权。对于像康熙这样一位"凡事皆在朕裁夺"的君主来说，绝不会容忍储权的存在，用康熙的话来说就是"天无二日，民无二王"，"天下大事当统于一"。康熙不立太子的做法遏制了储权，但却激化了储位之争，以至康熙都不得不时时提防"兴兵构难，逼朕逊位"一类宫廷政变的发生。这位临御已近60年的皇帝甚至想到自己临终前诸子"执刃争夺"的情景——弥留之际的老皇帝在乾清宫内孤苦无依，剑拔弩张的众皇子在乾清宫外骨肉相残……尽管康熙已经预感到在自己身后对皇位的争夺将非常激烈，但为了独尊的皇权，他绝不会让储权死灰复燃。而储位久空的现实则导致储位之争愈发激烈。在经历太子废立的风波后，四阿哥被晋封为雍亲王。尽管同时被封为亲王的还有三阿哥、五阿哥，但他们均非追逐权力之辈。四阿哥虽然小的时候有些喜怒不定，但成年后已经修炼得含而不露了，但他内心深处对储位的迷恋程度依然不减。而且四阿哥的聪明之处即在于不是明争而是暗夺，用最隐蔽的方式加入竞争者的行列，在暗处窥测情况，探听虚实，积蓄力量，以求一逞。在皇太子第一次被废之后，最热衷储位的是八阿哥，但因受到康熙的斥责而落得竹篮打水一场空。而在太子第二次被废后，胤礽及其支持者九阿哥等都成为十四阿哥的支持者。胤礽曾由衷地称赞比自己小五岁的弟弟："才德双全，我弟兄内皆不如，将来必大贵。"本来就有建功立业抱负的十四阿哥，在两位异母兄长的拥戴下，又怎能摆脱储位的诱惑？十四阿哥也明显地置身于储位竞争者的行列，而准噶

胤礽

尔部首领策妄阿拉布坦在康熙五十七年(1718年)对西藏的入侵及对拉藏汗的袭杀,也的确为十四阿哥提供了一次展示才干的机会。

康熙本来是位慈父,但一涉及到立储就变得非常的挑剔。由于他坚持"以朕心为心者"作为择立皇储的条件,结果是对哪个儿子都不那么满意。大权独揽已经成为他一切行为的出发点与归宿,只要他在世一天就要控制一天。即使十四阿哥在平定西陲返回北京后,康熙又令他去坐镇西宁。以至九阿哥都颇为失望地说:"皇父明是不要十四阿哥成功,恐怕成功后难于安顿他。"所谓"难于安顿"就是不想把皇太子的位置赏给十四阿哥。康熙心目中的继承人到底是谁?这对于所有人都是一个谜。而孙子弘历的出现愈发使得皇储人选变得扑朔迷离。

胤禛为谋取皇位,韬光养晦,费尽心机。他的心腹戴铎,在康熙五十二年(1713年)为他谋划道:处英明之父子也,不露其长,恐其见弃;过露其长,恐其见疑,此其所以为难。处众多之手足也,此有好竽,彼有好瑟,此有所争,彼有所胜,此其所以为难。……其诸王阿哥之中,俱当以大度包容,使有才者不为忌,无才者以为靠。戴铎提出的策略是——对皇父要诚孝,适当展露才华:不露才华,英明之父皇瞧不上;过露所长,同样会引起皇父疑忌。对兄弟要友爱:大度包容,和睦相待。对事对人都要平和忍让:能和则和,能结则结,能忍则忍,能容则容,使有才能的人不忌恨你,没有才能的人把你当作依靠。胤禛基本按照上述策略,一步一步地绕过皇位争夺中的险滩暗礁,向着皇帝的宝座曲折前进。

疼爱弘历

弘历是雍亲王第四子,康熙五十年八月十三(1711年)生于雍亲王府。弘历的母亲钮祜禄氏是王府的格格(类似宫女),连个侧福晋的名分也没有。可弘历从小就聪明异常,四阿哥着实喜欢这个儿子。据说在弘历出生后,雍亲王胤禛曾找人看过弘历的生辰八字,得出的结论是:"此命富贵天然……聪明秀气出众,为人仁孝,学必文武精微……运交16岁,谓之得运,该当身健,诸事顺心,志向更佳。命中看得妻星最贤最能,子息极多,寿元高厚……"实际上弘历的命运并不取决于生辰八字,而是取决于他的祖父康熙的态度。

康熙六十一年(1722年)年三月,12岁的弘历,第一次见到69岁的祖父。

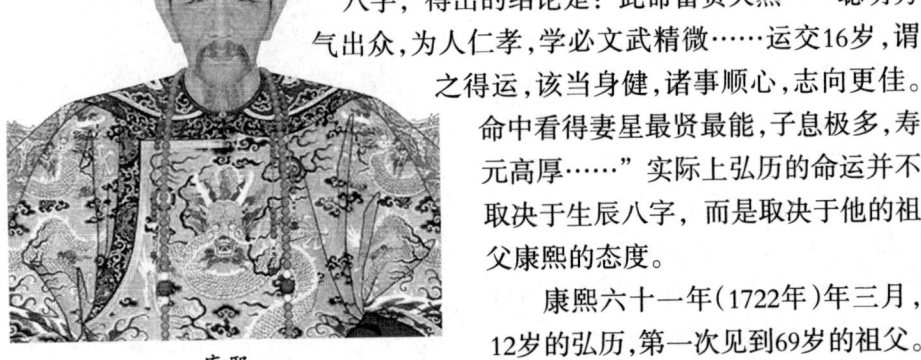

康熙

由于弘历聪明过人,不仅读书多,而且过目不忘,康熙决定把弘历留在身边。康熙有几十个孙子,但只有弘历如此赢得祖父的垂爱。一个多月后,弘历跟随祖父去避暑山庄,在和祖父一起飞马涉猎时,康熙射中一只熊,令弘历再补射一枪。不料弘历刚上马,被射中的熊竟然就扑了上来拼死一搏,康熙不顾个人安危立即再开一枪,把熊击毙。事后,康熙还对弘历的祖母德妃提起此事,说这个孙子将来肯定比自己的福气还大。正是由于康熙的格外喜爱,才改变了弘历一生的命运。如果弘历未被祖父发现并留在身边,康熙之后的历史究竟会怎样演变的确难以预料。弘历被留在康熙的身边,表明老皇帝很想把皇位传给孙子弘历。如果皇帝真的这样考虑,就会影响到四阿哥,总不能越过四阿哥直接把皇位传给孙子,当然这只是一种猜测。

康熙六十一年十一月十三,偶感风寒的康熙在畅春园去世,步军统领的隆科多"先护送雍亲王回朝哭迎,身守阙下,诸王非传令旨不得见"。十四日公布康熙遗诏,其中有"雍亲王皇四子胤禛人品贵重,深肖朕躬,必能克承大统,着继朕登极,即皇帝位"。在立储问题上,大家始终没猜透老皇帝的心思。如果老皇帝真的有立胤禛为君的口谕,还用得着负责京师警卫的九门提督隆科多如此忙乎吗?先帝的遗命谁敢不遵,根本用不着隆科多"护送雍亲王回朝哭迎,身守阙下"。在隆科多的武力支持下,胤禛已经捷足先登。康熙在位61年,是中国历史上在位时间最长的皇帝。

雍 正

雍正帝胤禛(1678年~1735年),是康熙的第四子。康熙六十一年,45岁的胤禛继承帝位,年号雍正。即位后勤于政事,安定民生,奖励垦荒,发展农业生产,实行摊丁入亩,保证赋税收入。对知识分子则屡兴文字狱。雍正七年(1729年),建立军机房(后改军机处)加强专制。在位期间,调节缓和了社会矛盾,为乾隆盛事准备了更充分的条件。在位13年,死于圆明园。庙号世宗。

争夺皇位

胤禛是孝恭仁皇后乌雅氏所生之子,他于康熙三十七年(1698年)被封为贝勒,四十八年(1709年)晋封雍亲王。此间诸皇子为谋求储位,各结私党,勾心斗角极为严重。胤禛没有参加皇太子党,也没有参加皇八子党。他表现出既诚孝皇父,又友爱兄弟的态度,使他躲避开皇父与兄弟两方面的矢镞,而安然无恙。凡是皇父交办的事情,他都竭尽全力去办好,既使皇父满意,又使朝臣口碑相传。自结婚后30年的实际磨炼,使他对社会、对人生有了深刻认识与深切体验,为他后来登上皇位准备了条件。胤禛的性格,有两个特点:一是喜怒不定,二是遇事急躁。康熙就此曾经批评过他。

康熙帝驾崩后"煮豆燃豆萁"一幕就出现了:雍正元年四月初三在安葬康熙的灵柩后,雍正把胤禛留在汤山软禁了起来;此后十天(四月十三)雍正下令逮捕胤禛家人雅图、护卫孙奉、苏伯、常明等人,雍正曾就胤禛"在军闻有吃酒行凶之事"审讯彼等,"回奏并无",以致"上怒",令将上述人"拿送刑部,永远枷示",对十四阿

雍正

哥已经是"山雨未来风满楼"。雍和宫万福阁（雍和宫原系雍正即位前的府邸）据亲眼目睹康雍时期皇室内部权力之争的宗室成员弘旺所撰写的《皇清通志纲要》所载：四阿哥原名胤禛，十四阿哥原名胤祯；在雍正即位后，十四阿哥才奉新君之命改名。四阿哥胤禛的"禛"与十四阿胤祯的"祯"，不仅同音，而且字形也极为相似。雍正不仅夺了十四阿哥的皇位，连他的名字胤祯也一起夺了。按照雍正所承认的他自己的即位是康熙临终时"仓促之间，一言以定大计"。一个命似残灯将尽的老人用含混不清的词语来口述遗嘱，要想区别胤祯与胤禛的确是力不从心，谁也无法排除四阿哥乘机捷足先登的可能。胤祯在给十弟的信中所表露的"大势已去，时不再来"，完全可以作为四阿哥抢先一步的佐证。胤禛本人对皇储地位虽然并不那么孜孜以求，但他却是八阿哥、十四阿哥的支持者。胤禟在康熙的众多儿子中最会经营，也最为富有，据给胤禟掌管财务的秦道然披露，胤禟家产中的现银就不少于70万两，这笔财产就成为八阿哥、十四阿哥谋求储位的经济保障。最后，胤禛内倚理藩院尚书隆科多的特殊地位，外借四川总督年羹尧的兵力，在隆科多宣读的康熙皇帝"传位于皇四子"遗诏的安排下，继承了皇位，次年改年号雍正。

胤禛虽然即了帝位，但以皇八子胤禩为首的当年争夺储位的劲敌，并不甘心自己的失败。他们散布流言，制造事端，以发泄愤懑之情，动摇刚刚易主的皇权。雍正对他们分化瓦解、撤职监禁，予以严厉打击。为表明即位的合法性，雍正以极为隆重的丧礼，将圣祖葬入景陵，使其成为清代第一位土葬的皇帝。他又以不忍动用先皇遗物为由，将清帝处理政务之所，从乾清宫移至养心殿，养心殿从此而成为清廷的政务中心。在整肃皇族中反对派的同时，对当年的功臣、即位后的心腹之患——隆科多和年羹尧，雍正也毫不手软，以"居功自傲，蔑视皇权"为由，施以削权、调任、抄家、遣戍，直至处决的严酷惩罚。

改革措施

雍正元年（1723年）是清朝入关的第八十年，许多社会矛盾盘根错节，积累很深。他盛年登基年富力强，学识广博，阅历丰富，刚毅果决，颇有作为。康熙政尚宽仁，雍正继以严猛。雍正在位短短13年，他最主要的特点是"改革"，可以说雍正是一位改革型的皇帝。雍正改革措施，列举以下六点：

第一，整顿吏治。康熙晚年，身患中风，标榜宽仁，吏治松弛，贪污腐败，已然成风。雍正在长年皇子生活中，对皇父晚年弊政，看得较为清楚。雍正元年（1723年）正月，他大刀阔斧、雷厉风行地连续颁布11道谕旨。训谕各级文武官员：不许暗通贿赂，私受请托；不许库钱亏空，私纳苞苴；不许虚名冒饷，侵渔贪婪；不许纳贿财货，戕人之罪；不许克扣运费，馈遗纳贿；不许多方勒索，病官病民；不许

恣意枉法，恃才多事等。严诫：如因循不改，必定重罪严惩。二月，命将亏空钱粮各官即行革职追赃，不得留任。三月，命各省督、抚将幕客姓名报部。禁止出差官员纵容属下勒索地方。后以户部库存亏空银250余万两为由，令历任堂司官员赔补。同年设立会考府，进行审计，整顿收支。这一年，被革职抄家的各级官吏就达数十人，其中有很多是三品以上大员。与曹雪芹家是亲戚的苏州织造李煦，也因为经济亏空而被革职抄家。《清史稿·食货志》说："雍正初，整理度支，收入颇增。"史家评论说：雍正"澄清吏治，裁革陋规，整饬官方，惩治贪墨，实为千载一时。彼时居官，大法小廉，殆成风俗，贪冒之徒，莫不望风革面"。说明雍正整顿吏治的成效。

第二，密折制度。什么是密折呢？密就是机密；折就是将奏文写在折叠的白纸上，外面加上封套。康熙朝有奏折，雍正朝密折制度加以完善。皇帝特许的官员才有资格上奏折。康熙朝具折奏事的官员有100多人，雍正朝增加到1200多人。奏折的内容，几乎无所不包。诸如刮风下雨、社会舆情、官场隐私、家庭秘事等。皇帝通过奏折可以直接同官员对话，更加了解和掌握下面的实际情况。奏折运转处理程序，因"阁臣不得与闻"，而避开阁臣干预，特别是官员之间互相告密、互相监督，强化了皇帝专制权力。雍正朝现存满、汉文奏折41600余件，是研究雍正朝历史的重要档案资料。

第三，设军机处。雍正创设军机处，作为辅助皇帝决策与行政的机构，地点在紫禁城隆宗门内北侧。军机大臣没有定员，少则二人，多则九人。主要职掌：每日晋见皇帝，商承处理军政要务，以面奉谕旨名义，对各部门、各地方发布指示；面奉谕旨，起草公文，由朝廷直接寄发，称为"廷寄"，封函标明"某处某官开拆"字样，由兵部捷报处发送；誊录保存公文，就是将皇帝批阅的奏折，誊录副本，称为"录副奏折"。这项制度使大量档案得以保存。在清初，重要的军政机构有三个：一是议政处，二是内阁，三是军机处。议政处源自关外，主要由王公贵族组成，称议政大臣，参画机要。后设内三院，即后来的内阁。军务归议政处，政务归内阁。议政处的权力逐渐减弱，到乾隆朝撤销。内阁，仿明朝制度，逐渐排斥议政处于机务之外。而军机处建立后，军政要务归军机处，一般政务归内阁。军机处权力远在内阁之上,大学士的权力为军机大臣所分,逐渐排斥内阁于机务之外。大学士兼军机大臣才有一定实权。内阁宰相,名存实亡。军机处的建立,标志着皇权专制走向极端。明代内阁对皇权有一定的约束,如诏令由内阁草拟、经内阁下发,阁臣对诏令有权封驳。但是军机处成立之后,排除了王公贵族,也排除了内阁大臣。军机处的设立,使清朝皇帝乾纲独断——既不容皇帝大权旁落,也不许臣下阻挠旨意。

第四,改土归流。在云、贵、粤、桂、川、湘、鄂等省少数民族地区,主要由世袭土司进行管辖。此前已有"改土归流"的举措,但雍正全面实行"改土归流"制度,就是革除土司制度。在上述地区分别设立府、厅、州、县,委派有任期的、非世袭的"流官"进行管理。这种管理体制,同内地大体一样。雍正帝的改土归流,打击了土司的世袭特权和利益,减轻了西南少数民族的负担和灾难,促进了这一地区社会经济与文化的进步。

第五,摊丁入地。中国过去土地和人丁分开纳税。康熙五十年(1711年)后,实行"盛世滋生人丁,永不加赋",但此前出生的人丁还要缴纳丁银。雍正推行丁银摊入地亩。这项赋役制度的重大改革,从法律上取消了人头税,减轻了贫穷无地者的负担。就这一点来说,摊丁入地制度有一定的积极意义。但是,自"盛世滋生人丁,永不加赋"之后,特别是实行"摊丁入地"制度之后,社会人口,急剧增长。道光年间,人口之数,突破4亿。

第六,废除贱籍。贱籍就是不属士、农、工、商的"贱民",世代相传,不得改变。他们不能读书科举,也不能做官。这种贱民主要有浙江惰民、陕西乐籍、北京乐户、广东疍户等。在绍兴的"惰民",相传是宋、元罪人后代,他们男的从事捕蛙、卖汤等;女的做媒婆、卖珠等活计,兼带卖淫。这些人"丑秽不堪,辱贱已极",人皆贱之。在陕西,明燕王朱棣

军机处

起兵推翻其侄建文帝政权后,将坚决拥护建文帝的官员的妻女,罚入教坊司,充当官妓,身陷火坑,陪酒卖淫,受尽凌辱。安徽的伴当、世仆,其地位比乐户、惰民更为悲惨。如果村里有两姓,此姓全都是彼姓的伴当、世仆,有如奴隶。稍有不合,人人都可加以捶楚。广东沿海、沿江一代,有疍户,以船为家,捕鱼为业,生活漂泊不定,不得上岸居住。江苏苏州府有丐户,也为贱民。雍正对历史上遗留下来的乐户、惰民、丐户、世仆、伴当、疍户等,命令除籍,开豁为民,编入正户。

雍正皇帝作为一代政治家,他留给后人的历史遗产,还有两点值得特别提出:一是勤政,二是选储。

勤政,是雍正区别于其他帝王的一个显著特征。纵观中国历史上的皇帝,像雍正那样勤政者,前无古人,后无来者。他在位期间,自诩"以勤先天下",不巡幸,不游猎,日理政事,终年不息。仅以朱批奏折而言,雍正朝现存汉文奏折35000余件、满文奏折6600余件,共有41600余件。他在位12年零8个月,实际约4247天,平均每天批阅奏折约10件。多在夜间,亲笔朱批,不假手于他人,有的奏折上的批语竟有1000多字。

选储,是雍正留给清代的一份重要历史文化遗产,这就是建立秘密立储制度。清朝皇帝的继承人问题,康熙以前没有制度化。清太祖死后,因皇位继承演出大妃生殉的悲剧,害得多尔衮从小失去母亲;清太宗死后,尚未入殓,几乎演出兵戎相见的惨剧;清世祖死后,仓促让一位8岁的孩童即位,大清出现一位英

乾清宫"正大光明"匾

明的君主实属幸运;清圣祖死前储位未定,演出了雍正兄弟骨肉相残的闹剧。大清皇朝,是家天下,用什么办法在家族内确立接班人,是清朝建立100多年所没有解决的问题。用嫡长制?虽可以避免兄弟之争,但不能保证选优,明亡教训,已有前车之鉴;用太子制?康熙帝失败的教训,雍正已经亲历切肤之痛。雍正想出了一个办法,既预立皇位继承人,又不公开宣布,这就是秘密立储,即将传位诏书置密封锦匣中预先收藏于乾清宫"正大光明"匾后。这是建储制度的一项重大创革。其积极的方面是,既有利于在皇子中选优,又避免皇子们争夺储位,相对地保证了皇位继承的平稳过渡。顺治选了康熙即位,雍正选了乾隆即位。这两位大清皇帝,都君临天下60年,开创出中国皇朝史上的"黄金时代"——"康乾盛世"。应当说,雍正有眼力,有见识,看准并决定要乾隆继承、光大他的事业,确实选对了接班人。这对大清帝国、对中华民族、对亚洲历史及世界文明的发展,都产生了重大的影响。

在康熙、雍正、乾隆三朝,雍正处于承上启下的历史时期。雍正既继承了康熙大帝的历史遗产,又改革了康熙晚年的弊政;他既为乾隆强盛奠下了根基,又为乾隆繁盛准备了条件。康、雍、乾三朝,既是清朝历史发展的鼎盛时期,也是中华帝国皇朝历史发展的一个鼎盛时期。雍正十三年(1735年)八月,胤禛因迷信道士,服用丹丸过度死于圆明园。卒谥敬天昌运建中表正文武英明宽仁信毅睿圣大孝至诚宪皇帝。庙号世宗。葬河北易县清西陵"泰陵"。

乾 隆

乾隆(1711~1799年)，世宗胤禛第四子。雍正十三年(1735年)登基，年号乾隆。名爱新觉罗·弘历，是清朝入关之后第四任皇帝。在位期间使统一的多民族国家得以巩固发展。两次出兵平定准噶尔布。定金瓶掣签制，加强对西藏管辖。重视文化事业。乾隆三十八年(1773年)开馆编纂《四库全书》。晚年宠信和绅，致使吏治败坏，各地起义不断。嘉庆元年(1796年)退位，称太上皇，在位60年。

建功立业

乾隆是雍正皇帝第四子，也是雍正诸子中最有才干的一位，自小甚得其祖父康熙喜爱，在雍正即位当年，就被以"秘建皇储"的方式确立为继承人。1735年，雍正驾崩，乾隆顺利继承皇位。自小得宠，且几乎没受到挫折就登上最高宝座，也许是造成乾隆后来"好大喜功"的一个原因。

雍正在位时期进行了一系列改革以加强统治，并大力反贪，整肃朝纲，为乾隆的统治打下了良好的基础。但他的统治也留下了"严苛"的恶名。乾隆即位之后，首先想树立宽大政治的形象，平反了雍正时期被迫害的一些要员。但实际上，终其60年的统治，"宽大"只是表面文章，严苛才是其真正内核。

乾隆在内政方面创举不多，最大的成绩是继续施行雍正时期的"摊丁入亩"、"改土归流"等政策，并以个人的威望维持统治高层的稳定，使社会经济在稳定发展中达到繁荣。最为乾隆自己引以为豪的，是他的"十全武功"，他也因此自称为"十全老人"。所

乾隆帝大阅铠甲骑马像

谓"十全武功"包括两次平定西北的准噶尔部，一次平定新疆回部，两次征服西南的大小金川，一次镇压台湾林爽文起义，一次出征缅甸，一次出征越南和两次出征尼泊尔的廓尔喀。实际上，对历史影响较大的只有西北方面的军事行动。尽管蒙古准噶尔部首领噶

乾隆帝田黄三联玺

尔丹被康熙击败，但他的侄子策布阿拉布坦在西北仍拥有很大的势力，控制了新疆、西藏、青海等地，煽动这些地区的少数民族与清廷为敌。策布阿拉布坦死后，其子噶尔丹策零继续统领其众。乾隆时代，遇上准噶尔部内乱的大好时机，果断地在1755年出兵攻占伊犁。但噶尔丹策零的外甥阿睦尔撒纳降而复叛，清廷在1757年第二次出兵，终于完全清除了准噶尔部的反叛势力。这场战争，从噶尔丹时代算起，已持续了近70年。

准噶尔部平定之后，维吾尔族的首领大小和卓木回到新疆，策动维族各部反清。乾隆被迫第三次对西北用兵，这场战争延续了三年，终于迫使大小和卓木逃亡国外。随后，乾隆设置伊犁将军，并在喀什等地设参赞大臣、领队大臣等，同时大幅减轻了维族地区的赋税负担。西北190多万具有离心倾向的土地，最终巩固在中央政权之下，这是乾隆对中国历史的一大贡献。此外，西南的大小金川之战也打得十分艰辛，两次反叛总共持续了近30年，贯穿了乾隆统治期的中段。乾隆先后两杀主帅，耗银七千万，才压服了这里的藏民。

游玩江南　好大喜功

乾隆皇帝和七世纪中国历史上著名的亡国暴君杨广有一个同样的爱好：那就是喜好去繁华似锦的江南游玩。乾隆的南巡集团声势浩大，每次都在万人以上，所到之处极尽奢侈靡费，地方供给极尽华丽壮观，百姓的财富遇到巨大的浩劫。江苏学政（教育厅长）尹会一曾上奏章说南巡造成"民间疾苦，怨声载道"，乾隆大为光火："民间疾苦，你指出什么地方疾苦？怨声载道，你指出什么人载道？"被乾隆封为"大清第一才子"的皇家教师纪晓岚曾趁便透露江南人民的财产已经枯竭，乾隆同样怒不可遏："我看你文学上还有一点儿根基，才给你一个官

和珅

乾隆

做,其实不过当作娼妓豢养罢了,你怎么敢议论国家大事?"乾隆从不"微服私访",即使有也是出于"猎奇"和"嫖妓"的用心,绝不是因为了解民生疾苦。乾隆第二次下江南时,就因为"微服出巡",去秦淮河上嫖妓彻夜不归。皇后在伤透了心的情况下把万缕青丝一刀剪下,成为中国历史上唯一的一个截发皇后。

乾隆除了下江南游荡猎奇外,还花费巨资在北京西郊营造繁华盖世的皇家园林"圆明园"。东造琳宫,西增复殿,南筑崇台,北构杰阁,说不尽的巍峨华丽。又经文人学士,良工巧匠,费了无数心血这里凿池,那里叠石,此处栽林,彼处莳花。繁丽之中,点缀景致,不论春秋冬夏,都觉相宜。又责成各省地方官,搜罗珍禽异卉,古鼎文彝,把中外九万里的奇珍,上下五千年的宝物,一齐陈列园中,作为皇帝家常的供玩。从前秦二世胡亥筑阿房宫,陈后主起临春、结绮、望仙三阁,隋炀帝营显仁宫、芳华苑,华丽也不过如此,所不同的是那三位都是著名的亡国君王。乾隆的挥金如土,使康熙、雍正辛苦积攒的"家当"很快被消耗殆尽。虚饰浮华,好大喜功,是"假、大、空"行政的始作俑者。乾隆皇帝好大喜功,喜欢周围的人歌颂他英明伟大,更喜欢别人颂扬他的智慧和才能。他在任时大兴文字狱,但又故作斯文,作了5万多首不堪入目的"打油诗",并且把这些诗全部刊印出来供官员学习吟诵。当他绞尽脑汁仍作不出"打油诗"时,竟然不惜请当朝儒士捉刀代笔。其实皇帝会不会作诗并不重要,重要的是会治理国家就成。乾隆作诗并非真的爱诗,而是利用作诗装潢门面,在国人心中形成皇帝才华盖世的假象。想不到弄巧成拙,反而暴露出乾隆的浅薄和无聊。乾隆除了炫耀他的"绝世文才"外,还挖空心思渲染他的"盖世武功"。乾隆最得意的是宣称他有下列"十大武功",纵观乾隆的"十大武功",绝大多数都是自我宣传的结果:大金川和小金川是西藏民族部落间的纷争,清政府加以干涉;台湾是汉人林爽文的抗暴革命,这三大武功都是血腥的对内镇压,不能称之为"武功"。平缅甸、平越南和平尼泊尔都是丑剧和败仗,更称不上"武功"。其实乾隆的武功只有一个——征服准噶尔汗国,开辟新疆省,可乾隆却把这一个分为三个——平准部、再平准部、平回部。190万平方公里辽阔疆土的开辟,仅此就足以成为中国历史上不可磨灭的丰功伟绩,可乾隆非要凑足十项不可,进一步衬托出他的虚荣浮华。

乾隆皇帝的虚荣心还体现在帝国的"外交"上。乾隆的外交理念可以用两个字来概括，那就是"进贡"。凡是肯向中国"进贡"的国家都是小国和穷国。中国和这些国家"建交"并没有多少实质性的"益处"，他们向中国进贡的目的很少是出于"友好"的动机，而是贪图中国的"赏赐"。乾隆皇帝为了鼓励中国以外的国家向他"进贡"，对前来"进贡"的"藩属国"的"赏赐"十分丰厚，赏赐的价值往往十倍甚至百倍于"贡金"的价值。例如中国与印度之间有一个芝麻国巨坎堤王国，它每三年向中国进贡一次，每次进贡砂金一两五钱（价值相当于一个人两周的伙食费）。中国的回报则是堆积成山的绸缎、银币和茶叶。假使世界上有一种一本万利的交易，那就莫过于向乾隆皇帝"进贡"了。当周边的国家发现向乾隆进贡的好处时，就纷纷利用进贡的名义敲诈中国，并不惜用战争相威胁要求增加"进贡"的次数。乾隆皇帝为了一己虚荣和"面子"，把百姓的税钱不当回事，使中华帝国的财富大量外流。乾隆对部下的阿谀奉承有狂热的爱好，这一嗜好直接导致了中国历史上前无古人后无来者的大贪官和珅的出场。和珅是一位侍卫出身的满洲花花公子，因为特殊的机

和珅书法

圆明园遗址

缘受到乾隆皇帝的信任和重用。在乾隆统治的后期把帝国的行政大权交给他，擢升他为宰相（大学士、军机大臣）兼首都治安总司令（九门提督）。和珅有着绝顶的小聪明，熟谙做官技巧，用肉麻的谄媚和恭谨的外貌，把自以为英明盖世的乾隆皇帝玩弄于股掌之上。和珅的全部行政才能是贪污和弄权，对乾隆重用他的回报是在全国建立一个史无前例的贪污系统，把清帝国的墙基掏空。全国官员发现，如果不向上级行使巨额贿赂，就要被无情地淘汰出局，甚至被投入监狱，他们不得不适应这一形式。乾隆死后，和珅也跟着倒台，查抄他的家产折合白银九亿两，相当于全国十二年财政收入的总和。如果包括他挥霍掉的和亲人贪污的款项，总数应该不下二十年的财政收入，和珅当权刚好二十年！

　　乾隆晚年时曾深深陶醉于同历代帝王的比较，认为不但"得国之正，扩土之广，臣服之普，民庶之安"罕有人能相比，甚至连在位时间、年寿、子孙数目等方面自己都是数一数二。乾隆的自我陶醉固不可取，不过他举的事实都还有些道理。他本人也确实天生睿智，多才多艺，而且一生无数次地享受豪华的庆典、巡游（其中包括孕育了无数风流传说的"六下江南"）等。他统治时期，是中国封建文化的集大成时期，君主专制的程度，无论思想上还是制度上都达到顶点。乾隆时代中期以后，奢侈之风上行下效，逐渐蔓延整个统治阶层。与奢侈相伴相生的是腐败。与乾隆的后半生保持着特殊关系的宠臣和珅，正是腐化的总代表。

刘　墉

刘墉（1719~1804），字崇如，号石庵，清代书画家、政治家。另有青原、香岩、东武、穆庵、溟华、日观峰道人等字号，诸城县逄戈庄（今属高密市）人。乾隆年间进士，官至体仁阁大学士、太子太保。工书，尤擅小楷。其书用墨厚重，貌丰骨劲，别具一格。卒后曰温情。有《石庵诗集》传世。

为官生涯

刘墉于清乾隆十六年（1751年）中进士，一年后散馆，授编修，进入仕途，再迁侍讲。乾隆二十年（1755年）十月，其父刘统勋（时任陕甘总督）因办理军务失宜下狱，刘墉受株连而遭逮治，旋得宽释，降为编修。次年六月，充广西乡试正考官。十月，提为安徽学政。任职期间，针对当时贡监生员管理的混乱状况，上疏"请州县约束贡监，责令察优劣"，并提出了切实可行的补救办法，"部议准行"。

乾隆二十四年（1759年）十月，调任江苏学政。在任期间，他又上疏："生监中滋事妄为者，府州县官多所瞻顾，不加创艾。（行政官员）既畏刁民，又畏生监，兼畏胥役，以致遇事迟疑，皂白不分。科罪之后，应责革者，并不责革，实属阘茸怠玩，讼棍蠹吏，因得互售其奸。"这一看法深刻而又切中时弊，因此深受乾隆皇帝的赏识，称赞其"知政体"。并于乾隆二十七年（1762年）任命他为山西省太原府知府。

乾隆三十年（1765年），升任冀宁道台。第二年，因任太原知府期间，失察所属阳曲县令段成功贪侵国库银两，坐罪革职，判死刑。乾隆帝因爱其才，特加恩诏免，发军台（清代西北两路传达军报及官文书的机构，即邮驿）效力赎罪。次年赦回，命在修书处行走。乾隆三十四年（1769），授江宁府知府，有清名。第二年，迁江西盐驿道。乾隆三十七年（1772年），擢陕西按察使。第二年，其父刘统勋病故，回家服丧。

乾隆四十一年（1776年）三月，刘墉服丧期满还京。清廷念刘统勋多年功绩，且察刘墉器识可用，诏授内阁学士，入直南书房。十月，任《四库全书》馆副总裁，并派办《西域图志》及《日下旧闻考》，任总裁。次年七月，充江南乡试正考官，不久，复任江苏学政。在任期间，曾劾举秦州举人徐述夔著作悖逆，要求按律惩办。

是年底(乾隆四十三年),刘墉以劾举徐述夔著作悖逆事有功和督学政绩显著,迁户部右侍郎,后又调吏部右侍郎。

乾隆四十五年(1780年),授湖南巡抚。时值湖南多处受灾,哀鸿遍野。无灾州县也盗案迭起,贪官污吏猖獗,百姓怨声载道。刘墉到任后,一面查明情由,据实弹劾贪官污吏,建议严办;一面稽查库存,修筑城郭,建仓储谷,赈济灾民,并准许民间开采硝石。仅一年余,库银充实,民粮丰足,刘墉赢得了百姓的爱戴。乾隆四十六年(1781年),迁刘墉为都察院左都御史。次年三月,仍入直南书房;不久,又充任三通馆总裁。此时,御史钱沣弹劾山东巡抚国泰结党营私等。刘墉奉旨偕同和珅审理山东巡抚舞弊案。刘墉至山东,假扮成道人,步行私访,查明山东连续三年受灾,而国泰邀功请赏,以荒报丰,征税时,对无力缴纳者,一律拿办;并残杀进省为民请命的进士、举人9人。及至济南,经审问,查清国泰已知贪赃案发,遂凑集银两妄图掩饰罪行。刘墉如实报奏朝廷,奉旨开仓赈济百姓,捉拿国泰回京。此时皇妃为国泰说情,有的御史也从旁附和,和珅亦有意袒护国泰。刘墉遂以民间查访所获证据,历数国泰罪行,据理力争,终使国泰伏法。在处理国泰一案上,刘墉不畏权要,刚正无私,足智多谋,与钱沣一起挫败了皇妃及和珅等人的阻挠而成功地执行了大清律法,为民除了害。人们对这位"包公式"的刘大人大加颂扬。国泰案了结后,刘墉被命署吏部尚书,兼管国子监事务。不久授工部尚书,仍兼署吏部,并充任上书房总师傅。乾隆四十八年(1783年)六月,命署直隶总督。八月,又调吏部尚书,不久,充顺天乡试正考。是年底,充经筵讲官。次年五月,复兼理国子监事务。六月,授协办大学士。乾隆五十一年(1786年),充玉牒馆(修帝王族谱之处)副总裁。

乾隆五十四年(1789年)四月,以上书房阿哥师傅们久不到书房,刘墉身为总师傅而不予纠正,被降职为侍郎。不久,授内阁学士,提督顺天学政。乾隆五十

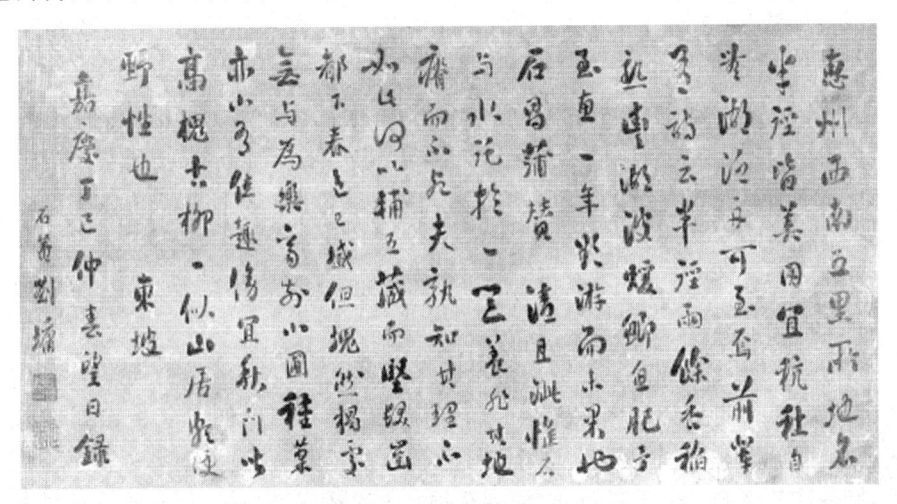

刘墉书法《行书东坡游记》

六年初,迁都察院左御史,旋擢礼部尚书,并再次兼管国子监事务。五月,又署吏部尚书。嘉庆二年(1797年)四月,授刘墉为体仁阁大学士。五月,奉旨偕同尚书庆桂到山东办案,并察看黄河决口的情况。察看黄河之后,他上疏请求于秋后在决口处"堵筑",下游"宽浚"。朝廷采纳了他的意见。嘉庆四年(1799年)三月,加太子少保。后奉旨办理文华殿大学士和珅结党营私、擅权纳贿一案。刘墉不畏权势,很快查明和坤及其党羽横征暴敛、搜刮民脂、贪污自肥等罪行20条,奏朝廷。皇上处死了和珅,没收了他的家产。

嘉庆四年底,刘墉上疏陈述漕政,对漕运中的漏洞体察至深,忧国忧民之情溢于言表。嘉庆皇帝看后,深以为然。嘉庆六年(1801年),刘墉充任会典馆正总裁。

其他成就

刘墉不仅是政治家,更是著名的书法家,是帖学之集大成者,是清代四大书家之一(其余三人为成亲王、翁方纲、铁保)。清徐珂在其《清稗类钞》中称赞刘墉道:"文清书法,论者譬之以黄钟大吕之音,清庙明堂之器,推为一代书家之冠。盖以其融会历代诸大家书法而自成一家。所谓金声玉振,集群圣之大成也。其自入词馆以迄登台阁,体格屡变,神妙莫测。"刘墉是一位善学前贤而又有创造性的书法家,师古而不拘泥。刘墉书法的特点是墨色浓厚,体丰骨劲,浑厚敦实,别具面目。后人称赞他的小楷,不仅有钟繇、王羲之、颜真卿和苏轼的法度,还深得魏晋小楷的风致。他的书法经历了三个阶段:早年学习董卓昌,字体秀媚研润;中年,学习颜真卿、苏轼各家,笔力雄健,丰泽厚实;晚年则锋芒内敛,造诣达到了高峰。

刘墉兼工文翰,博通百家经史,精研古文考辨,工书善文,名盛一时。著有《石庵诗集》刊行于世。嘉庆七年(1802年),皇上驾幸热河,命刘墉留京主持朝政。此时,他八十有余,却轻健如故,双眸炯然,寒光慑人。嘉庆九年(1804年)十二月,刘墉卒于官,享年85岁。卒后赠太子太保,谥号文清。

纪晓岚

纪晓岚(1724年~1805年),名昀,字晓岚,一字春帆,晚号石云,道号观弈道人。直隶献县(今河北献县)人,清代学者,文学家。工诗及骈文,尤长于考证训诂,任官50余年,以学问文章名重朝野。他胸怀坦荡,性好滑稽,骤闻其语,近于诙谐,过而思之,乃是名言。乾隆年间修《四库全书》,任总纂官。著有《阅微草堂笔记》等。

家庭背景

纪晓岚儿时,居景城东三里之崔尔庄。4岁开始启蒙读书,11岁随父入京,读书生云精舍。21岁中秀才,24岁应顺天府乡试,为解元。后来母亲去世,在家服丧,闭门读书。他才华横溢,文思敏捷,勤奋好学,博古通今。正如自谓的"抽黄对白,恒彻夜构思,以文章与天下相驰骋"。他襟怀夷旷,机智诙谐,常常出语惊人,妙趣横生,盛名当世。31岁考中进士,为二甲第四名,入翰林院为庶吉士,授任编修,办理院事。外放福建学政一年,丁父忧。服阕,即迁侍读、侍讲,晋升为右庶子,掌太子府事。乾隆三十三年(1768),授贵州都匀知府,未及赴任,即以四品服留任,擢为侍读学士。同年,因坐卢见曾盐务案,谪乌鲁木齐佐助军务。召还,授编修,旋复侍读学士官职,受命为《四库全书》总纂官。惨淡经营十三年,《四库全书》大功告成,篇帙浩繁,凡3461种,79309卷,分经、史、子、集四部。纪并亲自撰写了《四库全书总目提要》,凡二百卷,每书悉撮举大凡,条举得失,评骘精审。论述各书大旨及著作源流,考得失,辨文字,为代表清代目录学成就的巨著。《四库全书总目提要》实际上是一部学术史,对每一部书和源

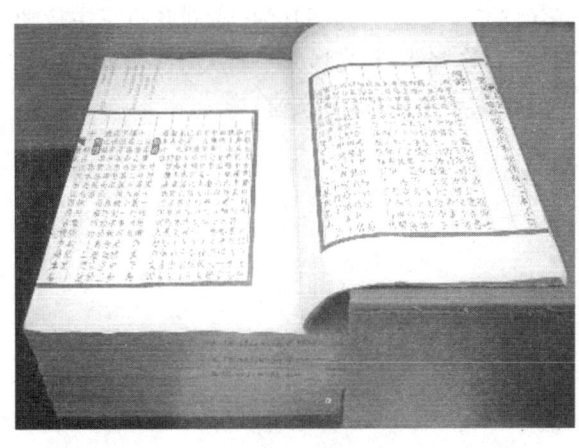

《四库全书》书影

流、价值等都作了介绍。它成为后来学者研究这些古书的一个切入点。很多大学者都承认,他们是从《四库全书总目提要》入手作学问的。同时,他还奉诏在《四库全书总目提要》基础上,精益求精,编写了《四库全书简明目录》二十卷,为涉猎《四库全书》之门径,是一部研究文史的重要工具书。《四库全书》的修成,对于搜集整理古籍,保存和发扬历史文化遗产,无疑是一重大贡献。纪晓岚一生精力,悉注于此,故其他著作较少。《四库全书》和《四库全书总目》毫无疑问是集体智慧的结晶,但纪昀在其中所起的关键作用丝毫不可忽视。以《总目》而言,全书行文风格一致,思想主旨贯通,都昭示了纪昀"笔削一贯"的重要作用。

关心民间疾苦

乾隆五十七年(1792年)夏天,北京附近遭受严重水灾,盗贼蜂起。大批饥民涌入京师就食,秩序十分混乱,大有干柴烈火,一点就着之势。纪晓岚看到这种情势,急忙向皇帝上疏陈情,剖析利害,奏请截留南漕官粮万石,到灾区设粥放赈,京师饥民不驱自退,社会秩序安定下来。虽然其主观上是为了维护朝廷统治,但在客观上帮助灾民度过了饥荒,不能不说是一宗善政。在政治上提倡"酌乎事势",因势利导,在理论上就不能不起来批判宋儒之苛察。自从宋儒提出"存天理,灭人欲"的口号以后,流毒明清,三纲五常等封建伦理道德被抬到了吓人的高度,程朱理学成了杀人不见血的软刀子。一些道学家只会空谈义理性命,一遇实际问题,就茫然如坠五里雾中。等而下之的,更是一些满口仁义道德一肚子男盗女娼的伪君子。纪晓岚对道学家的迂腐和虚伪十分痛恨,其冷嘲热讽,但有机会,一触即发,措词也相当尖刻。在《阅微草堂笔记》的一则故事中,他甚至借冥王之口,向社会疾呼道:"宋以来固执一理而不揆事势之利害者,独此人也哉!"在他80岁那年,还挺身而出,就烈女范畴问题向程朱理学展开了一场挑战。有司规定,妇女抗节被杀者为烈女,予以旌表;而对"捆缚受污,不屈见戕"者,不以烈女视之,例不旌表。纪对此大不以为然,以为纯属道学家不情之论。他公然郑重上表称:"捍刃捐生,其志与抗节被杀者无异。如忠臣烈士,誓不从贼,虽缚使跪拜,可谓之屈膝贼廷哉?"经他慷慨陈词,皇帝"敕下有司,略示区别,予以旌表"。纪

纪晓岚

晓岚无疑胜利了。这虽然是在封建统治阶级内部的一场争论，但在如何看待妇女这个社会问题上，当时还是有积极意义的。

文学著作

纪晓岚一生著述甚丰，既有以官方身份主持编纂的《四库全书》、《四库全书总目提要》、《热河志》等，也有以私人身份著述的《阅微草堂笔记》。但在纪晓岚生前，就有关于他平生不著书的说法流传。

纪晓岚天资颖悟，才华过人，幼年即有过目成诵之誉。但其学识之渊博，主要还是力学不倦的结果。他30岁以前，致力于考证之学，"所坐之处，典籍环绕如獭祭。三十以后，以文章与天下相驰骋，抽黄对白，恒彻夜构思。五十以后，领修秘籍，复折而讲考证"（《姑妄听之》自序），加之治学刻苦，博闻强记，故贯彻儒籍，旁通百家。其学术，"主要在辨汉宋儒学之是非，析诗文流派之正伪"（纪维九《纪晓岚》），主持风会，为世所宗，实处于当时文坛领袖地位。纪晓岚为文，风格主张质朴简淡，自然妙远；内容上主张不夹杂私怨，不乖于风教。看得出，他很重视文学作品的艺术效果。除开其阶级局限外，其在文风、文德上的主张，今天仍不失其借鉴价值。纪昀对于文学的批评，主要见于《四库全书总目》与若干书序（如《爱鼎堂遗集序》、《香亭文稿序》、《云林诗钞序》、《田侯松岩诗序》、《挹绿轩诗集序》、《四百三十二峰诗钞序》等），另有《文心雕龙》评和《李义山诗集》评。他的文艺批评标准，虽仍不脱"发乎情止乎礼义"的儒家传统见解，但不甚拘泥，较为通达，承认"文章格律与世俱变"，"诗日变而日新"，认为文学的演变取决于"气运"和"风尚"，强调后代文学对于前代文学既应有"拟议"又要有"变化"。在艺术风格上，肯定"流派"，而反对"门户"，反对"舍是非而争胜负"的朋党之习。纪昀晚年主持科举会试时，曾以文学史与文学批评内容出题策士，实为创格。著作有笔记小说《阅微草堂笔记》和一部《纪文达公遗集》传世，十卷《评文心雕龙》、六十三卷《历代职官表》、四卷《史通削繁》、三十六卷《河源纪略》、《镜烟堂十种》、《畿辅通志》、《沈氏四声考》二郑、《唐人诗律说》一册、《才调集》、《瀛奎律髓》评、《李义山诗》、《陈后山集钞》二十一卷、《张为主客图》、《史氏风雅遗音》、《庚辰集》五卷、《景成纪氏家谱》等。他还参与编选、评点其它一些书籍，也参与了另外一些官书的纂修。

《阅微草堂笔记》共五部分，二十四卷，其中包括《滦阳消夏录》六卷、《如是我闻》四卷、《槐西杂志》四卷、《姑妄听之》四卷、《滦阳续录》六卷。自乾隆五十四年（1789年）至嘉庆三年（1798年）陆续写成。嘉庆五年（1800年），由其门人盛时彦合刊印行。本书内容丰富，医卜星相，三教九流，无不涉及。知识性很强，语言质朴淡雅，风格亦庄亦谐，读来饶有兴味。内容上虽有宣传因果报应等糟粕的一面,但在不少篇章,尖锐地揭露了当时的社会矛盾,揭穿了道学家的虚伪面目;对人民的悲惨遭遇寄予同情,对人民的勤劳智慧予以赞美,对当时社会上习以为常的许多不情之论,大胆地发表了自己的看法和主张。在艺术上,文笔简约精粹,不冗不滞,叙事委曲周至,说理明畅透辟,有些故事称得上是意味隽永的小品;缺点是议论较多,有时也不尽恰当。此外,评诗文,谈考证,记掌故,叙风习,也有不少较为通达的见解和可供参考的材料。它不失为一部有很高思想价值和学术价值的书籍。当时每脱一稿,即在社会上广为传抄。同曹雪芹之《红楼梦》、蒲松龄之《聊斋志异》并行海内,经久不衰,至今仍拥有广大读者。鲁迅先生对纪晓岚笔记小说的艺术风格,给予很高的评价,称其"纪昀本长文笔,多见秘书,又襟怀夷旷。故凡测鬼神之情状,发人间之幽微,托狐鬼以抒己见者,隽思妙语,时足解颐,间杂考辨,亦有灼见。叙述复雍容淡雅,天趣盎然,故后来无人能夺其席,固非仅藉位高望重以传者矣。"(《中国小说史略》)。其《纪文达公遗集》,是纪晓岚的一部诗文总集,包括诗、文各十六卷,为人作的墓志铭、碑文、祭文、序跋等,都在其中。此外还包括应子孙科举之需的馆课诗《我法集》,总之多系应酬之作。另外,20岁以前,在京治考证之学,遍读史籍,举其扼要,尚著有《史通削繁》多卷,为学者掌握和熟悉中国史典提供了方便。

在政治上,纪晓岚也是很有见地的,惜为其文名所掩。他认为,"教民之道,因其势则行之易,拂其势则行之难"。主张"酌乎事势",趋利避害。也就是根据实际情况,实行因势利导。其目的在于避免因矛盾激化而引起一决横流,出现明末农民大起义那种局面。纪晓岚的家族,在明末动乱中经受过严重的挫折和打击。纪晓岚重视民情,因势利导的主张,不能不说是一种经验之谈。同时也说明,他对当时在"盛世"掩盖下的各种社会矛盾,看得比较尖锐。正是由于这一点,他对民间疾苦比较关注。

纪晓岚历经雍正、乾隆、嘉庆三朝,享年82岁。因其"敏而好学可为文,授之以政无不达"(嘉庆帝御赐碑文),故卒后谥号文达,乡里世称文达公。

林则徐

林则徐(1785~1850年),字元抚,又字少穆、石磷,福建侯官人,嘉庆十六年(1811年)进士。他提倡经世致用治学,道光十八年(1838年)提出禁食鸦片的主张,上书道光帝,力主禁烟。不久受命为钦差大臣,赴广东查禁鸦片。道光十九年(1839年)到广州后即派人编译《四洲志》,研究当时西方国家情况,并巡视沿海炮台。死后谥曰文忠。

年少家贫

在科举时代,林则徐的父母指望自己的儿子能在仕宦之途发达上升。林则徐天生聪颖,在4岁时便由父亲"怀之入塾,抱之膝上",口授四书五经。在父亲的精心培育下,他较早地读了儒家经传。嘉庆三年(1798年),他14岁中秀才后就到福建著名的鳌峰书院读书,受教于具有实学的郑光策和陈寿祺。在父亲和亲友的影响下,开始注意经世致用之学。嘉庆九年(1804年),20岁时中举人。但此后由于家庭日难,外出当私塾。在十一年(1806年)秋,应房永清之聘到厦门任海防同知书记。这里的鸦片烟毒引起他的注意。次年初,受新任福建巡抚张师诚的赏识招入幕府。他在张幕中获知了不少清朝的掌故和兵、刑、礼、乐等知识以及官场经验,为他日后的"入仕"准备了些必要条件。

步入官场

嘉庆十六年(1811年),林则徐会试中选,赐进士,选翰林院庶吉士,开始进入官场,实现了父母所斯望的入仕做官。十九年(1814年)授编修。此后历任国史馆协修、撰文官、翻书房行走、清秘堂办事、江西云南的正副考官、江南道监察御史。在京官时期,他矢志做一个济世匡时的正直官吏。于是,他"文学而潜修"。为了通

林则徐

于政事,"益究心经世学,虽居清秘、于六曹事例因革。用人行政之得失,综核无遗"。在京师为官七年中,他广泛搜集元、明以来几十位专家关于兴修畿辅水利的奏疏、著述,写了《北直水利书》。书中明确指出"直隶水性宜稻,有水皆可成田","农为天下本务,稻又为农家之本务"。认为只有发展华北水利,提倡种稻,就地解决漕粮,才能合理解决南粮北运及由此产生的漕运积弊问题。嘉庆二十四年(1819年),林则徐曾在京参加过一些士大夫"雅歌投壶"的文艺团体"宣南诗社",结识了龚自珍、魏源等人,在诗社里进行诗文酬唱活动。

嘉庆二十五年(1820)七月,林则徐外任浙江杭嘉湖道。他积极甄拔人才,建议兴修海塘水利,颇有作为。但他感到仕途上各种阻力难以应付,曾发泄"支左还绌右""三叹做吏难"这样的苦闷。最终在次年七月借口父病辞职回籍。林则徐为人民做过许多好事,但由于性情过于急躁,请人写"制怒"大字悬挂堂中以自警。

一榻梦生琴上月
百花香入案头诗

林则徐书法

道光二年(1822年)四月复出,到浙江受任江南淮海道,未履任前曾署浙江盐运使,整顿盐政,取得成效。林则徐受到道光皇帝的宠信,很快跨入官场上青云直上时期。道光三年(1823年)正月,提任江苏按察使。在任上,他整顿吏治、清理积案、平反冤狱,并把鸦片毒害视为社会弊端加以严禁。江苏这一年夏秋之际大雨成灾,松江饥民聚众告灾,汹汹将变。林则徐反对调兵镇压,亲自赴松江安定灾民,采取一系列救灾措施,缓和了阶级矛盾。年底入觐归来,署江宁布政使,让林则徐负责全省灾赈事务。但道光四年秋,林则徐先后遭父母丧,在籍守制。直至十年正月才再度出仕。

道光十年(1830年)服丧完毕。从六月到次年七月,林则徐先后任湖北、河南、江宁布政使。"一岁之中,周历三省,所至贪墨吏望风解缓。疆臣重其才,皆折节倾心下之。"他为清朝统治的长远利益,锐意整顿财政,兴修水利,救灾办赈,"一时贤名满天下。"十月,升任河东河道总督。面对关系到河道民生重大问题,决心"破除情面","力振因循",以求"弊除窦节,工固澜安。"为了治理黄河,顶着寒风,步行几百里,亲自对备用的几千个治水商梁秸进行检查。还将沿河地势、水流情况,绘画张挂,便于了解和治理。林则徐办事认真、一丝不苟的精神在当时是很了不起的。

道光十二年(1832年)二月,他调任江苏巡抚。从这一年起到十六年间,他对农业、漕务、水利、救灾、吏治各方面都做出过成绩,尤重提倡新的农耕技术,推广新农具。他在实践活动中认识到:"地力必资人力,土功皆属农功。水道多一分之疏通,即田畴多一分之利赖。"林则徐这种农耕思想,是在实际考察中得出来的。道光十二年(1833年),江苏大水灾。林则徐不顾报灾限期和朝廷斥责,详尽陈述灾情,呼吁缓征漕赋,提出"多宽一分追呼,即多培一分元气"的请求。这对发展生产、缓解民困在客观上起了有利的作用。同时,他分析水灾原因是由于吴淞江、黄埔江、娄河及与之相表里的白茆河年久失修,逐年淤塞所致,于是决定兴修白茆河、娄河,还修建海塘,这些在我国水利史上都有一定的地位。在这一时期,林则徐对清王朝的财经政策、贸易政策提出异议,反对一概禁用洋钱。并第一次婉转地向道光帝提出了一套自铸银币,建立本国银本位制度的主张。这是中国近代币制改革的先声。这也是适应政治经济形势变化,保护本国工商业者,保护民族经济独立发展,抵制西方资本主义经济侵略的先进思想。

道光十七年(1837年)正月,他升湖广总督。面对湖北境内每到夏季大河常泛滥成灾,林则徐采取有力措施,提出"修防兼重",使"江汉数千里长堤,安澜普庆,并支河里堤,亦无一处漫口"。对保障江汉沿岸州县的生命财产,作出了不可磨灭的贡献。同时林则徐整饬吏治,严惩贪赃枉法。"要正人,先正己","身教重于言教",林则徐十分注意严格要求自己,事事以身作则,处处为人表率。在出任湖北布政时,入湖北发出《传牌》,禁止沿途阿谀奉迎,借端勒索。在总督任内,仍保持"一切秉公办理"的作风。林则徐办事兢兢业业,是当时官场中最廉明能干、正直无私受群众爱戴的好官。

禁烟运动

当时鸦片问题渐成为政治性争论问题之一。道光十六年(1836年),太常寺少卿许乃济倡"驰禁论",请准民间贩卖吸食,使鸦片走私合法化;道光十八年(1838年),鸿胪寺卿黄爵滋提出"严禁论",以重治吸食为先。林则徐曾向朝廷上奏,请求严禁鸦片。未等皇上批示,他就开始在全省厉行禁烟,收缴烟土、烟膏与烟具,并配制"断瘾药丸",供人戒烟,成效卓著。随后又一道奏折,力陈烟禁特别是杜绝鸦片来源的重要性和禁烟方略,并针对反对派的驳斥强调说:"法当从严,若犹泄泄视之,是使数十年后,中原几无可以御敌之兵,且无可以充饷之银。"举棋不定的道光帝认识到严禁鸦片的迫

鸦片

切性、必要性和可能性,于是,被迫接受严禁主张,决定禁烟。十一月十五日,道光皇帝特命林则徐为钦差大臣赴粤查办禁烟。入广州之前,林则徐先弄清广州受鸦片毒害情况,查找各家烟馆,掌握大量第一手资料。于道光十九年正月(1839年3月)抵广州,二月初四(3月19日),林则徐会同邓延桢等传讯十三行洋商,责令转交谕帖,命外国鸦片贩子限期缴烟,并具结保证今后永不夹带鸦片。他还严正声明:"若鸦片一日不绝,本大臣一日不回。誓与此事相始终,断无中止之理。"但外商拒绝交出,经过坚决的斗争,林则徐挫败英国驻华商务监督义律和鸦片贩子,收缴全部鸦片近2万箱,约237万余斤,于4月22日在虎门海滩上当众销毁。这就是闻名世界的虎门销烟。林则徐领导禁烟运动的胜利,是中国人民反侵略斗争史上第一个伟大胜利。这一壮举,维护了民族的尊严和利益,增长了中国人民的斗志。

道光帝

但道光帝盲目骄傲,下旨停止英国贸易。道光十九年十二月初一日(1840年1月),清廷授林则徐任两广总督。鸦片战争爆发后,定海失陷,琦善到广州,与林则徐反其道而行之,在英侵略者得威胁利诱下,擅自签定割让香港、赔偿烟价六百万元的《穿鼻草约》,但他却把这一切都归罪于林则徐。林则徐抗英有功,却遭投降派诬陷,被道光帝革职,"从重发往伊犁,效力赎罪。"他忍辱负重,于道光二十一年(1841年)七月踏上戍途。在赴戍途中,他仍忧国忧民,并不为个人的坎坷而唏嘘。当与妻子在古城西安告别时,他在满腔愤怒下写了"苟利国家生死以,岂因祸福避趋之"的著名诗句,这是他爱国情感的抒发,也是他性情人格的写照。

道光二十一年十一月初九日到新疆,林则徐不顾年高体衰,从伊犁到新疆各地"西域遍行三万里",实地勘察了南疆八个城,加深了对西北边防重要性的认识。林则徐从所译资料中发现沙俄对中国的威胁,促成了他抗英防俄的国防思想,成为近代"防塞论"的先驱。于是他明确向伊犁将军布彦泰提出"屯田耕战",有备无患。他还领导群众兴修水利,推广坎儿井和纺车,人们为纪念他的业绩,称为"林公井"、"林公车"。林则徐根据自己多年在新疆的考察,结合当时沙

俄胁迫清廷开放伊犁,指出沙俄威胁的严重性,临终时尚告诫"终为中国患者,其俄罗斯乎!"可见林则徐的远见卓识。

林则徐在广州查鸦片的过程中,意识到英国会发动侵略战争。为了战胜敌人,需要知己知被。他经过多方面分析研究,得出:变敌人的长处为自己的长处,即魏源归纳阐述为的"师夷之长技以制夷"。于是林则徐亲自主持,组织翻译班子,把外国人讲述中国的言论翻译成《华事夷言》,作为当时中国官吏的一种"参考消息";为了了解外国的军事、政治、经济情报,将英商主办的《广州周报》译成《澳门新闻报》;为了解西方的地理、历史、政治,又组织翻译了英国人慕瑞的《世界地理大全》,编为《四洲志》,这是我国近代第一部比较系统介绍西方地理的书;还翻译瑞士法学家瓦特尔的《国际法》。其中一条规定:"各国有禁止外国货物不准进口的权利。"说明中国禁烟完全合乎《国际法》。在军事方面,他着手加强和改善沿海一带防御力量。林则徐专门从外国买来200多门新式大炮配置在海口炮台上。为了改进军事技术,他又搜集并组织了大炮瞄准法、战船图书等资料。林则徐敢于学习外国先进科学技术的精神,受到人们高度赞扬,被称为"开眼看世界的第一个人"。虽然林则徐对西方认识比较肤浅,接触西学的目的是出于外交、军事需要,但毕竟开创了中国近代学习和研究西方的风气,对中国近代维新思想起到启蒙作用。

龚自珍

龚自珍(1792年~1841年),字尔玉,又字瑟人;更名易简,字伯定;又更名巩祚,号定盦,又号羽琌山民。浙江仁和(今杭州)人。出身于世代官宦学者家庭。近代思想家、文学家。

学术思想

龚自珍从青年时起,就深刻地认识到封建国家的严重危机,具有一种特殊的敏感性。"秋气不惊堂内燕,夕阳还恋路旁鸦"(《逆旅题壁,次周伯恬原韵》)。梁启超说:"举国方沉酣太平,而彼(指龚自珍、魏源)辈若不胜其忧危,恒相与指天画地,规天下大计。"(《清代学术概论》)早在嘉庆二十五年,他已指出"自京师始,概乎四方,大抵富户变贫户,贫户变饿户","各省大局,岌岌乎皆不可以支月日"(《西域置行省议》)。在道光三年,他深刻认识到外国资本主义侵略造成严重的民族危机,指出"近惟英夷,实乃巨诈,拒之则叩关,狎之则蠹国"(《阮尚书年谱第一序》)。他对时代的危机,不只是敏锐地感觉它,而且也积极地建议挽救它;他肯定未来时代的必然变化,并寄以热情的幻想和希望。龚自珍处在过渡时代的开始阶段。他的思想发展,有一个艰苦、复杂和曲折的过程。他最初接受的是以戴震、段玉裁、王念孙、王引之为代表的正统派考据学。但他冲出考据学的藩篱,不为家学和时代学风所囿。在现实社会运动主要是农民起义的启发下,他以特有的敏锐的眼光,观察现实,研究现实。在《明良论》、《乙丙之际箸议》等文中,他对腐朽黑暗的现实政治和社会,进行了深刻的揭露和批判。《平均篇》指出了贫富不均所造成的社

龚自珍

会败坏现象及其危险的后果："小不相齐,渐至大不相齐,大不相齐,即至丧天下";提出"均田"的改革主张,要求"贵乎操其本源,与随其时而剂调之","挹彼注兹",平均贫富。在《尊隐》中,他隐晦曲折地表现出对农民起义的大胆想象和热情颂扬,向往着未来时代的巨大变化。但他的政治思想和理想是不彻底的。后来他看到均田制是办不到的,又作《农宗篇》,主张按宗法分田:大宗百亩,小宗、群宗二十五亩,其余闲民为佃农。其目的是"以中下齐民,不以上齐民",建立以中小地主为基础的封建统治。由于未能突破封建阶级的根本立场,因此,他在《农宗答问第一》及《农宗答问第四》中又肯定大地主的地位。

　　龚自珍到30岁前后,在学术思想上也发生了较大的变化。他从对正统派考据学严厉地批判到坚决抛弃考据学,接受今文经学《春秋》公羊学派的影响。从刘逢禄学习,"从君烧尽虫鱼学,甘作东京卖饼家"(《杂诗其六》)。但他肯定考据学有用的部分;同时也批判今文经学杂以谶纬五行的"恶习",而主张"经世致用",倡导学术要为现实政治服务。从此他更自觉地使学术研究密切地与现实政治社会问题联系,研究的课题更为广泛。他"为天地东西南北之学",研究地理学,而特别致力于当代的典章制度和边疆民族地理,撰《蒙古图志》,完成了十之五六;对现实政治社会问题也提出了积极的建议,写《西域置行省议》和《东南罢番舶议》,主张抵抗外国资本主义侵略和巩固西北边疆。随着生活经验和历史知识的增长,以及政治、学术思想的逐渐成熟,他深入探讨了天地万物以及社会文化的起源和发展问题。并把经史、百家、小学、舆地以及当代典章制度的研究,完全统一起来,形成一个相当完整的历史观。他说:"周之世,官大者史。史之外无有语言焉;史之外无有文字焉;史之外无人伦品目焉。史存则周存,史亡而周亡。"(《古史钩沉论二》)这里有前辈章学诚"六经皆史"观点的影响,但比章说更扩大、通达、完整,更有科学性和战斗性。他把古代的一切历史文化的功罪完全归结到史官,并以当代的史官即历史家自任。他认为史官之所以可尊,在于史官能站得高,从全面着眼,作客观的、公正的现实政治社会的批判。这实际是要使历史和现实政治社会问题即"当今之务"联系起来,应用《春秋》公羊学派变化的观点、发展的观点,在"尊史"的口号下,对腐朽的现实政治社会作全面的批判。这就是他在《尊隐》里所尊"横天地之隐"的具体化。与此同时,他继续不断地关心现实政治社会的重大问题,不断地提出批判和建议,始终没有与庸俗官僚同流合污。道光九年(1829年)殿试《对策》中,他肯定经史的作用,更指出经史之用必以现实问题为依据,"不通乎当世之务,不知经史之施于今日之孰缓、孰亟,孰可行、孰不可行也";对现实问题,特别关心西北边疆和东南海防,要求皇上"益奠南国苍生","益诫西边将帅"。同年十二月,有《上大学士书》,建议改革内阁制度。他对腐朽的官僚机构和庸俗官僚深恶痛绝。道光十二年(1832年)夏,又有手陈"当今急务八条",其中之一就是"汰冗滥"(《己亥杂诗》自注)。道光十八年

(1838年),林则徐奉命到广东海口查禁鸦片,他作了《送钦差大臣侯官林公序》,向林则徐"献三种决定义,三种旁义,三种答难义,一种归墟义"。龚自珍主张严禁鸦片,坚决抵抗英国侵略者;主张和外国做有益的通商,严格禁止奢侈品的输入;并驳斥了僚吏、幕客、游客、商贾、绅士等等各式投降派的有害论调。在中英鸦片战争发生后,江苏巡抚梁章巨驻防上海,他在丹阳书院于暴死前数日写信给梁"论时事,并约即日解馆来访,稍助筹笔",表示希望参加梁章巨的幕府,共同抵抗英国侵略者,更表现出坚决反抗外国侵略的爱国主义精神。

龚自珍在中年以后,随着仕途失意,感慨日深,思想也陷入矛盾、烦恼和痛苦,"坐耗苍茫想,全凭琐屑谋"(《撰羽林山馆金石墨本记成,弁端二十字》)。有时想以"搜罗文献"自慰,"狂胪文献耗中年,亦是今生后起缘"(《猛忆》);甚至想"发大心",寄幻想于佛教,以求超世间的解脱。但他爱祖国,关心现实,无法排除"外缘",终究成不了佛教徒。

龚自珍的思想就其主导方面说,虽然他的批判不彻底,改良的目标不明确,但他的政治思想和态度始终是积极的。他看到清王朝的现实统治为"衰世",为"日之将夕",确信未来时代的巨大变化。并寄以极大的热情和希望,也是始终一贯的。他是在中国封建社会开始发生重大变化的前夕,一个主张改革腐朽现状和抵抗外国资本主义侵略、坚持近代资产阶级改良主义的启蒙思想家。

文学创作

龚自珍的文学创作,表现了前所未有的新特点,开创了近代文学的新篇章。龚自珍认为文学必须有用。他说,"曰圣之时,以有用为主","求政事在斯,求言语在斯,求文学之美,岂不在斯"(《同年生吴侍御杰疏请唐陆宣公从祀瞽宗献侑神之乐歌》),指出儒学、政事和诗文具有共同目的,就是有用。他认为诗和史的功用一样,都在对社会历史进行批评,文章、诗歌都和史有源流的关系。他认为《六经》是周史的宗子;《诗经》是史官采集和编订起来的,而且"诗人之指,有瞽献曲之义,本群史之支流"(《乙丙之际箸议第十七》)。因此,选诗和作史的目的,都是"乐取其人而胪之,而高下之",进行社会历史批评。所以他把自己的诗看成"清议"或"评论","贵人相讯劳相护,莫作人间清议看"(《杂诗,己卯目春徂夏在京师作,得十有四首》);"安得上言依汉制,诗成侍史佐评论"(《夜直》)。从这一诗论观点出发,他认为诗歌创作的动机是由于"外境"即现实生活所引起,"外境迭至,如风吹水,万态皆有,皆成文章"(《与江居士笺》),不得不然。而创作方法则和撰史一样,应利用一切历史资料。(《送徐铁孙序》)龚自珍的诗和他的诗论是一致的。他打破清中叶以来诗坛的模山范水的沉寂局面,绝少单纯地描写自然景物,而总是着眼于现实政治、社会形势,发抒感慨,纵横议论。他的诗饱含着

社会历史内容,是一个历史家、政治家的诗。他从15岁开始诗编年,到47岁,诗集共有27卷。他很珍惜他的少作,"文侯端冕听高歌,少作精严故不磨";"少年哀乐过于人,歌泣无端字字真"(《己亥杂诗》)。这些"精严"而"字字真"的少作,虽然都已失传,但当时却是针对政治腐败和官僚庸俗的"伤时"、"骂坐"之作,被一般文士视为"大不可"的。因此他又曾几次戒诗。

嘉庆二十五年(1820年)的秋天,他开始戒诗,次年夏因考军机章京未被录取,赋《小游仙》15首,遂又破戒。道光七年(1827年)十月,他编了两卷《破戒草》后,又发誓戒诗,"戒诗昔有诗,庚辰诗语繁",正是愤慨于他的诗不能为腐朽庸俗社会所容忍。所以后来他又破戒作诗。龚自珍诗今存的600多首,绝大部分是他中年以后的作品,主要内容仍是"伤时"、"骂坐"。道光五年的一首《咏史》七律是这类诗的代表作。诗中咏南朝史事,感慨当时江南名士慑服于清王朝的险恶统治,庸俗苟安,埋头著书。"避席畏闻文字狱,著书都为稻粱谋。"诗末更用田横抗汉故事,揭穿清王朝以名利诱骗文士的用心:"田横五百人安在,难道归来尽列侯?"又如道光六年(1826年)所作七律《释言四首之一》,愤怒反讥庸俗官僚对自己的诽谤,"木有文章曾是病,虫多言语不能冬";辛辣嘲弄朝廷大官僚对自己的嫌弃,"守默守雌容努力,毋劳上相损宵眠。"晚年在著名的《己亥杂诗》中,诗人不仅指出外国资本主义势力对中国的侵略和危害,统治阶级的昏庸堕落,而且也看到了人民的苦难,表示了深切的同情和内疚。如"只筹一缆十夫多"、"不论盐铁不筹河"等,反映了当时社会的主要矛盾,具有深刻的现实意义和历史意义。

龚自珍致吴六老爷书札

龚自珍更多的抒情诗,表

现了诗人深沉的忧郁感、孤独感和自豪感。如道光三年(1823年)的《夜坐》七律二首,"一山突起丘陵妒,万籁无言帝座灵。"在沉寂黑夜的山野景观中,寄托着诗人清醒的志士孤愤,抒发着对天下死气沉沉的深忧。道光六年的《秋心三首》七律,"气寒西北何人剑,声满东南几处箫。"深深为边塞形势担忧,感慨仗剑报国的志士无多,更缺少知音的同志。他常常用"剑"和"箫"、"剑气"和"箫心"来寄托他的思想志向。"一箫一剑平生意,负尽狂名十五年";"少年击剑更吹箫,剑气箫心一例消";对于自己的志向抱负不能实现,深为苦闷。在"抛却湖山一笛秋,人间天地署无愁"的现实环境下,诗人除了抒发感慨、纵横议论之外,回忆值得留恋的快乐的过去,幻想现实之外美妙的境界和世界,乃成为诗人思想中一种必然的发展和出路。因此,在诗人的许多作品中表现了重重矛盾。作于道光元年的《能令公少年行》一首七言古诗相当集中地表现了诗人思想中的矛盾,诗中有逃向虚空的消极因素,更多的积极意义在于诗人对无可奈何的现实社会环境的极端厌恶和否定。因而在《己亥杂诗》"少年尊隐有高文"、"九州生气恃风雷"二诗中,他确信前所未有的、巨大时代变化必然到来,希望"风雷"的爆发,以扫荡一切的迅疾气势,打破那令人窒息、一片死气沉沉的局面。

  他27岁为举人。道光元年(1821年)官内阁中书,任国史馆校对官。九年,始成进士。官至礼部主事。十九年,弃官南归。二十一年,于江苏云阳书院猝然去世。龚自珍初承家学渊源,从文字、训诂入手,后渐涉金石、目录,泛及诗文、地理、经史百家,受当时崛起的"春秋公羊学"影响甚深。面对嘉、道年间社会危机日益深重,他弃绝考据训诂之学,一意讲求经世之务,一生志存改革。青年时代所撰《明良论》、《乙丙之际箸议》等文,对封建专制的积弊,进行了揭露和抨击。他的思想为后来康有为等人倡公羊之学以变法图强开了先声。中年以后,虽然志不得伸,转而学佛,但是"经世致用"之志并未消沉。他支持林则徐查禁鸦片,并建议林则徐加强军事设施,做好抗击英国侵略者的准备。龚自珍一生追求"更法",虽至死未得实现,但在许多方面产生了有益的影响。在社会观上,他指出社会动乱的根源在于贫富不相济,要求改革科举制,多方罗织"通经致用"的人才。在哲学思想上,阐发佛教中天台宗的观点,提出人性"无善无不善","善恶皆后起"的一家之谈。在史学上,发出"尊史"的呼吁,并潜心于西北历史、地理的探讨。在文学上,则提出"尊情"之说,主张诗与人为一。他生平诗文甚富,后人辑为《龚自珍全集》。

  龚自珍的代表作《己亥杂诗》曰:"九州生气恃风雷,万马齐喑究可哀。我劝天公重抖擞,不拘一格降人才。青山处处埋忠骨,何须马革裹尸还。落红不是无情物,化作春泥更护花。"这也是对他人生的写照。

曾国藩

曾国藩(1811~1872年),字伯涵,号涤生。中国历史上最有影响的人物之一。他从湖南双峰一个偏僻的小山村以一介书生入京赴考,中进士留京师后十年七迁,连升十级。37岁任礼部侍郎,官至二品。紧接着因母丧返乡,恰逢太平天国巨澜横扫湘湖大地,他因势在家乡拉起了一支特别的民团湘军,历尽艰辛为清王朝平定了天下,被封为一等勇毅侯,成为清代以文人而封武侯的第一人。后历任两江总督、直隶总督,官居一品,死后被谥"文正"。曾国藩所处的时代,是清王朝由乾嘉盛世转而为没落、衰败、内忧外患接踵而来的动荡年代,由于曾国藩等人的力挽狂澜,一度出现"同治中兴"的局面。曾国藩正是这一过渡时期的核心人物,在政治、军事、文化、经济等各个方面有着令人注目的影响。这种影响不仅仅作用于当时,而且一直延至今日,从而使之成为近代中国最显赫和最有争议的历史人物。

曾国藩于1811年出生于湖南省双峰县井字镇荷叶塘的一个豪门地主家庭。祖辈以农为主,生活较为宽裕。祖父曾玉屏虽少文化,但阅历丰富;父亲曾麟书身为塾师秀才,满腹经纶。作为长子长孙的曾国藩,自然得到二位先辈的喜爱。他们望子成龙心切,便早早地对曾国藩进行封建伦理教育。曾国藩6岁时入塾读书,8岁能读八股文诵五经,14岁时能读《周礼》、《史记》、《文选》,并参加长沙的童子试,成绩俱佳列为优等。可见他自幼天资聪明,勤奋好学。至1832年他考取了秀才,并与欧阳沧溟之女成婚,踏上了人生的一个大台阶。曾国藩刚28岁便考中了进士,从此之后,他一步一阶地踏上仕途之路,并成为军机大臣穆彰阿的得力门生。在京十多年间,他先后任翰林院庶吉士,累迁侍读、侍讲学士、文渊阁直阁事、内阁学士、稽察中书科事务、礼部侍郎及署兵部、工部、刑部、吏部侍郎等职,曾国藩就是沿着这条仕途之道,一步步升迁到二品官位。从文才上看,曾国藩的仕途畅通是与他好学有关,他学习孜孜不倦,苦读日夜不息。尤其在京参加朝考进入庶常馆学习

曾国藩

后,"日以读书为业"。勤于求教,不耻下问,博览历史,重视理学。还读了大量的诗词古文,才华横溢,满腹经纶。官吏中如此勤奋好学者实不多见。由于他博览群书,涉猎文献,故在政治上有自己的独特观点:如要统治者"内圣外王",要自如地运用儒法思想治理天下。他推崇程朱理学,认为程朱理学正统于孔孟之道,后君臣应以习之。尤其他曾主张或奏明皇上,提出治理天下之办法,涉及吏治与廉洁、选材与用材、物质与财用、兵力与兵法等。他应诏陈述政治主张说:"今日所当讲求者,惟在用人。人才不乏,欲作用而激扬之,则赖皇上之妙用。有转移之道,有培养之方,有考察之法,三者不可废。臣观今日京官办事通病有二,曰退缩,曰琐屑。外官办事通病有二,曰敷衍,曰颟顸。习俗相沿,但求苟安,无过不肯振作起来,将一遇困难,国家必有乏才之患。"要想使官员振作起来,又须皇上以身作则。他从理论乃至实践上都极力标榜封建伦理道德,来维护地主阶级的根本利益。从武将上说,他本不具备先决条件,然而正是由于他的步步青云,得到了皇上与同僚们的青睐。他感皇恩,谢皇意,甘为保主子尽心尽力,表现在为建湘军呕心沥血,精心操劳练出了一支战斗力赛过绿营的正规军,为镇压太平天国立下了赫赫战功;为清王朝西拼东杀,征战毕生,直至卒死在两江总督的宝座上。

曾国藩作为近代著名的政治家,对"乾嘉盛世"后清王朝的腐败衰落,洞若观火。他说:"国贫不足患,惟民心涣散,则为患甚大。"对于"士大夫习于忧容苟

曾国藩墓

安","昌为一种不白不黑、不痛不痒之风","痛恨次骨"。他认为,"吏治之坏,由于群幕,求吏才以剔幕弊,诚为探源之论"。基于此,曾国藩提出,"行政之要,首在得人。"危急之时需用德器兼备之人,要倡廉正之风,行礼治之仁政,反对暴政、扰民。对于那些贪赃枉法、渔民肥己的官吏,一定要予以严惩。至于关系国运民生的财政经济,曾国藩认为,理财之道,全在酌盈剂虚,脚踏实地,洁己奉公,"渐求整顿,不在于求取速效"。曾国藩将农业提到国家经济中基础性的战略地位。他认为,"民生以穑事为先,国计以丰年为瑞"。他要求"今日之州县,以重农为第一要务"。受两次鸦片战争的冲击,曾国藩对中西邦交有自己的看法,一方面他十分痛恨西方人侵略中国,认为卧榻之旁,岂容他人鼾睡,并反对借师助剿,以"借助外国为深愧";另一方面又不盲目排外,主张向西方学习其先进的科学技术。

左宗棠

左宗棠（1812年~1885年），晚清军政重臣，湘军统帅之一，洋务派重要首领。字季高，号湘上农人，湖南湘阴人（今湖南湘阴县界头铺镇）。晚清著名军事家、政治家。太平天国运动爆发后，他编练"楚军"，在镇压太平军的过程中屡建奇功。洋务运动中，他设马尾造船厂，为中国近代造船工业作出了贡献。光绪元年（1875年）被任命为钦差大臣，将被侵略者侵占10余年的新疆一举收复。公元1880年出任军机大臣，后病死福州。

初露峥嵘

左宗棠于道光十二年（1832年）中举，咸丰元年（1851年）太平天国起义爆发后，由好友胡林翼保荐，先后入湖南巡抚张亮基、骆秉章幕下，为抵抗太平军多做筹划。1856年，因接济曾国藩部军饷以夺取被太平军所占武昌之功，命以兵部郎中。1860年，太平军攻破江南大营后，随同钦差大臣、两江总督曾国藩襄办军务。曾在湖南招募5000人，组成"楚军"，赴江西、安徽与太平军作战。1861年太平军攻克杭州后，由曾国藩疏荐任浙江巡抚，督办军务。同治元年（1862年），组成中法混合军，称"常捷军"，并扩充中英混合军，先后攻陷金华、绍兴等地，升闽浙总督。1864年3月攻陷杭州，控制浙江全境。论功，封一等恪靖伯。旋奉命率军入江西、福建追击太平军李世贤、汪海洋部，至1866年2月攻灭于广东嘉应州（今梅县）。镇压太平天国后，倡议减兵并饷，加紧练兵。1866年上疏奏请

左宗棠

设局监造轮船,获准试行,即于福州马尾择址办船厂,派员出国购买机器、船槽。并创办求是堂艺局(亦称船政学堂),培养造船技术和海军人才。时逢西北事起,旋改任陕甘总督,推荐原江西巡抚沈葆桢任总理船政大臣。一年后,福州船政局(亦称马尾船政局)正式开工,成为中国第一个新式造船厂。1867年,他奉命为钦差大臣,督办陕甘军务,率军入陕西攻剿西捻军和西北反清回民军,残酷镇压了陕甘回民起义。陕甘任间,继续从事洋务,创办兰州制造局(亦称甘肃制造局)、甘肃织呢总局(亦称兰州机器织呢局),后者为中国第一个机器纺织厂。

1864年6月,新疆库车爆发农民起义,建立热西丁政权;7月,和田建立帕夏政权;10月,伊犁建立苏丹政权;1865年1月,浩罕国(位于今乌兹别克斯坦的浩罕市一带)军官阿古柏入侵新疆;3月,乌鲁木齐建立清真王政权;1871年7月,沙俄武装强占伊犁;1872年6月,阿古柏在新疆的喀什、英吉沙、莎车、和田、阿克苏、乌什、库车悬挂出奥斯曼土耳其帝国国旗并发行货币;1874年,日本国入侵台湾。在这种局势下,清廷内部爆发"海防"、"塞防"之争。李鸿章等认为两者"力难兼顾",主张放弃塞防,将"停撤之饷,即匀作海防之饷"。左宗棠力表异议,指出西北"自撤藩篱,则我退寸而寇进尺",尤其招致英、俄渗透。同年5月,左宗棠以64岁的高龄,被任命为钦差大臣,督办新疆军务。次年4月,左宗棠坐镇甘肃酒泉,收复新疆战役打响。1876年,指挥多路清军讨伐阿古柏,次年1月占和田,收复除伊犁地区外的新疆全部领土,阿古柏在绝望中服毒自杀。左宗棠随即上疏建议新疆改设行省,以收长治久安之效。1879年中俄伊犁交涉时,抨击崇厚一任俄国要求,轻率定议约章,丧权失地,主张"先之以议论","决之于战阵"。1880年春,在新疆部署兵事,出肃州抵哈密坐镇,命令三路大军并进,彻底击溃了阿古柏残余势力,收复大片国土。1881年初,中俄《伊犁条约》签定,中国收回了伊犁和特克斯河上游两岸领土(霍尔果斯河以西地区和北面的斋桑湖以东地区却被沙俄强行割去)。左宗棠应诏至北京任军机大臣兼在总理衙门行走,管理兵部事务。左宗棠在新疆期间,为保证军粮供给,发展地方经济,曾大力兴办屯垦业,其功绩遗泽至今。

1881年夏,左宗棠调任两江总督兼南洋通商大臣。1884年6月,奉召入京,再任军机大臣。时值中法战争,法国舰队在福州马尾发动突然袭击,福建水师全军覆灭,左宗棠奉命督办福建军务。11月抵福州后,积极布防,并组成"恪靖援台军"东渡台湾。1885年病故于福州。著有《楚军营制》(附条规),其奏稿、文牍等辑为《左文襄公全集》。

李鸿章

李鸿章(1823年~1901年),字渐甫(一字子黻),号少荃(泉)。晚年自号仪叟,别号省心,谥文忠。安徽合肥东乡(今瑶海区)磨店人。道光二十七年(1847年)中进士,同治九年(1870年)任直隶总督兼北洋大臣,掌管清廷外交、军事和经济大权,成为洋务派的首领之一。他先后创办了许多的企业,并建立北洋海军。在主持对外交涉中,他一贯"委曲求全",妥协投降,与外国侵略者多次签订了不平等条约。

李鸿章六岁就进入家馆棣华书屋学习。他少年聪慧,先后拜堂伯仿仙和合肥名士徐子苓为师,攻读经史,打下扎实的学问功底。道光二十三年(1843年),他入选优贡并奉父命入京应翌年(甲辰)顺天乡试,一举中试;二十七年(1847年)考中丁未科二甲第十三名进士,朝考改翰林院庶吉士。是科主考官潘世恩,副主考杜受田、朱凤标、福济,其房师则为孙锵鸣。

科举之路

当时,曾国藩患肺病,僦居城南报国寺,与经学家刘传莹等谈经论道。报国寺又名慈仁寺,曾是明末清初思想家顾炎武的栖居所。面对内忧外患,强烈的参与意识使曾国藩步亭林以自喻。他在桐城派姚鼐所提义理、辞章、考据三条传统的治学标准外,旗帜鲜明地增加了"经济",亦即经世致用之学一条。李鸿章不仅与曾国藩"朝夕过从,讲求义理之学",还受命按新的治学宗旨编校《经史百家杂钞》。所以曾国藩一再称其"才可大用",并把他和门下同时中进士的郭嵩焘、陈鼐、帅远铎等一起,称为"丁未四君子"。太平军起,曾、李各自回乡办理团练,曾氏又将自己编练湘军的心得谆谆信告李鸿章,足见期望之殷。

李鸿章以书生带兵,既有"专以浪战为能"的记录,也有"翰林变作绿林"的恶名。数年的团练生涯,使他逐步懂得了为将之道,不在一时胜败,不逞匹夫之勇。他曾因咸丰五年(1855年)十月率团练收复庐州之功,"奉旨交军机处记名以道府用"。次年又以克复无为、巢县、含山的战功,赏加按察使衔。然而,功高易遭妒,一时之间,谤言四起,李鸿章几不能自立于乡里。七年(1857年),皖抚福济奏报李鸿章丁忧,为父亲守制,从而结束了他为时五年的团练活动。翌年,太平军

再陷庐州,李鸿章携带家眷出逃,辗转至南昌,寓居其兄李翰章处。他本人遂于九年(1859年)末投奔建昌曾国藩湘军大营,充当幕僚。

为国出力

其时,适湘军三河新败,需人孔急。因此,曾国藩对于招李鸿章入营襄助,甚为积极主动。但曾也深知,李自恃才高气盛,锋芒毕露,真要独当一面,还需再经一番磨砺。于是,他平时尽量让李鸿章参与核心机密的讨论,将其与胡林翼、李续宾等方面大员同等看待;当时,湘军幕府中有不少能言善辩之士,如李元度、左宗棠等,曾国藩经常有意无意让他们与李鸿章争口舌之长,以挫其锐气。至于曾氏本人,更是身体力行,以自己的表率来影响李鸿章。如李爱睡懒觉,曾则每日清晨必等幕僚到齐后方肯用餐,逼李每日早起;李好讲虚夸大言以哗众取宠,曾多次正言相诫:待人唯一个"诚"字。每当遇到困难和挫折,曾则大谈"挺"经。如此苦心孤诣,使李鸿章的思想、性格乃至生活习惯都深受曾国藩潜移默化的影响。李鸿章自称:"我从师多矣,毋若此老翁之善教者,其随时、随地、随事,均有所指示"。又说:"从前历佐诸帅,茫无指归,至此如识指南针,获益匪浅。"而曾国藩的评价则是:"少荃天资与公牍最相近,将来建树非凡,或竟青出于蓝也未可知。"事实的发展正是如此,曾氏生性"懦缓",而李的作风则明快果断;曾国藩每有大计常犹豫再三,往往得李在旁数言而决。咸丰十年(1860年)秋,师生之间因曾国藩决定移军祁门和弹劾李元度二事发生严重分歧。李鸿章认为祁门地处万山丛中,是兵家所忌的"绝地",移驻不妥;而李元度追随曾氏,好为"文人大言",而非将才。曾深知其短却使他领军防守徽州,甫一兵败又严词纠参。李鸿章不愿拟稿并"率一幕人往争",终至愤而离营。这表明,李此时的战略和用人眼光已在曾之上。后来,经过胡林翼、陈鼐和郭嵩

李鸿章

焘等友朋的劝说和曾国藩的再三招请，李鸿章乃于次年六月七日重回湘军大营。

咸丰十年（1860年），太平军二破江南大营后，清政府在整个长江下游地区已失去最后一支八旗军主力。在太平军的猛烈攻势下，江南豪绅地主，纷纷逃避到已经形同孤岛的上海。为了免遭灭顶之灾，在沪士绅买办一面筹备"中外会防局"，依赖西方雇佣军保护上海；另一方面又派出钱鼎铭等为代表，前往安庆请曾国藩派援兵。钱鼎铭先动之以情，每日泣涕哀求，言江南士绅盼曾国藩如久旱之望云霓；继而晓之以利，说上海每月可筹饷六十万两，这对时感缺饷的湘军，不啻是一大诱惑；同时，钱鼎铭还利用其父亲钱宝琛是曾国藩和李文安同年的关系，走李鸿章的门路要说动曾国藩。曾国藩最初属意派曾国荃领兵东援，但曾国荃一心要攻下天京，建立首功，而不愿往。随后，曾国藩又函请湘军宿将陈士杰出山，但陈亦以"母老"力辞。曾国藩最后转向于李鸿章，李欣然应命，于是开始了淮军的招募与组建。

招募团练

两淮地区，民风强悍，尤其是"兵、匪、发、捻"交乘的皖中腹地，民间纷纷结寨自保图存。庐州地区的团练武装，以合肥西乡三山（周公山、紫蓬山、大潜山）的张（树声、树珊）、周（盛波、盛传）、刘（铭传）三股势力最大。百里之内，互为声援。咸丰十一年（1861年）夏，西乡团练头目得知曾国藩就任两江总督，安徽人李鸿章在幕中主持机要时，就公推曾任李文安幕僚的张树声向李鸿章、曾国藩上了一道禀帖，洞陈安徽形势，并表示了愿意投效的决心。曾阅后大为赏识，亲笔批示"独立江北，真祖生也"。由于庐州团练的这些基础和李鸿章在当地的各种关系，淮军的组建、招募比较顺利。

李鸿章首先通过张树声招募了合肥西乡三山诸部团练。接着，又通过前来安庆拜访的庐江进士刘秉璋与驻扎三河的庐江团练头目潘鼎新、吴长庆建立联系。潘、刘自幼同学，又同为李鸿章父亲李文安的门生，吴长庆的亡父吴廷香也与李文安有旧交，自然一呼而应。同治元年（1862年）春节过后，淮军最早的部队树（张树声）、铭（刘铭传）、鼎（潘鼎新）、庆（吴长庆）四营即陆续开赴安庆集训。与此同时，李鸿章还命令三弟李鹤章回合肥故乡招募旧部团练。响应投军的有内亲李胜、张绍棠，昔年好友德模、王学懋，以及父亲李文安的旧部吴毓兰、吴毓芬等（这些东乡团练与西乡周盛波、周盛传兄弟的"盛"字营，均属第二批成军的淮勇，后又陆路陆续开赴上海）。首批四营淮军抵达安庆后，曾国藩极为重视，亲自召见各营将领加以考察，并亲为订立营制营规。曾国藩担心新建的淮军兵力太单薄，还从湘军各部调兵借将。其中整营拨归淮军的有：一、属于湘军系统的

"春"字营(张遇春)和"济"字营(李济元);二、太平军降将程学启"开"字两营;三、湖南新勇"林"字两营(滕嗣林、滕嗣武)以及后到的"熊"字营(陈飞熊)和"垣"字营(马先槐);四、曾国藩送给李鸿章作为"赠嫁之资"的亲兵两营(韩正国、周良才)。其中,以桐城人程学启部"开"字两营作战最为凶悍,士卒多系安徽人(丁汝昌当时即在该部)。这样,李鸿章初建的淮军,就有了14个营头的建制(每营正勇505人,长夫180人,共685人)。同治元年(1862年)二月,曾国藩在李鸿章的陪同下,检阅已到达安庆集结的淮军各营,淮军正式宣告建军。随后,上海士绅花银18万两,雇英国商船7艘,将淮军分批由水陆运往上海。由于"济"字营留防池州,因此乘船入沪的淮军共计13营约9000人。

李鸿章本人于三月十日随首批淮军抵沪,半月之后,被任命署理江苏巡抚。十月十二日实授,次年二月又兼署通商大臣,"从此隆隆直上",开始了他在晚清政治舞台上纵横捭阖的四十年。李鸿章受任之初,形势极为严峻。当时上海是全国最大的通商口岸,华、洋杂处,是江南财富集中之地;淮军抵达时,正值太平军第二次大举进攻,能否守住上海并徐图发展,是摆在李鸿章面前的最大考验。李鸿章牢记恩师的教诲"以练兵学战为性命根本,吏治洋务皆置后图"。而由上海官绅组建的"中外会防局",一心指望外国雇佣军抵御太平军,对洋人百般献媚。他们和外国军队对淮军不以为意,"皆笑指为丐"。面对这种情况,李鸿章激励将士说"军贵能战,待吾破敌慑之"。不久,淮军果然于当年下半年独立进行了虹桥、北新泾和四江口三次恶战。李鸿章亲临前线指挥,成功守住了上海,顿时令中外人士对淮军刮目相看。

巩固地位

初步站稳脚跟后,李鸿章开始从"察吏、整军、筹饷、辑夷各事"入手,以进一步巩固自己的地位。在人事上,他罢免了以杨坊等为代表的一批媚外过甚的买办官吏,改为起用郭嵩焘、丁日昌等一批务实肯干的洋务派官员,同时建立了不同于湘军幕府,以务实干练、通晓洋务为基准的淮军幕府。在军制上,他从实战中领略到西洋军械的威力,从而产生"虚心忍辱,学得洋人一二秘法"的想法。淮军到沪未及一年,"尽改(湘军)旧制,更仿夷军",转变成了装备洋枪洋炮,并雇请外国教练训练的新式军队,大大提高了战斗力;同时,李鸿章还采用一系列招降纳叛、兼收并蓄的措施,扩充实力。不到半年内,淮军就迅速扩军至50个营头,约2万人。此后更进一步急剧膨胀,至攻打天京前夕,淮军总兵力已达7万余人。在军费上,李鸿章采用"关厘分途,以厘济饷"的政策,以关税支付常胜军、中外合防局及镇江防军的军需,而以厘金协济淮军,随着军事进展和湘淮军力的壮大,厘卡也层层添设,从而确保了饷源。在对外关系上,李鸿章利用洋人赫德和士绅潘曾玮当说客,巧妙地平息了因苏州杀降而引起的戈登率常胜军闹事事件。并最终巧妙地解散了常胜军,初步显露出他的外交手腕。

同治元年(1862年)十一月十八日,常熟太平军守将骆国忠投降。李鸿章乘机率淮军发起收复苏、常的战役。经过与前来平叛的太平军反复激战,淮军最终攻克常熟、太仓、昆山等地。在初步扫清苏州外围后,李鸿章制订了三路进军计划:中路程学启统率,由昆山直趋苏州;北路李鹤章、刘铭传从常熟进攻江阴、无锡;南路则下攻吴江、平望,切断浙江太平军增援的道路。二年(1863年)七月,程学启部兵临苏州城下,太平天国忠王李秀成率军自天京往援,与北路淮军大战于无锡大桥角,太平军失利。是时,苏州太平军守将纳王郜永宽等发生动摇,与程学启部秘密接洽献城事宜。十一月初五,郜永宽等杀死守城主将慕王谭绍光,开城投降。但淮军入城后,太平军八降王率部屯居半城,不愿剃发解除武装,而是索要官衔及编制。为此,李鸿章采纳程学启的建议,诱杀了八降将,并遣散余众。苏州杀降,尽管引起戈登的不满,一度闹得不可开交,但就李鸿章来说,毕竟消除了"变生肘腋"的隐患,正如其在禀母亲的书信中所称"此事虽太过不仁,然攸关大局,不得不为"。曾国藩接报后,赞赏李鸿章"殊为眼明手辣"。

太平天国失败后,在湘淮军的去留问题上,曾国藩与李鸿章采取了不同的做法。曾国藩在攻下天京后不到一个月,就将他统率的湘军大部分遣散。当时,北方的捻军起义正如火如荼,曾国藩不顾清廷责成他再顾皖省军务的命令而毅然裁军。固然是因为湘军"暮气已深",更重要的是,曾国藩担心功高震主,给自己招来杀身之祸。而李鸿章则认为:"吾师暨鸿章当与兵事相始终,留湘淮勇以防剿江南北,俟大局布稳,仍可远征他处。"他并进一步看到"目前之患在内寇,长远之患在西人"。因此他主张保留湘淮军的用意,不止于"靖内寇",更在于"御外侮",显然比曾氏高出一筹。

四年(1865年)四月二十四日,剿捻统帅僧格林沁全军覆没于山东菏泽。清廷即任命曾国藩为钦差大臣,北上督师剿捻:以李鸿章署理两江总督,负责调兵、筹饷等后勤事宜。由于湘军大部已裁撤,因此曾国藩北上率领的多为淮军。起初仅"铭"、"盛"、"鼎"、"树"四军共2.7万人,另带湘军刘松山部约8000人。后又命李鸿章的六弟李昭庆招练马队2000人,并增调淮军杨鼎勋、刘秉璋、刘士奇、吴毓芬、王永胜等部共2.7万人,加上刘铭传新募

太平天国金田起义地址

的新营，总兵力6万余人。曾国藩一到前线，即采用刘铭传、李鸿章等拟定的方针，决定"以有定之兵，制无定之寇"，在安徽临淮、河南周口、江苏徐州、山东济宁四镇屯扎重兵。一省有急，三省往援。后来，曾国藩又在运河、黄海、沙河和贾鲁河一带分兵设防，实行"画河圈地"之策。但是，一方面，当时捻军正值势旺，作战快速多变，枯守堵御一时难以奏效；另一方面，曾国藩也无法有效指挥淮军。因此，历时一年半，曾国藩督师无功。清廷不得不于五年（1866年）十一月初一，改命李鸿章为钦差大臣，接办剿捻事务，令曾国藩仍回两江总督本任。曾、李瓜代后，淮军继续扩军，李昭庆所部一军扩至19营，名武毅军，并添调"魁"字2营、亲兵1营、"凤"字7营。此外，又借调唐仁廉马队3营。合计剿捻兵力达7万人。李鸿章于十一月二十三日抵达徐州时，捻军已一分为二，赖文光、任柱等率东捻军仍留在中原作战，张宗禹、邱远才等则率捻军入陕西。李鸿章首先决定倾全力对付东捻军。他虽然仍坚持采用"以静制动"的战略方针。但鉴于曾国藩分防太广，难以奏效的教训，改为"扼地兜剿"的战法，即力图将捻军"蹙之于山深水复之处，弃地以诱其入。然后各省之军合力，三四面围困之"。

太平天国钱币

"臼口之围"

具体实施这一战略，大致经历了三个阶段：

第一阶段自五年（1866年）十一月至次年四月，实施"臼口之围"，主战场在湖北。李鸿章挂帅之初，正值东捻军突破曾国藩原设的贾鲁河—沙河防线，集结于湖北臼口一带，兵力约10万人。李鸿章迅速调动湘淮军各部7万余人，分路进击，意图一举歼灭。五年十二月（1867年1月），淮军"松"字营在安陆罗家集被捻军击败，统领郭松林受重伤。半个月后，"树"字营在德安杨家河被捻军歼灭，统领张树珊阵亡。六年（1867年）元月，双方主力在安陆尹隆河展开决战，湘淮军两大主力"霆"军与"铭"军原订同时发兵。但两军统领刘铭传与鲍超互相轻视，刘铭传

刘铭传

为抢功而下令提前单独进击,结果遭捻军痛击,部将刘殿魁、田履安阵亡,刘本人"衣冠失落",坐以待毙。鲍超赶来,从背后发起猛袭,才反败为胜,捻军损失2万余人。事后,李鸿章一意袒护刘铭传,鲍超反被诉为虚冒战功。由是,鲍超郁愤成疾,执意告退,所部"霆"军32营大部被遣散,只留唐仁廉择精壮,另立"仁"字营,并入淮军建制。二月,东捻军又在蕲水全歼湘军彭毓橘部,并于四月间突破了李鸿章设置的包围圈。

第二阶段自六年(1867年)五月至十二月,实施胶莱河—运河防线,主战场移至鲁东。东捻军在跳出包围圈后,复于五月突破运河防线,直趋山东半岛。在刘铭传、潘鼎新的建议下,李鸿章确定采取"倒守运河"之策。又在胶莱河两岸增设了内层防线,调淮军、东军、豫军分段防守。由于山东巡抚丁宝桢不愿将辖地变做战场,消极怠工,疏于防范,结果东捻军在七月间突破胶莱河防线。经过一场激烈的争执后,李与丁重修旧好,协力将东捻军堵御在黄海、运河、六塘河及大海之间的狭窄地带,使捻军"以走制敌"的优势无法发挥。十月,任柱在苏北赣榆战死,随之东捻军在寿光一战损失3万余精锐。十二月,赖文光率残部突破六塘河,南走至扬州被捕杀。东捻军覆灭,李鸿章因功赏加骑都尉世职。

第三阶段是七年(1868年)上半年,在直东战场与西捻军交战。当东捻军困厄之时,西捻军紧急驰援,以进军直隶威胁京畿而迫清军回救。元月,西捻军抵达保定,清廷大震,急调李鸿章、左宗棠及直、鲁、豫、皖各督抚率军北上勤王。时李鸿章正驻军济宁度岁,分派诸将北援,竟无一人应命,且纷纷求退,聚讼不休,淮军几至瓦解。李鸿章以救援不力,受到拔去双眼花翎、褫去黄马褂、革去骑都尉的处分。对此,李鸿章认为是"左公放贼出山,殃及鄙人"。但当危难之际,李鸿章仍耐心说服潘鼎新等将领遵旨北上。同时,清廷也命恭亲王奕䜣节制各路大军,并协调左、李关系。在清军的协力堵截下,张宗禹率领西捻军于二三月间,一直在直鲁边境徘徊。四月二十九日,李鸿章与左宗棠会于德州桑园,议定"就地圈围"之策。引运河水入减河,引黄河水入运河,命淮军、东军、皖军分段驻守,又调湘淮军精锐作为追剿的"游击之师"。六月初,西捻军与跟踪追击的湘淮军数次接战,迭遭惨败。六月中旬,张宗禹率部在德州一带数度抢渡运河未成,适逢黄、运、徒骇各河河水陡涨,处境更难。六月二十八日,在转移途中,与淮军主力刘铭传、郭松林、潘鼎新部遭遇,一场激战,西捻军伤亡殆尽。张宗禹等二十余人突围至徒骇河边,不知所终。

升任大学士

西捻军覆灭后,清廷开复李鸿章迭次降革处分,并赏加太子太保衔,授湖广总督协办大学士。因成功调解天津教案,被任命为直隶总督,旋兼任北洋通商事

务大臣。十一年(1872年),加授武英殿大学士。自此,李鸿章在直隶总督兼北洋大臣任上秉政达25年,参与了清政府有关内政、外交、经济、军事等一系列重大举措,成为清廷倚作畿疆门户、恃若长城的股肱重臣。随着李鸿章地位、权力的上升,他一手创建出的淮军,陆续被清廷派防直隶、山东、江苏、广西、广东、台湾各地,成为充当国防军角色的常备军;而以他为领袖,由淮军将领、幕僚以及一批志同道合的官僚组成的淮系集团,成为当时实力最强的一个洋务派集团。并在其带领下,开始了中国早期的洋务(自强)近代化运动。在镇压农民起义的过程中,李鸿章不仅建立了一支用西式装备武装起来的军队,还创办了一批近代军事工业。同治二年(1863年),李鸿章雇用英国人马格里会同直隶州知州刘佐禹,首先在松江创办了一个洋炮局,此后,又命韩殿甲、丁日昌在上海创办了两个洋炮局,合称"上海炸弹三局"。三年(1864年),松江局迁到苏州,改为苏州机器局。

四年(1865年),李鸿章在署理两江总督任上,鉴于原设三局设备不全,在曾国藩的支持下,收购了上海虹口美商旗记铁厂。与韩殿甲、丁日昌的两局合并,扩建为江南制造局(今上海江南造船厂)。与此同时,苏州机器局亦随李鸿章迁往南京,扩建为金陵机器局(今南京晨光机器厂)。九年(1870年),调任直隶总督,接管原由崇厚创办的天津机器局,并扩大生产规模。于是,中国近代早期的四大军工企业中,李鸿章一人就创办了三个(另一个是左宗棠、沈葆桢创办的福州船政局)。正如他自己所言"练兵以制器为先"。尔后,在引进西方设备进行近代化生产的实际操作中,他又进一步得出:"中国欲自强,则莫如学习外国利器。欲学习外国利器,则莫如觅制器之器,师其法而不必尽用其人。欲觅制器之器与制器之人,则或专设一科取士,士终身悬以为富贵功名之鹄。则业可成,艺可精,而才亦可集。"反映出其认识的深化。

转向"求富"

十一年(1872年)底,他首创中国近代最大的民用企业——轮船招商局,任朱其昂为总办,后以唐廷枢为总办,徐润、朱其昂、盛宣怀为会办,由此奠定了"官督商办"政策的基调。其后,在整个七八十年代,李鸿章先后创办了河北磁州煤铁矿(1875年)、江西兴国煤矿(1876年)、湖北广济煤矿(1876年)、开平矿务局(1877年)、上海机器织布局(1878年)、山东峄县煤矿(1880年)、天津电报总局(1880年)、唐胥铁路(1881年)、上海电报总局(1884年)、津沽铁路(1887年)、漠河金矿(1887年)、热河四道沟铜矿及三山铅银矿(1887年)、上海华盛纺织总厂(1894年)等一系列民用企业,涉及矿业、铁路、纺织、电信等各行各业。在经营方针上,也逐渐由官督商办转向官商合办,从客观上促进了近代资本主义在中国的发展。

面对清廷内部封建顽固派的重重阻挠,李鸿章曾雄辩地提出"处今日喜谈洋务乃圣之时"。他认为在追求自强的过程中,必须坚持"外须和戎,内须变法"的洋务总纲,也就是在列强环伺、外侮日甚的环境中,尽最大可能利用"以夷制夷"的外交手段,为中国的洋务——自强建设赢得尽可能多的和平时间。为此,他一生以外交能手自负,处理过许多重大的对外交涉。

同治十年(1871年)七月二十九日,在办理完天津教案后不久,李鸿章代表中国与日本签订了《中日修好条规》。这是一个双方平等互惠的条约,但李鸿章从签约过程中日本人的姿态,看出日本"日后必为中国肘腋之患"。果然,十三年(1874年),日本出兵侵台。李鸿章积极支持清政府派沈葆桢作为钦差大臣率舰队赴台湾巡阅,并调驻防徐州的淮军唐定奎部6500人分批前往台湾。此事最后虽以签订《中日台事条约》而暂时平息,但后来日本还是于光绪五年(1879年)乘隙吞并了琉球。在与日本交涉的前后,李鸿章还分别于同治十三年(1874年)与秘鲁签订了《中秘友好通商条约》;光绪二年(1876年)与英国签订了《中英烟台条约》。前者旨在保护华工;后者则是就"马嘉理案"导致的中英间的严重问题交涉。李鸿章在英国公使威妥玛以下旗宣战的要挟下,巧妙地利用国际法挽回决裂之局。在他的建议下,清政府派郭嵩焘赴英国道歉,郭氏遂成为中国第一位驻外公使。但条约也因此增开了宜昌、芜湖、温州、北海四个通商口岸,并允许英国人可以进入西藏,损害了中国主权。

光绪九年(1883年),中法战争在越南境内初起,清廷命李鸿章统筹边防战事。李鸿章则认为"各省海防兵单饷匮,水师又未练成,未可与欧洲强国轻言战事"。他先与法国驻华公使宝海签订《李宝协议》,旋为法国政府反悔,继与法驻日公使洽谈未果;当战争进入胶着状态时,慈禧改组军机处,主和舆论渐起。李鸿章在光绪十年(1884年)四月十七日与法国代表福禄诺签订了《李福协定》。五月,随着法军进攻谅山,协议又被撕毁,直至清军在广西和台湾战场分别取得胜利后,李鸿章才最终与法国代表巴德诺签订了《中法会订越南条约》(即《中法条约》),结束了战争。法国取得了对越南的"保护权"、中越边境对法国开放等特权。因此,时称"法国不胜而胜,中国不败而败"。从客观上讲,无论是日吞琉球,

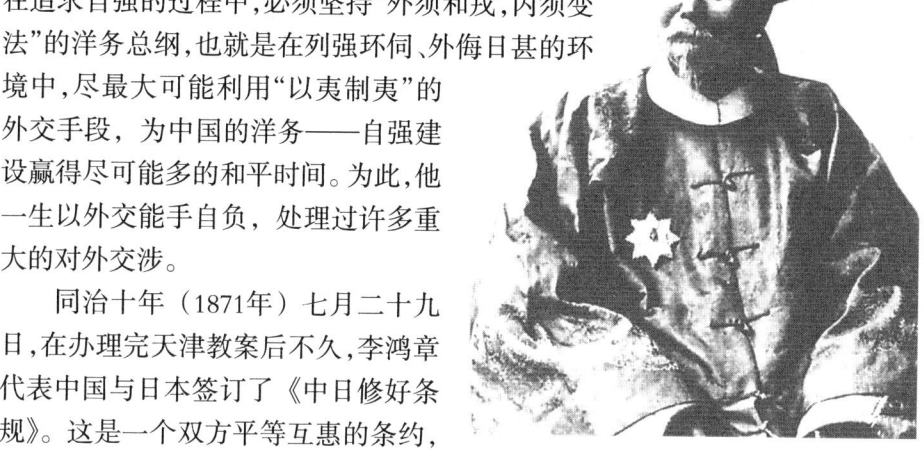

李鸿章

还是法占越南,李鸿章都深切认识到,列强的威胁来自海上。因此,从七十年代起,李鸿章就开始提出"海防论",积极倡议建立近代化的海军。同治十三年(1874年),李鸿章在海防大筹议中上奏,系统提出以定购铁甲舰,组建北、东、南三洋舰队的设想。并辅以沿海陆防,形成了中国近代海防战略。中法战后,鉴于福建船政水师覆败,清政府决定"大治水师"。于光绪十一年(1885年)成立海军衙门,醇亲王总理海军事务,李鸿章为会办。利用这个机会,北洋海军建设成军。成军后的北洋海军,拥有舰艇25艘,官兵4000余人,在成军当时是亚洲最强大的海上力量。与此同时,李鸿章加紧旅顺、大沽、威海等海军基地的建设,以加强海防。但是,清廷文恬武嬉,内耗众生,户部迭次以经费支绌为借口,要求停止添船购炮。自此,北洋海军的建设陷于停顿、倒退的困境。

受命议和

光绪十年(1884年),朝鲜爆发"甲申事变",对朝鲜实存觊觎之心的日本,乘机出兵。结果,李鸿章与日本专使签署《天津条约》时,规定朝鲜若有重大事变,中日双方出兵需要事先知照。这就为甲午战争爆发结下祸胎。

光绪二十一年二月十八日,李鸿章受命,作为全权大臣赴日本议和。尽管行前清廷已授予李鸿章各地赔款的全权,但他仍期望"争得一分有一分之益",与日方代表反复辩论。在第三次谈判后,李鸿章于回住处的路上遇刺,世界舆论哗然,日方因此在和谈条件上稍有收敛。三月十六日,李鸿章伤稍愈,双方第四次谈判。日方对中国赔款2亿两白银,割让辽东半岛及台湾澎湖等要求表示不再让步。日方和谈代表伊藤博文说,李鸿章面前"但有允与不允两句话而已"。事后日方继以增兵再战进行恫吓。李鸿章等连发电报请示,光绪皇帝同意签约,命令"即遵前旨与之定约"。二十三日,《马关条约》签字。

《马关条约》签订后,在全国引起强烈反响。康有为等发动公车上书,掀起维新变法的高潮。李鸿章虽然也视马关签约为奇耻大辱,发誓终生不再履日地,并倾向变法,但在"国人皆曰可杀"的汹汹舆论下,成了清廷的替罪羊。甲午战后,李鸿章被解除了位居25年之久的直隶总督兼北洋大臣职务,投置闲散。

伊藤博文

二十二年（1896年）春，俄皇尼古拉二世举行加冕典礼，李鸿章奉命作为头等专使前往祝贺。在此之前，俄国会同法、德发起三国还辽成功。清廷上下视俄国为救星，包括李鸿章、翁同龢、张之洞在内的元老重臣均倾向联俄。清政府的外交政策也由"以夷制夷"转向"结强援"。同年四月二十二日，李鸿章在莫斯科签订了《中俄密约》，中俄结盟共同对付日本，并同意俄国修筑西伯利亚铁路经过中国的黑龙江、吉林直达海参崴。

此后，李鸿章率随员先后访问德、荷、法、比、英、美、加诸国。由于系亲身游历，他对西方社会制度产生由衷的赞叹，并在演讲中一再大声疾呼："五洲列国，变法者兴，因循者殆。"回国后，面临方兴未艾的戊戌变法运动，他慨然以"维新之同志"自许。变法失败后，康、梁流亡海外，慈禧一再下令捕杀康梁余党。时任两广总督的李鸿章却说："我决不做刀斧手。"

李鸿章出任粤总督期间，北方爆发了义和团运动，英、法等国组成八国联军进行干涉。慈禧携光绪逃至西安，北方局势一片混乱。而东南地区的实力派将臣如两江总督刘坤一、湖广总督张之洞等，则在盛宣怀联络下，倡导东南互保，即不卷入清廷这次对外宣战，以保东南半壁不陷入混乱中。李鸿章对此表示支持。在此期间，经由革命党人陈少白和李鸿章的幕僚刘学询牵线，李鸿章一度有意与自日本前来策划"两广独立"的孙中山晤面，但由于双方互存戒心而作罢。

收拾残局

光绪二十六年（1900年）六月十二日，为收拾八国联军之役的残局，清廷再度授李鸿章为直隶总督兼北洋大臣，并连续电催其北上。李鸿章乘轮船至沪后，以身体不适为由迁延观望。部下及亲属也都劝其以马关为前车之鉴，不要再北上，以免又成为替罪羊。直至七月三十日，北方局面实在无法收拾，慈禧在逃亡途中电催李鸿章北上。一个月后，李鸿章抵京收拾残局，向八国联军求和。

二十七年（1901年）七月二十五日，李鸿章、奕劻代表清廷签署了《辛丑条约》，赔款4亿5千万两。签约后两个月，被李鸿章倚为强援的沙俄政府再度发难，

提出"道胜银行协定"，试图攫取更大权益，并威逼李鸿章签字。"老来失计亲豺虎"，气恼交加，李鸿章呕血不起，于九月二十七日去世。临终时"双目犹炯炯不瞑"，带着无尽的遗憾，走完了他78岁的人生历程。

慈禧太后

慈禧太后（1835年~1908年），叶赫那拉氏。咸丰二年（1852年）被选入宫，封兰贵人。咸丰六年（1856年）生载淳。咸丰十一年，（1861年）其子载淳即位，即同治帝。她被尊为皇太后，徽号慈禧，与慈安太后垂帘听政。同治帝死后，立其侄为光绪帝。在随后的30余年里，她对外妥协投降，对内仇视改良派维新运动，使中国沦为半殖民地半封建社会。

被选入宫

慈禧太后叶赫那拉氏，乳名兰儿，安徽徽宁池广太道道台惠征女。1852年以秀女被选入宫，号懿贵人。因得咸丰皇帝宠幸，1854年晋封懿嫔，1856年生子载淳。次年晋位为"储秀宫懿贵妃"。1861年八月，咸丰帝病死热河，遗诏立载淳为皇太子，继承皇位。并任命怡亲王载垣、郑亲王端华、户部尚书肃顺等八人为"赞襄政务王大臣"辅政，年号"祺祥"，尊生母那拉氏为"圣母皇太后"。同年十一月，那拉氏与恭亲王奕䜣发动政变，将八名"赞襄政务王大臣"分别革职或处死，改元同治，那拉氏实行垂帘听政，实际控制了国家大权。

公元1873年，载淳成年，那拉氏宣布撤帘归政，但仍阴持朝柄。次年，载淳病死，那拉氏立宗室载湉继承皇位，年号"光绪"，复行垂帘听政。1889年，载湉大婚成年，那拉氏宣布"归政"，退居颐和园。但朝内一切用人行政，仍出其手，光绪帝实际居于傀儡地位。11月22日，北洋水师基地旅顺沦陷，那拉氏仍不以为意，并反将矛头指向以光绪帝为首的主战派。11月26日，那拉氏于

慈禧太后

仪銮殿召见军机大臣,当时光绪帝不在座,突然宣布"瑾、珍二妃有祈请干预种种劣迹,即著缮旨降为贵人"。那拉氏选择此时处罚光绪之二妃及其兄,目的在于打击主战派及向光绪示威。同时下令授恭亲王奕䜣为军机大臣和撤销满汉书房,进一步加强了主和派势力并剪除光绪周围的主战派力量。

1894年底,清廷在战事上愈不可为,那拉氏求和之心更加急切。1895年一月,派张荫桓、邵友濂为全权大臣,赴日求和。日本政府借口中国使臣全权不足,拒绝开议。议和未成,那拉氏万分惊恐,曾使命顺天府准备车马,想尽快逃往山西。

日本政府于广岛拒和后,立即向北洋水师另一基地威海卫进攻,27日攻陷威海卫,北洋水师覆灭。三月初又发动辽河下游作战,六天之内,连陷牛庄、营口、田庄台。至此,以那拉氏为首的投降派下定决心向日本投降。3月,派李鸿章为头等全权大臣,再次赴日乞和,4月17日签订了中国历史上空前屈辱的条约《马关条约》。消息传出后,举国大哗,愤怒声讨那拉氏、李鸿章等人的卖国行为。人们在北京城门贴出"万寿无疆,普天同庆;三军败绩,割地求和"的对联表示抗议。根据《马关条约》规定,日军于6月间开始派兵侵入台湾,但遭到台湾人民的奋勇抵抗。那拉氏一面下令台湾大小官员内渡,并严厉禁止接济台湾抗日军民。同时又在颐和园搭起天棚,准备避暑。人们痛斥那拉氏的卖国罪行。甲午战争失败后,光绪帝愤于战败割台,欲思振作,决心变法,改革政治。1898年6月实行变法。9月,那拉氏发动政变,扼杀新政,囚禁光绪帝于瀛台,开始复出训政。

1900年,八国联军入侵北京,那拉氏偕光绪出逃西安。第二年2月14日批准《议和大纲》,并颁布了"量中华之物力,结与国之欢心"的无耻政策。9月7日签订了丧权辱国的《辛丑条约》。1902年回到北京。自此之后,那拉氏"惕于外人之威,凡所要求,曲意徇之"。

咸丰帝

统治结束

慈禧在太后垂帘听政的问题上，汲取了历代后妃预政的经验教训，她绝对不重用娘家的兄弟、内侄，顶多把内侄女选为光绪的皇后。无论是两宫垂帘，还是单独听政、训政以及在归政后发动戊戌政变，她都得到宗室亲王、近支的支持。竟然没有一个人站在主张维新的光绪一边，女主临朝能做到这份儿上也堪称绝了。实际上也正是慈禧成功地赢得皇族成员的支持，中国向近代社会转轨的不啻羊肠一线的机会也就被断送了，从王公贵族到八旗子弟最终全都被辛亥革命的浪潮吞噬，也就真的什么都绝了。当慈禧从西安回銮后也把一些维新措施捡起来，诸如废除科举、取消捐纳、颁布学堂章程、派遣留学生出国、设立练兵处，凡此种种实际也并没超过当年洋务运动的深度与广度，而且也颇有"棋差一步错"的味道。棋盘上走差了一步都会满盘皆输，更何况政坛上的措施晚了几年或几十年。

慈禧凭着几十年的从政手腕，在光绪三十一年（1905年）六月又开始酝酿五大臣出洋考察。经过一番对日本及欧美等国的考察，到光绪三十二年才拿出一份效法日本君主立宪的考察报告。

慈禧命令光绪的弟弟醇亲王载沣与军机大臣兼北洋大臣的袁世凯草拟了一份对考察报告的实施意见：首先采用君主立宪的政体，但要为此进行准备，拟在10年或10年以后开始实施。此次效仿日本，限制各省督抚的权限，地方的财政、军事权收归中央；改革官职。旋即以光绪的名义颁布了一份诏书：虽然肯定"实行宪法"，但又以目前"民智未开，若操切行事，徒具空文"，并决定"从官制入手"，"以预备立宪为基础"。忙乎了两年，也就敷衍出一个"预备立宪"，而且预备期至少是10年。

光绪

光绪三十四年夏秋（1908年）以来，慈禧终于到了残灯将尽的地步，她最不放心的就是光绪。而光绪从1898年戊戌政变被囚禁在瀛台以来（即使除去到西安逃难的一年多时间，也还有八年多的囚禁）他不是亡国之君，却连汉献帝都不如。即位34年的光绪从"无疾病……郊庙大祀必亲临，大风雪，无几微怠容，步稳

而速,扈从诸臣常疾趋追随",要让光绪"病"死在慈禧前面,的确不容易。瀛台八年多的囚禁、饥寒交迫的日子、毫无亲情的囚徒生活也没能把他摧垮。他心底始终有个百折不挠的心念:要坚持到太后百年之后,实现自己振兴国家的抱负。在从西安回京后依旧被囚禁在瀛台的光绪,"继续阅读有关中外书籍,甚至重新学习英语",但大权在握的慈禧最终还是如愿以偿。

慈禧所做的最后一件大事,就是要为大清王朝选择皇位继承人,慈禧把早已经考虑好的人选说了出来:决定立醇王的孙子、载沣的儿子——不到二三岁的溥仪入承大统,作为同治的继承人;为了让自己的内侄女——光绪皇后当上太后,她只能接受让溥仪兼祧光绪的建议;并令载沣担任摄政王。慈禧当然了解自己内侄女的能力以及时局的动荡,不然她是不会让光绪的弟弟载沣来当摄政王的。慈禧是个很霸道、专横的女人,虽然醇亲王对太后恭谦得都有点令人肉麻,但当他在光绪十七年(1891年)去世后还因坟前的一棵树而引起轩然大波。醇亲王的陵墓前有一株粗大的银杏树,一些迷信风水的人说:醇王墓有帝王陵墓的气象,醇亲王的后代依然会入承大统。慈禧听信了这话,立刻令人去砍掉那棵树。光绪在得知自己父亲坟上连一棵树都保不住,气得下谕说:谁敢砍这棵树,先来砍他光绪的头,但慈禧还是在光绪赶到墓地前把树砍了。光绪悲忍不住号啕大哭,绕着父亲的墓走了三匝。颇具讽刺意味的是,慈禧虽然砍了银杏树,结果仍然要从醇亲王的后裔中去选择皇位继承人,并让奕䜣的儿子当了摄政王。别看慈禧对醇亲王一支接连出皇帝非常不情愿,但老醇王的福晋不仅不感激涕零,反而失声痛哭地说道:"既杀我子,复杀我孙,虽拥皇帝虚名,实等终身幽禁",紧紧地抱着孙子不肯松手。去接溥仪的王公大臣,只能用不能抗旨来迫使老福晋就范。在老福晋看来,所谓入承大统就是把孙子送到终身幽禁的地方,就是生死之别。在光绪去世的第二天——光绪三十四年(1908年)十月二十一日,慈禧也不得不伴随着生命的终结而放弃把持了近半个世纪的权力。由于她一直把主要精力用于对付已经亲政的同治与光绪、用于大权独揽,由于她的孤陋寡闻以及对世界风云缺乏最起码的了解,因而她给过继孙子溥仪留下的是一个即将寿终正寝的王朝,一切都无法挽回了。

挥霍无度

慈禧不仅在紫禁城内挥霍无度，在陵寝的修建上也耗尽民脂民膏。慈禧与慈安的陵寝分别建在遵化的菩陀峪与普祥峪，均称为定东陵。两座陵寝在光绪五年（1879年）已经完工，各用去将近300万两白银的巨资，已经相当可观了。两年后慈安暴亡，葬入普祥峪的陵寝。到了光绪二十一年（1895年）慈禧为了体现自己独尊的地位，下令把菩陀峪定东陵的方城、明楼、三殿（隆恩殿及东西配殿）全部拆掉重建，整整用了13年的时间（如果不是慈禧大限已到，陵寝的工程还会持续下去）。重新建成的三殿，所用木料都是最名贵的黄花梨，殿内的彩绘用的是贴金，墙壁是扫金。地面的雕砖上也都用扫金装饰。重修后的慈禧陵寝，不仅在清东陵中是最豪华的，即使把建在易县的清西陵以及建在昌平的明十三陵都加在一起，在骄奢淫逸方面也没有一座能达到慈禧陵寝的水平。况且，慈禧下令重修陵寝是在1895年，正是甲午战争期间。在国家生死存亡的关键时刻，不把资金用于增加或改进军事装备，而用于大肆重修陵寝，即使把富国强兵天天挂在嘴边上，又能如何呢！至于慈禧墓中的随葬物品虽然反映了她生前的意愿，但毕竟是后人给操办的。大太监李莲英的侄子李营舟写的《爱月轩笔记》以及清代档案中都对随葬的珠宝玉器进行了记载。《爱月轩笔记》对随葬物品还进行了详细的描绘，档案中的记载仅仅是器物的名称；尽管在随葬物品的名称以及数量的记载上，彼此存在一定的差异，但随葬品数量之多、价格之昂贵的确令人惊诧不已。国势已经衰落到这一步，清王朝的决策人还不思奋起，又怎能减缓向下坠落的加速度?！当1928年，军阀孙殿英以军事演习为名对慈禧陵寝中的珍宝公开劫掠的案件发生后，《爱月轩笔记》的作者就说过"慈禧的葬物若均追回，足以富国……"慈禧的执迷不悟已经铸成大错，而她的后人也一个赛一个地顽固不化，清王朝的灭亡已经指日可待！

张之洞

张之洞(1837年~1909年),洋务派代表人物之一,字孝达,号香涛、香岩,又号壹公、无竞居士,晚自号抱冰。直隶南皮(今河北南皮)人。1863年一甲三名进士,授编修。

公元1880年授翰林院侍读,次年擢内阁学士,又任山西巡抚。1889年8月,调署湖广总督。1894年8月1日甲午中日战争后,张之洞曾奏请派马队"驰赴天津,听候调遣",并想以"外洋为助"。他鉴于"倭势日强,必将深入",建议"慎固津沽及盛京"。10月26日致电李鸿章,提出"购兵船、借洋款、结强援"三项主张。10月底,日本军队强渡鸭绿江后,辽沈危急,张之洞再提出"购快船、购军火、借洋款、结强援、明赏罚"五事。11月2日,调署两江总督。11月7日,他在致李鸿章电中指出"无论或战或和,总非有船不行"。11月下旬,日军围困旅顺,张之洞先后致电李鸿章、李秉衡,要求急救旅顺,均无效。

1895年初,日军进犯山东半岛,张之洞给山东巡抚李秉衡发急电,建议李"责成地方官多募民夫,迅速星夜多开壕堑,于要路多埋火药,作地雷",以阻止日军进犯,并表示拟拨枪支弹药支援山东守军。在丁汝昌自杀殉国后,他曾建议将驻扎台湾的刘永福调来山东抗日,保卫烟台。当张之洞得悉清廷有割台海与日之说,于2月28日致电朝廷,历陈利害,极力反对割台。并提出保台的"权宜救急之法"有二:一、向英国借巨款,"以台湾作保",英必以军舰保卫台湾;二、除借巨款外,"许英在台湾开矿一二十年",对英有大益,必肯保台。3月29日,张之洞致电唐景崧,一方面鼓励御倭;一方面建议起用百战之将刘永福。同时致电刘永福,建议他"忍小任大,和衷共济,建立奇功"。《马关条约》签订后,张

张之洞

之洞于4月26日向清廷上奏，提出废约办法"唯有乞援强国一策"。5月20日，清廷谕令唐景崧"著即开缺，来京陛见。其台省大小文武各员，并著唐景崧令陆续内渡"。张之洞认为"此时为台之计，只有凭台民为战守，早遣无用客勇，以免耗饷，禁运银钱内渡，以充军实"。24日，张之洞从唐景崧来电中得悉"日内台民即立为民主国"之事。27日上奏，张之洞认为台湾"现自改为民主之国，以后筹械等事，自未便再为接济，以免枝节"。6月3日，日军攻陷基隆港。5日，张之洞仍致电唐景崧，希望他激励士勇民众坚守台北府，并鼓励唐"自率大支亲兵，获饷械，择便利驻扎，或战、或攻、或守，相机因应，务取活便，方能得势。"可是唐景崧辜负了台湾人民的期望，7日乘船退回厦门。最后只剩刘永福在台湾领导军民坚持抵抗日本侵略军。但是"饷械奇绌"，多次向张之洞求援，张之洞虽有饷械，却不敢接济。10月19日，刘永福战败，退归厦门。

在湖广、两江总督任上，张之洞颇得一部分具有维新思想的知识分子好感，并任用其中一些人充当幕僚。戊戌变法时期，起先以支持维新活动的面目出现。1895年秋京师强学会成立时，捐金五千为助；未几上海强学分会成立，被推为会长，并派旧属汪康年助办《时务报》；同时对湖南南学会和《湘学新报》亦颇表赞助。但当维新运动日益发展、新旧斗争渐趋激化后，张之洞即表明与维新派的分歧，登报声明自除会长之名；对《时务报》的进步言论大加干涉，并严斥积极支持变法维新的湖南巡抚陈宝箴、学政徐仁铸等。1898年4月，张之洞撰《劝学篇》，提出"中学为体、西学为用"，维护封建纲常，宣传洋务主张，攻击维新思想，反对变法运动。1900年义和团运动爆发后，张之洞主张"安内乃可攘外"，多次上书清廷，要求对义和团严加镇压。是年夏，八国联军进逼京津，清政府对外宣战，张之洞乃于地方拥兵自重，并在英国策动下，与两江总督刘坤一、两广总督李鸿章联络东南各省督抚，同外国驻上海领事订立《东南互保章程》九条。规定上海租界由各国共同"保护"，长江及苏杭内地治安秩序由各省督抚负责。8月间，在汉口通过英国领事，张之洞破获设于英租界的自立军机关，捕杀唐才常等人；随后又在鄂、湘、皖镇压了由维新派唐才常、林圭、秦力山等联络长江中下游哥老会发动的自立军起义。

1901年清政府宣布实行"新政"，设督办政务处，命张之洞以湖广总督兼参预政务大臣。旋与刘坤一联衔合上"江楚会奏变法三折"，提出"兴学育才"办法四条，及调整中法关系十二事；采用西法十一事，为"新政"活动的重要蓝本。1903年，张之洞会同管理学务大臣商办学务，仿照日本学制拟定"癸卯学制"（即1903年经修改重颁的《奏定学堂章程》），在全国首采近代教育体制。1905年后，资产阶级革命运动兴起，张之洞在东南地区破坏革命组织，镇压革命派领导的武装起义，因此受到社会进步舆论的强烈谴责。1907年张之洞调京，任军机大臣，充体仁阁大学士，且兼管学部。次年清政府决定将全国铁路收归国有，张之

洞受任督办粤汉铁路大臣,旋兼督办鄂境川汉铁路大臣。光绪帝和慈禧太后死后,张之洞以顾命重臣晋太子太保。1909年(宣统元年)张之洞病故,谥文襄。遗著辑为《张文襄公全集》。

严复

严复（1854年~1921年），原名宗光，字又陵；后改名复，字几道，福建侯官人。光绪三年，公元1877年，留学英国，回国后长期在北洋水师任职。严复是最早比较系统地把欧洲资产阶级的自然科学理论和哲学、政治经济社会学等知识介绍到中国来的启蒙思想家，为维新变法运动提供了理论武器。

倡导启蒙教育

严复出生在一个医生家庭，少年时期，严复考入了家乡的船政学堂，接受了广泛的自然科学的教育。1877年到1879年，严复等被公派到英国留学，先入普茨毛斯大学，后转到格林威治海军学院。留学期间，严复对英国的社会政治产生兴趣，涉猎了大量资产阶级政治学术理论，并且尤为赞赏达尔文的进化论观点。回国后，严复从海军界转入思想界，积极倡导西学的启蒙教育，完成了著名的《天演论》的翻译工作。他的译著既区别与赫胥黎的原著，又不同于斯宾塞的普遍进化观。在《天演论》中，严复以"物竞天择"、"适者生存"的生物进化理论阐发其救亡图存的观点，提倡鼓民力、开民智、新民德、自强自立、号召救亡图存。译文简练，首倡"信、达、雅"的译文标准。主办《国闻报》。"与天交胜"在当时的知识界广为流传。他的著名译著还有亚当·斯密的《原富》、斯宾塞的《群学肄言》、孟德斯鸠的《法意》等。他第一次把西方的古典经济学、政治学理论以及自然科学和哲学理论较为系统地引入中国，启蒙与教育了一代国人。辛亥革命后，京师大学堂改名为北京大学。1912年严复受袁世凯命担任北大校长之职，这也说明严复在思想界和学术界的令人信服的显赫地位。此时严复的中西文化比较观走向成熟，开始进入自身反省阶段，趋向对传统文化的复归。他担忧中国丧失本民族的"国种特性"会

严复

"如鱼之离水而处空,如蹩躠者之挟拐以行,如短于精神者之恃鸦片为发越,此谓之失其本性,"而"失其本性未能有久存者也"。出于这样一种对中华民族前途与命运的更深一层的担忧,严复曾经试图将北京大学的文科与经学合而为一,完全用来治旧学,"用以保持吾国四五千载圣圣相传之纲纪彝伦道德文章于不坠。"

此外,严复还很重视妇女教育。他对当时上海径正女学的创办大为赞赏,认为这是中国妇女摆脱封建礼教束缚的开始,也是中国妇女自强的开始。他从救亡图存的目的出发,认为妇女自强"为国致至深之根本"。他还主张妇女应和男子一样,在女学堂里既要读书,又要参加社会活动。如果不参加社会活动,创办的女学堂就和封建私塾没什么区别,因而也就无意义了。显然,他是将妇女置于整个社会变革,特别是妇女自身解放的前提下来考虑的,故十分强调参加社会活动对女学堂学生的重要意义,这也是他在妇女教育方面高出一般人之处。

提倡西学

严复提倡西学,反对洋务派"中学为体、西学为用"的观点。他曾多次将中学与西学作比较:"中国最重三纲,而西人首言平等;中国亲亲,而西人尚贤;中国以孝治天下,而西人以公治天下;中国尊主,而西人隆民……其于为学也,中国夸多识,而西人恃人力。"总之,西学"于学术则黜伪而崇真"。他还指出"中国之人好古而忽今,西之人力今以胜古"。"古之必敝"。所以他认为就是尧、舜、孔子生在今天的话,也要向西方学习的。要救中国必须学西学和西洋"格致":"益非西学,洋文无以为耳目,而舍格之事,则仅得其皮毛。"他认为"中学有中学之体用,西学有西学之体用,分之则两立,合之则两止"。他认为应做到"体用一致","本来一致"要从政治制度上进行改革,提出"以自由为体,以民主为和"的资产阶级教育方针。

他从"体用一致"的观点出发,具体规定了所设想的学校体系中各阶段的教学内容和教学方法。他认为在小学阶段,教育目的是使儿童能"为条达妥适之文","而于经义史事亦粗通晓",因则"旧学功课,十当其九",并以明白易懂的文字翻译西学中"最浅最实之普学"为辅助读物。在教学方法上,多采用讲解,减少记诵功夫。中学阶段应以"西学为重点","洋文功课居十分之七,中文功课居十分之三",并且规定"一切皆用洋文授课"。在高等学堂阶段,主要学"西学",至于"中文",则是"有考校,无功课;有书籍,无讲席,听学者以余力自治力。"他认为对于青少年,应引导他们分析、学些专深的知识。如此,让他们有所收益,触类旁通,左右逢源。

科学方法问题是严复西学观中的一个重要方面,他曾翻译《穆勒名学》(形式逻辑），并积极进行对"名学"的宣传介绍。他认为归纳和演绎是建立科学的两种重要手段。我国几千年来，"演绎"甚多，"归纳"绝少，这也是中国"学术之所以多诬，而国计民生之所以病也"的一个原因。严复更重视归纳法，主张要"亲为观察调查"，反对"所求而多论者，皆在文字楮素（纸墨）之间而不知求诸事实"。他曾用赫胥黎的话说："读书得智，是第二手事。唯能以宇宙为我简编，各物为我文字者，斯真学耳。"

袁世凯

袁世凯（1859年~1916年），字慰亭，亦作慰庭、尉亭，号容庵。他出生于河南项城县张营一个官宦大家族。曾祖父袁耀东是庠生，生子四人，袁树三是廪贡生，曾署陈留县训导兼教谕；袁甲三是进士，官至钦差大臣漕运总督；袁凤三是庠生，曾任禹县教谕；袁重三是生员。袁树三有子二人，长子袁保中是附贡生；次子袁保庆是举人，官至盐法道。

家庭背景

袁世凯的父亲袁保中，在家经营田产，生有两女六子，袁世凯为其第四子。当捻军王庭桢部占领项城城东新兴集、尚店等地，扬言将攻打县城时，袁保中组织团练对抗，在城东北40里险要处另筑袁寨，举家迁入。

袁保庆于同治五年（1866年）从家赴山东济南候补知府时，因年老无子，便过继袁世凯为嗣。年方七岁的袁世凯随袁保庆至济南。七年（1868年）冬，袁保庆以道员发往江苏差遣，袁世凯随往，侨寓扬州，复移南京。袁保庆在江苏受委办理督标营务处，后又任江南盐巡道，与驻守浦口的淮军将领吴长庆过往甚密。由于咸丰年间，太平军围困吴长庆之父吴廷香于庐江，吴廷香派吴长庆向袁甲三求救。袁保庆主张救援，袁保恒则认为兵分则弱，力主不救。为此拖延日久，庐江被太平军攻陷，吴廷香被杀。从此，吴长庆与袁保恒绝交，而与袁保庆订"兄弟之好"。十二年（1873年），袁保庆因霍乱死于南京，吴长庆渡江视敛，抚棺痛哭，与刘铭传一起帮助料理后事。见到袁世凯时，对他十分器重。袁世凯扶柩回项城后，对他的教育责任转到袁保恒、袁保龄身上。这两个在京做官的叔叔对他的影响，较之生父和嗣父更大。十三年（1874年）春，袁保恒已官至户部左侍郎，回籍探亲，把袁世凯带到北京，聘请名师教导。在内阁中书任上的袁保龄认为袁世凯天资不高，浮动异常，对他的督导尤为严厉。

乡试落第

光绪二年(1876年)秋,袁世凯回河南参加乡试,结果落第。年底,和沈丘于姓女子结婚,当时他17岁。第二年初春,又回到北京。袁保恒刚刚调任刑部侍郎,工作繁忙,袁世凯一边读书,一边帮他办事,学得不少官场本领。两位堂叔夸奖他"办事机敏",是"中上美材"。时华北大旱成灾,袁保恒奉命到开封帮办赈务,带袁世凯同行,遇有密要事案,均派他查办、参佐一切。公元1878年,袁保恒感染时疫去世,袁世凯返回项城,移住陈州。大约就在此时,袁家分家产,袁世凯于袁保庆名下,得到一份丰厚产业,自为一家之主。自此更加放荡不羁,经常追欢逐乐。还组织"丽泽山房"、"勿欺山房"两个文社,自为盟主。此时,正在陈州授馆的徐世昌与袁世凯结交,拜为金兰,从此成为袁世凯毕生重要的谋士。公元1879年,其姑丈张向宸办理河南赈务,委托袁世凯分办陈州捐务。因他集款独巨,张就以袁保恒生前的捐款,移奖袁世凯一个"中书科中书"的虚衔。同年秋,袁世凯再次参加乡试,再次落第。

袁世凯屡试不中,又以事积忤族里,众欲苦之,家乡不能再住,乃率旧部数十人,于光绪七年(1881年)四月,前往山东投奔嗣父袁保庆的密友吴长庆。吴长庆将他留在营中读书,袁世凯谦抑自下,时作激昂慷慨之谈,很快取得吴长庆等人的好感,不久被提拔为庆军营务处帮办,踏上了仕途。

光绪八年(1882年)六月,朝鲜发生兵变。驻日公使电告署理直隶总督张树声,日本欲派兵侵台。朝鲜官员金允植也呼吁中国派兵干涉。张树声遂奏派丁汝昌、吴长庆率海陆军赴朝,以阻止日本借机生事。吴长庆仓促出发,军务繁杂,一切筹划都依赖张謇及其助手袁世凯。袁世凯当时的职务是"前敌营务处",负责军需供应、堪定行军路线等。船抵朝鲜马山浦,一营官说多数士兵晕船,请稍缓登陆。吴长庆立即将此人撤职,命袁世凯代理,袁马上部署,两小时内完成了登陆行动,吴当众大加夸奖。登陆后,吴长庆、丁汝昌接受金允植的建议,诱捕朝鲜大院君李昰应,押解往天津,恢复国王的统治。并派袁世凯率兵镇压起义群众,杀数十人。朝鲜国王设宴款待,袁世凯备受礼遇,甚至为其设立生祠。清政府也对平定"壬午兵变"有功人员进行奖赏,袁世凯以同知发省补用,赏戴花翎。

训练军队

九月,朝鲜国王派使者向清政府致谢,并要求清政府派出教习,帮助朝鲜训练新式军队。李鸿章命吴长庆筹划。吴长庆派袁世凯、朱先民、何增珠等办理编练朝鲜新军。选1000人,分左、右营,按淮军操法训练,武器准备由中国供给。朝鲜国王检阅后,极为满意,称赞袁世凯训练有方。决定在江华沁军营中再选500名编为"镇抚营",仍由袁世凯训练。

朝鲜内部分为开化、保守两派。保守派以闵氏为首,亲近中国,得到吴长庆、袁世凯的支持。开化派以金玉均为首,亲日,企图依靠日本推翻保守派的统治。中法战争爆发后,李鸿章于光绪十年(1884年)三月,命令吴长庆率三营庆军回驻金州;留三营驻汉城,由记名提督吴兆有、张光前统带,奏举袁世凯总理营务处,会办朝鲜防务。袁世凯一跃成为驻朝淮军的重要人物。金玉均等认为中法战争

袁世凯

爆发,中国自顾不暇,便寻机刺杀保守派首领。日本公使率日军100余人支持开化派,冲入朝鲜王宫,捕杀保守派。袁世凯会同吴兆有要求李鸿章派军舰赴朝,准备举兵,保守派首领金允植等请求清军援助,袁世凯自行决定派兵入宫。在朝鲜人民的支援下,攻入日军占领的朝鲜王宫,日军自焚使馆,狼狈逃走。保守派重新掌权。事变后,袁世凯亲率淮军一营驻守王宫,以"监国大臣"自居。他给李鸿章写了一篇长达数千言的报告,认为"莫如趁此民心尚知感服中朝,即派大员,设立监国,统率重兵,内治外交,均为代理,则此机不可失也"。国内即有人指责袁世凯擅启边衅,遂电告袁世凯勿遽与日本开衅,一并派吴大澄、续昌前往查办。吴大澄等抵朝鲜后,即命袁世凯撤队回营,听候查办。

袁世凯在吴长庆离开朝鲜之前,已经不把他当回事了,径自通过其堂叔袁保龄攀援李鸿章。吴长庆离开朝鲜后,袁世凯更加妄自尊大,"一切更改,露才扬己",令吴长庆非常难堪。吴兆有、张光前等更不在袁世凯眼中,极力加以排挤,企图将庆军全部掌握在自己手中。此次举兵,几乎是袁世凯一人操办,现在惹来查办,自然所有责任都需袁世凯来负。同时袁世凯养官妓、贩卖鸦片、挪用军饷等劣迹,也都一并被暴露出来。李鸿章责令袁世凯如数认赔,并于光绪十年(1885年)十二月十六日解职,离开朝鲜回国。然后,回到陈州老家"隐居"。

次年正月,日本派伊藤博文来天津,和李鸿章谈判中日冲突问题,双方达成协议,中日同时从朝鲜撤军。至于日方提出的惩办袁世凯的要求,李鸿章最后采用折中办法,以私人行文戒饬袁世凯了事。袁保龄致信袁世凯,说伊藤博文极力要动摇你,赖李鸿章相国持正,颇费口舌,自是可感。又写信给李鸿章的幕僚晴

笙,说袁世凯受到李鸿章的大力庇护,使他刻骨铭心。

中日从朝鲜撤军后,沙俄乘机插足,与闵氏集团勾结,企图变朝鲜为其"保护国"。李鸿章决定送李昰应回国,制约闵氏集团,启用"足智多谋"的袁世凯,替代"忠厚有余,才智不足"的陈树棠为驻朝商务委员,叔父袁保龄仍然充当袁世凯与李鸿章之间的桥梁。李认为袁是"后起之秀",袁世凯一到天津,李鸿章就接见他。但袁保龄不愿袁世凯再去朝鲜冒险,希望他加入新建的北洋水师,袁世凯没有接受劝告。他护送李昰应回到汉城,谒见朝鲜国王,面陈一切。闵氏集团颇为困惑和愤懑,禁止文武官员与李昰应来往。袁世凯多方调解无效,授李昰应密计三条后回到天津。李鸿章对袁世凯的行为极为欣赏,上奏为袁请功。十一年(1885年)九月二十日,清政府正式任命袁世凯为"驻扎朝鲜总理交涉通商事宜"的全权代表;并以知府分发,尽先即补,俟补缺后以道台升用,加三品衔。李鸿章的提携使袁世凯感激涕零。十月初七,袁世凯赴朝鲜上任,在汉城建立公署。其随员有唐绍仪、刘永庆等20余人。

进一步掌权

李鸿章赋予袁世凯巩固"宗藩关系"的权力,并要求朝鲜国王,有关内政外交事宜,都应随时与袁世凯商量。袁世凯使朝后,俨然以太上皇自居,拒绝与各国公使同席会议。遇事直入王宫,骄横专断,盛气凌人。朝鲜国王多次要求清政府撤换袁世凯,另选一"公正明识者"。在李鸿章的保护下,袁世凯地位不但没有贬低,反而升为海关道存记简放。

袁世凯对于世界大势、国际关系全无认识,没有估计到朝鲜局势的迅速恶化,也大大低估了列强的野心。朝鲜东学党起义,袁世凯极力向李鸿章建议,要求派兵代戡。而此时,日本也极希望中国出兵,以便制造战争借口,于是极力怂恿袁世凯。在袁世凯一力保证"日本必无他意"后,清政府最终决定出兵,而日本也立即出兵。袁世凯觉察情况不妙,请西方驻朝公使调停,提出中日同时撤兵方案。但日本非但不撤兵,更进而提出将朝鲜变为其保护国的条件,进一步增派重兵。袁世凯立即连发3封电报,哀求李鸿章调其回国,李鸿章命令其"要坚贞,勿怯懦"。六月十三日,袁世凯称病,再次要求回国,获准。六月十九日,袁世

谭嗣同

凯回到天津,惊惶异常,要求李鸿章把朝鲜丢给日本占领。李鸿章令袁世凯赶赴平壤,协助周馥,联络各军,筹办饷械。袁世凯要求调任他职,李鸿章严令"即回本任"。袁世凯托堂弟袁世勋寻找翁同龢、李鸿藻说情,李鸿藻奏请让袁世凯统一军赴前敌。袁世凯无法,只得遵命。后随着部队接连败退。

《马关条约》签订后,舆论谴责李鸿章。而作为诱发战争的罪魁祸首,为逃避责任,袁世凯眼看李鸿章将要失势,即不时与翁同龢、李鸿藻联络,提供不利于李鸿章的证据;并亲自撰文,弹劾李鸿章。因此得到顽固派的赏识,被任命训练新军。

二十一年(1895年)十月二十二日,清政府命令袁世凯接管"定武军"十营,作为改练新军的基础,驻扎天津附近的小站。袁又添募2000余人,依照德国军队的编制,编成"新建陆军",聘请德国军官进行训练。二十三年(1897年),因练兵有功,升为直隶按察使,仍专管练兵事宜。

二十一年(1895年)闰五月,袁世凯把康有为的"万言书"递交到督办军务处,并参加强学会。二十四年(1898年)七月,变法运动达到高潮,袁世凯派徐世昌到北京与维新派联系。光绪帝接受了维新派"抚袁以备不测"的主张,召见握有重兵的袁世凯,特赏候补侍郎,专办练兵事务。八月初三日晨,康有为、谭嗣同等接到光绪帝求救和催促康有为离京的密诏。当晚,谭嗣同密访袁世凯于法华寺,要求他杀荣禄,除旧党,助行新政。袁当面一口答应,并慷慨激昂地说"诛荣禄如杀一狗耳"。事后,经过反复权衡,认为维新派实力有限,难成大事,遂立即返回天津,向荣禄告密。慈禧囚禁光绪帝,捕杀谭嗣同等"六君子",戊戌变法失败。袁世凯因此取得荣禄等的信任,从此进一步飞黄腾达。袁世凯的新建陆军随即改名为武卫右军,成为荣禄掌握的"武卫军"之一。不久,袁升工部侍郎,仍专

戊戌六君子被害在菜市口鹤年堂前

管练兵。二十六年(1900年)二月十四日,袁升授山东巡抚,率领武卫右军赴任。时正值山东义和团运动高涨,袁世凯颁布《严拿拳匪暂行章程》,镇压义和团运动。八国联军侵华后,清政府命令袁世凯率军拱卫京师,袁只派少数兵力到山东、河北交界处虚于应付。同时派人与各国驻烟台领事洽谈,按照东南互保例达成协议,表示"中立";并向逃亡中的慈禧进贡饷银、绸缎,两面讨好。八国联军侵华战争,使荣禄的4支武卫军全部崩溃,只剩袁世凯的武卫右军完整保存下来。且在镇压义和团过程中,袁世凯又借机扩充"武卫右军先锋队"二十营,所部已约2万人,成为北方最大的武装力量。

军阀形成

二十七年(1901年),李鸿章逝世。被李鸿章大骂为小人的袁世凯署理直隶总督,兼充北洋大臣(翌年改为实授)。在内、外政策方面,袁完全继承李鸿章的衣钵,并将淮系集团全部吸收过来,政治、军事势力迅速膨胀。清政府筹办新政,成立"督办政务处",让袁世凯兼任参预政务大臣、练兵大臣。他在保定创设北洋军政司(后改为北洋督练公所),自兼督办,下辖兵备、参谋、教练三处,以刘永庆、段祺瑞、冯国璋分任总办,开始编练北洋常备军,即北洋军。同时,奏派赵秉钧创办天津及直隶各州县巡警,将京畿警权掌握在手。此后,又兼任督办商务大臣、电政大臣、铁路大臣。二十九年(1903年)十一月,他建议清政府设立练兵处,编练新军,请庆亲王为总理练兵大臣,自己为会办大臣。编成北洋军6镇,共6万余人。除第一镇是铁良统率的旗丁外,其余皆是袁世凯的亲信,至此以袁世凯为首的北洋军阀集团基本形成。当时,"朝有六政,每由军机处向诸北洋",才能作出决定。袁世凯权高震主,三十三年(1907年),清政府调他为军机大臣兼外务部尚书,削去了兵权。三十四年(1908年),光绪帝与慈禧先后死去,宣统皇帝继位,摄政王载沣监国。以袁世凯有足疾为名,勒令其回河南彰德养病。

宣统三年(1911年),武昌起义爆发。清廷被迫起用袁世凯为湖广总督,然后又任内阁总理。袁世凯借机迫使清帝退位,南京参议院也只得选袁世凯为大总统。后,袁下令解散国会,废除《中华民国临时约法》,接受

袁世凯

日本提出的《二十一条》,实行帝制,改元洪宪。

忧病而死

蔡锷等在云南发起讨袁的护国战争,贵州、广西、广东、浙江等省纷纷响应。民国五年(1916年)二月十九日,袁世凯被迫宣布取消帝制,仍称大总统。五月初六,袁世凯因肾结石转为尿毒症,在举国上下一片责骂声中,忧病而死,终年57岁。

康有为

康有为(1858年~1927年)，字广厦，号长素。晚号更生或更牲，还自号天游化人、游存叟、游存父等。因是广东南海县人，人们尊称为康南海或南海先生。近代维新派领袖，公元1888年上书言变法。在广州设万木草堂，培养梁启超等。公元1895年发起"公车上书"，后在北京成立保国会，筹划变法，促成百日维新。变法失败后逃往日本，后主张君主立宪。著有《新学伪经考》、《孔子改制考》等。

立志求学

康有为出生于广东省南海县银塘乡，属于官宦书香世家的后代。高祖康辉，曾诰封荣禄大夫，官拜广西布政使；曾祖康式鹏，讲学于乡里，是名闻一方的酸儒；祖父康赞修，担任过连州教谕，十分推崇程朱理学，在广东文人中颇有声望；叔祖康国器，因镇压太平天国有功，受命广西巡抚。到其父亲康达初时，家运开始衰败，官仅至江西的补用知县。康有为对自己的家世十分自豪，自称"吾家自九世祖惟卿公为士人，至于吾为二十一世，凡为士人十三世矣"(《康南海自编年谱》后简称《年谱》)。

作为长子的康有为自幼聪明，5岁时就能背诵唐诗数首。6岁拜师简凤仪，系统学习《大学》、《中庸》、《论语》和朱注《孝经》等书。7岁时就已经能写文章了。康有为学习专心致志，十分用功。无论多么难读的经书，他只要诵读几遍，就能背诵如流。由于康有为读书过目不忘，颇能强记，悟性又好，故老师十分喜欢他。远近不少人都知道，在银塘乡有位了不起的"神童"。也许是自幼受家庭的影响，也许是经书已在他幼小的心灵中扎根，康有为少年老成，不苟言笑，难怪乡里的亲友们送给了他一个雅号"圣人为"。的确，还在孩童时期，康有为就已树立了远大志向。一次，父辈们来到

康有为

康有为的书房,想了解他的学习情况,有意考一考他的才学。时值屋外柳絮纷飞,有人顺口便出"柳成絮"三字,让康有为答对。小小年纪的康有为不假思索地对以"鱼化龙"三字。此对不仅对仗工整贴切,而且也反映出了康有为的宏大志向,难怪当时父辈中就有人叹曰:"此子非池中物。"

19岁这一年,是康有为人生的重要转折时期。一是祖父的去世,庇荫康有为的最后一棵大树倒了,他开始完全独立地闯荡人生;二是这一年康有为建立了自己的小家庭,娶张氏为妻;三是从这年起,康有为决心"谢绝科举之文,土芥富贵之事",转治经世致用之学,投学粤中大儒朱九江(名次琦)的门下,"以圣贤为必可期","以天下为必可为"。

康有为的思想渐渐清晰了,他决心"舍弃考据贴括之学,专意养心,既念民生艰难,天与我聪明才力拯救之。乃哀物悼世,以经营天下为志"。在这以后,康有为除了反复研读《周礼》、《王制》、《太平经国书》、《文献通考》、《经世文编》、《天下郡国利病书》、《读史方舆纪要》等典籍外,还开始研究西学,"既而得《西国近事汇编》、李圭(圭)《环游地球新录》,及西书数种览之"(《年谱》)。这无疑对康有为的思想产生了重大影响。尤其是李圭所著《环游地球新录》,深深地吸引了康有为,书中所描写的新世界和新事物,使他异境顿开,产生了走出国门去看一看的念头。

1879年底,康有为兴致勃勃地来到沦为英国殖民地的香港,亲眼看到了资本主义统治下的一些新事物。"览西人宫室之瑰丽,道路之整洁,巡捕之严密,乃始知西人治国有法度,不得以古旧之夷狄视之"(《年谱》)。在香港,他还参观了赛珍会(博览会),看了欧洲戏和马戏团的表演。心灵深处的封建文化积淀开始发生动摇,感到西方的资本主义制度确实优于古老腐朽的封建制度。于是康有为开始萌发向西方寻找真理的念头。

从香港回来后,康有为学习更加勤勉了。据说当时他每天早上抱一批书,往桌子上一放。右手拿着一把锋利的铁锥子,猛力向下一扎,锥穿两本书,就读两本书,锥穿三本书,就读三本书。每天不读完这"一锥书",决不休息。以至于后来他由长期坐着读书,缺乏身体运动,影响了血脉流通,臀部长"核刺"。多年一直流水淋漓,给他带来很大痛苦。1882年五月,康有为第一次来到北京应试(需要说明的是,这一次应试和以后的各次应试,均是在康有为长辈们的强迫下参加的)。此行尽管没有及第,但却使他增长了许多见识。他游历了祖国南方的一些大城市,尤其是上海给他留下了深刻的印象。据说当时康有为从上海江南制造总局一下购走西学译著达3000余册,为当时该局售书总额的四分之一强。回到家后,康有为更加发奋攻读西方书籍。凡西方的声、光、化、电等自然科学,以及各国史志,诸人游记,耶稣教义等无所不读。当时康有为就是这样饥不择食地去吸取西方文化,以期能从西方找到救国富民的良药。经过长期痛苦的求索,尤其是大量接触了西方文化和目睹了资本主义制度的繁盛以后,他与其他先进的中国人样,认识到这样的道理:"要救中国,只有维新;要维新,只有学外国。"同时,康有为又从中国传统的儒家文化中找到了战斗的武器。

公元1890年初春,康有为在广州会见了今文经学家廖平,受到很大启发。觉得今文经学的"三统说"和"三世说",就是可以通经致用的"微言大义"。康有为认为,陆、王心学虽"直捷明达,活泼,有用",但不及今文经学"灵活";佛教哲学虽讲"慈悲普度",但"与其布施于将来,不如布施于现在"。于是在廖平的启发引导下,康有为彻底完成了由古文经学到今文经学的转变。并且很快完成了著名的《新学伪经考》和《孔子改制考》,从而正式奠定了他维新变法运动的理论体系。

投身变法

对世界的认识明确了,出于拯救中国的历史责任感,康有为犹如一名冲锋陷阵的战士,义无反顾地向穷途末路的封建势力发起了进攻。他创办学堂,传播变法图强思想,为维新运动培养干部骨干;他多次冒死上书光绪,呼吁治定国事,立即变法,其呐喊之烈,震耳发聩;他积极为推行变法而奔走,办报纸、组学会。为了变法维新事业,不惜流亡国外16年……

创办"万木草堂"

康有为非常重视教育事业,他把开办学堂,培养人才,作为进行维新运动、拯救中国的重要手段。他感到,在一个民智未开、人才奇缺的国家,要从事维新变法,改造社会是不可能的。每一次重大的社会变革,都必然要伴随一场大的文化教育运动、思想解放运动。公元1890年春,康有为举家迁往广州,居住在祖传老屋"云衢书屋",开始了传道授业的生活。

康有为办学的招生办法很特别,他不举行一般的入学考试,而是举行"面试"。考生无论年龄大小、学力高低,只要能通过康有为的"面试"就可以入学。"面试"时,康有为同应试者进行严肃认真的谈话。通常是康有为主动向应试者介绍自己的政治学术思想,猛烈抨击汉学、宋学和八股训诂词章,指责教育界的积弊,宣传孔子改制等一套新说。凡能接受他这惊世骇俗之论的,即予录取。正是通过这种独特的"入学考试",在康有为周围聚集了一大批有思想、忠于他学说和事业的门生。

康有为的开门弟子是陈千秋。陈千秋是当时就读于广州五大书院之首的学海堂的高材生,一名颇有爱国热情的青年。他十分仰慕康有为敢于冒死上书皇

帝,请求变法的大无畏精神,故特登门求教。很快,陈千秋就为康有为的思想和博学所征服。于是他退出学海堂,正式拜康有为做自己的老师。经陈千秋的介绍,梁启超成了康有为的第二名学生。当时梁启超的身份比康有为高,与生活坎坷的康有为相比,梁启超可谓是春风得意。8岁学诗文,12岁补博士弟子员,成为少年秀才,17岁中举。但他在听了康有为的独到见解后,毅然决定放弃举人之尊,拜倒在一个前生的脚下受业。也许正因为梁启超有如此务实的胆魄,才使他在历史上成了与康有为齐名的伟人。随后,不少有志青年如徐勤等闻风而至,学生人数骤增至20余人,云衢书屋显然无法容纳了。1891年春,康有为便将学堂迁入长兴里邱氏书屋(今广州中山4路长兴里3号),这是一座前后三进的大院,大厅宽敞明亮,是个理想的办学讲课之地。长兴学会,这个培养维新变法人才的第一个摇篮就这样诞生了。1893年冬,随着办学规模的扩大,学堂又迁至广府学宫文昌殿后的仰高祠。康有为正式给学堂命名为"万木草堂",其意以树人如树木,寓培植万木,为国栋梁之意。"万木草堂"的建立,标志着康有为教育救国的实践进入了新时期。万木草堂在办学方针上,注重了学生德、智、体的全面发展。在整个教育过程中,康有为经常鼓励学生,要仿效勇于献身国家富强的先辈,培养救国救民的使命感、责任感。在讲课时,康有为精神十分饱满,旁征博引,贯通中外古今,一讲就是半天。其声音之宏亮,如狮子吼,如黄河流,诚可谓诲人不倦的一代师表。学生们从康有为身上,直接学到了济世救民新一代知识分子的风范。智育方面,康有为主张以孔学为中心,通过这些教育,为维新变法制造舆论和奠定知识基础。同时,康有为也很强调经世致用。当时所开设的有关经世致用的课程有:政治原理学、中国政

万木草堂

治沿革得失、万国政治沿革得失、政治实用学和群学。康有为希望通过中外历史的分析总结,作为维新变法的参考。康有为还很重视西学,他要求学生学习泰西哲学、万国史学、研究万国政治、学习外国语言文字及其自然科学。康有为规定,他的学生要读西洋译述百数种,以此来打开学生的眼界,架起向西方学习的桥梁,从而为国内的维新变法服务。为了培养学生具有健康的精神和体魄,万木草堂还首创了音乐舞蹈、体操、射击等课程,注意学生的全面发展。

教学方法上,康有为注意教法的活泼多样。除了课堂上系统传授知识外,他还十分重视提倡学生自学,为此专门设立了图书馆,名曰"书藏"。万本草堂还经常组织学生游学、编书、举办讨论会和演讲会等等,在实践中培养学生的能力。

在康有为的精心组织下,万木草堂成了名副其实的维新变法的干部学校。这里的许多学生如梁启超等,都成了后来维新变法的骨干和中坚。

上清帝书

公元1895年春,康有为偕梁启超等人再度赴京会试。时值中国在甲午战争中失败,清廷同日本签订极其耻辱的《马关条约》。该条约规定,割让台湾、澎湖和辽东半岛,赔款2亿两白银等等。其赔款之巨,割地之广,丧权之重,使得举国骇然。康有为目睹朝廷如此无能,山河破碎,悲愤难忍,拍案而起。他吸取了第一次孤军奋战的教训,首先通过其弟子梁启超去鼓动广东、湖南的举人联名上书;然后进一步发动其它各省举人行动起来,共同上书光绪,吁请朝廷拒绝和约。当时在京的18个省的举人,纷纷响应康有为的号召,决定联名上书。大家久慕康有为的大名,故公推他起草奏稿。康有为以满腔悲愤,奋笔疾书,用一天两夜时间,写成一份18000余言的上皇帝书,坚决反对《马关条约》,提出了"拒和"、"迁都"、"练兵"、"变法"四项救国主张。公车(应试举人)们建议光绪皇帝,"下诏鼓天下之气,迁都定天下之本,练兵强天下之势,变法成天下之治。"这就是著名的"公车上书"。

公元1895年5月,刚中进士不久的康有为写了《为安危大计,乞及时变法,富国养民,教士治兵,求人才而慎左右,通下情而图自强,以雪国耻而保疆国呈》。这次上书补充和发挥了"公车上书"中的

翁同龢

内容,向光绪帝提出了自强雪耻的四大方案:富国、养民、教士、练兵。最后,康有为再次请求光绪立即变法。几经转呈,康有为的这次上书终于到了光绪的手里,这是光绪读到的康有为的第一份奏折。"上览而喜之",下令军机处抄录三份,一份存乾清宫,一份存勤政殿,一份存军机处,并下令抄发各省督抚将军会议复奏。足见光绪帝对此条陈的重视程度,它成了推动光绪下决心变法的重要契机。

6月30日,即康有为上书后一个月,他又撰写了《为变通善后,讲求体要,乞速行乾断,以图自强呈》。此次上书主要"言变法次第之故","缓急先后之序"。康有为建议光绪,一是立科以励智学,奖励创新发明,使"国人踊跃,各竭心思,争求新法";二是设议院以通下情。通下情的措施有五:一曰下诏求言,二曰开门集议,三曰辟论顾问,四曰设报达聪,五曰开府辟士。在《上清帝第四书》中,康有为第一次提出,要讲明国是,实行全面的根本性改革,"尽弃旧习,再立堂构",反对"补漏缝缺"。从5月2日至6月30日的两个月中,康有为连续三次上书,系统地提出了变法纲领,从而将维新变法运动推向了第一个高潮,康有为成为了人们公认的维新运动的领袖。

公元1897年12月,中国面临着帝国主义的瓜分狂潮,德国人强占了胶州湾。康有为写了《外衅危迫,分割洊至,急宜及时发愤,革旧图新,以少存国祥呈》。在第五次上清帝书中,康有为再次给光绪开具了救国良方:"伏愿皇上因胶警之变,下发愤之诏,先罪己以励人心,次明耻以激士气。集群才咨问以广圣听,求天下上书以通下情,明定国是,与海内更始。自兹国事付国会议行,行尊降贵,延见臣庶,尽革旧俗,一意维新。大召天下才俊,议筹款变法之方;采择万国律例,定宪法公私之分。"至于变法模式,以康有为为光绪提供了三种以供选择:上策是"择法俄日以定国是,愿皇上以俄国大彼得之心为心法,以日本明治之政为政法。"中策是"大集群才而谋变政。"下策是"听任疆臣各自变法"。在康有为看来,能行上策则国家可以强盛;能行中策则国家尚可维持积弱的局面;即使是行下策,中国也不至于亡国。如果皇上不采纳这些建议,则国家将会灭亡。

这次上书是康有为历次上书中所列变法内容最详尽的一次。在第五书中,康有为第一次提出学习俄、日维新变法的经验,走日本明治维新的道路。在第五书中,他还第一次提出制定宪法的主张,明确了实行君主立宪政治体制的轮廓。

康有为不停地上书光绪,但能送达转呈的很少,大多数被扣下来了。看不出朝廷有采纳变法主张的迹象,康有为感到十分失望,打算离开京师回广州。光绪的老师翁同龢真诚地挽留了这位维新变法的领袖。与此同时,给事中高燮曾为他上了第一个正式奏荐折,请求圣上召见康有为。由于恭亲王等人的反对,光绪帝只好令总理衙门大臣接见康有为,"询问天下大计,变法之宜"。在总署西花厅,便出现了康有为舌战群臣的一幕。

公元1898年1月24日下午,李鸿章、翁同龢、荣禄、廖寿恒等官员接见了康有为。接见气氛严肃而紧张。一开始,守旧派大臣荣禄就高谈祖宗之法不能变。这次会见进行了三个小时。光绪听了会见汇报后,非常高兴,很想亲自召见,直接听听康有为的见解。无奈恭亲王等人仍以皇帝不见四品以下官吏为由加以阻挠,光绪只好传令康有为条陈所见,并进呈《日本变政考》和《俄彼得变政记》。这次会见的最大意义就在于,康有为取得了可直接上书皇帝的特权。《上清帝第六书》即是产生于这种背景之下。

1898年1月,康有为写了著名的《应诏统筹全局折》。在这篇奏折中,康有为提出了"全变"思想。"观万国之势,能变则全,不变则亡,全变则强,小变仍亡。……夫方今之病,在笃守旧法而不知变,处列国竞争之世而行一统垂裳之法。"康有为列举了世界上固守旧制而亡国的国家,前车之辙,犹可鉴也。

康有为主张中国的变法仿效日本的维新制度,因为在世界各国中,日本的许多情况与中国近似。"考其维新之始,百度甚多,惟要义有三:一曰大誓群臣以定国是,二曰立对策所以征贤才,三曰开制度局而定宪法。"根据日本的经验,康有为建议光绪帝,若要变法,宜首先抓以下三件事:第一,大集群臣于天坛、太庙或乾清门,宣布变法维新,"诏定国是"。第二,"设上书处于午门,日轮派御史二人监收,许天下士民皆得上书。"所有官员的意见,允许直接反映,不得由堂官代表转达。有"称旨"的,召见察问,量才录用,这样才"下情咸通,群才辐辏矣"。第三,"设制度局于内廷,选天下通才十数人入直其中",皇上每日亲临商榷,订立各种新章。按康有力的设想,"既立制度局总其纲,宜立十二局分其事"——法律局、度支局、学校局、农局、工局、商局、铁路局、邮政局、矿务局、游会局、陆军局、海军局。这个奏折充分表达了维新法的改革主张和施政方针,成了后来指导"百日维新"的变法指南。光绪读后深受启发,推行维新变法的意志更加坚定了。

公元1898年3月,康有为第七次上书光绪帝——《译纂俄彼得变政记成书可考由弱致强之故折》。康有为鼓励光绪学习俄国。"唯俄国其君权最尊,体制崇严,与中国同。其始为瑞典削弱,为泰西摈鄙,亦与中国同。然其以君权变法,转弱为强,化衰为盛之速者,莫如俄前主大彼得。故中国变法莫如法俄,以君权变法莫如采法彼得。"这个折子的呈上,在催促光绪痛下决心立即变法方面,颇有作用。在不断上书朝廷吁请变法的过程中,维新变法纲领日臻完善,变法思想日益深入人心,光绪皇帝也终于下定了变法图强的决心。从此,康有为的政治生涯也由仅仅上书言事,不平疾愤呐喊,转到从事激烈的变法活动之中。

1898年6月,在康有为等维新派人士的强烈要求下,光绪终于下定决心,颁布"明定国是"诏书,宣布正式变法。光绪皇帝顶着慈禧太后等后党的压力,打破清朝皇帝不得召见小臣的"祖宗家法",特旨召见了康有为。召见前,康有为碰见

了荣禄,并告诫这位著名的守旧大臣,非变法不能救中国。召见中,光绪帝颇有兴致地听康有为阐述自己的变法救国主张,并频频表示赞同。召见谈话非常投机,持续了两个多小时。召见后,光绪欲重用康有为,终因旧守势力太大,只好委他一个在总理衙门章京上行走的小职位,准予专折奏事。百日维新的日子里,康有为充分利用光绪帝给予的专折奏事特权,给皇上提了许多维新变法主张。他几乎是每两三天就写一件条陈。如果说以前的上清帝书主要是产生社会影响的话,而这时期的奏折则主要是直接影响皇上。

这期间康有为上奏的主要内容为:政治上,尊孔教为国教,选才议政,许民上书,裁冗官,断发易服改元,开懋勤殿议制度,开制度局等,希望朝廷能破格录用维新变法人才,建立变法机构;经济上,劝励工艺,奖募创新,立商政,开农学堂、地质局,筑铁路,废漕运,裁厘金等,要求保护工商业、发展新式农业。军事上,停弓刀石武试,裁绿营,放旗兵,广设武备学堂,广购西方新式武器,大练海陆新军以强中国;文化教育上,废八股折试帖楷法取士,办学校,译新书,培养新人才。此外,康有为编纂了一批列国变政考,介绍各国变法情况,总结历史经验,以供光绪帝在维新变法中参考。康有为还积极从事社会活动,力图将自己提出的变法主张,变成一场全民运动。

公元1895年8月,康有为创办了近代中国第一份维新报刊——《万国公报》,双日刊,由康门大弟子梁启超等人任编辑。该报主要宣传学习西方兴办铁路、矿务、邮政、铸银、学校、报馆、练兵、劝工、通商、务农等使国家富强的变法措施,着重阐发康有为的变法思想。该报属免费赠送,每期三千份。开始时,由康有为独自负担办报费用,有时他不得不靠典当衣服来维持报纸的发行。后来该报得到一些官僚的资助。这份报纸的作用是不可低估的。办报同时,康有为还感到需要建立一个组织来推进变法。故经过数月的酝酿,并争取到翁同龢等人的支持,决定在京师建立强学会。1895年9月,强学会在北京成立。康有为撰写《强学会序》,阐明成立强学会的宗旨:变法图强,挽救国家危亡。"普鲁士有强国之会,遂报法仇;日本有尊攘之徒,用成维新。盖学以讲求而成,人才以摩厉而出。合众人之才力,则图书易庀;合众人之心思,则闻见易通。"据梁启超介绍,此会所办之事有五:一译东西文书籍,二刊布新报,三开大图书馆,四设博物仪器院,五建立政治学校。强学会从成立到解散,不过四五个月时间,为了适应维新变法的需要,康有为决心"续强学会之旧",建立新的组织。1898年春,康有为联络各省旅京官绅及应试公车,在粤东新馆成立保国会。康有为撰写《保国会序》和《保国会章程》。当以西太后为首的保守势力要扼杀维新变法运动时,康有为置自己的安危于不顾,拼死挽救这场运动。1898年9月上旬,京师盛传将有宫闱之变。康有为上奏光绪帝,请仿照日本设立参谋本部,"选天下虎黑之士、不二心之臣于左右,上亲援甲胄而统之。"9月16日晚,康有为曾同毕永年谈发动政变,以拯救变法运动的设想。鉴于变法失败已成定局,缺乏实力的光绪帝特于9月19日发布谕旨,催康有为离京前往上海督办官报,不得迁延观望。同时,又让林旭带出密旨给康有为,康有为接到密诏后,"跪诵痛哭激昂"。他马上找来谭嗣同、梁启超等人,共同经划救上之策,并且决定由谭嗣同游说袁世凯出兵勤王。当得知袁不能举兵挟上清君侧时,康有为又想利用大刀王五和湖南会党发难。随即他又去拜访李提摩太,求见伊藤博文,希望通过列强来阻止西太后废立光绪帝,扼杀维新变法。但是都没有成功。无奈,康有为只好于9月20日凌晨出京,前往塘沽乘船逃走。21日,京师发生政变,光绪帝被囚禁,六君子遇难,西太后下令通缉康有为。康有为历尽艰辛,先逃往香港,后又流亡日本,终于逃脱了清廷的追捕。

流亡海外　继续保皇

在日本,康有为与梁启超等人一起,继续从事营救光绪帝、拯救维新事业的活动。当时,革命党领袖孙中山、陈少白等人也在日本,并且打算同康、梁合作,共同推翻清朝。但康有为自认为受过光绪"衣带密诏",地位毕竟与孙中山等人不同,加之在政治观点上也存在极大差异。康有为认为,只要推翻后党,救出光绪,中国就有希望,故他对陈少白明确表示,他不反对大清。

1899年3月,康有为前往加拿大、英国等地。一方面积极策动英国政府向西太后施加压力,以求恢复光绪的帝位;另一方面则在华侨中加紧筹建保皇组织。1899年7月20日,康有为等人在加拿大宣布创立"保救大清光绪皇帝会",简称保皇会。甚至孙中山兴中会的很多人,都为保皇会所吸引,形成了保皇党同革命党相互争夺力量的局面。在康有为的领导下,海外华侨中竟一度兴起了一场颇有声势的维新救亡运动。

1900年,由于传说西太后准备废立光绪帝,以康有为为首的保皇党将兴师勤王提到了最主要的议事日程。此时,义和团运动正风起云涌,八国列强军队侵略中国,天下大乱。康有为认为这正是兴师勤王的大好时机。于是他动员了所有的力量,以期一举成功。康有为亲自坐阵新加坡指挥,梁启超负责各地筹款与联络事宜。唐才常、林圭、秦力山等人在汉口设立自立军总机关,专事联络会党、策反清军工作,并预定于8月9日在长江各地同时起兵。康有为还希望得到列强帮助,但这场兴师勤王梦后来也竟成了一枕黄粱。

兴师勤王的失败,使保皇党的海外活动开始瓦解,保皇会的离心倾向日益严重,华侨对保皇会的捐款热情也有所下降。康有为也陷入苦闷的思索中。以后几年里,他的主要活动仅限于游历日本、加拿大、英国、香港、新加坡和印度等地,并不时著书研究儒经,继续宣传维新变法思想。此间,康有为最后完成了他生平最得意的"作品"——《大同书》。

孙中山

这期间，正是反清革命大发展的时期，不少康门弟子也感受到了革命大潮的影响，觉得只有用激烈手段推翻清廷，才能实现救国和改革社会的目的。如梁启超，这位康门大弟子，也开始高唱革命排满之论。而康有为仍顽固坚持自己的保皇立场，竭力宣传"用专制之权变法，乃今最适时之灵药"(《康有为政论集》上)，认为革命将导致亡国。种种迹象表明，这位曾经是救国变法领袖的康有为，此时显然已经大大地落后于时代，成了革命绊脚石。1903年，章太炎发表《驳康有为论革命书》，公开激烈地批判康有为的保皇论调。这一檄文，曾在海内外引起过巨大反响。1904年，孙中山也发表《敬告同乡书》，号召人们"大倡革命，毋惑保皇"。历史正在抛弃这位不愿再前进的保皇派领袖。

1904年到1909年间，康有为周游列国，遍访欧美许多国家，继续寻找救国良药。这期间他写下了《欧州十一国游记》、《法国大革命记》、《欧土政俗总论》、《中西比较论》、《物质救国论》等。1906年，清王朝宣布预备立宪。为此，康有为也于1907年宣布将保皇会改为国民宪政会。

1911年，辛亥革命推翻了清朝，赶跑了皇帝，实现了共和。这是许多先进的中国人奋斗已久的成果，不少立宪派人士在革命大潮的影响下，也纷纷改变宗旨，抛弃清皇室，赞成共和。唯有康有为仍站在历史的对立面，坚决反对民主共和。康有为这个时候虽然无皇帝可保，但他提出"虚君共和"的主张。他认为，行"虚君共和"，可以防止革命和动乱。

1913年冬，流亡海外16年的康有为回到上海。这个时期他的主要活动是主编《不忍》杂志，出任孔教会会长。辛亥革命后中国的情形，并没有帮助他校正自己的观点，相反，他仍然坚持还是只有皇帝能够救中国。有时，他甚至还后悔当年他所倡导的变法维新运动操之太急。正是在这种政治观的支配下，后来他竟然积极参与了军阀张勋的封建复辟活动，并且被任命为弼德院副院长，赏头品顶戴，加恩在紫禁城内赏坐二品肩舆。这些活动，又使他这个保皇领袖，成为了"复辟的祖师爷"。

1918年，康有为曾通电呼吁南北停战，后又建议中国利用一战胜利之机，收回失去的部分主权；1919年，他通电支持"五·四"运动，指斥曹汝霖、章宗祥等人的卖国行径。1924年，他则故态复萌，打电报抗议冯玉祥将清废帝赶出清宫。为表示自己仍忠于"朝廷"的心迹，1927年，康有为不顾年事已高，还特地赶到天津"觐见"末代皇帝溥仪。

1927年3月30日，康有为逝于青岛寓所，享年70岁。曾有人这样概括康有为坎坷而复杂的人生经历："功过分明载史册，诗文彪炳胜当年。"

思想启蒙运动

康有为不仅是中国近代资产阶级的改革派领袖，而且还是当时思想启蒙运动的伟大先行者。康有为的思想体系庞大，内容丰富，为我们今天留下了值得研究的宝贵遗产。

康有为的哲学思想，有着丰富的时代内涵。从内容上看，它是当时传入中国的自然科学影响与初起的中国资产阶级政治、经济要求在思想上的反映；从形式上说，它既是中国古代哲学的继续，同时又是这一古典传统在近代的终结。康有为以"元"作为世界之本体，认为天地万物皆变，宇宙是元气物质无限演化发展的过程"……其道以元为体，以阴阳为用。理皆有阴阳，则气之有冷热，力之有凝流，形之有方圆，光之有白黑，声之有清浊，体之有雌雄，神之有魂魄，以此人统物理焉。以诸天界，诸星界、地界、身界、魂界、血轮界，统世界焉。""元者，气也。"由此康有为得出结论："变者天道也"，"变"是宇宙的普遍规律。没有运动变化，没有天地万物的存在。而天地万物就存在于运动变化之中。康有为的这种宇宙演化发展观，推翻了多少年来"天不变，道亦不变"的封建哲学思想体系，从而为维新变法奠定了理论基础。

康有为，是近代中国资产阶级改革的先行者，杰出的政治家、思想家、教育家和文学家。其一生活动波澜壮阔，堪称一代巨人；其思想著述博大精深，不愧民族瑰宝。尽管他曾在晚年落伍，但他在当初所点燃的变法火炬，至今仍能使人察其余热。他是中国历史上的一位既极度辉煌而又充满矛盾与坎坷的人物。

詹天佑

詹天佑（1861年~1919年），字达朝，号眷诚，广东南海（今广州）人。西名天佑·杰姆（留学美国时用）。12岁留美，为中国所派之首批留学生。1881年耶鲁大学毕业后回国，任教于福州船政局、广东博学馆、水陆师学堂，后主持修建京张铁路。1909年完成通车，成为我国自建的第一条铁路。著作有《京张铁路工程纪要》、《京张铁路标准图》、《华英工学字汇》等书。

发奋学习

詹天佑于清咸丰帝十一年（1861年）出生在一个普通茶商家庭。儿时的詹天佑对机器十分感兴趣，常和邻里孩子一起，用泥土仿做各种机器模型。有时，他还偷偷地把家里的自鸣钟拆开，摆弄和琢磨里面的构件，提出一些连大人也无法解答的问题。1872年，年仅12岁的詹天佑到香港报考清政府筹办的"幼童出洋预习班"。考取后，父亲在一张写明"倘有疾病生死，各安天命"的出洋证明书上画了押。从此，他辞别父母，怀着学习西方"技艺"的理想，来到美国就读。

在美国，出洋预习班的同学们，目睹北美西欧科学技术的巨大成就，对机器、火车、轮船及电讯制造业的迅速发展赞叹不已。有的同学由此对中国的前途产生悲观情绪，詹天佑却怀着坚定的信念说："今后，中国也会有火车、轮船。"他怀着为祖国富强而发奋学习的信念，刻苦学习，于1867年以优异的成绩毕业于纽海文中学。同年5月考入耶鲁大学土木工程系，专攻铁路工程。在大学的四年中，詹天佑刻苦学习，以突出成绩在毕业考试中名列第一。1881年，在一百二十名回国的中国留学

詹天佑

生中，获得学位的只有两人，詹天佑就是其中的一个。

回国后，詹天佑满腔热忱地准备把所学本领贡献给祖国的铁路事业。但是，清政府洋务派官员迷信外国，在修筑铁路时一味依靠洋人，竟不顾詹天佑的专业特长，把他差遣到福建水师学堂学驾驶海船。1882年11月又被派往旗舰"扬武"号担任驾驶官，指挥操练。1883年，中法战争爆发，第二年，蓄谋已久的法国舰队陆续进入闽江，蠢蠢欲动。可是主管福建水师的投降派船政大臣何如璋却不闻不问，甚至下令："不准先行开炮，违者虽胜亦斩！"这时，詹天佑便私下对"扬武"号管带（舰长）张成说："法国兵船来了很多，居心叵测。虽然我们接到命令，不准先行开炮，但我们决不能不预先防备。"由于詹天佑的告诫，"扬武"号十分警惕，作好了战斗准备。当法国舰队发起突然袭击时，詹天佑冒着猛烈的炮火，沉着机智地指挥"扬武"号左来右往；避开敌方炮火，抓住战机用尾炮击中法国指挥舰"伏尔他"号，使法国海军远征司令孤拔险些丧命。对这场海战，上海英商创办的《字林西报》在报道中也不得不惊异地赞叹："西方人士料不到中国人会这样勇敢力战。'扬武'号兵舰上的五个学生，以詹天佑的表现最为勇敢。他临大敌而毫无惧色，并且在生死存亡的紧要关头还能镇定如常，鼓足勇气，在水中救起多人……"

从战后到1888年，詹天佑几经周折，转入中国铁路公司，担任工程师，这是他献身中国铁路事业的开始。刚上任不久，詹天佑就遇到了一次考验。当时从天津到山海关的津榆铁路修到滦河，要造一座横跨滦河的铁路桥。滦河河床泥沙很深，而且水涨急流。铁桥开始由号称世界第一流的英国工程师担任设计，但失败了；后来请日本工程师实行包工，也不顶用；最后让德国工程师出马，不久也败下阵来。詹天佑要求由中国人自己来搞，负责工程的英国人在走投无路的情况下，只得同意让詹天佑来试试。

修筑铁路

1905年8月，京张铁路正式开工，紧张的勘探、选线工作开始了。詹天佑亲自带学生和工人，背着标杆、经纬仪，日夜奔波在崎岖的山岭上。一天傍晚，猛烈的西北风卷着沙石在八达岭一带呼啸怒吼，刮得人睁不开眼睛。测量队急着结束工作，填了个测得的数字，就从岩壁上爬下来。詹天佑接过本子，一边翻看填写的数字，一边疑惑地问："数据准确吗？""差不多。"测量队员回答说。詹天佑严肃地说："技术的第一个要求就是精密，不能有一点模糊和轻率，'大概'、'差不多'这类说法不能出自工程人员之口。"接着，他背起仪器，冒着风沙，重新吃力地攀到岩壁上，认真地又重新勘测了一遍，修正了一个误差。当他下来时，嘴唇已冻青了。

不久，勘探和施工进入最困难的阶段。在八达岭、青龙桥一带，山峦重叠，陡壁悬岩，要开四条隧道，其中最长的达一千多米。詹天佑经过精确测量计算，决定采取分段施工法：从山的南北两端同时对凿，并在山的中段开一口大井，在井中再向南北两端对凿。这样既保证了施工质量，又加快了工程进度。凿洞时，大量的石块全靠人工一锹锹地挖，涌出的泉水要一担担地挑出来。身为总工程师的詹天佑毫无架子，与工人同挖石，同挑水，一身污泥一脸汗。他还鼓舞大家说："京张铁路是我们用自己的人、自己的钱修建的第一条铁路，全世界的眼睛都在望着我们，必须成功！""无论成功或失败，决不是我们自己的成功和失败，而是我们国家的成功和失败！"

为了克服陡坡行车的困难，保证火车安全爬上八达岭，詹天佑独具匠心，创造性地运用"折返线"原理。在山多坡陡的青龙桥地段设计了一段人字形线路，从而减少了隧道的开挖，降低了坡度。列车开到这里，配合两台大马力机车，一拉一推，保证列车安全上坡。

詹天佑对全线工程曾提出"花钱少、质量好、完工快"三项要求。京张铁路经过工人们几处奋斗，终于在1909年9月全线通车。原计划六年完成，结果只用了四年就提前完工，工程费用只及外国人估价的五分之一。一些欧美工程师乘车参观后啧啧称道，赞誉詹天佑了不起。但詹天佑却谦虚地说："这是京张铁路一万多员工的力量，不是我个人的功劳，光荣是应该属于大家的。"

京张铁路建成后，詹天佑又继任了粤汉铁路督办兼总工程师。这时，美国决定授予他工科博士学位，要他亲自去美国参加授衔仪式。为了全力参加祖国铁路建设，他放弃了这一荣誉。

辛亥革命后，詹天佑为了振兴铁路事业，和同行一起成立"中华工程师学会"，并被推为会长。这期间，他对青年工程技术人员的培养倾注了大量心血。他除了以自己的行为作出榜样外，还勉励青年"精研学术，以资发明"，要求他们"勿屈己徇人，勿沽名而钓誉。以诚接物，毋挟褊私，圭璧束身，以为范例"。

詹天佑从事铁路事业30多年，几乎和当时我国的每一条铁路都有不同程度的关系。到晚年，因积劳成疾，不幸于1919年病逝。周恩来同志曾高度评价詹天佑的功绩，说他是"中国人的光荣"。

詹天佑修建京张铁路期间，厘定了各种铁路工程标准，并上书政府要求全国采用。中国现在仍然使用的4尺8寸半标准轨、珍氏自动挂钩(亦称姜坭车钩、郑氏车钩，美国人所创)等等都是出自詹天佑的提议。此外詹天佑亦重视铁路人才的培训，制定了工程师升转章程，对工程人员的考核和要求作出明文规定，并且定明工程师薪酬与考核成绩挂钩。京张铁路培训了不少中国的工程人员，詹天佑所制定的考核章程亦成为中国其它铁路的模仿对象。

附录：

中国朝代表

朝代	终止年代（公元）	创始人/掌权人	都城
上古时代	？～前 2208	/	/
	/	炎帝神农氏	/
	前 2697～前 2599	黄帝轩辕氏	/
	前 2598～前 2515	少昊金天氏	/
	前 2514～前 2437	颛顼高阳氏	/
	前 2436～前 2367	帝喾高辛氏	/
	前 2366～前 2358	帝挚高辛氏	/
	前 2357～前 2258	唐尧放勋	/
	前 2257～前 2208	虞舜重华	/
夏	前 2100 年 - 前 1600 年	启	阳城
商	前 1600 年 - 前 1100 年	汤	亳→殷
西周	前 1100 年 - 前 771 年	武王	镐
东周	前 770 年 - 前 256 年	周平王	洛邑
春秋/战国	前 770 年 - 前 221 年	/	洛邑
秦	前 221 年 - 前 206 年	始皇（嬴政）	咸阳
西汉	前 202 年 - 8 年	高祖（刘邦）	长安
新	8 年 - 23 年	王莽	长安
东汉	25 年 - 220 年	光武帝（刘秀）	洛阳
三国（魏）	220 年 - 265 年	曹丕	洛阳
三国（蜀）	221 年 - 263 年	刘备	成都
三国（吴）	229 年 - 280 年	孙权	建业
西晋	265 年 - 316 年	武帝（司马炎）	洛阳
东晋	317 年 - 420 年	元帝（司马睿）	建康
十六国	304 年 - 439 年	/	洛邑
南朝宋	420 年 - 479 年	刘裕	建康
齐	479 年 - 502 年	肖道成	建康
梁	502 年 - 557 年	肖衍	建康
陈	557 年 - 589 年	陈霸先	建康
北朝北魏	386 年 - 534 年	拓跋圭	平城→洛阳

朝代	终止年代(公元)	创始人/掌权人	都城
东魏	534年-550年	元善见(高欢立)	邺
西魏	535年-557年	元宝炬(宇文泰立)	长安
北齐	550年-577年	高洋	邺
北周	557年-581年	宇文觉	长安
隋	581年-618年	文帝(杨坚)	大兴
唐	618年-907年	高祖(李渊)	长安
第1任	618-627年	高祖(李渊)	
第2任	627-650年	太宗(李世民)	
第3任	650-684年	高宗(李治)	
第4任	684-684年	中宗(李显)	
第5任	684-684年	睿宗(李旦)	
第6任	684-705年	武则天	
第7任	705-710年	中宗(李显)	
第8任	710-710年	∅帝(李重茂)	
第9任	710-712年	睿宗(李旦)	
第10任	712-756年	玄宗(李隆基)	
第11任	756-762年	肃宗(李亨)	长安
第12任	762-780年	代宗(李豫)	
第13任	780-805年	德宗(李适)	
第14任	805-806年	顺宗(李诵)	
第15任	806-821年	宪宗(李纯)	
第16任	821-825年	穆宗(李恒)	
第17任	825-836年	敬宗(李湛)	
第18任	836-841年	文宗(李昂)	
第19任	841-847年	武宗(李炎)	
第20任	847-860年	宣宗(李忱)	
第21任	860-874年	懿宗(李"t)	
第22任	874-889年	僖宗(李儇)	
第23任	889-904年	昭宗(李晔)	
第24任	904-907年	哀帝(李祝)	
五代十国	907年-960年	/	/
北宋	960年-1127年	太祖(赵匡胤)	开封
第1任	960-976年	太祖(赵匡胤)	
第2任	976-998年	太宗(赵炅)	
第3任	998-1023	真宗(赵恒)	

朝代	终止年代(公元)	创始人/掌权人	都城
第4任	1023 – 1064	仁宗(赵祯)	开封
第5任	1064 – 1068	英宗(赵曙)	
第6任	1068 – 1086	神宗(赵顼)	
第7任	1086 – 1101	哲宗(赵煦)	
第8任	1101 – 1126	徽宗(赵佶)	
第9任	1126 – 1127	钦宗(赵桓)	
南宋	1127年 – 1279年	高宗(赵构)	临安
第1任	1127 – 1163	高宗(赵构)	临安
第2任	1163 – 1190	孝宗(赵昚)	
第3任	1190 – 1195	光宗(赵淳)	
第4任	1195 – 1225	宁宗(赵扩)	
第5任	1225 – 1265	理宗(赵昀)	
第6任	1265 – 1275	度宗(赵禥)	
第7任	1275 – 1276	恭宗(赵㬎)	
第8任	1276 – 1278	端宗(赵昰)	
第9任	1278 – 1279	卫王(赵昺)	
辽	916年 – 1125年	耶律阿保机	上京
西夏	1038年 – 1227年	李元昊	兴庆
金	1115年 – 1234年	完颜阿骨打	中都
元	1271年 – 1368	世祖(忽必烈)	大都
明	1368年 – 1644年	太祖(朱元璋)	南京→北京
第1任	1368年 – 1399年	太祖(朱元璋)	
第2任	1399年 – 1403年	惠帝(朱允炆)	
第3任	1403年 – 1425年	成祖(朱棣)	
第4任	1425年 – 1426年	仁宗(朱高炽)	
第5任	1426年 – 1436年	宣宗(朱瞻基)	
第6任	1436年 – 1450年	英宗(朱祁镇)	
第7任	1450年 – 1457年	代宗(朱祁钰)	
第8任	1457年 – 1465年	英宗(朱祁镇)	
第9任	1465年 – 1488年	宪宗(朱见深)	
第10任	1488年 – 1506年	孝宗(朱佑樘)	
第11任	1506年 – 1522年	武宗(朱厚照)	
第12任	1522年 – 1567年	世宗(朱厚熜)	
第13任	1567年 – 1573年	穆宗(朱载垕)	
第14任	1573年 – 1620年	神宗(朱翊钧)	

朝代	终止年代（公元）	创始人/掌权人	都城
第15任	1620年–1621年	光宗（朱常洛）	南京→北京
第16任	1621年–1628年	熹宗（朱由校）	
第17任	1628年–1644年	毅宗（朱由检）	
清	1644年–1840年	世祖–顺治（爱新觉罗·福临）	北京
第1任	1644年–1662年	世祖–顺治（爱新觉罗·福临）	北京
第2任	1662年–1723年	圣祖–康熙（爱新觉罗·玄烨）	
第3任	1723年–1736年	世宗–雍正（爱新觉罗·胤禛）	
第4任	1736年–1796年	高宗–乾隆（爱新觉罗·弘历）	
第5任	1796年–1821年	仁宗–嘉庆（爱新觉罗·顺琰）	
第6任	1821年–1851年	宣宗–道光（爱新觉罗·旻宁）	
第7任	1851年–1862年	文宗–咸丰（爱新觉罗·奕詝）	
第8任	1862年–1875年	穆宗–同治（爱新觉罗·载淳）	
第9任	1875年–1908年	德宗–光绪（爱新觉罗·载湉）	
第10任	1908年–1911年	恭宗–宣统（爱新觉罗·溥仪）	

历代皇帝手迹选编

魏武帝曹操"衮雪"

东吴大帝孙权手迹,"体常术寄兄人"　　　隋炀帝杨广手迹

朕聞上古其
風朴略雖因

唐玄宗李隆基的手迹

朕歷險阻以來天
章所藏

宋高宗赵构手迹

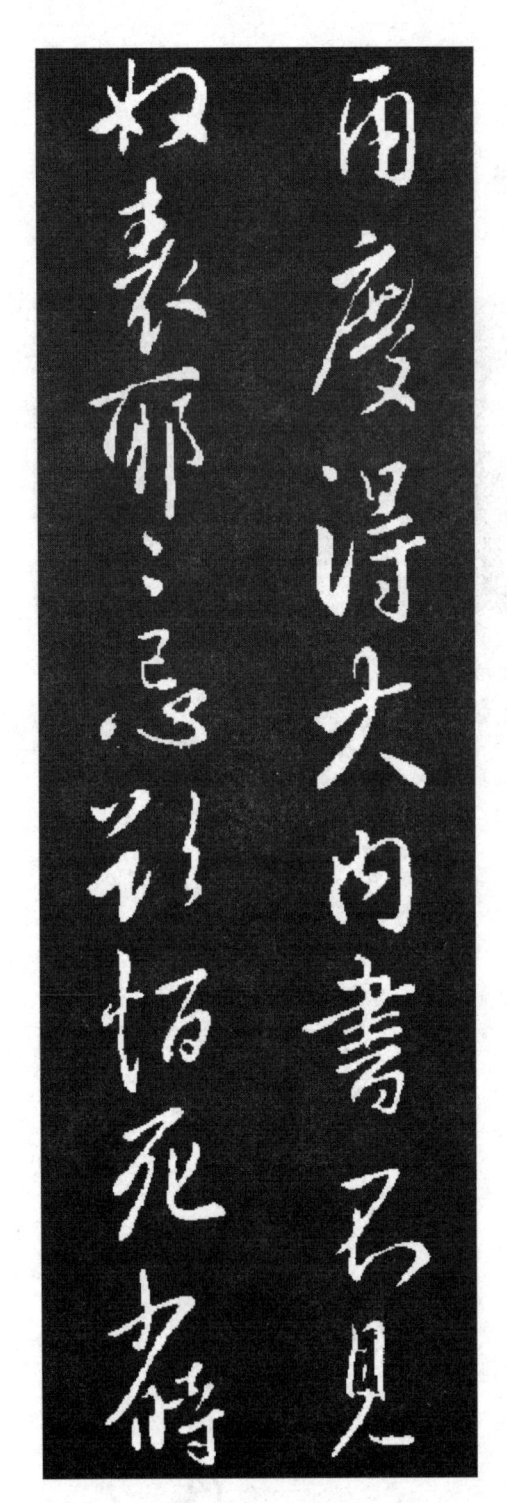

兩度得大内書已見
奴表邪忌殊怕死老弊

唐太宗李世民手迹

千字文

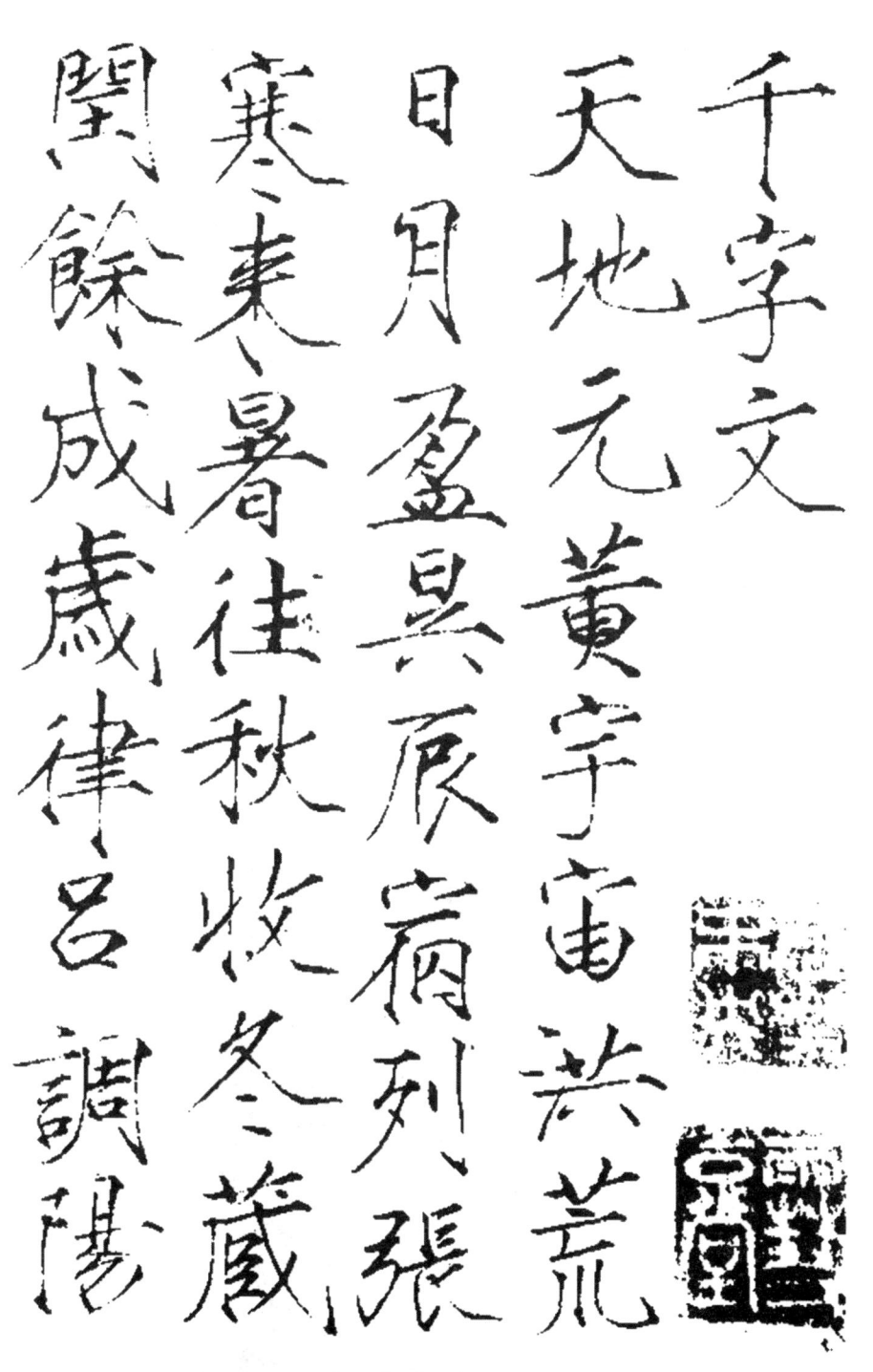

天地元黃宇宙洪荒

日月盈昃辰宿列張

寒來暑往秋收冬藏

閏餘成歲律呂調陽

宋徽宗赵佶手迹

明太祖朱元璋亲笔信

教总兵官将各营内新旧见在马足数目报来母得隐瞒就教小先锋将手抹来间话

清圣祖爱新觉罗·玄烨手迹

龍飛鳳舞

丙寅仲冬之月 御筆

當窗畫景開青岫
泛水書機玩白鷺

清高宗爱新觉罗·弘历手迹

平安富貴
年豐歲熟政樂民仁

慈禧太后手迹

含和履中駕福乘喜

清德宗(光緒皇帝)愛新覺羅·載湉手迹